见识城邦

更新知识地图　拓展认知边界

历史的碰撞

1493

[美]查尔斯·曼恩 著
(Charles C. Mann)
朱菲 王原 房小捷 傅正 李捷 王行坤 译

中信出版集团 | 北京

图书在版编目（CIP）数据

历史的碰撞：1493 /（美）查尔斯·曼恩著；朱菲等译．-- 北京：中信出版社，2021.9（2025.4重印）

书名原文：1493: Uncovering the New World Columbus Created

ISBN 978-7-5217-3114-9

Ⅰ．①历… Ⅱ．①查… ②朱… Ⅲ．①生物地理学 - 影响 - 世界史 - 中世纪史 - 通俗读物 Ⅳ．① K13-49

中国版本图书馆 CIP 数据核字 (2021) 第 093435 号

历史的碰撞：1493

著　　者：［美］查尔斯·曼恩
译　　者：朱菲　王原　房小捷　傅正　李捷　王行坤
出版发行：中信出版集团股份有限公司
（北京市朝阳区东三环北路 27 号嘉铭中心　邮编　100020）
承 印 者：北京通州皇家印刷厂

开　　本：787mm × 1092mm 1/16　　印　　张：33.5　　字　　数：465 千字
版　　次：2021 年 9 月第 2 版　　印　　次：2025 年 4 月第 3 次印刷
京权图字：01–2013–1464
书　　号：ISBN 978–7–5217–3114–9
定　　价：88.00 元

媒体赞誉

《纽约时报》《华盛顿邮报》推荐图书

《时代周刊》2011年度最佳非虚构图书

曼恩尝试用引人入胜而平实的方式来讲述复杂的历史故事，而同时避免用口号将模糊的地方简单带过。他并非专业历史学家，但是多数专家可以从他富有技巧的方式中学到很多东西……《历史的碰撞：1493》是一部研究透彻、与时俱进的著作，涵盖了世界史、免疫学和经济学等领域，但是对曼恩来说驾轻就熟。他总是用生动的语言抛出一个又一个有趣的细节。最令人印象深刻的是，他将植物、菌类、昆虫和粪便都变成了他剧本中的主角，同时还在我们面前展示了令人印象深刻的人类角色。他甚至把最不起眼的东西变得令人着迷。比如说，我就从来没有用同样的方式看过一块橡胶皮……哥伦布大交换塑造了与现代世界有关的一切。它带给我们的既有我们在花园里照料的植物，也有以这些植物为食的寄生虫；随着它在21世纪继续加快节奏，哥伦布大交换仍会以这两种方式起作用。如果你想知道为什么，那就去读《历史的碰撞：1493》吧。

——《纽约时报书评》

富有启示性。

——列夫·格罗斯曼，《时代周刊》

引人入胜且令人大开眼界。

——《出版人周刊》2011年百佳书籍

值得称颂的一本书……关于“美洲大发现”的历史意义，它令人振奋，破除了流行的神话……《历史的碰撞：1493》细节翔实，分析广泛深入且不能一言以蔽之……（曼恩的书）理应在那些就“我们应当如何看待世界”上做出与众不同成绩的少之又少的著作中，占据一个显赫的位置，尽管它既没有争辩又没有鼓吹什么。《历史的碰撞：1493》在主题内容上有思想深度和知识广度，值得人们尊重，这本书是一项了不起的成就。

——《俄勒冈人报》

在眼界之外，曼恩仍然以迷人的细节为基础……这种技术上的洞察力为这个用生动易懂的散文体来叙述的、关于人类的故事锦上添花。

——《克利夫兰老实人报》

在讲述那些激动人心的故事的时候，曼恩从来不会减弱故事的兴奋点……这种对过去的看法是宏大的——重新审视了世界上的各个部分以及其在塑造世界的过程中的行为。

——《金融时报》

《历史的碰撞：1493》是曼恩气势磅礴、资料充分的《历史的碰撞：1491》一书的续作……篇幅较长，但是可以飞快地读完……作为历史学家，曼恩值得敬仰的不只是他宏大的视野和从不懈怠的精神，还有他对生物学的敏锐性。他在字里行间都将人类活动对人类所居住的更宽广的大环境的影响放在首位。

——《华尔街日报》

不偏不倚的态度，令人惊讶的理解力，遣词造句的天赋……曼恩热爱这个世界，把它看作自己的孩子。

——《科学》

查尔斯·曼恩以现实性见长，会让他的读者沉溺于复杂性之中……在读者了解到哥伦布之后第一个千年里系统分析的新进展后，那些陈词滥调都会随风消散。

——艾尔弗雷德·W. 克罗斯比，《哥伦布大交换》一书作者

查尔斯·曼恩在开创性的《历史的碰撞：1491》之后，再一次交出了一部灵气四溢、引人入胜的作品，这将永远改变我们看待世界的方式。曼恩展现了欧洲和美洲的生态碰撞是如何在实质上改变了人类历史的每一个方面的。《历史的碰撞：1493》文字优美，充满令人惊奇的研究成果，是一部里程碑式的作品。

——大卫·格恩，《迷失Z城》一书作者

令人着迷……使人信服……本书引人入胜地叙述了外来动植物、矿物和疾病的无计划冲击是如何产生了前所未有的财富、痛苦、社会巨变和这个现代世界的。

——《柯克斯书评》，星级书评

一项令人着迷的研究……一幅清晰的历史全景画，里面镶嵌有一些有趣的研究，如果要举几个例子的话，有对宫廷吸烟礼节的研究，有对詹姆斯敦的殖民者与养活他们但也同他们开战的印第安人之间的血腥争斗的研究。曼恩精妙地将这些多姿多彩的细节整合成宏观的洞见，他对欧洲中心论历史的新颖的挑战把相互依赖的关系回推到现代性的源头。

——《出版人周刊》，星级书评

《历史的碰撞：1493》易于阅读、质量上乘，全书的立足点是作者的研究、旅行和访谈。这是一个令人着迷而又至关重要的主题，被作者极好地讲述了出来。

——约翰·亨明，《河之树》一书作者

查尔斯·曼恩以专业手法展现了以下内容：欧洲人发现美洲那些复杂的、相互联系的生态学和经济学所导致的后果如何塑造了许多现代世界出乎意料的样貌。这是最优秀的史学著作的一个典范：它在向你提供大量信息且引发你的兴趣时，改变了你看待世界的方式。

——汤姆·斯坦迪奇，《六个杯子中的世界史》一书作者

一部具有里程碑意义的著作。……使人如痴如醉，《历史的碰撞：1493》富有启发性，极具洞察力且总能给人带来惊喜。

——《书架快讯》

使人欲罢不能……令人着迷且文笔优美……每一页都充满着知识和洞见。其博雅、哲理和洞见令人大开眼界，能帮助读者以全新的思路看待历史。

——《书页》

富有生机……在一幅引人入胜的画布上，曼恩把环境学、政治学、宗教学、经济学、人类学和神话融会贯通。

——《明星纪事报》

尽管许多人描写过欧洲人对新大陆的影响，但罕有人能像曼恩那样在这本书里用一种普通读者也能看懂的方式讲述全世界的历史。

——《图书馆杂志》

曼恩这部极富想象力的著作的最大长处在于，能够展现看上去互不相干的已知知识之间的新关联。书里充满了令人拍案叫绝的片段……如果曼恩打算继续这样一板一眼地顺着历史中的奇数年份写下去，我们可以期待他在下一个十年中的某个时候出版一本关于大萧条对全球的影响的书。如果那本书和《历史的碰撞：1493》一样好，那么也同样值得期待。

——《里士满时事快讯》

曼恩的书中充满了事实和类似事实的叙述，有趣的琐事以及伟大的洞察力，当这些积少成多时，就会呈现某种巨大的力量。

《历史的碰撞：1493》堪称典范，它将意味深长的事实与故事结合起来，叙述了跨越几大洲数百年的历史，解释了我们所居住的世界从何而来。

——《华盛顿邮报》

曼恩要尝试的并非仅仅在常规的知识体系中打出窟窿，他要做的是汇聚出一部精巧的另类历史，以描述从哥伦布第一次远航开始世界上发生的重大变革。最令人惊奇的是，他用这样一种引人入胜的方式进行尝试。他的写作带有一种令人难以置信的诙谐。

——奥斯汀，《美利坚政治家日报》

我们都不能在1492年和哥伦布同行。但是没关系，我们可以在《历史的碰撞：1493》中经历一段甚至更兴奋的旅途。这种对于全球化的起源和影响的反思具有很强的启发性，这让人害怕。

——卡尔·萨菲纳，《一片火海》与《懒人视角》的作者

令人难以置信的视野、热忱和渊博……《历史的碰撞：1493》的每一页几乎都含有一些振聋发聩的论点或者一些引人注目、匪夷所思的细节……曼恩的书在时间和空间中自由穿行，充满了令人信服的故

事……这是一本内容博大精深、令人惊异和振奋的读物。

——《泰晤士报》

即使博学的人也能从这里发现许多令人惊奇的东西。……与《历史的碰撞：1491》一样，《历史的碰撞：1493》将改变人们的世界观。

——《旧金山纪事报》

迷人的……曼恩巧妙地揭示了人的矛盾之处：詹姆斯敦殖民者盲目的暴力和恐怖，玻利维亚银矿中对劳工的残酷剥削，当欧洲人第一次看到橡皮球弹来弹去时的惊叹。

——《纽约客》

目录

推荐序　xiii
自　序　xv
绪　论　xvii

序　曲　在同质世之中

第一章　两座纪念碑　002
联合古陆的裂隙　002
到灯塔去　011
白银一船船　018
命运的逆转　027

第一部分　横渡大西洋

第二章　烟草海岸　040
“低组织化生物”　040
陌生的土地　043
风险分担　050

“英国苍蝇” 066
“无限的财富” 077
第三章 有害空气 081
“汲取国” 081
适应期 085
大转向 095
“没有犬瘟热，没有传染病，也没有人死亡” 102
防疟别墅 107
黄杰克 114
战争与蚊子 122

第二部分 横渡太平洋

第四章 钱币一船船(以丝易银,上) 128
“多一点儿力气” 128
“商即是盗，盗即是商” 132
铜尽钱绝 139
“世界的财富” 145
“一大船木头鼻子” 156
神山 165
第五章 相思草、甘薯和玉米(以丝易银,下) 174
隐秘的乘客 174
马尔萨斯式插曲 190
“山之露石” 193

第三部分 世界中的欧洲

第六章 农-工综合体 202
土豆战争 202
基因之海 205
鸟粪石时代 220

彻底的现代饥荒 229
懒汉床 236
“向甲虫开战” 241
第七章 黑金 250
没有鸟也没有昆虫 250
“油脂化学” 252
“香槟浴女” 262
韦翰的事业 278
世界的尽头 289

第四部分 世界中的非洲

第八章 大杂烩 292
英俊的乔尼 292
不妙的开端 300
新世界的诞生 311
家庭价值 322
不安的城市 338
第九章 逃亡者森林 348
在卡拉巴尔 348
掌权的非洲人 352
在地峡 366
“投降协定” 378
动起来，公牛！ 392
从罗莎里奥农场望去 402

终 曲 生命之流

第十章 在布拉拉考 408
断裂的思考 408
山冈上的阶梯 410

在船上 416

附 录

附录 A 挑衅的用词 426

附录 B 测试版（Beta）的全球化 432

致 谢 437

注 释 441

推荐序

我是查尔斯·曼恩前一部作品《历史的碰撞：1491》的忠实粉丝，在那本书中，他为我们彻底地考察了哥伦布到来之前的南北美洲。那本书的研究资料十分详尽，写作手法非常精妙，使得它读起来毫不枯燥。

而在《历史的碰撞：1493》中，曼恩达到了一个新的、真正全球化的层次。在艾尔弗雷德·W. 克罗斯比［Alfred W. Crosby，《哥伦布大交换》（*The Columbian Exchange*）的作者，我可以自豪地说他也是一个楠塔基特人］开创性作品的基础上，曼恩完全写出了我们这个世界的故事：一个曾经由数个独立大陆构成的"行星"是如何快速变成一个单一、"全球化"的实体的。

曼恩不仅仅与数名科学家和研究人员交流，还访问了他所写到的地方，因此当我们跟着曼恩从世界的这个偏远角落到另一个地方去的时候，这本书会给我们带来不可思议的、身临其境的感受。并且，这部作品一如既往地精彩。在讲述西班牙和中国文化是如何在16世纪的菲律宾群岛发生碰撞的未必确实的故事时，他将我们带到了民都洛岛，这座岛屿的"南侧海岸有很多小海湾，它们一个挨着一个，就像苹果上的齿痕"。

我们知道了疟疾、马铃薯、烟草、鸟粪石、橡胶树和甘蔗的传播是如何扰乱并震撼了这颗行星，并将继续这样影响下去，直到我们生活在一个一体化的或者至少是接近一体化的地球上为止。当然，无论那些促成这些重大改变的人类策动者是否能在500多年的这一进程中幸存下来，曼恩都在这一部里程碑、启示录式的书中提出了一个开放式的问题。

——特邀评论家　纳撒尼尔·菲尔布里克[1]

[1] 纳撒尼尔·菲尔布里克是《纽约时报》畅销书《最后的坚持》(*The Last Stand*)的作者。其作品《海洋深处》(*In the Heart of the Sea*)，获美国国家图书奖；《荣耀之海》(*Sea of Glory*)，获西奥多·罗斯福与富兰克林·罗斯福海军历史奖；《五月花号》(*May Flower*)是普利策历史奖入围作品、《纽约时报》年度十大畅销书之一。他从1986年开始定居马萨诸塞州楠塔基特岛。

自序

它看上去就像一个冰激凌甜筒。但是我走近之后才发现，这个小男孩正在生吃一块甘薯。他的父亲把甘薯的顶端掰开，露出里面橙色的瓤，小男孩一口一口地啃着它，没有被削掉外皮的甘薯底部正好可以当作把手。

这里是上海西北方300英里[1]处的一座农场。在中国农村，人们经常生吃甘薯——这对于像我这样的西方人来说很稀奇。直到这个小男孩跑回去寻求他正在为一行甘薯锄草的父亲的庇护，我才注意到我一直在盯着他看。这位父亲怒视着我，而我挥手表示歉意。因为我不会汉语，所以没办法告诉他，我其实并不是盯着他的儿子，而是盯着他儿子手里的甘薯。我也没办法说出来，我之所以目不转睛是因为这个甘薯是四五百年来全球范围内所发生的震撼性的变化的象征。

甘薯原产于中美洲。西班牙船在16世纪70年代将甘薯运到了马尼拉，随后一名中国船长瞒着西班牙海关将甘薯的叶、蔓缠绕在绳索上，并将绳索塞进一个筐子里偷运了出去。他将这种走私来的植物带到了位于中国东南部，与台湾隔海相望的福建。

那个中国小孩是怎么得到他手里的甘薯的呢？答案是哥伦布。科学家们将哥伦布看成无意间开启了全球范围内爆炸性生物交换的人。

[1] 1英里约合1.6千米。——编者注

在他建立了东、西两个半球的联系之后，成千上万的动植物物种在大陆之间往来不绝。这是恐龙灭绝以来生命史上最重要的事件。历史学家称其为“哥伦布大交换”，这就是为什么意大利有番茄、美国有橙子、爱尔兰有马铃薯（俗称土豆）、泰国有辣椒，以及中国有甘薯。

“哥伦布大交换”也能在很大程度上解释为什么英国人输掉了美国独立战争，为什么墨西哥城成了世界上第一座真正国际化的城市，以及为什么数百万非洲奴隶被运到了大西洋彼岸。事实上，这都与本书的主题——哥伦布大交换——有关。

所有这些历史都包含在这个男孩和他手里的甘薯中，尽管他根本不知道这些事情。对他来说，那只是一份零食而已。当我掏出照相机的时候，他的父亲带着不信任的眼光翻了个白眼。但是我拍下的是关于数个世纪全球混乱情景的照片。小男孩噘起了嘴，我按下了快门（图片见本书第 179 页）。

绪 论

与其他著作一样，这本书肇始于花园。大约在20年前，我在报纸上看到这样一则消息，几个本地大学生种植了100种番茄。欢迎人们前去参观。我也喜欢番茄，于是决定带着8岁的儿子去一探究竟。当我们到达学校的温室时，我大吃一惊——我从不知道番茄会有这么多不同大小、形状以及颜色的品种。

一个学生把样本放在塑料碟子里递给我们看。其中一个表面极其粗糙，颜色像旧砖头，茎部很宽的一部分光秃秃的，呈黑绿色。有时，我会梦到一些不可思议的东西，这些东西太过离奇以至于使我惊醒。番茄就是这样的东西，让我目瞪口呆。那个学生说，这是"来自图拉的黑番茄"（Black from Tula）。这是"祖传的"番茄，最初生长于19世纪的乌克兰。

我很吃惊，说道："我以为番茄源自墨西哥。为什么乌克兰也会有？"

那个学生给了我一本目录，里面有番茄、辣椒以及豆类（普通大豆，非绿色的豆子）的遗传系谱。到家之后，我又翻看了这本目录。这三种作物都起源于美洲。但目录上的不同种类往往源自海外，如日本的番茄、意大利的青椒、刚果的大豆。为了品尝这些奇怪又美味的番茄，我又订购了些种子，先将它们养在塑料花盆里，然后将幼苗移植到花园。这是我的第一次尝试。

温室之行过后没多久，我去了图书馆。查找资料后发现，我向那个学生提出的问题很离谱。首先，番茄也许并非源自墨西哥，而是安第斯山脉。有6种野生番茄源自秘鲁和厄瓜多尔，其果实像图钉那么大，都不能吃。对植物学家来说，真正的谜团不在于为何番茄会在乌克兰或者日本出现，而是今天的番茄的祖先如何从南美到了墨西哥。在那里，当地人彻底改造了它们，让它们变得更大、更红，而且最为重要的是，让它们变得可食用了。但为什么最初要将这些毫无用处的野生番茄运输到数千英里之外呢？为什么这些品种没有在南美当地被改良呢？墨西哥人到底怎样改造了这些植物，让其为己所用？

这些问题触及了我长久以来的兴趣：美洲的原住民。作为《科学》杂志新闻部的记者，我不时地与考古学家、人类学家及地理学家进行交流，了解他们不断增加的对本地社会历史——无论是规模或成熟程度——的认识。植物学家因对印第安的植物种植者迷惑不解而产生尊敬之情，也符合那些学者的认识。我从这些谈话中学到了很多，于是就当下研究者对哥伦布之前美洲历史的认识，写了一本书。我花园里的番茄在它们的DNA中就携带了这些历史的片段。

它们也携带了哥伦布之后的历史片段。从16世纪开始，欧洲人将番茄带向了全世界。在说服自己这些奇怪的番茄可食用之后，从非洲到亚洲，农民们开始大规模种植它们。从某种意义上来说，这种植物在其所到之处都会产生文化效应。有时候这种效应还很大——我们很难想象，南意大利人吃饭不用番茄酱会是什么样子。

尽管如此，我也没有想到这种生物移植所产生的意义居然会超越餐桌，直到我在一家二手书店看到一本平装书：《生态扩张主义》（*Ecological Imperialism*），作者克罗斯比当时是得克萨斯大学的地理学家和历史学家。我很好奇会说些什么，于是就拿起了这本书。第一句话看起来非常突兀：“欧洲移民以及他们的后裔遍布全世界，这个现象需要解释。”

我明白克罗斯比的用意。大多数非洲人生活在非洲，大多数亚洲人生活在亚洲，大多数美洲原住民生活在美洲。相比之下，欧洲人的后裔在澳大利亚、美洲以及南非为数众多。成功地移民，使他们构成了这些地方人口的大多数，这是明显的事实，但我以前从未真正想过这个问题。现在我开始考虑：为什么会如此？从生态学来说，这个谜团就像乌克兰的番茄一样神奇。

在克罗斯比（以及他的同事）考察这个问题之前，历史学家倾向于用欧洲在社会和科学方面的优越性解释欧洲在全世界的扩张。而克罗斯比用“生态扩张主义”给出了另外一种解释。与其对手相比，欧洲有更加训练有素的军队和更加先进的武器，他同意这种说法，但是从长远来看，关键因素是生态方面的优势而非技术。驶过大西洋的轮船装载的不光有人，还有植物和动物，有时是有意为之，有时则是无心之举。在哥伦布之后，亿万年来相互分离的生态系统突然相遇融合，形成了克罗斯比所谓的“哥伦布大交换”，这也是他其中一本书的书名。这一交换将玉米带到了非洲，将甘薯带到了东亚，将马和苹果带到了美洲，将大黄和桉树带到了欧洲，同时也交换了一些不那么常见的生物，如昆虫、草、细菌和病毒。当事人并没有完全控制这场哥伦布大交换，也没能真正理解其意义所在，但是欧洲人却借以将美洲和亚洲的大部分地区，以及非洲（在较小程度上）改造成欧洲的生态版本，从而让这些外来人口可以比原住民更舒适地享用这片土地。克罗斯比说，生态扩张主义为英国、法国、荷兰、葡萄牙和西班牙提供了确立帝国所需要的稳定边界。

克罗斯比的著作为一门新学科——环境史的确立奠定了基础。同一时期也见证了另外一门学科——大西洋研究的兴起，这门学科强调环大西洋诸文化交往的重要性。（最近，一些大西洋学家也将太平洋纳入了他们的视野，也许该研究领域需要重新命名。）综合考虑，这些领域的研究者的研究成果构成了一幅新的图景，对我们的世界扩张、相互交往的文明以及由“全球化”所带来的生活方式的起源进行解释。也许可以这样对他们的努力进行概括：我们学生时代所学的都是皇家贵族的历史，而现在，我们认识到了生态与经济交换在历史中所起到的重大作用。也许另外一种说法是，人们逐渐认识到，哥伦布的航行并非标志着新世界的发现，而是新世界的创造。至于如何创造，就是本书所要解答的问题。

本研究得到了最新科学手段的有效支持。卫星探测发现了因为大量乳胶[1]贸易所导致的环境变化，而乳胶正是天然橡胶的主要成分。遗传学家利用DNA分析去追踪土豆枯萎病的破坏之路。生态学家用数学模拟的方法去估算疟疾在欧洲的传播。如此等等，不胜枚举。

本研究意在表明，哥伦布之后所发生的历史，不啻一个新世界的形成，这是两个旧世界相互碰撞的结果——或者说是三个，如果我们认为非洲独立于亚欧大陆之外的话。在16世纪，欧洲亟待加入欣欣向荣的亚洲贸易圈，于是到19世纪，从生物学方面来说，经济的交换系统最终将世界迅速转化为一个单一的生态系统。这一生态系统的创生，帮助欧洲在接下来的几个世纪内掌握了政治主动权，并最终塑造了今天的世界图景：全球范围不断扩张的经济系统，其显赫地位纵横交错、无处不在而又难以理解。

1999年世界贸易组织西雅图会议期间，世界贸易组织的反对者进行了大规模示威游行之后，人们开始反思全球化这个观念，不同意识形态的专家都试图用文章、专著、白皮书、博客以及纪录片向大众推销这个概念。有人意在提倡，有人则呼吁抵制。辩论从一开始就集中在两个极端。一方是经济学家和企业家，他们饱含激情地想要说明，自由贸易会让社会更加繁荣，在非强制性交换中，双方都会获益。他们宣称，贸易越多，社会越好。另一方是环境保护主义者、文化民族主义者、劳工组织者和反企业者。他们认为，不加管制的贸易会破坏政治、社会以及环境的规划，其结果不堪设想，而且总会是破坏性的。他们说，贸易越少，社会越好。要保护本地社区免遭跨国公司因贪婪

[1] 乳胶，亦称胶乳、橡浆。——编者注

而释放的毁灭性伤害！

就在这两种观念冲突之时，全球网络已经成为思想界激烈争论的主题，伴以互相对立的图示、表格和数据——同时还有街上的催泪弹和呼啸的砖头，政治领导人在防暴警察的背后就国际贸易协定进行争吵。有时，标语和反对标语，事实和噱头看起来是互不相关的，但当我有所认识的时候，却渐渐觉得，双方可能都没错。全球化既带来了巨大的经济进步，同时也带来了生态和社会危机，从而危害到前者的成就。

我们的时代的确与过去有所不同。我们的祖先没有因特网、飞机、转基因作物或者国际股票市场。但是，在阅读世界市场诞生过程的相关材料时，我们却不时能听到当下电视新闻中诸多争论的回音——有时微弱，有时强烈。4个多世纪之前的历史事件，奠定了我们当下所经历事件的基础。

某些历史学家对当下世界有个笨拙但准确的命名：世界体系。但这本书并不打算系统地分析这个体系的经济和生态根源。有些问题我完全跳过了。有些事件我很少提及。我的理由是，这个主题对任何一本书来说都太过宏大。事实上，任何类似的尝试只能让人手足无措，难以卒读。我也不想解释研究者如何形成了这种新图景，尽管我会沿着思想的路线，去描述一些主要的具有里程碑意义的事件。在《历史的碰撞：1493》这本书中，我会聚焦在那些对我来说极其重要的区域，尤其是那些材料充足的或者特别有趣的——这就显示了我的记者本色——区域。

在序曲之后，本书分为四个部分。前两部分勾勒了哥伦布大交换的两个组成部分：大西洋和太平洋之间彼此分离但又互有关联的交换。大西洋部分始于詹姆斯敦的典型案例，这是英国在美洲长久殖民的开始。这个地方的作用主要表现在经济方面，其命运却主要由生态力量所决定，尤其是烟草的引进。烟草最初来自亚马孙低地，这个让人兴奋、容易上瘾、声名狼藉的物种，成为第一个真正全球热销的商品。

（丝绸和瓷器在欧洲和亚洲热卖已久，传入美洲之后，随之也成为全球热销商品。）本部分是为后面的内容所做的铺垫，讨论引进的物种，而非其他事物，如何塑造了从巴尔的摩到布宜诺斯艾利斯的所有社会：这些是导致了疟疾和黄热病的微小生物。我的考察涉及弗吉尼亚的奴隶制和圭亚那的贫困，然后我会讨论疟疾在塑造美洲的过程中所起到的作用，并以此作为结束。

第二部分我会关注太平洋，在这里，浩大的船只将美洲的白银运到中国，这也意味着全球化的开始。我们会考察一些城市：玻利维亚的波托西，菲律宾的马尼拉，中国东南的月港。这些城市一度声名鹊起，是连接世界经济的枢纽，但现在已乏人问津。交换给中国带去了甘薯和玉米，而这给中国的生态系统造成了致命的后果。这些生态后果也造就了后来的经济与政治现实。最终，甘薯和玉米在明朝的繁荣与崩溃的过程中，也扮演了重要角色。

第三部分通过两场革命揭示了哥伦布大交换的意义：开始于 17 世纪后期的农业革命，以及在 19 世纪早中期开始的工业革命。我会聚焦在两个引进物种：土豆（从安第斯引进欧洲）和橡胶树（从巴西移植到南亚和东南亚）。这两场革命——农业革命和工业革命——促进了西方的崛起，使得西方成为主导性的力量。但如果没有哥伦布大交换，这两场革命则必然会有截然不同的发展轨迹。

在第四部分，我会回到第一部分的一个主题。这里，我要提及最为关键的交换：奴隶贸易。大约在 1700 年，将近 90% 横渡大西洋的人都是非洲黑奴。（剩下的则是美洲原住民。）这场规模巨大的人口转移所导致的结果是，过去 3 个世纪绝大部分美洲领土被非洲人、印第安人和非裔印第安人所占据。其互动长期为欧洲人所忽视，但这却是人类历史的重要财富，现在也得到了关注。

也就是说，黑种人和红种人在其他互动的背景下相遇了。因为哥伦布的航线，诸多不同的人种加入了迁徙的队伍，地球上也开始出现我们现在习以为常的精通多国语言的人以及全球性大都市：墨西哥城。

其文化融合涉及社会的方方面面，顶层的西班牙征服者会与他们所征服的贵族通婚，底层的西班牙理发师则会严正抗议薪酬低下的中国理发师。作为全球的十字路口，这个伟大的、充满动荡的大都市，代表了我们在本书第一部分所描述的两个网络的统一。终曲意在说明这些交换并未远去。

我们对过去的描述——由生态和经济所驱动的大都市——对很多人来说可能匪夷所思，他们就像我一样习惯性地认为，这些英勇的冒险家、睿智的发明家以及帝国都是因为技术和制度优势而产生的。同时，如果承认在5个世纪之前全球化就开始影响世界，这也很奇怪。想到在全球化过程中历史悠久的生态灾难以及因灾难而带来的磨难和政治动乱，也会让人感到不安。但也有让人骄傲的地方；这会让我们认识到，在人类历史中，所有区域都发生过重大作用，所有区域都内嵌在这个星球更大的、更加复杂的生命进程中。

当我写下这些话的时候，正值温暖的8月天。昨天我的家人第一次从我们的花园收获番茄。这是我20年前访问那所大学之后的改良品种。

当我种下这些番茄的时候，我很快发现，为何有如此多的人喜欢在花园中闲逛。对我来说，在番茄周围闲逛就像小孩子过家家一样：我既是在为自己建造世外桃源，同时也在桃源中创造我自己的家园。我跪在泥土上，建造一小片天地，这片天地就像家那样，让你感到舒适，忘记时间。

生物学家肯定认为这些都是胡扯。有时，我的花园也会种植罗勒、茄子、青椒、羽衣甘蓝、甜菜、莴苣及金盏菊，我的邻居认为我这是要驱虫（科学家可能不这么认为）。这些物种并非来自我所熟悉的地方。玉米和烟草也并非长在附近的农场中；玉米来自墨西哥，烟草来自亚马孙。同样，我邻居家的奶牛、马和猫也是来自国外。像我这样，能在花园里拥有归属感并忘记时间，这说明了人的适应能力（或者不客气地说，说明我们在无知的情况下也能够行动）。我的花园绝非意味着稳定和传统，而是对人类过去的漫游和交换的生物学记录。

但从另一个方面来说，我的感觉也是对的。大约在70年之前，古巴的民俗学家费尔南多·敖提思·费尔南德斯（Fernando Ortiz Fernández）生造了一个拗口但却有用的术语“文化汇流”（transculturation），来描述一个群体从另外一个群体引入一首歌、一种事物或一个观念之后所产生的后果。敖提思注意到，新事物不可避免地要发生改变；人们会通过适应、改造以及混合的方式让其本地化，从而适应自己的需要和境况。自哥伦布开始，全世界就在经历急剧的文化汇流。地球上的所有地方——也许除了南极洲，都因为1492年的发现而发生改变。5个世纪以来，因为不断交往而产生的摩擦和混乱对我们来说，已经习以为常；我的花园里有世界各地的植物，这就是很好的例子。这些番茄到底是怎么到达乌克兰的？如果要描述这本书，可以说，这本书就是我长久努力后，对这个问题所做出的回答。

序　曲

在同质世之中

第一章

两座纪念碑

联合古陆的裂隙

雨刚刚停，但依旧闷热。眼前人迹全无；耳边除了昆虫和海鸥的鸣叫，就只剩加勒比海低沉的浪拍声。脚下的土地上覆盖着一层薄薄的红土，石块围成的矩形散布在我周围：它们是考古学家发现的建筑轮廓，而建筑本身已经不复存在。周围的水泥小道，微微蒸腾着雨后的水汽。有一座建筑残存的墙体较多，研究人员给它架上新屋顶，这便成了下雨时唯一需要保护的建筑物。在它的入口处，像哨兵一样竖着一个手写的标识：阿尔米兰特公寓，哥伦布的家（Casa Almirante, Admiral's House）。这里便是海洋舰队领导者克里斯托弗·哥伦布在美洲的第一个住所，他就是学童们从课本上读到的被称为“新世界发现者”的男人。

被命名为伊莎贝拉镇（La Isabela）的定居点位于伊斯帕尼奥拉岛（Hispaniola）北部，在今天的多米尼加共和国。它是欧洲人在美洲大陆尝试建立的第一个永久性据点。（更确切地说，伊莎贝拉镇标志着后来欧洲人开拓一系列定居点的开端——500 多年前，维京人在纽芬兰建立的村庄也短暂存在过。）在两条湍急的小河汇流的地方，舰队领导者圈定了他的势力范围：北岸有一座设防要塞，南岸是一个由若干农庄组成的卫星状群落。至于自己的住所，哥伦布（当时他的名字是克里斯托瓦尔·科隆）选择了全镇最好的位置：定居点北侧的岩质海岬，比邻汪洋大海。房子的采光很好。

今天几乎没人知道伊莎贝拉镇。类似被遗忘的命运有时也会落在小镇创建者的头上。当然，历史教科书绝对没有遗漏哥伦布的名字，但在书中他已经不再像过去那样重要、那样令人钦佩。今天的评论家形容他是一个残酷且被蒙骗了的人，是运气让他发现了加勒比海。作为帝国主义殖民扩张的代理人，无论从哪方面来说，他都是美洲原住民的灾难。不过当代还有另一派观点，认为海洋舰队领导者依然值得我们关注。在这个星球上穿行的芸芸众生中，唯有哥伦布开创了生命史的新时代。

西班牙国王斐迪南二世和王后伊萨伯拉一世不情不愿地支持了哥伦布的第一次航行。在那个年代，越洋远航费用高得惊人。其危险不亚于今天搭乘航天飞机。尽管哥伦布不厌其烦地纠缠，但他还是通过

人们用石头垒出伊莎贝拉镇建筑物的轮廓，这是克里斯托弗·哥伦布在美洲大陆建立的第一个永久性据点。

威胁说要将航海计划带到法国，才得到国王的支持。他的一位朋友后来记录道，哥伦布已经骑马跑到边境，王后“派宫廷紧急执行官”将他追了回来。这个故事也许有些夸张。国王所持的保留性态度，虽然没能削弱哥伦布的雄心，但严重限制了他远征的规模：只有3艘小船（最大的也没有超过60英尺[1]长）和90名拼凑起来的船员。据一位同行的航海者说，哥伦布需要靠自己解决四分之一的预算，很可能是向意大利商人借的。

1493年3月，当他载着黄金饰品、色彩斑斓的鹦鹉和10名印第安俘虏胜利返航后，形势彻底改变了。此时热情高涨的国王和王后在仅仅6个月后便将哥伦布送上了第二次规模更大的远航：17艘船；船员可能多达1 500人，其中至少有12人是奉命前往新大陆传教的牧师。哥伦布相信自己找到的是通往亚洲的航路，因此他认为，经过一段短暂的航行后，就将看到中国和日本以及那里丰富的商品。第二次远航的目标是为西班牙在亚洲内陆创建一个永久性据点，一个为进一步探险与贸易而设的基地。

新殖民地的创建者之一曾预言：“（这里）将会因为居民众多、建筑精美、城墙宏伟而名扬天下。”然而事与愿违的是，伊莎贝拉镇成了一场灾难，建成后不到5年就被废弃了。这里的建筑随着时光流逝而消失，人们把建筑石料拆下来，在他处建造更繁荣的城镇。20世纪80年代后期，当美国和委内瑞拉的联合考古队开始挖掘这个遗址的时候，伊莎贝拉镇的居民已经相当少，以至于科学家们能将整个居民点搬到附近的山坡上。如今，这里只有几家路边的鱼餐厅、一家门庭冷落的酒店和一个参观者寥寥的博物馆。小镇边上有一座教堂，它建于1994年，但已有了老化的痕迹，它是为纪念在美洲大陆举行的第一次天主教弥撒而建的。从哥伦布只剩废墟的房子眺望大海，不难想象，失望的游客会觉得这块殖民地没有留下任何有意义的东西。因而，除了美

---

[1]　1英尺约合0.3米。——编者注

丽的海滩，伊莎贝拉镇不值得一看。但是，这是个错误的想法。

对于出生在哥伦布建立伊莎贝拉镇那天（1494 年 1 月 2 日）的婴儿来说，在他们诞生的世界里，西欧和东亚的直接贸易与交流，很大程度上被伊斯兰国家（以及其在威尼斯和热那亚的合作伙伴）阻隔了，撒哈拉以南的非洲很少与欧洲接触，与南亚和东亚则根本没有来往，东、西两个半球对于彼此的存在几乎一无所知。到了 1494 年出生的人有了孙辈的年代，大批非洲奴隶被运往美洲，开采用来和中国做生意的白银；西班牙客商焦急地等待着最新一批从墨西哥运来的亚洲丝绸和瓷器；荷兰的水手用来自马尔代夫群岛的玛瑙贝壳，在大西洋海岸的安哥拉买卖人口。从马德里、马德拉斯、麦加到马尼拉，各地的富人与权贵都着迷于来自加勒比海地区的烟草。江户（即今天的东京）年轻的暴力男组织的吸烟聚会，不久后将衍生两大对立的帮派——荆棘帮（Bramble Club）和皮马裤帮（Leather-breeches Club）。当时的幕府将军下令监禁了他们中的 70 名成员，并下令禁烟。

全球贸易持续了 1 000 多年，其中多数是横跨印度洋的。几个世纪以来，中国通过丝绸之路向地中海地区输出丝绸，对于那些成功走完丝绸之路的人来说，这条漫长商路虽危机四伏却也回报丰厚。然而，过去还没有出现过发展得如此迅速、蓬勃的全球贸易。以前既没有涵盖东、西两个半球的贸易网络，地球一边发生的事件也不可能干扰另一边的社会进程。通过建立伊莎贝拉镇，哥伦布拉开了欧洲人长期占领美洲的序幕。此举也让他开启了全球化的时代，这是一个独一无二、势不可当的商品与服务贸易的交换，如今它的影响已波及世界上任何一个有人居住的地方。

媒体通常从纯经济学的角度来讨论全球化，但其实它也是一个生物学现象；事实上，从长远来看它可能首先是一种生物学现象。2.5 亿年前，世界是由一块被科学家称为“联合古陆”的巨大陆地构成的。地质力量撕裂了这片广袤的大地，将它分成欧亚大陆和美洲大陆。久而久之，在两块分离开的大陆上演化出完全不同的植物和动物。在哥伦布之前，也有一些勇敢的陆地生物漂洋过海，在另一块大陆建立了家园。如大家猜想的那样，大部分是昆虫和鸟类，但令人惊讶的是，其中还包括一些农作物——葫芦、椰子和甘薯，这也是让当今学术界头疼的一大课题。如果没有这些，世界应该是被割裂成了若干个独立的生态圈。用历史学家克罗斯比的术语来说，哥伦布标志性的成就是让“联合古陆的裂隙重新弥合”。1492 年后，当欧洲船只将成千上万的物种运到大洋彼岸的新家园时，全球的生态系统开始了碰撞与融合。克罗斯比将其称为“哥伦布大交换”，正是它让意大利有了番茄，美国有了橙子，瑞士有了巧克力，泰国有了辣椒。对生态学家来说，“哥伦布大交换”称得上恐龙灭绝后最重要的事件。

毫无意外，这场生物界的巨变也影响到了人类社会。克罗斯比认为，我们在课堂上学到的很多历史事件背后都有“哥伦布大交换”的身影——它就像一股无形的浪潮，席卷了国王与王后、农民与牧师，这一切都在不知不觉中发生。克罗斯比的说法有争议；事实上，几乎所有主流学术出版商都拒绝了他的文稿，最后他只能在一家小型出版社出版自己的作品。为此他曾跟我开玩笑说，他的书在发行时是“被扔在大街上的，希望读者能碰巧看见”。然而，在他发明这个术语几十年后，越来越多的研究者开始相信，哥伦布的远航确实引起了生态大爆炸，就像他在经济领域引起的震荡一样，这是塑造现代世界的众多事件之一。

1492 年圣诞节当天，哥伦布船队的旗舰“圣马利亚”号在伊斯帕尼奥拉岛北部的海滩搁浅，他的首航就这样告一段落。剩下的两艘船“妮娜”号和“平塔”号都太小，无法容纳所有船员，于是他不得不留下 38 个人。哥伦布启程返回西班牙，而这些人则在此扎营；所谓营地，其实只是在一个较大的原住民村落附近围一圈原木栅栏，再搭几处简易小屋。从建立的那天起，营地就有了名字——“拉·纳维达”（La Navidad，圣诞节之意），不过现在已经无迹可寻。伊斯帕尼奥拉岛的当地人是“泰诺人”（Taino）。西班牙人与泰诺人混居的拉·纳维达是哥伦布第二次远航的目的地。在他将船员留在当地 11 个月后的

1493年11月28日，扬扬得意的他作为一支舰队的领导者再次抵达这里，船员们都爬到桅杆的支索上，迫不及待想一睹新大陆的样子。

然而，他们找到的只有废墟。无论是西班牙人还是泰诺人的聚落都被夷为平地。“我们眼前的一切都烧成了灰烬，基督徒的衣服散落在杂草丛中。”船队的医生如是记载。附近的泰诺人指引着外来者找到了11具西班牙人的尸体，“上面覆盖着丛生的植物”。印第安人说，这些船员杀男人、强奸女人，惹怒了他们的邻居。在冲突中，另一个泰诺人部落突袭而来，把对峙双方都消灭了。哥伦布用了9天时间寻找幸存者，但一无所获，于是他启程去寻找更适合建立据点的地方。逆风而上的船队花了近一个月时间才沿着海岸线往东艰难前进了100英里。1494年1月2日，哥伦布来到一处浅海湾，他即将在这里建立伊莎贝拉镇。

殖民者即将陷入食物短缺的境地，更糟糕的是缺水。作为管理能力不足的明证，哥伦布竟然没有检查他所订购的水桶；于是不难预见，它们漏水了。哥伦布无视手下对饥渴的抱怨，命令他们平整土地，种植蔬菜，建立一座两层的堡垒并用高耸的石墙将新辟据点最重要的北半边保护起来。有人抱怨说，西班牙人大约建了200栋房子，“和猎鸟时住的小木屋一般大，顶上铺的是草”。[1]

大部分新来的人都认为这是白费工夫。真正想在伊莎贝拉镇建立商业点的人并不多，想开垦种地的就更少了。相反，他们认为这块殖民地只是追寻财富（特别是黄金）之路上的一个营地。哥伦布自己也很矛盾：一方面，他应该治理好这块殖民地，从而在美洲大陆上建立一个商贸中心；但另一方面，他又应该出海，继续他的寻找中国之旅。哥伦布始终没能解决这个矛盾。

[1] 由于缺水，船员直接从河流里饮水。一些研究者认为，哥伦布和他的人患上了细菌性痢疾，这是一种由美洲热带地区的细菌引起的疾病，通过粪便传播。这种细菌会导致人体出现赖特综合征，这种自身免疫性疾病会使患者身体大面积肿胀和发炎，包括眼睛和内脏。这年晚夏，哥伦布也出现了这些症状。赖特综合征会引起持久性疼痛，有时甚至致命。也许，正如科学家所怀疑的那样，赖特综合征导致了数年后哥伦布的死亡。哥伦布本人也是“哥伦布大交换”早期受害者之一。

1494年4月24日，哥伦布再次启程去寻找中国。临行前，他命令他的指挥官佩德罗·马加里特（Pedro Margarit）带领400人进入崎岖的内陆山区去寻找印第安人的金矿。在发现山里的黄金藏量微不足道、食物供给不足后，衣衫褴褛、饥饿不堪的马加里特的队伍返回伊莎贝拉，可是却发现那里也没有吃的了——那些留下来的人心怀不满，拒绝打理菜园。盛怒的马加里特劫持了3艘船，逃回了西班牙，发誓要告诉所有人，这场远航简直就是浪费时间和金钱。留下来的人没有口粮，于是剩下的殖民者开始劫掠泰诺人的仓库。被激怒的印第安人发起反击，一场混乱的战争爆发了。这就是5个月后哥伦布回到伊莎贝拉镇时看到的情形，他不仅没能抵达中国，还重病缠身。

一个由四个泰诺人部落组成的松散联盟与西班牙人展开了对抗，其中一个部落决定与外来者决斗。尚未发明冶金技术的泰诺人，无法抵挡钢铁武器的攻击，但他们也让西班牙人付出了沉重的代价。印第安人发起了初级形态的化学战，朝攻击者投掷塞满灰土与辣椒的葫芦，释放出令人窒息并影响视线的烟雾。他们用大手帕遮住头脸，冲进催泪气体中，杀戮西班牙人。他们的目的是赶走这些外来者——而对于孤注一掷投身航海的哥伦布来说，这是始料未及的事情。当西班牙人开始反击时，泰诺人在撤退中执行了焦土策略，他们破坏了自己的家园和菜园。“这是因为他们相信饥饿会把我们从这片土地上赶走。”哥伦布嘲讽地写道。最终，哪一方都没有赢。这个联盟无法将西班牙人轰出伊斯帕尼奥拉岛。而西班牙人发起战争的对象，就是那些给他们提供食物的人，完胜也是一场灾难。他们在一场又一场小冲突中获胜，屠杀了无数当地人。同时，饥饿、疾病和疲惫也让伊莎贝拉镇的墓园变得拥挤。

1496年3月10日，因为灾祸而感到耻辱的哥伦布启程回西班牙，希望能从国王和王后那里求来更多资金和补给。两年后，当他再次返航时——这是他一生四渡大西洋中的第三次——伊莎贝拉镇已经所剩无几，因此只好在该岛另一端的圣多明各登陆，那是他留在岛上的弟弟巴托洛梅（Bartolomé）建立的新据点。此后，哥伦布再也没有踏入他建立的第一个殖民地，那里几乎被人遗忘了。

尽管存在时间很短，伊莎贝拉镇却标志着一个巨大变革的到来：这就是加勒比海地区现代景观的形成。哥伦布和他的船员们并不是独自航行，和他们在一起的还有昆虫、植物、哺乳动物和微生物。从建立伊莎贝拉镇开始，欧洲的远征队就带来了牛、羊、马以及甘蔗（原产于新几内亚）、小麦（来自中东）、香蕉（来自非洲）和咖啡（同样来自非洲）。同样重要的是，还有一些生物在殖民者都不知道的情况下，也“搭上了便车”。蚯蚓、蚊子、蟑螂、蜜蜂、蒲公英以及非洲草类和各种各样的老鼠，像心急的游客一样，从哥伦布和随行船只的船舱里蜂拥而出，闯入从未见过的新大陆。

美洲的植被在牛羊扁平的牙齿间被磨碎，这使得当地的灌木和树木都难以再生长。夹在奴隶船的草垫床里来的非洲草类在牛羊蹄下发芽；它们在大地上繁密地生长，丝毫不给本土植物留出喘息空间。（外来草类比加勒比海地区的本土地表植物更能适应放牧，因为它们从叶基部开始生长，而不像其他先长叶端部。本土草类的生长区域在放牧中被牲畜消耗掉了，但非洲草类却不会受太大影响。）年复一年，加勒比海地区的棕榈林、桃花心木林和木棉树林变成了澳洲金合欢林、埃塞俄比亚灌木林和中美洲苏木林。来自印度的猫鼬在树下流窜，将多米尼加的蛇捕杀至灭绝。直到今天，变化还在发生。从西班牙引入伊斯帕尼奥拉岛的柑橘树，近来遭到潜叶蛾的侵害，这种危害柑橘树的虫类很可能是2004年从东南亚进入这里的。如今，伊斯帕尼奥拉岛只有一小部分是最初的原始森林了。

本土生物与外来物种以意想不到的方式互动，这打乱了当地的生态秩序。哈佛大学的昆虫学家爱德华·O. 威尔逊（Edward O. Wilson）提出，西班牙殖民者1516年引入非洲香蕉时，也带来了介壳虫，这种外壳坚硬并分泌出蜡质包被的小昆虫会从植物的根、茎中吸食汁液。非洲已经发现了十几种危害香蕉植株的介壳虫。威尔逊称，在伊斯帕尼奥拉岛，这些昆虫没有天敌，因此它们的数量呈爆炸的态势猛增，这是一种被科学家称为“生态释放”（ecological release）的现象。介壳虫的泛滥让岛上的欧洲蕉农惶恐不安，但却让另一种本土物种——热带红火蚁（*Solenopsis geminata*）[1] 喜出望外。红火蚁喜欢吃介壳虫带糖分的排泄物；为了确保这一点，它们会攻击一切妨碍它们的东西。介壳虫的激增必然会引发红火蚁的大幅增加。

这些还只是基于材料的推论，但1518年和1519年发生的却不仅仅是猜想。牧师巴托洛梅·德·拉斯·卡萨斯（Bartolomé de Las Casas）亲身经历了那场灾难，据他记载，西班牙柑橘树、石榴树和肉桂树都被“连根”毁灭了。数千英亩[2] 的果园“完全被烧焦、烤干，仿佛有火焰从天而降烧毁了它们”。威尔逊认为，真正的罪魁祸首是吸食植物汁液的介壳虫。但西班牙人只看到了红火蚁——“数之不尽的蚂蚁”，拉斯·卡萨斯写道，它们的蜇咬比“黄蜂叮人还要痛”。成群的蚂蚁蜂拥而至，把屋顶都盖黑了，“仿佛撒了一层木炭粉”，地上密密麻麻全是蚂蚁，殖民者必须将床腿泡在盛着水的碗里阻挡蚂蚁才能入睡。它们“势不可当，无论用什么方法、靠什么人为手段”。

精疲力竭、胆战心惊的西班牙人把家留给了昆虫。一个目击者回忆说，圣多明各变得“人烟稀少”。在一场庄严的仪式中，幸存的殖民者通过抽签的方式，选了一位圣人代表他们向上帝求情——被选中的是公元3世纪的殉道者圣萨图尔纽斯（St. Saturninus）。他们为圣萨图尔纽斯举行了纪念游行和宴会。收效还不错。“从那天起，”拉斯·卡萨斯写道，“一眼看去，灾难开始减轻了。”

从人类的角度来看，“哥伦布大交换”影响最深的还是人类本身。西班牙的文献显示，伊斯帕尼奥拉岛曾经住着数量庞大的原住民，举例来说，哥伦布曾随口描述泰诺人“数不胜数，我相信他们有好几百万人”。拉斯·卡萨斯则认为人口应该“超过了300万”。现代研

---

[1] 每个物种的学名都包括两个部分：其属名——它和相关物种同属于的某个类群——以及合适的种名。所以，红火蚁属于 *Solenopsis* 属，*geminata* 是它的种名。按照惯例，拼写时属称可以用其首字母缩写，再加上种名，如 *S. geminata*。

[2] 1英亩约合4 047平方米。——编者注

究者仍然没有得到确切数字，估计在 6 万到 800 万之间。2003 年一项缜密的研究称，真实的数字应该是“几十万”。然而，无论原始数字是多少，欧洲人造成的影响都是相当可怕的。1514 年，在哥伦布初航 22 年后，西班牙政府为了将印第安人作为劳力分配给殖民者，对伊斯帕尼奥拉岛的印第安人进行了统计。人口普查执行官深入全岛各处，却只找到了 26 000 名泰诺人。34 年后，据一位受过教育的西班牙裔居民记载，只有不到 500 名泰诺人还活着。对泰诺族群的破坏让圣多明各陷入了贫困。殖民者摧毁了他们自己的劳动力。

西班牙人的暴行是导致灾难的因素之一，但更重要的原因是“哥伦布大交换”。在哥伦布到来之前，欧洲和亚洲常见的流行病从未在美洲大陆上存在过。引发天花、流感、肝炎、麻疹、脑炎和病毒性肺炎的病毒；引发肺结核、白喉、霍乱、斑疹伤寒、猩红热和细菌性脑膜炎的细菌——生物进化史的不同让西半球对这些一无所知。这些疾病从欧洲跨洋而来，以惊人的速度削减了伊斯帕尼奥拉岛原住民的人口。第一起有记载的流行病发生在 1493 年，可能是猪流感导致的。令人惊恐的是，天花也于 1518 年传入；它扩散到墨西哥，席卷中美洲，继而入侵秘鲁、玻利维亚和智利。其他一系列疾病紧随其后。

16 世纪和 17 世纪，新的微生物在美洲各地扩散，从一个受害者身上跳到另一个身上，杀死了西半球四分之三甚至更多的人。就像是过去 1 000 年在欧亚大陆因疾病而造成的痛苦，浓缩到了几十年的时间跨度中。在人类历史上，还从未有过如此巨大的人口灾难。最新研究显示，泰诺人从地球上消失了，但他们的 DNA 可能延续了下来，隐形地存活在带有非洲人或欧洲人特征的多米尼加人身上，来自不同大洲的遗传基因互相缠绕，将“哥伦布大交换”的遗产编入基因代码之中。

到灯塔去

一条平静、潺潺的河穿过多米尼加共和国的首都圣多明各。河西岸有几处殖民城镇建筑的石质遗迹，其中包括哥伦布的长子迭戈·科隆的华丽住宅。在河东岸，一个巨大、斑驳的混凝土平台拔地而起，它高102英尺、长689英尺。这就是哥伦布灯塔。之所以被称为灯塔，是因为它的顶部安装了146盏4千瓦的灯。它们径直朝上，向天空齐齐射出强光，耗能之大足以导致周围地区断电。

像中世纪教堂一样，哥伦布灯塔被设计成十字架的样子，里面是一个长中殿和从中殿两侧延伸出来的较短的袖廊。在中央交叉的位置上，有一个带锁的水晶箱，里面是一口镶有华丽金饰的石棺，据说保存的是哥伦布的遗骸。（这个说法尚有争议，西班牙的塞维利亚也有一口华丽的石棺，据称安放着哥伦布的尸骨。）除了石棺，灯塔里还陈列了一系列来自其他国家的展览品。不久前我去参观时，展览内容以西半球的原住民用品为主，在作品中，他们被动甚至感激涕零地接受欧洲人在文化和技术上的慷慨帮助。

毫无意外，原住民几乎都不赞同这种对于他们历史的看法，当然也包括哥伦布在其中的作用。有一大批社会活动家和学者，不断地在公众面前谴责这个男人以及他的事业。他们称他是一个残忍的人（按今天的标准，他的确是），是一个种族主义者（严格来说，他并不是，因为现代意义的种族观念当时还未形成），是一个不合格的管理者（的确是），是一个不合格的船员（并不是），是一个宗教狂热分子（从世俗角度来看，他当然是），是一个贪婪的偏执狂（他的支持者会说，这一项可以用来指控所有有抱负的灵魂）。贬低哥伦布的人控诉说，他始终不了解自己发现的东西。

而在1852年，情况完全不一样。那一年，多米尼加文学家安东尼奥·德尔蒙特–特哈达（Antonio del Monte y Tejada）刚完成四卷本《圣多明各史》的第一卷，他在卷末称颂了哥伦布“伟大、慷慨、值得纪念并将功勋永存”的事业。德尔蒙特–特哈达写道，哥伦布的每一个举动都“伟大而高尚”，难道“所有国家……（不该）永远感激他吗”？德尔蒙特–特哈达建议，最好的回报方式是“欧洲和美洲所有城市共同”出资兴建一座“像罗得岛巨型雕像”那样庞大的哥伦布雕像，让它的双臂在西半球“最知名、最引人注目的地方——圣多明各”的上空仁慈地张开。

一座献给哥伦布的伟大纪念碑！在德尔蒙特-特哈达看来，这个提议的价值不言自明；哥伦布就是上帝派来的信使，他远航来到美洲是“神的旨意”。尽管如此，纪念碑还是用了近一个半世纪的时间才建成。经济状况是造成延迟的主要原因，大部分西半球国家都太贫穷，无力投钱给一座遥远小岛上的硕大雕像。但这也反映了人们对哥伦布的看法正在动摇。评论家质疑说，今天当我们真正知道伊斯帕尼奥拉岛上的印第安人的遭遇时，难道还要为哥伦布的航海建纪念碑吗？想想他的所作所为，那个安躺在灯塔中央的镶金棺材里的究竟是个什么样的人？

这不是一个容易回答的问题，尽管在同时代的人中，他的生平算是记录得很翔实了——最新出版的小开本哥伦布文集也厚达536页。

哥伦布在世时，没有人叫他“哥伦布”。他早年生活在意大利的热那亚，受洗时家人给他取名克里斯托福罗·科隆博（Cristoforo Colombo）；搬到葡萄牙后，他改名为克里斯托旺·科隆博（Cristovao Colombo），当时他是热那亚商人家族在葡萄牙的代理。由于未能说服葡萄牙国王赞助一次跨大西洋探险，1485年后，他移居西班牙并开始称自己为克里斯托瓦尔·科隆（Cristóbal Colón）。在往后的岁月里，他像一个任性的艺术家一样，坚持用一个令人费解的图像字符做自己的签名：

·S·

S·A·S

X M Y

: Xpo FERENS./

1992 年，体量庞大、呈十字形的哥伦布纪念馆在圣多明各落成，它的设计师是年轻的苏格兰建筑师约瑟夫·利·格里夫（Joseph Lea Gleave）。他试图通过石料来展现他所认为的哥伦布最重要的角色：将基督教带到美洲的人。他曾谦虚地说，这个建筑将是“有史以来所有伟大纪念碑中的一员”。

没人准确知道它的意思，不过，签名的第三行让人想到基督（Xristus）、马利亚（Maria）、约瑟（Yosephus），前两行字母的意思可能是“我是至高救世主的仆从”，第四行“Xρo FERENS”的意思可能是“背负基督的人”（Christ-Bearer）。

“他是一个体格健美、高大过人的男子，”哥伦布的私生子埃尔南（Hernán）描述说，“他的头发过早就白了，浅色的眼睛，鹰钩鼻，白皙的脸颊容易潮红。”他喜怒无常，情绪化，一会儿一个主意。埃尔南回忆道，虽然不时会陷入暴怒，但哥伦布“非常反感诅咒和渎神的话，我可以保证，除了‘以圣斐迪南之名’，我从没听过其他”。主宰他一生的是过度膨胀的个人抱负，以及更为重要的——坚定的宗教信仰。

哥伦布的父亲是一个织工，经常刚还完一笔债又欠下一笔，而儿子显然对此感到羞愧：他竭力隐瞒自己的出身，成年后的岁月都在寻找一个英明君主治理下的伟大王朝。他屡次请求葡萄牙和西班牙的统治者支持他向西航行却未果，但他始终充满热情且信念坚定。那段时间，他住在西班牙南部一座很有政治影响力的方济各会修道院，这里很流行 12 世纪神秘主义者若阿欣·迪·菲奥雷（Joachim di Fiore）的观点，后者相信在基督徒从伊斯兰势力手里夺回数世纪前被侵占的耶路撒冷后，人类会进入一个精神幸福的时代。哥伦布相信，他的航行带来的利润不仅能为自己积累财富，更能实现迪·菲奥雷关于教皇军队东征的设想。与中国的贸易会让金钱源源不断地输入西班牙，他预测说："3年之内，君主就可以着手准备征服圣地了。"

哥伦布对地球大小和形状的看法对这个宏大计划至关重要。在我小时候，和无数之前的学生一样，我学习到哥伦布是他那个时代的先锋，当所有人都还相信地球又小又平时，哥伦布就已经宣称这个星球是个巨大的圆球体了。四年级的老师曾给我们展示一幅蚀刻画，画上的哥伦布在一群讥讽他的中世纪专家面前摆动着地球仪。一束阳光照亮了地球仪和哥伦布飘逸的头发；相形之下，批评者就像罪犯一样蜷伏在阴影里。唉，我的老师其实说反了。早在 1 500 多年前，学者们就已经知道地球是个庞大球体了，而哥伦布对此持有异议。

哥伦布在第二个问题上的看法还不算错得离谱。他认为地球不是规则的球体，而是"梨形的，除了茎部较高，其他地方都很圆；或者像一个非常圆的球，但在某个位置上有一块像女人的乳头那样凸起"。可以这么说，在"乳头"的尖端，就是"人间乐园（Earthly Paradise），若没有神的旨意，没有人可以到那里"。（在后来的一次航行中，他到了今天的委内瑞拉，并以为自己找到了那个"乳头"。）

西班牙国王和王后根本不关心哥伦布对于世界形状或天堂位置的看法。但他们对他关于地球大小的观点却很感兴趣。哥伦布所判断的地球周长比实际至少短了 5 000 英里。如果他的观点正确，那么西欧和中国东部之间的间隔——今天我们知道，这个间隔包括了大西洋、太平洋和中间的大陆——将远远小于实际的规模。

这个观念诱惑了君主们。与其他欧洲精英阶层一样，他们着迷于那些描述中国财富与文明程度的文字。他们对亚洲的纺织品、瓷器、香料和宝石充满渴望。但是，伊斯兰势力阻挡了他们的路。如果欧洲人想得到亚洲的奢侈品，就不得不与伊斯兰势力协商，而基督教世界曾与其作战长达几个世纪。更糟糕的是，威尼斯和热那亚的商业城邦已经和伊斯兰势力达成协议，从而垄断了贸易。西班牙和葡萄牙尤其不愿意与信仰伊斯兰教的人合作，因为穆罕默德的军队曾在公元 8 世纪征服了这里，两国经过了数百年的战争才将其赶走。不过，即使其他人与伊斯兰势力达成共识，威尼斯和热那亚商人也会立刻跳出来，以武力捍卫他们的优势地位。为了绕过不必要的中间商，葡萄牙一直在尝试将船只绕过非洲——这是一段漫长、危险而昂贵的航程。此时，哥伦布告诉西班牙的统治者，有一条更快捷、更安全而且更便宜的航线：朝西走，横跨大西洋。

实际上，哥伦布挑战的是古希腊博学家埃拉托色尼（Eratosthenes），公元前 3 世纪他通过一种方法测定了地球周长。科学史学家罗伯特·克里斯（Robert Crease）2003 年写道，他的方法是“如此简单、如此有启发性，即使是 2 200 多年后的今天，世界各地的学童们每年都还在效仿”。埃拉托色尼的结论是地球周长大约是 25 000 英里。欧亚大陆东西宽约 1 万英里。算术结果显示，中国与西班牙相距约 15 000 英里。欧洲的造船者和有志成为探险家的人都清楚，没有船能完成 15 000 英里的航程，更别提返程了。

哥伦布相信自己推翻了埃拉托色尼的观点，从某种程度上来说确实如此。作为一个熟练、敏锐的船员，他曾多次往返于东大西洋、非洲和冰岛之间。在航行过程中，他尝试用四分仪去测量一个经度的实际距离。他相信自己的测量结果证实了公元 9 世纪巴格达的一位哈里发的论断：1 经度对应的地面距离约为 56.67 英里（实际是近 69 英里）。

哥伦布将这个数值乘以 360（一个圆的圆周角总度数），计算出地球的周长约 20 400 英里。将这个数字与一个夸大的对欧亚大陆东西跨度的估值放在一起，哥伦布断言，只需航行 3 000 英里就可横渡大西洋了，而从新近被征服的加那利群岛起航，还可缩短 600 英里的航程。西班牙的船可以轻松驶完这段距离。

西班牙的君主们向上帝祈祷哥伦布的猜测无误，并将他的提案交给了由天文学家、航海专家和自然哲学家组成的评委会。专家评委们不以为然。在他们看来，教育程度不高的哥伦布在波涛颠簸的船上笨手笨脚地操作四分仪，他这样的人宣称自己驳倒了埃拉托色尼，就像有人在穷乡僻壤的窝棚里宣称地心引力对铁的作用并不如科学家想的那样大，所以他能用一圈绳子吊起一个铁砧。然而，最后国王和王后还是无视了专家的意见，让哥伦布去试试他的“绳子”。

1492 年登陆美洲后，哥伦布很自然地宣称他的观点得到了证实。欣喜的君主授予他荣誉和财富。[1]1506 年哥伦布去世时，他已经是一个家庭美满的富人了，然而，他却是带着苦楚离世的。越来越多的证据证明他在个人和地理方面的失败，西班牙宫廷收回了他的大多数特权，将他晾在一旁。在充斥着愤怒与屈辱的晚年，他沉迷于对弥赛亚的信仰。他开始相信自己是神的“使者”，注定引领世界看到“《启示录》中上帝借圣约翰之口所说的新天堂和人间”。在最后交给国王的报告中，哥伦布说自己是让中国皇帝皈依基督教的理想人选。

和他本人一样，哥伦布纪念碑也兼具堂皇与令人失望两种特质。直到 1923 年举行的西半球政府会议上，德尔蒙特-特哈达为哥伦布建造纪念碑的提案才得到批准。进展相当缓慢——设计大赛又拖了 8 年才举行，纪念碑本身的建设也搁置了 60 年。在此期间，多米尼加共

[1] 哥伦布在出发之前很可能已经知道大西洋是可以跨越的。他在一本书的空白处写道，在爱尔兰时曾见过“中国来的人”——“一个男人带着他的妻子，以神奇的方式乘坐一些原木过来”。有些作家认为“原木”其实是独木舟，那两个人是因纽特人或印第安人。但大多数历史学家并不认同，因为并没有充分证据证明哥伦布本人曾到过爱尔兰，更遑论在那里见过两个印第安人。这对夫妻是来自芬兰的萨米人（Sami），他们通常带有亚洲人的特征。此外，更令人难以置信的是，这样惊人的事件——印第安人划独木舟到达欧洲——居然只有一个记录！那本书里应该有许多评注才对。

和国大部分时间都在专制者拉斐尔·特鲁希略（Rafael Trujillo）的统治之下。这是一个典型的自恋型人格障碍症患者，特鲁希略为自己造了大量雕像，并在圣多明各港口上方悬挂一幅巨大的霓虹灯字牌，写着“上帝和特鲁希略”，当时圣多明各甚至被改名为特鲁希略。他的统治越来越野蛮，国际社会对灯塔的热情也越来越弱——支持这个计划被视为对独裁者的认同。许多国家对1992年10月12日举行的开幕仪式进行抵制。教皇约翰·保罗二世违背了在开幕式上举行庆祝弥撒的承诺，尽管开幕前一天他曾在附近现身。与此同时，示威者焚烧了警察设置的路障，谴责哥伦布是“种族灭绝者”。纪念碑周围用围墙隔开的贫民窟里的居民告诉媒体，他们认为哥伦布根本不值得纪念。

尽管他们的看法可以理解，但本书还是想说他们错了。“哥伦布大交换”带来的影响如此深远，以至于一些生物学家现在认为，哥伦布的航行标志着一个新的生物纪元——同质世的开始。这一术语指的是同质化的过程：将不具有相似性的物质混合在一起，从而产生整齐划一的混合品种。自“哥伦布大交换”发生后，生态系统中曾经截然不同的地方都变得相似了。在这个意义上说，世界已经合一，完全如哥伦布希望的那样。与其将圣多明各的灯塔视为对开创者的纪念，不如看作对他偶然创造的世界的认可，也就是我们今天生活的这个同质世的世界。

白银一船船

在马尼拉老城墙南面公园的热闹角落里，有一个积满尘垢的大理石底座，它大约有15英尺高，上面立着两位身穿16世纪服饰、真人大小的铜雕，被氧化加上环境污染已让雕塑变黑。他们二人并肩而立，面朝夕阳。一位穿着修道士的袍服，像举剑一般手持十字架；另一位则穿着军用胸甲，手握一把剑。和哥伦布灯塔比起来，这座纪念碑太

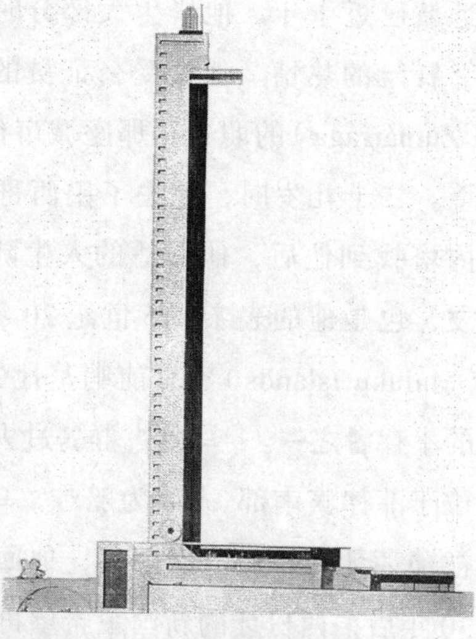

1923 年建造纪念碑的提案通过时，每个美洲国家都承诺为建造哥伦布纪念碑出资，但支票兑现却相当缓慢，比如，美国国会又过了 6 年才批准拨款。1930 年 5 月，多米尼加的军队领袖拉斐尔·特鲁希略靠操纵选举当选总统。3 周后，一场飓风袭击了圣多明各，死者数以千计。在决定将哥伦布纪念碑作为城市复兴的象征后，1931 年特鲁希略举行了一场设计大赛，评委包括伊利尔·沙里宁（Eliel Saarinen）和弗兰克·劳埃德·赖特（Frank Lloyd Wright）等杰出的建筑师。大赛收到超过 450 件作品，（从左上角开始顺时针）包括康斯坦丁·梅尔尼科夫（Konstantin Melnikov），罗巴洛·莫罗佐·德拉罗卡（Robaldo Morozzo della Rocca）和吉吉·维耶蒂（Gigi Vietti），埃里克·布吕格曼（Erik Bryggman），约瑟夫·朗巴尔德（Iosif Langbard）的作品。

小，几乎没有参观者。新出版的旅游手册和地图里也找不到它——这真尴尬，因为它是最接近于得到官方承认的全球化的起源了。

握剑者是米格尔·洛佩兹·德·黎牙实比（Miguel López de Legazpi），现代马尼拉的创始人。手持十字架的是安德烈斯·奥乔亚·德·乌达内塔-塞拉因（Andrés Ochoa de Urdaneta y Cerain），带领黎牙实比的船队横渡太平洋的航海家。有一句话可以概括这两位西班牙人的贡献——他们做到了哥伦布没有做成的事：向西远航，与中国建立持久的贸易关系。另一种表述他们功绩的说法是，黎牙实比和乌达内塔对经济学的意义，相当于哥伦布对生态学的意义：尽管是无意的，却是一场伟大统一运动的起源。

黎牙实比的知名度要稍微高一点，他出生时哥伦布结束第一次远航已近十年。他毕生大部分时光里没有表现出像哥伦布那样对海上冒险的热情。他接受公证员的职业训练，继承了父亲在苏马拉加（Zumárraga）的职务，那座城市位于西班牙巴斯克地区，接近法国边境。二十几岁时，他去了墨西哥，在殖民政府工作了36年。在乌达内塔找到他后，他舒适的人生陡然转向。乌达内塔是黎牙实比的朋友，也是他的表亲；16世纪20年代西班牙在盛产香料的马鲁古群岛（Maluku Islands）建立前哨基地失败，乌达内塔是那场惨败为数不多的幸存者之一。[马鲁古群岛过去被称为“摩鹿加群岛”（Moluccas），位于菲律宾南部。] 因为船难，乌达内塔被困马鲁古长达10年，最终被葡萄牙人搭救。回国后，他回绝了一切出海的邀约，进了修道院。30年后，西班牙的新国王希望再次深入亚洲，建立基地。他命令乌达内塔离开修道院。但神职人员的身份使乌达内塔在法律上不能担任远征队的领袖。他选择了黎牙实比，尽管后者缺少航海经验。为了准备远航，黎牙实比变卖了所有财产，把子孙送回西班牙和家人同住，从这些举动中不难看出，他对成功并无太大把握。

因为葡萄牙趁西班牙失败之机抢占了马鲁古群岛，远征队被告知要在附近寻找产更多香料的岛并在那里建立贸易基地。西班牙国王还希望他们绘制风向模式图，让基督教世界知道这里，以此刺激他的侄子兼对手——葡萄牙国王。但最根本的目标还是中国——“和基督教先锋的身份一样，（中国）也是推动西班牙探索海路的一大动力”。2004年，历史学家安东尼奥·加西亚-阿瓦索洛（Antonio García-Abásolo）写道：“不应夸大哥伦布、科尔特斯（Cortes，墨西哥的征服者）和黎牙实比的行动所包含的某种连续性。”其实，他们找的都是中国。

1564年11月21日，黎牙实比和乌达内塔带领5艘船出发了。到达菲律宾后，黎牙实比在群岛中部的宿务岛（Cebu）扎营。同时，乌达内塔则开始盘算如何返回墨西哥——此前还没有成功的先例。沿远征队西行的航线往回走是行不通的，因为将船队从墨西哥送到马鲁古群岛的信风会阻碍他们回程。航海天赋的灵光一现，乌达内塔向东航行之前先朝北走了一段，从而避开了反向的洋流。

在宿务岛，黎牙实比深受哗变和疾病的困扰，葡萄牙船只也不时前来骚扰。但他还是慢慢将西班牙的影响力向北扩大了，逐渐向中国靠近。墨西哥城的西班牙总督定期送来军事援助和补给。其中重要的补给物是从墨西哥和玻利维亚开采的银条和钱币，用来给西班牙军队发军饷。

1570年5月，转机出现了。黎牙实比派遣了一支探险队，包括100个西班牙士兵及船员和几十个菲律宾本地的马来人，西班牙人坐两艘小船，马来人坐快帆船（一种矮而窄、船舷外有桨架的小船，装有一张或两张从船头到船尾的帆）。探险队向北行驶两天后，到达了民都洛岛，位置大概在今天马尼拉以南130英里（马尼拉在群岛最大的吕宋岛上）。民都洛岛南侧海岸有很多小海湾，它们一个挨着一个，就像苹果上的齿痕。探险队里的马来人从当地的曼吉安人（Mangyan）处打听到，40英里外的小海湾里停着两艘中国来的平底帆船——那是一个贸易站，靠近今天的毛欧皓村（Maujao）。

每年春天，中国船都会来到菲律宾的一些岛上，其中包括民都洛岛，用瓷器、丝绸、香料和其他商品来交换黄金和蜂蜡。[1]曼吉安人打着用中国丝绸做的遮阳伞，离开位于高地的家，赶来见这些中国人，而中国人则敲锣打鼓地宣告他们来了。因为离海滩很近的地方有一眼淡水泉，毛欧皓村一直以来都是碰面的地点；当地官员告诉我，考古系的学生在这里发现了可以追溯到11世纪的中国瓷器。黎牙实比曾命令远征队的指挥官，遇到任何中国人都要以礼相待，不可嚣张无礼。听到有帆船，指挥官派出两艘西班牙船和大部分快帆船去见中国人，“向他们表达和平相处与友好往来的愿望”。

领导联络小组的是黎牙实比21岁的孙子胡安·德·萨尔塞多（Juan de Salcedo），他年轻且深受士兵的欢迎和尊敬。不幸的是，大风驱散了船队；萨尔塞多的船严重偏离了航线。船只开进不同的港口过夜，在小海湾边缘高耸、狭长如手指一般的岩石下躲避风暴。快帆船里的西班牙士兵，垂涎中国人的财富且财富一时无人看管，于是当黎明时，他们就出动了。他们绕过毛欧皓村南面一个狭窄、布满岩石的海岬，遇到了曼吉安人和中国人。萨尔塞多的一个手下后来回忆说，中国人亮出了武器，“敲着鼓，吹着短笛，燃放火箭炮和长炮（culverin，一种便于携带的小型火炮），做出一副要打仗的样子”。西班牙人把这当成了一种挑衅，因此发起了进攻——这一举动相当轻率，“因为中国人的帆船又高又大，而西班牙人的快帆船又矮又小，后者根本碰不到前者的系船柱”。西班牙人用滑膛枪的火力扫射了中国帆船的甲板，将抓钩抛到船侧，爬上甲板，杀了许多中国商人。在船上，攻击者只发现了很少的丝绸、瓷器、金线和“其他有趣的小玩意儿”。

等萨尔塞多终于赶到毛欧皓村时，战斗已经结束几个小时了，他对“这场破坏非常不满意”。与他要求的“和平相处与友好往来”相去甚远，他的手下杀害中国船员，还毁掉了他们的船。可能是萨尔塞

[1] 因为中国的蜂蜡产量不足以满足需求，许多中国人用一种替代品制造蜡烛：一种从介壳虫身上得到的劣质蜡。菲律宾生活着大量亚洲蜜蜂和大蜜蜂，后者巨大的巢穴提供了丰富的蜂蜡。

多的得力助手马丁·德·戈伊蒂（Martín de Goiti）撰写的编年史没有记载曼吉安人的遭遇，西班牙人根本不在意他们；有人推断说他们逃离了这场残杀。萨尔塞多道了歉，释放了幸存者，并送还了少得可怜的战利品。据远征队成员报告说，中国人“表现得很谦卑”。还有一个问题，两艘中国船中的一艘被彻底摧毁，另一艘虽然可以补救，但中国平底帆船的帆和欧洲的差别太大，远征队里没有人知道怎么修补。萨尔塞多命令手下帮助幸存的船只缓缓驶回西班牙人的大本营，黎牙实比的人也许能帮上忙。

中国人回家了，并向官方报告说菲律宾出现了欧洲人。令人惊讶的是，他们来自东方，而欧洲位于西方。菲律宾当地人的文明程度不高，但有中国人想要的东西：白银。与此同时，黎牙实比接收了马尼拉，等待中国人再来。

1572 年春天，三艘平底帆船出现在菲律宾。中国商人带来了一堆精挑细选的商品，用来试探黎牙实比想买什么、愿意出多少钱。结果显示，西班牙人什么都想买，黎牙实比的公证人报告道，这让中国商人“喜出望外”。最受青睐的是在欧洲十分稀有、价格昂贵的丝绸，还有用当时欧洲人尚不知道的技术制作的瓷器。作为回报，中国商人运走了能带走的每一枚西班牙银元。

之后每一年，都有更多中国船到来。中国对白银的渴求和欧洲对丝绸、瓷器的欲望根本无法满足，因此贸易量迅猛增长。这就是后来为人熟知的“大帆船贸易”，它将亚洲、欧洲、美洲连接了起来，并间接连接了非洲。（非洲奴隶是西班牙美洲帝国的组成部分，后文将描述他们如何在墨西哥银矿里挖掘和提炼矿石。）这是一个史无前例的现象，地球上的大部分地区——每个人口稠密的地方，除澳大利亚外所有可居住的大陆——都被捆绑在同一个贸易网络里。伴随着西班牙人在菲律宾的登陆，一个崭新的、不同以往的时代——现代，也到来了。

从一开始，人们就对这个时代充满疑虑。中国是当时全球最富有、最强大的国家。用任何标准来衡量（人均收入、军事实力、平均寿命、农业生产、烹饪艺术、艺术造诣和技术的复杂程度）都不输甚至优于世界其他地方。就像如今的日本、美国等富裕国家很少购买撒哈拉以南非洲地区的商品一样，长期以来中国认为欧洲贫穷、落后，不能带来丰厚的商业利益。欧洲的主要产品是纺织品，尤其是羊毛制品。而中国却拥有丝绸。1573 年，墨西哥总督在向西班牙国王报告时叹息说："到现在我们还不清楚，什么是他们还没有而我们可以从西班牙或这片土地输出过去的。"然而，有了白银，西班牙也终于有了中国想要的东西。中国太需要了，事实上，西班牙银元成了中国货币的供应源。但一个国家的货币掌控在外国人手里，这也令人感到不安。中国朝廷担心"大帆船贸易"这个中国有史以来首次出现的不受控制的大规模国际贸易会给百姓生活带来大规模、无法掌控的改变。

担忧最终成真。尽管一代代帝王禁止几乎所有来自欧洲和美洲的人入境，但却阻挡不住其他物种。扮演主角的是美洲的农作物，特别是甘薯和玉米。2007 年，农业史学家宋俊岭写道，它们的意外到来是帝制时代中国历史上"最具革命性的事件之一"。以水稻为基础的中国农业，一直集中在河谷附近，尤其是长江和黄河流域。甘薯和玉米可以在干燥的高地上生长。大量农民搬迁到这些过去鲜少有人定居的地区，他们乱砍滥伐，导致水土流失和洪水接踵而至，哀鸿遍野。已经被众多问题压得喘不过气的王朝就变得更加动荡——但这却契合了欧洲的利益。

另外，西班牙也对"大帆船贸易"感到不安。一年内运往马尼拉的白银数量，就达到了几个世纪与中国贸易的需求量总和。尽管如此，其实整个交换时期马德里都在试图限制贸易。王室一次又一次地颁布法令，限制开往马尼拉的船只数量，削减出口量，对中国商品设置进口限额，并指使西班牙商人使用卡特尔来抬价。

从今天的角度来看，西班牙的不满是令人惊讶的。正如经济学理论预计的那样，以丝绸换白银的贸易让双方都获利，但欧洲显然更强势。历史学家安德烈·冈德·弗兰克（Andre Gunder Frank）高呼："在亚洲的列车上，欧洲人先给自己买了一张坐票，然后买下了整个列车。”黎牙实比与中国人的相遇，标志着同质世在亚洲的到来。紧随其后，跟着气流滑翔而来的，是西方的崛起。

黎牙实比和乌达内塔的雕像并不是为了纪念这些想法或事件。1892年，马尼拉的巴斯克人提议以此纪念巴斯克人为这座城市的发展做出的贡献（黎牙实比和乌达内塔都是巴斯克人，他们麾下大部分人也是）。在加泰罗尼亚雕塑家阿古斯蒂·克罗尔·苏维拉茨（Agustí Querol i Subirats）完成这座雕像之前，美国就已经从西班牙手里夺走了菲律宾的控制权。群岛的新统治者对为已故西班牙人建造纪念碑并不感兴趣，于是雕像就一直落寞地躺在海关，直到1930年才被立起来。

走在纪念碑周围，我希望它能更大一点，因为它是对我们今天已拥有的全球化的一个正式纪念。我还希望它能更完整一点。要真实表现“大帆船贸易”，黎牙实比和乌达内塔周围应该有中国商人：他们是地位平等的贸易伙伴。不过，这样的纪念碑或许永远不会建起来，尤其因为全球性的网络依然让人们感到不安，即使对许多受益于它的人来说也是如此。

与纪念碑一街之隔的是另一个更受欢迎的公园，以何塞·黎刹（José Rizal）的名字命名，这位作家、医生、反抗西班牙统治的革命烈士是菲律宾的民族英雄。黎刹公园中心有一个倒影池，周围点缀着花圃和雕像。这些立在混凝土柱子上的青铜半身像，雕刻的都是为反抗西班牙统治而牺牲的菲律宾人。

倒影池面向黎牙实比纪念碑的一侧，立着拉贾·苏雷曼（Rajah Sulayman）的半身像，一块牌匾上的文字表明了他的身份——勇敢的马尼拉王国的统治者，拒绝了米格尔·洛佩兹·德·黎牙实比率领的西班牙人提供的所谓“友谊”。训练有素的编辑通常会嘲笑加了引号的友谊，并告诫记者不要这样使用。但在这里，引号可能会得到认可。黎牙实比遇到中国人后不久就前去见了苏雷曼。西班牙人想将马尼拉的港口作为与中国做生意的据点。苏雷曼表示并不欢迎西班牙人在马

马尼拉市中心公园一个冷清的角落里，矗立着黎牙实比和乌达内塔的雕像，他们是跨太平洋白银贸易的先驱，这尊雕像可以视为一座全球化的纪念碑。

尼拉出现，于是黎牙实比夷平了本地最重要的村落，杀了苏雷曼和其300名随从。现代马尼拉就是在废墟上建立起来的。

实际上，苏雷曼和倒影池周围的其他人是第一批反全球化运动的殉道者。人们给予他们的位置，显然比黎牙实比和乌达内塔那个冷清的角落要优越得多。尽管最后，他们每一个人都逝去了。

绑在倒影池各角落铁柱子上的大喇叭，播送着来自“经典摇滚乐”电台的音乐快讯。在这个街区散步时，我差点被一辆装饰成“火车头托马斯”的列车撞倒。[托马斯是一个儿童读物和电视节目里的人物，版权归安佰深集团（Apax Partners）所有，这家英国企业据说是全球最大私募股权公司之一。]透过托马斯的微笑和其发出嘟嘟声的大脑袋，我可以看到马尼拉旅游区酒店和银行的高楼。全球化的发源地和其他城市看上去都差不多。在同质世中，肯德基、麦当劳和必胜客永远就在几分钟的路程之外。

命运的逆转

同质世？覆盖全球的经济体系被骤然创造出来后，形成生命史上的新纪元？这个说法似乎太宏大了。我们不妨设想：在1642年——在哥伦布第一次航行结束150年之后，在第一批中国丝绸从马尼拉运到墨西哥70年之后——绕地球飞行。想象一下，在全球大动荡刚开始发生之时，我们在距地面35 000英尺的高空进行一次环球巡游。巡游指南上承诺，这趟旅程会让乘客看到新生的同质世最精彩的景观。那么，乘客会看到什么呢？

答案也许是：一个被西班牙的白银箍起来的世界。产自美洲的白银即将令全球贵金属储备增加一倍甚至两倍。位于今天玻利维亚南部的波托西是白银的主要来源——有史以来发现的最大、最丰富的银矿。我们的巡游从这里开始，它就是全球贸易网络的中心节点。波托西地处安第斯山脉13 000英尺的高处，坐落在一座死火山的脚下，地质条件让它几乎成为一座纯银山。它周围是几乎寸草不生的高原，散落着冰川巨石，刺骨的寒风呼啸而过。这里很难发展农业，也没有生火用的木头。然而到 1642 年，这个矿业城市却成为美洲最大、人口最稠密的聚居点。

波托西是一个喧哗热闹的新兴城市，铺张的装潢和暴力犯罪是它的标志。在恶劣到令人毛骨悚然的环境中开采和提炼银矿石，是一种致命却高效的工作机制。印第安工人沿着简陋的梯子，将矿石从地下数百英尺的矿井背到地面，将它们和剧毒的汞混在一起来提炼银。山坡上的熔炉会把金属变成银条，每根银条通常重 65 磅[1]，还要烙上保证其质量和真实性的官印。剩余的白银会被制成银币——西班牙比索就是这样开始成为真正的世界货币的，正如今天的美元一样。比骡子和马更稳健也更适应高海拔环境的美洲驼，组成驼队把银币和银条背下山，武装人员一路护送。走到智利海港阿里卡后，白银会被吊起来运上船，送往西班牙殖民政府所在地、大港口城市利马。在利马，白银会被装上一艘军方护送舰，开始它辗转的航程，运往世界各地。

让我们的飞机跟着白银舰队一路向北。运输舰队东侧耸立的是安第斯的山坡，此刻正被生态风暴所笼罩。人类在此已居住了数千年，他们在利马北部的山谷里建了世界上最早的城市综合体。在我们这次飞行的 115 年前，天花肆虐。其他欧洲疾病随之来袭，然后，欧洲人也来了。在凋敝的山村，数百万人在恐惧和痛苦中死去。数世纪以来一直被灌溉、耕种的梯田依然荒废着。灌木和矮树吞没了废弃的农场。1600 年发生的火山大爆发，喷射出厚达 3 英尺的火山灰和碎石，覆盖了秘鲁的中部地区；然而 40 年之后，什么都没有被清理掉。安第斯山脉的生态系统已经野生化了，有时，向北行驶的白银舰队经过的地方就像荒野一样。

---

[1]　1 磅约合 0.45 千克。——编者注

有些船在巴拿马下锚停泊，其他的则开往墨西哥。从飞机上俯瞰，可以发现到达巴拿马的白银穿过地峡继而运往欧洲，而到达墨西哥的则大部分最终被送到亚洲。无论是1642年的海关官员还是今天的历史学家，都为运多少、去哪里的问题争论不休。永远渴望现金的西班牙王室，希望白银留在国内。而西班牙殖民者却希望送往中国的白银越多越好——银币和银条在那里交易能获取最多的利润。双方的对峙不可避免地导致了走私的出现。官方统计数据显示，被送到太平洋彼岸的白银不超过四分之一。以前的历史学家基本上都认为，政府的审查机制使走私的白银量控制在总量的10%左右，这意味着官方的统计数据大致是准确的。然而，新一代研究者则认为走私相当猖獗：中国吸纳了近一半的白银。这并不是书生意气的辩论。一方认为全球事务的主要推动力是欧洲的扩张；而另一方则将地球视作一个完整的经济体，其最重要的驱动力是中国的需求。

我们跟随背着运往欧洲的白银翻山越岭的骡队，来到巴拿马在加勒比海岸的主要港口城市波托韦洛。每年夏天，配备了2 000多名海员和士兵的大帆船舰队会荷枪实弹护送白银，避开飓风季节横渡大西洋。运输舰队运着满舱白银来到西班牙唯一通航的瓜达尔基维尔河河口，然后逆流而上60英里前往塞维利亚。

一箱箱财宝被卸在码头上，宛如一个悖论的表征：从美洲运来的白银让1642年的欧洲变得富裕、强大，甚至超出了其最荒唐的幻想；但欧洲本身却在战争、通货膨胀、暴乱和气象灾害的连续重创中备受折磨。在这片被语言、文化、宗教和地理隔绝的欧洲大陆上，动荡才是常态。但这是历史上第一次，欧洲的动荡与地球另一端人类的行为紧密相关。麻烦从亚洲、非洲和美洲齐齐向欧洲袭来，在世界各地运输西班牙银元的公路上穿梭。

科尔特斯对墨西哥的征服和随之而来的掠夺让西班牙精英阶层陷入癫狂。从天而降的财富和权力令君主欣喜若狂，他发动了一系列代价高昂的对外战争。这方战役未完，那边烽火又起，西班牙一次又一次地与法国、奥斯曼帝国和神圣罗马帝国内部的清教徒作战。即便1571年西班牙击败了奥斯曼帝国，但在当时被西班牙占领的尼德兰，不满情绪却燃烧成彻底的反抗和脱离运动。荷兰独立的斗争持续了80年，一些远离欧陆的领土也在这个过程中分离出来，如巴西、斯里兰卡和菲律宾，之后英格兰也插上一脚。西班牙押上了更多赌注，发起了声势浩大的海上进攻：西班牙的无敌舰队。这次进攻铩羽而归，与尼德兰叛军的战斗也遭遇惨败。

战争催生了新的战争。1642年，西班牙正在与安达卢西亚、加泰罗尼亚和葡萄牙的脱离运动作战；法国在其北部、东部和南部的边境与西班牙作战；瑞典军队则和神圣罗马帝国开战。（作为某任西班牙国王的女婿、另一任西班牙国王的岳父，神圣罗马帝国皇帝斐迪南三世与西班牙的结盟如此紧密，这让他常被人称为“西班牙傀儡”。）此时，几乎唯一一个没有直接或间接与西班牙打仗的欧洲国家是英格兰，国内的纷争已使它分身乏术——清教徒的叛乱很快扩大成内战，并将处决其国王。

战争成本是惊人的。越南战争高峰期，美国派出了约50万名士兵参战。据太平洋大学经济史学家丹尼斯·弗林（Dennis Flynn）的研究，如果想派出与西班牙对荷兰（尼德兰）作战时同样比例的军人，美国需要派出250万人。“尽管白银正从玻利维亚运来，但西班牙已经没有钱给与尼德兰作战的军队发军饷了。”他告诉笔者，“因此军队哗变不断。我统计过，1572年至1607年一共发生了45起哗变。而这还只是西班牙的一场战争。”

为了支付在海外的冒险活动费用，西班牙宫廷向外国银行家借钱；国王并不担心债务，因为他相信不久后从美洲运来的财富会偿还这些债务，而银行家也出于同样的原因毫无顾虑地提供贷款。可惜的是，一切都贵过国王的预期。债台不断高筑，达到年收入的10倍甚至15倍。尽管如此，宫廷依然对其经济政策保持乐观；很少有人愿意相信，再美好的时光也会结束。破产的结局不可避免地出现了。西班牙在 1557 年、1576 年、1596 年、1607 年和 1627 年 5 次拖欠债务。每次破产后，国王就会借更多的钱。贷方也会借给他，毕竟，贷方可以收高利息（西班牙支付过高达 40% 的年化复利）。自然而然，高利率加大了下一次破产的可能性。然而，这个过程还在继续，因为每个人都相信白银会继续流入塞维利亚。到 1642 年，白银的产量过多，即使采矿放缓了，银价还是在下跌。全球最富有的国家正在快速坠入金融末日中。欧洲各国之间有着复杂的关联，西班牙的经济崩盘必将牵连其邻国。

白银贸易并不是这场骚乱的唯一原因，宗教冲突、王室的傲慢和各阶级间的斗争也同样重要，但白银的作用是其必要条件。科尔特斯释放出的贵金属如潮水般汹涌，激增的货币供应量太大，以至于西班牙原有的小规模金融部门根本无法容纳它们。就好像一个亿万富翁突然向一间乡村小银行存入巨款，银行会立即把现金再存入其他更大的、能处理这笔现金的金融机构。美洲出产的白银像浴缸中的水一样，从西班牙溢出，流入意大利、尼德兰和神圣罗马帝国的银行金库。西班牙军事冒险的花销，满满当当都锁在欧洲各地的保险箱里。

最基础的经济学原理都能预测出这种情况下会发生什么。新增资金也加入了购买商品和服务的行列。物价在典型的恶性通货膨胀中上涨。在历史学家所说的“价格革命”中，整个欧洲的生活成本在 16 世纪下半叶增加了一倍多，有些地方增加两倍甚至更多。由于工资没有跟上，穷人更穷；他们连每天的面包都负担不起。饥饿者的起义在整片大陆上爆发，仿佛突然间遍布了每个角落。（研究者称其为 17 世纪的“总危机”。）

来自美洲的农作物给欧洲农民带来了希望，1642 年之前它们就沿着白银航道横渡大西洋了。我们的飞机正在飞越欧洲上空，它下降得足够低，足以让乘客观察到“哥伦布大交换”的痕迹：在意大利，一块块玉米田鳞次栉比；在西班牙，美洲大豆像地毯一样铺展开来；在法国，田野里挤满了灿烂的、向上盛开的美洲向日葵。大片的烟叶在荷兰农场里沐浴阳光；烟草在信奉天主教的欧洲地区流行起来，以致教皇乌尔班八世在这一年谴责了抽烟的行为（在信仰新教的英格兰，甚至连这个国家最不受欢迎的奥利弗·克伦威尔都认可了烟草）。最重要的应该还是土豆，在德意志、尼德兰和爱尔兰的一些地方，人们开始用它充饥。在平时，迅速提高的农业生产力或许能平息通货膨胀和战争带来的不满。但此刻不是平时：看看飞机的仪表就能知道气候发生了什么变化。

近一个世纪以来，欧洲每年都会遭遇雪量多得令人惊恐的冬天、迟到的春天和凉爽的夏天。寒冷的5月和6月让法国的葡萄酒直到11月才能收获；海面结了冰，从丹麦到瑞典，人们需要冰上行走100英里；格陵兰的猎人把他们的小皮艇停在苏格兰海岸。3年连续歉收后，一些爱尔兰的天主教信徒发起暴动，抢劫、屠杀他们憎恨的英格兰新教徒，而新教徒则以此次攻击为契机，夺取了原来属于天主教徒的土地。由于担心不断扩大的阿尔卑斯冰川会吞没家园，瑞士的村民请求他们的主教对一块有威胁的冰锋做驱魔仪式——这几乎是圣多明各的西班牙人请求上帝帮助以击退蚁灾的回声。主教每年的来访让冰川后退了80步，世界秩序似乎被颠覆了。

历史学家将这段寒冷的时期称为“小冰期”。在北半球，“小冰期”大致从1550年持续到1750年，但很难确知这一轮全球气温异常持续的具体时间；在不同地区，它开始和延续的时间都不一样。因为当时很少有人持续记录天气情况，古气象学家只好通过不够理想的指标来研究它，比如年轮的厚度或者极地冰的微小气泡中的化学成分。根据类似的间接证据，一些研究者推断“小冰期”是被称为蒙德极小期（Maunder Minimum）的太阳黑子活动衰退所致。由于太阳黑子与太阳能量的释放相关，因此较少的太阳黑子活动意味着较弱的阳光照射，研究者称，已经弱到足够让地球降温了。另外一些科学家则从理论上推出，气温下降是由火山大爆发引起的，因为火山将二氧化硫喷射到高层大气中。在云层之上，二氧化硫与水蒸气混合形成了微小的硫酸液滴，它们将部分阳光反射到太空里。1642 年曾出现过这种现象；如今人们认为，菲律宾南部一次巨大的火山喷发导致了地球长达 3 年的低温。不过，这两种假设都遭到了尖锐的批评。许多科学家相信，蒙德极小期的影响太小，不足以造成“小冰期”。其他科学家则认为，一系列个体火山的喷发并不能引起气温的稳步下降。

2003 年，弗吉尼亚大学古气象学家威廉·F. 拉迪曼（William F. Ruddiman）提出了一个解释小冰期成因的新说法。这个说法最初被视为古怪，但现在逐渐得到正视。

拉迪曼指出，随着社会的发展，人类为了种植而开垦更多土地，为了燃料和房子而砍伐更多树木。在欧洲和亚洲，人们用斧头伐木。但在哥伦布登陆美洲之前，主要的工具是火——焚野燎原。燃烧数周后，印第安人的火堆产生的烟雾会笼罩今日美国的佛罗里达州、加利福尼亚州和中西部大平原。今天，许多研究者认为，如果不是周期性焚烧，美国中西部的大平原绝大部分都应该是林区。在阿根廷的潘帕斯草原、墨西哥的山区、佛罗里达州的沙漠和安第斯的高原，情况也是如此。

美国森林的分布情况也是由焚林造成的。1654 年英国殖民者爱德华·约翰逊（Edward Johnson）曾说，印第安人“频繁焚烧树林”，使密西西比河以东的森林地带变得开阔而“少木”，竟“有点像我们英国的园林”。一年一度的焚烧清除了多刺的灌木，烧死了有害昆虫，为农场建设开垦了土地。科学家对热带地区的火烧问题研究不多，但加利福尼亚的两位古生态学家在 2008 年研究中南美洲 31 个地点的火灾史时，发现每个地区土壤中的木炭含量——这是火灾的指标——在过去 2 000 多年间，一直在大幅增加。

此时“哥伦布大交换”开始了。欧亚大陆的细菌、病毒和寄生虫横扫美洲，夺去了许多人的生命，而人为焚烧这一持续千年的人类干预自然的网络也随之解除。印第安人的火把熄灭的同时，曾横跨西半球燃烧的火焰也终成灰烬。在森林里，橡树和山胡桃等厌火类树种挤占了火炬松、长叶松和湿地松等亲火类树种的空间，后者非常依赖周期性的焚烧，它们的果球只有在遇火时才会打开、释放出种子。因印第安人长期狩猎而减少的动物数量骤然增长。其他一切也在改变。

当地的纵火者长年向空气中排放二氧化碳。进入同质世后，排放量突然减少了。曾经开阔的草原变成了森林，而森林开始了疯狂的光合作用。1634 年，清教徒登陆普利茅斯 14 年后，殖民者威廉·伍德（William Wood）抱怨，过去开阔的森林现在却长满了灌木，变得“毫无用处又难以穿行”。从北美洲、中美洲、安第斯山脉到亚马孙河流域，森林大片大片地重新生长。

拉迪曼的观点很简单：欧洲传入的流行病造成了印第安社会的瓦解，使当地焚烧活动锐减而促进了树木的生长。这两者都使空气中的二氧化碳含量下降。2010 年，得克萨斯大学的罗伯特·A. 达尔（Robert A. Dull）领导的研究团队估计，仅美洲热带地区农田的重新森林化就对气温下降负四分之一责任。（但研究者又说明，这项分析并不包括意外火灾造成的森林面积减少，平整过但没耕种的土地的再森林化，以及整个温带地区。）换句话说，“哥伦布大交换”通过致命细菌和病毒，“对地球的碳预算造成了显著影响”。这和今天的气候变化恰恰相反，当时人类行为导致了大气中温室气体的减少而不是增加，这真是同质世乐章中一支令人震惊的气象序曲。

当我们的飞机返航飞过大西洋时，也能在美洲大地上观察到小冰期留下的显著痕迹。从空中能清晰地看到印第安人的土地已经被森林和冰雪覆盖了。海面冰层如此坚硬，人们可以在波士顿海港里驾驶马车；切萨皮克湾大部分都结冰了，严寒让近 20 名当年早些时候刚刚建立蒙特利尔城的法国殖民者送命。引进的牛和马在缅因、康涅狄格和弗吉尼亚的冰天雪地中死去，其他影响则较难观察到。在曾属于印第安人的土地上，耐寒的树种，如铁杉、云杉和山毛榉繁衍成茂密的森林。在茂密树冠的遮蔽下，春天融雪形成的池塘在凉爽夏日的蒸发速度大大减缓了。在池塘里滋生的蚊子因而有了更多生存机会。

喜寒的蚊子中有四斑按蚊（*Anopheles quadrimaculatus*），这是一个由5种亲缘蚊类组成的群体的统称。与其他按蚊类似的是，四斑按蚊是引起疟疾的寄生虫的宿主，这种昆虫通常被叫作北美疟蚊。当时，英格兰东南部疟疾成灾。尽管不可能有准确的记录，但有理由怀疑早在1642年之前疟疾就已经跟随迁徙者从英格兰来到美洲。疟蚊只要叮咬过被感染者，病菌就会进入疟蚊体内，然后通过它传播得更远更广。欧洲人认为弗吉尼亚和南方殖民点已经太危险，以至于种植园的监工很难说服海外劳工来新大陆的烟草地里工作。

有些地主早已通过从非洲购入工人的方法解决了劳动力问题。疟疾的出现，从某种程度上促进了奴隶市场的迅速成形，稍待时日，这门高利润贸易将会和白银市场紧密结合起来。和过去一样，来自非洲的船也会成为某种生态走廊，运送许多不在官方名单上的旅客。山芋、粟、高粱、西瓜、黑眼豆和非洲稻等作物，将与开往美洲的奴隶船一起上路。此外，还有黄热病。

我们的飞机掠过切萨皮克湾，一路西行直抵墨西哥。机翼飞过之处是美国中西部的大平原。成群的西班牙马从它的南部边界奔驰而来，这是运白银的大帆船横渡大西洋返航时，以每次数十匹的规模带回来的。印第安人中的阿帕奇人（Apache）和犹特人（Ute）会从北方奔袭数百英里来迎接这些马，紧随其后的还有阿拉巴霍人（Arapaho）、黑脚族人（Blackfoot）和夏延族人（Cheyenne）。曾遭遇过蒙古铁蹄的欧洲村民知道，面对骑兵的突袭，束缚在土地上的农夫简直不堪一击。因而，印第安部族竞相收购马匹，其实是在进行一种军备竞赛。在整个北美洲的西部和西南部，原住民都放下了各自的田地，跳到来自西班牙的动物的背上。长期定居的族群变成了漫游者；大平原地区印第安人游牧的“古老传统”又成了现实，可以说，这是对“哥伦布大交换”的迅速适应。

因为争购马匹，当地部落之间产生了矛盾，也和西班牙正在兴起的大农场的劳动大军发生了冲突。大农场的工人有印第安人、非洲奴隶以及混血儿。在一种文化恐慌下，殖民政府创造了一套巴洛克式的过分复杂的种族分类法——用梅斯提索人（mestizo，西班牙人与印第安人的混血儿）、穆拉托人（mulatto，西班牙人与黑人的混血儿）、郊狼人（coyote，黑人、西班牙人与印第安人的混血儿）、摩里斯科人（morisco，西班牙人与穆拉托人的混血儿）、奇诺人（chino，西班牙人与摩里斯科人的混血儿）、灰狼人（lobo，黑人与印第安人的混血儿）、桑巴哥人（zambaigo，灰狼人与印第安人的混血儿）、白斑人（albarazado，桑巴哥人、印第安人和穆拉托人的混血儿）等名称来表示具体的遗传背景。所有这些人甚至是上面没有提到的人都能在墨西哥城遇到，那里是新西班牙的首府、西班牙的美洲殖民帝国中最富饶的地方。在这个比任何一座西班牙本土城市更富裕、人口更稠密的地方，文化和语言极其混杂，没有任何一个群体能成为主体民族。社区依民族划分，有一个行政区甚至完全被来自东方的特拉斯卡拉人（Tlaxcalans）所占领。城市发展循环往复，工程师们则在为防止城市彻底瘫痪而不懈奋斗。在过去 40 年里，墨西哥城曾 6 次洪水泛滥，有一次甚至持续了 5 年。这是一个混乱、拥挤、多语言通行的国际大都市，城市中心繁华、富裕，城市边缘则是各民族社群的聚居区，它不停为抵御生态灾难而努力着——从今天的角度看，1642 年的墨西哥城似乎非常熟悉。可以说，它是世界上第一个 21 世纪的城市。

我们的飞机继续西行，飞往墨西哥濒临太平洋的城市阿卡普尔科，大帆船贸易的东端终点。由于受群山环抱，没有沙洲或浅滩之扰，这个港口营造了一个极其宏伟的环境，可惜这里却是平淡无奇的美洲定居点中更无趣的一个：几百个小木屋像水畔丢弃的破布一样七零八落地散布着。在阿卡普尔科为数不多的常住居民中，大部分是来自非洲的奴隶、印第安劳工和弃船逃跑的亚洲船员（大帆船的船员主要有菲律宾人、中国人和其他亚洲人）。大帆船抵达时，西班牙人就会现身，有些甚至从秘鲁远道而来。市场或集市随之形成；数百万的比索在生意中易手。过后，小镇又恢复了冷清，船只被拖上沙滩，筹备下一次横跨太平洋的航行。

接下来让我们跟随白银来到它的目的地：中国。小冰期在东亚也有影响，尽管这里的影响通常与其说是冰雪灾害，不如说是水灾、寒冷干旱。1637 年至 1641 年出现了 500 年一遇的严重旱情。而 1642 年，庄稼又被雨水淹没了。印尼、日本、新几内亚和菲律宾发生的一系列火山喷发，加剧了这些天灾的影响。数百万人失去生命。恶劣天气和饥荒导致大量人口死亡，中国有超过三分之二的耕地无人耕种，于是饥荒产生了。大明朝廷因为内部斗争而几近瘫痪，北方战事又使其无暇他顾，所以几乎没有救济灾民。其实，明朝廷已经拨不出足够资金了。和西班牙国王一样，明朝皇帝的军事开支依靠西班牙银元，他的臣民也必须用西班牙银元来缴税。当银价下跌时，朝廷就没有钱了。

明王朝一直认为，其职责是保护中国不受外邦邪祟的影响，但失败了。来自美洲的农作物，如烟草、玉米和甘薯已经遍地生长；而美洲的白银则主导了明朝的经济。虽然皇帝不知情，但源于美洲的树木也在促进降雨。凡此种种，都在与大明作对。百姓的不满已经到了一触即发的地步，无怪乎不少地区发生了农民起义。因拿不到军饷而不满的士兵闹起了兵变。洪水与饥荒在愤怒之火上再添一把柴。

当哥伦布建立伊莎贝拉镇时，全球人口最稠密的城市呈带状集中在热带地区（除了一个城市，其余均在纬度 30 度以内）。位列名单榜首的是北京，全球最富有的城市。其次是维查耶纳伽尔，南印度一个印度教帝国的首都。在所有城市之中，唯独这两座城市容纳了 50 万人。下一个城市开罗的人口数量则明显在这之下。这三大城之后，是一组人口在 20 万左右的城市——中国的杭州和南京；伊朗的大不里士和印度的高尔；由三城同盟（Triple Alliance）组成的阿兹特克帝国令人目眩的美丽首都特诺奇蒂特兰；被官方称作君士坦丁堡的奥斯曼帝国首都伊斯坦布尔；也许还可以算上西非桑海帝国的主要城市加奥；还有库斯科，印加帝国皇帝运筹帷幄、制定征服目标的地方。欧洲没有一个城市能登上榜单，不过巴黎也许是例外，当时法国在路易十二有力的统治下正在扩张。哥伦布的世界以炎热的地方为中心，一切和智人第一次惊讶地望着非洲的天空时一模一样。

现在，一个半世纪过去了，这一秩序正处于变革之中。仿佛地球被颠倒了，所有的财富和权力都从南流向北。曾经盛极一时的热带大都市变成断壁残垣。在未来的几个世纪中，最大的城市中心将在北半球的温带：英国的伦敦和曼彻斯特；美国的纽约、芝加哥和费城。到1900年，所有大城市都位于欧洲和美国，唯一的例外是东京，最西化的东方都市。从一个外星观察者的角度来看这个变化是令人震惊的：几千年来人类活动的秩序被颠覆了，至少暂时是这样。

今天，生态和经济交流引起的躁动，就像是我们这个比过去更拥挤、更不稳定的星球的背景辐射。看到日本伐木工在巴西劳动，看到中国工程师在撒哈拉南部的萨赫勒工作，看到欧洲人在尼泊尔背包游，或者在美国占据纽约夜店最好的桌台，这些都是当代的独特体验。所有这些事件都以不同的方式提醒人们，生活在当下混杂状态中的我们，并不孤独。因此，似乎有必要看看我们是如何一路走来的。

第一部分

横渡大西洋

第二章

烟草海岸

“低组织化生物”

约翰·罗尔夫（John Rolfe）很可能要为蠕虫的出现负责。准确来说，是蚯蚓——一种常见的、生活在湿土环境中的红色夜行虫，但在1492年之前的美洲却从未存在过。罗尔夫是英国在美洲成功建立的第一个殖民点詹姆斯敦的殖民者。今天大多数人对他并不陌生，哪怕稍有耳闻，也知道他就是那个在无数浪漫故事中娶了“印第安公主”波卡洪塔斯（Pocahontas）的男人。许多历史发烧友都深知，罗尔夫是詹姆斯敦成功建立背后的重要力量。但蚯蚓却暗示了罗尔夫的第三个角色，或许是更重要的角色：尽管出于无意，但罗尔夫促成了美国景观的永久性变革。

和英国的许多年轻潮人一样，罗尔夫也抽——或者用当时的动词“喝”——烟，这是西班牙人从加勒比海地区运回烟叶后引发的新时尚。弗吉尼亚州的印第安人也喝烟，但喝的却是另一个品种——黄花烟草。在殖民者威廉·斯特雷奇（William Strachey）笔下，黄花烟草是一种口感不佳的玩意儿，“又差又淡，还有股辛辣味”。1610年来到詹姆斯敦后，罗尔夫拜托一位船长从特立尼达（Trinidad）和委内瑞拉给他捎来烟叶种子。6年后，罗尔夫带着妻子波卡洪塔斯和他的第一批烟草返回英国。“柔和、甘甜、浓郁”，罗尔夫的朋友拉尔夫·哈默（Ralph

Hamor）这样描述它，弗吉尼亚运来的烟草轰动一时。

烟草是一种流行的异国情调，令人沉醉，使人上瘾，并被乏味的权威人士抨击，吸烟早已在贵族阶层蔚然成风。有位作家估计，当罗尔夫的货船抵达时，伦敦已经有了 7 000 多间烟“馆”——在这种类似咖啡馆的地方，城里不断增加的尼古丁上瘾者可以买烟、喝烟。不幸的是，优质烟草的唯一来源是可憎的西班牙的殖民地，这让在英国买烟草变得不易，价格高昂（最好的烟草与同重量白银等价）且隐约有不爱国的嫌疑。令伦敦烟馆惊喜不已的是，属于英国人的烟草——弗吉尼亚烟叶突然出现了，它们吵着要更多的烟叶。从伦敦来的船纷纷挤在詹姆斯敦的码头，装走了无数桶卷烟叶。每个桶通常有 4 英尺高，底部直径 2.5 英尺，重达半吨以上。为了平衡重量，船员不得不抛掉石头、沙砾和泥土等压舱物——为了运回弗吉尼亚的烟草，他们扔下了从英国带来的泥土。

被抛下的泥土中，很可能藏有那种常见的、生活在湿土环境中的红色夜行虫。几乎毫无疑问的是，殖民者带来的植物根茎里肯定有。直到 19 世纪，这类蠕虫还被认为是农业害虫。查尔斯·达尔文是最早了解它们价值的人之一；达尔文最后的著作是一本 300 多页、盛赞蚯蚓力量的书。他指出，我们脚下生活着无数这类小动物；事实上，一座奶牛场所容纳的蚯蚓总数，是在地面吃草的动物数量的许多倍。蚯蚓通过吃掉泥土的方式，在土壤中建造了一个能让水和空气进入的隧道网。在弗吉尼亚这样的温带地区，蚯蚓每 10 年或 20 年就能将地表 1 英尺的土壤彻底翻动一次；这些微小的“生态工程师”，重塑了整片大地。“很难说，”达尔文写道，“是否还有其他动物也像这些低组织化生物一样，为世界历史做出了如此重大的贡献。”

现在已经很难追踪这些外来动物进入北美的确切路径了。但可以肯定的是，在欧洲人到来之前，今日美国的新英格兰地区和中西部北侧是没有蚯蚓的，它们在最近一次冰期灭绝了。冰川融化后，南方的蚯蚓也没有向北移动，因为如果没有人作为运送媒介，它们根本无法完成长距离旅行。“如果它们在你家后院出生，那它们永远都只会生活在篱笆里。”美国最重要的蚯蚓研究期刊——《大蚓学》（*Megadrilogica*）的编辑约翰·W. 雷诺兹（John W. Reynolds）介绍说。它们和欧洲人一起到来，最初可能是在弗吉尼亚，然后又和欧洲人一起扩散开。就像殖民者一样，蠕虫也在不断征服新地方。外来者的到来成了生态学上的分水岭。

在没有蚯蚓的林地，树叶会落在森林地表积累成堆。在蚯蚓来到后，它们几个月内就能清除落叶堆，以排泄物（粪便）的形式将营养物质排入土壤中。于是如美国明尼苏达大学的虫类专家辛迪·黑尔（Cindy Hale）所说，“一切都变了”。落叶堆是无蠕虫地区树木和灌木的养分来源。如果蠕虫将营养物质吐入土壤，那植物就无法获得养分。许多物种灭绝了。森林变得更加开阔、干燥，包括苗木在内的林下植物都消失了。同时，蚯蚓为了食物与小型昆虫展开竞争，致使其数量下降。在落叶堆觅食的鸟类、蜥蜴和哺乳动物也逐渐减少。没有人知道接下来会发生什么。“400 年前，我们启动了这场巨大、无计划的生态实验，”黑尔告诉我，“但长期影响是什么，我们却一无所知。”

从某种角度看，这并不令人吃惊：詹姆斯敦本身就是一个无心插柳的经典案例。一群商人以为（可惜，是误以为）在詹姆斯敦附近的切萨皮克湾宽、浅的河口埋藏了大量金银，为了攫取想象中的黄金白银，他们创建了弗吉尼亚殖民地。同样重要的是，商人们还希望找到想象中（可惜，又是误判）穿越北美的道路，全程仅几百英里，耗时不到一个月。殖民者幻想，当他们抵达太平洋海岸后就能起航了，很可能带着来自弗吉尼亚的白银，驶向终极目标：中国。借用中性的经济学语言，詹姆斯敦的创立者希望将孤立的弗吉尼亚整合到全球市场之中，使它全球化。

若视作一次商业投资，詹姆斯敦无疑是一场灾难。尽管烟草带来了利润，但它的支持者最终因为这笔投资不光彩的惨败结局而遭受了巨大损失。然而，这块殖民地还是留下了重重一笔：它拉开了永载美国史册的民主运动（它建立了英属美洲殖民地第一个代议制团体）和奴隶解放斗争（它引进了英属美洲殖民地第一批非洲奴隶）的序幕。而罗尔夫带来的蚯蚓，昭示了这块殖民地的另一面：詹姆斯敦点燃了“哥伦布大交换”在英属美洲殖民地的第一响礼炮。用生物学术语来说，它代表了一个时间节点，在这个点上消失的再次出现，过去变成了未来。殖民者在多湿地的詹姆斯敦半岛上建立营地，尽管并非有意，但他们还是将同质世带到了北美。詹姆斯敦是全球生态爆炸中的一场局部火灾。

陌生的土地

1607年5月14日，三艘小船在切萨皮克湾南部海岸的詹姆斯河停泊。电影和教科书里通常描述的是，船上的人进入了一个古木参天的原始森林，小群的印第安人像幽灵一样无声地在树底下出没。这类常见的图景将殖民者暗喻为“定居者”，仿佛这片土地在他们到来之前一直无人居住。事实上，英国船登陆的地方是一个虽小却在迅速扩张的帝国——切那科莫科（Tsenacomoco）。

30年前，切那科莫科由6个小型村庄群落组成。在外邦人渡海而来之前，切那科莫科的最高统治者波瓦坦（Powhatan）已经将领土面积扩张了两倍，接近8 000平方英里[1]。它从切萨皮克湾一直延伸到瀑布线（Fall Line），即阿巴拉契亚高原边缘的断崖带。它辖下有数十个村庄，总人口超过14 000人。这个数量很可能令欧洲人印象深刻；牛津大学历史地理学家迈克尔·威廉姆斯（Michael Williams）指出，1600年美国东部森林的人口甚至“比西欧一些地区还稠密”。

这片土地的统治者拥有多个名字和头衔，这也是全球各地国王的标志之一；殖民者最常称呼的名字是波瓦坦，这也是他诞生的村庄的名

[1] 1平方英里约合2.6平方千米。——编者注

这是唯一一幅被确定绘制于波瓦坦生前的肖像画，作为装饰画收录在约翰·史密斯 1612 年制作的地图里；画中波瓦坦坐在印第安人议事的长屋（longhouse）中，抽着烟斗，旁边环坐着他的妻妾和顾问。

字。波瓦坦是一个为人谨慎、精明、必要时能狠下心的统治者，当英国人登陆时，他可能已 60 多岁，“数个酷寒和风暴肆虐的严冬沉重地打击了他”，据殖民者斯特雷奇说，但他依然“身材高大，四肢修长”。

它的首都维罗沃科莫科（Werowocomoco，意为“国王的房子”）坐落在约克河北岸一个 3 条小溪汇合处的小海湾。（约克河在詹姆斯河以北数英里，流向大致与之平行。）它是一个从海岸延伸出的半岛，地形以最高不到 25 英尺的矮丘为主，村里的大部分房屋都建在丘上。在它背后，两条护城河将另一座更小一些的山丘与维罗沃科莫科隔开，山脚下的建筑被用作寺庙、武器库和藏宝库。这也是保存伟大酋长和祭司遗骨的地方，一般不向平民开放；遗骨被放置在高架上，周围摆着象征财富和权力的物品。山顶上是切那科莫科最大的建筑：一个庞大、无窗的桶状拱顶，长约 150 英尺，墙壁由栗树皮叠成的薄板砌成，每个角落都蹲着类似滴水兽的石雕。远端，被火把照亮的地方是酋长的议事的长屋。在那里，酋长端坐在铺有软垫的高座上，接受访客的觐见，他的妻妾与顾问环坐在身边；酋长灰色的长发在肩上飘动，硕大的珍珠串垂在颈间。殖民者约翰·史密斯被酋长的威严所折服；印第安男子的饮食状况普遍好过英国人，“看上去都像巨人”，低沉的话语“从他们嘴里发出，仿佛是从地窖传出的声音”。在史密斯看来，正中端坐的波瓦坦“王者风范庄严，难以言表”。

英国人很容易就能认出波瓦坦：一位小国的酋长，如所有王族一样举止优雅。令人陌生的不是图画前景中的这个男人，而是他身后的背景：切那科莫科的田野、森林和河流。这也在所难免。殖民者并不了解是怎样的生态和社会力量塑造了切萨皮克湾。广泛地说，最重要的生态力量是这个地区独特的植物和动物种类；而重要的社会力量，则是印第安人独特的土地管理方式。

生命史的一次急转弯，让哥伦布登陆之前的美洲大陆很少拥有被人驯养的动物；在美洲的田野上，没有星星点点的牛、马、绵羊或山羊。大多数大型动物都可驯服，但只能训练它们不再惧怕人类，只有少数几个物种能驯养，也就是在圈养条件下容易继续繁殖，从而让人类能选择利用它们的不同特性。古往今来，人类驯服的哺乳动物只有25 种，鸟类十几种，还可能包括一种蜥蜴。其中只有 6 种生物在美洲，但它们的角色相对而言并不重要：在中美洲和南美洲被当成食物、在遥远的北方被当作劳动力的狗，生活在安第斯山区的豚鼠、美洲驼和羊驼，墨西哥和美国西南部的火鸡，名字带有俄罗斯色彩却原产于南美洲的麝香鸭，还有墨西哥和中美洲的鬣蜥。[1]

缺少家畜的影响很大。在一个没有马、驴、牛的国家，人是运输和劳动的唯一力量。与英国相比，切那科莫科的信息传播速度很慢（无

[1] 近年来，技术发展让研究者能在实验室环境中驯养过去无法驯养的物种——银狐是最为人熟知的例子。但在过去的人类历史中，仅有约 40 种大型动物被人驯化。（不包括家养的昆虫，如欧洲蜜蜂和用来做红色素的墨西哥胭脂虫。）

奔驰的马），可耕地匮乏（无拉犁的牛），畜牧不发达（无牛羊可牧），道路更少更窄（无马车可跑）。战斗中没有骑兵作战；过冬时没有羊毛织品保暖；伐下的原木在森林里滑行而没有牛拖曳。当人们要从一个地方到另一个地方时，距离会陡然显得更远；事实上，若按波瓦坦的旨意传到地方官所耗时间为标准，切那科莫科的疆域应该和英国差不多大（当然，它的人口少得多）。

正如大多数欧洲人住在小村庄一样，波瓦坦的大部分人——新来的英国人叫他们"波瓦坦印第安人"——聚居在有数百居民的大村落里，周围是大片大片的空旷土地：玉米田或者曾经的玉米田。村庄聚集在三条河流的沿岸——拉帕汉诺克河、约克河和詹姆斯河——它们是这个帝国的交通要道。英国人登陆后，顺詹姆斯河而上，沿途看到岸边成片的农庄，新种的玉米在田野里翻着绿浪，成排的高大树木散布其间。

欧洲也有繁荣的河畔农场。但相似之处也仅此而已。为了创建农场，欧洲人首先会清理林地，驾牛或马来拔除树桩，然后再驱牛或马犁地，直到变成一片平坦的裸地。在沟槽纵横的田野上，农夫种植单一的作物，或是一大片沙沙作响的小麦、大麦或黑麦。休耕的田地被用来种植牧草。宽阔的田野上有森林，通常用来狩猎和提供木材。

在没有役畜和金属工具的条件下，波瓦坦人以不同的方法，得到了不同的结果。他们在树基部烧一圈火，然后用石斧砍焚烧过的地方，直到树干倒下。然后烧光灌木和砍下的部分，只留下一堆熏黑的树桩。农耕者用骨或蛤壳制成的长柄锄头在树桩周围挖出浅孔，往孔里撒一些玉米粒和豆子。年轻的殖民者亨利·斯佩尔曼（Henry Spellman）观察到，当玉米生长时，"豆子就攀着往上爬"，缠绕在生长中的玉米秆上。玉米下面种着笋瓜、葫芦、南瓜、甜瓜、菜豆和红花菜豆，爬满了藤蔓。到处可见厚叶的烟草成片耸立着。烧焦的树桩、堆成圆丘的土地和混杂种植的农作物组成的图景，常常会横跨相当大面积的土地，据一位历史学家"保守"估计，"人均拥有耕地达30英亩到40英亩”。史密斯曾见过有的家庭耕地达200英亩。

除了起保护作用的篱笆，波瓦坦的农民并没有在田地周围修建栅栏。既然没有要圈住的牛羊，又何必把土地围起来呢？美国科罗拉多大学博尔德分校的历史学家弗吉尼亚·D. 安德森（Virginia D. Anderson）在研究中说，英国人反而认为精心修筑的栅栏是文明的标志。田边的栅栏让家畜跑不出去，小树林边的栅栏使盗猎者闯不进来。因为缺少醒目的财产归属的标识，英国人以为印第安人并没有真正占领这些土地——可以说，这里开发得还不够。波瓦坦人在一大片垦完荒的土地上散乱种植，这种耕种模式同样令英国人感到陌生。对于印第安人来说，休耕地是公共的食物储备处，一个让有用植物自然生长的地方，包括谷物（少量的大麦、假苍耳和藜类）、可食用的野菜（野莴苣和野大蕉）和药用植物（黄樟、罗布麻和荨麻）。因为欧洲没有这些物种，所以英国人并不知道地里的这些植物都是有用的。相反，他们看到的是“未使用”的土地，这令他们疑惑。印第安人为何费劲清理了土地又不耕种呢？

甚至连切那科莫科的水系都和英国不同。英国的水道在春天时流速很快，能把泥土冲下陡峭的堤岸，到7月、8月时又变成涓涓细流。河岸外的土地是干燥的，夏天，人们行走数英里也不会踩到湿泥。相比之下，切萨皮克湾仿佛是由数不尽的沼泽、湿地、长草的池塘、季节性淹没的草地和缓慢流动的小溪组成的，无论什么季节，似乎到处都是潮湿的。造成多水环境的功臣是美洲河狸，而英国并没有习性相似的动物。这些大个头啮齿动物重达60磅，它们居住的圆顶巢穴用泥土、石块、树叶和碎枝砌成，这足以阻塞水道，就像在水道上每英里设置20个水坝。水坝让水四散流开，可以说，将湍急的溪流变成了由浅而蜿蜒的支流串联起来的宽阔池塘和污泥湿地。在印第安人看来，这是件好事，乘独木舟穿过一连串池塘比渡过一条较窄的激流容易。英国文献则与之相反，描述的全是殖民者如何在潮湿的地区艰难蹒跚。[1]

淡水沼泽有利于茯苓（箭叶芋属植物）生长，美国东部和加拿大的菜摊上能找到这种半水生植物。茯苓的地下根茎（膨大起来用于储备营养的茎）形似灯泡，每年春天长出一根细梗和一片长叶子，叶子形状像孩童画的箭头。这是切那科莫科人的长期食物储备，即使秋天收的玉米吃光了，到来年春天还有充足的茯苓。站在深及小腿的沼泽里，妇女们赤手赤脚地摸索，慢慢地松动茯苓的根。这不是一件好差事，我曾在一个温暖的春日里在弗吉尼亚挖茯苓，尽管踩在冰凉的泥里，但完工时我还是热得汗流浃背。茯苓根含有毒性致命的草酸钙，为了去除毒素，妇女们会把去皮的根切成薄片，烘烤它们，再用臼和杵研磨成粉。我在家用烤炉和食品料理机做过茯苓粉，然后加水煮成粥。只需尝一口，我就明白为什么原住民更喜欢玉米了。

在开垦过的土地和果实累累的沼泽周围是美丽的树林，几乎都是原生态生长的栗树和榆树。和田野一样，森林的规模也是由原住民用火控制的。每年秋天，印第安人焚烧矮树丛，滚滚烟尘直飘天际；1632年，荷兰商人大卫·彼得松·德·弗里斯（David Pieterszoon de Vries）观察到，如果船在焚林季节抵达，“人们是先闻到，然后再看到陆地”。灰烬中长出的柔嫩新芽，会引来鹿，包括麋鹿和驼鹿。火焰可以用来猎捕它们。男子用燃烧的火把伏击它们，将它们赶入精心布好的篝火阵，并把受惊的动物围在数英里长的火墙内，弓箭手则在一旁伺机而动。约翰·史密斯曾有一夜在林间穿行，“依靠树林中处处燃烧的火”来导航。

每年秋天的焚烧让今天美国马里兰州的森林地带保持开阔，1634年，耶稣会牧师安德鲁·怀特（Andrew White）写道：“一辆马车和四匹马穿行无碍。”他的措辞或许夸张，但并非完全不对——不像其他地

[1]　后来，欧洲人的猎杀导致河狸濒临灭绝——河狸触感极佳的大量皮毛被用来做帽子。他们通过这种方式无意识地使这个曾占主导地位的自然工程师被另一个物种——蚯蚓代替。

如图所示，波瓦坦印第安人一次会种下很多作物，而不是在篱笆圈起来的田里种下一排排整齐的小麦。照片是在加拿大安大略省克劳福德湖印第安人保留地的温达特（休伦）园拍摄的。这里的农庄和菜园与英国的差别巨大，因此新来者常常认不出哪些是当地人种植的耕地。

方会铺平道路，印第安人用火打造一种被生态历史学家史蒂芬·J. 派恩（Stephen J. Pyne）称为“旅行走廊”的通道。常用的路有 6 英尺宽，数百英里长，完全没有灌木和石头。的确，偶尔也能发现没有焚烧过的地方，但弗吉尼亚的殖民者威廉·伯德（William Byrd）警告说，那里非常危险。在这些地方，“多年积累的枯叶和垃圾堆得老高……提供了充足燃料，足以烧毁一切”。因为印第安人的大火烧光了灌木和矮树苗，早期英国殖民者进入的森林是一片高耸的空间，寂静如大教堂，到处是直径粗达 6 英尺的胡桃树和橡树——景色很秀丽，但和焚烧过的空地一样都是人为造成的。“就像烹饪把麻烦的自然产品变成了食物，冶炼把矿石变成了金属”，派恩解释说，当地人的火“让大地变得可以使用”。

和英国的乡村一样，切萨皮克湾也被这里的居民改造成了劳动的地方。整齐如棋盘的田野和树林是英国文化（事实上，对于英国的存在也是）必不可少的要素；而弗吉尼亚海岸混杂拼凑的生态区域也是波瓦坦文化和存在的关键。但对新来者而言，弗吉尼亚海岸并不人性化。他们觉得它是一个满布沼泽、河狸塘、粗耕田地和危险森林的地方。如果英国人想以自己习惯的方式在这里长居久安，那他们就不得不把它改造成更适合自己的样子。

风险分担

大部分与詹姆斯敦有关的记录，都集中在约翰·史密斯身上。这并不奇怪：史密斯是个好素材。他出身贫寒，凭着运气、勇气和自立精神最终获得成功，仅仅 18 年中，就出版了至少 5 本讲述他各种事迹的传记。（必须说明，有一本是在他不知情的情况下出版的。）他最重要的自传体著作——1630 年出版的《约翰·史密斯船长的真实游历、探险和观察记》（*The True Travels, Adventures and Observations of Captain John Smith*，以下简称《真实游历》），是一本天马行空的传奇。它讲述了一个孤儿13岁离家，在荷兰打仗，住在单边屋顶的简棚里自学马基雅维利和马可·奥勒留，在地中海坐船时和“一群来自不同国家、前往罗马的朝圣者”打架（他们把他扔下了船），后来在亚得里亚海当了海盗的故事——这些还只是第一章。在第四章（标题是“史密斯的绝妙谋略”）开始之前，他正在山顶用火把打暗号（跟马基雅维利学习的技术），当时他在今天的匈牙利境内指挥一场战斗。后面的章节还讲述了：

> 史密斯如何加入特兰西瓦尼亚的军队，与“一些土耳其人和鞑靼人，以及更多匪盗与叛乱之徒”交战。
>
> 他如何在一场打斗中当着喧哗的人群杀了3名土耳其贵族。
>
> 他如何被捕获并被当作奴隶卖到奥斯曼帝国，在那里“他的脖子被扣上巨大的铁环枷锁”。
>
> 他如何抓住机会用农具“打爆（他主人的）头”，套上主人的衣服逃到俄国、法国和摩洛哥。
>
> 他如何在摩洛哥加入另一帮海盗，在西非海域抢劫西班牙船只。
>
> 他如何回到英国并迅速加入去弗吉尼亚的探险队。当时，他才26岁。

从1662年开始，就有怀疑者嘲笑这些虚张声势的冒险故事，当时有人指出，所有史密斯冒险的记录都出自他本人之手：“这只是他自己为自己所写、所宣扬的事迹，但他的事迹听上去很不靠谱。”其他作家则赞誉他是一个典型的美国人：白手起家的先驱。美国内战期间，因为与弗吉尼亚的渊源，史密斯被当成了南方邦联的象征。北方人则自然会贬低他：当时的历史学家亨利·亚当斯撰文指出《真实游历》前后内容不一致，这名热诚的邦联主义者夸耀自己“从身后攻击了弗吉尼亚的贵族”。最猛一击发生在1890年，一位说匈牙利语的研究者称

约翰·史密斯矮小、敦实，相貌普通，他那可怕的栗色大胡子让初见面的原住民大吃一惊。显然他很清楚自己容貌平凡：这幅作者画像出自他 1624 年的自传，配着可能是自创的打油诗，称他出色的内在弥补了他逊色的外表。

史密斯冒险故事中的人物和地点都是虚构的。例如，史密斯说他曾在一个叫 Olumpagh 的地方部署他的“绝妙谋略”。但那个地区并没有一个叫 Olumpagh 的小镇。结论是，史密斯是个骗子。20 世纪 50 年代，另一位说匈牙利语的研究者劳拉·普兰尼·斯特赖克（Laura Polyani Striker）回击了这个说法。她表示，史密斯提到的地方是真实存在的，之前的研究者被史密斯的错误拼写误导了。Olumpagh 就是斯洛文尼亚的伦达瓦（Lendava），当时匈牙利人称它为“Al Limbach”。斯特赖克称，当时英国还不知道这些地方，史密斯应该去过那里。

但没有历史学家怀疑史密斯到过詹姆斯敦，也没人质疑这个好斗、自信的人和波卡洪塔斯建立了友谊，从波瓦坦带回了救命粮，将殖民地救出断粮的绝境，并一次次地惹恼社会地位高于他的殖民地领袖。当时英国社会的阶级界限相当严格，这是今天人们难以理解的。史密斯从来就不是一个懂得讨好的人，他很快激怒了前往詹姆斯敦的上流绅士，在从英国出发的航程中，他们以莫须有的指控将他扔进了禁闭室。历史学家还承认，登陆弗吉尼亚后，史密斯曾带队穿越切萨皮克湾，寻找去中国的航道。但听到史密斯自述 1607 年 12 月某次探险中发生的事情时，学者都会质疑。

为了寻找奇克哈默尼河的源头，史密斯带着两个印第安向导和两个英国同伴坐独木舟出发了。他们遇到了波瓦坦的弟弟欧佩参坎诺（Opechancanough）指挥的狩猎队。殴佩参坎诺公开排斥新来者，他不希望任何外来者进入切那科莫科。冲突不可避免地发生了，印第安人杀死了史密斯的同伴，他本人也因陷进沼泽而被抓。欧佩参坎诺把冒险者带到首都维罗沃科莫科。在关于这段故事最著名的版本，即《真实游历》中，史密斯通过一种挑战接近波瓦坦：“男人们站成两排，身后有很多女人，他们的头和肩膀都涂成了红色；其中许多人头上装饰着白色羽毛。”酋长为他举行了一场公开宴会。然后，史密斯写道，波瓦坦决定在宴会上杀了他。刽子手“紧握棍棒随时准备击打他的头颅，酋长最心爱的女儿”——当时可能才 11 岁的波卡洪塔斯突然冲进来，将史密斯的头抱在怀里“救了他一命”。疼爱女儿的波瓦坦包容了女儿的恋情，赦免了史密斯并将他送回詹姆斯敦，此后她经常跑去那里，并“给史密斯送来许多补给品，若没有这些食物，很多人都会饿死”。

史密斯的故事催生了无数的浪漫小说，但大多数研究者并不认为它是真实的。亨利·亚当斯揭露说，关于这段营救最早的叙述见于史密斯 1624 年写的自传，这篇自吹自擂的自传比自吹自擂的《真实游历》出版更早。但在 1608 年，绑架发生几个月后，史密斯在一份非公开的报告中也写到了被抓的经历，只字未提被一个陷入爱河的印第安少女拯救的事情。史密斯显然热衷于在获救场景中加入一个痴情少女的形象，这在《真实游历》一书里至少发生过四次。更确凿的是，没有人类学家或历史学家找到证据说明波瓦坦在处决囚犯之前会为他们举行宴会。像波卡洪塔斯这样的孩子也不被允许参加正式宴会，只能待在厨房刷盘子。“这些故事都与文化传统不符，”人类学家海伦·朗特里（Helen Rountree）告诉我，“盛大餐宴只会献给贵宾，而不是即将被处决的罪犯。”她认为，举行宴会暗示印第安人认为史密斯或许能给他们提供外邦入侵者的信息。“很难想象他们会杀掉信息来源。”她说。

历史学家不喜欢波卡洪塔斯救难的故事，还有另一个更深层的原因。对浪漫和夸张情节的吹捧，会让人忽视英国人在弗吉尼亚的真实企图，以及他们到来后切那科莫科发生了什么。像史密斯一样勇敢的冒险家对詹姆斯敦很重要，但建立殖民地首先还是一个经济投资行为。面对各种危险和矛盾，与其说其命运受武装冲突的影响，不如说最终取决于非人为的生态力量——“哥伦布大交换”，但当时在弗吉尼亚，没有人能理解这一点。

和伊莎贝拉镇一样，詹姆斯敦也是作为贸易点建立的，英国希望以此为中途点，在与中国的贸易中分一杯羹。但伊莎贝拉主要受西班牙王室的资助与控制，而詹姆斯敦则是与政治紧密相关的一群风险投资家组成的财团、私人公司——弗吉尼亚公司开创的成果。两者差异鲜明：西班牙商人希望在伊莎贝拉致富；而詹姆斯敦的政治分歧使英国政府陷入了困境。然而，建立詹姆斯敦还是更接近今天讨论全球化时所提及的资本投资行为。

因为英国君主（女王伊丽莎白一世及其继任者国王詹姆士一世）渴望贸易和侵略带来的回报但却无财力支持，于是弗吉尼亚公司应运而生。这个国家因战争（伊丽莎白治下）和挥霍（詹姆士治下）而债台高筑，它既无法负担派船去美洲的开支，也借不到足够的现金。放债者认为，君主的信用很糟糕，因为可以并常常行使特权拒绝偿还债务。于是他们会收取足以起到破坏性作用的高利率。当然，国王和女王有

尽管历史学家否认其真实性，但约翰·史密斯讲述的在处决前被“印第安公主”波卡洪塔斯拯救的故事，还是征服了一代又一代艺术家。这幅于 1870 年创作的版画中，波卡洪塔斯像一位歌剧主角，波瓦坦的家是西部电影中常见的锥形帐篷，整个场景被错置到一片几乎无树木的丘陵地带，而这在弗吉尼亚沿海根本不存在。

权强制臣民提供贷款，但这种行为显然极度不受欢迎。那么，美洲的殖民冒险值得君主招惹众怒吗？

伊丽莎白和詹姆士的结论一致：不值得。

正如伊莎贝拉镇显示的，殖民活动有其必然的风险。英国人还需面对另一层风险，那就是西班牙已经宣布对美洲大部分地区拥有主权。英、西两国间敌意很深。事实上，教皇庇护五世曾下令，请信仰天主教的君主，如西班牙的腓力二世，举起“正义的武器”对准“新教的英国”。（教皇言辞激烈地说：“没有开脱、辩解或回避的余地。”伊丽莎白女王则说，“为邪恶服务的奴隶”必须被推翻。）1588年，西班牙派舰队侵犯英国，次年英国也派舰队入侵西班牙。两次进攻西班牙的行动都失败了，部分原因在于极端气候，这也许是小冰期的一种体现。最终伊丽莎白找到了更有效的策略：支持一种被英国称为“私掠”（privateering）而被西班牙叫作“恐怖主义”的行为。她授权英国船只洗劫任何遇到的西班牙船或殖民地。1603年伊丽莎白一世去世后，詹姆士一世缓和了对峙形势。但他很清楚，在北美洲设立英属殖民地将让冲突重燃。在大西洋沿岸，西班牙已经扶植了十几个小殖民地和传教点，其中一个距离詹姆斯敦未来的所在地仅有数英里（它已经破败了）。对英国侵入其领域的行为，西班牙不会善罢甘休。如果这还不够，法国也在北美宣示了主权，建立了传教点和5个殖民地。

然而，君主们并不愿意在竞争中将美洲拱手相让。在一份呈交给伊丽莎白女王的类似于白皮书的文件中，颇具影响力的神职人员、作家理查德·哈克里特（Richard Hakluyt）称，基督教君主的神圣职责就是拯救“不幸之人”的灵魂，那就是印第安人。“美洲子民向吾国呼喊，”他说，“请求送去福音。”他说西班牙已经让“数百万异教徒”皈依。西班牙得到了什么奖赏呢？上帝“打开无底的财富宝库之门”，让英国的仇敌获取了巨量白银，而这又帮西班牙开启了与中国的贸易。哈克里特指出，曾经“贫困潦倒的国家”西班牙，现在已如此富裕，甚至令人难以置信的是，它的海员都不再干贼盗勾当。而英国，相比之下更显悲伤，由于它“粗暴无耻、习以为常、每日可见的海盗行径”而“恶名昭著”。

机会就在北美，至少人们以为如此。1577年至1580年，英国最著名的海盗/恐怖分子弗朗西斯·德雷克爵士（Sir Francis Drake）完成了一次环球航行，一路洗劫西班牙的运银船。在航行中，他在美国西海岸靠岸。今天已经无从追查他在那里具体做了什么，因为几乎所有的探险记录都已经散失。但德雷克看到的某些东西却让许多有权势的伦敦人相信，存在一条横贯北美大陆的水道——完全可以乘船横穿到达美国。如果是这样，那美洲大陆可能只有几百英里宽。完成那段短途旅行，就能抵达太平洋海岸，随时可以向中国起航了。

伊丽莎白和詹姆士虽谨慎，却还是被说服了。为了避免信贷风险，君主将殖民地委托给了能独立运作它的实体：一家合股公司。作为现代企业的前身，合股公司由富人组成，他们将各自的资源汇集起来，共同为商业经营提供资金，然后根据收益获得分红。通过与其他投资人合作，在不确定的创业项目中，公司成员可以只为总投入贡献一小部分。如果殖民地运作失败了，总损失或许会很大，但个体投资者的损失还在可承受范围之内——痛苦肯定有，但不至于灭顶。

正如经济史学家道格拉斯·C. 诺斯（Douglass C. North）所说，合股公司不仅是一种新的赚钱手段，还是欧洲社会为有效调动资源而发展出来的制度安排之一。（诺斯与同事共同获得了1993年度诺贝尔经济学奖，主要因为上述理论成就。）这些制度安排保护了财产权（这是必要的，因为如果人们认为自己的所得会被掠夺，就不可能再冒险进行投资），保证了市场的开放性（有利于防止既得利益者扼杀创新），并强化了民主的治理方式（有利于监督领导层的行为，使之有度）。所有获许可的贸易和商业活动都是独立自主的，从而使研究和投资走上正轨——这些持续性活动能让人们受益，且很少受国家干预。哈佛大学经济学家戴维·S. 兰德斯（David S. Landes）写道："最重要的是靠自己工作，节俭，诚实，耐心，顽强。"兰德斯在经典著作《国富国穷》（*Wealth and Poverty of Nations*，1999）中称，欧洲发展出来的人力与资源组织方式，比如私人合股公司，培育并激励了个体的积极性，而这又反过来维护了这些美德。其他地方并没有发展出这种模式。诺斯认为，这些制度创新刺激了经济迅猛增长，从而形成了"一种独特的新现象"：欧洲在全球力量体系中的崛起。

英国的股份公司并没有迅速成功。第一家公司成立于1553年。53年后，当弗吉尼亚公司获得特许时，英国只有10个股份公司。其中3

个是为在美洲发展殖民地而建的。（第4个与美洲有关的项目使用了类似的风险分担方式，但没有正式成立合股公司。）所有涉美的公司都倒闭了。在16世纪80年代，英国人为控制北卡罗来纳海岸的罗阿诺克岛而付出了沉重代价——三次耗资不菲的跨大西洋航行，以及这个殖民地的彻底覆灭。[1]

尽管业绩惨淡，但弗吉尼亚公司认为值得再试一次。成立之初，该公司有两个投资群体，一个来自普利茅斯，一个来自伦敦。普利茅斯群体以今天新英格兰地区为焦点，在缅因州海岸迅速建立了一个殖民地。但只维持了几个月，普利茅斯的投资者就放弃了，而伦敦的投资方将目光转向了切萨皮克湾，并实际上接管了整个公司。1606年12月20日，弗吉尼亚公司的船只从伦敦出发了。

尽管是附近的印第安人捣毁了罗阿诺克岛，但令弗吉尼亚公司董事们更惧怕的却是遥远的西班牙。他们命令殖民者——用今天的话说，他们的员工——将殖民地建在离海岸至少“100英里”的地方，以降低被西班牙船侦察到的概率。但命令中并没有提及这里可能已经有居民了。没错，公司董事认为与印第安人的冲突是在所难免的，但他们担心的冲突只在于印第安人会“引导和协助有侵略意图的其他国家”。也就是说，他们对切那科莫科惴惴不安，并非害怕该部落的人会袭击英国人，而是担心他们帮助西班牙袭击英国人。出于这个原因，董事们告诫殖民者“切勿冒犯自然之物”——自然之物是当时对原住民的惯称。

于是便有了詹姆斯敦。条件较好的河流上游都已经被印第安村落占据了，因此，被印第安人叫作“塔森塔萨斯”的新来者，最终选择了能找到的上游无人土地。他们的新家园距离詹姆斯河河口50英里，是附近的一个半岛，水道离岸边很近，船只甚至可以系在树上。

---

[1]　罗阿诺克岛最突出的影响是：将烟草引进英国。很可能是10年前弗朗西斯·德雷克爵士带回了这种植物——他是在环球探险途中得到的。但它并没有广为人知，直到罗阿诺克岛的殖民者叼着怪异的、燃着火的陶管回到英国。“在很短的时间内，”一名温文尔雅的目击者充满怨念地说，“到处可见很多人……在恶臭的烟雾中贪得无厌地吮吸。”

对“塔森塔萨斯”来说，不幸的是，半岛上没有印第安人居住是因为这里不宜居。英国人就像最后一个搬入小区的人，分到了最不理想的房子。这里沼泽遍布、蚊虫遍地。殖民者可以从詹姆斯河取水，但水质并不总是适于饮用。夏末时，河面会下降多达 15 英尺。因为流入的淡水减少，河口的海水开始往上游倒灌，正好到詹姆斯敦。殖民者抵达这里时正值长达数年的干旱期，夏季淡水流量尤其少，而海水含量特别高。淡水与咸水的分界线留住了来自上游的沉积物和有机废料，这意味着英国人喝的是詹姆斯河里最脏的水——“充满了污泥和污物”，殖民地未来的议会主席乔治·珀西（George Percy）抱怨说。最简单的方法——挖一口井，却两年多都没有人尝试。然而挖井也起不到太大作用。切萨皮克湾是一个 3 500 万年前的巨大陨石坑遗迹，那次冲击撞碎了海湾口的岩石，导致海水内渗，盐分污染了地下水。很少有印第安部落住在海水内渗的地方，或许就出于这个原因。詹姆斯敦周围和地下的水质都很糟糕，地理学家卡维尔·V. 厄尔（Carville V. Earle）认为，这些劣质水引发了“伤寒、痢疾，还可能有盐中毒”。到 1608 年 1 月，在登陆 8 个月之后，只剩下 38 个英国人还活着。

吊诡的是，殖民地的绝望也正是它的转机：波瓦坦的人显然没把被饥饿扼住喉咙的“塔森塔萨斯”视作威胁。他确信他们随时可以赶走英国人，但只要他们还能提供有价值的贸易品——枪支、斧头、刀、镜子、玻璃珠和铜片（铜在印第安人看来就像黄金在欧洲人眼中一样珍贵），便允许他们占领价值稍逊的土地。俘获约翰·史密斯后，被珀西称为“狡猾的老狐狸”的波瓦坦从史密斯处得出结论，未来与“塔森塔萨斯”做生意所得的利润绝对值得现在给他们点儿粮食。1608 年 1 月，他把这个外邦人送回詹姆斯敦，带着足够让他为数不多的同伴存活一段时间的玉米。研究切那科莫科的人类学家朗特里认为，从波瓦坦的角度看，这是一个好机会。如果英国人想待得过久，他只需要给他们断粮，入侵就会自行崩溃了。“无知者无畏。”密苏里大学的历史学家 J. 弗雷德里克·福斯（J. Frederick Fausz）这样形容英国人与印第安人最初对待彼此的态度。

获释回来后，约翰·史密斯掌管了詹姆斯敦。因为他控制了与波瓦坦的食物谈判，殖民地其他人只能吞下心中的不满，毕竟在任何情况下，他们都不可能对胜利指指点点。那年春天，史密斯命令幸存者种植农作物（他们宁愿去找黄金）和重建殖民地堡垒（他们不小心把它烧了）。他则继续探索切萨皮克湾，并说服自己它“很有可能”延伸到太平洋。

史密斯一直与波瓦坦进行食物谈判。他想送更多的刀、短柄斧和铁盆去切那科莫科，以换来更多的粮食，但又不能让印第安人对英国商品的需求达到饱和。更棘手的问题是，英国人自己的需求不断上升；于1608年的春天和秋天到来的两艘运输船将殖民地人口增至200人左右。和所有精明商人一样，波瓦坦用提高玉米价格的方式回应了英国人渐升的需求；他要求更多的枪和剑，而不仅仅是手工工具。史密斯拒绝了，因为他对向印第安人提供武器的后果感到惧怕。波瓦坦的回应是：与不满史密斯专制管理的人私下交易武器。他允许他的人攻击在詹姆斯敦之外落单的英国人，以此继续向史密斯施压。

1609年10月，史密斯前往英国治病。这个精明的笨拙人，之前不小心点燃了自己腰上的一包火药，导致严重烧伤。对“塔森塔萨斯”来说，史密斯的离开并不是时候。两个月前，另一艘运输船又送来了300多名新殖民者，其中包括另一群反感史密斯的绅士。他们说服弗吉尼亚公司董事会罢免了史密斯。但对史密斯有利的是，运送公司书面文件的船——以及总督的替代人选——迟到了。然而，抱持鄙夷态度的新来者很快开始挑衅史密斯的权威；但在史密斯看来，他们威胁到了詹姆斯敦本身。为了拔掉这些眼中钉，他把新来的人分开，并派他们去切那科莫科的几个居民点搜集食物。事实证明，这是个错误。

其中一群人去了南瑟蒙人部落，他们住在詹姆斯河南岸、殖民地对面的岛上。这群前往南瑟蒙的殖民者没有按时返回，珀西写道，其余的英国人“焚烧了（印第安人的）房屋，洗劫了他们的神庙，把他们已逝国王的遗骸从坟墓里拖出来，抢走了陪葬的珍珠、铜和手镯”。这让史密斯大惊失色。他也曾怒骂、欺凌、恫吓过印第安人，但他同样认为詹姆斯敦的殖民者不应该屠杀给自己提供食物的人。不过当时他伤得太重，无法迫使殖民者去道歉。

这个事件令波瓦坦深信，“塔森塔萨斯”的新掌权者已经废除了他和史密斯达成的协议。那年冬天，他以直接和间接的方式发动了反击。第一次正面反击中，印第安人砍杀了 17 个闯入克空坦村（Kecoughtan）抢粮食的殖民者；在森林里杀了另一群疲惫的“塔森塔萨斯”[印第安人在尸体“嘴里塞满了（玉米）面包”，以此表示“蔑视和嘲笑”]；在史密斯建立的上游的一个哨站里消灭了一船士兵；还用食物引诱一支由 33 人组成的殖民者小队进入维罗沃科莫科，并屠杀了他们。珀西在报告中称，印第安人用一种缓慢、惨不忍睹的方式处死了队伍的首领：女人们用蚌壳从他骨头上刮下肉来，然后当着他的面扔进火里。福斯在有关“第一次印第安战争”的史学专著中估计，之后五年里，每四个殖民者中就有一个被当地人杀害。

然而，波瓦坦的间接攻击更致命：他停止了食物供应。他选择的时机非常精准。史密斯在其继任者到来之前就离开了，他的反对者们推选诺森伯兰伯爵的小儿子乔治·珀西来担任临时领导。在遭受攻击期间，史密斯已经不能迫使殖民者继续照料詹姆斯敦的菜园或修补渔网。但在管理殖民者方面，无能的珀西甚至更失败，有人猜测，可能是因为别人看不惯他穿着丝质吊袜，戴着镶金边的帽子，系着绣有纹饰的腰带在泥泞的营地周围闲逛。于是，当波瓦坦切断供应后，英国人的食物储备也告罄了。珀西后来承认，他们沦落到吃“狗、猫、大鼠和小鼠”，连为伊丽莎白式硬质衣领上浆的淀粉也被用来煮粥。饥荒让“每个人都面无血色”，有些殖民者竟然“从坟墓里挖尸体来吃”。有个人杀死了他怀孕的妻子，“用盐把她腌了充当食物”。到了春天，只有约 60 人熬过所谓“饥荒期”活了下来。

诺森伯兰伯爵的小儿子、运气不佳的乔治·珀西的肖像画，原作已遗失，此图为 19 世纪的复制品。

在某种程度上，殖民地的困境是令人费解的。切萨皮克湾过去和现在都是西半球最好的渔场之一，随处可见梭子鱼、鲤鱼、鲻鱼、螃蟹、鲈鱼、比目鱼、海龟和鳗鱼，河口附近水浅而物产丰富，所以史密斯曾开玩笑地说，用煎锅就能把“晚餐”抓住。詹姆斯河里游弋的大西洋鲟鱼个头非常大，有殖民者报告称，当地男孩把藤蔓套在它们尾巴上就会被它们拉下水。（我一直不相信这段话，直到詹姆斯敦的考古学家告诉我，他发现了长达 14 英尺的鲟鱼骨头。）牡蛎数量也很庞大，一堆当地餐宴后扔弃的牡蛎壳就几乎占地 30 英亩。

殖民者怎么会在物产丰富的地方挨饿呢？一个原因是英国人不敢走出詹姆斯敦去捕鱼，因为波瓦坦的战士就在殖民地墙外等候；另一个原因是绅士阶层在殖民者中的比例大得惊人，这个阶层历来被认为无须亲自劳动。前三艘运输船送了 295 人到詹姆斯敦。据历史学家埃德蒙·S. 摩根（Edmund S. Morgan）统计，其中 92 人是绅士——其余很多人是“绅士的贴身侍从，即使在英国也需要他们来让生活更舒适”。这些侍从同样认为自己无须从事体力劳动。不过即使他们可以抛下与生俱来、根深蒂固的习俗，也难以生存下去，因为英国人不熟悉弗吉尼亚的自然环境。他们本可以在冬天去河流下游捕捉常见的鲈鱼和鲇鱼，但他们不知道这些鱼在何时何地上钩。垂钓者都知道，在错误的时间、错误的地点钓鱼往往徒劳无功。殖民者死于营养不良，同样也死于无知。

约翰·罗尔夫很幸运，他在饥荒期过后第二年春天才来到弗吉尼亚。大约一年前，他和厌恶史密斯的上流绅士一起乘船从英格兰出发，史密斯的继任者也在船上。行至中途，飓风驱散了船队。其他船避开风暴在弗吉尼亚登陆，然后招致了前文所述的结局（袭击南瑟蒙，惹怒波瓦坦，大批人员死亡）。而同时罗尔夫的船被吹到南方，差点儿沉没了。一名船员回忆，连续三天，船上的许多人“像桨帆船上的水手一样光着膀子”在齐胸深的水里，排成人龙用桶排水。船被冲到百慕大群岛，最后在四座大岛最北端的岛上搁浅了。幸存者在海滩上停留了 9 个月，靠鱼、海龟和准备带去詹姆斯敦的猪为生。他们用岛上的雪松和船的残骸拼凑出两艘小船。1610 年 5 月 23 日，罗尔夫一行人终于来到了切萨皮克湾。

眼前的饥荒和破败震撼了从百慕大来的人，两周后他们决定放弃詹姆斯敦。罗尔夫和其他新来者把詹姆斯敦皮包骨的殖民者搬到他们那两艘拼凑出来的小船和殖民地的另外两艘船上，他们计划前往纽芬兰，然后打算请求定期到纽芬兰岛东南岸大浅滩（Grand Banks）的渔船送他们回家。就在他们等待出发时，一艘小船进入了他们的视线。这艘先锋长艇是另一艘护送舰，它运来了新任总督和 250 名新殖民者，而且最重要的是，还有一年的口粮。之前的殖民者只好沮丧地回到詹姆斯敦，继续琢磨怎么生存下去。

这并不容易。尽管不再需要靠波瓦坦提供食物，但据弗吉尼亚公司后来的报告称，之后几个月里“（250 名新来者中）至少有 150 人死亡”，其中包括罗尔夫年轻的妻子。他们的命运很具典型性。年复一年，弗吉尼亚公司花费巨资送殖民者前往弗吉尼亚——据说共计超过 100 艘船，但大部分希望定居的人在数周或数月内死去——男人和女人，富人和穷人，稚童与罪犯。1607 年至 1624 年，英国运送了逾 7 000 人到弗吉尼亚，他们每 10 个人中就有 8 个死去。

死亡还在扩散，即使今天读到当时留存下来的信件、报告和詹姆斯敦年鉴都会使人感到痛苦。每一页都记载着不幸。“和我同船来的人所剩无几……许多新来者不是死了，就是在恐怖绝境中挣扎……3 年里，约有 3 000 人死去。”报告像苍白、冷淡的老式讣告一样，罗列着不同的名字和遭遇。殖民地财务主管乔治·桑迪斯（George Sandys）说，有一个从伦敦出发的侍从还未到岸就去世了。人们在树林里发现了被狼或其他野兽撕碎的殖民者休·普莱斯（Hugh Pryse）的尸体，他的肠子被扯了出来。威廉·埃普斯（William Epps）在一次醉酒斗殴中重创了爱德华·斯托林奇（Edward Stallenge），导致他头骨破裂，次日身亡。外科医生威廉·罗斯利（William Rowsley）带了 10 个侍从来弗吉尼亚，但几周内他的侍从都死了。爱德华·希尔（Edward Hill）告诉他在英国的兄弟，他留在弗吉尼亚是为了把损失的赚回来，之后上帝会保佑他离开这里。（希尔没有离开，一年后，他在弗吉尼亚去世，再也无法赚回他的损失。）福玻斯·坎纳（Phoebus Canner）哭诉道：“我再也不愿待在这个地方了，上帝请送我离开吧。”

1619 年 12 月 4 日，以约翰·伍德立夫（John Woodlief）为首的 35 人在一个新种植园登陆，它是位于詹姆斯河上游的伯克利百（Berkeley Hundred）。伍德立夫的支持者建议庆祝他们抵达的日子，“以此作为献给万能上帝的感恩日”。这就是英属美洲殖民地的第一个感恩节。伯克利百的创建者要求每年都要记住这一天。但到了来年的 12 月 4 日，

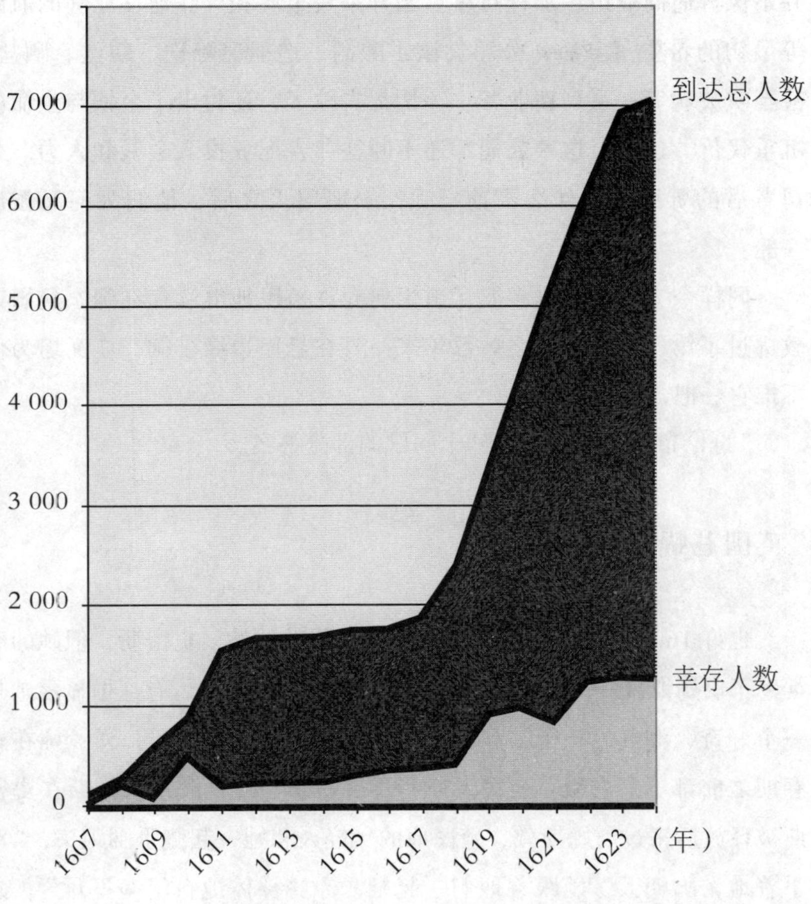

数以千计心怀希望的英国人来到弗吉尼亚后，大多数不久就死去了。本图是作者尽最大努力计算出的几组数据，包括移民总数、年增长数，以及詹姆斯敦每年的实际人口数。数字可能有几百人的偏差，因为现存数据很零碎并常常互相矛盾。不过总体趋势很清晰，且令人悲伤。

35 个当日登陆的“塔森塔萨斯”中，已有 31 个长眠地下了。

弗吉尼亚公司为什么锲而不舍地尝试呢？“无论公司最初做的是什么，”韦斯利 · 弗兰克 · 克雷文（Wesley Frank Craven）在研究该公司历史的专著中写道，“它首先是一个投入了巨额资金的商业组织，风险投资人的兴趣主要是从投资中获得回报。”但弗吉尼亚公司并不像普通商业组织那样行事。当开采贵金属和寻找通往亚洲的航路等最初的希望落空后，公司尝试了酿酒、造船、炼铁、纺丝、晒盐，甚至吹玻璃等一系列新业务。一切都失败了，还付出了金钱与生命的沉重代价。然而，这家公司却还不断往弗吉尼亚投入金钱和人力。公司背后的赞助者为什么不抽身呢？一船覆灭之后，他们为何又派出一船？

同样令人不解的是，波瓦坦为何允许殖民地继续存在呢？詹姆斯敦逃过了第一次袭击，之后数年来一直在悬崖边缘徘徊，波瓦坦为何不推它一把，让它一了百了？

“哥伦布大交换”是这两个问题的部分答案。

“英国苍蝇”

也许1608年波卡洪塔斯没有拯救被俘的约翰·史密斯，但她的确帮助了詹姆斯敦——6年后，她嫁给了约翰·罗尔夫。有证据显示她是一个好奇、淘气的孩子，和所有其他切那科莫科的孩子一样，她在青春期之前都不穿衣服。殖民者斯特雷奇后来写道，波卡洪塔斯在史密斯被释放后来过詹姆斯敦，殖民地的年轻人和她一起侧手翻跟头，“双手着地，脚朝天，她跟着他们一起翻，赤身裸体地在堡垒里玩”。她真正的名字是玛陶卡（Mataoka），“波卡洪塔斯”只是一个戏谑的昵称，意思类似“小恶棍”。

“塔森塔萨斯”喜欢这个女孩，但还不足以让他们放弃挟持她做人质。当史密斯离开后，波瓦坦再次把英国人逼到了灭亡边缘，殖民地的新领导决定反击。詹姆斯敦实施了严厉的军法：有个偷窃了几品脱燕麦片的殖民者被绑在树上活活饿死；将人分成若干个小队，派探险队去制服切那科莫科人。殖民者毫无预兆地发动攻击，毁坏了詹姆斯敦上、下游的原住民居住地。印第安人也多次反击，杀掉了一个又一个殖民者，迫使他们退回詹姆斯敦的栅栏后面，在那里他们被饥饿和疾病夺去了生命。

这是典型的游击战僵局。“塔森塔萨斯”能打赢每场战斗，却永远无法取得决定性胜利；波瓦坦方总是可以撤回腹地，然后发出致命攻击，利箭如云般从树后突然射出。但波瓦坦方，也同样消灭不了“塔森塔萨斯”。其可以恫吓使殖民者不敢出外冒险，甚至不能收割自己的庄稼。然而只要伦敦还愿意运来新的补给品和新的人，印第安人也同样无法取得永久性胜利。1613 年 3 月，当双方都筋疲力尽时，时任詹姆斯敦军事指挥官的托马斯·戴尔（Thomas Dale）命令手下把十几岁的波卡洪塔斯骗上了英国人的船，然后把她带走了。

考虑到这位年轻姑娘有贵族血统，戴尔把她软禁在殖民地长官的家里。同时他给波瓦坦提出了赎回条件：要想女儿回去，他必须交回所有“狡诈盗取”的剑、枪械、金属工具以及所有英国战俘。整整 3 个月，波瓦坦拒绝和他视作罪犯的人谈判。最后，他送回一批英国俘虏和一个条件：愿意用 500 蒲式耳[1]的玉米换回那个女孩。枪械和剑送不回来了，他说，因为它们已经丢失或被盗了。戴尔对这种说法嗤之以鼻。沟通又中断了 8 个月，在这段时间里，一些获释的英国俘虏又跑回了印第安人那里——与詹姆斯敦的军法和饥荒相比，他们更喜欢切那科莫科的异域文化和语言。

为了终止对峙，1614 年 3 月，戴尔带领罗尔夫和 150 名持滑膛枪的“塔森塔萨斯”去见波瓦坦。气氛剑拔弩张，数百名原住民和戴尔的人在约克河岸碰面。由于双方都对冲突造成的伤亡心存顾虑，英国和切那科莫科终于开始了积极谈判。罗尔夫是英方谈判组的成员，代表切那科莫科的是波瓦坦的弟弟欧佩参坎诺，也就是在沼泽里捕获约翰·史密斯的人。两天后，他们达成非正式协议，出人意料的是，其中一项重要原则是波卡洪塔斯不会回家。

有殖民者在报告中说，波卡洪塔斯被绑架后“非常忧伤、不满”。

[1] 英制 1 蒲式耳合 36.37 升。——编者注

此外，还有人猜测，“塔森塔萨斯”的一切都令她疑惑不解，他们笨重的着装，他们把女人束缚在家和菜园里的行为，他们死板到不可思议的进食习惯（在家里，人们只在饿的时候才会从炖锅里舀吃的）。但随着时间的推移，她的态度改变了。也许她是被父亲最初拒绝赎回她的决定惹怒了；也许她喜欢被英国人以贵族之礼相待——在妻妾成群的父亲家里，她只是众多孩子中的一个；也许她认为自己留在英国人这里能终止战争和间歇爆发的暴行；也许她只是爱上了约翰·罗尔夫，这个在她被囚时遇到的男人。无论出于何种原因，最终她同意以罗尔夫新娘的身份留在詹姆斯敦。

没有人关心波卡洪塔斯是否已经结婚了，因为她还没有孩子。朗特里说，当地习俗允许她随时解除婚姻关系。英国人根本不在意与“野蛮人”通婚。当地人和新来者都将波卡洪塔斯与罗尔夫的婚礼当成了事实上的停火。正如福斯在书中关于这场冲突描述的那样，这是一个“适时且保全双方颜面的停战方法，没有投降，没有书面条约，甚至没有正式的胜者”。

欧佩参坎诺利用停止敌对之机，从他兄长手中夺走了权柄（波瓦坦大约在 1615 年退位，3 年后去世）。欧佩参坎诺为人刚毅固执、思维缜密，从“塔森塔萨斯”到来那天起就排斥他们，他操纵詹姆斯敦的人去袭击他的原住民对手，因此即使英国殖民地在扩张，他的势力也在壮大。为了了解他的敌人，这个新统治者派人打入詹姆斯敦内部。通过在英国人的家里干活，与英方做生意，甚至加入英国民兵，印第安人掌握了外邦人各方面的信息。欧佩参坎诺的人获得了一批枪械，并训练自己人使用。

欢欣的殖民者对欧佩参坎诺的密谋一无所知。尽管如此，他们却在无意间启动了一个毁灭性对策——“哥伦布大交换”。源源不断地驶向弗吉尼亚的船舶运来了一整套完全不同的物种，发起了多层面的生态攻击。最强效的武器是烟草。

即使在战争最激烈的时候，约翰·罗尔夫也没有停止试种烟草。

有关美国东北部印第安人的早期图像资料很少。左侧这幅波卡洪塔斯的版画，创作于她 1616 年访英期间，是目前已知的唯一一幅波瓦坦印第安人肖像画。欧佩参坎诺的肖像没有存在过，但人们可以参考右图的剃发男子想象他的样子，这很可能是一个去过伦敦的弗吉尼亚印第安人，1645 年波希米亚艺术家文西斯劳斯·霍勒（Wenceslaus Hollar）记录了他的形象。

国王詹姆士一世最初曾公开指责吸烟的行为“视则生厌，闻则可恶，（且）伤害大脑”。他想过禁烟，但后来又改变了主意——这位常年囊中羞涩的君主发现可以对烟草进行征税。英国烟民没有了限制，但仍不快乐，因为西班牙人不断提高烟草价格。弗吉尼亚烟草的质量比不上加勒比海地区的，但价格没有那么贵。它很快在商业上取得了巨大成功——销售仅一年的时间，詹姆斯敦的殖民者就用一小袋一小袋的烟草还清了伦敦的债务。与波瓦坦方的停火让殖民者迅速扩大了生产。至 1620 年，詹姆斯敦的年发货量已达到 5 万磅；3 年后，这个数字几乎增加了 3 倍。不到 40 年时间，切萨皮克湾，这个后来被人称为“烟草海岸”的地方，其烟草的出口量已高达 2 500 万磅。每个农夫的所得利润是其初始投资的 1 000%。

1 000%！只需要阳光、水和土壤！如果农夫能请到帮手，这一数额还会暴涨：劳动力年支出约为 2 英镑，但这段时间里他们却能种出价值 100 英镑甚至 200 英镑的烟草。经济规律的力量在客观事实中得以显现，并影响了人们的思想，当年需要约翰·史密斯用枪赶着下田的“塔森塔萨斯”们，现在都努力想从地里收获烟草。新移民不断涌入，攫取土地，种植烟草。英国式农庄迅速布满了詹姆斯河与约克河上下游。涌入的殖民者越来越多，弗吉尼亚公司意识到其在大洋彼岸已无法完全管理，于是设立了一个选举产生的议会来解决纠纷，这就是北美殖民地的第一个代议团体。其第一次会期从 1619 年 7 月 30 日持续到 8 月 4 日。

仅仅 3 周后，一艘荷兰海盗船在詹姆斯敦靠岸。它带来了“20 多个黑人”——被海盗从一艘开往墨西哥的葡萄牙船上抢来的奴隶（几天后另一艘船又运来了 30 多个黑人）。急于谋求烟草利润的“塔森塔萨斯”们一直嚷嚷着要更多的劳动力，非洲人正好在丰收季节到来了。海盗需要为返航回欧洲准备粮食，殖民者便毫不犹豫地用食物买下了这些非洲人。从法律上讲，这“20 多个”非洲人也许不是奴隶，因为他们的身份不能确定。但是，他们并非出于自愿。这桩买卖成了奴隶制形成过程中的一个里程碑。仅仅几周内，詹姆斯敦就开创了未来美国运转最久的两大制度：代议制民主和动产奴隶制。

殖民者不是不在意这些标志性事件，他们只是忙于出口弗吉尼亚烟草。因为对烟草过于痴迷，部分领导层抱怨，殖民者让詹姆斯敦再次成了废墟：“教堂衰败了，栅栏（墙）裂了，桥断了，淡水井也被污染了；他们把教堂当成仓库；市场、街道和其他空地都被种上了烟草。”经常有一堆人畅饮欢庆到烂醉；来的船只运来了酒，还将船改造成漂浮的临时酒馆。戴尔不得不向弗吉尼亚的种植户下令：必须同时种庄稼，违令者将被罚上缴烟草给殖民政府。但几乎无人重视。[1]

可惜的是，对于弗吉尼亚公司来说，繁荣来得太晚了。一批批殖民者漂洋过海却相继死亡，这已经耗尽了公司的启动资金。公司管理者说服了伦敦颇具影响力的神职人员，让他们相信帮助詹姆斯敦寻找更多投资者是英国所有基督徒的责任。每个周日，牧师都呼吁各自教区的居民去购买弗吉尼亚公司的股票。“去吧。”威廉·克拉肖牧师（Rev. William Crashaw）督促未来的“高贵而可敬的冒险家”，其中一些坐在他主持的圣殿教堂（Temple Church）的靠背长椅上，这里是英国最著名的朝圣地之一。如果英国没有抓住在弗吉尼亚的机会，克拉肖预言，未来几代人会问：“为什么这样的奖赏会落到无心接受它的蠢人手中？”

这一策略奏效了。牧师吸引了700多个个人和公司向弗吉尼亚公司投资至少2.5万英镑。[2]（与此形成反差的是，历史学家称，其中最初支持公司的人已不到12个，他们的再次投资也只有几百英镑。）新融的资金足够送几百名殖民者横渡大洋，罗尔夫和戴尔也在其中，他们热切渴望种植烟草。但即使是烟草利润带来的快钱也偿还不了公司多年亏损欠下的债务。1622年3月22日，当欧佩参坎诺发动袭击时，弗吉尼亚公司的资金再次耗尽了。

当日清晨，印第安人悄悄进入欧洲人的定居点，敲门要求进屋。大部分人是熟客，来时也没有带武器。许多人都得到了餐点或饮料

---

[1] 对烟草的狂热流传到了法国。深受资金不足困扰的法国王室通常对其美洲殖民地漠不关心，甚至颇为厌烦，然而为了发现新奥尔良地区花了一大笔钱，这只是因为王室为法国烟民花费在英国烟草上的金额所惊骇。在一流经济学家约翰·劳所主持的一项债转股项目中，王室的债权人获许将巴黎无法兑现的政府债券换成能够分配新殖民地利润的股票，预计新殖民地将成为一块依赖奴隶的巨型烟草农场——一个弗吉尼亚的复制品，而波尔多则会代替伦敦（成为烟草贸易的中心）。公众疯狂购买上述股票，将其价格不断推高，造就了一次经典的投机泡沫。劳雇用了武装卫兵以保护自己不被死缠烂打的潜在投资者骚扰，一位心怀感激的贵人还在阿肯色封他为公爵。泡沫在1720年破掉了，然而第一批烟草大亨已经奔赴美洲，在那里他们发现新奥尔良其实不是特别适合烟草的种植。受持续损失困扰的法国于1762年十分高兴地将新奥尔良割让给了西班牙，以充当其七年战争中对西班牙援助的一部分。

[2] 很难用现在的货币价值来表示它，但总量肯定值数千万美元。即使是粗略数字也可能产生误导，因为当时的投资资本的总量要小得多；当年弗吉尼亚公司募集的资金占资本总量的比例，比今天5 000万美元高得多。

的招待。然后，他们抄起手边的工具——菜刀、大炖锅和殖民者自己的枪——杀掉了屋里的每一个人。这场攻击血腥残酷、范围广泛、计划周详。袭击发生得如此之快，以至于许多殖民者尚未意识到遭袭就已经丧命。在曾经属于切那科莫科的土地上盖起的房屋被付之一炬。最后时刻，有些印第安人向他们的英国朋友通知了攻击的事情，这种警告足以让詹姆斯敦组织防御。然而，还是有至少 325 人死于袭击。

事后，又有 700 多人死亡。因为这场攻击干扰了春耕，“塔森塔萨斯”种下的玉米比以往更少了。同时，公司为重建詹姆斯敦又送来了 1 000 多名新殖民者。令人难以置信的是，他们没有带食物补给。其实也能理解，船费由乘船者自己承担，因此船长们尽量装载乘客，尽量少带无利可图的食品。这些不幸的、深受维生素 C 缺乏病折磨的人被丢弃在岸上，在那里他们被强迫吃“树皮或地上的软土”。殖民者再次沦落到衣衫褴褛，为一点玉米四处苦寻。这就是第二个“饥荒期”。到春天时，幸存下来的人已经虚弱不堪，殖民地财务主管乔治·桑迪斯写道：“生者已经没有力气去埋葬死者了。”那一年，弗吉尼亚三分之二的欧洲人死亡。[1]

无论用什么标准来衡量，欧佩参坎诺都处于优势。他的军队从规模和补给都强于对手，随时可以对英国殖民地发起突袭。詹姆斯敦的议会承认，“他们行动迅速，被我方攻击时又能退守到有遮蔽优势的树林里”，因此殖民者无法策动成功的反击。1623 年夏天，欧佩参坎诺预言，“在第二次月圆之前，他们的地盘上将不会再有英国人”。

正如他所预见，弗吉尼亚公司没有挺过这一关。这场攻击震惊了詹姆士一世，他成立的调查小组给出了一份令人震惊的报告。议会里

---

[1] “塔森塔萨斯”也并非毫无战绩。1623 年 5 月，袭击发生一年多以后，他们在与切那科莫科的统治阶层举行的和平会议上策动了反击。据目击者记录，敬酒时英国人奉上了有毒的塞克酒（类似于雪利酒），杀死了“数百个”印第安人。殖民者在愤怒的受害人群追赶下，逃回了他们的船上。离开时英国人还向人群开枪，杀死了“50 多人”，他们还误以为其中包括欧佩参坎诺。后来英国人“把他们的头的一部分带回了国”，也就是说，他们剥下了受害者的头皮。

支持公司的力量也沉默了。管理层竭尽所能想留住国王的青睐。投资者们已经向弗吉尼亚投入了20万英镑，这在当时是一笔巨资。只要公司存在，就还有弥补损失的可能，但如果詹姆士一世取缔公司的执照，那将永无翻盘的希望。然而，1624年5月24日，国王还是取缔了它的执照。历史学家摩根写道："任何负责任的君主都必须阻止不计后果地让他的臣民去送死的行为。"令人称奇的是，国王没有早点这么做。欧佩参坎诺方确实击败了弗吉尼亚公司。

然而对印第安人来说，击败公司并不意味着胜利。欧佩参坎诺没有发起最后的致命一击——把外邦人赶入大海。事实上，直到22年后，第二轮大规模协同袭击才爆发，但这已经过去太久了。人们永远无法确知他犹豫的原因，毕竟大部分历史记录都是英国的资料，敌意让"塔森塔萨斯"连对当地生活仅有的了解都消失了。不过，有一个原因可能是，在他的军队潜入英国人的居所之前，就已经失势了。通过种植烟草，英国人早已把这片大地的景观变得面目全非。

印第安人有种烟草的传统，但数量非常少。而殖民者大面积地将土地变成了烟草田。无论是当地人还是新来者，都不了解大规模种植烟草对环境产生的影响。烟草像海绵一样吸收氮和钾。收获时，人们会将整株烟草从土壤中拔出，因此收割和出口烟草，就相当于把养分从土壤中抽出并运上了船。"烟草拥有几乎独一无二的、吸干土壤养分的能力，"詹姆斯敦下辖的詹姆斯县的农业推广员琳恩·杜布瓦（Leanne DuBois）这样形容，"这个地区的土质非常脆弱，几年时间就能毁掉整片土地。"田地的肥力被一块接一块地耗尽了，殖民者只好继续迁往新土地。

有人回忆，在切那科莫科，过去每户人家在自家田里耕种数年，当产量降低时人们就会休耕。不种作物的土地会变成集体的狩猎场或饲料草地，直到再次用来耕种。休耕田也是已经清理好的土地，因此很容易被外邦人挪来种植烟草。与波瓦坦人不同的是，当烟草田枯竭后，英国人没有将其复原，相反，他们又种上玉米，之后又种上了牛

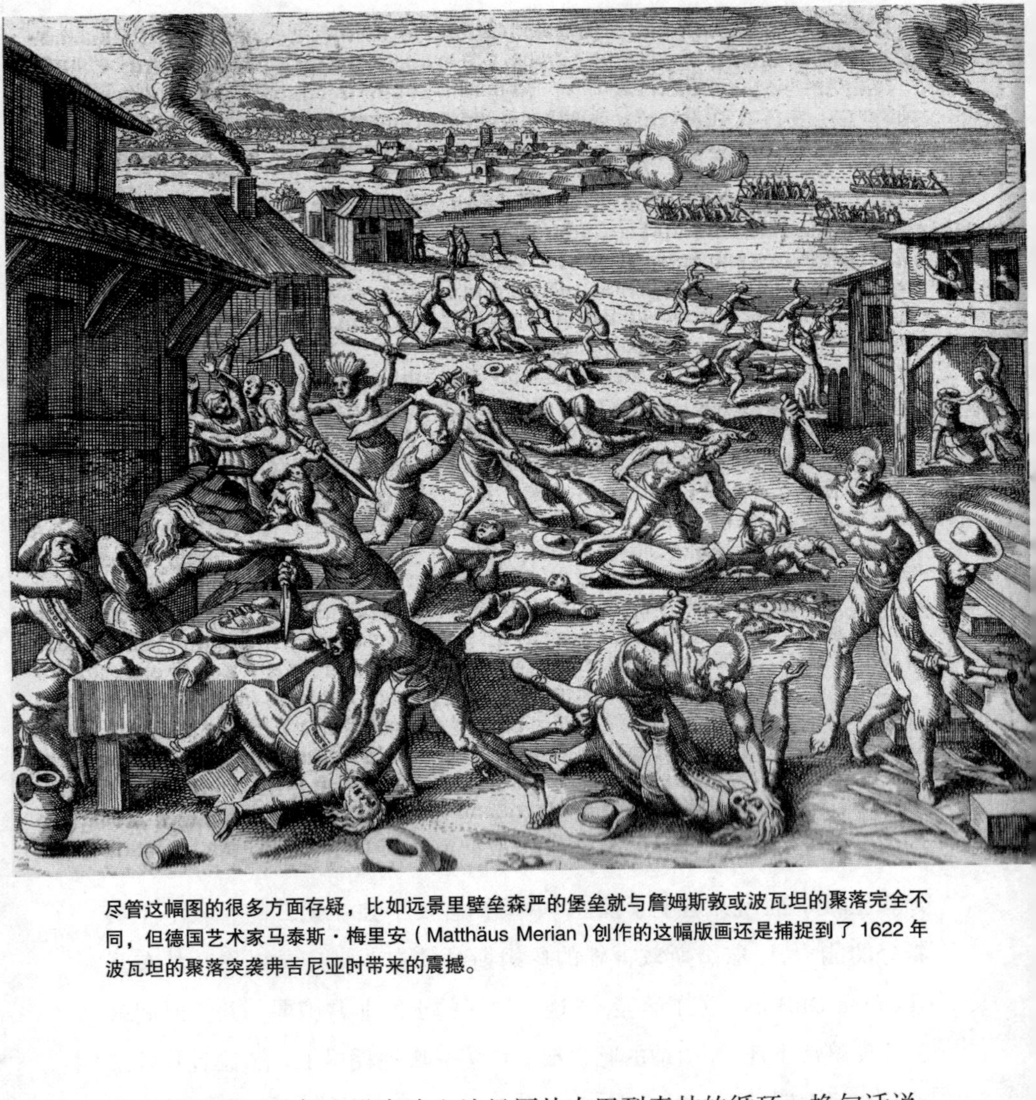

尽管这幅图的很多方面存疑，比如远景里壁垒森严的堡垒就与詹姆斯敦或波瓦坦的聚落完全不同，但德国艺术家马泰斯·梅里安（Matthäus Merian）创作的这幅版画还是捕捉到了1622年波瓦坦的聚落突袭弗吉尼亚时带来的震撼。

马吃的牧草。外邦人没有让土地经历从农田到森林的循环，换句话说，他们不间断地使用土地，一直抢夺切那科莫科人的基本农田和饲料草地，从而将印第安人推得离海岸线越来越远。

只用了10年到20年的时间，英国人就攫取了印第安人所开发的绝大部分土地。环境史学家约翰·R. 文纳斯滕（John R. Wennersten）写道，英国人继续迁入森林，“使用欧洲数世纪没有出现过的刀耕火种技术”。他们砍伐了大量林木，毫不吝惜地使用倒下的木材。农夫用“虫状”的栅栏——由6根到10根木轨交错组成的锯齿形结构——圈出属于自己的财产。文纳斯滕估算，每英里栅栏需耗费6 500根又长又粗的木材。其他木料被加工成松脂、松节油和木板。丰富的下脚料被做成形状大小不一的桶，出口到木材匮乏的英国。“他们对树木有一种难以抑制的反感，”一名18世纪的游客冷眼旁观，“没有人例外。”

过去，由于每年定期放火，当地林区变得开阔到足以让人自由穿行，同时又因为树冠遮蔽让土地免受雨水冲刷，它又成为封闭的环境。森林被砍伐后，土地便暴露出来。殖民者的垦殖使其更加脆弱。养分在春天的雨水里溶解，并随之流入大海。裸露的土壤迅速干燥、结块，失去了储蓄春雨的能力；径流的水量和流速都有所增长，因而增加了河水总量。到17世纪晚期，洪灾常常泛滥。太多泥土被冲进河里，以致行舟都变得困难。

来自南美的烟草并不是唯一引进的东西。英国人还带来了他们农场里常见的物种：猪、山羊、牛和马。舶来的动物最初过得并不如意，尤其常被饥饿的殖民者杀了果腹。但到了与波卡洪塔斯联姻后的和平时期，它们的数量开始大量增加。殖民者很快就管理不过来了。印第安人醒来时发现，散养的牛、马在田里嬉戏，践踏着待收获的庄稼。如果他们杀死这些动物，殖民者就会举着枪来索要赔偿。几十年间，动物数量激增。

情况最糟糕的应该是猪。据一位殖民者报告，到1619年，“已经有了无数头猪，都被挤到树林里去了”。它们机灵、顽强又总要进食，它们吃坚果、玉米和水果，用铲状的鼻子刨开湿润的土壤，寻找可吃的根。茯苓是一种可食根，它是印第安人在玉米歉收时赖以糊口的植物。结果猪迷上了茯苓。18世纪，瑞典植物学家彼得·卡姆（Peter Kalm）经过这个地区时发现，猪“非常贪食”茯苓，“因为吃它而长得特别肥”。卡姆说，在那些“猪经常出没”的地方，人们“必须抢先拔出”茯苓。切那科莫科的人发现，自己竟然在与一群凶悍的猪争夺食物。

但从长远来看，最大的生态影响可能来自一种体型小得多的驯养动物：欧洲蜜蜂。1622 年年初，一艘抵达詹姆斯敦的船带来了一些异域玩意儿：葡萄藤、蚕和蜜蜂。葡萄和蚕始终没有繁殖，但蜜蜂却蓬勃发展。大多数蜜蜂只为少数几种植物授粉，并且对居住环境很挑剔。而欧洲蜜蜂这种随意的小动物，几乎能为所有的植物授粉，什么地方都能住。它们很快遍布美洲各地。印第安人称之为“英国苍蝇”。

英国人引进蜜蜂是为了蜂蜜，而不是为了帮助庄稼——直到 18 世纪中叶，授粉才被人们发现。然而无论如何，野生蜜蜂还是为农庄的作物和果园的植物授了粉。没有它们，欧洲人带来的许多植物就不可能茂盛生长。佐治亚州可能不会成为桃州（Peach State）；苹果佬约翰尼[1]的树可能永远结不出果实；哈克贝利·芬（Huckleberry Finn）可能根本没有西瓜可偷。对欧洲的兴旺发达起关键作用的蜜蜂，却被印第安人视为入侵的征兆。法裔美国作家让·德·克雷夫科尔（Jean de Crèvecoeur）于 1782 年写道，第一次在新大陆看见蜜蜂时，“悲伤与恐慌弥漫在所有人的脑海里”。

砍掉了曾覆盖大地的森林，阻碍了休耕地的再生，耗尽了土地的养分，停止了年复一年的焚林，放出了大型食草并易繁殖的动物，引进了蚯蚓、蜜蜂和其他外来的无脊椎动物——殖民者如此深刻地改变了切那科莫科，让它变得越来越不利于原住民的繁衍兴盛。同时，欧洲人在逐渐熟悉的环境中，越来越容易壮大自己。不顾饥荒、疾病和金融危机的威胁，移民源源不断地涌入切萨皮克湾。斧子闪着寒光，牛奋力拉犁，数以百计的新殖民者将烟草种到了能到达的每条河岸的

[1] 苹果佬约翰尼［Johnny Appleseed，原名 John Chapman（1774—1845 年）］，美国拓荒者和民间英雄。原为苗圃园丁，1800 年左右开始在宾夕法尼亚从榨苹果汁中收集苹果种子，然后向西至俄亥俄河谷地，沿路撒下苹果种子。他在照顾自己约 1 200 英亩果园的同时，也帮助别人看管数百平方英里的果园，并把无数的苹果树苗卖给或转让给拓荒者。——译者注

17 世纪 60 年代，弗吉尼亚的印第安人最终被英国人打败，此后他们被要求在进入英国人聚居点时佩戴身份徽章。此徽章属于当地一位统领。

陡坡上。当土壤肥力耗尽时，他们便把土地留给牲口，然后继续向前。

从生态角度来说，切那科莫科变得越来越像欧洲，这是新生的同质世的显著标志。至 1650 年，印第安人地盘的主要居民已经变成了欧洲人。

“无限的财富”

在所有文献中，约翰 · 费拉（John Ferrar）都是一个谦和、虔诚、毕生辛勤打理家族事业的人。他的父亲尼古拉斯 · 费拉是一名见多识广的伦敦皮草商，家宅位于离英格兰银行和皇家交易所不远的圣塞斯巷（St. Sythe’s Lane）。作为弗吉尼亚公司的原始股东之一，他在詹姆斯敦投入了50英镑。投资没有回报，尼古拉斯认为问题在于公司管理者是一群出身名门但软弱无能的家伙。费拉家族不但没有撤资，反而在1618年又投入了50英镑购买数千英亩的种植园，尼古拉斯还派他的一个亲戚前往弗吉尼亚亲自经营。几个月后，他加入了一场类似股东抵制的活动。事后指定的公司新管理人员中，包括了尼古拉斯的两个儿子：担任法律顾问和秘书的小尼古拉斯和无薪水的代理财务主管约翰·费拉。

尽管地位卑微，约翰·费拉却发现自己对管理公司财务很在行，实衔的财务主管是一个大贵族，他总是忙着在议会里给国王制造麻烦。虽然烟草销售赚了钱，但公司债务太多，约翰不得不先将收益偿还给债权人。更糟糕的是，他称，以前的管理人员挪用了3 000英镑公款。他试图收回这笔钱，却反被贪污者在法庭上诬陷。阴谋变得旷日持久、乱人心神，在圣塞斯巷的家门口，约翰每天都会遭遇冲突和堵截。

他的努力最终也没有得到回报。1622年欧佩参坎诺的攻击为反对公司的人提供了一个孜孜以求的契机；小尼古拉斯和约翰被形容成鲁莽的骗子，被草率地扔进了监狱。他们试图为自己辩护以重获自由，但当时国王却出其不意地宣布关闭公司，让他们未能采取行动。

约翰·费拉始终不甘心承认自己的失败。公司解散25年后，他读到了威廉·布洛克（William Bullock）的《公正审视弗吉尼亚》（*Virginia Impartially Examined*），这本66页的小册子因为詹姆斯敦的灾祸而指责约翰与其他管理者。约翰在这本书的空白处写满了愤怒的反驳。布洛克写道，殖民地只有多元发展才能壮大；殖民者不该只注重烟草，而应该种小麦和大麦。在约翰看来，这无异于告诉即将坠马落下悬崖的人应该穿哪种颜色的外套。在他看来，弗吉尼亚的失误在于没有重视弗朗西斯·德雷克爵士16世纪70年代的观察结果，当时正在环球旅行的爵士在加利福尼亚逗留。他认为德雷克已经证明了美洲大陆最多宽数百英里。约翰写道，詹姆斯敦殖民者没有成功穿越这片大陆，没有开辟通往亚洲的新航路，“时至今日，对殖民地来说，这依然是最重大的错误和灾难”。他坚信詹姆斯敦和太平洋相隔仅“8 天到 10 天的路程，而不是 4 天”。他相信，只需一次往西的远征就能发现“无穷的财富，正如通往西海的航路所带来的那样”；相反，他们却愚蠢、夜以继日地扑在“冒烟的草叶”上。

从今天的角度看，这个故事似乎更加复杂一些。弗吉尼亚公司的目标是将弗吉尼亚甚至贫穷的英国本土整合到富裕的全球市场之中。虽然约翰·费拉始终没有认识到，但公司通过“冒烟的草叶”的确做到了这一点，这是第一个扩散到欧洲、亚洲和非洲的美洲产品。由于其有趣、令人兴奋、容易上瘾，烟草迅速在全球受到追捧，这是史上第一次各大洲的人同时痴迷于同一个新鲜玩意儿。烟叶就是“哥伦布大交换”浪潮的浪头。

在 1607 年詹姆斯敦建立之前，烟草就已经征服了印度德里的上流社会，令大臣们失望的是，那里第一个抽烟的人，不是别人，正是莫卧儿帝国的皇帝；在日本长崎，恐慌的大名已经让政府颁布了禁烟令，但烟草还是风靡了起来；伊斯坦布尔的船员深陷烟瘾，竟然向往来的欧洲船舶索要烟草。同年，一名旅行者在非洲塞拉利昂观察到，烟草（可能是奴隶贩子带来的）出现在“每个人的家里，似乎比他们食物的一半还多”。尼古丁成瘾在中国也变得猖獗，据牛津大学历史学家卜正民（Timothy Brook）研究，1635 年皇太极发现他的亲兵“卖武器来买烟草”，盛怒的大汗下令禁烟。在地球的另一边，欧洲人同样沉迷于烟瘾：17 世纪 40 年代之前，梵蒂冈就接到投诉说有牧师用点燃的雪茄来做弥撒。和震怒的皇太极一样，教皇乌尔班八世果断宣布教堂禁烟。

从布里斯托尔到波士顿到北京，人类成了全球烟草文化的一部分。在创造这一全球现象的过程中，弗吉尼亚扮演了一个不起眼却十分重要的角色。然而，从今天的角度看，烟草的重要性更多不在其自身，而在于它像一块磁铁，吸引了许多非人类生物，直接或间接地横跨大西洋，其中最重要的是两个多面体小移民——间日疟原虫（*Plasmodium vivax*）和恶性疟原虫（*Plasmodium falciparum*），尽管这两个名称在专业领域之外鲜为人知，但它们的确对美洲人的生活产生了毁灭性作用。

第三章

有害空气

“汲取国”

1985年，西班牙东北部的一名出版商宣布，他手上有9封（份）克里斯托瓦尔·科隆的亲笔信和报告，其中7封（份）从未面世，包括哥伦布4次美洲之行的编年体纪事。那年晚些时候，最终版文集的编辑孔苏埃洛·巴雷拉（Consuelo Varela）和胡安·吉尔（Juan Gil），抱着怀疑的态度检查了这些文稿。令同事们大吃一惊的是，巴雷拉和吉尔鉴定，手稿确为哥伦布原信件和报告的手抄本——在复印机出现之前，富人经常收藏这类手抄本。西班牙政府买下了这些文稿，但未透露具体金额；其影印版于1989年出版。又过了9年，其英译本也出版了。

出于对哥伦布的兴趣，当我在旧书店看到英译本时便买了一本。它是意大利政府为纪念哥伦布美洲首航500周年而出版的系列作品中的一部，开本很大，装帧精美，泛着奶油般的色泽，摆在普通书架上显得格格不入。让像我一样的读者失望的是，吉尔和巴雷拉在序言中坦陈，“这些过去未公开的文字并没有带来”关于哥伦布生平和性格的“震撼新发现”。但当我阅读新出版的哥伦布第二次航海的纪事时，发现了一个奇特的细节，而这个细节在塞缪尔·艾略特·莫里森（Samuel Eliot Morison）和费利佩·费尔南德斯–阿梅斯托（Felipe Fernández-

Armesto）为哥伦布撰写的翔实传记中未曾出现过。

在英译本中，哥伦布解释说，当远征队抵达伊莎贝拉镇时，“所有人都上了岸，大家发现这里雨水很多。他们都因为间日热（tertian fever）而重病不起”。“间日热”是个老式术语，指的是以48小时为周期，间歇地发热和发冷——第一天发病，第二天缓和，第三天再次发病，并不断重复这样的模式（tertian的拉丁词源意思是“三天”，它源于罗马人的计时习惯，即以一个阶段的开端到下一个阶段的开端之间为一个周期）。间日热是几种主要疟疾类型的典型表现，疟疾是人类最难应对的瘟疫。从字面上看，哥伦布说的似乎是他的部下在伊莎贝拉染上了疟疾。难怪殖民者不想工作，我这样想着，一边拿铅笔在这段画上标记。

2002年，迈阿密的佛罗里达国际大学历史学家诺贝尔·大卫·库克（Noble David Cook）发表了一篇标题惊人的文章——早期伊斯帕尼奥拉岛的疾病、饥荒与死亡，记述了哥伦布登岛后的灾难。研究人员普遍认为，在1492年之前，美洲并没有人类的疟疾（有人认为有一种存在于猴子身上的疟疾）。如果哥伦布的人染上了疟疾，库克解释说，疾病肯定是从西班牙带来的，当时西班牙和欧洲其他地方都是重疫区。这是“哥伦布大交换”的一个经典案例，由它的始祖亲自记录下来。

我想起了那本奶油色泽的书，于是把它从书架上拽下来，翻到相关段落。其西班牙语原文，并没有使用西班牙语的“疟疾”或“间日热”等单词。相反，哥伦布写道，他的人染上了一种叫“çiçiones”的疾病，这是一个我从没见过的术语。为什么库克和翻译哥伦布信件的人认为它代表的是疟疾呢？

在现代西班牙语字典里很难查到“çiçiones”这个词，我在附近图书馆查阅了十几种字典都一无所获，谷歌也帮不上忙。哥伦布本人的记载也无济于事。他没有提供关于çiçiones症状的描述，或许因为他以为读者对此很熟悉。事实上，他每次提到这种疾病时都猜测它是由伊莎贝拉镇附近的原住民妇女传播的，“她们在这里人数众多，并且她们（那些女人）轻佻又衣衫不整，难怪他们（那些男人）会惹上麻烦”。在我看来，哥伦布似乎认为 çiçiones 是某种性传染病。

但这和我从斯科特·塞申斯（Scott Sessions）那里得来的信息不相符，他是阿默斯特学院（Amherst College）研究 16 世纪西班牙的专家。塞申斯告诉我，第一本西班牙语字典出现在 1611 年。其中有 çiçiones 条目：“发烧并伴有发冷，由最猛烈、最刺骨也最具穿透力的 cierzo（密史脱拉风）引起。”第二本权威的西班牙语字典是西班牙皇家学院 1726 年至 1739 年分册发行的，它对 çiçiones 的定义也很类似，“先发冷，再发热，是被像密史脱拉风一样强劲、穿透力强的风吹到引起的，如（第一本字典）所说：但更可能指的是间日热”，也就是疟疾。换句话说，库克和翻译哥伦布信件的人都没有错：哥伦布描述的很可能就是疟疾。

这种情景并非不合理。疟疾可以在体内潜伏数月再全面暴发。这种疾病通过蚊子传播，当它们从疟疾感染者身上吸血时，会携带上只有在显微镜下才能看到的疟原虫，然后传给下一个被它们叮咬的人。哥伦布第二次启程远航是在 1493 年 9 月。如果在伊莎贝拉镇登陆后有一名船员疟疾复发，只要被特定种类的蚊子咬上一口，疾病就足以传播开来，而在伊斯帕尼奥拉岛，这种蚊子相当多。

但至少得承认，所有这一切都只是推测。今天我们知道有许多种疾病都能引起发冷和发热，如流感和肺炎等。但在过去数世纪中，人们无法区分它们，他们并不清楚疟疾也是一种疾病。历史学家塞申斯还告诉我，西班牙皇家学院的字典直到 1914 年才收录了“paludismo”，即西班牙语的“疟疾”这个词。但即使到了那时，也很少有人认识到它是蚊子传播的寄生虫导致的——1914 年的字典将 paludismo 定义为“由沼泽散发的气体导致的一系列致命现象”。（英文中的疟疾“malaria”源自意大利语“mal aria”，意思是有害或坏的空气。）哥伦布只是在使用一个可能表示疟疾的词，换言之，他很可能只是在描述普通的发冷、发热症状。仅凭一个词，还不够做出诊断。

然而，不可能得到明确答案并不代表历史学家应该停止寻找答案，这个问题太重要了。尽管全球从20世纪50年代开始推广疟疾消灭计划，但它依然在制造令人难以想象的苦难：每年有超过75万人死于疟疾，其中绝大部分是5岁以下的儿童。每年约有2.25亿人感染疟疾，有些甚至在现代医疗条件下治疗数月也不能治愈。在非洲，疟疾如此频繁地困扰着如此庞大的人群，以至于经济学家认为它阻碍了当地发展；根据一项被广泛引用的计算结果，自1965年以来，疟疾高发国的人均年增长率比无疟疾国家低1.3%，这一差距足以使前者落后于后者。

和今天一样，疟疾在过去也扮演了至关重要的角色，与其他疾病完全不同而影响却大得多的角色。当欧洲人把天花和流感带入美洲，流行病就暴发了：突发疾病袭击了一个又一个印第安城镇和村落，然后销声匿迹。相比之下，疟疾却成了当地长久存在的衰竭性疾病。从社会意义上来说，疟疾，与另一种蚊媒传染病——黄热病—— 一起颠覆了整个美洲。在这些疾病到来之前，今天的美国东南部是当时墨西哥人口最稠密的北部区，中美洲和亚马孙河流域的潮湿森林里也居住了数百万人。疟疾和黄热病出现后，这些过去气候舒适的地区变得不再宜居。那里的原住民逃往更安全的地方；搬入弃屋的欧洲人通常也活不过一年。

“欧洲人的高死亡率有其久远的影响。”哈佛大学和麻省理工学院的经济学家达龙·阿塞莫格鲁（Daron Acemoglu）、西蒙·约翰逊（Simon Johnson）和詹姆斯·A. 罗宾逊（James A. Robinson）说。时至今日，当初欧洲殖民者无法生存的地方仍然比适合欧洲人生活的地方贫穷很多。研究者称，原因在于新来的征服者在疾病泛滥地区和健康地区创建的体制不同。在疟疾疫区无法建立稳定、人口密集的殖民地，欧洲人便将其设定为阿塞莫格鲁、约翰逊和罗宾逊所说的“汲取国”（extractive states），其典型就是约瑟夫·康拉德（Joseph Conrad）在《黑暗的心》（*Heart of Darkness*）中描述的可怕的比属刚果，一小队穿高领衣的欧洲人强迫一大群戴着锁链、赤身裸体、“宛如疾病和饥饿的阴影”的奴隶去建造一条从内陆外运象牙的铁路。

烟草间接却无可避免地将疟疾带到了弗吉尼亚，并从那里继续向北、南和西传播，直到北美大部分地区落入它的手中。另一种海外引进的作物甘蔗，以类似方式将疟疾和它的同伴黄热病带入了加勒比海地区和拉丁美洲。由于这两种疾病导致美洲的烟草和甘蔗种植园中的欧洲工人死亡，殖民者只好通过购买非洲奴隶的方式输入劳动力，这是“哥伦布大交换”的人类部分。总而言之，生态方面的输入引发了经济交流，而后者产生的政治影响一直持续至今。

如果说疟疾和黄热病导致了奴隶贸易的出现，恐怕太夸张了；同样夸张的还有用它们来解释为何许多拉美国家至今仍然贫困，或为何《乱世佳人》小说里描述的南北战争之前的棉花种植园能建在平坦无垠的大草坪上，或为何苏格兰并入英格兰组成了联合王国，又或者为何13个弱小而分散的殖民地能在独立战争中从强大的大不列颠手中争取到独立。但这种解释也不是全无道理。

适应期

在古老而微小的疟原虫属（*Plasmodium*）中，大约有200种能引发疟疾，这些寄生虫侵害着无数种爬行动物、鸟类和哺乳动物。这200种寄生虫中有4种以人类为目标。它们的积极与高效令人沮丧。

虽然寄生虫仅由一个细胞组成，但它的生活史却相当复杂，它能像莎士比亚喜剧中的人物一样敏捷地改变外貌。但从人类的角度来看，它们是通过蚊子叮咬进入我们的身体的。一旦进入人体，寄生虫就会撬开红细胞，爬进去。（此处我们跳过了一些中间步骤。）就像众多潜水艇里的乘客一样，这些寄生虫在循环系统中漂流，在细胞内大量繁殖。最后，数量庞大的寄生虫后代冲破细胞，流入血液。大多数新生的寄生虫会破坏其他红细胞，但还有一些继续漂在血液里，等待被叮咬的蚊子吸走。在 疟原虫进入蚊子体内后，它会以另一种形式再次在这种昆虫的体内繁殖。新生的寄生虫慢慢进入蚊子的唾液腺，从那里被注入下一位受害者体内，然后再开始新一轮循环。

在人体内，疟原虫似乎是通过生化信号来同步彼此的行动的：大部分受感染的红细胞会大致同时释放出寄生虫。受害者都会经历类似大规模协同攻击的大暴发—— 一次感染可产生100亿个新寄生虫。在汹涌而来的寄生虫潮袭击下，免疫系统会发起一阵阵急性的低温或高热。它最后会击退这一波袭击，但数天后新一轮攻击又将开始；前一波寄生虫中有一些躲在红细胞里面，繁殖了数十亿新一代的疟原虫。对抗不断重演，直到免疫系统最终击败寄生虫。但似乎疟原虫细胞会隐藏在身体其他角落，数周后会卷土重来。完全型疟疾的标志是：6个周期的发冷与发热，稍息片刻，然后开始另一轮攻击。

如果今天都很难遏止疟疾引发的痛苦，那么很难想象在其病因未明、没有有效治疗手段的时代是什么样子。我们可以从病人的描述中略窥一二，如17世纪英格兰东南部的商人塞缪尔·吉克（Samuel Jeake），他记录了与疟疾顽强抗争数十年的每一场战斗。随便举一个例子，1692年2月6日，吉克在一轮长达6个月的病情发作末期，坚忍地写下了他遭遇的一切："第七次发病：间日发寒（热）；约下午3点开始发病，病状和1月一样，但这回最严重。"

> 2月8日：早些时候第二次发作，更严重了。
>
> 2月10日：大约正午时第三次发作，下午3点左右开始发抖，这次发作很严重，烧得很厉害……
>
> 2月12日：正午之前第四次发作，下午3点左右开始发抖，然后上床睡觉。发高烧；这次是最严重的，我呼吸急促并且神志不清……
>
> 2月14日：大约中午时第五次发作……
>
> 2月16日：大约下午2点，第六次发作，很轻微，或者没什么感觉，但晚上出了很多汗。感谢上帝，这是最后一次发作。

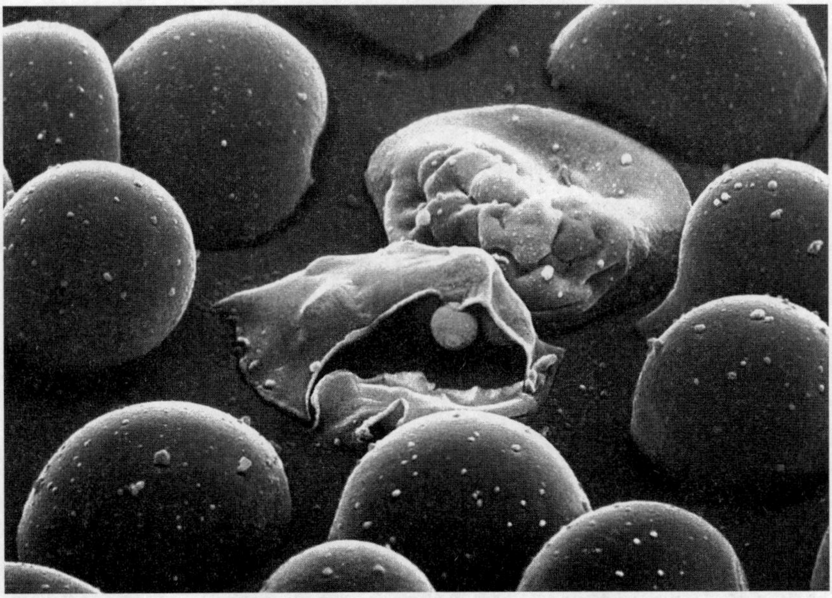

单细胞疟原虫从垂死的红细胞中迸出来，开始攻击身体，引发一轮疟疾病症。

然而平静只维持了 15 天。

> 3 月 3 日：大约下午 4 点，第八次发病。间日寒战，随即发热和夜间出汗……
>
> 3 月 5 日：大约下午 3 点，第二次发作；比上次更严重。

这轮攻击在 9 周后停止了。但疟疾并没有放过吉克。寄生虫是一种非常狡猾的生物，它们会在肝脏中潜伏 5 年之久，周期性出现导致疟疾复发。6 个月后，疟原虫再次充满了他的血液。

吉克的间日热是感染间日疟原虫和恶性疟原虫的典型特征，它们是传播范围最广的两种疟疾病原体。尽管症状相似，但这两种疟原虫对身体的影响不一样。与间日疟原虫不同，恶性疟原虫进入红细胞后会设法改变它们，从而附着在肾、肺、大脑和其他器官的毛细血管壁上。受感染的细胞通过这种方式躲过了免疫系统，但它们像老房子表面的油漆层一样在毛细血管壁上堆积，慢慢阻断血液循环。如果得不到治疗，循环系统阻塞将导致器官衰竭，十分之一的恶性疟原虫感染者因此丧命。间日疟原虫不会破坏器官，因而致命性也较弱；但在它发作期间，会使病患虚弱、失去意识和贫血：让其他疾病有机可乘。携带了这两种疟原虫后，病患在发病期间就具有了传染性，并会持续生病数月，而叮咬他们的蚊子也会染上寄生虫。

疟原虫属于热带生物，对温度十分敏感。寄生虫在蚊子体内繁殖和发育的速度取决于蚊子的体温，而这又取决于外界温度（昆虫不像哺乳动物一样能控制体温）。随着天气转冷，寄生虫发育所需的时间也越来越长，这一时间若超过蚊子的寿命，它也将消失。恶性疟原虫是最致命的一种，对温度也最敏感。72 华氏度（约 22.2 摄氏度）左右是它开始活跃的温度；这个温度需维持 3 周时间，它才能繁殖，但这已经接近其蚊子宿主的预期寿命了；若气温在 66 华氏度（约 18.9 摄氏度）以下，它就无法存活。间日疟原虫没那么挑剔，其温度在 59 华氏度（约 15 摄氏度）左右。

毫不意外，恶性疟原虫的大本营在非洲；它只涉足了欧洲最温暖的地区：希腊、意大利、西班牙南部和葡萄牙。相比之下，间日疟原虫遍布欧洲的大部分，包括尼德兰、斯堪的纳维亚南部和英格兰等气候较凉爽的地方。从美洲的角度来看，恶性疟原虫来自非洲并通过非洲人传播，而间日疟原虫则来自欧洲并通过欧洲人扩散，两者的历史影响也有差别。

人与人之间的疟疾传播完全依靠疟蚊属（*Anopheles*）的蚊子。在吉克所生活的英格兰，其已知的主要“载体”，也就是其传播生物，是由数个种属关系很近的蚊类组成的群体，统称为五斑按蚊（*Anopheles maculipennis*）。这些蚊子栖息在英格兰东部与东南部的沿海湿地：林肯郡、诺福克郡、萨福克郡、埃塞克斯郡、肯特郡和萨塞克斯郡。五斑按蚊和它携带的疟原虫，似乎直到16世纪晚期才在英格兰变得常见，当时英女王伊丽莎白一世鼓励人们排干沼泽和湿地来开辟农田。这些低洼、多雾的地区经常被北海的潮汐淹没，海浪会冲走蚊子幼虫。排干沼泽阻挡了海水，但却留下了星星点点的咸水水洼，这是五斑按蚊的理想栖息地。农夫们搬到曾是湿地的地方，那里尽管潮湿但已经可以劳作居住了。他们在气候寒冷时会加热房屋和谷仓，这也为蚊子——和寄生在它体内的间日疟原虫——熬过寒冬提供了条件，为来年春天的繁衍扩散做好准备。

正如英国医学史学家玛丽·多布森（Mary Dobson）所记载，排干沼泽带来了间日热的地狱。曾去过五斑按蚊栖息地的人被其所遇到的悲惨景象吓退了。肯特郡的作家爱德华·海斯特德（Edward Hasted）1798年在笔下悲叹，最典型的画面是“一个可怜的男人和他的妻子以及全家五六个孩子，围靠在小屋里的火炉旁，边发抖边发冷（烧），都在同一刻”。被派往埃塞克斯沿海地区的助理牧师死亡者甚多，作家约翰·奥布里（John Aubrey）说，人们称那个地区为“牧师杀手”（Killpriest）。本地人的情况也很糟糕，海斯特德写道，沼泽地区出生的孩子“很少能活过21岁”。多布森记录了24个湿地教区的洗礼和葬礼情况。在16世纪70年代，也就是女王伊丽莎白呼吁排干沼泽之前，洗礼次数比葬礼多20%，这意味着人口呈上升趋势。20年后，排水活动已经全面展开，葬礼次数几乎是洗礼的一倍。英国其他地方的人口都在增长，但这些教区的人口增长率直到两个世纪之后仍没有恢复到以前的水平。[1]

---

[1] 热带疾病疟疾居然在“小冰期”时的英格兰流行了起来，这似乎有点奇怪。但历史就是社会和生物进程相互影响的产物。正如伊丽莎白时代的沼泽排水技术无意中帮助了间日疟原虫的激增，维多利亚时期排水方法的进步，又大幅地遏制疟疾，因为不会再留下咸水池塘，于是也消除了蚊子的栖息地，并为牛创造了更好的牧场；而如果能选择的话，牛才是五斑按蚊更喜欢的食物来源。即便如此，研究人员也经常会发现，直到20世纪20年代，仍有“成千上万”的昆虫栖息在沿海贫困农家“阴暗又不通风的猪圈里”。今天有些人担心全球变暖会促进疟疾的传播。但如果人们继续通过排干湿地的方式破坏蚊子的栖息地，更炎热的天气也可能不会对疟疾感染率产生影响。

“死亡率在沼泽地区很可能陡升，”多布森告诉我，“大约每过10年就会有一年死亡10%或20%的人口。而在几英里之外地势较高的地方，就是英国健康条件最好的一些地区。”当地居民习惯了接二连三地被痛苦侵袭，他们用一种宿命主义的乐观来看待自己的境遇。（狄更斯的读者会记得《远大前程》里住在沼泽地区的葛吉瑞夫妇是多么坚忍，在养育主人公小皮普的同时，为他的“5个小兄长”立了“5座菱形小墓碑”。）作家丹尼尔·笛福发着高烧在埃塞克斯郡旅行时遇到一个男人，他声称有过“5任或6任，后来又有了14任或15任妻子”。追问这究竟怎么可能，一个“快乐的家伙”告诉笛福，这附近的男人都会去更健康的内陆地区找老婆。

> 他们把年轻的情人们带出空气安全、清新的地方时，她们还很健康、清新、干净、美好；但在她们离开原来的环境，进入满是雾气和湿气的沼泽地区不久后，面色就开始变化，染上一两次寒战，很少能熬过半年，最多是一年；然后，他说，我们再去高地找下一个。

笛福写道，这个沼泽区的男人虽是笑着说的，“但一切的确是千真万确的事实”。

1625年，“黑死病”席卷了英格兰。仅伦敦就有5万多人死亡。许多城里的富人避疫到了疟疾肆虐的东部沼泽地区，结果却像讽刺诗人乔治·威瑟（George Wither）后来描述的那样：

> 在肯特和邻近的埃塞克斯
> 残暴的高烧瘟神常驻于此：……
> 大部分逃离这里（伦敦）的人，
> 因高烧或恶棍而丢了性命。

威瑟在诗尾解释：“这里（伦敦）最穷的乞丐，也比去那里的有钱

这是一幅已经失传的 19 世纪绘画的复制品，表明疟疾是英格兰东南部沼泽地区一个长期挥之不去的噩梦。

人，有更多喘息之机，更少被悲伤笼罩。”诗句暗示的内容令人难以置信：人们与其逃往有间日疟原虫的乡村，还不如留在黑死病肆虐的家里。

现有数据都粗略且不完整，但据布兰迪斯大学（Brandeis University）历史学家大卫·哈克特·费舍尔（David Hackett Fischer）的研究，第一拨前往美洲的英国移民中，约有 60% 来自东部和东南部的 9 个郡——那里是英国的疟原虫带。百余名建立詹姆斯敦的殖民者就是典型例子。资助詹姆斯敦考古工作的组织“弗吉尼亚古迹保护局”的资料记载了其中 59 人的出生地，有 37 个来自埃塞克斯郡、亨廷顿郡、肯特郡、林肯郡、萨福克郡、萨塞克斯郡和伦敦这几大疟疾重疫区。有人推测，他们中大多数来自地势较高的内陆区域，那里的疟疾疫情没有沿海湿地严重。但仍有很多人来自沼泽地区。即使是从非疫区来的人，通常也会在起航前经过疫区，他们的船会在希尔内斯（Sheerness）等待数周乃至数月，这个属于肯特郡的港口城镇位于泰晤士河河口附近，是疟疾的重灾区。其他船只停在伦敦东侧泰晤士河岸边的布莱克沃尔，这个港口同样瘟疫横行。

处于疟疾发作期的人不太可能被选上加入一场艰巨的海上航行。然而，有人回忆说，间日疟原虫可以躲在表面健康者的体内。殖民者很可能登船时一切正常，来到切萨皮克湾的烟草之乡后，突然被疟疾引发的牙关打战的寒战和暴汗的高烧给击倒。其实这时，他们自己不知不觉中把寄生虫传给了每一只咬过他们的蚊子。

"理论上来说，只需一个人就能让寄生虫传遍整片大陆。"美国哈佛大学公共卫生学院（Harvard School of Public Health）疟疾研究专家安德鲁·斯皮尔曼（Andrew Spielman）说。可以肯定，詹姆斯敦的许多"塔森塔萨斯"都有传染性。有时他们会被四斑按蚊叮咬，这是一个由5种亲缘蚊类组成的群体的统称，是美国东海岸最主要的疟疾传播媒介。"有点儿像掷飞镖，"2006年斯皮尔曼在去世之前曾告诉我，"带上足够多的病人，遇到足够多的蚊子，进入适当的环境，迟早会击中靶心——疟疾疫情就这样形成了。"

直到1657年，康涅狄格殖民地的总督约翰·温斯罗普（John Winthrop）一直在他的医学日记里记录间日热病例。作为英国皇家学会的成员，温斯罗普是新英格兰地区最认真的科学观察家之一。正在整理温斯罗普医学日记的系谱学家罗伯特·C. 安德森（Robert C. Anderson）说："如果他说看到了间日热，那应该是真的看到了。"不仅如此，安德森还提醒我，疟疾在17世纪50年代已经出现，这表明它传入的时间应该早于1640年，因为在那一年之后，英国国内的政治动荡导致数十年都没再往新英格兰输送移民。"很少有殖民者再把它带过去。"安德森说。我向斯皮尔曼请教，如果间日疟原虫在1635年前就已经在康涅狄格扎根，那么弗吉尼亚的情况也可以据此类推吗？"新英格兰地区很冷，"他说，"很难相信在弗吉尼亚殖民地建成前疟疾能在这里存在。”那么，早在17世纪20年代，寄生虫就进入了切萨皮克湾吗？“鉴于有成百上千来自疟疾疫区的人进入这里，我丝毫不怀疑有这个可能性，”他说，“只要有机会，疟疾通常会迅速行动。”

事实上，疟疾很可能在1620年之前就已经出现了。1606年到1612年的条件很适合瘟疫发展，当时弗吉尼亚沿海的潮汐区遭遇了长期干旱（本书第四章会介绍这场旱灾）。对四斑按蚊来说，潮湿地区变得干燥是一件好事。弗吉尼亚卫生署公共卫生领域的昆虫学家大卫·盖恩斯（David Gaines）解释说：“在闹旱灾的年份，小支流变成了一个个池塘”，蚊子幼虫“在这样的环境中茁壮成长”。被昆虫学家叫作“四斑”的家伙，喜欢在开阔的地方而不是荫蔽的森林繁殖。在1614年波卡洪塔斯的婚姻所带来的和平之后，殖民者们开始为种植烟草清理土地，盖恩斯说，这让环境变得“更适合四斑按蚊了，因为人们挖出了蚊子喜欢的露天小水洼”。“塔森塔萨斯”发出了“致疟疾的邀请函”，他说，“根据我的经验，疟疾马上就会接受邀请”。如果疟原虫是随第一批移民到达的，结合盐中毒的问题，这就可以解释为什么他们经常被描述为无精打采、消沉萎靡：原来他们染上了疟疾。[1]

永远无法确知疟疾到达的准确日期。但能确知的是，疟疾迅速融入了弗吉尼亚。就像在英格兰沼泽地区一样，疟疾也成了弗吉尼亚人无法避免的灾祸，不断消耗、吞噬着人们的生活。

当伦敦的投资方不断把人送往弗吉尼亚的时候，殖民地总督乔治·耶尔德利（George Yeardley）在1620年曾警告他们，“必须容忍新到的人第一年不从事太多工作，直到他们适应为止”——“适应”（seasoning）是指新来者与疟疾抗争的阶段。人们认为新移民长期无法工作是理所当然的事情。1724年，詹姆斯敦的牧师休·琼斯（Hugh Jones）在一本小册子里向大不列颠人民描述了弗吉尼亚。他错误地将

---

[1] 寄生虫很早就来到了美洲，这或许能帮助解释为什么欧佩参坎诺从来没有驱逐过殖民者，甚至他在1622年几乎消灭了他们之后也没有这样做。实力被疾病削弱的波瓦坦方可能已经难以发动长期战争了。可惜的是，目前还没有实证支持这些有趣的推测。

发寒与发热归结到殖民地的气候上，“来到该气候区，极可能有一段严峻时期（适应期）”。适应期的终点常常就是坟墓；詹姆斯敦创建的前50年里，多达三分之一的新来者下船不到一年就死了。此后，弗吉尼亚的人们通过试错法学会了与间日疟原虫的共处之道，黄昏时尽量不去沼泽而留在室内；获得免疫力的人精心照料病者，患病的大部分是孩子。到1670年左右，适应期的死亡率从1650年的20%或30%下降到10%或更低——改善相当可观，但这个水平依然意味着极大的痛苦。

兰登·卡特（Landon Carter）在詹姆斯敦北60英里外有一个收成不错的弗吉尼亚式种植园。1757年夏天和秋天，疟疾一次次地侵害他的家庭，令这位慈父痛苦万分。病情最严重的是他年幼的女儿苏琪（Sukey），她被冷战加高热的典型间日热发作模式折磨着。和塞缪尔·吉克一样，卡特在日记里记录了女儿的挣扎：

> 12月7日：苏琪整晚看上去都很糟糕，脉搏跳得很快。
>
> 12月8日：她现在一般每两周发作一次……看上去很欢快，还能笑着说话。她的体温没有再上升了。
>
> 12月9日：继续好转，但面色还是苍白。
>
> 12月10日：苏琪早上发烧了，肚子和头痛得厉害。晚上烧退了。
>
> 12月11日：今天孩子没有发烧，但我觉得夜间她的脉搏跳得有点儿快。
>
> 12月12日：半夜1点，苏琪的体温升高了……中午12点时，孩子病得很重，面色死灰带蓝……
>
> 12月13日：昨天苏琪慢慢退烧了，夜里1点时不再发烧，神志还是很清楚。

心碎的卡特那天写道，要住在弗吉尼亚，“一家之主必须能承受痛苦，在照顾生病的孩子的整整一年里，痛苦与折磨永远不会少。我的孩子永远不会好了”。

1758 年 4 月，苏琪夭折了，没来得及过第三个生日。

大转向

疟疾的影响远不止在当下给受害者造成痛苦。它是一股令人类文化扭曲、变形的历史力量，一股持续地推动社会以今天被视为残酷、卑劣的方式去解决问题的力量。想想那些渴望在北美致富的 17 世纪英国创业者吧。由于切萨皮克湾不产黄金和白银，赚钱的最好办法就是生产能运回母国的产品。在新英格兰地区，清教徒们贩卖河狸皮。在切萨皮克湾，英国人选择了需求量庞大的烟草。为满足市场需求，殖民者急欲扩大种植面积。要做到这一点，他们不得不用工具砍倒参天大树；在烈日下松土犁田；锄草、灌溉，为生长中的烟草植株摘顶；割下重而黏的烟叶；把叶片悬垂晾干；装到大木桶里运走。这一系列环节都需要大量劳动力，那么殖民者去哪里找劳动力呢？

回答这个问题前，先做一个充分合理的假设，即殖民者在解决这个问题上没有太多道德顾忌，他们只想最大限度地简化程序和提高利润。从这个角度看，他们有两种可供选择的劳动力来源：来自英国的契约仆役（indentured servant）和来自英国以外的奴隶（印第安人或非洲人）。仆役或奴隶：以经济上来说，哪个是更好的选择？

契约仆役是从英国失业人群中雇来的合同工。因为穷人无力承担价格不菲的越洋航行，种植园主会先代付路费，仆役通过为其工作一段时间来偿还，通常是 4 年至 7 年。还清后，契约仆役就可以在美洲随意拥有自己的土地了。奴隶制则较难界定，因为它存在的形式很多。但其本质是主人有权强迫奴隶进行劳动，而奴隶永远无权离开；他们必须劳动、服从，至死或至主人给予自由后方休。契约仆役尽管所处地位很低，但仍是社会成员。奴隶则通常不被视为社会成员，要么因为出生地很遥远，要么出于某些原因已经丧失了社会地位，比如在英国就曾有把罪犯变成奴隶的个例。

在 17 世纪的最后 25 年里，英国选择了奴隶而非仆役——事实上，它成了全球最大的奴隶主。英国接受奴隶制的历史如今已为人熟知，以至于很难想象还曾有过另一条道路。但从许多方面来看，这个国家转向奴役制度仍是令人费解的。这个制度有太多内在的问题，它的存在常常令经济学家感到疑惑。最令人不解的则是在美洲采取的奴役形式：动产奴隶制，这种方式比欧洲和非洲此前曾出现过的任何制度都更严酷。

在最简单的层面上，奴隶比仆役的价格更高。在一项著名的研究中，明尼苏达大学的拉塞尔·R. 梅纳德（Russell R. Menard）计算出了弗吉尼亚与马里兰的奴隶与仆役的价格，在主人死后他们的人身都会被出售。在 17 世纪的最后几十年，非洲成年男性奴隶的平均价格是 25 英镑；而同时的一份仆役合同一般花费大约 10 英镑。（从技术上来讲，必须指出梅纳德算出的价格只相当于 25 英镑和 10 英镑，因为当时钱币稀缺，并且钱币在切萨皮克湾殖民地不算合法货币，在这里人们使用烟草付账。）在当时，25 英镑是一大笔钱：相当于英国一个普通雇佣工 4 年的薪酬。仆役显然便宜很多。

当然，仆役最终可以结束与主人的雇佣关系，这降低了他们的价值（考虑到这一点，梅纳德只考察了仍需履约 4 年或以上的仆役）。伟大的经济学家亚当·斯密称，奴隶比仆役的劳动期限更长，但这并不能证明奴隶制在经济上更具优势。亚当·斯密认为，奴隶制天生的缺陷是让奴隶变成了心怀不满的劳动者。因为他们通常来自遥远的文化背景，不会说主人的语言，对主人的社会环境也很陌生，因而很可能需要从基础开始训练（比如，非洲人只懂热带环境下的农业生产）。更糟糕的是，他们有充分的动机逃跑、破坏或者杀死主人，也就是剥夺他们自由的人。相比之下，契约仆役和主人使用同样的语言，接受同样的社会规范，熟悉同样的耕作方式。而且他们的合同有固定期限，因此没有理由逃跑（除非他们认为种植园主打算违约）。亚当·斯密在

《国富论》中推论，由于有主观意愿的人会更好地工作，所以“相同的工作让自由人来做，最终会比由奴隶完成便宜许多”。他相信，在其他条件都相同的情况下，经济学认为种植园主应该选择更廉价、更方便、更不具危险性的方案：来自欧洲的仆役。

痛恨奴隶制的亚当·斯密试图证明，他所厌恶的制度不仅不道德，而且不经济。在他看来，奴隶制很大程度上是人类“热衷统治”的非理性产物。但他同样相信，人类会试图解决阻碍其满足欲望的经济问题。正如预期的那样，古往今来的奴隶主创造了各种激励奴隶提高工作效率的机制：通向自由之路。主人说，只要努力踏实地干活，最终会准许你离开。有时也会委派奴隶去完成能带来满足感的任务，比如由战俘组成的非洲人军队和罗马军团。可以说，尽管生活的许多方面并没有变，但奴隶的地位变了，并且总有赢得荣誉的希望。

然而，美洲的奴隶制却是另一回事：在大多数情况下，奴隶被判终生在严酷条件下从事繁重的劳动，永无获得自由的希望。过去非常罕见的，亚当·斯密所说的抑制高效工作的因素都纷纷出现了，而过去形成的克服机制问题的变通办法却一个也没有被采用。如此残酷的制度势必造成不断逃跑、破坏和冲突——事实的确如此，奴隶主留下的记录全是充满抱怨与恐惧的无尽哀歌。为什么会出现这种情况呢？

在西欧诸国中，英国被认为是最不可能采取这种极其残酷的奴役形式的国家，因为这里对奴隶制的抵触比欧洲其他地方更加普遍。事实上，如果欧洲大陆存在反奴隶制文化的话，那么它一定在英国。与其认为这是国家道德进步的体现，不如说是对巴巴里海盗（Barbary pirates）常年袭击英国船只的愤怒回应，16 世纪至 18 世纪他们让成千上万的英国水手、士兵和商人沦为奴隶。这些海盗船以西北非为据点，四处巡游，北至英吉利海峡，洗劫海滨村庄和靠岸船只；1625 年，英国普利茅斯市市长曾控诉说，潜伏在海港外的海盗 10 天内就劫掠了 27 艘船。（惹人斥之虚伪的是，在英国备受追捧的弗朗西斯·德雷克也是用类似方式令西班牙的殖民地陷入恐慌。）大部分英国俘虏被送上帆船；许多人被迫改变宗教信仰；其他人被扔到穿越沙漠的奴隶大篷车队伍里，发往奥斯曼帝国控制的埃及或撒哈拉以南的非洲地区，从此杳无音信。当时，仅阿尔及尔就有1 500个英国奴隶；摩洛哥小城萨累（Salé）的英国奴隶数量比1 500更多。有些人被卖到西班牙和葡萄牙。逃脱者出版了骇人听闻的回忆录，讲述他们受尽鞭打的经历，这让公众群情激愤；教会人士在布道坛上谴责奴隶制，并在教堂里为俘虏募集赎金。政治领袖、牧师和法律专家等都极力宣称自由是英国人与生俱来的权利，并谴责那些奴役他们的异教徒和天主教徒（摩洛哥人和西班牙人）。

中世纪时期，英国和欧洲其他地方一样，也曾广泛存在过奴隶制。在西班牙和葡萄牙，由于面临甘蔗种植园劳动力的短缺，让奴隶制依然是一桩有利可图的买卖（第八章将深入讨论这一点）。然而，它在英国却变成了例外——并非真的违法，但非常罕见。其中有政治原因，有亚当·斯密所描述的经济原因，还有就是对于一个失业劳工群集的国家来说，奴隶制并不具有吸引力。公众对奴役行为感到愤慨，国内也没有奴隶行业需要保护，无怪乎英国人是欧洲最不可能成为奴隶主的。

因此，英国殖民地一开始就选择了契约仆役，基本上避免使用奴隶。在殖民时代的头一百年里，契约仆役占前往北美的欧洲人的三分之一到二分之一。奴隶很少见——1650年，整个弗吉尼亚殖民地辖内只有300个奴隶。相形之下，在纽约的前身——新阿姆斯特丹殖民地，少数荷兰人却拥有500个奴隶。随着抵达北美的英国船只越来越多，奴隶也变得更常见了。

然后，奴隶数量在1680年到1700年突然激增。这段时间内，弗吉尼亚的奴隶从3 000人增加到16 000人以上，并且继续飙升。同一时期，契约仆役的数量大幅萎缩。这成了世界历史的一个转折点，此后英属美洲殖民地变成了奴隶社会，而英国成了奴隶贸易的主导者。

这一转向的原因究竟是什么？经济学家和历史学家为此思索了

数十年。它并非受这一门贸易本身的利益驱使：奴隶贸易是非常重要的历史力量和巨大的道德污点，但却不是关键的经济产业。据历史学家大卫·埃尔提斯（David Eltis）和斯坦利·L. 恩格曼（Stanley L. Engerman）称，在18世纪末奴隶贸易的鼎盛时期，奴隶贩运船“在英国船只总量中占不到1.5%，船舶吨位方面所占不超过3%”。奴隶生产的主要产品——加勒比海地区产的糖——仅占当时英国国内生产总值的不到2.5%，规模不小但也不大；比如说，纺织业就比它大6倍以上。（奴隶只生产原材料，而不是价值更高的工业制成品。）

有些人认为，英国集体心理转变的原因，在于其美洲殖民地有助于发展奴隶制，这里可获取的土地实在太多了。亚当·斯密在《国富论》中曾预测，当劳动者发现在周围能得到土地时，他们就会离开工作岗位，“以便使自己成为业主”。他们转而雇用其他工人，而那些人“很快也会离他们而去，原因和当初他们离开前主人时一样”。不到一百年后，其他经济学家充分解析了亚当·斯密观点的含义。如果雇主因为廉价土地的诱惑而不断失去工人，他们必然会希望限制工人的行动自由。奴役是难以避免的最终结果。诡异的是，从这个角度看，美洲辽阔的疆域却成了奴隶制的煽动之源。

在某种程度上，这个观念肯定是正确的；如果雇主无意控制工人的行动，那奴隶制就不会存在了。但它并不能解释为何奴隶制在土地资源丰富的英属新英格兰和纽约等殖民地并不普遍，而在土地较稀缺的英属巴巴多斯（Barbados）、圣基茨岛（St. Kitts）这些加勒比群岛上的殖民地却很常见。因此，许多研究者转向了第二种解释：17世纪中叶英国国内的教派战争、小冰期导致全球动荡的部分影响，以及白银贸易的不确定因素。国内冲突造成了灾难性后果，1650年至1680年，英国人口减少了近10%。如经济规律所预示，英国工人数量的下降必然拉高该国工资，这将不可避免地抬升吸引契约仆役跨越大西洋所需的薪酬。与此同时，马萨诸塞、弗吉尼亚和卡罗来纳等地合约期满的契约仆役，正在创建新的种植园、寻找他们自己的契约仆役；扩大的需求，正如预期的那样，使劳动力价格进一步上升。

同样，这个解释有道理，契约仆役成本的上升必然会使替代方案更具吸引力。但它不能解释殖民者做出的具体选择：非洲奴隶。种植园主去苏格兰或爱尔兰寻找劳动力，他们都以不同的方式卷入英格兰内战的混乱之中。小冰期的不断深化让海水冷到不适合鳕鱼生存和积雪封山，其引发的连年歉收猛烈地打击了人民。在情况最恶劣的1693年至1700年，苏格兰的燕麦每隔一年就会遭遇一次歉收，只有一年例外。绝望的苏格兰人大举逃离家园。成千上万的人在俄罗斯、瑞典、挪威和德意志诸公国当上了雇佣兵；成千上万的人在北爱尔兰谋生，引发的文化碰撞至今余波未绝。成群结队的苏格兰难民在伦敦街头流浪，伸手乞求工作和食物——对于美洲殖民地来说，他们似乎是唾手可得的劳动力。英格兰农夫雇用贫困的苏格兰人已有数世纪之久。然而，就在绝望的苏格兰人队伍不断扩大之时，殖民者却转向了非洲奴隶——不会说英语，不愿合作，并需支付更多运输成本的人。为什么？

探究这个问题的方法之一，是评估当时前往美洲的最大苏格兰人群体的财富：苏格兰属巴拿马殖民地。在志向远大的小商人威廉·帕特森（William Paterson）的组织下，这个殖民地计划借巴拿马打破西班牙在丝绸和白银贸易上近乎垄断的地位。帕特森激情澎湃地说，“坐落在世界两大洋之间的”这个殖民地将控制“至少三分之二的两个印度地区（即产丝绸的亚洲和产白银的美洲），将其献给基督教的世界。”他承诺苏格兰属巴拿马将成为“商业世界的仲裁者”，一个不断喷涌财富的金融永动机，它将以事实演示“贸易能增加贸易，钱能继续生钱，直到世界末日”。

被这一愿景迷惑，1 400多个苏格兰人投资组建了一家合股公司，据估计，抵押物总价值占这个穷国可用资本的四分之一到二分之一。1698年7月，1 200个殖民者带着一年的食物补给，乘5艘船起航。他们在巴拿马海岸登陆，准备清理森林并建设新爱丁堡港。仅仅8个月后，不到300名衣衫褴褛的幸存者就仓皇回国，其中包括帕特森。他们抵达苏格兰时，第二支巴拿马远征队刚启程几天：4 艘船，1 300 名殖民者。9 个月后，后者也从巴拿马逃走了，平安回家的不足百人。与死者一起损失掉的，还有投入这笔生意的每一分钱。

灾难通常有许多肇因，帕特森的殖民地也不例外。想通过与当地印第安人进行贸易起步的苏格兰人往船上装满了他们国家最好的羊毛袜、格子呢毯、装饰假发和 25 000 双皮鞋。可惜，事实证明在热带很难卖出保暖的袜子和毛毯。同时，赤道地区的暴雨把他们的存货泡得稀烂，并冲毁了一切务农的尝试。当新爱丁堡开始陷入绝望时，身兼英格兰和苏格兰国王的威廉却指示他的其他殖民地勿施援手，因为他惧怕得罪西班牙。而西班牙一方深知这个殖民计划的目的，经常对它发起进攻。

但灾难最主要的原因还是疟疾、痢疾和黄热病。殖民者的文献记录了疾病导致每周数十起死亡。第一次袭击新爱丁堡时，西班牙士兵们发现了 400 座新坟。这个殖民地食物供给充足，水源得天独厚，印第安邻居也从未侵扰他们，充盈了墓地的是欧洲和非洲的疾病。

回到苏格兰后，新爱丁堡的崩溃在国内掀起了暴动——它耗费了这个国家太多资金。当时，英格兰和苏格兰是由一位君主统治的两个独立国家。较强大的英格兰数十年来一直在推动两国合并。苏格兰在伦敦主导的经济中将被忽略的苏格兰人始终在抵制合并。现在英格兰承诺，作为合并协议的一部分，它愿意补偿新爱丁堡投资方的损失。“即使是像帕特森那样坚定的苏格兰爱国者也赞同《1707 年联合法案》（Union Act of 1707）。”历史学家 J. R. 麦克尼尔（J. R. McNeill）在其关于加勒比海地区的流行病学、生态学和战争的开创性史学专著《蚊子帝国》（*Mosquito Empires*）里写道：“因此，在巴拿马各种热病的帮助下，大不列颠诞生了。”

不仅如此，新爱丁堡的失败还表明，苏格兰人和其他欧洲人在疟疾疫区死亡速度太快，不适合作为劳动力。仍然有一个个不列颠人拖家带口地前往美洲，但可以肯定的是，商人逐渐停止了往美洲大批输送欧洲人，他们开始寻找替代劳动力。可惜的是，他们找到了。

“没有犬瘟热，没有传染病，也没有人死亡”

卡罗来纳殖民地成立于1670年，当时约200名殖民者从巴巴多斯迁到一条流入查尔斯顿港（Charleston Harbor）的河的岸边（最开始这个地方以时任君主的名字命名——查尔斯镇）。和弗吉尼亚一样，卡罗来纳的前身也是一项商业投资，创立者是8名有权势的英格兰贵族，他们希望借助与弗吉尼亚之间的既有交通优势往南发展。殖民地的所有者想将土地分片租给可能成为种植园主的人，以图不费气力和金钱就坐收利润。在巴巴多斯，甘蔗种植园已经“园”满为患。巴巴多斯的一些想得到土地的英格兰居民，决定去卡罗来纳碰碰运气。有了弗吉尼亚劳动力问题的前车之鉴，卡罗来纳的所有者承诺，将多余土地分给任何能带来契约仆役的人以及仆役本人。

詹姆斯敦遭遇的是一个在强势领袖治理下的统一印第安世界，而卡罗来纳则是在当地部落的混战中创建的。大约从公元1000年开始，在密西西比河河谷及北美东南部，出现了数百个密集分布的城镇，考古学家称其为“密西西比社会”。它们的统治者是住在巨大土丘上的强大神权领袖，它们是墨西哥北部技术最精巧的文明。但这些群体在15世纪分崩离析了，具体原因目前还不清楚。欧洲疾病的暴发加速了它的瓦解。在卡罗来纳成立之前，密西西比社会分裂出来的群体——克里克人（creek）、乔克托人（choctaw）、切罗基人（cherokee）和卡陶巴人（catawba）组成许多部落联盟，它们在北美东南部为争夺权力而常年混战。

大多数印第安社会都存在不同程度的奴隶制。例如，在像波瓦坦所在的讲阿尔贡金语的部落，奴隶制通常只是临时状态。奴隶通常来自战俘，他们最终不是遭刑戮，就是被原部落赎回，或完全变成波瓦坦的印度成员。詹姆斯敦的“塔森塔萨斯”偶尔也会买印第安俘虏回去耕作，但无论对英国人还是波瓦坦的人来说，战俘都不是主要的劳动力来源。切萨皮克湾南端是讲阿尔贡金语的社会与正在崛起的新部落联盟交会的文化边界，这些联盟主要说马斯科吉语。战俘在各个部落联盟也会沦为奴隶，但奴隶制在这里更普遍和持久，这是一种源自密西西比社会时代的古老传统，其领袖认为奴隶是权力与复仇的象征。奴隶在田间耕种，或做些琐碎杂务，并可以当作礼物送人；女性奴隶为男性贵客提供性服务（这一举动通常被欧洲人误解成印第安人是在将妻子献给客人）。当欧洲人在卡罗来纳出现后，诸部落联盟十分乐意用多余的奴隶来交换斧头、刀具、金属锅以及最重要的——枪。

17 世纪晚期已经出现了新式燧发枪，这是第一件被当地印第安人认为优于他们的弓箭武器的欧洲火器。约翰·史密斯带到弗吉尼亚的火绳枪需借助一根蛇杆将点燃的火绳引到装火药的小盘子上，随之产生的闪爆将弹丸推出枪管。因为笨重且没有膛线，火绳枪必须靠叉架来支撑；为了击发，士兵必须随身携带可点燃的火绳，因此这种武器根本不适合湿地环境，在下雨时则几乎无用。在最佳条件下，火绳枪发射的致命弹丸确实比弓箭远。但在战争中，永远不会有最佳条件。殖民者留下的记录里，处处可见"塔森塔萨斯"沮丧地发现他们的武器在实战中不如当地人的弓箭，那些弓箭没有活动部件，淋湿也没关系，瞬间就可以发射。而与火绳枪不同，燧发枪是利用小燧石撞击钢片产生的火花来引燃火药的，小火花引起的小冲击力随后会在枪管里造成一股更大的冲击力。比火绳枪更小巧、更轻便也更准确的燧发枪，可以迅速发射，在潮湿天气里也能使用。

北美东南部的诸部落联盟的人很快就认识到了新武器的优越性，他们决意不能在武器上被英国人或当地对手领先。一场军备竞赛旋即在北美东南部展开。为建立自己的燧发枪储备，当地人对敌人发起突袭，从而抓战俘来卖掉——这种行为又需要更多的火器。因为需要枪来自卫，有的部族反过来又发起自己的掠奴行动，用战俘跟欧洲人交换枪支。需求以恶性循环的方式催生新的需求。

尽管弗吉尼亚公司心存恐慌，但詹姆斯敦从来没有直接受到西班牙或法国的威胁。更接近西属佛罗里达和法属路易斯安那的卡罗来纳，才更有理由担心；事实上，在殖民地初建成的几个月里，西班牙曾试图将它扼杀在摇篮之中。卡罗来纳的指挥官想出了一个精妙的对策：让附近的原住民部落袭击与西班牙和法国结盟的印第安部落，并将掠夺来的奴隶卖给自己，这样既打击了敌人又减少了印第安人的劳动力。

从经济角度看，买卖原住民奴隶对于当地人和新移民来说都是一个好生意。在查尔斯顿市场上，印第安人有时能以160张鹿皮的价格卖掉一个奴隶。“一个奴隶就能换来一把枪、弹药、马匹、短柄小斧和一套衣服，这可是要狩猎很长时间才能赚到的。”1708年，一个卡罗来纳的奴隶买家或许有些夸张地写道：“英国买家为奴隶开出的好价钱极大地鼓励了他们继续从事这个生意。”

印第安人眼里的“好价钱”，在英国人看来却相当便宜。在广受赞誉的《印第安奴隶贸易》（*The Indian Slave Trade*，2002）一书中，美国俄亥俄州立大学的历史学家艾伦·加雷（Alan Gallay）讲述了这门贸易的兴起与衰落。据他研究，一个印第安奴隶价值5英镑到10英镑，仅为契约仆役价格的一半。更重要的是，奴隶主每年的开销要低得多，因为不需要过几年就放奴隶离开，所以购买成本能在数十年间分期收回。不出所料，在印第安奴隶和契约仆役之间，殖民者选择了前者。1708年卡罗来纳的第一次人口普查结果显示，当时共有4 000名英国殖民者，约1 500名印第安奴隶，而仆役（大部分是签契约雇用的）只有160人。

卡罗来纳最后发展成了知名的奴隶输入地，非洲来的奴隶贩运船纷纷抵达这里，茫然并且生着病的俘虏被推上了拍卖台。但在最初的40年，卡罗来纳殖民地主要还是一个奴隶输出地，印第安奴隶从这里被送往加勒比海地区、弗吉尼亚、纽约和马萨诸塞。关于运送印第安奴隶的数据资料非常少，因为殖民者为了逃避法规和税收，改用小船来运送印第安人，几乎没有留下书面记录。（欧洲的大奴隶公司就不能这样做了。）根据零星的证据，加雷估计，1670 年至 1720 年，卡罗来纳的商人购买了 30 000 个至 50 000 个印第安奴隶。从卡罗来纳人口普查结果来看，这些印第安人中的大部分应该都被运出去了。在同一时期，到达查尔斯顿港的船舶仅卸下了 2 450 个非洲人（当然，有些是从弗吉尼亚陆路来的）。[1]

此处出现了一个惊人的地理巧合。到 1700 年，英国的殖民地都分布在大西洋海岸，北达今天的缅因州，南到南卡罗来纳州。北方的殖民地与几乎不蓄奴，也无兴趣买卖俘虏的讲阿尔贡金语的印第安部落共存；而与南方殖民地共存的，是源自前密西西比社会的部落，其拥有大量奴隶和丰富的奴隶贸易经验。粗略地说，切萨皮克湾就是这两种社会的分界线，这里距离后来美国蓄奴州与非蓄奴州的分界线也并不远。印第安社会对奴隶问题的倾向是否对美国南方的非洲奴隶制起到了推动作用？美国内战中的严重冲突是否也部分地反映了已有数百年之久的本土文化分歧？或许这只是猜测，但在我看来，也并非没有道理。

不管怎样，印第安奴隶贸易有相当丰厚的利润，但也非常短命。至 1715 年就几乎绝迹了，某种程度上也受累于自身的繁盛。卡罗来纳殖民地的精英阶层越来越频繁地要求印第安人发起掠奴突袭，美国的整个东南部都陷入战争，让各方都不得安宁。受害的印第安部落拿起枪，对卡罗来纳发起了一系列袭击战，殖民地几乎被摧毁。事实证明，结伙行动的印第安奴隶是不可靠的，甚至是危险的工人，他们利用自己对地形的了解来和主人作对。罗得岛谴责印第安奴隶劳工犯下的“密谋、暴动、强奸、盗窃和其他恶劣罪行”，并禁止再输入他们。宾夕法尼亚、康涅狄格、马萨诸塞和新罕布什尔也如此行事。马萨诸塞还特别颁布了法律来指责这些“恶毒、粗暴、怀恨在心”的印第安奴隶。

[1] 这些数字不包括在其他殖民地掠夺的印第安人。例如，在 1675 年至 1676 年的一场凶残的对印第安人的战争中，马萨诸塞将数以百计的原住民俘虏运送到西班牙、葡萄牙、伊斯帕尼奥拉岛、百慕大和弗吉尼亚。新奥尔良的法国人抓了数千人。卡罗来纳是最大的奴隶输出地，而英国在北美的所有殖民地都从事过这一勾当，无论是否与当地印第安人合作。

然而，这还不是最严重的问题。与弗吉尼亚一样，疟疾也来到了卡罗来纳。英国殖民者最初还盛赞过殖民地的宜人气候。一名访客曾写道，卡罗来纳“没有犬瘟热，没有传染病，也没有人死亡”；殖民者的孩子“体格健康，面色红润”。殖民者决定利用这里温暖的气候来种植英国几乎不产的水稻。但不久后便传来了“发热与寒战”的报告——稻田是声名狼藉的蚊子天堂。恶性疟原虫出现了，几年之后黄热病也来了。墓地很快就被填满了。在一些教区，殖民者的孩子中超过四分之三都活不过20岁。与弗吉尼亚一样，近乎一半的死亡都发生在秋季。（有位来访的德国人总结：“春天是天堂，夏天是地狱，秋天是医院。”）

不幸的是，印第安人和英国契约仆役一样容易感染疟疾，对其他疾病更是没有抵抗力。在整个美国东南部地区，当地原住民的死亡人数令人恐怖。在疾病与掠奴突袭的双重打击下，契卡索人（Chickasaw）在1685年至1715年几乎失去了一半人口。大约在同一时期，住在今天阿肯色州的夸保人（Quapaw）的人口从数千减少到不足200。其他部落则彻底消失了——最后几十个查丘玛人（Chakchiuma）则融入了乔克托人的部落。借用一位作家的话，克里克人之所以壮大是因为变成了“收纳所有不幸部落的容器”。卡罗来纳前任总督1707年观察说，这是上帝的意志，给韦斯托印第安人[1]（Westo Indians）“送去不同寻常的疾病”，“从而减少他们的数量；这样一来，和西班牙人相比，英国人要应付的印第安人就少多了”。

自然而然，殖民者又开始寻找解决劳动力问题的替代方案：比欧洲仆役或印第安奴隶更能抵抗疾病的人。

[1]　韦斯托印第安人曾是美国东南部最大的原住民群体。他们最先从英国殖民者那里得到枪炮，并利用武器优势俘虏了大量其他部落的人，并用来交换欧洲武器和商品。卡罗来纳早期曾与之示好，利用他们防御西班牙势力，但当卡罗来纳站稳脚跟后便与其他印第安部落暗度陈仓，击溃了韦斯托印第安人。——译者注

防疟别墅

血红细胞和其他细胞一样，表面都覆盖着由蛋白质构成的膜，我们的身体也主要是由蛋白质这种长形的链状分子组成的。这些蛋白质的一种是达菲抗原（Duffy antigen）。（人们首次在一个名叫达菲的病人的血细胞里发现了这种蛋白质，因此用他的名字来命名；“抗原”是一种能被免疫系统识别的物质。）达菲抗原主要充当数种微小的、能引导细胞活动的化合物的受体（receptor）。这些化合物接入受体（科学家说可以想象一下宇宙飞船停入太空站的样子）并以它为门户进入细胞。

达菲抗原对血红细胞并不特别重要。然而，研究人员却为它撰写了数以百计的论文。原因在于，间日疟原虫也将它用作受体。就像一个窃贼手握着配来的大门钥匙，间日疟原虫嵌入了达菲抗原而骗过了血细胞，让它误以为自己也是上述的化合物之一，然后得门而入。

20 世纪 70 年代初，路易 · H. 米勒（Louis H. Miller）和美国国立卫生研究院寄生虫病实验室（National Institutes of Health’s Laboratory of Parasitic Disease）的同事，共同发现了达菲抗原的作用。为了找到证据，米勒和同事们请 17 个男性志愿者将手臂伸入一个装满蚊子的箱子。这些蚊子都携带了间日疟原虫。每个志愿者都被叮咬了数十次，足以多次感染疟疾。最后有 12 人患病（研究者迅速治疗了他们），其余 5 个的血液中没有寄生虫存在的迹象，他们的血红细胞里缺少达菲抗原——专业术语称他们为“达菲阴性”（Duffy Negative）——寄生虫找不到进入途径。

志愿者包括白人和非裔美国人，所有白人志愿者都感染了疟疾，而没有感染的都是达菲阴性的非裔美国人。这并非巧合。在西非和中非，约有 97% 的人属于达菲阴性群体，因而对间日疟原虫免疫。

达菲阴性是一种遗传性免疫，只有拥有特定基因构成的人才具备这种免疫力。另一个著名例子是镰状细胞性贫血（sickle-cell anemia），基因的一个小变化导致血红细胞变形，使其不受寄生虫干扰，但也会损伤其作为血细胞的功能。镰状细胞在防御方面不及达菲阴性有效，它只对两种主要疟疾中致命性更强的恶性疟原虫做到部分免疫；此外，它令血红细胞丧失功能，这也让许多患者过早离世。

这两种遗传性免疫与获得性免疫完全不同，任何曾患疟疾并存活下来的人都能获得后者，类似于感染过水痘或麻疹的儿童此后就不再患同样的病。但与水痘的获得性免疫不同，疟疾的获得性免疫只有部分效果；曾感染间日疟原虫与恶性疟原虫并存活下来的人，只会对曾感染过的特定疟疾类型（间日疟原虫或恶性疟原虫）免疫，另一种疟疾随时会击倒他们。获得广泛免疫力的唯一方法就是不断感染各种类型的疟疾。

世界各地都有族群对疟疾有遗传性抵抗力，但西非与中非地区的人最为突出，他们对间日疟原虫几乎完全免疫。（粗略地说）对恶性疟原虫大约有一半抵抗力，再加上因童年不断地感染疟疾而拥有了较强的获得性免疫力。西非与中非的成年人，无论过去还是现在，都是全世界最不容易感染疟疾的人。当人们意识到，几乎所有运往美洲的奴隶都来自西非与中非时，生物学与历史学发生了交集。在间日疟原虫肆虐的弗吉尼亚和卡罗来纳，非裔奴隶比英国殖民者更易存活和繁衍后代。从生物角度来说，他们更“适合”，这个承载了过多含义的词，其意思其实是：他们在这些地区更具遗传优势。

20世纪曾有种族主义理论家叫嚣，认为是基因优势造就了社会优越性。而非洲人遭遇的一切恰好展示了这种夸夸其谈的错谬。西非人发现，生物学上的财富不仅没有为他们带来优势，而且因为人性的贪婪和冷酷把其扭曲成了社会机制的缺陷。他们的免疫力变成了他们被奴役的命运的源头。

这是怎么回事呢？回想前文所述，间日疟原虫暗藏在英国人体内横渡大西洋；鉴于此前有如此多关于间日热的描述，它当然是在17世纪50年代之前就已经到达美洲。回想一下，弗吉尼亚的殖民者在17

世纪70年代之前就学会了提高存活概率的方法；季节性死亡人数下降到原来的10%或更低。但接下来的10年间，死亡率再次攀升，据历史学家达瑞特·拉特曼（Darrett Rutman）和安尼塔·拉特曼（Anita Rutman）分析，这是恶性疟原虫出现的信号。恶性疟原虫比间日疟原虫对温度更敏感，也从未在英国流行，因此它几乎必然是潜伏在第一批非裔奴隶身上，漂洋过海而来。

恶性疟原虫有其独特的模式。在切萨皮克湾，冬、春两季死亡的非洲人比欧洲人更多，拉特曼夫妇认为其原因是营养不良和居住条件恶劣，以及非洲人对冰雪环境的不适应。但非洲人与欧洲人的死亡率曲线在8月和11月间交叉了，在蚊子最多的初夏，疟疾感染会进入高发期。这几个月里，主人的死亡率远远高于奴隶，以至于欧洲人的整体死亡率超过了非洲人。卡罗来纳的情况也大同小异。非洲人在那里也遭受着肺结核、流感、痢疾和主人虐待的连环打击，死亡率非常高。其他同伴带来了各自从未遇到过的疟原虫类型，于是他们有很多人也感染了疟疾，但没有像欧洲人那样迅速死亡。

因为所有殖民地都没有保留精确记录，所以得不到准确的死亡率对比。但通过观察另一块疟疾肆虐的欧洲企图征服的大陆，或许能有所了解，这块大陆就是非洲。（比较大西洋两岸的疟疾发病率，这个想法本身就具有我们所处的“同质世”的时代特征。）菲利普·科廷（Philip Curtin）是研究奴隶制最重要的历史学家之一，他通过研究英国人的记录，还原了英军在尼日利亚与纳米比亚的遭遇。数据非常惊人：19世纪议会的有关驻西非英国士兵的一份报告得出结论，每年死于疾病的士兵占48%到67%。相比之下，同地区非洲部队的死亡率在3%左右，差距达到了一个数量级。非洲疾病对欧洲人来说十分致命，科廷发现，奴隶船上白人船员的死亡比例要大于黑人奴隶，虽然后者被锁在充满排泄物、条件极其恶劣的船舱里。为了减少损失，欧洲奴隶主开始雇用非洲船员。

在美洲殖民地，欧洲人和非洲人的死亡率差距则小很多，因为在非洲，令欧洲人丧命的除了疟疾和黄热病，还有很多其他疾病。但和议会报告同时期的另一份英国调查显示，在小安的列斯群岛（Lesser Antilles，加勒比海南部的弧形列岛），非洲人的存活率是欧洲人的3倍以上。这个对比可能低估了两者的差距；这些岛上几乎没有疟疾。似乎可以说，在美洲的疟原虫和黄热病疫区，英国人第一年的死亡率是非洲人的3倍到10倍。

欧洲人很难忽视经济逻辑。如果他们想种烟草、水稻或甘蔗，最佳的选择是非裔奴隶，而不是欧洲的契约仆役或印第安奴隶。“假设维持这三者的成本相同，”科廷总结说，“即使奴隶价格比欧洲仆役高出3倍，他们仍然更受青睐。”

奴隶制与恶性疟原虫一起兴盛了起来。就实际情况而言，恶性疟原虫无法在大西洋城和新泽西长期立足，因为那里一年中只有几周的日均最低气温能达到66华氏度左右（约19摄氏度），这已是此种寄生虫的生存极限。但在南面仅120英里的华盛顿特区，稍微温暖的气温就让恶性疟原虫每年秋天都造成威胁。（华盛顿特区被称为美国南方最北端的城市也并非毫无道理！）宾夕法尼亚与马里兰的州界横亘在这两个城市之间，这条著名的界线是1768年由查尔斯·梅森（Charles Manson）和耶利米·狄克逊（Jeremiah Dixon）测绘的。这条“梅森－狄克逊线”（Mason-Dixon Line）将美国东海岸地区大致分为两块，其中一块恶性疟疾猖獗，而另一块则没有。同时，它也区分开了以非裔奴隶制为主要制度的地区和这种制度并非其主要制度的地区（它与本土印第安部落的奴隶社会和非奴隶社会的分界线也大致重合）。它还是一条文化分界线，两侧是美国文化最持久的一对分歧——北方的扬基（Yankee）和南方的迪克西（Dixie）。马上要面临的问题是，上述种种是否彼此关联。

几十年来，一批很有影响力的历史学家坚称，美国南方文化形成的摇篮是它的大种植园——对于门外汉来说，最具代表性的非电影《乱世佳人》（*Gone with the Wind*）中的塔拉庄园（Tara）莫属。这些历史学者称，种植园是一个原型，一个标准，一个模板；它是南方的自我想象的核心所在。不久后，这种观点遭到了其他历史学家的批判。殖民地的大种植园只存在于切萨皮克湾南和查尔斯顿附近低地的乡村。很明显，这是两个疟疾疫情最严重的英国殖民地。20 世纪 20 年代，全面的排水工程消灭了弗吉尼亚的疟疾，但南卡罗来纳沿海地区在之后 20 年里仍然是美国疟疾问题最突出的地方。从这个角度看，电影中的塔拉庄园似乎是有疟疾的乡村里最理想的居所：建在小山顶上，四周是宽阔、平坦、修剪整齐的草坪，高高的窗户迎风敞开。所有细节似乎都是为了防止五斑按蚊而设计的，那些小虫在低洼、不规则、时而有遮蔽的地方和无风的环境里才会旺盛繁衍。疟疾和这种防疟别墅的建筑风格之间的联系，难道是一种巧合吗？否定可能存在的关联，显然很不明智。

历史学家拉特曼问道："拥有相对较高生病率和较低预期寿命的人群，会持什么样的态度呢？"有些人认为，美国南北战争前南方文化的特性——鲁莽、漫不经心、热衷炫耀——的根源正是如影随形的疾病威胁。还有人描述过他们面对死亡时特殊的平静。也许是这样，但它很难证明南方人的确曾经异常轻率、虚荣或坚忍。事实上，反对意见也不难想象：那把始终架在南方人脖子上、冰冷的死亡之刀，使他们变得羞怯、谦逊、易冲动。

另一种观点得到了更多实证支持：持续的患病风险让劳动力变得不稳定。缺乏保障使小农户遭受损失，几个劳动力的丧失就能让他们不成比例地蒙受重大损失。与此同时，拉特曼指出，"大量劳动力能为应对灾难提供保障"。更大的种植园的支出更高，但也更加安全。久而久之，大种植园主占据了优势；而小业主还在挣扎。进一步拉大差距的是，在疾病暴发季节，富有的卡罗来纳种植园主负担得起搬到无疟疾的山区或海边的度假屋的开销，而贫农和奴隶则不得不留在疟疾疫区。疾病就这样轻轻一推，便将富人与穷人分成两列。拉特曼说，有疟疾的地方更容易产生"经济上极端的两极分化"。疟原虫不仅推

塔拉庄园（电影《乱世佳人》宣传画中女主角斯佳丽·奥哈拉身后的景观）是在露天摄影棚里搭建的，但它真实地再现了经典的南方种植园的形象：高耸于几乎没有树木的小山上，有通风的高窗，它能很好地防御蚊子和伴随它们而来的疾病。

动农夫接受了奴隶制，更有利于大种植园的发展，而这又进一步提升了对奴隶的需求。

疟疾并没有导致奴隶制出现。更确切地说，它为奴隶制巩固了经济基础，平衡了亚当·斯密所说的障碍的作用。烟草种植园主由于没有发现苏格兰人和印第安人是死于间日热，所以主动去利用非洲人对疟疾的抵抗力。事实上，几乎没有证据显示第一批奴隶主清楚地知道非洲人具有免疫力，一方面因为他们还不懂什么是疟疾，另一方面因为在各自与世隔绝的种植园里生活的人们，无法轻易地做整体比较。但无论知道与否，蓄奴的种植园主比他雇用契约仆役的同行在经济上更具优势。如果两位卡罗来纳的水稻种植园主各自带回了10个工人，一年后其中一位还剩9个工人，而另一位只剩5个，前者当然更可能富裕起来。成功的种植园主会买入更多的奴隶；新来者会模仿事业最大的邻居的做法。奴隶贸易就这样在疟原虫吹起的大风中扬帆起航了。

即使没有这种寄生虫，奴隶制也会在美洲出现。1641年，几乎没有疟疾疫情的马萨诸塞成了第一个明确将奴隶制合法化的英国殖民地。据多布森和费舍尔研究，马萨诸塞西部的康涅狄格河河谷是19世纪中期英属北美殖民地中最健康的地区。那里几乎没有疟疾；以当下标准定义的传染病也极其罕见。然而，奴隶制却仍成了当地日常生活的一部分。当时，几乎每个牧师（通常是镇上最重要的人），都有一个或两个奴隶。在河谷区的大村庄迪尔菲尔德（Deerfield）的主街上，大约8%的居民都是非裔奴隶。

在西半球疟疾带的另一端，恶性疟原虫在南美洲的主要传播载体是达氏按蚊，它的栖息地最南端是“白银之河”拉普拉塔河（Rio de la Plata），这条河也是西班牙与葡萄牙在美洲殖民地的分界线。河的南岸是阿根廷。由于很少有传播恶性疟原虫的蚊子，阿根廷几乎没有疟疾。但和马萨诸塞一样，阿根廷也有非裔奴隶；从1536年西班牙在拉普拉塔河边建立第一个殖民地起，到1853年阿根廷废除奴隶制度为止，曾有22万至33万非洲人在阿根廷的主要港口、首都布宜诺斯艾利斯（Buenos Aires）下船。

“蚊子边界”的另一侧，有规模更大的巴西港口里约热内卢（Rio de Janeiro）和圣保罗（São Paulo），至少有220万奴隶曾在那里上岸。尽管面积有差异，但巴西南部和阿根廷在人口统计学上很相似：18世纪60年代至70年代，当西班牙和葡萄牙第一次在殖民地进行系统化人口普查时，这些地区近一半的人都是非洲人后裔。然而，奴隶制对两地的影响却截然不同。奴隶贸易对殖民地时期阿根廷的支柱产业一直算不上至关重要，但殖民地时期巴西的运作却不能脱离它。阿根廷是一个可以拥有奴隶的社会，而巴西却是文化和经济都由奴隶制定义的社会。

总而言之，美洲所有殖民地都有奴隶。但因“哥伦布大交换”而造成疟疾流行的地区，最终蓄奴最多。深受疟疾困扰的弗吉尼亚和巴西成了奴隶社会，而无疟疾的马萨诸塞和阿根廷则不是。

黄杰克

17 世纪 40 年代，一些荷兰难民从巴西来到加勒比群岛最东端的岛屿巴巴多斯。与加勒比海地区其他地方不同，巴巴多斯从未有过大量的印第安人。英国殖民者已经到此，希望利用烟草热大赚一笔。当荷兰难民登岛时，岛上约有 6 000 个居民，其中有 2 000 个契约仆役和 200 个奴隶。巴巴多斯并不适合烟草生长。荷兰人向殖民者传授了甘蔗的种植方法，这是他们从在巴西的失败创业中学到的。当时的欧洲和今天一样，人们喜好甜食；糖很受欢迎，却难以得到。事实证明，巴巴多斯是种甘蔗的好地方，生产规模迅速扩大。

制糖是需要投入大量人手的艰苦工作。甘蔗是一种高而坚韧的亚洲草本植物，依稀让人想起它的“远亲”竹子。种植园在收获之前要放火焚烧作物，以免工人被像刀一样锋利的甘蔗叶割伤。热带的艳阳下，挥舞的弯刀砍在坚硬、蒙着烟灰的植茎上，农场工人瞬间从头到脚溅满了夹杂着泥、灰和甘蔗汁的黏稠混合物。砍下来的甘蔗秆送到压榨机中碾碎，汁液在一口烟熏火燎的大铜壶里熬煮；工人们将熬出来的热糖浆舀到陶罐子里，冷却后就会结晶出纯糖。大部分剩余的糖蜜会被送去发酵、蒸馏，生产朗姆酒，那又是一个在另一口地狱般的大锅下添柴烧火的过程。

劳动力从何而来，依然是个问题。和弗吉尼亚州一样，奴隶价格一般是契约工人的两倍甚至更高。不过，惨淡经营又渴望现金的荷兰西印度公司（Dutch West India Company），愿意在巴巴多斯贱价出售非洲人。于是，奴隶和契约仆役的价格在那里相差无几。果然，岛上新兴的“糖业大王”买进了数以千计的奴隶和仆役：英国大街小巷的混混以及安哥拉与刚果之间爆发的战争中不幸的战俘。在汗水和黏稠甘蔗汁的包裹下，欧洲人和非洲人肩并肩挥动着弯刀。然而，不久后，“哥伦布大交换”相对地抬高了契约仆役的成本。

有一群非洲来客也“搭便车”躲上了奴隶贩运船——埃及伊蚊（*Aedes aegypti*）。另一群“搭便车”的客人则躲在埃及伊蚊的肠道里，它们是引发黄热病的病毒，同样源自非洲。这种病毒大部分时间都生活在蚊子体内，人类的作用只是用来将病毒从一只蚊子传给下一只蚊子。它在人体内通常存活不超过两周。但在此期间，它会钻入大量的细胞，接管它们的功能，并通过劫持遗传物质为自己制造数以亿计的复制品。这些复制品进入血液，然后被另一只叮咬感染者的埃及伊蚊吸走。至今仍不清楚为何这种对细胞的攻击在儿童身上影响不大，但成人却会大量内出血。血液会聚集、凝结在胃里。患者口吐黑血——这是黄热病的典型症状。另一个症状是黄疸（jaundice），这也是疾病绰号“黄杰克”（yellow jack）的由来。（“黄杰克”是挂在检疫隔离船上的旗帜。）该病毒的致死率为50%左右，据麦克尼尔在《蚊子帝国》中的汇总，有43%到59%的患者会死亡，该书详细记录了病情的六个发展阶段。活下来的人将一生免疫。在加勒比海地区，黄热病是一种由非洲人传来的可怕瘟疫，蹂躏了无数欧洲人、印第安人和在岛上出生的奴隶。

1647年，黄热病开始了第一轮猛攻，持续5年之久。恐慌甚至远播到了北美的马萨诸塞，那里有史以来第一次设立了进港船舶的检疫隔离区。巴巴多斯每平方英里有更多的非洲人和欧洲人，比其他任何加勒比岛屿都多，加勒比群岛的任何岛屿都要大，这也意味着它有更多潜在的黄热病携带者和感染者。不出所料，传染病首先袭击了这里。最先发现的是在巴巴多斯登陆的理查德·利根（Richard Ligon）。“我们发现22艘停泊的船，船体状况良好。”他后来写道：

> “船只来来往往，挂着帆、摇着桨，将商品从这里送到那里：迅速引起轰动，数量不胜枚举，正如我在伦敦的桥下见过的那般。然而尽管贸易显得如此热闹，岛上的居民和船只，却不幸地被瘟疫笼罩（或被病痛夺去生命），我们抵达后不到一个月时间，生者已来不及掩埋亡人。”

据当代的一项研究估计，那5年间仅巴巴多斯就有6 000人丧命。几乎所有死者都是欧洲人，这给了岛上的殖民者一个惨痛的教训。麦克尼尔估测，这一轮波及从整个中南美洲沿海地区到佛罗里达的疫情“可能导致了当地20%到50%的人死亡”。

但传染病没能扼杀制糖业，它的回报实在太丰厚了。巴巴多斯，一个面积不足166平方英里的小岛，当时创造的收入竟然超过了所有其他英属美洲殖民地。与此同时，甜蔗也传到了邻近的尼维斯岛（Nevis）、圣基茨岛、安提瓜岛（Antigua）、蒙特塞拉特岛（Montserrat）、马提尼克岛（Martinique）、格林纳达（Grenada）和其他地区。（数十年前，古巴就开始种植甜蔗，但产量很小；西班牙人太专注于白银而无暇他顾。）一大批英国人、法国人、荷兰人、西班牙人和葡萄牙人以最快的速度开垦了这些岛屿，在平地上种下甘蔗，砍伐山坡上的树木做燃料。其不可避免的结果就是森林面积减少和水土流失；不再被植被所吸收的雨水将土壤从坡地上冲刷到河里，在沿海沉积出湿地。不久之后，工人们被命令用筐子把泥土再背回山上。“真正的西西弗斯式的苦役。”麦克尼尔在《蚊子帝国》中如此评论道。麦克尼尔引用了加勒比海地区一位博物学者的话，他感叹“西印度群岛种植园主考虑不周或者根本就是愚蠢，他们竟然灭绝了岛上自然生长的有用树木”。1791年，这位博物学者判定，许多岛屿已经“变得几乎不适合耕种了”。

即使是最严重的生态管理失当，也能让部分物种受益。加勒比海地区的赢家之一就是淡色按蚊，它是该地区最主要的疟疾传播者。它生活在加勒比群岛的大岛屿、中美洲和尤卡坦半岛（Yucatán）的沿海地区，是不太理想的疟原虫宿主，并不易于感染恶性疟原虫，感染间日疟原虫则很慢（许多蚊子的肠道里都有抑制这些寄生虫的细菌）。它经常在阳光直射的、覆盖着海藻的海滨湿地滋生。水土流失和森林砍伐对它有利。野外实验已经证明，淡色按蚊在适宜的栖息环境中能大量繁殖。鉴于它的喜好，欧洲人迁入加勒比海地区必然是为淡色按蚊开创了一个黄金时代。当蚊子数量飙升时，间日疟原虫有了更多机会克服宿主不理想这一难题。（事实上，很可能在哥伦布航行时，间日疟原虫就已经驯服了淡色按蚊；除了哥伦布第二次航海中所提到的 çiçiones 病症，他的儿子埃尔南后来也称，"间歇性发热"在他第四次航海时出现了。）间日疟原虫从加勒比群岛传入了墨西哥。恶性疟原虫来得晚得多，一部分原因是淡色按蚊对它有更强的抵抗力。

另一个受益者是埃及伊蚊，黄热病的传播者。它喜欢在接近人类的浅而清的水中繁殖；海船上的水桶是其最为人熟知的滋生地。制糖磨坊到处都是类似的器具：用来结晶糖的粗陶罐。每个种植园里都有成百上千个这样的罐子，常常用不到一年就坏了。今天我们知道，埃及伊蚊常常在废弃汽车轮胎内蓄积的小水洼里繁殖。在 17 世纪到 18 世纪，糖罐子起到了类似的作用。麦克尼尔提到，罐子中的大量糖渣培养了细菌，这正是埃及伊蚊幼虫的食物。甘蔗种植园简直就是制造黄热病的工厂。

不断到来的欧洲人并不了解详情。但他们非常清楚，正如历史学家詹姆斯 · L. A. 韦布（James L. A. Webb）在他的疟疾史近作中所写，加勒比海地区"对无免疫力的人来说，是致命的环境"。

疟疾从加勒比海地区传播到了南美洲，并从此顺亚马孙河而上。河流提供了大量宿主：2008 年的一项调查显示，在亚马孙河主要支流马代拉河（Madeira River）流域发现了不下 9 种疟蚊，所有种类都携带着寄生虫。第一个在亚马孙河流域游历的欧洲人，形容这里是一个生机勃勃、气候宜人的地方；可是，疟疾以及之后的黄热病让许多河流

正如这幅 19 世纪 80 年代拍摄的工人小屋照片的背景所示，甘蔗种植园的兴建，砍光了巴巴多斯的森林。

变成了死亡陷阱。至 1782 年，寄生虫仍阻碍着探险队深入上游流域。两个世纪以来，疾病一直处于偶发、分散状态：绵延辽阔的亚马孙河流域，因为天花和奴隶制度而人口锐减，已经没有太多供养寄生虫的居民了。疾病更可能出现在马代拉河这样的西部支流，因为荷兰人和葡萄牙人较少去那里抓奴隶，于是就有更多可感染的人群。1832 年，疟疾几乎让法国博物学家阿尔西德·道比尼（Alcide d' Orbigny）在马代拉河丧命，但 10 年后，另一位美国的业余博物学家威廉·亨利·爱德华兹（William Henry Edwards）在亚马孙河的一条支流却"仅遭遇了一次"疟疾，尽管他在河口露营了若干天。

情况更糟糕的是南美洲东北部隆起的地区，地理学家苏珊娜·赫克特（Susanna Hecht）称这里为加勒比亚马孙（Caribbean Amazon）。这是一个水泽之乡，南临巴西的亚马孙河，西濒委内瑞拉的奥里诺科河（Orinoco River），它被印第安的阿拉瓦克人（Arawak）和加勒比人（Carib）利用堤坝、水坝、运河、崖径和土丘延展出来的网络控制。大片林木被打理出来培育木本作物，尤其是热带地区常见的棕榈树，它能提供果实、油、淀粉、酒、燃料和建筑材料。棕榈叶下四处生长着成片的树薯（manioc），也就是木薯（cassava）。数个世纪以来，花园、果园和水道组成的景观，一直是连接内陆和岛屿的桥梁。如此复杂的部署通常是由强大、组织良好的政府监管的。欧洲人理所当然地认为印第安人有治理者，这能解释为什么他们控制这块肥沃的农田的多次尝试都被击退了。直到 18 世纪，外国人才获得了一块立足之地，这得益于欧洲疾病的帮助：天花、肺结核和流感为疟疾扫清了路障。印第安人往内陆撤退，欧洲人占领沿海地区并创建甘蔗种植园，那些地方经历了许多国际纷争之后，最终成了法属圭亚那（法属圭亚那地区）、苏里南（荷属圭亚那）和圭亚那（英属圭亚那）。

最具代表性的，应该是 1816 年正式归属法国的法属圭亚那。最初的殖民尝试损失惨重，以至于宗主国几乎遗忘了它的存在，直到 30 多年后，一场军方支持的政变推翻了法国大革命建立的议会。新的独裁政府把 328 名令他们生厌的议员、牧师和记者推上小船，扔到了殖民地。恶性疟原虫在海滩上就和他们打了照面。两年内，超过一半的人因疟疾丧命，或者被疟疾折磨得虚弱不堪而死于慢性病。不打算却步的法国继续发配罪犯和不受欢迎的人来到这里。在过去，法国的犯人会被送往地中海的特殊监狱船充当划桨奴隶。后来蒸汽机淘汰了划桨帆船，罪犯便被押往法属圭亚那。暴力犯会被送往距离海岸 7 英里远的魔鬼岛（Devils Island）上臭名昭著的监狱；其余的则加入戴枷锁的农耕大军。疾病夺走了许多人的性命，以至于法属圭亚那被称为“干断头台”—— 一把杀人不见血的利刃。大约有 8 万法国人被送往那里，但活着回来的人很少。

因为无法在疫区定居，欧洲人从未在此建立社区。他们的管理理念是离岸所有权（offshore ownership）——欧洲人留在安全的祖国，而由少数现场管理者指挥奴隶大军。因为被俘虏者的数量远超过俘虏者，所以必须使用恐吓与暴力来让糖磨持续旋转。在疟疾与黄热病的国度里，糖的暴政成了主宰：一小撮欧洲人凌驾于一大群背井离乡的非洲俘虏之上，因各自性格不同而或愤怒，或消沉，或隐忍。

离岸所有权本身并无对错之分。如果法国酿酒商购买了加州的酒厂，或美国酿酒商买下法国波尔多或勃艮第的酒庄，收购或许会刺痛当地人的自尊心，但对两国本身并不会有太大影响。但如果一个外国酒商买下了所有酒庄，或更严重一点，如果千里之外的人控制了当地所有的产业，情况就完全不同了。最具代表性的例子是英国利物浦的公司“布克兄弟”（Booker Brothers），在长达一个世纪的时间里控制了英属圭亚那四分之三的经济。所有利润最终都流向大洋彼岸；所有的创业、管理和技术精英也在大洋彼岸；当地只提供劳动力。事实上，如果他们尝试做点儿别的，就会遭到惩罚。

正如经济学家阿塞莫格鲁、约翰逊和罗宾逊指出的，遥远且沟通不多的所有者没有兴趣建设并维持对复杂社会体系不可或缺的设施：学校、公路、下水道、医院、议会、法典、农业推广部门和其他政府部门。在拥有一整套良好运作设施的地方，当地人可以通过发展新技术和新商业手段来与外国人竞争。而在被汲取资源的国家，当地人永无翻身的机会。大部分前往弗吉尼亚或澳大利亚的英国殖民者是契约仆役或罪犯，他们位于社会金字塔的最底层，但当领导者企图压迫他们的时候，公民身份让他们仍然有能力利用祖国的制度来进行反抗。（例如，发往澳大利亚的罪犯，几乎一登陆就赢得了对可能虐待他们的人的诉讼。）在资源汲取国，奴隶们没有能力借助这些设施。事实上，统治精英竭力阻止他们获取这种设施。教育特别令人担忧；在英属圭亚那得到广泛呼应的是，布克兄弟公司的董事长约西亚·布克（Josiah Booker）批评了教他公司雇员识字的提案，因为这会鼓动他们追求“高于他们身份”的东西。错误的人持有错误的理念，将使精英层的政治权力陷入危险。

因为给儒勒·凡尔纳（Jules Verne）的小说绘制插图而在当代闻名的法国艺术家爱德华·里乌（Édouard Riou），曾在 1862 年至 1863 年去过法国在圭亚那的殖民地。在一次前往监狱岛参观的途中，他画了这幅海葬囚犯的图，死者很可能死于疟疾或黄热病。

阿塞莫格鲁、约翰逊和罗宾逊写道，历史表明，若缺少“非统治精英阶层的人的大规模投资和新创业者的涌现”这两个条件，工业化是不可能产生的。而这两者在汲取国都几乎不可能存在。数十年来，改革家们不断尝试反抗体制。传教士为圭亚那的儿童提供教育；英国的反奴隶制协会（British Anti-Slavery Society）不断谴责虐待行为、发起调查并提供援助。布克兄弟公司继承人、富有创见的领导者“乔克”· 坎贝尔（“Jock” Campbell）数十年间一直致力于改善糖业工人的生活状况。改革家们尽其所能，但并没有改变根本的资源汲取体制。1966 年圭亚那正式赢得独立之后，80% 的出口所得仍被三家外国公司控制，其中之一就是坎贝尔的企业。这个新国家只有一所大学，其前身是三年前成立的一所夜校。

战争与蚊子

在疟疾疫区，儿童是主要的受害者。成人通常都患过病，活下来之后他们就有了免疫力。最令成人害怕的是新来的移民——这是在美洲一次又一次学到的教训，而最惨痛的经历应该是在美国南北战争期间。大部分战役是北方军队深入南方进行的。被称为“扬基人”的北方士兵穿过梅森-狄克逊线，冲破了流行病的边界。后果非常严重。

1861 年 7 月，冲突爆发 3 个月后，北方联邦军的波托马克军团从华盛顿征战到了南方邦联的首都、弗吉尼亚城市里士满。在被北军称为“布尔朗战役”（Battle of Bull Run），而被南军称为“马纳萨斯战役”（Battle of Manassas）的战斗中，波托马克军团被击退了。逃回华盛顿后，北军将领们磨磨蹭蹭，拖延了行动。林肯总统抨击了他们的胆怯，但事出有因。军队统计记录显示，在“布尔朗战役”发生一年后，波托马克军团中超过三分之一的士兵开始出现间歇发热、每日热、每三日发热、每四日发热或者充血性间歇发热等症状——今天这些术语指的都是疟疾。在北卡罗来纳，北方联邦军的情况更糟。1862 年年初，有一支 15 000 人的远征军在罗阿诺克岛登陆，在战争中这支军队基本上只是在海岸线上的堡垒里进行海上封锁。黄昏时，空气里密密麻麻闪着的都是四斑按蚊的身影。1863 年夏至 1864 年夏，官方记录的间日热年感染率为 233%——平均每位士兵都发作了两次或以上。

最初，北方联邦军比南方邦联军规模大、装备强。但自布尔朗一役后，北军连战皆败。将领无能、对手顽强和补给线过于漫长，都是失败的部分原因。除此之外，疟疾是另一大理由，这是进入疟原虫疫区的代价。战争期间，疟疾的年发病率从未降到 40% 以下。有一年疟原虫感染了多达 361 968 名士兵。寄生虫直接致死的并不多，但它使士兵变得很虚弱，轻易就被痢疾、麻疹或当时军医说的“慢性风湿病”（可能是某种链球菌感染）击倒了。在南北战争中，至少有 60 万士兵死亡，这是美国历史上最惨重的冲突。大部分死者并非在战斗中阵亡，疾病杀死的北方士兵是南军子弹和炮弹杀死人数的两倍。

疟疾影响到了战争的进程。病号需要用担架或船运走，成本相当大。长时间内一直出现如此多的病人，资源被持续地消耗着。南方邦联的将领没有操控疟疾，甚至连它是什么都不知道，但它却成了南军箭袋中的一支夺命箭。疟原虫让联邦的胜利迟来了数月甚至数年。

长远来看，这或许是值得庆贺的。北方最初宣称，其目的只是维护国家统一，而不是解放奴隶；在反对票寥寥无几的情况下，国会曾对反叛的州承诺，“发动这场战争不是”出于“推翻或干涉（南方的）权利或既有制度的目的”，这里的“既有制度”指的就是奴隶制。但战争持续得越久，华盛顿政府就越倾向于考虑激进手段。《解放宣言》的颁布，是不是部分该归功于疟疾呢？这个想法也并非完全不切实际。

然而，疟原虫更大的贡献在于其对美国建国的影响。1778 年 5 月，亨利·克林顿（Henry Clinton）出任了独立战争时期的北美英军总司令。一方面由于受流亡伦敦的美国人失实报告的误导，英军总司令以为卡罗来纳和佐治亚殖民地大部分是不敢公开表示对祖国支持的保王党人。克林顿司令制定了“南方战略”。他计划派一支部队南下，长期驻扎直至说服大多数沉默的保王党人宣布支持国王。另一方面，他还承诺释放为他作战的奴隶。但克林顿司令并不知道他指挥军队进了疟疾疫区。

事实上，1778 年的在役英国士兵三分之二来自没有疟疾的苏格兰。当然，许多英国士兵在 1780 年之前曾在殖民地驻扎一年或两年，但主要是在疟原虫线以北的纽约和新英格兰地区。与此相反，南方的殖民者已经适应了疟疾；几乎所有人都对间日疟原虫免疫，还有许多人感染过恶性疟原虫。

1780 年，英军成功围困了查尔斯顿。一个月后，克林顿离开并指示他的部队继续往腹地追击美国人。他指定的突袭指挥官是查尔斯·康沃利斯（Charles Cornwallis）。康沃利斯在 6 月，即四斑按蚊活动的高峰期进入了内陆。到秋季时，康沃利斯抱怨说疾病已经“几乎摧毁了”他的军队。病倒的人太多，以致英军几乎无法战斗。从殖民地逃出的保王党军队是唯一能继续前进的人。当他的保王党人在“国王山战役”（Battle of Kings Mountain）战败时，康沃利斯本人正高烧卧床。麦克

几乎被今人遗忘的是，黄热病曾令从美国南部到阿根廷的广袤地区的居民恐惧万分，直到 20 世纪 30 年代研发出了安全疫苗。这幅杂志文章的漫画配图，展现了文中描述的 1873 年佛罗里达州黄热病暴发时的情形。

尼尔告诉我，“双方严重不平衡。康沃利斯的部队溃不成军”。

被疾病打击得节节败退，康沃利斯放弃了卡罗来纳，转而挺进切萨皮克湾，在那里，他计划与另一支英军部队会师。1781 年 6 月他抵达目的地。克林顿司令命令他驻扎在海边，如果有需要的话，军队可以从那里转往纽约。康沃利斯提出抗议：人人都知道切萨皮克湾也是严重疫区。但这无济于事；如果他还想起到一点儿作用，就必须在海边驻扎。军队来到了詹姆斯敦 15 英里外的约克城（Yorktown），康沃利斯地将这里形容为“数英亩危险的沼泽”。他的营地就在两块湿地之间，接近几片稻田。

令克林顿司令既惊又恐的是，一支法国舰队在切萨皮克湾附近出现了，将康沃利斯部队封堵了。与此同时，华盛顿将军率军从纽约南下。由于缺少军饷和补给，华盛顿的军队已经发生了两次哗变。然而，转机出现了。英军突然无法动弹；康沃利斯后来估算说，他手下 7 700 人中只剩 3 800 人还能战斗。麦克尼尔煞费苦心地将功劳归于领袖的勇气和战术。但他嘲讽般提及的“革命蚊”的作用也同样至关重要。麦克尼尔对我说，“四斑按蚊高高地站在开国元勋们的上方”。“哥伦布大交换”所导致的结果让康沃利斯手下越来越多的士兵倒下，英国军队最终在 1781 年 10 月 17 日投降，这实质上代表了美利坚合众国的建立。

第二部分

横渡太平洋

第四章

钱币一船船(以丝易银,上)

“多一点儿力气”

庞大是它最大的特点，然后才是神奇。它的浩荡——威慑四方、令人称奇、难以置信——在 100 英里之外能一目了然。据说，各国国王从王宫眺望大海，看到地平线上出现了一条新山脉：数以百计躯体硕大的船只，从船头到船尾挂满了风帆，舷墙处集结着士兵。战旗似的陌生旗帜在桅顶迎风作响。这是一支史上最大的船队。它看上去一定像地理景观一样。人们惊异于它的航行，而后臣服、礼敬。15 世纪初，明朝的永乐皇帝资助了这几次伟大的海上远征。其影响如此深远，以至于有历史学家相信水手辛巴达的故事就源于此。

这些中国船建造于巨大的干船坞中，装饰有珍贵的金属，使用了各种欧洲一个世纪后才出现的技术创新——双层船体、水密舱、防锈钉、机械式舱底水泵——这些是那个时代的奇迹。船队指挥官郑和的旗舰，长 300 英尺，宽 150 英尺，是有史以来最大的木制船。记录称它有 9 根桅杆。郑和的大舰队共有 317 艘船只，即使在今天，这个数字也相当惊人。当时欧洲历史上最大的西班牙无敌舰队，也只有 130 艘舰船；其体量最大者也仅为“郑和”号的一半。[1]

---

[1] 据《中国通史》(白寿彝编)称，郑和宝船“大者长四十四丈，宽十八丈”。《瀛涯胜览》等亦有此相似记载，可知最大的宝船长约 142 米，宽约 58 米(明营造尺规定，1 尺约 32 厘米)。另记载郑和第一次下西洋宝船有 62 艘，第二次 249 艘，第三次 48 艘。此处称 317 艘有可能是算上民间组织的随行船只。——编者注

郑和出自一个通常不会为中国历史增辉的群体。出生在偏远地区的他，魁梧强壮得惊人，1381 年，在元朝负隅顽抗明军的最后阶段，当时还是孩童的郑和被明军俘虏了。落入明军手中的敌方男童，一般会被去势。阉人郑和被安排进明宫廷当内侍，其以聪慧、能干著称。最能说明郑和善于捕捉机会的事件，是他支持了皇叔从侄子手中夺取权力的政变。篡位者登基为永乐皇帝。[1]郑和则成了皇帝最信任的心腹之一。当雄心勃勃的君主打算展开一系列海上远征时，他让自己最宠信的太监来担任统领。

郑和的大航海从 1405 年开始，1433 年结束。他曾横渡印度洋，最远到达非洲东岸和红海海口。永乐皇帝认为这是向四方展示帝王威权的方式，收效也相当理想。在 7 次航海途中，郑和船队在苏门答腊降服了一块中国人控制的、为非作歹的飞地；在爪哇岛干预了当地内战；攻占了斯里兰卡，并将俘获的国王带回国；还在苏门答腊剿灭了海盗。即使剑未出鞘，郑和的船队也在政治上完胜，它们令每位异邦统治者望而生畏。然而远航没有继续下去，变成了政治内斗的牺牲品。一派官员支持远航，而另一派则攻讦其花费庞大，试图搞掉前面那派人。继承皇位的太子站在了反对他父亲政策的一方，他在登基当日就废止了盛大的海上探险。最终，郑和所有的航海记录几乎都被封锁了。直到 19 世纪，中国都没有再派大规模船队驶出国界。

许多研究者认为，中断航海是中国社会思想严重褊狭、僵化的象征。“为什么中国没有再多花一点儿力气，绕到非洲南端，进入大西洋呢？”兰德斯在《国富国穷》中这么问。兰德斯的回答是：“中国人缺乏视野、重点，以及最重要的，好奇心。”受制于儒家思想、自傲而自满的明朝是“一个不积极的改进者和一个糟糕的学习者”。墨尔本大学（University of Melbourne）的历史学家埃里克·琼斯（Eric Jones）

---

[1] 按照惯例，称呼中国皇帝时不称他们的名字，而使用他在位时的年号或之后的庙号等。例如，那位篡夺帝位的皇叔出生时名叫“朱棣”，后以“永乐”（恒久安乐的意思）为年号，于是被称为“永乐皇帝”，即永乐朝的统治者。

为庆祝 2008 年奥运会，中国展出了按原比例还原的郑和宝船。在原船建成 6 个世纪后，其船体之大依然令人叹为观止。

在关于西方如何攫取政治主导地位的论著《欧洲奇迹》（*The European Miracle*）中，也类似地将明政府拒绝海外冒险归咎于“空洞的文化优越感”和“过度的自我关注”。在郑和之后的这个帝国“从海洋撤离，变得只关心内部”。加拿大麦吉尔大学（McGill University）的政治学家约翰·A. 霍尔（John A. Hall）在《权力与自由：西方崛起的原因与后果》（*Powers and Liberties: The Causes and Consequences of the Rise of the West*）中称，当时的中国“困在同一个阶段超过两千年，相比之下，欧洲却像跨栏冠军一样前进”。充满了创业精神的葡萄牙、荷兰、西班牙和英国，将僵化的中国拖入外部世界的粗糙与混乱中。

其他学者并不认同将中国描述为被动者的形象。他们也不相信终止航海的行为就能证明中国文化缺乏好奇心或驱动力。这些作者写道，无论郑和航行多远，他都没有遇到比他祖国更富强的国家。从技术上来说，中国已经遥遥领先欧亚大陆上的其他地区，异邦能提供给它的只有原材料而已，但得到这些根本无须派庞大的船队远航。美国乔治·梅森大学（George Mason University）的政治学家杰克·戈德斯通（Jack Goldstone）观察到，朝廷完全可以派郑和跨过非洲，抵达欧洲。但帝国终止了长途航海活动，“原因和美国停止送宇航员登月一样：那里没有东西能证明值得为此支付如此大的成本”。

然而在更大的范畴上，问题依然存在。郑和下西洋只是更长久、更重要的趋势中的一个例外。在明代（1368—1644年）的大部分时间里，京城的朝廷颁布法令，严禁私人从事海上贸易。永乐皇帝和其他几位皇帝曾开放海禁，但只是特例；作为一项法律，明王朝始终在钳制海外开发与交流。禁令相当严苛，1525年朝廷甚至命令沿海官员销毁所有私人的出海船只。

在今天看来，与终止航海一样令人不解的是形势的逆转。毁船令下达50年之后，另一位皇帝又改变了路线。尽管朝中官僚并不乐于支持，但新一代中国船只还是驶入了大海。不久后，明朝被卷入了全球性的贸易网络。顷刻之间，中国的经济与欧洲（一个曾被认为太穷而不足挂齿的地方）和美洲（一个帝王还不知其存在的地方）牵连了起来。

朝廷一直担忧不受限制的贸易会导致秩序崩乱。事实上，它的确引发了灾难性的副作用，但不是以帝国官吏猜测的那种方式。在前文中，描述了跨大西洋的“哥伦布大交换”如何影响经济与政治制度。而现在讨论的太平洋地区，是经济交流先自发地建立了起来，然后转而加速了“哥伦布大交换”的进程。因此，本章将既讨论经济也涉及政治。

“商即是盗，盗即是商”

中国为何允许洪潮涌入？导致这一决策的因素有二，其一大致可归结为政治因素，其二是经济因素。政治因素是，明朝政府渴望提升国家实力。京城的朝廷严禁私人贸易，并非出于痛恨贸易本身，而是想控制它为王朝的利益所用。不幸的是，它的举措导致了相反结果：民众对贸易禁令的应对，最终削弱了政府的管控，而没有强化它。最后当朝廷也承认了这一点时，它就抛弃了之前的政策。进一步推动皇帝做出决定的是经济因素：明朝陷入了严重的货币灾难。与字面意思一样——这个帝国的货币制度已经失控了，商人们不得不用银来买卖货物。为了得到白银，中国解除了贸易禁令，向世界敞开了国门。不久后，大帆船贸易的船舶载着丝绸与白银横渡太平洋——这是哥伦布在加勒比群岛和黎牙实比在菲律宾群岛长期努力开创的全球经济与生态网络的最后一环。

中国历史始于约公元前2000年[1]，一般按王朝划分。表1只是简化记录；例如，宋代一般被分为两个时期（它在异族入侵后瓦解，并在另一个地方重建了权力中心）。这个表也没有展示各朝代之间混乱的过渡期——通常说1368年明朝夺取了政权，但它和元朝的战斗在这一年前后共持续了数十年之久。

表1　距今较近的中国朝代（公元纪年）

朝代	时间（年）
唐	618—907
五代十国割据混战期	907—960
宋	960—1279
元	1279—1368
明	1368—1644
清	1644—1911

在中国，一般认为元朝为1206—1368年，清朝为1616—1911年。——编者注

[1]　中国历史一般认为始于约公元前30世纪，公元前2000年为夏朝。——编者注

但事实海禁并没有阻断所有与海外的联系。朝廷批准了一个特例："朝贡贸易"（tribute payments），基本上允许那些住进指定的政府馆驿的外国人向统治者敬献礼品。之后，皇帝出于礼节会回赐中国商品。皇帝还会允许他们出售所有皇帝不想要的东西，而这些商品通常数量不少。

沿海的商人看清了这种"海禁—朝贡"的本质：这是政府控制海外贸易的方式。这项事务忙碌而利润丰厚，1403 年至 1404 年海禁高峰时，明朝廷接纳了不下 38 个国家的"贡使团"。理所当然，朝廷希望从贸易中获利，但商人本身却不是朝廷想要的；外国商品可以，外国人不行。除了少数特例，所有与海外的接触都应在监督下进行。[1]

按照官僚的逻辑，朝廷官员判定海外贸易是违法的，因此国家没有设置海岸军队来维持贸易治安的需要。明政府将海军裁减到仅剩几艘舰船，根本不够在中国漫长的海岸线上巡逻。令人毫不吃惊的是，结果出现了走私狂潮（如果做生意被定为违法，那就只有违法之徒会去做生意了）。

倭寇遍及东南沿海。"倭寇"的字面意思是"日本海盗"，但其中大多数并不是日本人，许多甚至不是海盗。虽然他们有时在日本也有基地，但主要的倭寇群体是由中国商人指挥的，这些商人因海贸利润大，转而开始走私。他们的船员是各式各样的人：破产的商贩、逃兵、逃犯，当然还有真正的职业走私犯。他们之中还有许多是被发财的承诺引诱成为海盗的。每当官员试图剿灭他们，就会引发暴力对抗，而这常常导致城镇失守。"商即是盗，盗即是商"，厦门大学历史学家林仁川说，如果条件允许，他们会和平地做生意；但如果不能，就没有和平可言了。

顶层统治者的昏聩阻碍了打击海盗的努力。明朝后期的皇帝有一

[1] 明朝的前朝——元朝，也曾做过同样的尝试，在 1303 年、1311 年和 1320 年禁止私人从事海外贸易，但每次法令都很快被废除。贸易垄断的前景很诱人，但元朝发现了更有利可图、麻烦更少的方式，即向私人贸易征税而非自己经营贸易。

位沉溺酒乡；另一位抛下大任，住进皇家园林，研究长生不老的炼丹术；更有一位皇帝二三十年拒绝上朝。追求炼丹术的皇帝就是1522年至1567年在位的嘉靖皇帝，他将帝国交给了由宰辅组成的内阁手中，但大臣们只关心个人的进退，而不是东南沿海的海盗之患。

遭海盗骚扰最严重的是中国东南部资源贫乏的福建省，与台湾隔海相望。福建省大部分地区都是不高但陡峭的山脉，覆盖着红色的风化土；平坦、宜耕种的土地主要集中在河谷和狭窄的沿海带状地区。“高者山至崔巍，力耕未止。”一位13世纪的福建作家[1]感叹道，“卑者弥望斥卤，不可种艺。”饥荒是长久的威胁；尽管进行了大规模开辟梯田和开垦土地的工程，福建的粮食生产仍然无法自给自足。该省一半的稻米必须从外省运来，这并不容易，因为群山将福建省与中国的其他地区隔绝开来。多礁岩的扇形海岸上分布的诸多天然良港，是这一地区为数不多的自然资源之一。理所当然，大海是福建的依靠。长期以来，福建都是中国的海上贸易中心——在靠帆船航行的时代，这意味着它就是中国的国际贸易中心。在国际贸易被官方取缔后，福建人发现自己的位置非常不妙，他们从陆地上也得不到什么。

港口城市月港附近的冲突尤为激烈。月港位于九龙江入海口，其海港中分布着许多小屿、沙洲和其他危及行船的障碍。当地以多雾闻名，导航相当困难，走访月港时我曾在港口附近徘徊，有时甚至连几百码[2]外的船只都看不见。重要的码头都要沿着九龙江上溯数英里，在如此浅的水中行船，必须借助涨潮来拖曳船只。这个位置设计是为了防御海盗：盗匪不敢袭击码头，因为入港必不可少的凶猛潮水会让他们无法逃跑。同时，月港的许多船主也是海盗，这个港口保护他们不受同行侵袭。

密布着唐代庙宇的月港老城，由一条高架走道与明朝新建的城镇

---

[1]　该作家为南宋的刘克庄。——译者注
[2]　1码约合0.9米。——编者注

连接起来，城墙高耸的新城更深入内陆。两座城内都建满了房屋，“盗贼之渊薮”,16 世纪 60 年代一位官员讥评称，这里的居民“通番倡乱，贻患地方者，已非一日矣”。[1]月港的确是海盗的天堂，以至于朝廷曾经决定将当地人按每十户分为一组，每五天点检组内成员；如果某一户做了违法的事，十户都要连坐受罚。

帝制时代中国的日常历史，大部分都被记录在各县呈交给朝廷的地方志中。月港倭寇问题频发，因此编修县志的人最终撰写了一个特别附录：“寇乱”[2]。

寇乱始于 1547 年，当时一群荷兰商人兼海盗兼走私团伙在浯屿建立了据点，浯屿是不久前撤防的海防基地[3]，它位于月港港口正南方。称他们为“荷兰人”并不太准确，这些商人挂着荷兰国旗，其实是西班牙、葡萄牙和荷兰混混以及一些马来人半奴隶纠集起来的乌合之众。倭寇，以及月港的合法商人都愿意派船与他们互市；一个繁忙、多语言通行的市场很快在浯屿狭小但实用的海港里冒出来了。但时任浙闽海防军务提督的朱纨[4]并不看好这块居留地。他派兵驱逐了外国人。

浯屿由两座多岩、陡峭、林木苍翠的小山冈构成，中间是马鞍状的低地。荷兰人以其中一座山顶的临时堡垒为掩护，迫使明军攻上山。在一场小规模的冲突中，商人、海盗的联合团伙击退了明军。朱纨改变了战术：他拘禁了 90 个曾在浯屿做生意的当地商人。荷兰人派使者请求朱纨放过他们的盟友，即便对他们不具同情心的地方志也形容这是一种善意姿态。但他们的恳求被驳回，朱提督斩杀了所有 90 人。荷兰人放弃了浯屿，也放弃了公开贸易的尝试；后来他们在这片海域出

[1] 原文见［清］李英《请设县治疏》，载于［清］陈瑛等修《海澄县志》卷二十一《艺文志》。——译者注

[2] 原文见［清］《海澄县志》卷十八《灾祥志·附寇乱》。——译者注

[3] 中文典籍称类似的海防基地为“水寨”，浯屿水寨建于明初，1443 年因迁寨嘉禾屿（厦门岛）而撤防，于是无人监管但交通便利的浯屿就成了海盗和走私海商的贸易据点和临时居留地。——译者注

[4] 嘉靖二十六年（1547 年），朱纨被任命浙江巡抚，兼浙闽海防军务提督。——译者注

没，靠掠夺曾经的合作伙伴——福建商人和走私者——为生。

朱纨并不满意。这位刚正不阿的前任知州在一系列愤怒的奏疏中谴责了朝廷各层级的腐败，这激怒了他的上级。朱纨相当坚持原则，他的家人来任上探望时，曾收下他属下馈赠的礼物，他竟然上书自罚了一笔高额罚款。1548 年年底，朱纨在浙江突袭了一个重要走私据点，凿沉了非法船只 1 200 多艘。在声名狼藉的李光头指挥下，数以百计的倭寇逃到福建最南端的一处新据点。3 个月后，朱纨的部队追捕而来，杀死约 150 人，还抓捕了许多葡萄牙、日本和中国的走私犯。

李光头一伙中竟有许多来自月港的商贾大族[1]。这个证明地方精英与外国走私者经常性勾结的证据震怒了朱纨，他下令处决所有俘虏，这是两年内的第二次处决。处决导致他的政敌开始联手攻击他。月港的富人们向朱纨的上级，也就是沉迷炼丹术的嘉靖皇帝的大臣们控诉。朱纨先是被降职，后被革职，继而遭到出于政治动机的审讯。面对控诉，他选择在 1550 年 1 月服毒自尽。“纵天子不欲死我，”朱纨说，“朝中重臣必杀我。纵重臣不欲死我，闽、浙人必杀我。”[2]

朱纨之死令海盗团伙更加肆无忌惮，他们攻陷了大城小镇，大肆掳掠，“直至腐肉的恶臭让他们不得不离开”。月港北部的一座城市里，有两万多人在海盗袭击中丧生。明代史学家罗曰褧回忆道，整个中国东南部地区，惊恐万分的百姓“食不暇炊，卧不安枕。农夫释耒，红女寝机”。当倭寇来袭时，罗曰褧记述道：

> 或父子老弱系虏，相随于路。其死伤者首身分离，暴骨草泽，头颅僵仆。相望于境，沿海郡县几为丘墟。[3]

---

[1] “商贾大族”是一个误称。从事贸易的是“公司”，是由有亲缘关系的家庭组成的宗族式组织，通常有数百名成员。不过，我不倾向于使用“公司”一词，因为它现在指的就是“企业公司”——有可能令读者产生混淆。

[2] 朱纨这句话出自《明史》（卷二〇五，第 5403~5405 页），原史记载的是“纵天子不欲死我，闽、浙人必杀我”。疑本书作者引用的英文文献有增译“朝中重臣必杀我。纵重臣不欲死我”（...powerful court officials will kill me. And even if powerful court officials don’t kill me...）。——译者注

[3] 原文见［明］罗曰褧著《咸宾录》，余思黎点校，中华书局，2000 年。——译者注

曾经的海盗据点浯屿，位于月港外雾气迷蒙的水域，如今已成为渔业和水产养殖中心。

1556年，编年史家诸葛元声写道：“倭寇焚毁房屋，掠劫妇女儿童，抢走大量财物；官民都在刀下丧命，陈尸千万，满溢沟壑；官军不敢反攻。”他写道，只要有倭寇出现的风闻，“百姓就会惊叫狂奔”。仿佛是周星驰武打喜剧中的场景：

> 松江递运所的转吏飞骑入城，对其从者说“来矣、来矣”，而附近百姓误听为倭寇来，一时男女奔窜如蚁，莫可禁遏，相失子女、金帛、衣物无数，当时在守御城楼箭台的六百余名军士，竟然皆卸甲抛戈而走，直闹到第二天才安定下来。[1]

[1] 这段记录原出自［明］诸葛元声《三朝平攘录》卷一“海寇”。作者原文以及译文均转引自李金明“试论嘉靖倭患的起因及性质”，《厦门大学学报（哲学社会科学版）》1989年第一期。——译者注

但在月港，倭寇直到1557年才回击官府，据县志记载，当时一个心怀不满的农夫暗中为两伙海盗打开了城门。倭寇镇压了一切抵抗，“焚千余家，掳千余人而去”[1]。

尽管十分悲惨，但这次袭击只是一个小插曲。即使备受倭寇困扰，24名月港商人还是合伙组建了一支船队与海盗合作，形成了一个类似合股公司的相互关联的网络。月港商人能进入国内市场，而走私者能带来外国商品。人称“二十四将”的商人决定在月港按区划分势力范围，以控制家乡市场的准入权，这完全就是黑帮风格，每块区域由一名盘踞在土堡里的“将”全权管理。官府曾派300名官兵前去剿捕，二十四将击退了官兵。看到这次胜利，福建其他地区的走私犯也效仿“二十四将”，集结成“二十四宿”[2]和“三十六猛”。各个区域、地区甚至国家的商人团体和海盗团伙，为竞逐走私贸易的控制权而争斗不休，让月港变成了忠诚与背叛交替上演的狂乱、暴力的混合体。

对于已故朱纨的下属、巡海道副使邵楩来说，最后一根稻草是福建海商引3 000名日本、葡萄牙走私犯占领了浯屿上曾属于荷兰人的据点。邵楩满手都没有好牌。因为裁减军备，明朝海军无论是在装备还是在人员上都不如倭寇——事实上，明朝海军经常雇请技术和经验都更具优势的走私者为其出战。更糟的是，邵楩连自己手下的许多军官都不信任，因为他们也来自和走私贸易勾连很深的商贾大族。邵楩采取了一个经典策略，他与浯屿3 000名倭寇的前首领洪迪珍结盟——其实是通过重金收买。1561年，洪迪珍聚兵，进攻月港上最大的几个走私据点。“（倭）死无数”，县志这样陈述。这是一个保全颜面的策略，它的用意是让与当地所有人结盟的海盗势力在抵抗中与洪迪珍两败俱伤。

[1] 原文见［清］《海澄县志》卷十八《灾祥志·附寇乱》。——译者注
[2] 据［清］《海澄县志》卷十八《灾祥志·附寇乱》，应为“二十八宿”。——译者注

> 邵楩实际上失败了。“十年之内，”县志记录道，“破卫者一，破所者二，破府者一，破县者六，破城堡者不下二十……人号鬼哭，星月无光，草野呻吟。”[1]这个全世界最富裕、技术最先进的国家，对其边境已经完全失去控制。1567年，新登基的明朝皇帝承认失败，废除了禁止私人海外贸易的法令。

政府改弦易辙的原因不仅在于它知道自己不可能阻止走私，也不仅是它开始认识到贸易对福建民众的重要性。京城的朝廷意识到的是，这个国家迫切需要商人最重要的商品——白银。

铜尽钱绝

在基督诞生几百年前，中国的国家政府就已经开始发行青铜制成的圆形硬币了，青铜是一种铜、锡合金。每文铜钱中间有一个方孔，与等重的青铜等价。这个货币系统存在缺陷。青铜本身价值并不特别高，因此单枚铜钱的面值也就很低。为了创造价值更大的单位，人们把铜钱穿成串，每串百文或千文。

铜钱串体积大而笨重，而且价值依然不高。要求中国的大商人使用铜钱，就像让今天的银行家用成捆的25美分硬币去收购公司。更糟的是，据加州大学洛杉矶分校的历史学家、中国货币史专家万志英[2]研究，最终这个帝国的铜藏量告罄，无法满足制造钱币的需求了。铜短缺的宋朝被迫建立了一套“短陌”标准，770文钱的钱串可以当作千文使用。

1161年，宋代出现了或许是全球最早的现代纸币——会子。[3]地方政府和豪富巨贾试用纸质钱币已有两个世纪之久，但会子是首例全

---

[1] 原文见［清］李英《请设县治疏》，载于［清］陈瑛等修《海澄县志》卷二十一《艺文志》。——译者注

[2] 理查德·冯格拉恩（Richard von Glahn），中文名为万志英。——译者注

[3] 会子为南宋的主要纸币。1023年，北宋政府发行“交子”，其应为中国最早的纸币。——编者注

国性的、国家印制的钞票。它按铜钱币值来计算价值；最低面额的钞票等值于200文铜钱，最高的等于3 000文。（欧洲最早的钞票出现在1661年，晚了5个世纪。）

理论上来说，人们可以将手里的会子换成铜钱。不过，政府和商人很快就发现，印造会子能降低对铜币的需求，可使其将铜币出口到同样以中国铜币为货币的日本。政府印制的纸币越多，能用于出口的铜币量就越大。在政府推出这一创举几十年后，会子事实上与铜币脱钩了：不论纸币面额多大，它们都无法兑换成铜钱了。实际上，它们已经成了经济学家所说的"法定货币"。

法定货币没有内在价值，它之所以有一定价值是因为政府宣布它有效。美元就是一个例子，同样还包括欧元。作为纸片，美元和欧元钞票本身几乎是毫无价值的。然而，由于它们是政府机构印制发行的，人们便可以把这些花花绿绿的矩形纸片交给杂货店店员，然后拎着满袋食物走出店门。相比之下，在西班牙帝国内流通的比索银币则是商品货币：因其制造原料昂贵且具有价值。中国的铜币也是这个道理，只是青铜并不特别贵重。

从政府的角度来看，商品货币是有问题的，因为政府不能完全控制钱币的供应，国家货币就会受到随机冲击的支配。例如，在哥伦布航海时代，从缅甸到非洲西部的贝宁通行的货币都是子安贝。[1]不久后，欧洲人从印度洋盛产贝壳的马尔代夫群岛运来了大量贝壳。整条狭长区域内的政府都被击溃了。运转了数世纪之久的金融系统，在电光石火间就崩溃了。

但这种外部压力对法定货币不会构成冲击。有了法定货币，政府几乎彻底掌控了货币供应；它决定了钞票的需求量并指导铸币厂的印制。从理论上来说，政治家可以通过扩大或收紧货币供应来打造更好

---

[1] 对于习惯了金属铸币的人来说，用贝壳做货币似乎太原始了。但它们在标识功能上具有优势：不像同时代常常破损或被造假的铸币，贝壳很难蚀变也难以伪造。

的经济环境。

法定货币最大的缺陷也恰恰是它最大的优势：钞票的印刷量由政府决定。施行纸币后，宋代皇帝惊讶地发现：他们只需将油墨图案印到纸片上，就可以买东西了。这一策略在数十年时间里都是成功的。随着纸质货币在整个帝国的推广，国家必须加大纸币供应，皇帝个人的花费也就被整体的上升给淹没了。13 世纪初，南宋皇帝（宋理宗）决定与北方的敌人开战——首先是金，然后是蒙古人。为了应付粮草和军队的开销，他“将印钞机开到了最高挡”。结果出现了通货膨胀。但宋还没来得及引发货币灾难就败给了蒙古人。之后元朝发行了自己的纸币，总量极其庞大。发明恶性通货膨胀的“荣誉”属于蒙古人。到 14 世纪 50 年代，元的纸币已经完全失去价值了。之后，元朝被明朝取而代之。

明朝第一任皇帝朱元璋刚登基，就下令以他的名义发行新钱币——不再是毫无价值的纸币。可惜的是，朱元璋发现这泱泱大国的铜矿藏已经近乎耗尽。自然而然，铜的价格上涨了；青铜币的铸造成本甚至超过了它预设的面值。情况就像每生产一个面额一毛的硬币，需要花费两毛的成本。毫不意外，发行的钱币并不多。明铜钱于是变成了罕见物，因为过于少见，生意人在收到铜钱时甚至会犹豫，商人缺乏与这种钱币打交道的经验，所以无法辨别其真伪。

明王朝很快就和前朝一样发现了启动印钞机的好处。通货膨胀再次出现；10 年间，纸币贬值约 75%。朱元璋的应对方式是不再发行新的铜币。他想迫使人们使用纸币，但并不奏效。关闭铸币厂的举动导致货币供应出现不足，因而令明政府发行的铜币更加稀缺，这又进一步削弱了其作为货币的价值。古币的价值则被抬高，因为人们信任也熟悉它们。同时，形势极大地促进了造伪。大部分伪造的铜钱很容易和真币区分开来。但商人太渴望顾客以某种方式付给他们钱，因而也就接受了伪币，不过他们会要求溢价。

当商人忙着攫取所有能找到的古币与伪币时，纸币在继续贬值。

1394年，明政府下令禁止使用本朝的钱币—— 一个“无视经济现实”的政策，加州大学洛杉矶分校历史学家万志英在1996年出版的《财富之源泉》（*Fountain of Fortune*）中这样写道（笔者的描述也主要引自这本杰出的中国货币史专著），不出所料，失败了。但皇帝锲而不舍，在1397年、1403年、1404年、1419年和1425年五度禁止使用铸钱。每当禁令失效，皇帝就会再次准许铜币流通，直到下一轮禁令开始。与此同时，明还在用足以引发通货膨胀的速度印纸钞。这一切听上去犹如精神错乱，但事实就是如此。在派系林立、积怨弥深的朝廷，政府的政策往往只是大臣密谋权斗的偶然性副产品，制定之初就很少顾及它们的实效。结果导致当倭寇震动东南沿海时，明朝却没有能正常运作的货币了。

也许表述过于简单，然而货币依然在运作，间歇地、不可预知地运作。每位皇帝都会发行刻有自己年号的钱币。但当他死后，继任者会很快宣布先帝在位时铸造的钱币没有价值；只有新帝铸造的新币才是唯一有效的货币。《明史》记载，商人们突然发现“资本一日消尽，往往吞声自尽”。[1]

因为需要用东西进行支付，在新帝的钱币运到之前，商人和顾客会使用前几任帝王的旧币；由于铜料的缺乏和王朝的行政低效，这一过渡经常要延续数年，甚至数十年。然后他们会使用新币，直到政府突然再次禁币。据台湾历史学家全汉升称，这最终变成了一场传递烫手金融山芋的游戏，每个人都努力在价值归零之前花光所有的铸钱——当那一刻到来时，他们会竭力把铸钱转嫁给倒霉的接盘笨蛋。

“而乃旦更暮改，迄无定议，”16世纪的一位帝国首辅悲叹，“小民见得如此，恐今日得钱而明日不用，将必至于饿死。是以愈变更愈

[1] 原文见［明］刘应秋《与大司徒石东泉书》，收于陈子龙等选辑《明经世文编》卷四三一。刘应秋是万历十一年进士，生平记录在《明史》卷二一六“列传”，此处为作者误判出处是《明史》。中文转引自全汉升《宋明间白银购买力的变动及其原因》。——译者注

纷乱，愈禁约愈惊惶，铺面不敢开，买卖不得行，而嗷嗷为甚。”[1]

“旦所得钱，暮不能为用”，1606 年中原地区的一份地方志这样解释道。店主会突然全部拒收。

> 一夫倡言，千人附和，虽有厉禁，视若弁髦。无何，有客来买前钱，以一当三，捆载而去。此所谓垄断之尤，而奸人之雄也。富商大贾，坐牟厚利，细民重困，无有已时。[2]

这些抱怨有夸大吗？1521 年，嘉靖皇帝继位登基。当时他还年轻，距离用女子身体修炼长生术的岁月还有几十年，他正迫切渴望重新掌控国家的货币供给。他决定发行高质量的新钱，以为这样人们就会放弃旧币和伪币了。地理学家、史学家顾炎武在鸿篇巨制《天下郡国利病书》中描述了嘉靖新币的影响。顾炎武举了位于月港以南 10 英里的福建漳浦县的例子。顾炎武写道，令人难以置信的是，县里的商人在嘉靖朝开始后仍然倾向于使用宋代的铸钱——准确地说，宋神宗元丰年间的钱——而此时距离其发行的 1085 年，已过去 4 个多世纪了。之后 10 年，嘉靖皇帝设立铸币厂，以最快的速度造出钱币。嘉靖的努力对漳浦的影响并不大。年复一年，顾炎武描述，人们首选的钱从一种宋钱换成另一种。每次更替后，手里积攒的废钱就成了困扰。直到 1577 年，嘉靖皇帝驾崩 5 年后[3]，漳浦县才终于开始使用合法货币。数十年来，人们第一次使用现任统治者万历皇帝铸造的钱币。但这一状况转瞬即逝，顾炎武写道：“方一年，而万历钱又置不用。”[4]

白银早已被视为价值贮藏的一种，只是因为它稀有、昂贵，所以很少用于普通的小规模交易。但铜钱和纸币的不确定性使得无计可施

[1] 原文见［明］高拱《议处商人钱法以苏京邑民困疏》，转引自全汉升《宋明间白银购买力的变动及其原因》。——译者注

[2] 原文见万历《汝南志》卷二，转引自全汉升《宋明间白银购买力的变动及其原因》。——译者注

[3] 嘉靖皇帝实际驾崩于 1566 年。——编者注

[4] 原文见顾炎武《天下郡国利病书》卷九四，第 2 页，转引自全汉升《宋明间白银购买力的变动及其原因》。——译者注

的商人会随身携带浅碗状、直径1英寸[1]到4英寸的小银锭。生意人碰面时用银锭来做买卖，使用珠宝商的秤来称重，然后用特制剪刀裁下需要的量；他们会请“看银师”来鉴定银锭的纯度，“看银师”收取评估费，而且通常会对买卖双方要诈。尽管不太灵光，但这套系统比起随时可能价值归零的铸钱要好得多。1570年，一位作家抱怨道，到倭乱末期，铸钱在整个市场交易中的使用份额已经不到十分之一了。任何能弄到白银的人都能请“看银师”来认证它——即刻可用的钱！大家都在使用散碎银两付账。

明朝皇帝也渐渐不情不愿地接受了这套系统。中国基本的税收制度——农民上缴一部分收获物——已经延续800年没有改变过了。但随着时间的推移，它不但充满了漏洞还增加了许多额外税项，这为腐败提供了机会。京城朝廷通过一系列法令，重排了税赋清册，并要求人民用原银而非实物来缴纳新增的税赋。到16世纪70年代，万历朝开始时，90%运到北京的税收都是闪着光泽的金属块。

中国是当时全球最大的经济体。它的“白银化”意味着数千万富裕的中国人突然之间需要大量的银块，用来完成缴税、做生意等最基本的事情。它激起了对这种金属极其庞大的需求。麻烦的是，中国的银矿就像它的铜矿一样，几近枯竭了。买卖人弄不到足够的白银去支付任何东西，包括他们自己的税费。附近唯一的白银供应源就是日本。在官方层面，中国和日本之间并不友善——确实如此，这两个国家不久后将在朝鲜爆发一场战争。为了得到足够多的白银来维持生意运转，商人们找到了倭寇。买卖人用丝绸、瓷器和持有白银的凶寇做生意，回国后用这些银子缴税，最后银子又被投到打击凶寇的军事行动中。明政府是在与自己的货币供应来源作战。

无法调和矛盾的政府最终允许福建商人出海经商而无须担心受罚。如今可以公开行事了，福建人将成千上万的人（大家族中的幼子）送

[1]　1英寸约合2.5厘米。——编者注

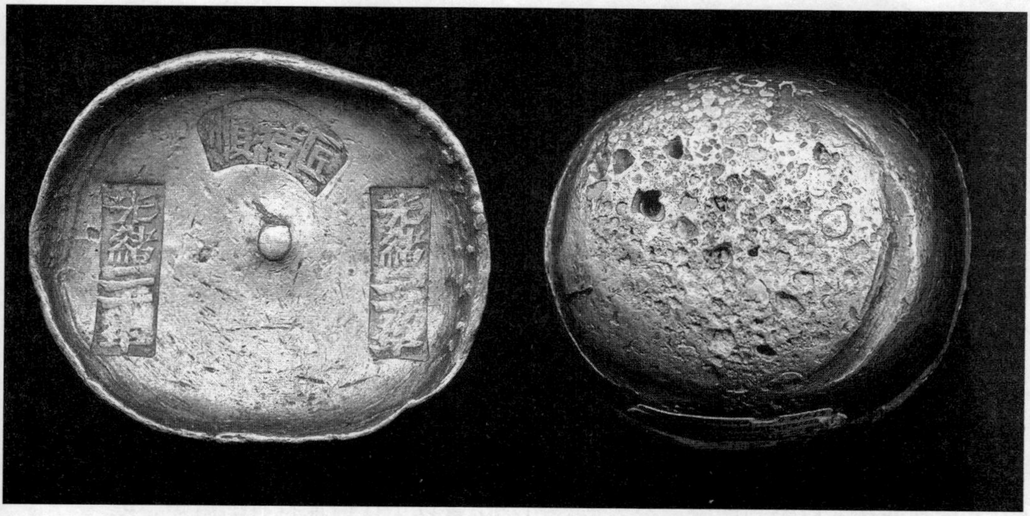

名为“银锭”的小银块，在明、清两代取代了铸币。银锭上的烙印包括银匠的标志（从图中难以识别，可能是“顺祥匠”）和年份（光绪二十年，即 1894 年）。

往亚洲各地，为之后的贸易或榨取建立立足点。即使是在马尼拉的马来村（Malay village）这样荒僻的地方，当黎牙实比在 1571 年登陆时，当地已经有 150 多个中国人了。另有数百人显然住在群岛的其他地方。从中国的角度来看，在菲律宾意外地发现带有白银的外国人，这简直是天赐良机。运来西班牙银元的大帆船，就是满载钱币的船。

“世界的财富”

白银是怎么装上大帆船的呢？据说，一切的开端都是 1545 年 4 月一个名叫迭戈·瓜尔巴（Diego Gualpa）或华尔巴（Hualpa）的人。当时他正在玻利维亚南端海拔 13 000 英尺的安第斯山脉高原上奔走，可能是在寻找他走失的美洲驼。（令人惊讶的是，这还不是安第斯山脉最高的地方，大多数高原居民都生活在这个高度左右。）这里没有树木，没有动物，没有庄稼，没有住宅，只有一座久经风雪吹袭、光秃秃的圆顶山，四周是更巍峨、平静的高山，稀稀落落覆盖着积冰。在一处较高的山脊上被绊了一跤的他，随手抓住一棵灌木来保持平衡，结果却把它从浅浅的土里拔了出来。它的根系钻出的洞里，闪耀着金属的光芒。这个名叫瓜尔巴或华尔巴的人正站在一座300英尺长、13英尺宽、300英尺深的银矿的矿脊上——这是有史以来发现的最大的银矿。

普通银矿石的含银量最多为百分之几。这个矿脊的含银量竟然高达50%。含银量如此之高，而西班牙人根本不知道该如何提纯——他们不断地煮银。安第斯山区的印第安人掌握了某种当时世界上最先进的冶金技术。在使用干草和羊驼粪做燃料的低温熔炉里，当地人能做到异邦人做不到的事。不久后，出现了数以千计当地特有的熔炉，浓烟被排放到安第斯山区寒冷的空气里。到16世纪60年代初，距第一次银矿大发现20年之后，被正式命名为“皇家山庄波托西”（Imperial Villa of Potosí）的新兴城镇的人口已达5万。如果西班牙一方没有竭尽全力阻止人们进入，人口还将更多。尽管努力控制，但到1611年，人口还是增长到了16万。波托西当时和伦敦或阿姆斯特丹一样大。那时，它是世界上海拔最高、最富裕的城市。

没有法纪、声名狼藉、奢靡放纵，波托西是后来无数因矿产而暴富的城镇的样板。交际花穿着中国丝绸做的衣服，在喷了香水的房间里，踩着波斯地毯走来走去。矿工大方地施舍乞丐，在刀剑、服装和奢华庆典上出手阔绰。有两个男子在街市摊子上抢着买鱼，把一条鱼的价格卖到了5 000银比索，相当于欧洲大部分人多年的收入。另一个男子去参加决斗时，穿着“镶有钻石、翡翠和珍珠链的锦缎束腰外衣”。在一场庆典活动中，城里的街道都铺上了货真价实的银条。“我是富裕的波托西，”城市徽章上自鸣得意地写着，“世界的财富，群山之王，诸国君主羡慕之所在。”

这些也许令人羡慕，但这里的环境却不宜人。风和海拔的联合作用，让山城寒冷得惊人，土地几乎寸草不生。空气十分稀薄，以至于

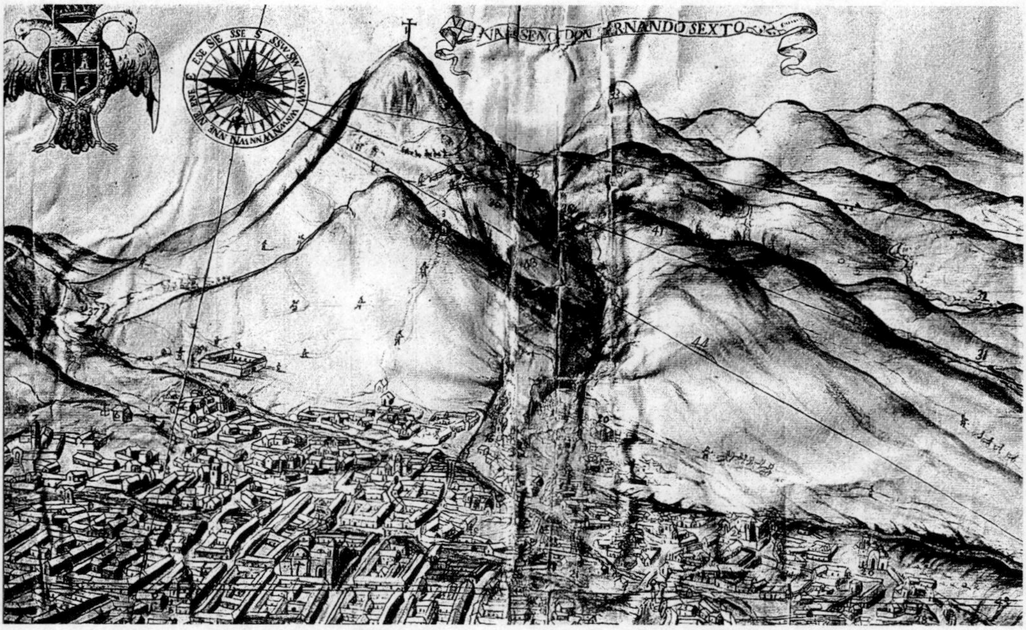

正如这幅绘制于 1768 年的图所示，波托西在银矿山下的平原不断扩张。寒冷、拥挤、暴力横行的它曾是世界上海拔最高也可能是最富裕的城市。

我第一次去时，拎手提箱上几级台阶就让我头昏眼花。令我感觉羞愧的是，房东那 10 岁的小妹妹溜到我身边，抓起包就跑进了我的房间。在开采白银的年代，面粉、衣服、木材都必须由美洲驼运进城里。现在，玻利维亚已经有了汽车和卡车，但波托西的许多房子仍和几百年来一样没有暖气。清晨，我的毯子因结霜而噼啪作响。看我冻得嘴唇发青，房东的母亲好心为我沏了一杯古柯茶。

与波托西的群山几乎同样重要的，是其西北 800 英里的万卡韦利卡（Huancavelica），它是安第斯山脉第二高峰，丰富的汞矿藏令人疯狂。16 世纪 50 年代，在墨西哥的欧洲人发明了另一种不需加热的使用汞来提纯银矿石的方法。（中国人几个世纪前就已经掌握了这项技术。）矿工把银矿石碾碎，将得到的粉末撒在一个平面上（通常是石露台），然后用耙子、锄头将粉末与盐水、硫酸铜和汞混合，结成一块僵硬的饼状物。男人、骡子和马在这块饼状物上走来走去，通过踩踏为汞与矿石中的银结合的复杂反应提供能量，从而得到一块黏稠的汞齐（汞合金）。工人往饼状物上浇水，冲走除汞齐以外的其他东西，然后将它弄碎装进若干个布口袋。这时，松散地黏合在一起的汞与银就会分离；液态的汞从袋子里渗漏出去，留下一袋袋纯银。看完上述的技术流程展示后，弗朗西斯科·德·托莱多（Francisco de Toledo）总督为西班牙君主抢占了万卡韦利卡的矿产，并一手打造了他所谓的“世界上最重要的、万卡韦利卡群山与波托西群山之间的联姻”。

托莱多意识到，只要汞能持续供应，银矿就不需要再依靠印第安人的技术了，这反过来意味着西班牙人可以完全只将当地人当成劳动力来源。安第斯山区的居民有公共劳动的传统，这一传统曾被印加帝国利用来修建庞大的公路体系。托莱多从印加帝国那儿学来了这一套，他强迫当地人按照份额每周派人去银矿或汞矿工作，以此向君主纳贡——最初，每周需向波托西和万卡韦利卡各派 4 000 人。作为贸易的搭头，矿主每年还会得到数百个非洲奴隶。有说法称，采矿导致了 300 万到 800 万人的死亡，这或许太夸张了，但条件的确非常恶劣，尤其是在万卡韦利卡。

汞矿入口是一座壁柱支撑的大拱门，山体的原生岩石上嵌刻着王室徽章。进去之后，隧道迅速变窄，像水母的触手一样展开。印第安人将蜡烛绑在前额，奋力将矿石从密不透风的狭窄隧道中往外拖。地里散发出的热气将汞汽化——一种慢性剧毒——因此工人们每天都是在致命的蒸汽中蹒跚。即使在矿下温度较低的地方，工人们也是用镐开凿矿石，制造出混合了汞、硫、砷和硅的烟雾。后果不难推测。工人每工作两个月轮换一次，每年换班几回；但只需下矿一次，许多人就会被汞中毒的危害击倒。工头和监工也会死亡，他们待在矿里的时间同样很长。因此当地人想尽办法避免进汞矿，甚至不惜致残自己的孩子，让他们躲过劳役。

万卡韦利卡的矿石是在陶炉中提炼出来的；让汞蒸腾、挥发，然后冷凝在炉内壁上。如果炉子还未冷却之前就强行打开——有些急于开始下一轮提炼的矿主经常坚持这样做——结果就是被喷满脸的汞蒸汽。不计其数的官方巡视员曾敦请西班牙王室关闭万卡韦利卡。但国家的理由往往占了上风，对白银的需求量实在太大了。随着矿井往山中越挖越深，巡视员呼吁国家开凿通风井。但第一口通风井拖了 80 年才建成。1604 年负责修坟墓的官员曾报告，矿工的尸体腐烂后会留下许多汞水坑。[1]

波托西的环境没有那样恶劣，但不人道的程度却不相上下。在近乎全黑的环境中，成群被征召来的印第安人背着百磅重的矿石，顺着摇晃的绳子和皮革做成的梯子爬上爬下。如成串的蚂蚁，这边梯子的人爬下去，另一边的人攀上来。最开始，印第安人每下矿工作一周便可以回到地上休息两周。但后来休息时间没有了。当采到一批低品质矿石时，他们就被迫更努力地工作以完成产银额度。不能完成额度的矿工就会被鞭子、棍棒和石头加身。惊骇不已的反奴隶制的社会活动家，严厉谴责波托西的“地狱般矿坑”。“如果 20 个健康的印第安人在周一下矿，周六上来时会有一半人残废。”一位愤怒的牧师在给西班牙王室秘书的信中写道。他问，基督教领袖怎么能允许发生这样的事情？

地下法治秩序的崩溃，部分原因在于地表的法治也已经瓦解。能想象到的各种暴力形式都在波托西盛行。建筑工人会在墙体中或岩石下发现被塞进去的谋杀案受害者的尸体。裁缝们在行会选举结束后发起暴乱，迫使另一个派别的领导人不得不躲进奥古斯丁修道院以寻求庇护。政府派人前去逮捕他时，天主教修士就突然拔刀攻击他们。市

[1] 汞中毒不是唯一的死亡原因。同样致命的还包括肺炎、肺结核、硅沉着病（因为吸入二氧化硅粉尘而导致的肺部病变）和窒息（在通风条件恶劣的隧道内吸入了大量二氧化碳）。1640 年，一位巡视员发现 3 名印第安人掉进了一个充满二氧化碳的坑洞，浓度之高甚至点不燃蜡烛（二氧化碳比空气质量重，因此会沉到低洼处）。虽然坑不深，但工人没能上来。他们的尸体也没有取回来，因为下洞实在太危险了。

议会议员们穿着锁子甲，带着剑和手枪去开会。有时要当场在会议室进行决斗来解决政治纠纷。不难想象，这样的氛围对家庭生活是有害的。尽管波托西的人口数量庞大，但近半个世纪以来，生活在那里的欧洲人没有生下一个孩子。因而人们对第一个婴儿的出生——那是在1598年的平安夜——大感意外，大家都认为这是婴儿守护圣徒尼古拉·达·托伦蒂诺（Nicola da Tolentino）奇迹庇佑的结果。

波托西和深受海盗困扰的月港一样冲突频发，但两地的战斗却被认为有所不同，至少各自的编年史作者如此坚持。中国对倭寇的主要冲突记录来自县志和官方报告，言辞简洁、实事求是，而波托西最重要的著史者巴托洛梅·阿拉赞斯·德·苏亚-维拉（Bartolomé Arzáns de Orsúa y Vela，1676—1736）则用了30年时间来完成一部篇幅宏大的1 300页的城市史，此外，这也是一部通篇为那种被《堂吉诃德》讽刺的浪漫荣誉大唱赞歌的书。阿拉赞斯没有出版这部大作，由于他不敢将其公开，当地家族可能不会喜欢阿拉赞斯对他们先祖混乱暴行的描述，无论这种描述多么荣耀。

尽管阿拉赞斯为冲突事件覆上了一层金色的烟雾，但人们依然能从他笔下看到城市中的暴力是如何从电影中常见的双雄对峙升级为族群间火力全开的战斗的。1552年，也就是那个名叫瓜尔巴或华尔巴的人发现银矿后的第7年，好斗的冒险家佩德罗·德·蒙特霍（Pedro de Montejo）来到了波托西。阿拉赞斯讲述道，蒙特霍立了告示，向所有人发起战斗挑战，“矛对矛”。这样的战斗“在波托西是受人尊敬的”，阿拉赞斯解释称。在一个欧裔常住人口几乎都是年轻男子的城市，“互相杀戮和伤害是唯一的娱乐方式”。

普遍认为，蒙特霍有一个最明显的对手：同样好斗的瓦斯科·古蒂内兹（Vasco Gudínez），他当时已是臭名昭著的危险分子和暴徒头子。复活节一早，两个男人在跟班们的簇拥下，骑马来到决斗场，还引来一群游手好闲者旁观。阿拉赞斯说，他们互相口头羞辱了对方，然后这两个男子“向对方猛攻，冲撞得如此猛烈，仿佛两块岩石撞到

流浪艺术家、编辑提奥多罗斯·德·布莱（Theodorus de Bry）从来没有见过波托西的银矿，但他这幅创作于16世纪90年代的版画，在某种程度上描绘出了波托西矿山的残酷现实。

一起”。古蒂内兹身负重伤，

> 后退几步，举矛向蒙特霍刺去，他出手迅猛以致蒙特霍来不及闪避，长矛击穿圆盾，伤到了蒙特霍的手臂，刺破了锁子甲和钢板，矛尖甚至捅进了他的身体……受此致命重创的蒙特霍失去了圆盾的保护，他使出魔鬼般的力量挑剑袭向对手；蒙特霍用盾架住试图躲闪的古蒂内兹，然后骁勇的他举臂朝古蒂内兹的头部

> 重击，打得他头昏眼花，更严重的是，他击伤了古蒂内兹的战马，把血流如注的战马打倒在地。蒙特霍翻身下马，旋即要取他头颅。谁知蒙特霍刚踏出一步便倒地身亡，利矛穿胸而过，古蒂内兹迅速爬起，蹒跚来到尸体旁边，用剑抵住他的脖子，以为他还没断气。

显然，阿拉赞斯对这场绝命邂逅的细节添油加醋了，他声称，两人的跟班在现场又进行了为时 3 个小时的殊死械斗，受伤的古蒂内兹为了观战还推迟治疗。阿拉赞斯甚至可能弄错了一些基本事实（例如，在现存记录中并没有一个名叫佩德罗·德·蒙特霍的波托西人），但作为背景的社会情境是毋庸置疑的：这个城市充满了凶残的暴徒。为了重建对城市的控制，位于利马的大区政府派来了军队。经过一轮小规模交战，阿拉赞斯写道，古蒂内兹手下一个穷凶极恶之徒被五马分尸；瓦斯科·古蒂内兹则被关进了监狱。

“瓦斯科”的意思就是“巴斯克”（Basque），这个名字并非偶然。在波托西，很多人都是来自西班牙大西洋海岸的巴斯克地区，其比例已经大到失衡。巴斯克地区的文化、语言和地理环境都与西班牙其他地方不同，可以这样说，多山而农业不发达的巴斯克地区就是“西班牙的福建”——航海贸易和侨民迁出的中心。到 1602 年，波托西的矿山和市政议会已有三分之二都控制在巴斯克人手中。巴斯克人领袖贿赂王室官僚，让他们在收税时睁一只眼闭一只眼；如果非巴斯克籍的矿工显露出竞争威胁，巴斯克帮派就会为领袖们提供武力支持。有时王室官员想拍卖一个巴斯克籍矿主的租赁合约以抵偿未缴税款，某个巴斯克帮派就在波托西的中心广场刺杀可能成为买家的人。来自西班牙其他地区的殖民者开始抱怨，他们中许多人住在城外非正规的采矿场里。在秘密集会上，反巴斯克人的矿工戴上驼马毛（驼马是美洲驼的近亲）的帽子来表明身份，并称自己为“驼马”。巴斯克人不需要借助服装来表明自己；他们的母语欧斯卡拉语（Euskara，即巴斯克语）

与西班牙语完全不同。

1618 年 8 月，一位新任执法者来到镇上，斗争开始加剧。在这个管治松散的小城，他就是最威严的人——税务稽查。“守时、整洁、机智而谦虚，他最喜欢的事情莫过于履行他的职责，”玻利维亚历史学家阿尔贝托·克雷斯波（Alberto Crespo）这样形容新任稽查，“他的名字叫阿隆索·马丁内斯·帕斯特拉纳（Alonso Martínez Pastrana），他不是巴斯克人。”这位缺乏幽默感的统计高手很快发现了波托西人一直在偷税漏税。按规定，矿山产银的五分之一须上缴国王，此外还须上缴销售汞和铸币所得的部分收入。马丁内斯·帕斯特拉纳通过计算得出，波托西人共欠国王 450 万西班牙比索，超过了银矿上报的年产量。由于巴斯克人拥有最大的银矿并控制了市政府，因此大部分欺诈行为责任在他们。稽查官称，24 名市议会成员中有 18 名逃税，其中 11 名违规者是巴斯克人。3 年后，经过与腐败的财政官员的斗争，马丁内斯·帕斯特拉纳终于成功地消除了市议会成员逃税的现象。

1622 年 6 月，一名巴斯克帮派老大被发现横尸街头，他的手和舌头被砍断、切碎。“驼马”当然受到了指责。愤怒的巴斯克流氓成群结队地在广场上游荡，叫嚣着要将应该对这起谋杀案负责的“摩尔人、无信的犹太人和被戴绿帽子的人”处以私刑。一份记载称，如果他们在街上遇到一个陌生人，他们会说巴斯克语来试探他；只要是用西班牙语回答的人都必死无疑。一轮杀伐过后，一群扔石头的“驼马”暴徒聚集到多明戈·德·维拉萨迪依（Domingo de Verasátegui）的家外面，他是一个巴斯克豪门的领袖——富豪四兄弟之一，其中两个兄弟是市议会成员。王室总管的意外出现拯救了他，总管亲自护送他到市监狱避难。几个月后，维拉萨迪依出于自然原因死亡，这在波托西是十分罕见的。

次年 5 月，王室为波托西任命了新总督。（总督，或称为市长，是西班牙级别最高的区级行政长官。）费利佩·曼里克（Felipe Manrique）是一个脾气暴躁并容易付诸行动的人——多年前，他在盛怒之下杀死了自己的妻子。这位鳏夫在前往波托西途中邂逅并爱上了维拉萨迪依的遗孀，这引起了“驼马”们的怀疑。他们摧毁了总督的房子，在此过程中4次向曼里克开枪。两个月后，一个巴斯克人“以非常傲慢的方式”向两个“驼马”行脱帽礼，又引发了一场全面暴动。曼里克派出了巡逻部队，但无法阻止数千“驼马”洗劫巴斯克富人的家。

早在此前70年，福建的朱纨就痛苦地领悟到，对于在朝为官的人来说，廉洁奉公并不一定是成功晋升的途径。朱纨被迫自杀；而恨意难消的税务稽查马丁内斯·帕斯特拉纳则幸运得多：他活着逃了出来，但仕途却断绝了。他的上司迫于压力在1623年8月停了他的职，几周后发生了“驼马”焚烧总督曼里克宅邸的事情。在苦涩地退休后，帕斯特拉纳在利马度过余生，那里还有一条街道以他的名字命名。

与帕斯特拉纳形成反差的是，腐败到无以复加的总督曼里克在1624年2月19日离任。第二天他就迎娶了维拉萨迪依的遗孀并搬进了她的豪华庄园，“以此消除所有关于总督和巴斯克人之间存在隐秘关系的怀疑”，玻利维亚的历史学家克雷斯波称。曼里克搬到了库斯科（前印加帝国的首都），这个富人即将变得更富有。两个男人都离去后，热情消退了。“驼马”躲藏到乡村中，他们在那里打劫商旅，逍遥法外许多年。

令人难以置信的是，巴斯克人与“驼马”的战争几乎没有影响到白银的流转。尽管巴斯克人和“驼马”在街头斗殴，但在采矿和炼银时他们还会合作，然后把白银运出波托西。后者是一项庞大的工程。有一份资料描述了在矿脉发现4年后的1549年，7 771根银条运出波托西的过程。每根银条的含银量都达到了99%，而且重量超过80磅。铸造厂给每一根都打上了序列号，以及其所有者、铸造厂和收税官的印鉴。等到检验师逐个检查并打上他认证纯度的印章后，这根银条看上去就像被一个疯狂的数字占卜师涂鸦过一样。每只美洲驼仅能背3根到4根银条。（骡子比美洲驼体型大，但需要喝更多水而且脚程也没那么稳。）这次运输动用了 2 000 多只美洲驼和骡子，它们由 1 000 多名印第安守卫驱赶，而印第安人又被一些西班牙枪手监视着。

尽管困难重重，但美洲还是创造出了一条白银之河，据白银贸易研究领域最杰出的历史学家、美国太平洋大学的丹尼斯·O. 弗林和阿尔图罗·吉拉尔德兹（Arturo Giráldez）称，16 世纪至 18 世纪，美洲生产了超过 15 万吨白银。数个世纪中，西班牙的白银流向了全球各个角落，这些占全世界产量 80% 的白银征服了它所到之处的政府和金融机构。“这些白银首先被投入欧洲，”弗林在一次长谈中说，“我们无法确知具体数字，但欧洲范围的白银总量很可能翻番了。”

西班牙比索成为通行货币，正如今天的欧元一样，将当时的欧洲各国连接起来。（它有一个广为人知的称呼——“八块”，因为它等值于 8 个里亚尔，当时西班牙流通最普遍的铸币。）比索是葡、荷、英等国的主要货币，在法国和德意志诸邦也广泛使用。“因为白银进入了货币供应，”弗林说，“整个欧洲的货币供应出现了不受控制的暴增——真如爆炸一般。”受过经济学专业训练的弗林说：“基本上来看，过快、无计划地冲击货币供应是一个坏主意。”结果将导致通货膨胀和金融的不稳定。

经过 60 年的狂热生产，弗林和吉拉尔德兹写道，世界上已经积累了太多白银，于是它开始贬值了。1640 年 100 万比索的价值，仅相当于 1540 年同样多的钱的三分之一左右。它的影响多种多样并且波及全球。随着价格的下滑，银矿的利润也开始萎缩，而采矿正是西班牙帝国的财政支柱。西班牙并没有随货币价格波动而调整其税率（用现代术语来说，它们没有与通货膨胀挂钩）。国王仍然征收和过去一样多的税，但货币价值却下跌了，这使政府陷入危机。西班牙的经济崩溃了，十几个同样依靠西班牙银元的国家的经济也遭了殃，像一串爆竹般一个接一个引爆。曾经富裕的人觉得自己变成了乞丐；而乞丐则陷入绝望。一无所有，失无可失，他们捡起石头，开始在街上寻找下手目标。

波托西和墨西哥产的白银，大部分被夹在粗糙的模具中捶打、改造成“圆形”的硬币。这枚四王钱（four-reale coin）是16世纪70年代在波托西制造的，当时硬币上还不标注日期。字母“L”是铸币检验师姓氏的首字母。

暴动和革命带来的是废墟。

来自美洲的白银并不是导致动荡的唯一原因。不过，白银这条线确实贯穿在尼德兰、葡萄牙反对西班牙的斗争、法国毁灭性的投石党运动，甚至包括欧洲的三十年战争之中。弗林和吉拉尔德兹认为他们的贡献之一，是指出了尽管欧洲的动荡令人震惊，但这还只是“一段小插曲——大部分白银实际上运往了亚洲”，不是广义上的亚洲全境，多到不成比例的白银，最终集中到了中国某个省份的某个港口——福建月港。

“一大船木头鼻子”

曾经是全球最重要港口之一的月港，如今已经变成了一个毫无特色的工业化时代的郊区。唯一遗存下来显示其昔日辉煌的是一座三层的六角形塔楼，过去它曾是城墙的一部分。不久前我去参观时，塔门紧锁；我不得不等附近有钥匙的居民出现。塔里到处可见流浪汉住过的痕迹：肮脏的毯子、空的方便面包装袋和色情杂志。站在塔顶，我只能看到一间印刷厂、冒烟的垃圾堆和长长的矩形菠菜田与烟草田。编年史上描述的舢板“鳞次栉比”的码头，几乎都已经空了。只有地理形态没有改变：海港外是台湾海峡、台湾岛以及南海。

到16世纪80年代中期，大帆船贸易兴起还不到10年，每年3月雨季开始的时候，月港会有20艘或更多艘大舢板开往菲律宾。（在白银热之前，仅有一两艘小船会去那里，即使是海禁的间歇期。）每艘船都会挤上来500多个客商，他们携带了所有能想到的商品：丝绸、瓷器，当然还有棉花、铁、糖、面粉、栗子、橙、活家禽、果酱、象牙、珠宝、火药、漆器、桌椅、牛和马，以及所有中国人猜想欧洲人会需要的东西。“有些人只带了一点点东西，”曾撰写过月港史的厦门大学历史学家李金明说，“但不论他们带了什么，都能高价卖出。”资金不足的商人为了进货，只好去借高利贷。“他们不得不把妻子、孩子留给债主作为抵押，”李金明说，“如果买卖人死了，那他的家庭就倒霉了。”债主会带走一切来抵债。如果不够，李金明说：“妻子和孩子就会沦为奴仆。债主有权将他们卖给其他人——这类似于奴隶制。”

通常每艘船都会被一位大富商包租下来，他把船里的空间分租给其他人，这笔收入常会占到这位富商总收入的20%。甲板下是一个拥挤的空间，由若干个密闭的水密舱组成，舱里没有窗户，大小和壁橱差不多，这是生意人存放货物的地方。瓷器紧密地装在箱子里，李金明说，米被用来填满盘子和碗之间的空隙。“人们从四面注入水，然后把箱子搁在潮湿的地方，这样瓷器就会黏结成一个结实、不易破碎的整体。”船上很少发生盗窃，因为窃贼无法带着赃物逃跑。尽管如此，客商们还是自带口粮，睡在自己的货物上，在前往马尼拉的整整10天航程中，他们都会待在自己那个黑暗、发臭的船舱里。

“如果可以，他们只会去一回。”李金明说。小生意人尽量不多次出海——“旅途太凶险了”。海港中的小岛和浅滩让船舶无法驶入各条狭窄的河道，因为在河道中，远洋船必须由小船拖曳着缓缓前行。港口的雾中藏匿着倭寇。为了引海盗现身，商人会先派探子乘坐易驾驶的快艇出港。若发现倭寇，他们可以发出警报后逃跑。由于侦察员不能随行到菲律宾那么遥远的地方，所以最后一段航程变得尤其危险。荷兰海盗经常在马尼拉附近伏击中国船只，劫走船上的一切。

商人们通常会停靠在甲米地（Cavite），这是马尼拉5英里外的一座长而窄的半岛，在大海湾的南侧。[1]一大群做销售代理的中国人在这里等候他们的到来。商人们会谨慎地离开他们的小船舱，下船走到岸上，因不适应阳光而眨着眼睛，寻找一位和他们同宗的代理人。代理人很清楚近期靠岸的大帆船带来了多少白银，可以据此来提高或降低报给西班牙人的价格；他们还认识足够多的人，因而有办法收买殖民地的检查人员。他们会收取总价的20%至30%作为服务报酬。只有当所有月港来的贸易商都选好了代理人，船只才能接受海关报关员的检查，报关员负责收税——一位马尼拉总督曾宣布“每件货物上缴3%的税给君主”——然后才能开始做买卖。每个人最多也只有两个月时间可以做生意，因为大帆船每年6月中旬就会陆续离开，以避开台风。

西班牙买家通常会在巴利安[2]和代理人见面，这片中国人聚居区就像把月港给搬了过来，里面挤满了被白银贸易带到菲律宾的福建人。巴利安位于马尼拉城墙外的一块沼泽地中，是1583年西班牙官员为了控制不断增多的中国人而建的；西班牙人认为中国人是“诡计多端的、窃取工作机会的非法移民”。最初，巴利安十分荒凉，只有4座月港商人为了存放货物而建造的小棚似的建筑。为了让在马尼拉的中国人离开家，住进货仓，西班牙人宣布，日落后在巴利安以外的地方发现

[1] 半岛的尖端是桑莱岬（Sangley Point），桑莱人（中文“商旅”的闽南语发音）是对有中国血统的菲律宾人的贬义称呼。关于这个词语的典型用法，是1628年马尼拉教会向官方的控诉，“成群被上帝遗弃的异教徒桑莱人”形成了“巨大的威胁”。

[2] 巴利安（Parián）是市场的意思。——译者注

的所有非西班牙人都要被处死。从某种意义上来说，这个隔绝政策是在以牙还牙：中国不允许欧洲人踏足中国，因此，中国人也被限制进入这块属于欧洲人的小地方，尽管它在马尼拉。

于是被禁止常住在这个欧洲人城镇的中国人建起了自己的城镇。在仓库周围逐渐形成了一个拱廊长街风格、迷宫般的购物区，这里开满了竞争激烈的商铺、茶馆和餐厅。无论何时，中间的窄街上都挤满了穿着宽袖长袍和刺绣丝面鞋、戴着高圆帽的人。大夫和药师叫卖一罐罐药膏、药茶和草药。人们不停地购买、出售和制造商品，一边用小杯品着福建茶，一边争论，背着一大堆精心包裹的货物四处奔走，吃着令欧洲人惊愕的食物（月港人喜欢将毛蛋带壳埋在盐堆里，放在阳光下曝晒来烤熟它）。这就是西方世界的轨道上出现的第一个唐人街。

对于西班牙来说，巴利安是一个怪物，也是一个耻辱。从西班牙将穆斯林和犹太人驱逐出国境开始，这个帝国就认为自己有一个教化的使命：让全世界皈依基督教。马尼拉聚集了许多满腔热情要把罗马天主教教会带入亚洲的传教士。他们强迫菲律宾人和马来人接受十字架，但这还不是核心目标。真正的目标，至少在最初，是要征服中国并让它信教。因为相信科尔特斯和皮萨罗（Pizarro，秘鲁的征服者）只派几队坚定的信徒就为基督打下了整个帝国，马尼拉的教士和士兵最初也以为，几千个西班牙人就能在中国再现这一壮举。在马尼拉，明朝的疆土看上去如此之近，巨大的精神与物质财富，似乎都唾手可得。但最终占上风的还是更明智的决策：马尼拉总督和西班牙宫廷都认为中国太大因而难以征服。事实上，殖民地的西班牙人甚至担心中国可能会来征服他们。由于害怕被消灭，他们给予了中国人在其他场合中不可想象的特权：中国人可以住在自己的领地里，崇拜自己非基督教的偶像。他们甚至允许巴利安拥有自己的“市长”——一个小总督。

巴利安的工匠和店主向西班牙人出售一切商品，从屋顶上的瓦到圣婴耶稣的大理石雕像——“远比西班牙本土的精致，有时价格便宜到我都羞于提及”。菲律宾主教多明戈·德·萨拉查（Domingo de Salazar）写道。殖民者疯狂涌入中国人聚居区，那里的商店能提供欧洲最新流行款式的商品。欧洲商人对竞争非常不满。君主下令把商店搬到更远的地方，但受低价吸引的西班牙人还是继续光顾。

“西班牙人经营的生意都破败了，”萨拉查悲叹道，“因为人们都去（巴利安）买衣服和鞋子。”他讲了一个西班牙订书匠和他的中国学徒的故事作为例证。在认真观察师傅的工作方法之后，中国学徒在巴利安开了自己的铺子，把他的师傅挤出了这个行业。“他的手艺已经够好了，因而西班牙商人就没有必要存在了。”当然，中国人也不会总成功。有一个店主卖了一只木头鼻子给一位在决斗中失去鼻子的西班牙人。他想复制自己的成功，于是采购了“一大船木头鼻子”，可想而知，销售状况十分惨淡。

到1591年，黎牙实比来到马尼拉20年之后，巴利安已经有了数千居民，令只有数百个欧洲殖民者的官方建立的城市相形见绌。对于中国人来说，这个安排便于行事。他们在中国之外又创造了一个中国城市，这里名义上属于西班牙当局，于是他们可以不受大明的严密管制。但对于西班牙人来说，这个聚居区是令人惊恐的、陌生的、不受欢迎的。而且它太大了，尤其是和马尼拉相比。尽管当局不断劝导，但西班牙人普遍拒绝在马尼拉定居。这个城市太遥远、太炎热，最重要的是疾病横行，尤其是我们所熟知的疟疾。欧洲来的居民常常为了较凉爽的气温而将家宅建在城镇周围的山上。倒霉的是，那些山正是菲律宾群岛主要的疟疾载体蚊子的栖息地。欧洲人越是躲避酷暑，就越容易生病。

马尼拉吸引欧洲人的唯一原因，是它代表了一个非同寻常的机会：中国为西班牙白银出的价格是其他国家的两倍。而且中国商人愿意以惊人的低价出售丝绸和瓷器。“所有东西的价格都太合适了，几乎就是免费的。”中国人第一次来马尼拉时，一个西班牙人欢呼着说。然而，莫名其妙地，生意就是不像新来者期待的那样回报丰厚。令西班牙人沮丧的是，中国人总是能挑拨他们内斗，一次又一次地将价格砍下去。身处贸易的连接点让马尼拉的殖民者变得富裕，但却没有他们渴望的那样富裕。“在马尼拉落户的150个家庭中，非常有钱的家庭不到2户。”1638年西班牙的一位海军司令耶罗尼莫·德·巴涅洛斯·卡里略（Hieronimo de Bañelos y Carrillo）抱怨道。

为了夺回优势，马尼拉政府向中国商人征收税金、运费和登记费；实际上他们被迫给守护他们财产的士兵们支付报酬。被此举激怒的中国人上演了一场艾因·兰德（Ayn Rand）式的生产者大罢工，让马尼拉陷入断粮危机，然后西班牙人妥协了。在灰心丧气之下，西班牙国王命令殖民地建立一种卡特尔：它以统一的价格购买所有舶来的中国商品，然后“平均分配给所有公民”。从理论上讲，这将击垮所有的中国商人，从而能最大限度地削弱巴利安的力量，也就可以最大限度地减轻西班牙人的忧虑。

经济学基础教材普遍认为，卡特尔基本上是无效的，因为个别的卡特尔成员会欺骗同伙并私下达成交易。就本案例而言，经济学教材说对了。西班牙人和中国贸易商偷偷达成协议，用更高的价格买下了质量更好的丝绸，或买下优先选择瓷器的机会。当大帆船离开马尼拉前往墨西哥时，驶出海港几英里就能遇到装满走私的丝和银的西班牙小渔船。

大帆船贸易的庞大规模让西班牙王室深感惊恐：流出了太多的白银，又流入了太多的丝绸和瓷器。虽不可能计算得出具体数字，但美洲银矿的产量至少有三分之一到二分之一都输往了中国，不是直接通过大帆船贸易，就是间接通过欧洲人购买中国商品，后者是由中亚贸易商走陆路或荷兰人与葡萄牙人绕非洲运来的。国王为之暴怒，因为其需要白银来应付西班牙无数场战争的物资和军费支出。[“马尼拉大帆船最可怕的对手，毫无疑问，正是西班牙王室本身。”法国历史学家皮埃尔·沙努（Pierre Chaunu）称。] 为了削减大帆船贸易量，官方规定每年只允许两艘船跨越太平洋航行。作为应对方式，大帆船被建成了巨无霸，其规模膨胀到 2 000 吨。由征召的马来人用热带硬木造成的大船仿佛是海上的城堡。仅在前往马尼拉的航程中，其运载了超过 50 吨的白银。据弗林和吉拉尔德兹计算，这相当于荷兰东印度公司、英国东印度公司和葡萄牙印度政厅[1]一年出口量的总和。

大量甚至绝大多数白银都是非法的。1602 年，忧心忡忡的墨西哥官员向君主报告说，这一年大帆船运走了大约 400 吨白银，是申报数量的 8 倍。西班牙政府发出的怒骂什么也改变不了，走私的利润太丰厚了。“中国皇帝可以用运到他国家的银条造一座宫殿……这些银条都没有登记在册。”巴涅洛斯·卡里略在 36 年后抱怨道。1654 年“圣方济各·沙勿略号”（San Francisco Javier）帆船在马尼拉湾附近沉没。它提交给官方的货单声称运载了 418 323 西班牙比索。但几个世纪之后，潜水员在船上共发现了 1 180 865 比索。即使假设潜水员将每一块银元都找到了，这船货中也有约三分之二是走私的。

为了在另一端限制贸易，政府制定了进口限额。如果舢板运了过多丝绸或瓷器到马尼拉，海关官员就得将它们退回去。为了不受限额的影响，中国商人安排代理人在他们接近菲律宾时就上舢板会合。船上大部分都是一年前西班牙人看过样品后订的商品。就像西班牙人在驶离马尼拉后才将私贩的丝绸和瓷器装上大帆船一样，中国人在抵达之前就将私贩的丝绸和瓷器卸下了他们的舢板。在这波交易完成后，舢板才会正式驶进港口，遵照西班牙海港巡逻员的指示停泊到位。

西班牙以及它在墨西哥的殖民地，都有自己的丝绸织工和裁缝。然而，中国纺织品生产的规模之大，是欧洲人无法与之相比的。事实上，非常需要白银的明朝强制要求农民去种桑树，桑叶正是蚕的食物。官方史书《明史》记载，“凡农民有四五亩到十亩的，须栽桑半亩，

---

[1]　印度政厅（Estado da India）是 16 世纪葡萄牙在印度建立的殖民机构。——译者注

马尼拉的几百个西班牙居民对巴利安中国人聚居区的拥挤感到惊骇，他们用墙将自己与中国人隔开。要进入马尼拉，巴利安的居民必须步行穿过图中所示的这条护城河和一座戒备森严的城门。

十亩以上的加倍”；不种桑树的农民则不得不“出绢一疋”。[1] 在这些法令的驱策下，中国东部的农民将所有山丘都种满了桑树。到 16 世纪 90 年代，福建作家谢肇淛记录了地方上“尺寸之堤，必树之桑”的情景。他描述称，富裕的农民“桑麻万顷”；整片景观中竟然全是单一

[1] 原文见全汉升《自明季至清中叶西属美洲的中国丝货贸易》。——译者注

的物种。[1]月港上游疯狂劳作的农民每年能收获5次丝绢。

在福建以北，长江下游的村子里密密麻麻地开满了小型丝厂，吸引了来自全国各地的工人，喷涌出来的商品总量大到令人惊惧。月港商人将丝绸卖到马尼拉，获得30%至40%的利润。西班牙商人则将价格抬高2倍、3倍甚至4倍，即使是在美洲销售这些商品，成本也只有经营西班牙自产纺织品的三分之一。不可思议的是，他们在西班牙出售来自中国的丝绸，横渡两大洋的丝绸，价格却比西班牙本土生产的低。如此大量的生丝涌入墨西哥，让这里兴起了一门次级产业：数以千计的织工和裁缝用中国丝做衣服，然后将成品销往美洲各地以及大西洋彼岸。

月港商人最初是将丝当成布料出口。但随着他们对顾客了解程度的加深，据台湾历史学家全汉升研究，月港人拿到了西班牙服装和家居布饰的样品，在中国就制造了欧洲最新款式的完美仿制品。装上大帆船的有长袜、裙子和床单；主教的法衣和交际花的紧身胸衣；地毯、挂毯和和服；面纱、头饰和镶着金银珠宝的饰带；丝纱、塔夫绸、丝绉和丝锦缎。在它们旁边还装着女士用的梳子和扇子；调料与香料；已切割、未切割或镶嵌在戒指与吊坠上的宝石；唉，还有马来奴隶。

惶恐的欧洲人将中国的纺织作坊视作威胁，并针对与中国人的竞争发动了一场隐蔽的监管战争。他们胡搅蛮缠地请求国王限制丝绸布匹进口，且禁止成衣进口。他们坚持请国王封锁从马尼拉到世界各地的直航，只与墨西哥的阿卡普尔科通航，这样一来就能监控从中国进口的货物了。他们希望国王设定进口限额，限制运往西班牙的装丝箱子的大小以及运送箱子的数量。而中国商人却突破了所有的贸易壁垒，一般是在马尼拉的西班牙人的帮助下。他们设计了底部和侧边有暗格的特制箱子，用来藏匿预制的衣服。他们派代理人前往阿卡普尔科，

[1] 谢肇淛《西吴枝乘》，转引自全汉升《自明季至清中叶西属美洲的中国丝货贸易》。——译者注

在贸易链的墨西哥一端协助走私事宜。他们设计了特殊的打包机，能将大量丝绸塞进箱子，紧密地放在一起。据福建学者李金明说，“一只那样的海运箱子需要 6 个男子才能搬动”。

神山

商业问题和政治问题经常发生碰撞。1593 年，马尼拉总督戈麦斯·佩雷斯·达斯马里纳斯（Gómez Pérez Dasmariñs）决定要实现西班牙长期以来的梦想：占领黎牙实比没能拿下的香料中心马鲁古群岛。但马尼拉的欧洲水手数量不足以完成任务，于是佩雷斯·达斯马里纳斯抓了 250 个乘舢板来的福建商人去做划桨奴隶。马尼拉的中国商人发起了抗议，迫使总督承诺释放被俘的水手，取而代之的，是他可以从巴利安带走需要的人手。“第二天，他们全都门窗紧闭，商人也关了店铺，”西班牙历史学家巴托洛梅·莱昂纳多·德·阿亨索拉（Bartolomé Leonardo de Argensola）几年后是这样记述的，“这个提供补给的社群却被剥夺了补给。”

在被佩雷斯·达斯马里纳斯进一步威胁后，中国人屈服了，允许他征召了 400 多人。作为回报，他承诺会善待这些男人。远征队在 1593 年 10 月启程。逆风和逆流让通往马鲁古的航行变得尤其艰难。担心远征队不能如他所愿尽快到达目的地，总督下令将征来的中国人锁在划桨坐的长凳上，水手则在一旁挥鞭驱使他们使出更大力气。为了更进一步驱使他们，总督剪掉了中国人精心编束的头发。“在中国人看来，这种侮辱值得以死相抗，他们将所有的尊严都寄托在了头发上。”阿亨索拉写道，“他们细心地保养头发并打理得很好看，他们重视头发的程度不亚于欧罗巴的女士们。”在一场精心策划的哗变中，旗舰上被奴役的中国人趁佩雷斯·达斯马里纳斯和水手睡着后杀死了他们，然后将船划回了福建。

对西班牙人来说，佩雷斯·达斯马里纳斯之死的教训很明显：中国人不值得信任并且非常危险。1596年，马尼拉政府逐出了12 000名中国人。但不到几年，中国人又变得像过去一样多，于是政府又策划了更多的遣送行动。反移民行动的煽动者、萨拉查主教的接班人米格尔·德·贝纳维德斯（Miguel de Benavides），想把群岛的所有中国人都赶走。他对国王说，绝对不允许有例外。西班牙的商人们善于利用一切漏洞并且雇用非法移民。如果允许100个中国人合法进入菲律宾，贝纳维德斯猜测，“那就会留下10 000个”。

3位中国的高官介入了正在恶化的局势。他们在1603年5月不告而至，坐着轿子从一艘中国战船上下来，身旁围着护卫，鼓乐手在前方开道；在这支队伍的最前端，两个男子高喊：“给大人让路！”据目击者说，如果巴利安居民没有跪拜，护卫就会挥鞭打来。这3位分别是福建的军务主官、月港的县丞和一名北京来的官阶很高的太监。他们受皇帝之托给当时的马尼拉总督佩德罗·布拉沃·德·阿库尼（Pedro Bravo de Acuña）送来一封信。很难想象阿库尼弄明白信的内容后是怎么想的。信上解释称，在中国流传着一个传言，说甲米地有一座满是黄金和白银的神山，任人采掘。这3位来访者是被派来求证神山存在与否的。

从保存得令人惊愕的中文资料报告来看，这次远行似乎源自一个在朝廷官僚中闹得沸沸扬扬的妄言——类似事件在明朝历史上不止这一起。但西班牙人目睹了中国官员在殖民地四处寻找金银，他们认为这些造访者更像是为入侵做准备的侦察队——明朝风格的特洛伊木马计。这些人不可能像看上去那样草包，他们背后一定有一个险恶的阴谋。当总督还在讨论是否杀了这些官员时，他们突然为引起的混乱致歉，然后就离开了。

由于害怕中国官员的离去就意味着入侵即将发生，阿库尼命令士兵拆除了所有离马尼拉城墙过近的中国人的房子，将每一个巴利安的中国人都登记在册，并买下或没收了中国人手上的所有武器。

接下来发生的事情就难以说清了，因为西班牙和中国对于事件的

波托西的矿山还在开采，但规模已经很小了。为了得到山体中埋藏的最后一点儿金属，贫穷的矿工扎进了黑暗的隧道。环境和几百年前一样恶劣，只是现在人们采掘的是锌和锡，不再是白银。

记录大相径庭。西班牙文献记载，愤怒的中国人在城墙外聚集抗议。阿库尼派他的侄子带领 70 名士兵前去平息。中国“暴徒”在未遭挑衅的情况下攻击了士兵，杀得对方只剩下 4 个人，然后逃到马尼拉城外的山上。在重新整顿好巴利安的秩序后，殖民地政府派了一个和谈使者去见“暴徒”。中国人有违原则地诛杀了使者，继续发动暴乱。西班牙官方报告解释称，政府必须保护其公民，所以殖民政府派出了更多军队。尽管山上的中国人在抵抗，但他们缺乏武器，损伤惨重在所难免。

这场杀戮发生11年后，明代地理学家张燮撰写了《东西洋考》，是漳州与东、西洋各国贸易通商的指南。书中从巴利安居民的视角记录了这起事件，它的描述中包括了许多西班牙官员略而不提的细节。张燮也承认西班牙人进入了巴利安，“凡华人寸铁，辄厚售之”，因为他们怀疑华人会用来做大炮。但从这里开始，张燮的记录就明显不同了。他说，城墙外根本没有愤怒的暴民，也没有无故杀死士兵的事情。恰恰相反，是殖民政府先缴了中国人的械，宣称要进行居民检查，在此期间把华人居住区的居民每300人分一组，每一组领进一个院子，然后开始屠杀。张燮写道，大屠杀的消息泄露出去后，成千上万的中国人逃到马尼拉城外的山上。在一场胜负未分的冲突后，西班牙人派来了一个和谈使者。“华人虑其诱我，扑杀彼使，”张燮承认道，“夷怒设伏城旁。”不久，中国人断粮了，他们决定攻入马尼拉找食物，于是就闯进了西班牙人的埋伏圈。在随后的战斗中，死了300个西班牙人。而中国人却死了25 000个之多，绝大部分是福建人。据张燮说，只有300个中国人幸免于难。[1]第二波死亡潮随后到来，福建一些寡妇此时不得不承担起亡夫的债务，有些人选择了自杀。

令人难以置信的是，这场屠杀几乎没有产生任何重大影响。就在马尼拉的中国人几乎被灭尽的几个月后，市府管理者又为新移民铺开了欢迎的地垫。西班牙商人恳求中国舢板回来——他们渴望购买廉价的中国丝绸。2007年，巴塞罗那的中国—西班牙关系史学家曼纽尔·欧雷·罗德里格斯（Manel Ollé Rodríguez）称：“西班牙人将中国人视为极大威胁，以至于认为中国人若不彻底消失将危及他们的存亡，但同时他们又毫不犹豫地尽其所能让巴利安再次拥有大量人口。”

在北京，万历皇帝认为巴利安的暴乱责任在3位宣称有宝山的官员，下令将他们斩首。虽然他指责西班牙人“擅杀商民”，但他也退

[1]　原文见［明］张燮《东西洋考》，卷五“吕宋”条，北京：中华书局，1981年。——译者注

而称遇难的福建人是“（商贾）最贱……弃家游海、压冬不回，父兄亲戚共所不齿贱民”。[1] 意思就是他们不值得朝廷为此千里迢迢地去兴师问罪。另一个原因则是政府仍然需要白银。

不到两年时间，大帆船贸易和巴利安几乎恢复了正常。“其后，华人复稍稍往，”《明史》写道，“而蛮人（西班牙人）利中国互市，亦不拒，久之复成聚。”[2]

由于形势又回到了屠杀前的状态，在马尼拉的西班牙人还是和过去一样数量少、孤立无援、胆战心惊。他们最终再次对中国人加紧了限制。反抗行为在巴利安时有发生，随之而来的是驱逐和屠杀。杀戮周期性地在 1639 年、1662 年、1686 年、1709 年、1755 年、1763 年和 1820 年重演，每次的死亡人数都很惊人。

从现代眼光来看，这个情景是令人难以信服的：中国人为什么总会回来？像福建小商人那样一生只来马尼拉一回，冒一次险还情有可原；但即便每隔几年就将被清洗，甚至要付出生命的代价，却仍然要建立据点，这恐怕就得另当别论了。在这些事件中，巴利安的中国人也总能设法杀死菲律宾超过三分之一的欧洲人，就像他们在 1603 年的所作所为一样。但马尼拉的商人还是一而再，再而三地邀请他们回来，甚至帮可能会取其性命的刽子手私过海关。他们为什么反复开创一个自己很可能被杀的局面呢？

在研究过去 1 000 年人类贸易史的专著《强权与富足》（*Power and Plenty*，2007）中，作者罗纳德·芬德利（Ronald Findlay）和凯文·奥罗克（Kevin O’Rourke）提供了一种理解此类情况的方法。芬德利和奥罗克写道，经济学教科书在讲述贸易时，通常描述两个国家“先天拥有一定数量的各类生产要素：土地、劳动力和资本等”。这两个国家都有将这些要素转化为商品的技术，“以及对各种商品的一系列

[1] 原文见［明］徐学聚《报取回吕宋囚商疏》。——译者注
[2] 原文见［清］张廷玉《明史》，卷 323，列传第 221，外国四。——译者注

偏好”。各国的私人实体“互相交换商品，或根据不同情况采取其他方式，这些都是消费者和生产者衍生的结果”。

通常某个国家（比如美国）能生产物美价廉的商品A（比如小麦），而另一个国家（比如日本）能生产商品B（比如电子消费品）。通过用商品A来交换商品B（即用小麦换DVD播放器），两国人民都会获益—— 一个经典的双赢局面。这就是构建经济学理论基础的“比较优势”理论。有大量证据证明该理论的真实性，因此几乎所有经济学家都坚信它，并坚定地支持自由贸易——自由贸易能让双方的潜能最大化，从而受益。

在教科书中，政府主要是以外部因素的形象出现，它征收关税和税费、施行配额管制，影响了私人贸易，常常令净经济收益有所减少。但是国家之所以这样做，是因为贸易有两个角色：第一个经常被经济学教科书重点强调，即私有化的市场能让各方获得经济利益；第二个则很少被教科书提及，即贸易同时也是国家治理的一个工具，目的在于争夺政治权力，通常贸易双方都不会胜出。在第二个角色中，就相关双方而言，贸易带来的净经济收益远不如政治利益重要，而那些令经济学家恼怒的国家干预手段，其实是让国家处于优势地位的十分有效甚至至关重要的工具。[1]

当两种角色步调一致时，全球贸易的最大化扩张就很可能产生，商业企图也能实现，正如芬德利和奥罗克所说，“具备了马克沁机枪的火力、弯刀的锋利和游牧骑兵的勇猛”。如今暴力已经不那么常见了，因为大家都能配备廉价的强力武器，而且各国也更倾向于借助产业补贴、汇率操纵和进出口法规等工具。但时至今日，当政府视贸易为部署和增强实力的途径时，贸易行为还是会扩张——可参见日本和中国近年的历史。

[1] 在实践中情况更加复杂，一方面企业为自己的利益企图操纵政府，这往往会损害国家政策，另一方面国家内部的集团为谋私利而利用权力。但无论如何，区分作为私人交换方式的贸易和作为国家扩张手段的贸易，还是很重要的。事实上，今天的自由贸易者和反全球化活动家之间之所以存在矛盾，原因之一就是前者认为贸易的第一个作用是首要的，而后者认为第二个作用才最重要。

但同时，这两个角色也常发生冲突，比如在马尼拉，冲突引出了大量分歧的观点。对西班牙来说，马尼拉既是一个贸易站，也是西班牙势力在太平洋的投射。这个国家的贸易商希望进口尽可能多的丝绸来创造尽可能大的利润；而与此不同，它的政治领导人想要的是攫取亚洲的土地、让亚洲人信仰基督教、扼制荷兰与葡萄牙的野心，以及让尽可能多的白银涌入西班牙，因为此刻国家需要钱来支撑其在欧洲的战争。如果纯粹视之为贸易中转站，住在马尼拉的西班牙人就应该越少越好——送他们过去花费不菲，而且他们不断地因疾病死亡——完全可以让中国人去做所有的事情。然而，如果要有效地发挥帝国前哨的功能，则必须确保所有重要的民事职能都掌握在忠诚的西班牙人手中，并最大限度地减少中国人的数量和影响力。为满足一个需求而走出的每一步，都会牵制另一个。

和西班牙一样，明朝政府也在努力调和贸易的两个对立角色。一方面，丝绸贸易带来的白银成为帝国财富与力量的源泉。美洲产的白银帮助维持了庞大的军事工程，包括明代一直在改建和延伸的长城。而且它促进了中国国内贸易的大发展，后者带来了经济的大繁荣。另一方面，这些让商业蓬勃发展的货币同时也引发了通货膨胀，受侵害最严重的是穷人。同时，白银对王朝来说也是一个政治威胁，因为朝廷既没有控制贸易也无法掌握其来源。令人担忧的是，皇帝希望能限制因为走私猖獗涌入福建的白银，却束手无策。在朝廷看来，福建商人在帝国管辖范围之外的巴利安建造了一个重要的华人城市，他们的忠诚实在可疑。他们正在以一种朝廷无法监管的方式变得富裕而强大。无怪乎明朝政府始终对月港保持警惕！

然而，几乎没有证据显示明廷估计到了最坏的结果。正如欧洲一样，如此多白银涌入中国，最终造成了银价下跌。到 1640 年前后，白银在中国的价值已经和世界其他地方一样低了。在这个节点上，明朝政府却又被若干年前犯过的一个错误给绊倒了。

朝廷命令百姓用白银来缴纳税款，但它制定的课税清册仍以人们需缴纳的白银重量为单位，而非价值。和西班牙一样，中国也没有根据通货膨胀来调整税率。当白银价格下跌时，等量税金的价值也就一样不如过去了。明王朝发生了收入短缺。因为没有纸币，明政府不能印制更多的货币——连赤字性支出都不可能。突然间，它连国防开支都没有了。这不是一个军费可以告急的时间点：明朝正遭遇好战的北方部族——“满族”——的攻击。据霍巴特和威廉·史密斯学院（Hobart and William Smith Colleges）历史学家威廉·艾特维尔（William Atwell）研究，明政府对白银贸易的依赖将它推到了悬崖边缘。后来建立了清王朝的满族人接管政权的过程耗时数十载，并且即使从战争频仍的中国历史的角度来看，也称得上非常血腥。谁也不清楚究竟死了多少人。

艾特维尔的论点引发了激烈争论，但毫无疑问的是，面向大一学生的经济学教科书几乎没有讨论过中国给世界经济造成的影响。弗林和吉拉尔德兹指出，中国将生产基础的很大一部分用来交换商业活动和政府运作所不可或缺的白银。数百年间，中国都在为购买一种商品——白银——而生产丝绸、瓷器和茶叶，因为需要用白银来取代被政府搞到一文不值的纸钞。就像要买一份售价1美元的报纸，人们先得制造并销售某些其他东西来换得1美元的钞票。事实上，情况比这个还要糟糕：金属在流转过程中会不断磨损，因此银储备必须不断补充，这又将招致更多的支出。（纸币也会破损，但替换成本几乎为零。）

在这样的情况下，购买白银完全是合乎情理的，它保证了货币体系的稳定性；但它同样是极其昂贵的。“相较于从自己的土地里挖掘白银（如果本来没有很多银矿的中国有丰富的银矿藏的话），中国人靠生产出口商品来购买白银，这相当于从别人的土地里把白银采掘出来。”弗林在电子邮件中告诉我，“尽管很多学者倾向于将神秘特质附会到黄金、白银等商品货币上，但我们还是要认清楚，它们是需要耗费庞大生产成本的物质产品。明代中国（当时它是全球最大经济体）国民生产总值的很大一部分，竟然为了争取一种主要产自西属美洲和日本的白色金属而悉数交出。有人从中谋取了巨大利润；但还是请想想，如果将这些资源另作他用能做些什么。”

除此之外，还有一个相关且同样重要的影响：“哥伦布大交换”。

第五章

相思草、甘薯和玉米(以丝易银,下)

隐秘的乘客

白银不是唯一被贸易所驱动而横渡太平洋的。领队的或许是烟草。葡萄牙船通过某种方式带着这个物种漂洋过海，来到了中国南部的广西边境；在这里，考古学家发掘出当地制造的烟具，年代可上溯至1549年。[1]二十几年后，烟草乘坐从马尼拉出发的运银船，来到中国东南部。不久后，它很可能经由朝鲜王国而流入了中国东北。

在福建月港，烟草就像在伦敦和马德里一样令人们着迷。“以火烧一头，以一头向口，”17世纪时福建诗人姚旅记录道，“烟气从管中入喉，能令人醉。”姚旅写下这些文字时，烟草刚传入福建不久，但它遍及全省的速度之快令他震惊。“今反多于吕宋，”他惊叹道，“载入其国售之。”[2]

当时和现在一样，吸烟是为了应付军队的无聊生活和缓解疲惫。烟草受到明军追捧，并随着他们行军的脚步散播到帝国的每个角落。在云南，有一位医生记录道，明朝士兵“师旅深入瘴地，无不染病，独

[1] 读者也许已经注意到，我很少提到荷兰人和葡萄牙人在亚洲的那些以香料为中心的贸易活动，而主要讨论西班牙和大帆船贸易。这一部分出于对复杂叙事的简化需要，但主要还是因为西班牙帝国，第一个真正的全球帝国，更贴近于本书的主题。此外，尼德兰和葡萄牙与西班牙纠缠在一起：前者直到1648年才从它那里获得独立；而长期独立自主的后者也在1580年到1640年因王室无后而被迫接受一位西班牙国王。

[2] 原文见［明］姚旅《露书》。——译者注

一营安然无恙，问其所以，则众皆服烟”。[1]（蚊子不喜欢烟，因而吸烟或许真的产生了某种对携带疟疾的昆虫的防护效果。）文献继续说："由是遍传，而今则西南一方，无分老幼，朝夕不能间矣。"在 17 世纪 30 年代，文人王逋还是个从未听说过烟的孩童，到他长大成人后回忆，"虽三尺童子莫不食烟，风俗顿改"。[2]

"烟草处处有之。"一本可能是中国第一本吸烟指南的书宣称说。将这种植物叫作"金丝熏"和"相思草"（显然并不反感烟草会令使用者上瘾的特质）的清朝的烟民大军，恐怕是这个星球上最狂热的尼古丁奴隶了。炫耀烟瘾成为时髦富人的标志。男人们吹嘘自己若不点烟就吃不下饭、不能交谈，甚至无法思考。妇女们随身携带特制的丝质烟包，上面镶着宝石纽扣；女性娇柔，为了不被猛烈的烟草气伤到，她们用加长的管子来抽烟，有时烟管太大，不得不让仆人们在一边托着。在中国富裕的美学家之间出现了一种新的诗歌类型：烟颂。

含香吐圣火，
碧缕生微烟。
知郎心肠热，
口是金博山。[3]

晚起的贵妇人睡在特制的枕头上，将头升高以便仆役们在主人还未清醒时就为她梳妆打扮，这缩短了起床与吸当天第一口烟之间的时间间隔。"这个场景有点难以想象。"历史学家卜正民评论称。正是卜正民关于中国吸烟史的研究吸引了我关注这个话题。

卜正民从陈琮的《烟草谱》里发现了沉睡的吸烟者的故事，这本 1805 年面世的博学之作，收录了与烟相关的诗歌和散文。清代陆燿

[1]　原文见［明］张景岳《景岳全书》，第四八卷"大集本草正上 · 隰草部 · 烟叉七七"。——译者注
[2]　原文见［清］王逋《蚓庵琐语》。——译者注
[3]　原诗见［清］吴伟业《新翻子夜歌四首》其二。——译者注

1774年左右完成的《烟谱》，文辞比前者更深奥。曾任知府、巡抚的陆燿为雅士圈子列出了用烟时的种种规则。仿佛现代的礼仪指南一样，这本手册提供了一系列抽烟的宜与忌：

> 烟有宜吸者：睡起宜吸；饭后宜吸；对客宜吸；作文宜吸；观书欲倦宜吸；待好友不至宜吸。
>
> 忌吸者：听琴忌吸；饲鹤忌吸；对幽兰忌吸；看梅花忌吸；祭祀忌吸；朝会忌吸；与美人昵枕忌吸。

以今天的眼光来看，中国文士们讲究的解决烟瘾的行为似乎很荒谬，但在国外也不乏怪异的同类人。就在陆燿制定吸烟礼仪的时代，英国富人们在聚会场合用复杂的礼仪吸着鼻烟（研磨得很细腻的烟草茎）。打开他们的银质或象牙鼻烟盒［如人类学家贝特霍尔德·劳费尔（Berthold Laufer）所形容，“18世纪的崇拜物”］，时髦的年轻潮人用手指长短的骨勺挖出新鲜研磨的烟草粉。当一群群穿着精绣马甲的男士同时将微小的、研磨好的烟草粉末球送到鼻子里时，舞会就会顿时安静下来，然后他们掏出蕾丝手帕来掩盖即将爆发的喷嚏声。对于上瘾者来说，掌握吸鼻烟的奥秘是值得努力的：嗅烟比吸烟更快将尼古丁送入血液。很少有人比伦敦著名的花花公子博·布鲁梅尔（Beau Brummell）对这套礼仪更痴狂，他声称一年中每天都用不重样的鼻烟盒。布鲁梅尔指导他的伙伴们操作他那套精妙的嗅烟术，单手打开烟盒，捏出一小撮烟草粉，将它放进鼻孔里。完成弹烟的动作时，头也要潇洒地侧仰一下，以免留下不雅的棕印子。

除了被打断的舞会闲聊、高昂的洗衣账单和鼻咽癌之外，鼻烟热在英国并没有其他影响。但中国的烟草成瘾则发生在完全不同的大环境下，因此也产生了完全不同的影响。无论好与坏，烟草是塑造现代中国的非计划性生态入侵的组成部分。

当时，中国大约拥有全球四分之一的人口，却只能靠约占全球十二分之一的耕地来养活自己。尽管这两个数据不够精确，但毫无争议的是，中国长久以来都是人口大国，却始终只有相对较少的土地能种植庄稼、养活人民。实际上，中国必须在水土充沛、适宜种水稻和小麦的地区收获巨大数量的粮食，这占到全国口粮总量的一半甚至更多。不幸的是，这些地区相对面积较小。中国有许多沙漠，大湖只有几个，降雨没有规则，有两条大河——长江和黄河。这两条河都源自西部的高山，沿着漫长、蜿蜒的河道，最终流向太平洋海岸，两者入海口相距几乎不到150英里。长江带着山区径流来到入海口附近适宜水稻生长的平原，黄河水则流入了过去和现在都是中国小麦生产中心的华北平原。这两个地方都是为中国生产粮食的关键所在；在中国，再没有像它们一样的地方了。可是，这两个地方又都容易遭受洪灾。

宋、元、明、清，每个朝代都深知这个问题，以及通过治理长江、黄河来保护中国农业生产基地的必要性。水的管理如此重要，因而卡尔·马克思和马克斯·韦伯（Max Weber）等欧洲的博学之士都认为，水利是中国最重要的制度。韦伯称，建设和运作巨大、复杂的灌溉系统，需要组织大量劳动力，它缔造了一个强大的中央系统。在1957年面世的影响深远的著作中，历史学家卡尔·魏特夫（Karl Wittfogel）在马克思的基础上，将中国和有类似治水需求的地区形容为“水利社会”（hydraulic societies）。魏特夫对这类社会的观点可以用他著作的书名来概括：《东方专制主义》（*Oriental Despotism*）。在他看来，欧洲避免了专制制度是因为农民没有灌溉的需求。欧洲农民自谋生计，这催生了个人主义、创业精神和技术进步的传统，这些都是中国从未有过的。近年来，魏特夫的论点已经不被看好了。今天大多数汉学家认为，水利主导的亚洲与非水利主导的欧洲等其他地方一样，是多元的、个人主义化的，并以市场为导向。不过这个形象依然有一定的影响力。

然而，对前辈思想家的挑战并不会动摇一件事：中国有利于水稻和小麦种植的土地相对来说太缺乏了。从这个角度来看，“哥伦布大交换”是很大的恩惠，中国迫不及待地接受了它。艾尔弗雷德·W. 克罗斯比在《哥伦布大交换》中写道：“在旧世界，没有哪个大规模的人类群体比中国人更快地接纳了美洲的粮食作物。”甘薯、玉米、大花生、烟草、辣椒、菠萝、腰果、树薯（木薯），所有这些都流入了福建（通过大帆船贸易）、广东（通过澳门的葡萄牙船）和朝鲜王国（通过日本人，他们是从荷兰人手中获得的）。这一切都成了中国人日常生活的一部分——谁能想象，若没有成堆的辣椒，今天的川菜会是什么样子？“跟随科尔特斯攻陷特诺奇蒂特兰的男人们还健在的时候，”克罗斯比说，“大花生就已经开始在上海附近的沙质土壤中生长了；玉米将中国南方的田野变成了绿色；甘薯即将成为福建穷人的主食。”如今，中国是全球最大的甘薯种植国，产量超过全球总量的四分之三；它还是全球第二大玉米种植国。

月港商人陈振龙就是中国人乐于实验的精神的缩影。他在 16 世纪 90 年代初去马尼拉的过程中初次遇见了甘薯。哥伦布在第一次航行时就见到了甘薯，因此它很可能原产自中美洲；西班牙人将这个物种带到菲律宾群岛，它在那里很快被马来人接纳，当时马来人已经在种植芋头了。陈振龙很喜欢它的口感，于是决定把甘薯带回家。他“啗夷人以利，得其藤数尺”，陈振龙的后代陈世元在《青豫等省栽种番薯始末实录》[1]（1768 年）一文中写道，这篇与书同名的文章是为了颂扬作者的先祖在番薯种植方面的功绩。陈振龙将藤缠在绳索上，再将绳索装进筐里。西班牙的海关人员没发现。（相对于竭力防止中国人从事可能占据商业优势的事情，他们根本没有想过阻止甘薯出口。）陈振龙通过这种方式将甘薯偷偷带进了中国。尽管藤蔓枯萎了，陈世元继续写道：“治畦于舍傍隙地……滋息薯衍。”[2]

---

[1] 番薯即甘薯。——编者注

[2] 原文见［清］陈世元《青豫等省栽种番薯始末实录》，载《金薯传习录》，收录于顾廷龙主编《续修四库全书》第九七七卷，上海古籍出版社，第 37~79 页。——译者注

在中国，人们经常生吃甘薯，皮被削成像甜筒冰激凌的样子。

16 世纪 80 年代和 90 年代是“小冰期”的两个高峰，在这 20 年里，低温的暴雨令福建的山谷地区使洪灾泛滥，冲毁稻田，淹没庄稼。饥荒紧随暴雨而来。贫穷的家庭不得不退而吃树皮、草、昆虫甚至是在野鹅粪便中发现的种子。陈振龙和他的朋友们一开始似乎只当“甘薯”——外国块根——是个有趣的新鲜玩意儿；他们互相馈赠，每次只送一片或两片，齐整地装在一个匣子里。随着饥荒的加剧，陈振龙的儿子陈经伦当时是福建巡抚的幕僚，他向巡抚大人展示了甘薯。于是，陈经伦受命在他家附近进行实验性种植。大获成功的结果说服了巡抚，他将甘薯枝条分给农民，并指导他们种植和保存这种作物。“秋收大获，远近食裕，荒不为害。”[1] 陈世元在文中欢呼道。在月港附近，

[1]　原文见［清］陈世元《青豫等省栽种番薯始末实录》，第 41 页。——译者注

多达 80% 的当地人靠甘薯维生。[1]

政府推广外国进口作物的做法在福建并不罕见。在公元 1000 年前的某个时候，福建商人从东南亚带回了一种新水稻：早熟型占城稻（Champa rice）。因为新水稻很快就能成熟，可以在植物生长期较短的地区种植。经过大量育种，农民培植出了若干生长更快的变种，从而每年能在同一片田种植两轮作物，一轮水稻，第二轮小麦或粟。在同等面积的土地上能收获两倍之多的作物，这让中国的农田比世界其他地方的农田都更高产。当时执政的宋王朝积极推广新型水稻，免费发放种子，出版技术小册子，派遣专员去讲解栽培技术，甚至提供某种低息贷款来帮助小农进行改种。对新技术的这种积极采纳和推广，是这个国家后来走向繁荣、领先世界的关键原因。

甘薯的到来对福建来说是一件幸事。它在福建省的传播赶上了明王朝的灭亡，以及由此引发的连年暴乱。1644 年，满族军队入关，一个新王朝——清开始了。明朝最后一个皇帝上吊自尽，觊觎皇位的宗室成员起而建立了一个残存国家（rump state）。它最初以福建为基地。在这段混乱的小插曲后，（南）明军四分五裂并实际上落草成了倭寇。与此同时，真正的倭寇利用了这个乱局。为了切断明军残部 / 倭寇的补给，清军强迫从广东到山东——纵贯中国东部整条“突出部”的 2 500 英里长的海岸线的沿海居民，全部往内陆迁徙。

从 1652 年开始，士兵们列队进入沿海村庄，烧屋推墙，捣毁祠堂；往往只提前几天给出警示，就让成千上万户人家只带着衣物撤离。所有私船都被焚毁或凿沉。掉队的人都会被杀。“宗族居址皆属海滨地方，是以流离逃散。”[2] 原籍福建的某家族家谱中记录道。人们“挈男女

[1] 陈振龙并非唯一一位走私甘薯的人。根据 19 世纪的一份地方志《电白县志》的记载，中国医生林怀兰在 1581 年曾经治愈了一位越南公主的病。在他的庆功宴上，越南人用甘薯招待他。文献上说，越南人禁止将这种块根出口到中国，违者“着罪死”，然而林怀兰还是决定带一些回去。“过关为关将所诘。林以实对，且求私纵焉。关将曰：‘今日之事，我食君禄，纵死不忠，然感先生之德，背之不义。’遂赴水死。林乃归，种遍于粤。”

[2] 原文出自《诏安蒲氏家谱》，转引自郑振满《明清福建家族组织与社会变迁》，第 178 页。——译者注

老羸，惟所之而止”，另一部家谱中说。“蹩躄死亡之余，散依远近各乡。”[1] 在长达 30 年的时间里，从海岸线往内陆延伸远至 50 英里的地方都成了无人区。这是一种焦土政策，只不过清政府烧焦的不是敌人的土地，而是自己的。

对福建来说，从沿海迁离显然是比明朝禁止出海贸易更苛刻的政策。在 17 世纪 30 年代，政治动乱和贸易禁令出现之前，每年有 20 艘或更多大舢板开往马尼拉，每船都载有数百个商贩。随着迁徙政策的实施，出海船数降至两三艘，并且都是非法的。就像明朝的贸易禁令一样，清朝清理沿海地区的做法实际上让白银贸易落入了倭寇手中。

此时，贸易被一位特殊的海盗郑成功掌控了，他在西方以“国姓爷”（Koxinga，这个称呼是对中文敬语的讹用）为人所知。他在日本出生，同时也是一个大海盗。郑成功一生都在挑战明朝的法律。在清朝建立统治后，他认为倭寇与颓靡、腐败的明合作会更有利。他在南明朝廷做了将军，并指挥大规模海上袭击行动，对抗前来推翻南明政权的清兵。之后他组建了一支舰队，据一名目击了这支舰队的当时在福建的多明我会传教士估计，他共有 15 000 艘到 20 000 艘船以及一支有“10 万名武装士兵、人数充足的水手和 8 000 匹马”的军队。

1657 年，别无选择的马尼拉贸易商只能请求郑成功购买他们的白银。当他的船在马尼拉港出现后，大帆船贸易又恢复了。或许是与清朝的交战让他分心，郑成功花了比预计更长的时间才意识到：第一，除了他之外，菲律宾的西班牙人没有其他的丝绸、瓷器货源；第二，他自己有着庞大的兵力。直到 1662 年，他才派遣那位多明我会传教士，穿着帝国使者的华丽袍服、带着修改贸易条款的建议书前往马尼拉。和以往一样，西班牙人会把他们所有的白银都交给他。作为回报，郑成功不会杀死他们。恐慌的西班牙总督决定驱逐在菲律宾的中国人。

[1] 原文出自［清］薛熔《桐林族谱序》，转引自郑振满《明清福建家族组织与社会变迁》。——译者注

他们拒绝被驱赶，并在巴利安固守。于是按当时的惯例，西班牙军队强行围捕了中国人，屠杀了一批，并迫使其余人坐上拥挤不堪的船离开马尼拉。事实证明这个预防措施是毫无必要的；仅仅两个月后，郑成功突然死亡，可能死于疟疾。他的儿子们为继承权而争斗不休，马尼拉的贸易则无人问津了。

清政府已经下令让沿海居民内迁，这也给朝廷自己带来了灾难性的后果。正如当时的财政官员（江苏布政使）慕天颜所抱怨，关闭白银贸易实际上冻结了货币供应。由于白银一直被消耗、丢失和埋藏，中国的货币总量其实在萎缩。“银日用而日亏，别无补益之路。”慕天颜在呈给皇帝的奏疏中写道。当货币供应下降时，单位货币的价值就会上升；价格就在典型的螺旋式通货紧缩中下跌。阻断了白银进口却又要“求财之裕，求用之舒”，慕天颜问道，“何异塞水之源，而望其流之溢也？”[1] 清政府不情不愿地批准了他的请求，在1681年解除了海禁。

然而与此同时，沿海居民正如潮水般涌入福建、广东和浙江的山区。不巧的是，这些地区已经有人居住了。大部分居民都属于一个特殊族群——以其土楼而闻名的客家人。土楼是一种类似堡垒的建筑复合体，一般呈圆形但也不总是，它的土外墙里有许多间房子，所有房间都面朝中庭。（如今这些令人称奇的建筑已经成了旅游热点。）早在迁徙发生前几十年，谢肇淛就已观察到，山区的客家人“楼上架楼”地住进每一处可利用的屋舍：

> 无尺寸隙地……真昔人所云“水无涓滴不为用，山到崔嵬尽力耕”者，可谓无遗地矣。[2]

[1] 原文见［清］慕天颜《请开海禁疏》，中文转引自全汉升《美洲白银与十八世纪中国物价革命的关系》，《中国经济史论丛》第499页。——译者注

[2] 原文见［明］谢肇淛《五杂俎》。——译者注

由于无法养活自己，在长达一个世纪的时间里，贫穷的客家人和其他山区居民不得不向北、向西移民，租赁邻省无人居住的高地区域，那里过于干燥且地势陡峭，因而不宜种水稻。他们砍伐、焚烧林木和植被，然后在裸露的土地上种植经济作物，主要是能用于生产靛蓝颜料的植物。经过几年的刀耕火种，山上薄薄的土壤层被耗尽，客家人又继续迁徙。（“食尽一山则移一山。”[1] 地理学家顾炎武抱怨道。）当沿海难民涌入山区，高地地区人口的流失也在加速。

无地且贫困的客家难民被讥讽地称为“棚民”，即住在窝棚里的人。严格来说，棚民不是流浪者；他们租赁了那些山谷土质较肥沃地区居住的农民所拥有但不使用的土地。棚民从一个临时居所迁往下一个居所，最终遍布了一片长达 1 500 英里、弯曲的中国丘陵地带，这一地带从东南部福建的锯齿状山峦延伸到西北部黄河流域的绝壁。

无论是大米还是小麦——中国最重要的两种主食——在棚民租赁的边界土地上都无法生长。土层太薄不适合种小麦；而在陡坡上种水稻，为了灌溉就需要修梯田，租赁者不太可能承担这样成本巨大又极其艰苦的土地改良工程。

几乎不可避免的是，他们将目光转向了美洲作物：玉米、甘薯和烟草。玉米可在土质糟糕到令人惊讶的土地上生根发芽、快速生长，其成熟时间比大麦、小麦和粟都短。玉米由澳门的葡萄牙人引进中国，又名“御麦”“苞谷”“玉米”等。甘薯则能在连玉米都不能生长的地方种植，它能耐受土壤酸性很强、有机物极少、养分很少的条件。甘薯甚至不需要太多阳光，一位农业技术改良者在 1628 年指出，“即市井湫隘，但有数尺地，仰见天日者，便可种得石许”。[2]

在南方，很多农民餐餐都围着甘薯打转：烤甘薯、煮甘薯，用甘薯磨的粉做面条；将甘薯与腌菜一起捣烂，或裹着蜂蜜炸透，或切碎

[1] 顾炎武引文转引自杨昶《明代经济活动对南方生态环境的影响》，宝鸡文理学院学报（社会科学版）。——译者注

[2] 原文见徐光启《农政全书》卷二十七《树艺·蓏部·甘薯》。——译者注

如今，中国福建的山区依然散落着成千上万个客家土楼，它们是客家人整个宗族的居所。土楼是用混有稻秸秆的土夯实建成的，作为一种防御措施，土楼较低的楼层都没有窗户。

后与大头菜和豆腐一起炖；还有用甘薯酿酒。在中国西部，遍布大地的是玉米和另一种美洲来的进口物种——土豆，最早在安第斯山脉培育的作物。当漂泊的法国传教士谭卫道[1]住在陕西一处偏远、贫瘠地区的小茅屋生活时，他的饮食除了几个配菜外，几乎与在印加帝国没有什么区别。“我们小屋附近种植的唯一一种植物就是土豆，”他在1872年记录道，“玉米粉和土豆就是山区人民的日常食粮；它通常和植物块茎混在一起煮着吃。”

没人知道究竟有多少棚民住在山上。也许是希望通过隐瞒问题来逃避解决问题，清朝官员在人口普查报告中遗漏了他们。但所有证据显示，数量并不小。1773年，在福建西边的邻省江西，一名恪守规则、一丝不苟的布政使坚持要将棚民——其中许多人已在江西居住了数十年——算为本省的实际居民，并将这个情况写到呈交京城政府的报告中。他派人去当地清点，记录每一个客家人和每一座客家人窝棚。在山道崎岖的赣县，他们统计到58 340名常住居民，大部分集中在县城赣州，而周边的山区则有274 280名棚民。这样的故事不断重演，有时有数千流民，其他时候有10万甚至更多。在政府不知情的情况下，超过100万的棚民已经以刀耕火种的方式横穿过整个江西了。而清廷也一定已经意识到，这还只是一个中等大小的省份。

与棚民同时外流的还有第二波规模更大的、流动轨迹与前一波平行的移民潮，他们进入的是极其干燥、多山而人烟稀少的中国西部。为了寻求社会稳定，明政府曾禁止人们离开自己的家乡。完全相反的是，清政府积极推动西迁运动。与19世纪美国鼓励公民搬到西部和20世纪巴西激励人民深入亚马孙流域很相似，中国的新统治者相信，填补荒无人烟的地方对国家命运是至关重要的。（“空”，

[1] 谭卫道（Fr Jean Pierre Armand David）是法国天主教遣使会会士、动物学家和植物学家。1862年他来华传教并进行博物学研究，是第一个发现大熊猫的西方人。

那是从清廷的角度来看，其实早已有许多少数民族——藏族、瑶族、维吾尔族和苗族——在此居住了。通过从中部地区派人迁入，清政府强行将这些过去自治的文化群体整合到国家之中。）受到税收补贴和廉价土地的吸引，来自东部的移民蜂拥进入西部山区。大部分新来者就像棚民一样，贫穷、仕途不济、遭城市精英蔑视。他们看到，眼前风化的、峭壁嶙峋的景观是如此不适合种水稻，于是他们也选择了美洲作物。

四川紧邻西藏，也有许多高山。据四川西南大学历史学家蓝勇研究，1795 年四川还是一个空旷而广阔的地方：其面积比加州还大，但人口只有 900 万。在它全部的地表面积中，只有 2 300 平方英里被认为适合耕种。在之后的 20 年里，蓝勇写道，美洲作物扩散到山脊和高地，将农田总面积增至约 3 700 平方英里。随着四川农业生产能力的提升，它的人口也增加至 2 500 万。这个过程与陕西省发生的事情相似。移民涌进了两省交界的陡峭、干旱的山区，他们砍倒斜坡上的林木来为甘薯、玉米以及后来的土豆腾出空间。耕地越来越多，于是这些耕地上产出的粮食数量也上升，然后增长的就轮到了人口。在一些地方，一个世纪多一点的时间里，居民人数增加了 100 倍。

近两千年来，中国的人口增长是非常缓慢的。但这在清朝掌权后的几十年内彻底改变了。从新王朝建立伊始的美洲农作物传入，到 18 世纪末，中国人口狂飙式地增长，历史学家一直在争论增长的确切规模，许多人认为人口大致增加了一倍，达到 3 亿人。不论确切的数字是多少，数字上的巨大跳跃势必带来巨大影响。正是人口激增让这个国家变成了“拥挤”的代名词。

中国不是唯一一个被“哥伦布大交换”改变的亚洲国家。甘薯成了从塔希提岛到巴布亚新几内亚，从新西兰到夏威夷这样一条广阔地带上人们的主食。令人惊讶的是，早在哥伦布之前就有许多地方已经知道甘薯为何物了——考古学家在夏威夷、复活节岛、库克群岛和新西兰发现了该植物焚烧过后的遗存，时间可追溯到公元 1000 年。（有些研究者认为，这个物种跨越太平洋的传播活动是古波利尼西亚人和美洲印第安人之间有过接触的证据；另一些人则称，应该是被包在小巧、可漂浮的球形果荚里的种子漂过了海洋。）一开始它并没有产生影响，但当西班牙人抵达马尼拉时，甘薯开始取代当地的作物，如山药、西米和香蕉。和中国人一样，岛民也利用了甘薯高产和耐受贫瘠土壤的特点，搬到较少有人定居的高地地区。新几内亚的转变如此剧烈，以至于某些考古学家称其为“甘薯革命”。不过，它在中国的影响更大，不仅因为中国地域如此辽阔，还因为这个国家的中央政府能实施推广甘薯的政策。

难道中国人口暴增的原因都在于玉米、土豆和甘薯吗？非也。美洲植物到来时，恰好也是清政府对当时中国进行改造的时刻。清王朝在许多方面都雄心勃勃，通过颁布法令与当时中国最大的两个致命杀手——疾病与饥饿——做斗争；它推行全球最早的天花疫苗接种，在全国建设粮仓储备网络，收购余粮并在粮食短缺时以低廉、国家控制的价格卖出；并实施了在那个时代算比较成熟的灾难救助机制（有些措施很简单，如在饥荒区停止征粮）。同样，农民家庭也不太可能因国家剥削而致赤贫了：1713 年，康熙皇帝承诺，清王朝永不提高农田的基本税赋[1]，而且它付出巨大投入用于建设交通网络，来让农民出售收成、增加收入。值得高兴的是，收成还将增长，因为“小冰期”正在减弱。这些政策中有一些是明朝就已经制定了的，清朝只是卓有成效地执行了这些政策。无论如何，所有这一切都有助于增加儿童的数量，并提高了能顺利长大成人的儿童的比例。

然而，正如四川的历史学家蓝勇指出的，大部分增长发生在种植美洲作物的地区。受清朝政策鼓励而向西迁徙的家庭需要口粮，他们日复一日所吃的是玉米、土豆和甘薯。中国之所以成为全球人口最多的国家，部分原因就在于“哥伦布大交换”。

[1]　当时清政府颁布了“滋生人丁永不加赋”的诏令。——译者注

在内蒙古，玉米种在戈壁沙漠的边缘。

马尔萨斯式插曲

洪亮吉1746年出生在江苏，在他父亲意外身亡后，家道开始中落。他天资聪颖但情绪阴晴不定，身材高大、面色发红，朋友说他“善唱歌、嗜酒”。他在学校里经常因醉酒后的滑稽举动而被斥责，哪怕是在他因学识与文风而获奖的时候。这是一个情感激烈、急躁而易被激怒的人，他会抓住对话者的手腕，身体前倾着靠近，然后狂热、高声地喷出他的观点。“他的眼睛会眯起来，你能看到他的脖子因愤怒而变红，”另一位朋友在回忆与他讨论政事的时候说，“那时他真是极不善交际。”朋友们之所以容忍他，是因为他是一个优秀的诗人、一个才思敏捷的散文家、一个知名的水道研究学者，他重新确立了行政边界，并参与了清帝国综合地理志的修撰工作[1]。然而，他最杰出的思想成就在当时却几乎未引起注意。1793年，洪亮吉提出了一个前人从未有过的观念。

洪亮吉44岁时，终于在清朝的官僚系统里谋取了官职（他曾四度在科举考试中落榜），之后被派往西南腹地的贵州省督察学政。在地质学中属于一个倾斜、侵蚀严重的石灰岩架的贵州，是一个由陡峭峡谷、隆起的丘陵和漫长的溶洞构成的湿热而地形复杂的省。它是清政府的另一个占领目标，从中国中部涌进来的移民挤压了本地苗族的生存空间。这些新来者爬上山，种玉米，组建家庭。洪亮吉对这股热潮能持续多久表示怀疑。

“视三十年以前增五倍焉，”他写道，或许我们可以谅解他文中的夸张说法，“视六十年以前增十倍焉，视百年、百数十年以前不啻增二十倍焉。”他假设某男子有“屋十间，有田一顷”。如果该男子成亲并养育三个儿子成年，那就有八口人（四个男人及各自的妻子）住在这对父母的农舍里。

---

[1] 洪亮吉修撰了《乾隆府厅州县图志》以及淳化、长武、登封等县的县志和府志。——译者注

八人即不能无拥作之助，是不下十人矣。以十人而居屋十间，食田一顷，吾知其居仅仅足，食亦仅仅足也。子又生孙，孙又娶妇，其间衰老者或有代谢，然已不下二十余人。以二十余人而居屋十间，食田一顷，即量腹而食，度足而居，吾以知其必不敷矣。

洪亮吉承认，清政府确实开辟了新的农田来养活中国人口。但耕地量亦不过增一倍而止矣，或增三倍五倍而止矣，而户口则增至十倍二十倍，是田与屋之数常处其不足，而户与口之数常处其有余也……

曰：天地有法乎？曰：水旱疾疫，即天地调剂之法也。[1]

5 年后，英国也有一个人提出了类似观点，那就是托马斯·罗伯特·马尔萨斯牧师（Rev. Thomas Robert Malthus）。这个腼腆、随和、轻微兔唇的人，是英国也可能是全世界第一个在大学获得经济学学位的人，也就是第一位专业的经济学家。一次与父亲的意见分歧促使他开始思考人口增长问题，他的父亲是一个有钱的英国式怪人。他们争论的是人类能否将世界改造成天堂。马尔萨斯认为不可能，并写了一篇 55 000 字的长文，这篇未署名的抨击文章在 1798 年发表。之后他又撰写了几个更长的版本。这些文章都有署名，因为马尔萨斯已经更加自信了。

“人口的增殖力，”马尔萨斯宣称，“无限大于土地为人类生产生活所需的力量。”今天的教科书通常借助曲线图来讲述这个概念。曲线图中的一条线代表粮食供应的总量；当人们开垦出更多耕地和更有效地耕种时，这条线从左至右缓缓上升。另一条线开始时很低，但迅速变弯曲，与第一条线相交并冲到它的上方，这条线代表的是几何级数增长的人口总量。最终，两条线之间的差距无法弥合，天启四骑士将造访人间。马尔萨斯认为，一切增加粮食供应的努力最终只会导致人

[1]　原文见［清］洪亮吉《治平篇》。——译者注

口增长，而人口增长会抵掉粮食供应的增长——这种状态如今被称为“马尔萨斯陷阱”。忘掉乌托邦吧，马尔萨斯说，无论是现在还是未来，人类注定要在饥饿的边缘挣扎生存；也忘掉慈善吧，扶贫只会导致更多婴儿出生，这反过来又会让这条道路更加艰难。无论这场盛宴的规模有多大，总会有太多的饥饿者想要坐到桌前大快朵颐。“马尔萨斯陷阱”是不可避免的。

它引发了爆炸般的反响。“从《人口论》发表之日起，”伟大的经济史学家约瑟夫·熊彼特（Joseph Schumpeter）宣称，“马尔萨斯一直有幸——这确实是一种好运气——成为同样不合理、矛盾的观点的品评对象。”约翰·梅纳德·凯恩斯（John Maynard Keynes）认为马尔萨斯“开启了对经济的系统化思考”。另一方的珀西·比希·雪莱（Percy Bysshe Shelley）则嘲笑他是“一个阉人加暴君”。约翰·斯图亚特·穆勒（John Stuart Mill）将他视为伟大的思想家。而在卡尔·马克思看来，他是个“剽窃者”和“阿谀奉承统治阶级的无耻之徒”。“有人说他是人类的恩人，”熊彼特写道，“有人说他是恶魔，有人说他是深刻的思想家，还有人说他是个笨蛋。”

相比之下，洪亮吉则完全被忽视了。与马尔萨斯不同的是，他从未系统地发展自己的观点，部分原因是他把全部精力都用来抨击他认为正在劫掠国家财富的腐败官员了。震惊于清政府应对四川、陕西饥民暴乱的方式之无能，洪亮吉在1799年辞官。在他离开仕途期间，他给太子写了一封洋洋洒洒但言辞尖锐的信[1]，后者将其呈给了嘉庆帝（不要与两个世纪前那个沉迷炼丹的嘉靖帝弄混淆了）。被此信触怒的皇帝判洪亮吉终身流放，让他噤声。

洪亮吉不被认可是不应该的；他似乎比马尔萨斯更准确地捕捉到了“马尔萨斯陷阱”的运作机制。（我使用“似乎”这个词较保险，

[1]　该文为《乞假将归留别成亲王极言时政启》。成亲王是嘉庆帝的哥哥永瑆，因为洪亮吉当时任翰林，不能直接向皇帝上书言事，所以通过亲王转呈。——译者注

是因为他始终没有补充更多细节。）马尔萨斯的理论提出了一个简单预测：更多的粮食会导致出现更多吃饭的人、导致更多苦难。然而事实上，全球农民收成的增长速度更快。1961 年至 2007 年，全球人口大致增加了一倍，而全球小麦、水稻和玉米的收成则增长了两倍。所以，在人口总量飙升的同时，长期营养不良人口的比例却在下降，与马尔萨斯的预言恰恰相反。当然饥饿仍然存在，但普遍来说，儿童营养不良的概率已经平稳地、令人振奋地下降了。相比之下，洪亮吉做出了一个相关但更复杂的预测。他颇有先见之明地指出，持续地要求增长将引发一场生态灾难，它最终将导致社会功能失调，随之而来的是人类所遭受的严重苦难。

今天的研究者在谈到“马尔萨斯陷阱”时，指的正是这个过程。事实上，当下所有围绕环境的争论都可以归结为两个问题：第一，人类能否继续积累财富和知识，就像工业革命后发生的那样；第二，这个积累过程中对环境造成的影响——土壤退化、生物多样性丧失、对地下水的消耗、气候变化——会不会突然扼紧“马尔萨斯陷阱”的咽喉，将地球带回到前工业时代的境地。令人惊恐的是，中国在本文中向世界展示了后者的可能范例，至少在某种程度上可以这么说。美洲作物进入中国高原地区后的几十年里，这个全世界最富裕的社会因为与自身环境的斗争而陷入了剧烈动荡——一场毫无胜算的败局。

“山之露石”

从清政府开始恢复白银贸易的 17 世纪 80 年代到 18 世纪 80 年代，邻近上海的大米贸易中心——苏州的米价翻了两番多。但人民收入并没有跟上，这正是导致社会动荡的因素。仿佛要印证此言，中国各地不断爆发叛乱；那场令洪亮吉灰心沮丧的动乱据说导致了数百万人死亡。据历史学家全汉升研究，价格上涨的部分原因在于涌入福建的白银，它拉高中国食品价格的方式，与早前进入西班牙的白银抬高欧洲商品价格的方式一模一样。或许人口爆炸也加大了需求，进一步推高价格。政府为国家粮仓采购的行为，有时也会起到同样的效果。但价格上涨还有一大原因，那就是许多农民已经不再种水稻了。

清朝皇帝曾以改善交通网络为第一要务，以便让农民从售粮中获利。政府的目的是促进粮食流通；新的道路能帮助客商将大米和小麦从粮谷丰收的地区运到供应紧缺的地区。但事与愿违的是，农民们发现如果从种植水稻和小麦改成种植甘蔗、花生、桑树以及最重要的烟草，可以赚更多的钱。

最初，清朝廷打击这种调换行为，坚持让农民种植“养命之宝，即赖之以生”的米谷，也就是水稻和小麦。“烟叶一种，于人日用毫无裨益，”1727 年，雍正皇帝在谕旨中说，“而种植必择肥饶善地，尤为妨农之甚者也。”但随着朝廷日渐保守、腐化——这似乎是中国历朝历代的宿命——它对监管正当的农业生产失去了兴趣。

农民抓住了机遇。种烟草需要种水稻所需的 4 到 6 倍的肥料和两倍的人工，但利润也更大；中国日渐壮大的尼古丁成瘾大军愿意为烟杆子而非粮袋子付更多的钱。（有些人烟瘾加量了：把鸦片掺进了烟叶。）据广东的农业史学家陶卫宁研究，烟草几乎出现在了中国的各个角落。有些地方的烟草问题尤其突出：在陶卫宁考察的两个典型丘陵地区中，总耕地中有“近一半”用于种植烟草。因此，当地的米价以及最常见的蔬菜、水果的价格都涨了一倍。农民最终不得不用他们的烟草收益来购买从中国其他地方运来的高价粮食。[1] 和弗吉尼亚殖民地的情况一样，种植烟草让土地肥力枯竭。在农民把一片曾作稻田的田地中的土壤消耗殆尽后，他们会移往下一片。就这样，他们用完了所有稻田，然后就进了山。

同样的现象今天仍在发生。我和两位朋友在福建参观土楼时，曾

---

[1]　陶卫宁，《农业生产区域可持续发展个案研究——试析清代瑞金、新城广植烟草的不良影响》，《运城高等专科学校学报》，2002 年。——译者注

绕着小山村永定走过一圈。经过数代耕耘，村民的祖先在山坡上开辟出了半圆形的小梯田，用肥料和粪便来为稀薄的红色土壤施肥，引山涧水来浇灌稻田。在村边有一座印着“中国烟草”的大招牌，这是一家国有企业，和永定农民签了合同，让他们将水稻改种烟草。这家公司修建了一条新马路来推进收割工作。我们站在梯田顶端，望向一条条的弧形田际线，全是向外张开的、绿色的箭头：烟草。

在永定，村民曾用玉米取代部分失去的稻米，将这种植物塞进所有能找到的、貌似可用的地里：路边的水沟、后院的小地块、屋后水沟的沟壁。还有人把玉米苗插进近期的一次山体滑坡造成的皮卡车大小的泥土和沙砾堆里。整个18世纪，类似情况在中国各地都有发生。通过将玉米和甘薯挤塞进每一个角落和每一处缝隙，在1700年至1850年，棚民和移民让中国的种植面积几乎增加了两倍。为了开辟必要的农田，他们砍伐了许多已有数百年历史的森林。失去林木的遮蔽，山坡再也不能蓄住雨水。土壤养分从山丘上被冲刷下来。最终，养分耗尽的土地甚至连玉米和甘薯都无法滋养了。于是农民会砍伐更多的森林，这个周期又再一次开始。[1]

毁坏最严重的是华中地区东部陡峭、险峻的山区，也就是棚民的家园。这个地区常见的锤击般的暴雨，不断把土地中的矿物质和有机物质冲出。风化了的土壤无法蓄水——“十日不雨，”当地县志作家在1607年记录道，“土燥坼如龟文。”[2] 从玉米和甘薯能在此生长的角度来看，这片土地可以耕种。但若不用铁铲撒播大量石灰或其他灰烬来降低土壤酸度，若不泼粪来增加有机质含量，若不施肥来提高氮和磷的含量，就根本不可能从这片土地上每年收获两茬或以上的作物。

---

[1]　农业并不是森林被砍伐的唯一诱因。为了提供燃料和建材，要消耗巨量的木材。为了得到这些木材，一批批的工人被派往偏远地区，他们在那里砍伐整片整片的森林。湖北省华中师范大学的历史学家杨昶说，大量的木材在运输过程中损失掉、糟蹋掉或者被偷了，以至于只有2%的木材实际上才被它计划中的接受者所使用。

[2]　原文见（万历）《休宁县志》。——译者注

有人回忆，棚民是从山下河谷流域的地主处租来的农地。租期短而且固定，没有激励机制鼓励他们让土地变得肥沃，即使他们想去做也缺乏方法。由于不熟悉这种新作物，他们会犯初学者的错误。没有像交错种在坚硬地块上的小麦和粟，玉米被分行种植，且行距很大。许多农民在很长一段时间里都没有意识到这一点，因此玉米田空出了很多土地，直接暴露在雨水中。还有一些人没有围绕山坡横向种植，而是从山顶到山下纵向种植一排排笔直的玉米，他们不懂这种做法会引导雨水直接冲下山坡，加剧水土流失。

据新泽西州莱德大学（Rider University）的历史学家安妮·R. 奥斯本（Anne R. Osborne）研究，即使有人使山上的土壤变得肥沃，并抑制雨水的影响，山上的森林砍伐也可能对山下造成灾难；奥斯本对棚民的研究成果是我在这个问题上的主要参考资料。"河谷平原和盆地的狭窄意味着人类定居点和主要的粮食产区都集中在沿河的边缘地带。"奥斯本解释道。当山地被植被覆盖时，它们释放雨水的速度是很缓慢的；洪水也很罕见。将陡坡上的林木替换为临时栽种的玉米和甘薯地块，这削弱了山体储水的能力。雨水大片冲下山丘，掀起了洪水。"从高地倾泻而出的洪水到达周边盆地和平原时，遇上的几乎是平地，"奥斯本写道，"它们突然减速，将裹挟的淤泥留在河道或农田里，毁坏了良田，还阻塞了用于排水的沟渠。"

洪水尤其令稻农困扰，尽管他们的生计也依赖于洪水。稻田需要有源源不断的涓流带来水分。如果水流太弱，水分就会蒸发；如果水流太急，稻田水就会溢出田埂、带走养分甚至是稻谷。农民利用建在上游的堤防来蓄积足够的水，通过调节闸门来控制灌溉的速度。在汛期，突然狂奔而来的洪水可能会冲毁堤防以及它们曾滋润的稻田，让整个系统崩溃。矛盾的是，洪水淹没了水稻，但之后又让稻田干涸，因为堤坝无法再为它们拦水了。由于砍伐森林，棚民不仅让自己周围的土地荒废，还成为摧毁下游数英里范围农业基础设施的帮凶。因为这一切发生在长江下游，棚民实际上是毁坏了这个国家农业中心的一大块。

有些当地人很清楚问题的来龙去脉。1823 年，当久居城市的学者梅曾亮抱着怀旧之心，拜访童年居住过的山城时，曾向老邻居打听棚民的事情。他们的回答，即使是今天的任何生态学家也不能再补充什么。

> 未开之山（村民告诉他），土坚石固，草树茂密，腐叶积数年，可二三寸。每天雨从树至叶，从叶至土石，历石罅滴沥成泉，其下水也缓，又水下而土不随其下。水缓，故低田受之不为灾……今（棚民）以斤斧童其山，而以锄犁疏其土，一雨未毕，沙石随下，奔流注壑涧中。[1]

山地高处发生水土流失，导致下游地势较低的长江河谷区的稻田被淹没，这进一步推高了大米价格，反过来又促进了高地的玉米种植，最终导致更多河谷处的稻田被淹没。

随着棚民陆续搬入山中，洪水变得越来越频繁。在宋代，发生重大洪灾的频率为每两年大约 3 次。在明代，一些农民非法迁入山区，砍伐林木；不难预见的是，暴发洪灾的频率增加到每年约两次。而清代大力推动往山区、林区移民；如影随形一般，移民的激增引发了森林砍伐的泛滥；洪灾发生率增至过去的 3 倍之多，每年有超过 6 次大洪水。更糟的是，洪水主要袭击的是中国的农业中心。翻阅了私人笔记、县志、省志和政府的救灾记载后，历史学家李向军统计清朝共发生了 16 384 起洪灾。绝大部分规模都较小。不过，其中有 13 537 起发生在长江与黄河下游肥沃的农田区，并且洪灾还在增加。1841 年至 1911 年，清朝每年需应对 13 次大洪灾，有一位历史学家形容，这相当于每月遭遇一次卡特里娜飓风。“政府在国内人口最稠密的地区要应对

[1]　梅曾亮的《记棚民事》，选自咸丰刻本《柏枧山房全集》。——译者注

接连不断的灾害，”他说，“这里是养活全国人民最关键的地区。情况很糟糕。”

20 世纪 70 年代，中国气象局[1]的一个研究团队查阅了大量地方资料，寻找对过去数个世纪降雨和气温情况的描述。正如预料的那样，研究人员没有发现科学的测量记录，但得到了大量口述材料。用他们自己给出的例子，当他们遇到某些措辞：“夏大雨浃旬，江水溢”“春夏大水溺死人畜无算”“夏秋大水禾苗涌流”“大雨连日，陆地行舟”“飓风大雨、漂没田庐”，[2]研究人员就能断定该地区发生了一次洪水，并在地图的相应位置标上阿拉伯数字 1。有描述严重干旱的地方会标注数字 5。两者之间则分别标为 2、3 或 4。虽然得到的地图是基于主观叙述，但事件的整体过程还是清晰的。浏览这本气象局出版物中的地图，就像在看一部关于环境崩溃的动画电影。

被地图上显示的细节震撼后，我决定考察位于长江下游的 4 个水稻种植中心：南京、安庆、武汉以及汉江上游，最后一个是长江北侧的一条重要支流。1500 年至 1550 年，这些地区被标注了 16 个数字 1，也就是有 16 场大洪水。在 1600 年至 1650 年，共有 18 次——数量差不多。1700 年至 1750 年，也就是更寒冷、更潮湿的“小冰期”的高峰期，共有 27 次。然后“小冰期”结束，天气变得干燥，雨雪减少。但在这几个中国农业的核心地区，数字 1 却在持续增多。1800 年至 1850 年，仅这 4 个地区就有 32 次大洪水。一些洪水沿河流延伸了数百英里，这些标为数字 1 的洪水淹没了一个又一个城市，每个数字背后都意味着成千上万不幸的生命。

浙江省的官员因问题的不断恶化而恐慌，1802 年，他们宣布政府将受鄙夷的棚民“逐回原籍”。[3]他们还禁止在山上种玉米，但效果微

[1] 中国气象局成立于 1949 年 12 月，原名中央军委气象局，1953 年 8 月更名为中央气象局，1982 年 3 月更名为国家气象局，1993 年 6 月更名为中国气象局，并沿用至今。故此处当时的名称为中央气象局。——编者注

[2] 《中国近五百年旱涝分布图集》。——译者注

[3] 嘉庆《德清县续志》卷四《法制志・乡约》。——译者注

乎其微。1824 年，官员再次做出尝试，彻底禁止种植这个物种，浙江被划定为一个无玉米区，但效果同样微乎其微。清政府有一套“监察御史”体系，他们受皇帝委托去稽查、铲除无能与贪污者。浙江的监察御史多次请求京城派兵来铲除玉米，但是没有得到回音。在这样一种令人对人类的自我治理能力感到绝望的现象中，19 世纪上半叶开荒的速度实际上竟然还加快了。

浙江的御史汪元方对此不理解。他知道，过去地主们并不清楚租赁山上闲置的土地会引发灾难性后果。但“今（1850 年）则水之受淤如此，田之积沙如此，山之露石又如此，官民皆知大害矣，而不能禁者，何也”？[1]

之所以“不能禁”，部分原因是大规模非法移民的内在问题。要驱逐大量人口，强迫他们离开花费许多年才建起的家园和家族，而又不制造大量苦难，这并不容易。需要民众支持的政府会尽量减少制造这种痛苦（除非在某个群体中失去的支持能通过另一个群体增加的支持来弥补）。从逻辑上看，这些人数十年前就离开了原来的家乡，要为他们寻找安置目的地也是一大难题。奥斯本称，在棚民的这一例子中，政府管理的混乱或令人恶心的政策都不是主要障碍。关键问题在于，水土流失代表的是一种典型的集体行为造成的难题。一个漏洞的存在，决定了租金收入与农耕收入不同，前者无须缴税。因此，在高山地区有可出租产业的地主就获得了一个轻松且免税的收入来源。随后出现的乱砍滥伐或许会毁坏他们在河谷地区的土地，但这个风险是整个区域共同承担的，而地主的利润却是属于个人的。吸纳所有的利益而只承担一小部分痛苦，当地的商业利益打压了每一次控制棚民的努力。

在环保主义者的噩梦中，短视的、追求小规模利益的行为，最终导向了长期的、大规模的灾难。持续性的洪水引发了持续性的饥荒和持续性的动荡；修复饥荒和动荡所造成的破坏又消耗了国家的资源。

[1]　［清］汪元方《请禁棚民开山阻水以杜后患疏》。——译者注

来自美洲的白银或许将明王朝推向了崩溃边缘；而来自美洲的农作物则毫无疑问地破坏了摇摇欲坠的清王朝的基础。

当然，其他因素也在发挥作用。数位软弱的皇帝默许了官僚体制在无所作为与贪污腐败中继续沉沦。清政府在战争中两次败给了大不列颠，不得不割让对边界的控制权。英军肆无忌惮地传播着鸦片，而清政府曾为了抵制其传播而与不列颠开战。灾难就像成功一样有很多缘由。然而，狂暴的欧洲军队并不知道，正是“哥伦布大交换”为他们的道路扫清了障碍。

第三部分

世界中的欧洲

第六章

农-工综合体

土豆战争

在土豆开花的季节，它们会伸展出五瓣的花朵，犹如肥硕的紫色星星在田野中摇曳。按照传统，玛丽·安托瓦内特（Marie Antoinette）会把这些她喜爱的小花戴到头上。她的丈夫路易十六，则会在扣眼别上一朵，这一举动竟引领了潮流，法兰西的贵族们纷纷穿起插上土豆植株的衣服大摇大摆，四处游荡。土豆属于茄科植物，这意味着它们是番茄、茄子、烟草、甜椒和颠茄的远亲。它的块茎不是根，而是能够在地下储存养分的变态茎，而发出新土豆的芽眼，是由长在茎上的叶子演变来的。土豆的果实看起来好像番茄，但是富含有毒的茄碱。茄碱是植物防卫体系的一部分，它能够防止昆虫吃掉土豆种子。现代的农民普遍不关心土豆的种子，而是种下切下的块茎碎片。这个用途的块茎被称作“种子土豆”，这一现象是语言系统的混乱性的见证。

今天，土豆已经成为世界第五大农作物，比它产量高的只有甘蔗、小麦、玉米和水稻。除了超级市场中常见的马铃薯（*Solanum tuberosum*），还有那些仅在厄瓜多尔、秘鲁和玻利维亚被食用的土豆品种，都原产于安第斯山。从阿根廷到美国西南部的各处，还可以找到数十种野生马铃薯品种。除了名字和外貌相似，这些土豆与所谓“甜土豆”（sweet potato）统统没有什么关系，“甜土豆”是另一科的植物。

这两个名字长期以来一直混淆着，“土豆”（potato）这个词其实是错误地引申自“番薯”（batata），后者是泰诺人对“甜土豆”的称呼。这种混用令早期英国植物学家约翰·杰勒德（John Gerard）很痛苦，他在1597年抱怨道：“这些加给植物的‘谁谁’之类俗名几无标准和知识依据可言。”为了在他编纂的“普通植物志”（generall historie of plantes）中彻底清除这一现象，杰勒德用“弗吉尼亚土豆”（Virginia potato）来表示普通土豆，而非产自美洲弗吉尼亚的土豆。他将“甜土豆”称作“普通土豆”（common potatoes）。[1]

土豆中大约四分之三是水分，四分之一是淀粉，但如果摄入足够多的话，其中所含维生素的量足够预防维生素C缺乏病。1925年，两名波兰研究人员在167天中只进食土豆，包括土豆拌黄油、蒸咸土豆和油拌土豆沙拉等。事后报告称，他们体重未增加，健康也没有问题，令人难以置信的是，他们甚至对于这种日常饮食“没有改变的渴望”。从历史上看，这两位研究人员的饮食方式并不极端；两名英国调查员在1839年声称，爱尔兰劳工每天平均要消耗12.5磅土豆。爱尔兰因为嗜好土豆的习俗而恶名在外，但是这种块茎却已然为整个北部欧洲所必需，以至于普鲁士和奥地利在1778年至1779年打了一场“土豆战争”。在这场战争中，双方军队的绝大多数时间都花在为自己寻找食物，并阻止敌人获得食物上。直到波希米亚所有的土豆都被吃光了，战事才结束。

与谷类作物相比，块茎类作物本身产量就大。如果小麦或者水稻穗子过大，植株将会倒伏，导致严重后果。现代育种人员培育出了各种各样的短秆强茎小麦和水稻种类，以支撑分量更重的谷粒。但是，它们仍然无法承受像一个美国爱达荷州产的土豆那样沉重的东西。而长在地下的块茎却不用受制于植物的其余部分，它根本不用担心任何

[1]　杰勒德并没有制造第三波混乱：他没有像平常那样将甜土豆归为山芋。山芋原产于亚洲和非洲，属于另一科植物。

结构上的问题。2008 年，一个黎巴嫩的农民挖出了一块将近 25 磅重的土豆。

许多学者认为将马铃薯引入欧洲是一个关键的历史时刻。这是因为，马铃薯开始在欧洲被广泛食用的时间，与欧洲北部饥荒终结的时间大致重合。（另一种美洲作物玉米在欧洲南部扮演了相似但较为逊色的角色。）除此之外，声誉卓著的历史学家威廉 · H. 麦克尼尔（William H. McNeill）认为马铃薯带来了一个帝国："马铃薯，通过养活迅速增加的人口，使少数欧洲国家可以在 1750 年至 1950 年统治世界的绝大多数地方。"饥饿的终结帮助维持了政治的稳定，使欧洲国家能够从美洲的银矿获利。马铃薯推动了西方的崛起。

同样重要的是，从长远来看，欧洲和北美对马铃薯的接受建立了一个现代农业的样板，这一样板有时候被称为农-工综合体。农学家对它的巨大产量赞不绝口，而环保专家则谴责其毒害性的一面，农-工综合体建立在三个支柱之上：改良作物、高效肥料和人造杀虫剂。所有这三点都与"哥伦布大交换"和马铃薯分不开。

"哥伦布大交换"不仅给欧洲和北美带来了产量超高的马铃薯，还带来了生产率超高的安第斯马铃薯种植技术，包括世界上最早的高浓度肥料：秘鲁海鸟粪。几个世纪以来，安第斯山区的居民都在开采这些沿海岛屿上由鸟类排泄物堆积成的巨量矿藏。几百年来，运肥料的船舶满载着鸟粪横渡大西洋，很多专家认为，它们同时也带来了导致马铃薯枯萎的一种类似真菌的生物，这导致了爱尔兰大饥荒。按某些标准来衡量，这场饥荒是有史以来最悲惨的一次。

不久以后，土豆遭到另外一个外来物种的攻击：科罗拉多土豆甲虫。惊恐的农夫们选择了第一种无机农药：各种形式的砷制剂，并踊跃地将其喷洒在田野中。生产更加有效的砷制剂的竞争催生了现代农业企业的第三个组成部分——现代农药工业。20 世纪五六十年代，改良作物、高效肥料和人造杀虫剂完成了系统综合，创造了"绿色革命"，引发了农业生产力的爆炸式增长。这种爆炸式增长改变了从美国伊利诺伊州到印度尼西亚的农业，并且引发了今日愈演愈烈的关于食品供应的政治争议。

基因之海

1853 年，法国阿尔萨斯的雕塑家安德烈亚斯·弗里德里希（Andreas Friedrich）在德国西南部小城奥芬堡（Offenburg）市中心的一个大理石基座上竖起了一尊弗朗西斯·德雷克的雕像。弗里德里希塑造的德雷克注视着远方的地平线，一副正气凛然、高瞻远瞩的样子。他左手按住剑柄，右手抓着一块土豆。雕塑基座上赞颂道：

> 弗朗西斯·德雷克爵士，
> 将土豆传播到欧洲的人，就在公元 1586 年。
> 数百万人，
> 他们耕作在这土地上，
> 恭颂祝福着他那不朽的事迹。

雕像在 1938 年 11 月 9 日被纳粹推倒，这还只是那场被称为“水晶之夜”[1] 的暴乱中的一个小插曲。摧毁这座雕像对艺术来说是犯罪，对历史来说不是：几乎可以确定，德雷克根本没有把土豆引进欧洲。即便是他引进了土豆，这尊雕像也是有误导性的。关于土豆的荣誉和赞颂无疑应该全部归功于驯化它们的安第斯山民。

从地理条件上看，安第斯山区不大适合成为主粮的出现地。我们这个星球上的第二大山脉安第斯山脉，是 5 500 英里长、许多地方超过 22 000 英尺高的连绵峰峦，它在南美洲的太平洋海岸构筑起了一道

[1] 水晶之夜（Kristallnacht）是指 1938 年纳粹德国政府迫害犹太人的事件，因碎玻璃满地而称之。——译者注

冰墙。活火山呈长带状散布，犹如皮带上熔融的珠宝。最近的一个世纪里，仅厄瓜多尔一国就经历了 7 次火山喷发；自 1822 年以来，智利西部边境的圣何塞火山也喷发了 7 次。这些火山由地质断裂带相互连接，断裂带互相推挤，最终诱发地震、洪水和滑坡。即便是大地处于平静期，这地方的气候也是活跃多变的。几个小时之内，山地高原的温度就会从 75 华氏度降到冰点以下，因为这里过于稀薄的空气难以保温。突如其来的冰雹砸烂窗户，并使汽车偏离公路。著名的厄尔尼诺现象——其名字就来自一种安第斯金币——给海岸带来洪水，把干旱留在高原。一场厄尔尼诺现象可以持续好几年。

山脉的主要部分大体由 3 列平行山峰组成，其间由被称为“高原”的高海拔台地阻隔。这一区域绝大多数耕地都在高原（平均海拔大约 1.2 万英尺）地带，这就好比欧洲不得不在阿尔卑斯山上种庄稼养活自己。安第斯山陡峭的东坡迎接着自亚马孙吹来的湿热风，因而常遭淫雨之害；而西侧面向大洋一边却蜷缩在山峰组成的“雨影区”之内，这里包含了一些地球上最干旱的土地。山间高原分为干、湿两季，绝大部分降雨分布在 11 月到次年 3 月。如果任其发展，这些地区会被青草覆盖，形成典型的草原景观。

就在这块毫无希望的土地上，出人意料地诞生了一个 1492 年之前世界上最伟大的文化传统之一，按照美国佛蒙特大学（University of Vermont）地理学教授丹尼尔·W. 盖德（Daniel W. Gade）的说法，“其成熟程度超过了”世界上其他地区的任何一个山地文化。甚至像埃及王国建造金字塔一样，安第斯社会也建起了他们自己的纪念神庙和典礼广场。对统治权力的持续争夺，从厄瓜多尔一直延伸到智利北部。纳斯卡（Nasca）以石质线刻和动物画像而出名；查文（Chavín）在查文·德·万塔尔（Chavín de Huántar）有许多宏伟庙宇；瓦里（Wari）有严谨的城市设计师；莫切文化因绘制了战争、劳动、睡觉和性爱等各种生活场景的陶器而闻名；蒂瓦纳库（Tiwanaku）是史上海拔最高的城市综合体（它以全球海拔最高的适航湖泊的的喀喀湖为中心）；奇穆

奥芬堡纪念弗朗西斯·德雷克引进土豆的雕像毁于纳粹之手。

文化（Chimor）继莫切文化之后兴起，它的中心地昌昌（Chan Chan）涵盖了广阔的区域——这张单子长得惊人。今天最有名的是印加帝国，其以武力迅速攻占了安第斯山脉的大部分地区，它修筑起通衢大道和闪烁着金光的城市，最终却因从西班牙来的疾病和士兵倒下了。

中东和埃及的文明史是围绕着小麦和大麦种植展开的；相似地，墨西哥和美国中部的原住民社会是建立在玉米之上的。在亚洲，有关中国的故事被记录在米浆做的纸张上。安第斯山区与这些不同，其文化的繁荣不是依靠谷类作物滋养，而是依靠块茎和块根作物，其中最重要的是土豆。

考古学家发现了智利南部的人们早在13 000年前就开始食用土豆

的证据，但那并不是现代马铃薯，而是一种名叫网格茄（*S. maglia*）的野生品种，它们现在还生长在海岸边。然而遗传学家至今还不明白，安第斯文化培育出驯化马铃薯的确切路径到底是什么。因为安第斯山区早期的原住民主要通过种子来繁殖马铃薯，显而易见，他们在同一块园地种下不同品种的茄属植物（*Solanum*），这些植物会繁衍出数不清的天然杂交种，其中的一些后来演变成了现代的土豆。一个经常援引的分析被用来敲定这个驯化过程，在充分研究之后，该分析法的创始人宣布，今天的土豆是由另外 4 个种培育而成，但其中两个种尚不知名。其育成的确切时间也一样不清楚，考古学家只能断定，到了公元前 2000 年，安第斯山区的人们就已经在食用彻底驯化的土豆了。

土豆看上去似乎不是最适合驯化种植的植物。野生块茎中含有茄碱和番茄碱等毒素，以使植株免遭真菌、细菌和人类等危险生物的攻击。烹煮往往会破坏植株的化学防御功能，例如，许多豆类只有在浸润煮透之后才能安全食用，但茄碱和番茄碱却是锅釜和烤箱奈何不得的。安第斯山区的人们似乎是通过食用泥土，确切地说是黏土，来中和它们的。在高原之上，栗色羊驼和驼马在吃有毒植物之前会舔一舔黏土。用更加“技术化”的术语来说，植物枝叶上的毒素会“吸附”到细小的黏土颗粒中。“结合”到泥土中后，有害物质从动物的消化道中通过但不会产生任何作用。模仿这一过程的印第安人，显然是把野生土豆浸泡在了黏土和水混成的“卤汁”中。最终，他们培育出了危害较小而且抗霜冻的变种，尽管有些老的块茎仍然有毒。装着黏土灰尘的袋子仍然在山区市场上出售，并伴随着土豆走上餐桌。

安第斯山区的印第安人与欧洲和北美洲的人一样，食用煮土豆、烤土豆和土豆泥。不过，他们也用很少为高原之外的地区知晓的方式吃土豆。如将土豆煮熟、削皮、切片、晾晒制成土豆干；在死水中发酵数月制作黏黏的并且气味扑鼻的淘库氏（toqosh）；磨成粉后在一个罐子中浸泡，经过滤制成土豆淀粉。广泛使用的药汁巧纽（chuño）是将土豆在寒夜里散铺在屋外、冷冻制成的。土豆细胞内的冰受冷膨胀撑破了细胞壁。土豆被清晨的太阳晒化，又在第二个夜晚再度上冻。反复的冻融循环将土豆变成了充满汁液的柔软小块。农民们挤干水分来制作巧纽，这种坚硬的、发泡塑料一般的小块，比原来的块茎个头儿小，还轻了三分之二。长期晾晒在阳光之下会使它们变成灰黑色，然后会被用来烹煮辛辣的安第斯炖汤，类似于在意大利中部广受青睐的土豆粉饺子格诺奇（gnocchi）。巧纽无须冷冻就可以存放很多年，这意味着它们能够被贮藏起来以应对凶年。这就是支撑了印加帝国常胜军队的食粮。

无论是当时还是现在，在安第斯山区进行农耕都是与地理环境的斗争。因为地形陡峭，水土流失自始至终都是一大威胁。几乎一半的人口在高温的坡地上耕作。每动一下耕犁，都会使泥土滚落山坡。最好的田地，也就是土壤最厚之处，往往位于古代滑坡体的顶端，因此，这里比一般地区更容易发生水土流失。热带天气模式的影响令问题愈加突出：旱季雨水太少，而雨季又太多。在旱季，风会吹掉瘠薄的土壤。强降雨在雨季顺山坡而下，将营养物质冲走，使山谷洪水泛滥，谷物被冲毁。

为了治水和防止水土流失，安第斯山区的人们修筑了超过 100 万英亩的梯田，就好像凿刻出了一道道进山的台阶。西班牙航海家佩德罗·萨米恩托·德·甘博亚（Pedro Sarmiento de Gamboa）在 1572 年惊叹道："大约 200 步长、20 步到 30 步宽的平台上，填满了砖石和泥土，它们绝大多数是从远处运来的。我们叫它安迪尼斯（andenes，意为平台）。""安迪尼斯"这个词可能就是"安第斯"（Andes）一词的来源。（15 世纪印第安人修筑梯田的方法，收到了很好的效果。）

在更为肥沃和湿润的的的喀喀湖畔，原住民社群修筑起了近 500 平方英里的台田（raised fields）：每块有几码宽、几十甚至上百码长的矩形小土丘。足有 2 英尺深的蓄水沟将相邻两个台田分开。沟中之水在夜间也能保持温度。与此同时，上下起伏的复杂地形和变化多端的表面温度引起了微弱的空气湍流，将沟内较暖的空气和台地上较冷的空气混合起来，使作物周围的空气温度上升了4华氏度（约2.2摄氏度），这对于一个夏夜的气温也会降至冰点的地区来说，可谓一个巨大的福音。

在许多地方开辟这种台地是不太可能的，因此印第安人修筑了叫作“沃克”（wacho）或“沃处”（wachu）的较小的田埂，这种田埂由挖出的土壤堆成，平行排列，每条大约2英尺宽，被浅浅的犁沟区隔成大小相等的部分。因为美洲没有大型家畜（美洲驼太小，难以驮物或载人），农民只能利用锄头和脚犁来干各项农活。所谓脚犁就是一根长木棍，木棍上带有短横把手和锋利的石质、青铜或铜质的犁尖，犁尖上有一块脚踏板。村民们抬起脚犁将它们刺入泥土，然后踩着脚踏板把沟凿深，用向后倒耕的方法在田地上犁出一条线。在一步步后退中，他们开垦出一道道垄沟。每个男人的妻子或姐妹在他对面，用锄头或木槌将土块敲碎。人们往“沃克”顶部的洞里投放土豆种子或完整的小块茎（每块上都至少得有一个眼，新的土豆将会从这里发出芽来）。劳动者排成直线有条不紊地走过田埂，圣歌和赞美诗紧紧伴随着他们的脚步。休息的时候来上一大杯吉开酒（chicha，玉米酿的啤酒），嚼上一把古柯叶。一块田地上的工作完成，劳动者就会转往下一块地，直到每个人田地上的任务都完成为止，这种传统的集体劳动方式是安第斯社会的一个明显标志。

四五个月后，农夫们再次聚集到田野中，挖出块茎、弄平“沃克”以准备下一季作物——安第斯本土的谷物藜麦（quinoa）。除了有毒的果实，土豆植株的每个部分都会被用掉。叶子被用来喂养美洲驼和羊驼，土豆梗被拿去当做饭的燃料，有一些土豆梗刚一收下来就被用掉了。收获之后，家家户户都会马上用硬土块堆一个18英寸高的圆顶烤炉，往烤炉内塞上土豆梗，还有稻草、灌木和废木料（西班牙人到来后，人们开始利用牲畜的粪便）。大火烘烤直到泥土烤炉变白。厨师们把灰烬推到一边，把收获的新鲜土豆放进去烘烤。住在高处的村民们至今还在做相同的事情，散布在山腰上的火炉仍旧在黄昏中闪着火光。

这幅画由原住民贵族费利佩·瓜曼·波马·德·阿亚拉（Felipe Guaman Poma de Ayala）在1615年左右创作，它描绘了安第斯印第安人使用脚犁犁开土地、妇女们跟在后面播撒种子和土豆的场景。

食物冒出的热气升腾到干净的冷空气里。人们把土豆埋进粗盐和可以食用的黏土中。晚风把烤土豆的香味送到好几英里之外。

在彼此隔绝、交流较少的时代，人们烤的土豆并不是现代马铃薯。安第斯山区的人们在海拔不同的地方种植不同的品种。村庄里大部分人种植的是几个基本品种，但每个人也会种植其他种类来丰富口味，这些其他品种都被种在“沃克”小片、形状不规则的地块上，边上生长着野生土豆。这些导致了无序杂交。某一海拔的一个村庄种的土豆，看上去与几英里外另一海拔上的村庄的土豆相去甚远。

农夫用埋种块茎代替播撒种子，于是导致了土豆的无性繁殖；而在发达国家，整片土地上种植的都是基因几乎完全相同的土豆。与此相反，一个秘鲁—美国的联合研究小组发现，在秘鲁中部一个山谷中，每家平均种植 10.6 种传统地方品种（landraces），每种都有各自的名字。美国宾夕法尼亚州立大学的卡尔·齐默勒（Karl Zimmerer）曾在一些村庄的田里看到过20个地方品种。秘鲁国际土豆研究中心（The International Potato Center in Peru）共采集和保存了超过3 700个品种。卡尔·齐默勒观察到，安第斯山区任意一块田地里的土豆种类，“十之八九都会超过整个美国的土豆类作物品种”。（并非所有的品种都是传统类型。农民也生产现代品种，如面向市场的爱达荷式土豆，但他们说这个品种口感淡而无味，是给城里的“粗人”食用的。）

因此，安第斯山区土豆绝对不是一个单一、明确的物种，而是由许多相互关联的基因实体煮成的一锅沸腾杂烩。几十年来，如何将它们有序地分类使分类学家（taxonomist，根据可能的进化关系对生物进行分类的学者）头痛。关于安第斯山区人工栽培的土豆的互相矛盾的研究，已经按不同方式将它们分成了21种、9种、7种、3种或者1种，每个种类都可以进一步细分为若干亚种、组、变种和型。今天最常用的物种数量说法是4种，但争论依然存在。以马铃薯为例，接受范围最广的近期研究成果将其分为八大类，并给每一类都命了名。

土豆的野生亲缘种更是难以划分。在1990年出版的一部研究专著《土豆》（*The Potato*）中，土豆遗传学家J. G. 霍克斯（J. G. Hawkes）称已经命名的野生土豆有229种。然而，事情仍然没有完结。2008年，在对美洲各地约5 000种植物进行分析之后，荷兰研究人员将霍克斯的229种土豆粗分成10个“物种群”；从中美洲沿安第斯山脉南下一直到南美洲最南端，众多无法归类的杂交种构成了一个物种大沼泽，而那10个“物种群”就像沼泽中时隐时现的低洼、泥泞的小岛，难以按生物学教科书上的经典分类法进行“分组或分类”。荷兰研究人员承认，将野生土豆描述为无路可寻的基因沼泽的观点，很可能会令他们的同事“难以接受”。

当然，头一批来安第斯冒险的西班牙人对这些情况是一无所知的，于1532年登陆厄瓜多尔，跟随弗朗西斯科·皮萨罗袭击印加人的队伍就是这样。这些西班牙征服者注意到了印第安人食用的这些圆球状食物，偶尔还会狐疑地模仿他们。发现新食物的新闻不胫而走。不到 30 年的时间里，西班牙农民甚至已经在遥远的加那利群岛上种植土豆，并且产量之高，足以向法国和尼德兰（当时是西班牙帝国的一部分）出口。对土豆的第一份科学描述出现于 1596 年，瑞士博物学家加斯帕德·鲍欣（Gaspard Bauhin）给了土豆“茄属块茎粮食作物”（*Solanum tuberosum esculentum*）的名称，后来演变成了现在的“马铃薯”（*Solanum tuberosum*）这个名字。

在民间传说里，是弗朗西斯·德雷克在一次对西班牙帝国的海盗/私掠袭击中盗取了土豆。大概是他把土豆给了罗阿诺克殖民地的创建者、倒霉的沃尔特·罗利（Walter Ralegh）。[1]（德雷克拯救了这些幸存者。）罗利让一名园丁在他爱尔兰的庄园里种植它们。据说，他的厨师在晚餐中给他吃了有毒的果实。罗利命令将他园中的植株全部铲除。饥饿的爱尔兰人从垃圾堆捡拾起它们——似乎德国的德雷克雕像就是这么来的。单就表面来判断，这个传说不大可能是真的，即使德雷克在加勒比海劫掠的时候抢走了一些土豆，它们也没法在海上被保存数月。

欧洲人是从块茎而不是种子种出第一批食物来的，围绕土豆产生了许多神秘的猜疑，一些人相信它是一种催情药，另一些人认为它会引起发烧、麻风和瘰疬。极端保守的俄罗斯东正教牧师指控它是罪恶的化身，证据乃是一个无可辩驳的事实——《圣经》中从来没有提到过这种东西。与此相反，看好土豆的英国炼金术士威廉·赛尔蒙（William Salmon）在 1710 年宣布此种块茎“滋养全身，治疗肺痨（治疗肺结核），并且挑起情欲”。哲学批评家德尼斯·狄德罗（Denis Diderot）在他划时代的巨著、欧洲第一部全面介绍启蒙思想的作品《百科全书》（*Encyclopedia*，1751—1765 年）中对土豆持中立态度。“不管你打算要什么，根部就是没有味道的淀粉，”他写道，“它不能算作可口的食物，但却可以为仅仅想果腹的人提供合宜的健康食品。”狄德

[1] 罗利和他的同时代人，对他这个名字有几种不同拼法，包括 Rawley、Ralagh 和 Raleigh。尽管最后一种拼法在今日较为常用，但他自己一般使用“Ralegh”这种拼法。

安第斯山区的原住民培育出了数百个土豆品种，其中绝大部分仍然只能在南美洲见到。

罗认为土豆是“胀气的”。不过他仍然为土豆竖起大拇指，他问道：“对农民和劳动者强健的体魄来说，胀气算什么？”

得不到全心全意的支持，难怪土豆在西班牙殖民地以外的地区传播缓慢。当普鲁士于1744年遭遇饥荒时，土豆的提倡者腓特烈大帝（Frederick the Great）不得不命令农民食用土豆。在英格兰，农民们怀疑马铃薯是可恶的罗马天主教的一种前哨斥候。1765年的一条竞选口号是“不要土豆；不要罗马天主教！”。直到1862年，英国的食谱和家政咨询作家伊莎贝拉·比顿（Isabella Beeton）仍然警告她的读者，不要饮用“煮土豆的开水”。法国在接受这种新的作物的时候显得特别缓慢。在一步步激烈的争论中，营养学家、疫苗接种的倡导者和改吃土豆的提倡人安托万–奥古斯丁·帕门蒂尔（Antoine-Augustin Parmentier）成了推广土豆的苹果佬。

作为一位训练有素的药剂师，帕门蒂尔在军队中服役，并在七年战争中被普鲁士军队俘虏了5次。作为一名囚徒，3年中除了土豆他几乎没有吃过别的食物，这样的伙食却出乎意料地使他保持了健康的体魄。他努力去理解这一事情的缘由，这让帕门蒂尔成为一名营养化学领域的先驱，最早一批试图弄清食品成分以及它们为何能维持体能的人之一。当1769年和1770年不合季节的雨雪导致法国东部部分地区作物歉收时，当地一家高校举行了一场竞赛，要寻找“在粮食短缺时期可以替代常规食物供给人类营养的植物”。7个参赛者中有5个推崇土豆。帕门蒂尔的论文因最富热情且论据充分而一举夺魁。这件事开启了他作为一个土豆活动家的生涯。

他的时机很好，在饥荒过去4年之后，路易十六的第一个举措就是解除对粮食价格的控制。面包价格迅速蹿升，激起了所谓面粉战争：82个市镇中发生了超过300起骚乱。在整个骚乱中，帕门蒂尔坚持不懈地宣传解决之道在于土豆。他宣布，法国人只要吃土豆就能结束面包争斗，他还变着花样地抛出力挺土豆的宣传噱头：劝说国王穿戴土豆花、向上流社会的宾客推荐全土豆餐[1]、在巴黎城边缘种下40英亩土豆——他知道饥饿的“无套裤汉”（sansculottes，下层人民）会偷它们吃。他的努力成功了。后来补充进狄德罗《百科全书》的条目称，“土豆是一种养活了德国、瑞士、大不列颠、爱尔兰和其他国家一半以上人口的果实”。

在对土豆的颂赞中，帕门蒂尔悄悄地改变了它。欧洲所有的土豆，都是随好奇的西班牙人漂洋过海的几颗块茎的后裔。从遗传学的角度来看，欧洲人保有的品种，不过是从秘鲁和玻利维亚的基因之海中舀

[1] 据推测，其中的一位宾客是时任美国驻法大使托马斯·杰斐逊。据说他非常喜爱一道由土豆做的菜，以至于将其带到了白宫。通过这种方式，杰斐逊使美国与炸薯条结缘。

起的小小一汤勺。帕门蒂尔极力推动他的同胞大规模种植若干有限的品种。因为土豆是由一小块块茎长成的，他不自觉地推广了用克隆的办法进行大面积种植的理念——真正的单一栽培（monoculture）。他设想的土豆田与它们在安第斯山区的祖先根本不同。一边是一锅疯狂的杂烩，连其中的成分都搞不清楚；另一边整整齐齐排列的是相同的（杂烩中的）一部分。

这一转变带来的震动使得任何一本欧洲通史如果没有在索引中列出马铃薯这一条目的话，都必将为人弃之敝屣。饥饿是“小冰期”时代的欧洲人熟悉的事物，寒冷的气候杀死了农作物，西班牙的白银流入又进一步抬高了粮价。有武装警卫把守谷仓的城里人多数年景里尚可获得正常的粮食供应，而农村人就只能在生死边缘徘徊了。据伟大的法国历史学家费尔南·布罗代尔（Fernand Braudel）所述，1400年至1700年，整个欧洲因粮食歉收引起的食物暴动多达数千起。通常由妇女领头的骚乱者一次又一次地闯进面包房、谷仓和磨坊，要么干脆偷走食物，要么强迫商人接受一个“公平的”价格。贪婪的土匪跑上道路，劫走运往城市的粮食。秩序只能通过暴力行动来恢复。

布罗代尔引述了关于18世纪法国饥荒的一份记录：1500年至1778年，发生了40起全国性饥荒，每10年发生一起以上。这个骇人的数字其实还是低估了粮食短缺的程度，布罗代尔写道，“因为它遗漏了成百上千的地方性饥荒”。法国并非特例，英格兰在1523年至1623年也遭遇了17起全国性的或较大范围内的饥荒。佛罗伦萨变成了一个濒临破产的城市，“1371年至1791年，有111个年头人民都普遍挨饿，而‘丰收’年只有16个”——7个荒年才有1个丰收年。整个欧洲大陆都无法养活自己，它深陷“马尔萨斯陷阱”之中。

如同甘薯和玉米在中国的作用那样，土豆（还包括玉米，不过其重要性较土豆要轻）帮助欧洲逃出了“马尔萨斯陷阱”。18世纪60年代，农业经济学家亚瑟·扬（Arthur Young）游历英格兰东部时看到了一个即将进入新时代的农业世界。这位细心的调查家接触农民，记录下他们的劳作方法和收成规模。根据他的数据，英格兰东部的1英亩小麦、大麦或燕麦田，年产量在1 300磅至1 500磅。与此相比，1英亩土豆的年产量超过了25 000磅，大约是前者的18倍。亚瑟·扬相信，种植土豆可以帮助英格兰的穷人。“希望所有推广这些块茎的人，都能够全力推行此事。”他宣称，土豆“怎么推广都不过分”。

土豆没有代替谷物，而是成为它的补充。以往，农民每年让一半种谷物的土地休耕，以养护地力并去除杂草（他们在夏天犁开这些土地）。现在，小农们在休耕地上种植土豆，用锄去的方式对付杂草。因为土豆如此高产，以食物热量的标准来衡量，其最实际的结果就是令欧洲的食品供给增加了一倍。“在西欧的历史上，第一次发现一个解决食品问题的决定性方案。”比利时历史学家克里斯·万登布罗埃克（Chris Vandenbroeke）总结道。[德国历史学家乔基姆·雷德考（Joachim Radkau）的观点更直白坦率：18世纪最为关键的环境革新，他写道，就是“种土豆和体外射精的避孕方式”。] 土豆（当然还有玉米）变成了欧洲大部分地区一日三餐不可或缺的食物，就和它们在安第斯山区的角色一样。大约40%爱尔兰人除了土豆之外没有其他固体食物吃，在尼德兰、比利时、普鲁士，或许还有波兰，这个比例是10%~30%。在土豆种植国，常常发生的饥荒几乎消失了，一条长达2 000英里的种植带从西边的爱尔兰一直延伸到东边俄罗斯的乌拉尔山脉。土豆的到来终于使这片大陆能够为自己供应正餐了。

除了提高农业总产量，土豆更重要的好处是使得产量更稳定。在种植土豆之前，夏天一般是挨饿的季节，贮存的粮食在秋收之前不断减少。成熟期只有3个月的土豆，可以在4月种下去然后在缺粮的7月、8月收获。另外，因为收获早，它们一般不会受飘忽不定的秋季天气的影响，那种天气会毁掉小麦的收成。在战乱地区，土豆可以在地下保留数月，使得它们不易被搜刮粮食的士兵偷走。（在那些年月里，士兵们行军不带口粮，而是靠武力从当地农民手里抢来补给。）亚瑟·扬采访对象都将大多数土豆用来饲养动物。在荒年里，人们曾经不得不做出选择，是养活他们的动物还是他们自己。现在，他们已不必做这样的选择了。

在亚瑟·扬之后数年，经济学家亚当·斯密同样注意到了这些土豆。爱尔兰人除了土豆没有什么可吃，却依然能够保持身体健康，这令亚当·斯密印象深刻："伦敦的车夫、脚夫和煤炭搬运工，以及那些靠卖淫为生的不幸妇女——也许是大不列颠领土内最强壮的男子和最美艳的妇人——据说，他们之中绝大部分是靠这种植物茎维生的爱尔兰最底层民众。"现在我们知道了问题的答案：当只有一种口粮可以吃时，土豆比其他任何食物都能更好地维持生命。它含有除维生素A和D之外所有的必需营养素，另两者可以由牛奶提供；在斯密的年代，爱尔兰穷人的饮食主要由土豆和牛奶构成。当时爱尔兰到处充斥着饥寒交迫的人，因为英格兰在17世纪征服爱尔兰后，将抢夺的绝大部分良田分给了自己的公民。许多爱尔兰人被迫成为小佃农（sharecropper），他们劳作的报酬就是获准在农场中耕种零星湿田时获得的收成。由于只有土豆可以在这种贫瘠的土地上生长，爱尔兰佃农沦为欧洲最贫穷的人之列。然而，因为吃土豆，他们也是欧洲营养状况最良好的人。斯密由此引出了一条逻辑结论："如果土豆能够像水稻国家的大米一样，成为人们最普通、最欢迎的植物性食品，"他写道，"同样数量的耕地将会养活多得多的人口。"斯密由此满怀信心地得出结论："人口将会增加。"

斯密是正确的。在甘薯和玉米充当了中国人口爆炸的助产士的同时，土豆推动了欧洲人口的增长——土豆越多，人口越多。（全球性的人口爆炸是"同质世"时代开始的标志和结果。）土豆被引进欧洲一个世纪后，欧洲人口数量大概翻了一倍。比其他地方吃下了更多土豆的爱尔兰人，增长规模最大；爱尔兰的人口从17世纪初的150万左右增长到两个世纪之后的大约850万。（一些人认为达到了900万，甚至超过了1 000万。）这并不是因为吃土豆的人生养了更多的孩子，而是因为他们有更多的孩子能存活下来。土豆拯救了因饥荒而死的人们，这部分影响是直接的。间接但更大的影响是，营养状况得到改善的人们，不再会轻易被那个年代最大的杀手——传染病——害死。挪威就是一个例子。寒冷的气候向来容易产生饥荒，在1742年、1762年、1773年、1785年和1809年导致了全国范围的灾难。这时土豆来了。尽管平均死亡率的相对变化不大，但大的峰值消失了。当曲线变得平滑，挪威的人口开始激增。

这样的故事遍布整个欧陆。面对“小冰期”造成生长季节变短的冲击，瑞士的山区村庄依靠土豆得到了拯救——事实上，它们长得还很繁茂。1815年，萨克森公国战败给普鲁士，并割让了绝大部分农业土地，众多难民涌入了萨克森的城镇。为了跟上这不断上升的数字，农民们拔掉小麦和黑麦改种土豆。土豆的收成足以养活萨克森增长的人口，但却难以提供足够的营养——这里没有充足的牛奶。西班牙中部的农民砍倒了橄榄树和杏树而改种土豆。村子日渐丰阜，人口也跟着上升。类似情形还有很多。

正如来自美洲的作物不是中国人口爆炸的唯一原因，它们同样也不是欧洲人口膨胀的唯一根源。土豆是在粮食生产的转型期之中到来的，这个转型影响非常深远，以至于一些历史学家将其描述成“农业革命”。交通网络的改善让食物从丰收地区运往歉收地区变得更容易。沼泽和高地草场被开垦出来，村庄公有土地被分给单个家庭，大量小农流离失所，但这却使农业机械化得到了大力发展（投入资金改造农场的新业主能获得可靠的稳定收益）。像亚瑟·扬一样的改革者推广了更好的耕作方法，特别是将马厩里的粪便作为肥料使用。农民们学着在休耕地上种三叶草，以恢复地力。最先由西班牙的摩尔人驯化的三叶草，帮助欧洲人避免了过度放牧造成的牧场土壤破坏。进步并不局限于农业。产自美洲的白银让欧洲人能修造船只来发展贸易，从而提高生活水平。欧陆的治理能力，甚至是老大难的卫生标准，都得到了一定改善。和中国一样，“小冰期”的影响开始减弱。

2010年，哈佛和耶鲁的两位经济学家试图说明这些原因，他们比较了欧洲几个相似但在适应土豆方面有差异的地区发生的事件；他们认为任何系统性的差异，都可归因于新作物。据两位学者“最保守”的估计，土豆至少在欧洲人口的增加中起到了八分之一的作用。坦率地说，这个数字看上去并不算高。但是，这块大陆持续性地人口爆炸有很多原因。可以这样理解这一计算，土豆的引进对近代时期的影响堪比蒸汽机的发明。

鸟粪石时代

据说，这些岛屿发出的恶臭如此剧烈，以至于很难靠近。它们是位于秘鲁海岸线 13 英里之外的干燥的花岗岩山丘，这里位于利马南方大约 500 英里的南美洲西海岸。那些岛上几乎寸草不生。它们被称为钦察群岛（Chincha Islands），从没有印第安人在此居住，至少是没有长期定居过。这些海岛之间唯一的区别在于岛上海鸟的数量，特别是秘鲁鲣鸟（Peruvian booby）、秘鲁鸬鹚（Peruvian cormorant）和秘鲁鹈鹕（Peruvian pelican）。强大的沿岸海流将海洋底部的冷水卷上来，吸引这些鸟类前来。随着深海海水泛上来的浮游植物，带来了丰富的营养。以浮游植物为生的浮游动物，成为凤尾鱼的近亲鳀鱼（anchoveta fish）的口中之物。成群的鳀鱼又为其他种类的鱼所掠食。这些捕食者和被捕食者最终被秘鲁鲣鸟、鸬鹚和鹈鹕所猎杀。这三种海鸟在钦察群岛筑巢已经有千余年了。随着时间的推移，它们在海岛表面留下了厚达 150 英尺的一层鸟粪石。

鸟粪石是优质的肥料。从本质上来说，化肥的工作机制就是为植物提供氮元素。植物需要氮元素来制造叶绿素，这种存在于叶子中的绿色物质，吸收太阳能进行光合作用。氮元素还是 DNA 和通过 DNA 合成的蛋白质的关键组成部分。尽管大气中超过四分之三的成分是氮气，但从植物的角度来说氮还是匮乏的，因为气态氮由两个彼此牢固结合的氮原子组成，植物难以将它们拆开来供自己使用。于是，植物向土壤索取氮，那里可以找到它们能够分解利用的存在形式：氨（NH_3，或者说是一个氮原子加三个氢原子）、亚硝酸盐类（含有 NO_2 的化合物，即由一个氮原子和两个氧原子组成的基团）以及硝酸盐（含有 NO_3 的化合物，即由一个氮原子和三个氧原子组成的基团）。所有这些成分的天然供应量都少于农民的期望，而且土壤中的细菌还会不停分解这些硝酸盐和亚硝酸盐，将这些氮元素重新转化成不能被利用的氮气。反复耕作的土地常常面临氮元素枯竭的危险。

不同于哺乳动物的小便，鸟类的小便是半固态物质。由于这种区别，鸟类可以用尿建造起礁岛，而哺乳动物则不行（洞穴中的大型蝙蝠群可能会偶尔为之）。不过，像钦察群岛上堆积得有 12 层楼高的鸟粪石，即便对于鸟类来说也不多见。要做成这样的事情，鸟类必须体形相对较大，并组成大的群体，而且要在它们的居所附近排便（例如，海鸥就会在繁殖区外排出粪便）。另外，那里还必须足够干燥以防止鸟粪被冲走。秘鲁海岸附近的海域年降水量不足一英寸。秘鲁的 147 座鸟粪岛中最重要的钦察群岛，是成千上万秘鲁鸬鹚的栖息地，也是最为高产的鸟粪制造地。根据 G. 伊夫林・哈钦森（G. Evelyn Hutchinson）的经典论文《脊椎动物排泄物的生物地球化学研究》（*The Biogeochemistry of Vertebrate Excretion*），一只鸬鹚一年的排泄物大约为 35 磅。据此估算，仅仅钦察群岛的鸬鹚每年就能制造数千吨粪便。

几个世纪之前，安第斯山区的印第安人就发现了退化的土地可以用鸟粪还肥。美洲驼载着一筐筐的钦察群岛鸟粪沿着海岸走进群山。印加人将这些鸟粪分配给各个村庄，对惊扰鸟类筑巢和挖取别村鸟粪的行为进行处罚。由于波托西白银光芒的遮蔽，西班牙人对被征服者们如何处理这些排泄物未曾留心。第一位留心观察鸟粪的欧洲人，是德国大学者弗里德里希・威廉・海因里希・亚历山大・冯・洪堡（Friedrich Wilhelm Heinrich Alexander von Humboldt），他曾于 1799 年至 1804 年穿越了美洲。作为植物学、地理学、天文学、地质学和人类学的研究先驱，洪堡用他永不满足的好奇心对待路上遇到的每一件事物，包括满载当地鸟粪、行进在秘鲁沿岸水面的原住民小船去往何方。“在四分之一英里外都能闻到气味，”他写道，“水手已经习惯了氨的味道，并不为此烦恼；但我们在它们靠近的时候被呛得不停打喷嚏。”在洪堡带回欧洲的数以千计的样品中，有一件就是秘鲁鸟粪，他把这件样品送给了两位法国化学家。他们的分析结果显示，钦察群岛鸟粪中的氮含量为 11% 到 17%——若使用不当，这一含量足以烧坏植物的根。法国的化学家力赞鸟粪作为肥料的潜力。

他们的建议并未引起重视。横跨大西洋运输大量粪便以满足欧洲农民的需求的主意，理所当然不会引起航运公司的兴趣。然而过了几十年，情况就发生了变化。全欧洲的农业改革者开始担心，为了养活不断增长的人口，种植密度空前的农业正在耗干地力。由于收成趋于稳定甚至有所下降，他们开始寻找能让土地重新肥沃的东西——肥料。

在当时，最为人熟知的土壤添加剂是骨粉，用屠宰场扔弃的碎骨磨成。无数蒲式耳的骨头被运进英国、法国和德国的磨坊。人们对地力枯竭的担忧，拉升了对骨粉的需求。骨头商人们越来越多地通过歪门邪道弄来工厂所需的材料，甚至包括滑铁卢（Waterloo）和奥斯特利茨（Austerlitz）等战事初歇的战场。“现在可以确定的是，毫无疑问，阵亡士兵是非常有商业价值的物品。”伦敦的《观察家报》（*Observer*）于 1822 年评论道。报纸上说，没有任何理由相信盗墓贼会对战场手下留情。“与普遍认识完全相反，在很大程度上，约克郡善良农民的日常口粮得益于他们孩子的尸骨。”

从这一角度出发，鸟粪开始被视为一个合理的商业项目。装着鸟粪的袋子于 19 世纪 30 年代出现在了欧洲的港口。尤斯图斯·冯·李比希（Justus von Liebig）对此进行了仔细研究。作为有机化学的开路先锋，李比希是第一位对植物生长所依赖的营养，尤其是氮元素，进行说明的人。在李比希的论文《化学在农业及生理学上的应用》（*Organic Chemistry in Its Application to Agriculture and Physiology*, 1840）中，他批评了使用氮含量偏低的骨肥的行为。鸟粪则获得了另一种待遇："在只有黏土和沙子组成的土壤中掺进少量鸟粪，就足以让玉米获得丰收了。"李比希对鸟粪推崇之至，他本人成为科学的化身，而科学带来了土豆和玉米这样新的高产作物，并开辟出对工业和农业新的思考方式。这篇论文迅速被翻译成多种语言，至少有 4 种英文版本面世。经验丰富的农民，其中不少还是大地主，在读到李比希对鸟粪的赞颂之后，马上放下书本去竞相购买。产量翻番了，甚至是 3 倍。丰产就在袋子里！丰收可以在商店买到！

对鸟粪的狂热出现了。1841 年，英国进口了 1 880 吨秘鲁鸟粪，这些鸟粪几乎全部来自钦察群岛；1843 年，这一数字是 4 065 吨，1845 年达到 219 764 吨。40 年内，秘鲁出口了大约 1 400 万吨鸟粪，获得了大约 1.5 亿英镑的收益，大约相当于今天的 130 亿美元。这成为今日输入密集型农业（input-intensive agriculture）的滥觞。输入密集型农业就是根据科研所制定的规划，将巨量的作物养分从一个地方搬运到另一个遥远的地方。

为了最大限度地从鸟粪热中获利，秘鲁将钦察地区国有化了。不久政府就发现，没有人愿意在岛上工作。除了鸟类，那些岛上唯一的定居者是蝙蝠、蝎子、蜘蛛、蜱虫和吸血蝇。荒坡之上，没有任何植物可以生长。更糟的是，群岛上还没有水，每一滴淡水都得靠轮船运来。因为土地被鸟粪覆盖，矿工们的劳作、吃饭和睡觉，都不得不在经年积累的古粪上进行。因为雨水稀少，鸟粪中的水溶性物质不会被冲走，而是裹着含氨的晶体留存下来，在矿工的铁铲之下会化成碎末烟雾。酸臭的鸟粪粉末被装进矿工的小推车，沿着轨道送到海边悬崖上的一座小仓库里。从悬崖上俯瞰，男人们将成吨的排泄物顺着长长的帆布管子直接倾倒进船舱底部。随着砰然关上的舱门，鸟粪末从舱口飞溅出来，使整只船笼罩在毒雾之中。工人们戴着涂有焦油的麻布面罩，一位访客记录道：

> 但是鸟粪令这种薄弱的防护措施失效了……他们每次在船舱

里都待不到20分钟。于是他们就被另一组工人替换出来，赤身裸体地回到甲板上，汗流浃背，棕色的皮肤上沾满鸟粪。

政府可以通过支付高工资来让工人忍受如此恶劣的条件，但是这些得从利润中支取。与此相反，政府往岛上派驻的是罪犯、逃兵和非洲奴隶。事实证明这样的安排是不合适的：罪犯和逃兵互相残杀，而奴隶又是如此昂贵，以至于他们在大陆的主人不希望他们损失掉。1849年，秘鲁政府放弃了独自经营矿山的企图，将独家特许经营权转让给了秘鲁最大的棉花农场主和最大的奴隶主之一的多明戈·埃利亚斯（Domingo Elías）。政治上的精明和膨胀的野心让埃利亚斯成为利马的地方长官。在内战的混乱时期，他直接自封为国家的统治者。为了获得垄断收益，埃利亚斯本来想让自己的奴隶去开采鸟粪矿，但他也不愿让他们离开棉花田。他劝说政府为输入移民的商人提供补贴。在接受补贴的商人中，最大的一个就是多明戈·埃利亚斯。当法律获得通过的时候，埃利亚斯的代理人已经身在福建，在那些不识字的村民面前挥舞劳动合同了。

在标准的契约实践中，合同承诺中国人将通过在美国加州新发现的金矿中工作来偿还旅费，一般要工作8年。（真正的目的地鸟粪群岛的状况，则完全没有提及。）骗子的花言巧语还是貌似可信的：他们与美国机构的代理人同时出现在福建，并且编造出一个与其类似的寻找契约仆役前去修筑铁路的谎言。在虚假的秘鲁合同上签字的人，被关入厦门阴暗的苦力仓库，然后转去澳门。拒绝签字的人往往会被绑架上船，运往同一间苦力仓库。在这些狭小的格子间里，奴工的耳朵后会被烙上字母“C”——代表要前往加利福尼亚这个所谓的目的地。男人们不再被称作工人，而是被唤作“猪仔”，即小猪。“不允许任何人出来，”上海历史学家吴若增写道，“反抗的人挨鞭子，任何试图逃跑的人都会被杀死。”

秘鲁并不是那个世纪中叶中国侨民唯一的海外流散地。25万甚至更多的“猪仔”中，几乎所有人都在部分知情，或多或少心甘情愿的情况下抵达巴西、加勒比海和美国。但秘鲁意味着最长的航程、最恶劣的环境和最可怕的目的地。最终，至少10万中国人被送往秘鲁。旅途中的条件堪比跨大西洋的奴隶贸易。大约有八分之一的“猪仔”死亡。大西洋上航行的奴隶船上，起义是家常便饭。在开往秘鲁的船只上发生的暴动，已知的就有11起，其中至少5起殊死斗争成功了。

绝大多数中国人最终在海岸边的甘蔗和棉花种植园中工作。一些人为秘鲁政府修建铁路，这些铁路是秘鲁政府用鸟粪钱来修筑的。在任何时候，钦察群岛上都有1 000名到2 000名工人。根据流行的分而治之的经典策略，埃利亚斯通过用非洲奴隶充当他的中国奴隶的监工，以及设定严格期限的办法来预防反抗。难以避免的结果就是血腥暴力的一再上演和奴隶对奴隶的搏斗。挥舞着鹤嘴锄的鸟粪矿工们每天要工作长达20个小时，每周工作7天，才能完成分配给他们的工作日定额（高达5吨鸟粪），三分之二的薪水还得被扣作房租（芦苇棚屋）和伙食费（一杯玉米和一些香蕉）。没能完成每日定额的人会被5英尺长的牛皮鞭子招待一顿。一点轻微小错都会招来酷刑惩罚。从岛上逃离是不可能的，自杀时常出现。一位监工告诉《纽约时报》的记者说：

> 当年有超过60人自杀……主要方式是跳崖。像活着的时候一样，他们会像狗一样被草草埋葬。我第一次登岸的时候，发现一个淹死的人躺在鸟粪堆中，也不清楚是意外还是别的什么原因。整个上午，他的尸体都暴晒在太阳底下，下午他被人们埋在几英寸深的浅坑里，和旁边类似的小坟排在一起，距离人们工作的场所仅仅几码远。

如此多的中国人葬身在此，监工们仅仅划出一小块鸟粪地作为墓地。

1865 年，成千上万的中国奴工在秘鲁的钦察群岛开采鸟粪，运往欧洲充作肥料。这些千百年来作为海鸟栖息地的岛屿，被一层 150 英尺厚的鸟粪完全覆盖住了。

鸟粪奴工的新闻曝光，成为一桩国际丑闻，也让利马的政府有借口赶走埃利亚斯，与其他人重新谈判鸟粪合同，并开启新一轮的行贿受贿。埃利亚斯试图通过谴责官员的腐败行径和先后两次政变来收回自己赖以获利的特许经营权。但两次政变均失败了。1857 年，他尝试通过合法途径角逐总统的努力也没有成功。

所有鸟粪都流入了欧洲和北美洲。除了与埃利亚斯签署独家采矿特许经营权，秘鲁还曾经颁给利物浦的一家公司国际鸟粪海运垄断权。由于供不应求，秘鲁和它的英国代销人能够制定高昂价格。消费者对这些他们眼中的勒索行为极其愤怒。1854 年，《大不列颠农民》杂志写出了读者的愿望，强烈谴责了这种对鸟粪的“强力垄断”行为。“任何我们所需要的东西，我们都得不到足够的量，我们需要更多同时也更廉价的商品。”如果秘鲁继续坚持通过高价商品赚那么多钱，那唯一公正的解决办法就是侵略。占领鸟粪岛！

从今天的角度来看，无论是威胁要采取法律行动，或暗示要开战，或是撰写社论批评鸟粪问题，这种愤怒都是难以理解的。但是，农业在当时是“每个国家的核心经济活动”，环境史学家肖恩·威廉·米勒（Shawn William Miller）指出，“一个国家的物产丰富程度，由土壤的自然边界决定，它不可避免地影响了其国家经济的成功与否”。仅仅几年里，欧洲和美国的农业就变得依赖于高强度施肥——这种依赖从此再也没有被撼动过。作为第一个接受鸟粪、当时仍是最大使用者的英国，既是鸟粪的最大依赖者也对鸟粪最为不满。和今日的石油买家嫉妒石油输出国组织（OPEC）的成员国一样，秘鲁的英国消费者也慷慨激昂地斥责鸟粪卡特尔。他们对穿着最新的巴黎时装、挽着珠光宝气的妓女、在利马大街上招摇过市的秘鲁鸟粪业巨头极度愤怒。

大不列颠人对秘鲁在利物浦的英国代理人几乎完全沉默，后者从在秘鲁垄断贸易中获取的利润中分出一份，用来建造英国最大房产中的一栋。美国人却没有沉默，他们对英国人优先本国消费者、将美国人放在鸟粪链条最后一环的行为感到怒火中烧。在愤怒的刺激下，美国国会在1856年通过了《鸟粪群岛法案》（Guano Islands Act），授权其公民可以占领任何一个他们见到的鸟粪岛。最主要的货物来源是纳瓦萨（Navassa）——位于海地以南50英里的岛，该岛于1857年被美国占领。美国内战结束以后，纳瓦萨的劳动力以获释的奴隶为主。条件慢慢变得恶劣；翻身的奴隶叛乱了两次，并杀死了一些监工，而企业则在丑闻疑云中破产了。得益于《鸟粪群岛法案》的庇护，1856年至1903年，商人们宣布占领了94座岛屿、珊瑚礁、珊瑚岬和环礁。美国国务院正式确认其中66块领地归美国所有。但人们发现其中绝大多数鸟粪稀少，很快就被放弃了。其中有9个岛礁被美国占领至今。

鸟粪成了现代农业的样板。从李比希那时起，农民就将土地当作倾倒整袋整袋的化学营养素的载体。这些营养素从很远的地方运来，或者在遥远的工厂中合成出来。农业成了将外部的营养素转移到田间作物中的行动：撒下大量的氮，收获大量的玉米和土豆。因为在这一系统中的收获是巨大的，作物不再仅仅满足本地消费需求，这些产品注定要进入国际市场。为了最大限度地提高产量，这些谷物在越来越大的区域内被成片地单一种植，这就是所谓的“产业化单一种植”（industrial monoculture）。

现在学术界经常这样描述第二次世界大战之后的“绿色革命”——集高产作物、农用化学品和密集灌溉于一体的组合：至少在一段时间内，人类已经能成功摆脱小规模农场和地方的自然资源所造成的种种限制了。但是，据阿默斯特学院的历史学家爱德华·D.梅利洛（Edward D. Melillo）称，鸟粪船抵达欧洲和美国，标志着一场更早的、同样深刻的“绿色革命”，这是第一次使用一系列技术革新来改变全球人类的生存状态。

在种植土豆和玉米之前，在尚未进行大剂量施肥之时，欧洲人的生活水平约相当于今天的喀麦隆和孟加拉国，甚至差于玻利维亚和津巴布韦。在平均水平上，欧洲农民每天吃的东西还赶不上非洲和亚马孙的狩猎和采集社会。以改良作物和大剂量施肥为基础的产业化单一种植，首先让欧洲，之后让全球绝大部分地区的共计几十亿人逃脱了“马尔萨斯陷阱”。[1]难以置信的是，在我们这个星球上的人口从1700年的不到10亿攀升到今日大约70亿的情况下，生活水平在全球范围内提高了一到两倍。

随着时间的流逝，智利沙漠中储藏丰富的硝酸盐矿几乎完全取代了鸟粪。然后工厂制造的人造肥料又取代了硝酸盐。工厂生产化肥的工艺，是20世纪初期诺贝尔化学奖得主、德国化学家弗里茨·哈伯（Fritz Haber）和卡尔·博施（Carl Bosch）发明并将其商业化的。无论成分如何，肥料已然成为农业生产乃至当代生活的关键。在2001年一份对合成氮肥的影响的精彩研究中，加拿大曼尼托巴大学（University of Manitoba）的地理学家瓦科拉夫·斯密尔（Vaclav Smil）估计称，如果缺少了人工氮肥，五分之二的人都将难以存活下来。

无论以什么标准来衡量，这些都是惊人的成就。然而，和所有人类的努力一样，密集型农业也还是有缺点的。催生了现代农业的鸟粪贸易，通过“哥伦布大交换”，带来了最糟糕的问题：外来害虫的洲际传播。也许永远不能确证，但人们普遍相信鸟粪船带来了用显微镜才能看到的“搭便车”的客人：马铃薯晚疫病疫霉（*Phytophthora infestans*）。该疫霉引起的晚疫病于19世纪40年代在欧洲的土豆田暴发，这种植物病害夺去了200多万人的生命，其中一半是爱尔兰人，这就是日后所称的“大饥荒”。

彻底的现代饥荒

马铃薯晚疫病疫霉这个名字或多或少代表了“讨厌的植物毁坏

[1] 这可能低估了其影响。历史学家彭慕兰（Kenneth Pomeranz）曾经主张：“直到19世纪初，欧洲（包括英格兰）的一些开发密度最大的耕地都面临着严重的地力衰退。”彭慕兰认为，如果鸟粪没有出现，后果也许不会是农业生产保持在同一水平那么简单，整个欧洲的大部分地区都会面临一场全面的灾难。

者”，这一谴责完全是实至名归的。马铃薯晚疫病疫霉是一种卵菌（oomycete），是700多种有时被称作“水霉”（water molds）的生物中的一种。按照生物学家的观点，卵菌可以被看作藻类的近亲。按照园艺师的观点，马铃薯晚疫病看起来和发展态势上都与真菌类似。它随风送出6个到12个微型胞囊的孢子，它们通常飘不到20英尺的距离，偶尔能达到半英里甚至更远。当孢子囊落在一株易感染的植物上时，它会孵化或释放出学名为“游动孢子”（zoospores）的东西：有两条尾巴、能够运动的细胞，它们在茎和叶的水分中缓慢游动，寻找称作“气孔”（stomata）的微型呼吸孔。如果遇到足够湿热的日子，游动孢子会萌发，抽出长长的菌丝，菌丝通过气孔钻入叶子中。菌丝渗入叶片细胞之后，会进而破坏植物的内部生理结构，植物就转而向入侵者供应养分，而终止对自身的营养供应。最初的明显征兆——叶面上的紫色、黑色或者棕色斑点——会在5天内出现。但这时已经为时已晚，菌丝已经蔓延到植物的大部分组织中。而这些卵菌已经产生新的孢子囊了。

水是晚疫病的朋友，因为游动孢子在干燥的叶子中不能萌发。雨水将游动孢子从叶面冲刷到土壤中，使它们能够深入地面6英尺以下，侵害植物的根和块茎。最容易遭受攻击的是块茎的芽眼。马铃薯晚疫病的攻击从外部开始，致使土豆的外层组织变干、变碎、变成红棕色腐烂掉。晚疫病犹如黑暗中的魔爪，悄悄走进块茎的中心部位。由于健康组织和患病组织之间的界线很模糊，往往整个土豆都必须扔掉。处置的时候必须十分小心：一块受到感染的块茎能够生出100万个孢子。

马铃薯晚疫病疫霉会侵害所有茄科家族的成员：土豆、番茄、茄子、甜椒以及毛茄和小颠茄。当震惊的欧洲研究者头一次观察到土豆田里的惨状时，他们自然而然地认为病来自秘鲁——土豆之乡。70年前，大部分人才改变想法。一般来说，生物学家将一个物种“多样性的核心区”，即拥有最多形态的地方视为它的原籍。墨西哥拥有数百个其他地方没有的玉米变种，这说明这里是玉米的起源之处；非洲人比高加索人和亚洲人更具遗传多样性，非洲就被当作了人类的摇篮，诸如此类。在墨西哥中部，马铃薯晚疫病看起来比其他地方有更多的种类。非常明显的是，这个物种以两种形式存在——可将它们想象为雌、雄两种，只是卵菌没有性别特征。它们可以互相结合自己的DNA，形成名为“卵孢子”（oospore）的卵状物。换句话说，马铃薯晚疫病疫霉既可无性又可“有性”繁殖，引号是为了提示这些生物并没有真正的雌雄之分。[1]只有墨西哥的卵菌才会进行有性繁殖，其他地区都缺少两种类型中的这一种。科学家们认为，这和其他一些物种多样性的证据表明，马铃薯晚疫病起源于墨西哥，尽管那里直到18世纪都没有发现马铃薯晚疫病的证据。1803年，亚历山大·冯·洪堡带着他的鸟粪样品造访墨西哥时，对墨西哥的土豆进行了全球最早的研究。洪堡认为西班牙人从安第斯山区进口了这些块茎。通过这一考察可知，马铃薯晚疫病在遇到土豆之前已经存在了好几千年了。最后补充一个细节，因为美国比欧洲早发现晚疫病，部分研究人员认为它是先在美国流行，然后才搭乘横跨大西洋的船只漂洋过海。

2007年，经过一系列的实验，一支由北卡罗来纳大学的植物遗传学家吉恩·瑞斯汀诺（Jean Ristaino）带领的小组推翻了这些猜想。瑞斯汀诺的团队从博物馆的植物储存库的标本箱中选出186个受到感染的土豆，运用DNA分析手段检测马铃薯晚疫病。其中最近的样品是1967年的，还有3件样品收集自1845年到1847年大饥荒中的欧洲。尽管瑞斯汀诺的计划有很多复杂的细节，但是遵循着一条简单的原则：由于马铃薯晚疫病疫霉通常会进行无性繁殖，这些卵菌的祖先和后代一般具有相同的遗传性状，除非极偶然的突变打乱原有的DNA。按照

[1] 同时采取有性和无性两种方式繁殖后代，对于像我们这样庞大又笨拙的哺乳动物来说，听起来很奇怪，但这的确是微观世界中广泛存在的一种精明的生存策略。（举个例子，导致疟疾的疟原虫属寄生虫就可以通过以上两种方式繁殖。）无性繁殖在顺境中是非常有用的，因为这种方式繁殖出的后代与它们的上一代一样，在基因水平上能够完全适应环境。当环境变化时，有性繁殖就很有价值，因为通过性行为发生的基因重新组合提供了差异性，这将有助于后代在改变后的环境中生存。

遗传学家的说法，携带相同DNA模式的生物体被称为属于同一个“单倍群”（haplogroup）。如果两个个体属于相同的单倍群，则构成它们具有同一个较近祖先的分子水平上的证据。与此相似，不同的单倍群则标志着没有较近的共同祖先。瑞斯汀诺的团队发现源自安第斯地区的马铃薯晚疫病比墨西哥的晚疫病具有更多的单倍群种类——从根本上更富多样性。此外，标本箱中保存了一个半世纪之久的老晚疫病标本的DNA，与安第斯晚疫病的DNA几乎完全一样。科学家们写道：“美国和爱尔兰的病菌种群与秘鲁的种群之间并不存在遗传上的差别。”来自安第斯的晚疫病“最初在美国流行，然后扩展到爱尔兰并引起了大饥荒”。

疫病最有可能通过开往比利时的鸟粪船完成从秘鲁到欧洲的旅行，最有可能是在安特卫普（Antwerp）这个地区最为重要的海港登陆的。附近西佛兰德省（West Flanders）农民们的土豆遇到了麻烦。欧洲的植物病原体——病毒和真菌使自己适应了这种新作物，这件事在现在则被称为“进化力量的展示”。在1843年7月，西佛兰德省议会投票决定从南、北美洲进口新的土豆种类，以期发现一些不易感染疾病的品种。关于它们的来源和运输方式已经没有记录可查了。如果南美洲的土豆不是来自安第斯地区，那还真是件很奇怪的事。

不过几乎可以肯定，土豆在一艘鸟粪船上完成了它们的旅程。自1532年至1840年，西班牙为了保护它在波托西的银矿而严格控制交通，因此只有很少的船只可以直接从秘鲁驶往欧洲。随着波托西矿石逐渐枯竭，运载白银的船只的航行次数越来越少。19世纪20年代，玻利维亚和秘鲁赢得了独立，西班牙船只航运在此时终结。欧洲船只从此可以自由地驶往利马，但几乎没什么人这样做：这两个新国家提供不了什么东西，此外其政治还混乱不堪。在独立的头20年，秘鲁平均每年都要发生一次以上政府更迭，同时还进行了5次对外战争。直到1840年，秘鲁和英国之间的直达航线才开辟出来。该路线运输的是鸟粪。在鸟粪狂潮中，数十艘船舶为此从欧洲驶向钦察群岛。一名旅行者曾于 1853 年目睹 120 艘船聚集鸟粪码头。稍后的另一位航海家看到的是 160 艘。这些轮船中的某一艘在无意中将害晚疫病的土豆带到了比利时——危及一个大陆的概率是很高的。

西佛兰德省的土豆试验田始辟于 1844 年。当年夏天，一位附近的法国植物学家观察到少量土豆植株带有奇怪的黑色斑点。接下来的冬天异常寒冷，应该足以杀灭任何土壤中的晚疫病孢子或卵孢子。但是试种者已经贮存了少量被感染的土豆，并在不知情的情况下将它们于第二年开春时播种下去。在 1845 年 7 月，距离法国国境 6 英里的西佛兰德省小镇科特赖克（Kortrijk）成为欧洲第一次马铃薯晚疫病疫霉大流行的启动地点。被风扬起的卵菌孢子在 8 月像跳房子似的散布到巴黎周围的农场。数周之后，这种病菌就遍布尼德兰、德意志、丹麦和英格兰。各国政府惊慌失措并命令从海外进口更多的土豆。

1845 年 9 月 13 日，爱尔兰报道了第一起马铃薯晚疫病。到了 10 月中旬，英国首相将这场疫病私下称作一场民族灾难。在接下来的一个月中损失了四分之一到三分之一的作物。都柏林大学经济学家、晚疫病历史学家科尔马克·奥·格拉达（Cormac Ó Gráda）曾经估算爱尔兰农民在当年种植了大约 210 万英亩土豆。两个月内，马铃薯晚疫病横扫全国，相当于致使 100 万英亩的土地上减产一半到四分之三。下一年情况更糟，而再下一年更甚。

想想看，几乎四成的爱尔兰人除了土豆之外没有任何固体食物，而其他食品的生产也同样十分依赖这些土豆。再想想看，爱尔兰是欧洲最为贫穷的国家之一。突然之间祸从天降，马铃薯晚疫病夺去了这个国家二分之一的口粮，而该国又无钱从域外购买谷物。结果是非常恐怖的，爱尔兰瞬间变成到处充斥《启示录》里末日之后的景象。穷困潦倒的男子衣衫褴褛地走在马路上，睡在路旁阴沟中挖出的简陋的栖身之所。人们吃掉了狗、老鼠甚至树皮。经常有人吃人的报道，有些可能确实发生了。还有全家人在家中死去然后被凶猛的宠物吃掉。幸存者也少不了痢疾、天花、伤寒、麻疹等造成死亡记录上“发烧”

症状的疾病的光顾。成群被形容为“无家可归、半身赤裸、饥肠辘辘”的乞丐啸聚富户，讨要施舍。死亡人数众多，以致在许多西部城镇中，尸体被丢在集体墓穴中埋葬。

由于资源枯竭，生活就成了一切人对抗一切人的斗争。饥饿的人们潜入田间偷窃堆放在场地上的萝卜。农民们在田间挖掘陷阱以阻止他们。地主赶走大批佃农，拆毁他们的房屋，然后自己也破了产。为了食物和住所，邻居之间互相殴打。犯罪率激增，谋杀率在两年内几乎翻了一番。一些饥饿的人偷桌上的食物，另一些人只有被抓进狱中才能获得食物。在一个案子中，两个被监狱释放的男子第二天就因为试图“闯入监狱”而又被遣送回来。唯一下降的暴力犯罪是强奸，因为想肇事的人缺乏体力。

成千上万绝望的人乘坐被称为“棺材船”的东西逃离这个国家。一名乘客记得人的肉体“挤在一起，没有光线、没有空间，滚在泥里，呼吸着污浊的空气，身体害病，心情沮丧”。这些船只的航路的标志就是船后抛入海中的死者。大多数移民去了美国或者加拿大。魁北克省圣劳伦斯河上格罗斯岛的隔离区里挤满了众多病倒和饥饿的人。有一个集体墓穴埋葬了数以千计的尸体。他们在离爱尔兰一片大洋的地方死去，但如果他们从未离开故土，结局也会和马铃薯晚疫病的大批牺牲者一样。

英国启动了历史上最大的救援计划，但是灾难性的是救援规模严重不足——爱尔兰民族主义者指控其原因很大程度上在于，伦敦将这次危机当作了加快其将爱尔兰的“原始”自给型农业改造为出口导向型农业的努力的一个机会。英国人不向人民提供食物，而是把人民从农场上拽走，集中在贫民习艺所里，在流动舍粥处提供食物；同时，农场被合并为更大的、更便于为出口服务的生产单位。另外一些批评者揭露在饥荒时期爱尔兰还向外出口食品：在情况最为糟糕的1846年和1847年出口了43万吨谷物。“的确是全能的上帝送来了马铃薯晚疫病，”民族主义领袖约翰·米切尔（John Mitchel）怒吼道，“但是是英国人制造了饥荒。”

英国人麻木不仁的例子的的确确俯拾皆是。一些政客对人口的减少表示欢迎，如同一位内阁大臣的发言人所说，这会“给文明腾出空间”。另一些人认为给流动舍粥处提供食物实际上是做坏事，一位银行官员解释说，如果“大量的人口因饥饿丧生的话”，“幸存者的物质联系（material relations）将得到重新建立”。

英格兰的辩护者们反驳说，尽管反爱尔兰的政客说了一些糟糕的事情，但他们的声音被忽略了。实际上，只有将饥民集中起来才好养活他们，给分散的家庭提供巨量的食物，即使到今天也不是件容易的事情。另外，出口商主要是爱尔兰的农夫，他们出售价格昂贵的肉类和谷物，为他们的家人换来便宜的食品。无论其后果有多么悲惨，未能完成史无前例的事情算不算道德沦丧，诸如这样的争论一直持续着。

1847 年年初，《伦敦新闻画报》（*Illustrated London News*）邀请艺术家詹姆斯·马奥尼（James Mahoney）造访饥饿蹂躏下的爱尔兰乡村。他的文章和插图描绘了满眼废墟、乞丐遍地的景象——这些作品为这场危机引起英国公众的注意起到了巨大的作用。

不论英国需要承担多少罪责，爱尔兰饥荒的严重后果是没什么好质疑的：它使这个民族人口损失过半。从人口损失的比例来说，在上百万起甚至更多的天灾中，它是历史上最为致命的一起饥荒。如果今天在美国爆发类似的饥荒，会死亡差不多4 000万人；1918年到1922年发生在苏联的饥荒可能更糟。在10年的晚疫病肆虐时期，又有200万人逃离爱尔兰。在随后的几十年中，还有更多的人相继逃离，这无情地降低着它的人口。这个民族的人口再也没有恢复。直到20世纪60年代，它的人口还只有1840年时的一半。现在，爱尔兰出于这个悲惨的原因而在整个欧洲，也许是全世界拥有了独一无二的特征，与150多年前有着相同的边界，人口却比那时更少。

懒汉床

大饥荒给爱尔兰留下了如此重大的创伤，以致历史学家在超过一个世纪的时间中很少回顾这件事情。不过，自20世纪70年代以来，饥荒已经成了数百本书籍和文章的主题。然而，令人意外的是，几乎没有作品将关注投给事件的起因：马铃薯晚疫病，因为，现代商品农业第一场大灾难中的主角是卵菌。

马铃薯晚疫病迅雷不及掩耳地降临在了爱尔兰，并以惊人的速度横扫了这个国家。岛国爱尔兰距离西佛兰德有800英里之遥，在它们之间横亘着北海和爱尔兰海。晚疫病孢子是很脆弱的：在阳光之下经受仅仅一个小时的紫外线辐射，就足以使其萌发率减少95%，即使空中落下小雨也一样可以妨碍它们。一个被多次援引的生态学模型认为，在现实情况下它们被风吹送的距离不会远于二三十英里。根据在华盛顿州进行的实验，3位科学家推论在最理想条件下——强风、低温、无阳光直射且不降雨，晚疫病孢子能够移动70英里，但是只有不到5%还能存活。除了北爱尔兰附近之外，爱尔兰海的宽度都超过了70英里。如果研究人员是正确的，那么晚疫病孢子被吹到爱尔兰的路径只能是先由英格兰东南部移动到西北部，然后飘过分隔不列颠岛和爱尔兰的北部海峡到达贝尔法斯特，这是一段非同寻常的旅程。（从技术上讲，它们不是孢子而是“孢子囊”，即晚疫病疫霉释放出的一袋袋孢子，但是我在这里忽略了两者的区别。）

1845年9月13日之后的30天中，爱尔兰降了24天的雨，有时雨还很大，就是在这时，首次在这里出现了马铃薯晚疫病的报道。尽管阴雨绵绵，马铃薯晚疫病还是毫不留情地横扫了全国。爱尔兰的一些事物特别脆弱，那这又是为什么呢？部分原因只是在于土豆的数量，这成了晚疫病攻击的头号靶子。另外一个原因是作物种植的单一性。据晚疫病历史学家奥格拉达称，爱尔兰大约一半的地方都种植一种叫作“脚夫”（Lumper）的特别高产的单一土豆品种。许多爱尔兰人都住在聚集在一起的农舍里，周围紧密环绕着村社所有的土地，组成一个个称作克拉钦（clachans）的小村庄。由于被单一的块茎作物的一个品种无性繁殖出的后代所包围，爱尔兰西部的克拉钦跻身全世界最为单一的生态系统。

几个世纪以来，爱尔兰农民种植谷物的方法，是把一块块的草皮用犁翻起来埋进又长又宽的田埂中，田埂之间用深深的犁沟隔开——这就是著名的“懒汉床”农耕系统。（这个名字源于给土豆起的英语绰号：“懒汉根”。）田埂通常有4英尺宽、比犁沟高出至少一英尺。它们与安第斯社群中那些一道道隆起的叫作沃克的田埂非常相似。如同沃克一样，它们也是在沼泽土中修建起来的，相比于旁边的平地，这些田埂在早上可以更迅速地升温，并一直将热度保持到夜间，在安第斯山区和爱尔兰这样的寒冷地区，这是一种优势。由于一层又一层草皮碎屑的贡献，田埂上富集了肥沃的土壤，农民们可以通过密植来自然地抑制杂草。由于田埂没有开犁，它们里面完整的根系可以抵御水土流失，这些根系还确保收获之后青草能够迅速重新生长起来，从而恢复土壤中的营养。

在不明白这些优点的情况下，18世纪的农业改革家们指责懒汉床/沃克方法是没有效率的，是一种毫无价值的对现代化的阻碍。像安德鲁·怀特（Andrew Wight）和杰思罗·塔尔（Jethro Tull）这样的活动家，希望农民通过彻底地深耕释放土壤养料，在地里的每一块犄角旮旯都种植作物，利用肥料改良土地（粪肥，然后有条件时用鸟粪），靠坚决地除草来保护作物生长，并且进行高效收割，以此获得最大产量。为了达成上述目标，这些技术的信仰者将工厂制造的最新式的耙子、钻子和收割机视为上帝赐予的工具。因为这些不能在沟壑中上下爬行的机器需要平整耕地，所以懒汉床式的土地必须被削去。改革者说，因为以上种种原因，田垄之间的犁沟是对空间的浪费。

沃克占据了欧洲北部从法兰西到波兰一个带状区域，这条长带还包括不列颠、爱尔兰、斯堪的纳维亚国家和波罗的海国家。在新耕作法被采纳的1750年左右，这条耕作带消失了。1834年，沃克几乎在爱尔兰完全消失了，此时，热心改革的埃德蒙·墨菲（Edmund Murphy）正在完成一个从东海岸的都柏林到西边的戈尔韦郡（Galway）、横跨国家的“专业旅行”，他“特别注意土豆的种植”。他看到曾经无处不在的懒汉床在这片大地上几乎消失殆尽，并欢呼道，它们被“完全取代了……没有什么比这一点能够更好地体现正在这个国家里迅速推广的农业革新了”。

为了研究转向现代耕作方式的后果，当时在奥斯汀的得克萨斯大学的迈克尔·D. 梅耶尔（Michael D. Myers），在北爱尔兰开辟了6块试验田：3块懒汉床和3块替代它们的平整耕地。他发现，简单的田埂和犁沟制造出了一套复杂的地理系统，田埂之上和犁沟之下的温度和湿度有着惊人的剧烈差异。植物疾病专家用“晚疫病单位”（blightunits）法描述了有利于马铃薯晚疫病暴发的温度和湿度条件——晚疫病单位数越高，土豆叶子中的晚疫病游动孢子越容易发芽。梅耶尔开辟的懒汉床的晚疫病单位大约相当于平整耕地的一半。晚疫病孢子在相对温暖、干燥的田埂之上比较不容易发芽。因为水流到犁沟之中，流失掉的水能够冲刷下面正在生长的根部，将游动孢子带走。另外，懒汉床的杂草较少，并且不需要那么多肥料。[1]

墨菲，这位懒汉床的抨击者，就因为疾病对爱尔兰土豆的侵袭而进行了他那场专业旅行。那是在1834年，也就是马铃薯晚疫病大暴发前10年；他认为这种疾病的流行与病毒、细菌、线虫等正在适应新作物的常规害虫有关。害虫的进化所导致的谷物歉收在1814年至1845年里发生了14次。（这些事件中并没有像大饥荒那样严重。）得克萨斯大学的研究员梅耶尔相信这些歉收的部分原因在于放弃了懒汉床耕作方式，从而在不经意间助长了植物病害的发生。（值得注意的是，安第斯地区从未发生过影响范围如此广大的土豆流行病。）晚疫病疫霉只不过是一种最新的也是最为厉害的病原体，它能够利用新式的科学农业方法：这种科学农业种植单一品种的土豆，种植在为了利用（农业机械和农药等）技术而不是生物成长而塑造的地块上。

大饥荒是第一场真正的现代农业灾难。如果少了现代科学技术的改进塑造，马铃薯晚疫病的危害将会大大减少。惊惧于晚疫病之害，法兰西、比利时、不列颠和尼德兰的政府很快就向生物学家求助。但是专家们从未见过什么东西的危害如此之广泛酷烈。在接下来的40年中，研究者们将这种疫病归咎于臭氧、空气污染、静电、火山活动、蒸汽机车放出的烟尘、过高的湿度或温度、当时刚被发明并大量使用的含硫火柴、外层空间的散逸物、各种昆虫（蚜虫、瓢虫、污秽的植物蠹害），甚至马铃薯本身的内部衰败。阿默斯特学院著名的自然史学家爱德华·希区柯克（Edward Hitchcock），将责任归于一种“大气媒

[1] 反对懒汉床农业的运动也许并不是改革者所制造的唯一破坏。马铃薯晚疫病在全欧洲扩张得如此迅速，这促使人们不禁要问，马铃薯晚疫病的传播是不是人类行为所意外导致的。生态学模型表明，晚疫病“通过人进行传播比通过大气扩散的被动传播更容易”。在19世纪40年代初欧洲大部分地区的农场中，至少有一种新事物突然出现：鸟粪。人们很容易想象得到，在从利马驶向利物浦的航路上，患了晚疫病的土豆从破损的桶里掉出来，将孢子撒进货舱里输送的鸟粪中。晚疫病孢子在土壤中可以存活40天之久。如果土壤是在旅程将要结束的时候被感染的，那将会为孢子散布留下充足的时间。爱尔兰成为大部分鸟粪实验进行的场所。到1843年，其全部32个郡中至少有11个进行过实验。农民们以同样的热情不断地换购和赊借样品。值得怀疑的是，马铃薯晚疫病随着鸟粪进口一同输入的数量，是否比混在鸟粪中输入的少些。[另一种害虫，马铃薯胞囊线虫（potato cyst nematode），正是以这种方式入侵日本的。] 在遭受马铃薯晚疫病打击之后，爱尔兰的一些最为进步的农民主张采用一种使土豆产量恢复正常的手段：使用更多鸟粪。整个大饥荒期间，运载肥料的船舶从未中断。

长期以来，许多安第斯人在被称作沃克的相互平行的田埂上种植土豆（此页下图摄于玻利维亚附近的的的喀喀地区），这是一种通过排干湿土抑制真菌疾病的有效实践。英语中称为懒汉床的栽培方法在爱尔兰直到 19 世纪早期都很常见（此页上图，20 世纪 20 年代摄于北爱尔兰）。最近的研究表明，懒汉床方法的废弃推动了农村马铃薯晚疫病的流行，这加剧了爱尔兰大饥荒的程度。

介，这种物质对我们的感官认知来说，非常微妙”。少数人认为病因是真菌，但他们的声音被压制了。从来没有人提出过一条有用的对策，人们吁求科学的帮助，可科学什么问题都回答不了。

“向甲虫开战”

1861年8月，甲虫侵袭了堪萨斯东北一处10英亩大的菜园，这片种植土豆的菜园属于一个名叫托马斯·墨菲（Thomas Murphy）的农民。他的名字倒很应景：墨菲这个常见爱尔兰姓氏刚好也是爱尔兰人称呼土豆的俗名。墨菲的土豆（墨菲的墨菲）惨遭大量甲虫蹂躏，以至于他只能眼巴巴地看着叶子上挤满了闪烁着的微小身躯。他把虫子从土豆植株上弹到篮子里，他在事后曾写道：“在非常短的时间内就抓到2蒲式耳的这些玩意儿。”——这真是不同寻常，因为每只虫子还不到三分之一英寸长。换个不同的环境，墨菲也许会认为这些甲虫非常美丽，它们有着黄色或橘黄色的身躯和如老虎一样被黑色条纹装饰起来的前翼。但是他的土豆一长出来，它们就把土豆糟蹋掉了。

在这群甲虫突袭他的土豆之前，墨菲从未见过它们。无论是他那些同样也被甲虫造访过的邻居，还是艾奥瓦和内布拉斯加那些在当年夏天已经遭到过甲虫攻击的农民，这两类人都没有见过它们。昆虫大军向北部和东部稳步推进，每年扩张50英里到100英里的地盘，令所到之处的土豆种植者为之震惊。它们于1864年抵达了伊利诺伊和威斯康星，于1870年到了密歇根州。7年之后，它们就已经可以对从缅因州一直到北卡罗来纳州的土豆都展开攻击了。据一个被反复传诵的故事讲，这些蜂拥而至的爬满了土豆田的小虫，会迫使火车停下来。它们在火车轨道上铺满了厚厚一层，足以让火车轮子打滑，“就如同上了油，致使机车无力拽动列车车厢”。强风将这些甲虫吹到海里，它们又从海里被冲上岸，形成了一张橘黄色的毯子，这张毯子污染了从新泽西到新罕布什尔的海滩。农民们对于这些小生命来自何方一无所知，对于如何让其不再跑到地里去吃他们种的土豆，也毫无办法。

对大饥荒记忆犹新的欧洲人听到这则土豆遭灾的消息后表现得十分不安。各公司生产出成千上万小昆虫的模型来帮助农民们辨认墨菲的甲虫。德意志在1870年针对美国土豆推行了也许是世界上最早的农业检疫制度；法兰西、俄国、西班牙和尼德兰也陆续效仿他们。对此最为恐惧的大不列颠却没有禁止美国土豆进口——这是由于它不想引发贸易战争。在船舱里旅行的甲虫在欧洲时常现身，但每次都被人消灭了。第一次世界大战转移了政府对监管昆虫传播这一目标的注意力。甲虫们抓住这一时机，在法国建立了桥头堡，紧接着它们就向西扫荡。目前，它们在欧洲占据了从雅典到斯德哥尔摩的一个带状地区。在美洲，它们的领地从墨西哥中南部一直到加拿大中北部。许多生物学家担心它们会扩张到东亚和南亚，最终完成环球旅行。

墨菲的甲虫以马铃薯叶甲虫（*leptinotarsa decemlineata*）的名字为生物学家所知晓，它被园艺家称作科罗拉多土豆甲虫。它并非来自科罗拉多，起初它对土豆也没有什么兴趣。它起源于墨西哥中南部，在那里它的食物主要是黄花刺茄（buffalo bur，又叫Solanum rostratum），这种马铃薯的近亲是一种齐膝高的杂草，其叶子有点类似橡树的叶子。从人类的观点出发，这种植物是一个恼人的麻烦，它长着有刺的心皮（种子荚），一旦刺进毛发和衣物，不戴手套就很难除去。生物学家相信这种黄花刺茄曾经仅仅存在于墨西哥，直到西班牙人通过“哥伦布大交换”把马匹和牛带到了美洲。印第安人很快就意识到这些外来牲畜的用途，所以他们会尽可能地多偷一些牛马，把偷来的牲口赶到北边供家庭乘骑和食用。很显然，通过附着在马鬃、牛尾和原住民的马鞍袋子上，黄花刺茄就跟着过来了。甲虫顺着这条路径，在由畜栏到牲畜记号笔（stock pens）构成的畜牧链条上跃进。在抵达得克萨斯州以后，这种杂草还会乘坐野牛旅行，在春季从南边迁徙到北边。到了1819年，甲虫就抵达了中西部地区，那里的一位博物学家观察到它们以密西西比河两岸的黄花刺茄为食。在这个地区，它们首次遇到了种植的马铃薯。

意外突然发生了。在墨西哥专吃黄花刺茄的甲虫，能够忽略品尝马铃薯的乐趣，就算在土豆叶子上，它们也可以到其他的地方找到食物。但是，中西部的一种甲虫在19世纪中叶发生了一个微小的突变——根据一项提示性的研究，也许在它的第二对染色体上的某个特定位置发生了一个小小的变化，DNA的一个小片段发生了倒转。这个突变不足以使甲虫的外观改变或者影响到其生育能力，但是足以使它的食物范围从黄花刺茄扩展到其亲缘植物——土豆。

“如果没有外来干扰的话，一对甲虫将会在一年的时间内产出超过6 000万个后代。”《纽约时报》在1875年得出了以上结论。实际情况下，这一数字也很可能会超过1 600万，但问题是非常现实的——一个孤立个体的一个遗传学意外，足以制造一个世界性难题。甲虫成了目前为止对土豆危害最大的害虫。“目前观察到的最坏的属性，”报纸继续说道，“是所谓科罗拉多甲虫的永居性，一般不连续几季持续蹂躏一个地方它就不会离开。……在这样的环境下，唯一的办法就是主动开展一场针对甲虫的战争。”

用什么武器进行战争呢？农民们尝试了他们能够想出的所有办法：用特制的钳子摘取和压甲虫；试图寻找对甲虫不那么具有吸引力的土豆品种；吸引该种昆虫的天敌［瓢虫、花萤甲（soldier beetle）、特定品种的斑蝥（tiger beetle）］；每季转移土豆田，以此防止甲虫在土壤中过冬（昆虫的一种冬眠方式）；在土豆田周围种满黄花刺茄，“以将这些虫子集中起来，方便加以消灭”——这句话是美国昆虫协会（U.S. Entomological Commission）的创始人和长期领导人查尔斯·瓦伦丁·莱利（Charles Valentine Riley）说的。一名艾奥瓦州的男子兜售他的马拉式甲虫清除法，该清除法把虫子耙到马身后拉的一个盒子里。种土豆的人将土豆植株拌上石灰、撒上硫黄、铺上灰、喷上烟草汁。他们将煤焦油兑了水，洒到甲虫身上。据说一些农民还使用了酒。还有人试图使用煤油。但没有一样奏效。

从新石器时代第一次种植作物以来，昆虫就开始困扰农民。但是，据说大规模的产业化农业改变了其诱因。几千年来，土豆甲虫都只是对分布在墨西哥山区的黄花刺茄下手。相比之下，一个艾奥瓦州的马铃薯农场为其提供了丰盛的早餐。这种农场里有几百行单一品种的作物整齐地排列在一起。通过对土豆的适应，甲虫获得了比过去更多的用来繁殖的资源，其数量就自然地膨胀起来。其他害虫也如此行事，以便利用同样的机会来捞到好处，马铃薯晚疫病就是一个明显的例子。每一座新建的大型农场，对于那些可以利用它的物种来说，都是一个如同神话般的储存财富的巨型仓库。

这些农场更为相似，成为所谓同质世的典型印记。因为种植者种下的仅仅是某一物种里很少的几个变种，害虫需要克服的天然防线很狭窄。过去，一个物种能够适应此地的土豆，换个地方也许就无法适应了。现在，有赖于铁路、轮船、冰箱等现代发明，害虫从一种特定的食物源泉跳跃至下一个的目标比以前容易实现了。产业化农业不但为害虫提供了大量相同的目标作物，而且，这些密集便捷的交通网络使得它本身更容易被远处的物种所利用。1898 年，莱利的继任者 L. O. 霍华德（L. O. Howard）计算得出，对美国危害最严重的 70 种害虫中，至少有 37 种是近期从国外输入的（另有 6 种害虫，他不能确定其来源）。

因此，19 世纪晚期成为一个虫灾肆虐的时代。棉铃象甲（boll weevil）悄悄越过墨西哥边境，在美国南部扫荡了大片棉田，以至于南卡罗来纳州州长呼吁公众为战胜小虫而禁食祷告一天。澳大利亚的一种昆虫吹绵蚧（cottony cushion scale）横扫了加利福尼亚的柑橘产业。从欧洲传入的榆叶甲虫（elm leaf beetle）蹂躏了美国城市中的榆树。名字不像可确实是从亚洲传入的荷兰榆树病（Dutch elm disease），应该是在此后不久就扫光了密西西比河东岸几乎所有的榆树。作为回报，从美国扩散出去的一种蚜虫——根瘤蚜（phylloxera）——毁灭了法国和意大利的大部分葡萄庄园。

对于酿酒行业，莱利发现了问题的答案，这位昆虫协会的领导人将欧洲葡萄的枝条嫁接到美国葡萄的根上，从而使它们能够抵御蚜虫。在此后的数十年间，绝大部分法国葡萄和许多意大利葡萄都带着一段美国根。对于土豆，解决办法更加曲折：巴黎绿（Paris Green）。

巴黎绿的杀虫性质据说是一位农民发现的。他油漆完了他的百叶窗之后，出于气愤就将剩余的油漆扔在了他那片有甲虫出没的土豆田里。这油漆里的翡翠色颜料就是巴黎绿，主要由砷和铜制造。发明于18世纪晚期的巴黎绿已经为油漆、纤维织品和壁纸所常用。农民们用面粉将其大大稀释之后洒在他们的土豆上，或者用大量的水混合后进行喷洒。

巴黎绿是一个简单而值得信赖的解决方法：购买染料，根据制造商的说明把它和面粉或水混合起来，用集尘箱或洒水器进行施用，然后等着土豆甲虫死掉。对于种土豆的农民来说，巴黎绿是天赐之物。而对于早期的化学工业而言，这是一种还可以改进、扩展的东西。如果砷能够杀死土豆甲虫，为什么不把它用到其他害虫身上呢？为什么不把巴黎绿喷到棉铃虫（cotton worm）、苹果尺蠖（apple cankerworm）、苹果蠹蛾（apple codling moth）、榆叶甲虫、刺柏网虫（juniper webworm）和蓝莓的瘟疫——北方竹节虫（northern walkingstick）上面呢？砷可以把它们都杀死。对于受棉铃象甲所害的棉农来说，这简直是天赐之宝。眼睛发红的科学家和工程师们发明了喷雾器、唧筒、除尘器、压力阀和可调黄铜喷嘴。药粉变成了液体；铜-砷混合物变成了一种铅-砷混合物，后来又变成了一种钙-砷混合物。

如果巴黎绿管用，那为什么不买另一种含砷颜料伦敦紫（London Purple）呢？为什么不用其他化学品去应对其他农业问题呢？在19世纪80年代中期，一位法国学者发现“波尔多液”，也就是硫酸铜这种用来防止儿童偷吃水果的东西会杀死葡萄霜霉病菌（downy mildew on grapevines）。手握这种新式化学武器的研究人员将其用于其他害虫，希望能够证明它和巴黎绿具有相同的杀伤力。他们很快就发现硫酸铜正是（天哪，太好了！）人们寻求多时的救治马铃薯晚疫病的特效药。

如同这幅 1877 年伦敦某家报纸的一期副刊《乡民建言》（*Funny Folks*）的封面插图所绘，不列颠农民为科罗拉多土豆甲虫的到来担惊受怕。

先用巴黎绿，然后再用硫酸铜喷洒土豆植株，就能够同时消灭甲虫和晚疫病。

一开始，农民们就知道巴黎绿和硫酸铜是有毒的。甚至在发现其杀虫特性之前，许多人就已经因为居住的房间中涂了巴黎绿的壁纸而患病。用这种毒剂喷洒食物的想法让农民感到焦虑。他们担心杀虫剂和杀真菌剂在土壤中积累的后果。他们害怕让自己和他们雇用的工人暴露在危险的化学品面前。他们为整套技术的成本而忧虑。所有这些恐惧都成为现实，但是都有办法应对，至少是部分应对。很长一段时间内，农民们根本无从知晓其中最令人不安的问题：化学品将无可避免地不再有效。

从遗传学的角度讲，科罗拉多土豆甲虫具有不同寻常的多样性，这意味着它们的DNA来源不同寻常地宽泛。[用技术用语表述的话，甲虫群体具有很强的杂合性（heterozygosity）。]面对新环境，它们适应得很快。对于农民来说很不幸的是，这些能被适应的新环境也包括了杀虫剂。早在1912年，几种甲虫就表现出了对于巴黎绿的免疫力。但农民们并未注意此事，因为杀虫剂产业不断推出新的含砷化合物来持续杀死土豆甲虫。直到20世纪40年代，长岛的种植者发现自己不得不使用剂量越来越大的最新合成变种砷制剂砷酸钙，以保卫自己的农田。对于他们来说很幸运的是，瑞士农民在第二次世界大战中试验了一种杀灭土豆甲虫的新型制剂。这种叫作滴滴涕（DDT）的广谱性化学杀虫剂，具有空前的作用范围。购买了DDT的农民兴高采烈地看着害虫从自己的田野里消失。这种欣喜持续了大约7年之久。甲虫又一次适应了环境的变化。土豆种植者们需要新的化学药品。工业行业拿出了狄氏制剂（dieldrin，一种有机氯农药）。这种药品坚持了大约3年。到20世纪80年代中期，美国东部的每种新型杀虫剂大约能使用3个月。

种植土豆的农民，现在每个种植季节要用形形色色的致命物质处理作物十余次之多，这被批评者称为“带毒的跑步机”。许多作者都谴责了这种行为，在这些谴责中也许没有人比迈克尔·波伦（Michael Pollan）在《植物的欲望》（*The Botany of Desire*）一书中表现得更优雅了。正如波伦评论的，现在大规模种植土豆的农民在耕作时，随意把熏蒸剂（fumigants）、杀菌剂、除草剂和杀虫剂施用到他们的土地上，创造出了被委婉称为所谓“清洁田”（clean fields）的环境——这里消灭了除土豆植株之外的所有生物。（另外，在作物生长期，通常每周还要喷洒一次人工肥料。）如果几天没有降雨，这些粉末和溶液会在土壤表面凝结，形成一层好像化学战试验的残留物。在美国东北部，我曾经见到过不允许孩子在田野上闲逛的农民。一个人即使不是有机食品的拥护者，也会对将食品生产变成有毒行为的这样一个体系的前景感到好奇。

更为严重的是，不少研究人员相信化学杀灭只会适得其反。强效杀虫剂不光会杀死意欲除去的虫子，还会同时杀死作为它们天敌的昆虫。当这些目标物种产生了抗药性的时候，它们往往会发现自己的日子反而比过去更加好过了——原先制约它们的种种事物都消失了。这样就产生了矛盾的结果，杀虫剂结果会增加害虫的数量，除非农民们使用更多的化学武器去控制其发展。原先一些被杀虫剂灭绝的种群所抑制的“次要害虫”（Secondary pests）也跟着受益。对此，工业给出的解决办法是：更多的杀虫剂。2008 年，一个研究团队在《美国马铃薯研究杂志》上宣布：“一批新的化学药剂不久将会在市场上出现。”但是，

> 没有理由相信，它们中的任何一员能够打破杀虫剂—抗药性—新的杀虫剂这无尽的循环，这种循环在科罗拉多土豆甲虫的控制上表现得淋漓尽致。……尽管科学和技术取得了进步，科罗拉多土豆甲虫仍然是土豆生产的主要威胁。

马铃薯晚疫病同样也会回潮。1981 年，瑞士研究人员发现了二型马铃薯晚疫病卵菌已经进入了欧洲，他们为此感到惊慌沮丧，此前发现这种卵菌只存在于墨西哥。由于马铃薯晚疫病现在已经可以进行“有性”生殖，所以它具有了更丰富的遗传多样性，也就是有了更多的适应化学控制的手段。类似的物种侵入在美国也发生过。以上两种情况产生的新变种危害都更大，并且具有更强的抵抗甲霜灵（metalaxyl）的

能力，后者是最为流行的抗马铃薯晚疫病疫霉特效药。良好的替代品现在还没有出现。2009 年，就在我写作本书期间，马铃薯晚疫病毁掉了美国东海岸绝大多数的番茄和土豆。这个异常湿润的夏季把我周围的庄园都变成了一片稀泥。我花园里那点从未遭受过水淹磨难的番茄悉数被毁。无论准确与否，我的一位邻居将这场袭击归咎于“哥伦布大交换”。更具体地说，他指控，马铃薯晚疫病附着在大卖场中的番茄秧苗上。

第七章

黑金

没有鸟也没有昆虫

它看起来像是一座森林，但生态学家可能不会这样称呼它。它位于中国南端离老挝边境不到 40 英里的龙茵勒村（属西双版纳傣族自治州勐腊县勐腊镇），包括了村庄方圆数英里内所有的低矮山头。按中国农村的标准来看，龙茵勒村是富裕的，村中屋子的窗户上都挂有窗帘，墙面也粉刷过。道路两旁房舍的屋顶上，矗立着一个个太阳能热水器和卫星电视接收器。我乘坐的出租车驶过了村边的谷仓和牲口棚，然后来到树林中。

这些树大约 50 英尺高，灰绿色树枝上有一些斑点，树叶一端灰白而另一端是绿油油的，在我看来它们称得上优雅。曾有人告诉我，它们都属于同一物种，树龄也都在 45 岁左右。当时是政府统一组织种的这些树木。其他任何长到脚踝高度的植物，都会被彻底拔除干净。从这里看过去像个公园，不同的是，这些以 8 英尺行距种植的树木，其树冠在头顶几乎完整地连成了一片。每棵树的树干上，都有一条刀刃宽的浅螺旋切口向下延伸。在切口下树干的低处插着一块约 3 英寸宽的弹性塑料片。在每条螺旋切口的底部，都有一只小陶碗或是预备放碗的支架。

这种树叫作巴西橡胶树（*Hevea brasiliensis*），也就是帕拉（Pará）

橡胶树。龙茵勒村的村民割开树皮，钉上长条的胶舌来导流。乳白色的黏稠乳胶会从裂缝中涌出，沿着胶舌慢慢流动，并最终滴到碗里。因为树种和季节的缘故，乳胶中 90% 的成分是水，其他成分一部分是细小的天然橡胶颗粒。乍一听上去，“天然橡胶”仿佛是在昂贵的新时代风格精品店里出售的东西。事实上，它是一种主要的工业产品，高科技制造业对其需求很大。巴西橡胶树中的天然橡胶，让龙茵勒及周边大批社区都摆脱了贫困。

行驶了 10 分钟到 15 分钟后，我下了出租车，在四周走走看看。我来到一个分布着低矮梯田的山坡，每层都种着一排橡胶树。越过坡顶，斜坡陡然向下；更远处是无数形貌不一的小山，不规则得就像扔到地上的布单上的褶皱，在雾蒙蒙的下午，它们的颜色随着距离的拉远而变淡。我唯一能辨认出来的就是橡胶树。

司机和我一起走着。他说，自从他长大以后就再没来过这里。从前，这些山上到处是哺乳动物和鸟类。后来，一切都被橡胶树取代了。甚至连昆虫都很安静。这或许是我踏入过的最宁静的森林。时不时一阵微风吹来，树叶像小旗帜一样舞起波浪，短暂地露出它们丝缎般光滑的树梢。“这里什么都没有了，”司机说着，显得很沮丧，“人们总想砍啊砍，然后种啊种——真该死。”

一个多世纪前，已经有少数橡胶树从原产地巴西来到亚洲。如今，这些树的后代像地毯般遍布了菲律宾、印尼、马来西亚和泰国的一些地区，以及中国的这个地区。巴西橡胶树还越过国境，进入老挝和越南。这种在 1492 年之前从未在亚马孙河流域之外存在过的植物，现在成了东南亚生态系统的主宰。事实上，植物学家早就警告过，橡胶树主导了面积如此广大的区域，只要出现一种类似马铃薯晚疫病的传染病，就会迅速引发一场生态灾难，甚至还可能导致全球性的经济崩溃。

我曾在龙茵勒村挨家挨户地拜访，与农民们讨论乳胶。他们因乳胶带来的机遇而心怀感激。乳胶让餐桌上有了食物，乳胶支付了孩子的教育费用，乳胶还让道路得以建设和维修。正如土豆以一己之力帮

这种引导乳胶用的胶舌和碗是西双版纳橡胶园的特色。

助欧洲逃脱了“马尔萨斯陷阱”（尽管可能只是暂时的），乳胶也促成了工业革命，这将经济的基础从人力和畜力劳动转变为机械化制造。龙茵勒村的人们是最近一批受益于它的人。当我看着数英里茂密却没有飞鸟的树林，我似乎仍然能听到村民们感激的声音。还有其他的声音也如水蒸气般上升，无论是好是坏，无数人的生活都早已与这种植物纠缠在一起：运气不济的奴隶、富有远见的工程师、执着痴狂的科学家和高高在上的政客。这片外来树种构成的景观，由来自不同地方的无数双手共同创造出来，时至今日已经存在超过45年了。

“油脂化学”

1526年5月，威尼斯驻西班牙大使安德烈亚·纳瓦杰罗（Andrea Navagero）出席了在塞维利亚为王室举办的娱乐宴会。7年前，埃尔南·科尔特斯在未经西班牙王室授权的情况下，入侵墨西哥并推翻了阿兹特克帝国。国王和王后如今得想办法处置他们数百万的新臣民。有些人认为应该将他们充为奴隶，因为他们生来就低人一等；另一些人则认为，应该让他们受洗成为基督徒并赋予他们完全的西班牙公民身份。为了展示阿兹特克人的智慧、技巧和高雅风范，西班牙教会中反对奴隶制的派系派遣了一队印第安人来到塞维利亚。这些印第安人被分为若干组，呈现了一场中美洲运动"尤拉玛利兹里"（ullamaliztli）的表演赛，威尼斯大使观看了这场表演。

纳瓦杰罗是个好奇心极其旺盛的人，他曾翻译经典的诗歌与科学作品，撰写威尼斯历史，还进行过生物学实验——1522年，他创建了欧洲大陆上第一座私人植物园。这场"尤拉玛利兹里"令他着迷，他似乎认为这是另一种类似颠球杂耍（juggling act，在罗马帝国时代曾流行的团队运动，但在欧洲其他地方并不为人所知）的表演项目。在"尤拉玛利兹里"中，两队人互相竞争，要让一只球穿过场地另一头的铁圈——有人或许会说这是足球运动的雏形，不过这里的球不能碰到地面，而且选手只能用臀、胸和大腿来碰球。穿着填有垫料的围腰布、戴着类似厚露指手套的护腕，选手们来回击打一只拳头大小的球。"如此灵巧，看起来真奇妙，"纳瓦杰罗记录道，"有时为了回传球，他们整个人都会扑到地上，一切动作都以惊人的速度完成。"

除了球赛，球本身也令纳瓦杰罗着迷。欧洲的球通常是用皮革制成的，里面填充羊毛或羽毛。而印第安球却完全不同。纳瓦杰罗写道，它们"弹跳得很充分"，可以迅猛地向某个方向弹去，这和他曾见过的所有东西都不同。他猜测，印第安球是通过某种方法"用很轻的树木芯"做成的。纳瓦杰罗的朋友彼得罗·马尔蒂雷·丹杰埃拉（Pietro Martire d'Anghiera）也同样困惑，丹杰埃拉几乎在同一时期观看了这种比赛。他写道，当印第安球"触到地面，即使是轻掷，它们也会不可思议地跳跃回空中"，"我不明白这些沉重的球为何能如此有弹性"。

王室史官冈萨罗·费尔南德斯·德·奥维耶多–巴尔德斯（Gonzalo

Fernández de Oviedo y Valdés）的认识稍好一点。1535 年，他完成了第一本有关西班牙入侵美洲的官方史书《西印度群岛通史和自然史》（*General and Natural History of the Indies*），他曾试着在书中描述“弹跳”（bounce），当时在西班牙语里还没有这个词：“这些球比我们的空心球跳得更高（目前为止），即使是从手上滑落到地上，它们跳起的高度也比落下时还高，它们会跳一下，再跳一下，又跳一下，跳更多下，跳起的高度越来越低，类似空心球但更强一点儿。”奥维耶多写道，印第安人是通过搅混“树根、草药、果汁和一种混合物来制造这种怪异的弹性球的材料的……待混合溶液干透之后，它就变得像海绵一样，但并非因为它像海绵般有洞或空隙，而是因为它变得更轻，它仿佛是又松软又相当沉重”。稍等，或许有人会问：怎么会有东西“变得更轻”却又“相当沉重”呢?

纳瓦杰罗、丹杰埃拉和奥维耶多完全有理由感到困惑：他们遇见的是一种新的物质形式。这种球是用天然橡胶制成的。用化学术语来说，橡胶是一种弹性体，如此命名是因为绝大部分弹性体都可以伸展和弹跳。欧洲人还从来没有见过这种东西。

对于工程师来说，弹性体的作用是巨大的。他们将天然橡胶或类似橡胶的物质塞进家居和工作场所的每个角落和缝隙里：胶带、绝缘材料、雨具、黏合剂、鞋类、发动机的皮带、O 形密封圈、医用手套、软管、气球、救生圈，自行车、汽车、卡车和飞机上的轮胎，以及数以万计的其他产品。但这并不是迅速实现的：直到 18 世纪 40 年代，才有了对橡胶的深入研究。最早的实验发生在 1805 年，这次实验很简单，并没有找出橡胶的任何用处。不过，科学家约翰·高夫还是发现了一个对后来的理解至关重要的事实：橡胶在伸展时温度会升高。[1] 直到 19 世纪 20 年代橡胶防水套鞋的发明，橡胶才突然间火了起来。

---

[1]　约翰·高夫（John Gough），这位天生失明的人纯粹靠触觉证明了这一点：他拉扯一块宽橡胶片的两端，然后用对温度极其敏感的“嘴唇边”来感受它。他还发现橡胶被加热后会收缩——这与其他大多数物质不同，它们在变热后体积会增大。

16 世纪 20 年代，在西班牙巡回演出的印第安击球运动员让包括德国艺术家克里斯托夫·魏迪兹（Christoph Weiditz）在内的欧洲人惊叹不已，它迥异于任何欧陆已有的娱乐方式。

不过，“火”是相对于欧洲人和美国人而言的；南美洲印第安人使用橡胶的历史已有数百年之久。他们在树干上砍出浅浅的 V 形切口来取乳胶；乳胶从 V 形口的底部滴到下方的杯子里，杯子通常是固定在树皮上的空葫芦。在令人联想到太妃糖制造的操作过程中，印第安人用棕榈坚果当燃料，在冒着浓烟的火上慢慢地熬煮和抻拉乳胶，从而由乳胶中提取出橡胶。得到橡胶后，他们用它来制作硬管子、盘子和其他器具。加州大学洛杉矶分校的地理学家苏珊娜·赫克特曾在亚马孙河流域做过广泛的考察，她认为原住民还曾将布料浸在橡胶中来让他们的帽子和斗篷具有防水性。直到 18 世纪晚期，欧洲殖民者才开始在亚马孙河流域制造涂有橡胶的服装，包括将鞋形模具浸泡在沸腾的乳胶锅里做成靴子。有一些靴子进入了美国。波士顿、费城和华盛顿特区等都建在沼泽之上；它们的街道上泥巴很厚，也没有人行道。胶靴在这些地方相当受欢迎。

所谓“橡胶热”的中心，是波士顿以北的马萨诸塞州城市塞勒姆（Salem）。1825年，一个年轻的塞勒姆创业者从巴西进口了500双胶鞋。10年后，进口鞋的数量增长到超过40万双，即约每40个美国人就有一双胶鞋。亚马孙河口附近小村庄的村民们，按波士顿商人的要求制作成千上万的鞋子。浸泡过橡胶的服装有摩登感、高科技且令人兴奋，是完美的都市配饰。为了购买它，人们挤满了商店。

然后，崩溃不可避免地到来了。防水的胶靴和衣服，这个想法本身远比现实令人兴奋。橡胶的效果压根儿就不好。天气一冷，胶鞋就会变脆；天气变炎热了，胶鞋又会熔化。冬天结束时放在壁橱里的靴子，到秋天时变成了一堆黑胶泥。这堆东西气味很糟糕，以至于人们把鞋具埋在花园里。参议员、国务卿丹尼尔·韦伯斯特（Daniel Webster）喜欢讲他收到的橡胶斗篷和帽子礼物的故事。在一个寒冷的傍晚，他穿戴它们出门。当他抵达目的地时，斗篷已经变得相当僵硬，以至于他能让它立在主人家门前的街上。很可能他还把帽子撑在了上面。“我们中许多高贵的绅士还记得，”一位评论家后来写道，“在大学时期的夜间打斗，天冷时，一只扔出去的坚硬的印第安橡胶鞋是多么高效的武器。”退回的商品淹没了橡胶品销售商。公众舆论转而强烈地反对橡胶。

1833年，在崩溃发生之前，一位名叫查尔斯·固特异（Charles Goodyear）的破产商人开始对橡胶感兴趣，并越来越着迷。固特异的创业头脑最典型的体现就是，在投资人纷纷计划撤出该领域时，他却开始为橡胶事业寻求资金支持。在固特异宣布要生产耐温橡胶的几周后，他被投入债务监狱。他开始在牢房里工作，用擀面杖捣碎橡胶片。缺少化学知识不曾使他受到影响，反而令他无比坚定。多年来，固特异一直在贫困中辗转于美国东北部各地，身后跟着他饥饿的妻儿，同时躲避法警，典当祖传的财产。他始终在混合、摆弄有毒的化学药剂，梦想能让橡胶更稳定一些。固特异一家曾生活在斯塔滕岛（Staten Island）一间废弃的橡胶厂里，也曾住在马萨诸塞州一间废弃橡胶厂里。他们在康涅狄格州一个叫所多玛山（Sodom Hill，从名字就能看出这里的环境有多健康！）的街区的棚子里住过。他们还在马萨诸塞州另一间废弃的橡胶厂住过。有时，这些房子里没有暖气和食物。固特异有两个孩子夭折了。

另一位橡胶痴迷者的梦境让固特异得到了灵感，他开始在橡胶中混入硫黄。最初什么都没发生，他后来说，直到他不慎将一块用硫黄处理过的橡胶掉落到柴火炉里。令他惊奇的是，橡胶没有熔化。表层虽然烧焦了，但内层材料却变成了一种能在高温下保持形状和弹性的新型橡胶。固特异积极着手于重演这起意外，但这个任务因为他无力购买任何实验设备而受阻，他不得不挨家挨户地敲邻居的门，请求借用他们的柴火炉。硫化的过程有时起效，有时则一无所获。固特异不停地尝试，失意、饥饿，使他饱受折磨。在他再次被关进债务监狱后，他在牢里给认识的人写信，请他们提供“在这里为我建一所印第安橡胶厂的物资”。最后，他借到了钱，还清了债务。一个月后，他又被关入另一家监狱。

在这个过程中，他结识了一个年轻的英国人。固特异给了他几块自己的成功样品，并请他在英国寻找投资者。经过一段迂回的旅程，在1842年秋天，两个固特异处理过的1.5英寸长的薄橡胶片被送到了托马斯·汉考克（Thomas Hancock）的实验室；汉考克是曼彻斯特的工程师，他之前也在改进橡胶的加工技术。汉考克完全不知道这些橡胶片源自何方。但他很快发现，在炎热天气里它们没有熔化，在寒冷天气里它们也没有变硬。问题是，他能否复制这个成就。人们并不清楚他从固特异的样品中学到了多少。后来，他声称“没有分析过”别人带来的“这些小片儿”——如果属实，这是在清楚地表示他对其毫不关心。无论如何，汉考克相比固特异更有条理、知识更渊博，他的设备也比固特异的更好。他用一年半时间系统地进行了数百次小实验。最终，他也了解到，将橡胶浸泡在熔化的硫黄里，能将橡胶变成在寒冷天气保持伸展性、在炎热天气维持固态的东西。后来，他将这个过

硫化的过程让橡胶可用于工业用途。确认谁才是硫化过程的发明者并不容易。查尔斯·固特异（左）最早有了基本想法，但从未彻底理解这个过程；托马斯·汉考克（右）在固特异之前获得了这项技术的专利，他理解得更透彻，但也可能是在看到固特异的原始样品后才产生了灵感。

程命名为“硫化”（vulcanization），以纪念罗马神话中的火神伏尔甘（vulcan）。1844年5月21日，英国政府向汉考克授予了专利。

3周之后，美国政府授予了固特异硫化技术专利。只需粗略看看专利就能知道，固特异从未完全理解这个过程：固特异称，白铅是一个关键要素，而马萨诸塞大学西尔维奥·O. 孔蒂国家聚合物研究中心（Silvio O. Conte National Center for Polymer Research）的E. 布莱恩·考弗林（E. Bryan Coughlin）指出，这种金属基颜料对于橡胶稳定性的作用是“即使有，也是次要的”。“我不太确定，因为它并不是标准的处理方法——也许它有某种催化作用。”考弗林告诉我，相比之下，汉考克的技术专利“相当简单”。汉考克将软化的橡胶搅入加热到240华氏度至250华氏度（约为116摄氏度至121摄氏度）的硫黄里，这比它的熔点略高。他让橡胶受热的时间越长，橡胶失去的弹性就越多。“这几乎就是我教给学生的东西了。”考弗林说。

固特异没有弄清楚硫化的秘诀，但他清楚知道自己终于迎来了一个商业机会。他展示了一种过去不为人知的宣传手法——他借了 3 万美元，用来在 1851 年伦敦水晶宫举行的首届世界博览会上打造一个完全由橡胶组成的展厅。4 年后，他又借了 5 万美元，在巴黎举行的第二届世博会上布置了一个更豪华的橡胶展厅。巴黎人丢掉了他们城市人的傲慢，在固特异的橡胶梳妆台和镶有橡胶框的镜子前，像土包子一样目瞪口呆地看着；梳妆台上摆了一组橡胶梳子和有橡胶把手的刷子。橡胶地板中央是一张硬橡胶桌，上面放着橡胶墨水瓶和橡胶笔。橡胶伞竖立在放置于两堵橡胶墙夹角中的橡胶伞架里，每面墙上都装饰着画在橡胶布上的画。面向武器迷的展品则有一排放在橡胶鞘里的刀、剑，以及装在橡胶套里的步枪。除了难闻的橡胶味，固特异的展览应该算得上成功了。“拿破仑三世授予他军团勋章（Legion of Honor），”英国外交官、历史学家奥斯汀·科茨（Austin Coates）写道，“然后，他就因负债被一家巴黎的法院送进了监狱。”固特异在牢房里接受了勋章。他不得不出售妻子的部分财物来支付夫妇俩回国的旅费。他在 4 年后去世，死时仍然债务缠身。

后来，美国人将固特异吹捧为一位富有远见的人物。儿童书籍将他称颂为敢作敢为精神的典范；一家大型轮胎公司还以他的名字命名。科茨指出，与此同时，“汉考克得到的是典型的英国式待遇：在世时备受尊崇，去世后逐渐被遗忘，只在后来的某些相关的百年纪念到来时，才会被印上邮票”。

无论是固特异还是汉考克，都没有明白为什么硫黄能让橡胶稳定，或者说为什么未添加其他东西的纯橡胶能发生弹跳和拉伸。如同 16 世纪的西班牙人一样，19 世纪的科学家也对这些弹力球感到困惑不解。拉伸一只细铁圈的时候：它会略有伸长，然后“啪”的一声断成两截。相比之下，橡胶圈则可拉伸到原始长度的 3 倍，然后就变回原来的形状。这是为什么呢？此外，为什么硫黄能让橡胶在夏天不熔化？“当时没有人知道，”考弗林告诉我，“当时这是一个巨大的谜。很多化学家并不想研究它，而这又让谜团更难解了。”

19 世纪下半叶是化学的全盛时期。研究人员破译了物质世界的基本规律。他们将化学元素排列到周期表中，发现了原子组合成分子的规律，还了解到分子会形成有固定结构的规则晶体，这些晶体能精确地被识别出来。

在这些严密的知识体系中并没有橡胶的一席之地。化学家无法让它形成结晶。更糟糕的是，对橡胶进行的许多标准化学测试得出的却是毫无意义的答案。分析表明，每个橡胶分子都由碳和氢原子构成。这里并不是问题。但测试还指出，碳和氢被堆积成由数以万计的原子组成的庞大分子。对大多数化学家来说，这相当荒谬：分子是化合物的基本结构单元，而基本单元不应该如此庞大。

化学家们说结论很明显，橡胶肯定是胶质：一种或多种化合物经过细密研磨并散布到其他化合物中。胶水就是一种胶质，花生酱也是，培根的脂肪和泥巴都是胶质。由于胶质不是某种单一物质，而是许多不同物质的混合物，它们并没有基本的成分。寻找它的基本成分，就如同试图找出垃圾堆的分子结构单元。一位德国研究者讥讽地将研究橡胶的化学称为“Schmierenchemie”。从字面上看，Schmierenchemie 的意思就是“油脂化学”，但考弗林告诉我，翻译成“试管底部污泥的化学”更贴切。

尽管如此，仍有少数化学家没有理会同僚们对橡胶的蔑视，其中最突出的是当时在苏黎世的瑞士联邦理工学院（Swiss Federal Institute of Technology）工作的赫尔曼·施陶丁格（Hermann Staudinger）。这位知名研究人员已经得出了咖啡和胡椒的基本风味物质的化学式。（将速溶咖啡泛滥全球的责任推到施陶丁格身上是不公平的。）在第一次世界大战期间，出于对这种“高分子化合物”的直觉般的信念，他投身到完全陌生的橡胶领域；“高分子化合物”是他对橡胶的称呼，因为其有非常大的基本结构单元。熟悉特立独行科学家成功故事的读者绝不会感到讶异的是，施陶丁格遭到了激烈反对，但他还是继续为自己的假设积累证据；阻力逐渐变得失去理性，充斥着责骂。1925年，他离开苏黎世前往德国的弗赖堡大学（University of Freiburg）工作，在告别演讲上他被前同事抨击、谴责。或许，施陶丁格爱挑衅的嗜好也让敌意更加剧烈。某次，他的一位对手出版了一本新书，他的祝贺方式，是用胶水将抨击文字——“这本书不是科研成果而是政治宣传”——粘在大学图书馆收藏的那本副本的封面上。不过，施陶丁格的故事最终还是在人们喜闻乐见的地方迎来了结局：1953年，他在斯德哥尔摩获得了诺贝尔化学奖。

施陶丁格证明，橡胶和其他弹性体都有形状像长链条的分子[1]。“长”是一个准确的形容词：如果一个橡胶分子和铅笔一样厚，那它的长度就堪比足球场。“链”也是准确的：所有的橡胶分子都是由数以万计相同的、重复的环节构成，每个环节都包含5个碳原子和8个氢原子。普通固态物质的分子（如电线中的铜）通常是有序排列分布的。恰恰相反的是，橡胶分子是完全混乱的，这些链条以一种无法识别的方式彼此杂乱地混在一起。“经典的类比是将其比作意大利面，”考弗林对我解释道，“但除非你把面条说成有100码长，否则这个类比就是不准确的。”拉伸橡皮带使得缠绕在一起的分子被拉整齐，就像盒子里装的一根根意大利面一样。当橡胶分子被拉伸的时候，分子就从一团混乱的聚集体变成了其完整的长度，这就是橡胶可以伸展的原因。与此相反，电线中的铜分子已经排成了一条直线，因而很难让这些材料再变长——这种差别，就像拽一根松散的、纠成团的绳子的一端和费力拉扯一根完全伸展开的绳子之间的差别一样。（在拉直分子链时需要能量，这就是为何橡胶在被拉伸时会发热。）一旦压力放松，橡胶分子就会随机移动，这种随机移动自然而然又让它们混乱地组合在一起，橡胶于是又缩回了它原来的大小。

---

[1] 总体来说，长链分子的物质被称为聚合物。常见的聚合物有很多，比如，丝绸和羊毛这样的纤维，面包中的谷蛋白及蛋清中的卵清蛋白等蛋白质。具有令人费解特性的弹性体，就是一种特殊的聚合物。

当一块纯橡胶被加热时，橡胶的分子链就会发生振动，并从各个方向滑动，从而变得更混乱无序；橡胶最终失去原来的形状，变成一堆胶泥。硫化能防止这一过程。将橡胶浸泡在硫黄里会引起一种化学反应，橡胶分子通过由硫原子构成的化学“桥”彼此交联在一起。这些连接无处不在，因而一根橡胶带——一个经过硫化处理的橡胶圈——实际上就是一个巨大的、交联的分子。由于分子都固定在了一起，它们就更不容易发生变化：不易排成行，不易纠缠，更耐受极端的温度。橡胶突然间变成了一种稳定的材料。

硫化技术的影响是深远的，可充气的橡胶轮胎是最著名的例子，它对人类使用自行车和汽车至关重要。橡胶也让电气化得以实现：试想一下，如果一栋现代建筑的线路外没有绝缘材料会发生什么。或想象一下洗碗机、洗衣机和烘干机里如果没有皮带将发动机的运动传导给器械本身，又会如何。同样重要但不太明显的是，每个内燃机里都有许多管道和阀门，它们通常借助压力来传导水、油和汽油或排出蒸气。除非零部件制作得十分完美，否则发动机的振动就会使液体或气体从接合处危险地泄漏出来。软管、垫圈、O 形密封圈几乎能完美地填满这些间隙。没有了它们，每个家庭的炉具都将始终面对天然气、燃料油或煤气泄漏的危险——而这是潜在的死亡陷阱。

“工业革命需要 3 种基本材料，”加州大学洛杉矶分校的地理学家赫克特告诉我，“钢铁、化石燃料和橡胶。”快速工业化的欧洲和北美国家能获得远超过需要数量的钢铁和化石燃料，于是，确保橡胶供应便更加势在必行。

“香槟浴女”

在我的客厅里挂着一幅肖像画，画中人可能是我祖母的叔叔或曾叔公。那两位的名字都是内维尔·伯戈因·克雷格（Neville Burgoyne Craig）。我祖父在一家旧货商店发现了这幅画，他认为画的是匹兹堡第一家日报的创办编辑老克雷格（1787—1863）。但这幅19世纪晚期的画的风格表明，画的应该是31岁生日刚过一周就乘船去了亚马孙地区的工程师小克雷格（1847—1926）。他想靠橡胶生意发一笔财。

克雷格并没有打算直接与橡胶打交道。相反，他想做的是帮助修一条运输橡胶的铁路。当年和现在一样，制作天然橡胶的主要原料是巴西橡胶树产的乳胶。这种原产于亚马孙河流域的树，在巴西和玻利维亚的边境最为密集。最接近这片地区的港口在安第斯山脉另一侧的太平洋海岸。将橡胶运到港口意味着要将它运过寒冷的高山。之后，若想将乳胶运到英国，还得开船绕到南美洲波涛汹涌的最南端，这条漫长而危险的行程长约19 000千米。整个行程艰险异常；事实上，英国皇家地理学会（Royal Geographical Society）的秘书在1871年计算得出，若将橡胶从巴西的马代拉河顺流而下运到亚马孙河，然后再进入大西洋，这一条从亚马孙河西部直接到伦敦的路线会比原来的快4倍。问题是，马代拉河下游有一段长229英里的河道被瀑布和迅猛的急流所阻断，不能通航。在这一地区西侧，是玻利维亚境内3 000英里长的可通航河道，以及橡胶和其他贵重商品的来源；它的东侧是宽广的亚马孙河，然后是大西洋。在这片交通不便区域的下游，坐落着巴西小村庄圣安东尼奥（Santo Antônio）。我的祖先前往的正是圣安东尼奥，在急流附近修建铁路。

克雷格生于匹兹堡，本科时在耶鲁大学获得了工学学位。他是一个好学生，两次获得大学数学奖项，还未毕业就被美国海岸与大地测量局（U.S. Coast and Geodetic Survey）录用。5年后，为寻求挑战，他加入了费城的铁路建设公司P. & T. 柯林斯（P. & T. Collins），当时该公司已经获得了由玻利维亚政府担保，修建马代拉铁路的合同。柯林斯两兄弟似乎认为，他们丰富的铁路建设经验能够弥补缺少亚马孙地区施工经验这一不足。1878年1月，他们从费城送出了两船摩拳擦掌的工程师和劳工。克雷格随第一艘船出发。

正如他后来在回忆录中所述，冬季大风把去亚马孙的旅程搞砸了。

内维尔·B. 克雷格

风暴在距弗吉尼亚的詹姆斯敦以南 100 英里的地方摧毁了适航性较差的第二艘船。80 多人葬身海底。公司管理者在招人填补遇难者空缺时遇上了麻烦——被海难吓坏了的费城人已经失去了创业激情。最终，柯林斯兄弟从“我们东部几个大城市的贫民窟”里雇到了一批新的劳动力，如果引用克雷格书里描述的话，这些人“从形体、面容到姿态，都为达尔文进化论的合理性提供了惊人的证据”。大部分新劳工是从意大利南部来的移民；许多人因为无政府主义信仰被赶出家园。正如我祖先的尖刻措辞所暗示的那样，抵制意大利人的偏见在当时很普遍；这导致这些新来的“美国人”格外渴望得到工作。柯林斯兄弟利用了他们急切的心情，以低于第一艘船上工人的报酬签下了他们——每天 1.5 美元，而不是 2 美元。柯林斯兄弟貌似没有想过这些劳工会发现这一安排，或者也没有想过他们会觉得这种安排不可接受。

与此同时，克雷格乘蒸汽船沿亚马孙河与马代拉河而上，来到筹建铁路的终点站圣安东尼奥，并开始着手勘察线路。直到作为替换劳力的意大利人到来，他才知道第二艘船上人们的遭遇。与此同时，意大利人发现他们的报酬比别人低。几天后，他们就开始了罢工。包括克雷格在内的工程师，用本为铺设铁路的钢轨做了一个笼子，用枪指着罢工者，把他们关了进去。在读克雷格的回忆录时，我一直徒劳地期待他能认识到囚禁劳动者对施工进度有可能造成负面影响。最终，罢工者回去工作了，他们愠怒地在森林里砍树。数周后，“75个，或者更多人”动身前往玻利维亚。但没有一个人到达——克雷格过分夸张地猜测，或许他们已经“成了口不择食的食人族帕伦丁丁人（Parentintins，附近一个原住民部落，通过传播凶残的名声而使可能的殖民者远离其海湾）的盘中餐”。

在某种意义上，工人们逃跑可能是件幸事：这支远征队的食物开始短缺了。就像詹姆斯敦的殖民者一样，我祖先的队伍也在物产丰富的地方陷入了饥荒。10年前，德国工程师弗朗茨·凯勒（Franz Keller）曾和一队莫宙（Mojos）印第安人一起调查马代拉河流域的急流。莫宙人经常吃龟类大餐，凯勒曾抱怨过这种单调的饮食；他更喜欢庞大而有壳的巨骨舌鱼（pirarucu），这种鱼经常被亚马孙河流域的人做成鱼排烤着吃，他还喜欢亚马孙海牛（Amazonian manatee），这种球形水生哺乳动物的肉“如果烹饪得当，绝对能令人想起猪肉”。

和詹姆斯敦的殖民者一样，铁路远征队在丰沛之地忍饥挨饿。农业遗传学家长期以来一直认为，铁路沿线的周边，也就是巴西与玻利维亚的边境，盛产花生、巴西蚕豆（*Canavalia plagiosperma*，美洲雨林刀豆）以及两种辣椒［浆果状辣椒（*Capsicum baccatum*）和绒毛辣椒（*C. pubescens*）］。近些年的证据进一步显示，这个地区还是烟草、巧克力、桃棕（*Bactris gasipaes*，亚马孙河流域的一种主要乔木），以及最重要的，全球性粮食作物木薯（*Manihot esculenta*）的驯化地。

我的祖先曾差点在全球的农业中心之一死于食物短缺。

在极度饥饿中忍受了5个月后，克雷格才从当地的一个居民那里学会了不应该继续在大河里捕鱼，而应该去较小的支流里捕鱼。亚马孙河的鱼很少搭理鱼钩和线，因此印第安人并不使用它们；他们会在河里投入用马钱子属的树（顾名思义，它是有毒的）做成的麻药。受麻药影响而暂时无法呼吸的鱼会纷纷浮出水面，然后被人舀进筐子。克雷格的船员放下鱼竿，学会了制作毒药。他们不再奋力在菜园里种豌豆和胡萝卜，转而开始吃棕榈果和木薯。

最终令铁路建设事业垮台的是疟疾。大约在17世纪，疟原虫由非洲奴隶携带到美洲海岸，它慢慢地将亚马孙河流域变成了一个又一个人丁消亡、疾疫肆虐的河谷，只有少数外国人愿意踏足。硫化技术把人们带了回来。欧洲和美国的工业界突然发现自己急需大量橡胶。最初，绝大部分橡胶来自亚马孙河河口，接近港口城市帕拉河的贝伦。每棵橡胶树每天大约生产1盎司[1]橡胶，每年只有100天至140天时间能产橡胶，每隔几年还需要停产休养。但因为需求猛增，贝伦的割胶者从树上索取太多，导致许多树死亡。后来在1877年至1879年，整片东北海岸遭遇了严重的干旱。死亡人数多达50万。这些饥饿的内陆人抛下被灾难侵袭的田地和被割胶搞得油尽灯枯的橡胶树，忍受着霍乱、天花、肺结核、疟疾、黄热病和脚气的折磨。这些数以万计的灾民，搭乘亚马孙河上新出现的蒸汽船逃往上游，希望能靠橡胶谋生。那些稍有家底或与政界有关系的人，从当地官员处弄到了政府赠地或特许用地；而那些除了雄心就一无所有或心狠手辣的人，则一心寻找尚未枯竭的巴西橡胶树来开工。巴西历史学家罗伯托·桑托斯（Roberto Santos）估算，他们最终创建了25 000个橡胶园，其中大部分规模很小，总共雇用了超过15万名劳工。成群结队的移民成为疟疾的新目标。1867年，德国工程师凯勒在马代拉河旅行时没见到几例疟疾。内

[1]　1常衡盎司约合28克。——编者注

维尔·克雷格10年后来到这里，这时看到的人却要少多了。

死亡人数骇人听闻。克雷格在1878年2月19日抵达圣安东尼奥。3月23日，第二艘船靠岸，工人数量猛增至大约700名。到5月末，疟疾使几乎一半人失去了劳动能力。到7月底，三分之二的工人因病失去劳动能力；三周后，这一比例上升到四分之三，约有35人死亡，这还只是大批死者中的第一批。到1879年1月，这里只剩下了大约120个美国人，其中一多半是病人。我的祖先写道，接下来的一个月，公司发生了“彻底崩溃”。作为崩溃的顶点，铁路公司里的英国银行家，或许是为了等待法律仲裁，拒绝给幸存者支付积欠的工资。重病缠身、不名一文、蓬头跣足、衣衫褴褛的克雷格和另外100多人陆续沿亚马孙河顺流而下，来到了贝伦，他们不得不在那里乞求搭便船回家。但是尽管他们已经流落码头，欧洲和美国的金融家们却还在计划另一轮建设铁路的尝试——橡胶带来的财富太多，令他们不能割舍。

即使是在繁荣与萧条疯狂地交替登场的时期，橡胶业的兴旺也依然引人注目。1856年至1896年，巴西的橡胶出口增长超过10倍，到1912年又增长了4倍。一般来说，这样巨大的增长会拉低价格。但恰恰相反，橡胶价格不断攀升。受到各种致富故事的诱惑，投机者们纷纷跳入橡胶市场。“连寡妇和牧师也押上了全副身家。”《纽约时报》观察称——这将价格推更高。究竟有多高呢？很难提供有参考意义的数字，因为投机导致市场毫无规律地暴涨和下跌；举一个极端的例子，1910年，纽约每磅橡胶的价格在1.34美元到3.06美元之间波动。最重要的是，通货膨胀、金融恐慌和当时动荡不安的政局导致巴西、英国和美国的货币价值疯狂变动。尽管如此，橡胶价格还是不断上升。“一路上扬的价格让橡胶制造商极其郁闷，”1910年3月20日，《纽约时报》发文称，“1盎司洗净、准备加工的橡胶，其价格与等重的纯银相差无几。”

报纸的反应有点儿过头，但也并非完全不对。最近有一位经济学家计算得出，1870年至1910年伦敦的橡胶均价大致增长了2倍。看上去，统计信息比实际情况更非同寻常。不妨对比一下1900年美国得克萨斯的石油大发现前后的橡胶价格与石油价格。世界石油产量翻了一番，而价格却一路狂跌；原油价格20年内没有再涨回1900年的水平。橡胶产量增加了一个数量级，但与此同时其价格却增长了2倍，这一现象令研究自然资源的经济学家感到困惑不解、难以置信。迈克尔·C.林奇（Michael C. Lynch）是马萨诸塞州温彻斯特的一家名为能源与经济战略研究（Strategic Energy and Economics Research）的咨询公司的总裁，他感叹道："这真的很神奇，难怪人们都疯狂了。"

贝伦是当时橡胶贸易的金融中心。它建成于1616年，地处全球最大河流的入海口，有一定战略意义，但这一战略意义很难得到充分利用。亚马孙河的冲刷带来大量沉积物，这使港口水位很浅而水文情况复杂。更糟糕的是，河流的巨大流量产生的水流和大风，将这个城市与巴西其他地方分开——令人难以置信的是，从贝伦乘船前往3 700英里外的里斯本，比去2 500英里外的里约热内卢还要快。因此，这座城市的人口从未超过25 000人。最终，橡胶热潮让它变成了亚马孙地区的梦想家们所期盼已久的模样：一片蓬勃增长区域的经济中心。

在贝伦的那些深信自己正在建设美洲巴黎的新兴橡胶业精英，将鹅卵石街道挤得水泄不通，街道两旁林立着咖啡馆和欧洲风格的散步公园，以及为促进空气流通而窗户格外高、窄（向热带环境的妥协）的布扎风格大厦。新古典主义建筑风格的和平大剧院附近是这个城市的社交中心，坐在包厢里的橡胶大亨抽着雪茄，饮着卡莎萨（cachaça）——蒸馏甘蔗酒，它是最受巴西人青睐的烈酒。高大的杧果树在通往港口的大道上投下树荫，工人三五成群地在这里切开上游运来的橡胶块，以检查其中是否含有石头或木块之类的杂物。检查完毕后，橡胶会被送进一间间巨大的仓库，它们就像沉睡中的野兽一样横陈在岸边。到处都是橡胶，一位游客在1911年写道："人行道上、街上、卡车上、大仓库里，甚至空气中都有它的味道。"城里橡胶业地区的气味真的太大了，以至于人们说他们可以根据气味的浓度来辨别自己在城市的哪个区域。

贝伦是橡胶贸易的金融和保险中心，而橡胶的采集中心则是马瑙斯（Manaus）。它深入内陆 1 000 英里，两条大河在此汇聚成亚马孙河的干流。当时它是地球上最偏远的城镇之一，同时也是最富裕的城镇之一。这座浮华、奢靡、气势雄伟的城市，横跨了大河北岸的 4 座山。其中一座山的山顶有一座大教堂，耶稣会式的建筑结构和简朴的设计，让它看起来仿佛在谴责另一座山顶盘踞的怪兽——亚马孙和平大剧院，一个由卡拉拉（Carrara）的白色大理石、威尼斯的枝形吊灯、斯特拉斯堡的瓷砖、巴黎的镜子和格拉斯哥的铁艺品拼凑而成的怪诞集成体。这座竣工于 1897 年的剧院，完全就是一场金融闹剧：其礼堂只有 658 个座位，还不够抵掉邀请音乐家的成本，更不用说建筑支出了。黑白波浪纹的宽阔石砌人行道，穿过混杂着妓院、橡胶仓库和暴发户的豪宅的街区，从山顶剧院一路通往山脚，直达码头：码头就是两个巨大的平台，它们搭在数百根木柱上，随着河水的波动而上下起伏。州长爱德华多·里贝罗（Eduardo Ribeiro）大刀阔斧地推动城市发展，按现代的路网结构来规划街道，为它们铺上从葡萄牙运来的鹅卵石（亚马孙的石头较小），监督了当时全球最先进的轨道车辆网络（轨道长达 15 英里）的建设，并指导修建了 3 所医院（一所专为欧洲人服务，一所是精神病院，另一所向所有其他人开放）。如同城市生活的主持司仪，里贝罗没有错过他的城市提供的一切，包括骄奢淫逸的妓院；最终，他在其中一座妓院咽气，死在为历史学家约翰·亨明（John Hemming）所精妙形容的“一场性爱嬉闹”中。

在偏远的支流地区工作数月后，割胶工和割胶场的技工相继来到马瑙斯，他们是城里众多妓院的主顾。橡胶园主和经理都有情妇，他们和她们经常以当时时髦的颓废方式寻欢作乐。“有一次，客人们跪着舔食从浴缸里流出的香槟，浴缸里的裸体美人莎拉·卢博萨（Sarah Lubousk）来自意大利城市的里雅斯特（Trieste）。”亨明在他关于这个地区的长篇历史著作《河之树》（*Tree of Rivers*）中如此记述道。这个被亨明称为“香槟浴女”的女人是沃尔德玛·舒尔茨（Waldemar Scholtz）的情妇；舒尔茨来这里的时间不长，却已经成为当地最大的橡胶运输商以及奥地利名誉领事。住在几个街区之外的艾莉雅·拉莫斯（Aria Ramos）过着尽人皆知的双重生活，既是嘉年华上的舞者也是一个应召女郎；她在一次狩猎中意外被杀，她那些有钱的主顾在墓地为她竖起了一座真人大小的雕像。满是嘈杂拥挤的妓院、酒气熏天的咖啡馆和牛仔做派的斗殴酒吧的马瑙斯，是世纪之交新兴城镇的一个典型，既有“不要在街上卸下武器”的警告，也有必不可少用大额钞票点燃雪茄的场景。

如此巨量的财富——真正长在树上的财富——蕴藏在这种战略物资中，自然而然地引起了国内外的各个政治、经济势力的强烈兴趣。在巴西国内，橡胶贸易被 13 家出口公司掌控，而它们又都受舒尔茨公司（Scholtz & Co.）的控制，这家公司的所有者正是那个“香槟浴女”的主人。如舒尔茨公司一样，这些出口公司一般由欧洲人经营——他们都是一些情绪紧张、了无生气的男人，打过蜡的八字胡和涂了发油的络腮胡将他们与没有胡须的印第安人区别开来。这些典型的中间人，卸下并存储从内陆运来的橡胶，然后再将其送往亚马孙河河口，其他欧洲人经营的商业公司将其从河口运往欧洲和北美洲。橡胶本身则由另一群企业实体采集。最后，这些企业控制了内陆地区最重要的资源——人。

因为乳胶接触空气后会凝固，割胶工不得不反复切开树皮，在长达 4 个月至 5 个月的采胶季中，日复一日地照料这些橡胶树。他们还必须在乳胶变干、变得难以处理之前，将其加工成生胶。采集与加工都必须极其谨慎和专注。而如此谨慎专注的工作又不得不在位置偏远、疟疾成灾的营地里完成——橡胶树无法被移到交通更便捷、环境更安全的地方，乳胶在液态情况下也过于沉重，不便运输。疾病和欧洲人的袭击已经使当地的原住民人口严重减少了。在数量上欧洲人也没有取代他们。伴随越来越大的橡胶需求而来的，是越来越严重的劳动力短缺。这时，解决劳动力问题的方法出现了，其中许多都残忍而野蛮。

最初，对于该地区长年处于赤贫的人来说，橡胶热潮就像是天赐良机——这是一个以树为主的就业项目。因为需要人手，橡胶园雇用了当地的印第安人，还从亚马孙河下游运来身无分文的农民和从玻利维亚掳掠来人手。经济学理论认为，当劳动力短缺时，种植园应该承诺提供高工资和更舒适的工作条件。他们通常也这样做了，但承诺的工资却被用来抵掉苛刻收取的交通费用、生活物资费用和膳食费。许多本应收入不错的人，却始终无力还清债务；疟疾、黄热病和脚气则让其他人倒下了。为了不让劳动力找到出价更高的老板或逃跑，种植园主派荷枪实弹的警卫将工人们控制在劳动区内的简陋宿舍里。铁路总工程师内维尔·克雷格曾拜访过控制了马代拉河中游地区的特许经营者。工程师写道，这位特许经营者住在一栋三层楼的房子里，阳台非常宽阔，他"前簇后拥，如同中世纪的贵族，来自玻利维亚的仆人及仆役的家人充当他的随从……这些人是雇工的绝对主人"。

到 19 世纪 90 年代，橡胶热潮进一步深入上游地区，来到了安第斯山麓——当时这里还被视为毫无价值的地区，因而大部分都留给了原住民，大多数原住民很少与欧洲人接触。由于巴西橡胶树不能适应山坡上的低温，创业者们将目光转向了另一个物种——巴拿马橡胶树（*Castilla elastica*，也叫弹性卡斯桑木），它产出的橡胶名为考乔胶（caucho），其价格比巴西橡胶树的橡胶要低一等。中美洲印第安人有从巴拿马橡胶树割取橡胶的传统（1574 年，一个西班牙人目击并记录道，橡胶"从树上的长切口中涌出"），但亚马孙河流域的人就不这么做。采胶者们认为，切口会让疾病和昆虫侵入并很快摧毁巴拿马橡胶树。但他们并没有为了保护树而什么也不做，相反，采胶人干脆将树砍倒，凿掉树皮，让橡胶滴到倒下的树干下预先挖好的洞里。有时，采胶人从一棵树上就能得到数百磅橡胶，从而通过产量来弥补考乔胶的低价。

由于采胶人通过砍树来收集乳胶，因此他们理所当然地对抢先进入一块新地区很重视。这样做的目的，是在最短的时间内攫取最多的橡胶；他们停止挥动斧头的每一分钟都有其他人在砍伐无法再生的树。工作队的人连续数周甚至数月都在树林间跋涉，他们翻过一座又一座陡峭、泥泞、植被丛生的山，背着一担担从刚洗劫过的地区采集来的沉重考乔胶。很少有外来者愿意为此深入丛林，所以采胶人将目光转向了此地的原住民：印第安人。现实形势向暴行发出了邀请函，也总有人愿意接受这样的邀请。

卡洛斯·菲茨卡拉德（Carlos Fitzcarrald）正是采取了暴行的其中一员，这个人的父亲是定居秘鲁的新移民，他将自己的姓氏从较难发音的“菲茨杰拉德”（Fitzgerald）改成了现在的样子。菲茨卡拉德自19世纪80年代后期开始，强迫成千上万的印第安人从事采集考乔胶的巡回旅程。巴西作家、工程师欧克利德斯·达·库尼亚（Euclides da Cunha）当时调研了西亚马孙的部分地区，发现菲茨卡拉德在某个时刻侵入了盛产巴拿马橡胶树的地方，那里一直是麦斯科印第安人的家园。达·库尼亚复述说，这个采胶人带着一队枪手来到了麦斯科人首领的面前，

> 向他展示自己的武器、装备和小军队，队伍成员体貌各异，其中不乏他之前征服过的部落的人。然后他试图说明有其他能避免发生灾难性战斗，制造麻烦的有利选择。麦斯科人的唯一回应是问菲茨卡拉德带了什么样的箭。这个开拓者微笑着从他的温彻斯特步枪里取出一颗子弹，递给他。原住民研究了好一会儿，全神贯注地看着这颗小弹丸。他试着用子弹弄伤自己，拽着它划过了胸部。然后，他取来一支自己的箭，折断它，并将它刺入手臂里。面带微笑、对痛苦无动于衷的他，自豪地注视着伤口流出的血。他转身背对瞠目结舌的冒险者，没再多说一个字，带着一种臆想中的优越感踱回了村庄，不久后他的优越感就被彻底贬低了。
>
> 事实上，半个小时后，大约100名麦斯科人，包括他们坚毅

> 的首领在内，都被杀身亡，陈尸河岸，为此，这一天被命名为“河滩麦斯科”（Playa Mashco），以纪念这血腥的一幕。
>
> 他们就这样掌控了这片原始的地区。采胶人以疯狂的速度扩张。他们洗劫附近的村庄，杀害或奴役了数里格范围内的所有人……不到最后一棵考乔树倒下，这些采胶人绝对不离开。他们到来，蹂躏，然后离去。

更残酷的非胡里奥·塞萨尔·阿拉纳（Julio César Arana）莫属。阿拉纳是秘鲁一个制帽匠的儿子，他几乎完全控制了普图马约河（Putumayo River）上游超过2.2万平方英里的地区，当时秘鲁和哥伦比亚都声称自己拥有这里的主权。哥伦比亚在当地的影响更大，但当时因内战而分身乏术。秘鲁人阿拉纳趁着哥伦比亚无暇旁顾，将势力扩张到了这里，把与他竞争的采胶人都挤走。由于不愿从其他高薪地区引进劳动力，他找到了原住民。起初，原住民愿意做些采胶活儿来交换刀具、斧头和其他商品。但当阿拉纳要求加大工作量时，他们拒绝了。于是，他把他们变成了奴隶。到1902年，已有5个印第安部族落入他的掌控。从他的土地输出的考乔胶越来越多。

阿拉纳举家搬到马瑙斯，并在那里树立了低调、正直的口碑——他拥有全镇最大的图书馆。与此同时，他的手下在普图马约河流域扩张他的地盘、贿赂政府官员、杀害他的竞争对手。他从巴巴多斯弄来100多个恶棍，让他们领着一群打手去控制他的奴隶大军。这些被隔绝在森林中的巴巴多斯人完全听命于阿拉纳，执行他下达的每一个命令。除了阿拉纳的代理人，任何人都不允许从外面进入普图马约河地区。23艘特殊定制的巡逻船为他的统治保驾护航。

1907年12月，两名美国游客经过艰苦的跋涉到达这个地区。他们遇到一个采胶人的妻子被阿拉纳的打手掳走，两个血气方刚的年轻人决定帮采胶人对抗作恶者。阿拉纳的私人警察殴打他们，并将他们囚禁在公司的某个基地里。其中一个游客后来回忆道，在这个像藏尸所一样的地方，警卫们利用“大约 13 个 9 岁到 16 岁不等的年轻女孩”取乐。而在室外，“生病的和濒死的人”无人问津地成堆躺在“房子四周和附近的树林外……直到死亡让他们脱离痛苦。然后他们的同伴会把冰冷的尸骸扔进河里——许多人几乎已经完全腐烂”。通过谎称自己是“一家美国大财团”的代表，两个游客才靠着舌头重获自由。

其中一个游客发誓要将这里的情况公布于众，他的名字叫作沃尔特·哈登堡（Walter Hardenburg）。他是纽约州北部一个农民的儿子，是一个聪明而精力充沛的人，他靠自学成为一名工程师和测量师。他曾抱着在马代拉铁路找工作的想法，和一个朋友前往亚马孙地区。当时又有一些美国人凑在一起想修建马代拉铁路。亨明在《河之树》里写道，哈登堡并不是一个冲动的教皇军的士兵，但他的所见所闻激怒了他。为了记录当地的暴行，他来到亚马孙河上游源头的秘鲁城市伊基托斯（Iquitos）。距离河口大约 2 000 英里的伊基托斯，在今天常常被人形容为世界上最大的无法通过公路到达的城市。当时它是和马瑙斯一样的新兴城市，两者之间的主要区别在于它更小，并且基本上完全被胡里奥·塞萨尔·阿拉纳所控制。冒着巨大的人身风险，哈登堡在伊基托斯待了一年零五个月，寻找暴行的目击者，收集证词并获得公证。1908 年 6 月，他用最后一点钱前往英国去制造公共舆论。他的第一篇报纸文章在 15 个月后发表。

为了上市和融资，阿拉纳早前已在伦敦组建公司，正如一个世纪后软件业创业者们所做的那样。它的英国董事会温和、高尚，其成员显然相信了阿拉纳的谎言：他声称拥有橡胶产地的明确所有权，并且将公司利润用于帮助成千上万印第安人的教育事业。因此，奴隶制问题上升到英国的国家层面上。最终议会介入调查，此事在长达一年的时间里都占据了舆论的焦点。伦敦当局派出了一支调查队，成员包括爱尔兰出生的英国外交官、人权运动的先驱罗杰·凯斯门特（Roger Casement），正是他揭露了比利时国王利奥波德二世（Leopold Ⅱ）的代理人在刚果的暴行。凯斯门特在普图马约河地区穿梭，通过获得谋

胡里奥·塞萨尔·阿拉纳

杀细节和拷打者的翔实供词，从而证实了哈登堡的指控。但由于民族主义情绪被误导，秘鲁为反对外国干涉，庇护了本国公民阿拉纳。但不管怎样，阿拉纳的帝国最终土崩瓦解。1952 年，他在身无分文的境遇下死去。[1]

在这个边界问题悬而未决的地方，阿拉纳绝对不是唯一一股创建了橡胶帝国的力量。对本国经济至关重要的原材料竟然完全掌控在外国人手中，这令欧洲和美国的政商两界领袖很恼火。结果就出现了赫克特所称的“亚马孙争夺战”。法国坚称其殖民地圭亚那的南部边境

[1] 凯斯门特因此获赐爵位。但不久后，罗杰爵士辞去了外交部的公职，投身爱尔兰的独立事业。他前往德国想说服德皇为起义提供军火。但当德国潜艇将他送回到爱尔兰海岸时，凯斯门特的密谋被发现，他自己也被捕了。他被认定犯有叛国罪，并因此被判死刑。他的一些有权势的朋友为他向王室求情。很不幸的是，作为同性恋的凯斯门特不明智地将他的性生活细节记录在日记中。这个在审判之后得到的发现决定了他的命运。他被剥夺了爵位，并于 1916 年 8 月 3 日被绞死。

实际上延伸到了产胶地区，于是法国派兵进入森林；巴西也如法炮制。两国开始对峙。比利时国王利奥波德二世提出由他来控制橡胶从而解决争端，但对峙双方都不满意这个建议。因为无法在森林中继续驻军，法国人在1900年撤退了。英国则成功地宣示了其殖民地延伸到产胶地区。它没有诉诸武力，而是派皇家地理学会炮制了一份看上去科学的勘探报告——这对于意大利外交部部长来说已经是足够多的证据了，而他正是各国推选出来调解纠纷的人选。于是，英属圭亚那得到了一些产橡胶的土地。

从巴西的角度来看，对其橡胶贸易霸主地位威胁最大的是美国。美国对亚马孙地区的兴趣可追溯到马修·方汀·莫里（Matthew Fontaine Maury，1806—1873），他是美国海军天文台（Naval Observatory）和现代海洋学的奠基者。作为一名奴隶制的执着倡导者，莫里从19世纪50年代开始着魔般地惧怕南方会失去政治影响力，因为它没有强大到足以与北方抗衡。在一本流传甚广的小册子中，他提出了一个解决方案：美国应该吞并亚马孙河流域。洋流将亚马孙河的水流推入了加勒比海，在此与密西西比河的水流相遇——在莫里看来，从海洋学上来说，这证明了亚马孙河属于北美洲而不是南美洲。出于这个原因，他称亚马孙河河谷天然就是“南方各州的安全阀”。他派两名绘图员测绘了亚马孙河流域的地图，以便有朝一日美国的奴隶主能“带着他们的商品和奴隶，在河谷定居，改变这里，建立共和体制并让这里盎格鲁–撒克逊化”。莫里称，南方的种植园主应该去那里定居，将河谷地区变成最大的美国式的奴隶制国家。没有几个种植园主注意到他，直至南方在内战中失败。冀望在森林里重建奴隶制社会的10 000名邦联党人逃到了亚马孙。除了几百人之外，大部分人很快逃回了美国。剩下的死硬派在亚马孙河下游建立了南方邦联的小卫星城圣塔伦（Santarém）。

直接吞并亚马孙河流域的想法随着莫里一起被华盛顿方面放弃了，它更愿意尝试通过代理者玻利维亚来控制产胶地区。玻利维亚和巴西常年以来都在边界问题上争执不下。19世纪70年代的一场短暂战争后，

在亚马孙河上游，胡里奥·塞萨尔·阿拉纳利用从巴巴多斯输入的警卫（左），控制着他私人的橡胶王国。由于不熟悉当地人并且完全依赖于阿拉纳，他们暴虐而残忍地执行阿拉纳的每一个命令。表现不好的劳工会被打上“阿拉纳的标志”——鞭打到皮开肉绽（右）。

玻利维亚割让了南部的部分领土，作为补偿，它得到了北面阿克里河（Acre River）周边土地的所有权，后来人们发现这里是盛产巴西橡胶树的地区之一。不幸的是，这个地区所有的河流都流向巴西，而河流正是这里的主要交通渠道。所以要到达阿克里河地区，从巴西出发比从玻利维亚首都拉巴斯（La Paz）出发要方便得多，因为拉巴斯坐落在海拔 1.1 万英尺的安第斯山上。巴西的割胶人借助这些有利的地理条件，非法穿过国境进入阿克里地区。但贫穷的玻利维亚无法发动有效的军事回应，于是它将阿克里地区的采胶权出售给了一家美国财团。如此一来，非法越境的巴西人就不再是从无力的玻利维亚人手中拿走财富，而是从经济与政治力量都很雄厚的美国商人手中抢钱。这家财团说服了美国政府派一艘炮艇沿亚马孙河上溯，并要求它一直上溯，直到马瑙斯才掉头返航。

阿克里地区的巴西人被这一举动激怒，他们在 1902 年 8 月 6 日袭击了玻利维亚的科维哈（Cobija），而这一天正是玻利维亚的国庆日。经过了前夜节庆盛宴的痛饮，在军营里熟睡的科维哈卫戍部队就被对方一枪未开俘虏了。玻利维亚的军队用了3个月时间从拉巴斯高山上走下来，待他们赶到时，战斗已经结束了——阿克里落到了巴西人手中，美国财团逃跑了，过去作为阿克里地区中心的科维哈，现在变成了玻利维亚的边境小镇。今天，几乎只有在科维哈的机场才能看到那场战斗留下的唯一遗迹：机场入口的一座颂扬“阿克里英雄”的纪念碑。

阿克里大捷宣告了巴西的胜利。巴西击退了几乎所有挑战它橡胶主导地位的力量，它的橡胶产量进一步攀升，并控制了绝大部分并非由它生产的橡胶的贸易。数以十万计的人依靠森林谋生。从很多方面来看，当时的情况和20世纪90年代及21世纪头10年很相似，当时的环保主义者呼吁巴西人以可持续的方式采集橡胶和其他亚马孙森林作物，而不是开设一些短命的畜牧场。然而，巴西还是一再重蹈这样的覆辙。

韦翰的事业

当橡胶公司的人来到Ban Namma时，人们从家里出来与其见面。穿着T恤衫、凉鞋的男人们在村公所前面的土地上盘腿而坐。完全不出声的妇女们和几乎不出声的孩子们仿佛小行星带一般围在其身旁。公司的代理人穿着一件运动外套，十分热情。他到处散发香烟，从盒子里掏出香烟的举止仿佛变戏法似的。村民们把烟卷塞进T恤衫口袋里，或者夹在耳后。橡胶公司的人讲了一个笑话，男人们哈哈大笑。不一会儿女人们也跟着笑了。

老挝人民民主共和国西北部的Ban Namma位于一座小山上，附近是一条双车道小路。这种公路也是这类地区的唯一道路。这座村庄在金三角地区的边缘——所谓金三角是老挝、缅甸、泰国三国交界的地区，曾以种植罂粟，制作和走私毒品闻名。其中一些最强大的生产者就是国民党军官的后代，1949 年这些军官战败后逃到了这里。20 世纪 60 年代，缅甸的共产主义民兵在起义之后也加入了他们的行列，并在某种程度上把他们挤了出去。20 世纪 90 年代，老挝边境的小而贫困的村庄建了橡胶树种植园。这些村落中的其中一个就是 Ban Namma。带着香烟的这个人劝说村民们在 1 325 英亩的土地上种植巴西橡胶树。

这个橡胶公司的人自称“陈先生”（音译）。他告诉我说，这项投资并不成功。橡胶树需要被种植在温暖和阳光充裕的坡地上，不能受风、受冻，在能割胶之前也需要仔细照料 7 年之久。陈先生说，Ban Namma 的村民们没有照顾巴西橡胶树的经验，犯了初学者的错误。他们在错误的海拔上开荒，也没有给橡胶树浇足水。约定的 1 325 英亩繁茂的橡胶树林，最后成了不足 500 英亩景象窘迫的树林。

尽管遭遇了此类挫折，老挝的橡胶业仍然蓬勃发展。Ban Namma 数英里范围内的林地都在中国橡胶公司的指挥下像刮胡子一样被剃了个干净。小小的橡胶树在这些清理过的土地上，就像早上新长出来的硬胡子一样冒出来。在西面很远的地方，一家名为中老瑞峰橡胶的中资控股公司，在靠近老缅边境的地方清理并种植了面积为 1 200 平方英里的橡胶林；第二家是云南天然橡胶公司，它计划把另外 650 平方英里的土地变成橡胶林。2008 年，经济学家史为夷为德国的政府开发机构 GTZ（德国技术合作公司）撰写的一份报告中称，规划中的项目要比以上提到的更多。这一地区正在变成一座有机工厂，这座工厂为一辆辆准备沿着狭窄道路蜂拥下山的卡车挤出橡胶乳液。

如果这一生态骚乱发生在个人身上的话，这个人一定是亨利·亚历山大·韦翰（Henry Alexander Wickham）。很难对他的人生进行评价：他曾被称为小偷和爱国者，他是工业史的一个重要人物，这个倒霉傻瓜的主要成就是在三块大陆上都有过商业投资失败的经历。也许最准确描述他角色的方法，就是将其看作“哥伦布大交换”的一个有意识的人类媒介物。1846 年出生的韦翰，父亲是伦敦一位受尊敬的律师，母亲是威尔士女式帽商人的女儿。韦翰4岁的时候，霍乱夺去了他父亲的生命，从此家道中落。韦翰一生都在试图东山再起。为此他环游世界，盲目而固执地试图建立热带植物的大型种植园，不惜为此而怠慢婚姻和疏远家人。他在巴西种植木薯、在澳大利亚种植烟草、在洪都拉斯种植香蕉、在新几内亚外的冲突环礁种椰子，但是这一切努力都失败了。他在巴西的冒险导致了与他同行的母亲和姐妹的死亡。在无人居住的岛屿上的椰子种植园十分孤寂荒芜，以至于长期甘于贫困毫无怨言的妻子最终要求他在椰子和她之间做出选择。韦翰选择了椰子。他们再也没有说过一句话。然而他到了人生的最后阶段倒成了一位受人尊敬的人。当他穿着镶银扣子的外套、佩戴鹦鹉螺材质的领带夹登上颁奖台的时候，众人都为他喝彩叫好。他打了蜡的胡须弯曲得如同动漫人物。他在74岁高龄时被封为爵士。

韦翰在1876年将70 000颗橡胶树种子走私到英国，因此获得了这个荣誉。他是受克莱蒙斯·R. 马卡姆（Clements R. Markham）的请求而做这件事的。后者作为一名学者、冒险家，在走私树种方面有丰富的经验。年轻的马卡姆指挥过一次在安第斯山脉寻找金鸡纳树的探险。金鸡纳树皮是奎宁的唯一原料，而奎宁是当时为人所知的唯一有效的抗疟疾药物。拥有垄断地位的秘鲁、玻利维亚和厄瓜多尔积极地保护这种原料，禁止外国人携带金鸡纳树。马卡姆几乎同时向安第斯山脉派出了3支秘密探险队，并亲自指挥其中一支。为了躲避警察，粮食吃光了的马卡姆带着特制箱子里的数千株幼苗徒步下山。3支队伍都得到了金鸡纳树，它们很快在印度茁壮成长。马卡姆的这一举动挽救了数以千计的性命，尤其厄瓜多尔、秘鲁和玻利维亚逐渐耗尽了其境内的金鸡纳树——撕下树皮导致树木的死亡。马卡姆凭借这一功绩，爬到了印度事务部中的地理部门负责人的位置上。他决定以橡胶树为题材重演“和金鸡纳树的移植一样令人欣喜的成果”。他坚信，英国工业对橡胶的依赖正在使这一国家的景气与否掌握在外国人的手中。马卡姆称，“当人们认为每艘水上的蒸汽船、每列火车、每间岸上使用的蒸汽动力的工厂都不可避免地使用印度橡胶的时候，对确保橡胶的长期供给的重要性做出多高的评价都不为过”。荣誉将加在确保橡胶供给的人身上。在 19 世纪 70 年代早期，马卡姆公开声称，英国将为橡胶种子设立悬赏。种子一俟到达，就会被播种在位于伦敦西南郊裘园（Kew）的皇家植物园（Royal Botanic Garden），并将成功长出来的幼苗分送到英属亚洲殖民地去。两名有希望成功的冒险家各自独立地送去了一批橡胶种子。两批种子都没有发芽。韦翰是第三个尝试的人。

橡胶是韦翰从他在巴西那座破产的木薯种植园里带出来的。精明的韦翰得到了马卡姆的许诺，后者称印度事务部会买下他送来的所有橡胶种子。于是他向邻人求助，希望能够收集到橡胶种子。他的种植园位于圣塔伦，距离亚马孙河河口 400 英里。这座橡胶业城镇是在一座原住民城市上面建立起来的耶稣会传教点。它也是亚马孙地区前邦联余党的最大的聚集地。在邦联党人家族的帮助之下，韦翰收集了 70 000 颗种子，这些足够支付他和妻子返回英国的旅费了。（然而他没打过招呼就抛下了他的兄弟、家人和鳏居的内兄弟。）从他在伦敦受到的冷淡接待来看，印度事务部并不打算为他送来的四分之三吨橡胶种子买单。伦敦方面对于只有 2 700 颗种子发芽也没有感到十分开心——环境史学家沃伦·迪恩（Warren Dean）认为这是证明韦翰及其同伙急匆匆地在森林里凑出这一大批种子的证据，他们从地里收集种子的时候没考虑过种子的生存能力。

现在韦翰在巴西为人唾骂。旅游手册称他是“小偷之王”，是现在被称为“生物剽窃”行为的鼻祖；亚马孙地区的主要经济史著作贬损地称他的行为“在国际法里无法找到解释”。从字面上来看，这一声明是不实的，因为当时的巴西不存在生物剽窃的法律。也没有任何证据显示有人试图阻止韦翰。英国人几乎没有掩盖什么——伦敦的报纸把马卡姆对橡胶的悬赏一事进行了公开宣传。圣塔伦的当局当然也知道一个英国疯子正在用橡胶树种装满一个又一个的箱子。无论如何，

亨利·韦翰

巴西人自己都毫不犹豫地会去进口外来物种。现在这个国家的主要出口产品是大豆、牛肉、蔗糖和咖啡。没有哪个是原产于美洲的。[1]

更重要的是，将有用的物种运出其原产的环境对于人类来说是一种恩惠。安第斯提供的奎宁数量太少，不能满足全世界的需要，即使收集金鸡纳树皮的人找到了每一株金鸡纳树也是一样。马卡姆的“生物剽窃”在亚洲和非洲使不计其数的人免于夭折。向欧洲移栽烟草、

[1]　巴西外交官弗朗西斯科·德·梅洛·帕列塔（Francisco de Melo Palheta）于1727年为参加一场关于边界争端的谈判而来到法属圭亚那的卡宴。他通过某种方式得到了咖啡种子——据说这些种子是他从与他通奸的总督妻子手中得到的临别赠礼。那儿的法律严禁外国人获得咖啡种子。历史学家沃伦·迪恩写道，帕列塔把这些种子偷运回了巴西，从而开启了“一个半世纪以来作为巴西经济支柱的种植园产业”。

向中国移栽甘薯都带来了灾难性的社会和环境问题，关于这些我在前面已经说明过了。但是这种行为也使得数以百万计的欧洲人和中国人不受营养不良和饥荒的折磨。物种移栽带来的巨大好处比起巨大损害更加重要，尽管所得减去损失的余额要比自由贸易倡导者所承认的要小。正如迪恩所说的，“种子的转移，即使穿越了国境，即使是为了追求巨额利润，即使是为了帝国主义的利益，也应该被看成使人类变得强大的方法中最重要的一种”。

在韦翰到达伦敦两个月后，裘园将幼苗运走，大多数幼苗的目的地是斯里兰卡。然而令韦翰愤怒的是，园丁们并没有把他的建议当回事。他先前建议，这种树应该被种植在开阔的斜坡上，远离沼泽和河岸——树根在湿润的土地里无法茁壮生长。虽然这种植物在斯里兰卡长得十分茂盛，但直到1876年才有英国殖民者开始投身橡胶树种植业。20年前，他们在这座岛屿的山峦上种植了约800平方英里的咖啡树，并运来了25万印度劳工来照料这些树木。一种此前未被发现的真菌在1869年影响了咖啡林，“每3英亩咖啡树中就有2英亩”遭了灾。3年后，斯里兰卡植物园的负责人报告称“没有一处种植园能幸免”。韦翰的幼苗到来的时候，正值不幸的殖民者拔起患病的咖啡树改种茶树之际。（咖啡树的疫病有时也被用来解释一个问题——为什么英国人所选择的热饮是茶叶而非咖啡。）没什么人对将新种的茶树换成橡胶树感兴趣。同样的咖啡疫病在19世纪90年代也袭击了马来西亚和印度尼西亚。被迫重新创业的种植园主们尝试了正在斯里兰卡慢慢衰弱下去的橡胶树。在马来西亚和印度尼西亚（后者是一块荷兰殖民地，它也获得了一些韦翰的树种）获得的快速收益，说服了斯里兰卡再试一试。1897年，马来西亚和斯里兰卡的橡胶种植园面积超过了1 000英亩。15年后，增长到650 000英亩。亚洲出产的橡胶的数量首次超过了美洲橡胶。价格下跌了，巴西橡胶业土崩瓦解。

在马瑙斯，没什么人看见这一未来的到来——这是人类倾向于认为好年景永远不会完结的又一明证，如果这真的需要证明的话。城市陷入沉寂，剧场也关门歇业，公寓楼变成了废楼。橡胶业的主管们震惊地意识到，散布于一块面积可以与一块大陆相比的森林中的劳工，是无法与在紧密成行种植的树木间劳作的劳工以同等效率生产乳胶的。在惊慌之中，甚至没有几家亚马孙地区的企业试图建立种植园。对于这一地区来说，第一次真正能够收回失地的机会发生在1922年，当时英国的亚洲殖民地由于种植了过多的橡胶，正在寻求通过建立卡特尔组织而控制价格。这一举动激怒了许多人，其中一个就是世界上最大的轮胎制造商哈维·费尔斯通（Harvey Firestone）和世界上最大的汽车制造商亨利·福特。费尔斯通的回应是在利比里亚建立一座巨型橡胶种植园，福特在亚马孙地区也规划了一座面积相当的种植园。

福特选中了塔帕若斯河（Tapajós River）上圣塔伦附近的一个地方，这里距离韦翰获取种子的地方很近。作为这一项目的不幸开端，他雇用了一名巴西中间人，这个中间人在1927年卖给他大约4 000平方英里的河边土地，这些土地碰巧是这个中间人所有的。为了容纳工人，福特建造了一批密歇根中产阶级城镇的复制品，包括医院、学校、商店、电影院、卫理公会教堂，以及绿树成荫的街道两边的小木屋。在一座小山上，还有亚马孙盆地里唯一的一座18洞高尔夫球场。这座如同福特本人一样严谨有序的小镇，与新型的马瑙斯镇正好相反。流言蜚语马上就把“福特兰”（Fordlândia，即福特的土地）的绰号冠于这一项目之上。堪萨斯大学的土壤学家、地理学家威廉·I. 伍兹（William I. Woods）称，由于福特兰位于山区，清除植被“导致了严重的水土流失问题”。他告诉我，为了防止水土流失，公司不得不把土地筑成阶梯形，这是一项“耗资十分庞大”的工作。伍兹说，不管怎样这里的土地都过于沙化了。由于这片土地在塔帕若斯河上游135英里处，远洋船只在旱季是无法在此靠岸的。“即使他们搞到了橡胶，也无法运出去。”

对于福特来说，接下来的几年发生了一系列不幸的意外。在第一季橡胶树死去之后，公司才发现巴西橡胶树必须在一年中的特定时期种下才能成活。在为轮船运费买单之后公司才发现，在美国销售清理土地所获得的硬木，不可能抵掉清理土地的费用。在数千英亩土地上播种之后，公司才意识到亚马孙有一种喜欢在橡胶树上生长的真菌——乌氏微环菌（*Microcyclus ulei*）。最后一句其实并不准确。公司是知道乌氏微环菌的存在的。它不知道的是，不存在什么方法可以阻止其生长。

乌氏微环菌会导致橡胶树的南美叶疫病。叶疫病的开端是一个孢子落到了橡胶叶上。这种小小的、由两个细胞构成的、有点像马铃薯晚疫病孢子的叶疫病孢子，能够长出一根细细的像根一样的管道，这条管道会在叶片上面向着侧面延伸。通常，这条管子的间断有一个叫作附着胞的结构。附着胞转过一个直角之后钻进了叶片的内部细胞里。由于叶片的防御机制不同，感染过程的细节也不同。不管怎样，真菌总是会赢，然后渗透到叶片的内部。在叶片里它会产生孢子——许多许多的孢子，这些孢子是从叶片底部的新管子里长出来的。雨点的冲击会把它们从叶片上刷掉，叶片之间的摩擦也能把它们擦掉。真菌留下来的是遭到破坏而变黑的叶片，这些叶片很快就会从树上掉下来。叶疫病使巴西橡胶树失去了叶子。我见到的得病的树都挂着稀疏的黑色叶子，看上去就像有人用喷灯烧过一样。许多树可以在和乌氏微环菌较量过一轮之后幸存下来，但是这些树的生长就被阻碍了；第二次或者第三次的感染就会杀死它们。

乌氏微环菌的孢子在离开诞生的叶片后并不能存活太久。所以野外的橡胶树通常相隔甚远；如果有一棵树染上叶疫病，其他的树因与它相距太远而无法侵袭。然而相比之下，在种植园里的树彼此距离很近，近到其较高处的树枝都纠缠到了一起。孢子就像一群群松鼠一样从一棵树跳到另一棵树。真菌也可以随着种植园工人的指甲和衣服传播到其他地方。这就是福特兰所发生的事情。

讽刺作家们会说，乌氏微环菌侵袭的时机刚刚好和福特雇用第一位真正的橡胶专家重合，这位专家名叫詹姆斯·R. 威尔（James R.

为了烧火以熬制乳胶液，并给运载橡胶的蒸汽船提供燃料，每一株橡胶树都要耗费大量的木材——这是热带雨林被摧毁的一个早期范例。

Weir）。这位植物病理学家担任过美国国家真菌保存库（U.S. National Fungus Collections）的主管。威尔为福特做的第一件事，就是去了一趟印度尼西亚的苏门答腊岛，那里有许多橡胶产业。那里的橡胶种植者发现过十分高产的树种，并认识到通过将这些树嫁接到坚固的砧木上可以使这种高产的树种繁殖下去。在30年里，他们创立了巨大的高产植株的克隆体树林。威尔在1933年12月买下了2 046株嫁接上的小芽。和没有能够阻挡韦翰的巴西人一样，苏门答腊的人们后来也对没能阻止威尔而沮丧不已。他离开5个月以后，亚洲的橡胶生产者就建立了另一个更强大的卡特尔，并明确禁止带出“橡胶树叶片、花朵、种子、芽、小枝、树枝、根或者其他任何活体部分”。可是那时威尔已经将他那些珍贵的芽带到了巴西，它们将在巴西被乌氏微环菌彻底消灭掉。

乌氏微环菌存在许多不同的菌株；如果一种抗真菌药剂消灭了一种，另一种就会乘虚而入。威尔启动了一项紧急测试机制，来寻找有抗性的树种。同时他试图在80英里之外的一块条件更好的土地上建立一座新的、无真菌的种植园，那里距离塔帕若斯河河口也更近。他在那里种满了苏门答腊岛收集来的高产克隆植株。真菌以更快的速度扫荡了新建的种植园。通过乳胶产量来筛选树种的亚洲农民无意中培育出了对叶疫病抗性更差的变种。这场灾难实际上终结了福特兰的活动，尽管直到1945年这一项目才正式被放弃。它的命运导致大多数巴西人得出了结论，认为橡胶种植园在亚马孙地区是无法生存的。当福特在巴西购买土地的时候，全世界92%的天然橡胶产自亚洲。在福特兰项目结束5年后，这一数字变成了95%。

第一次世界大战期间出现的合成橡胶没有能够把亚洲人挤出橡胶这一行。尽管工业化学家发挥了聪明才智，仍然没有哪种合成橡胶能够在耐磨和耐压等方面与天然橡胶相比。天然橡胶仍然占据了市场的40%以上，这个数字还在慢慢上涨。只有天然橡胶可以在医学消毒器中进行灭菌，并在随后马上放进冰柜中，之后还能够灵活地附着在玻璃和钢铁上。大型飞机和卡车的轮胎几乎全都是天然橡胶；子午线轮胎在轮胎壁上也使用天然橡胶，然而更早的斜纹轮胎全部都是由合成橡胶制成的。高科技制造业和公共事业中会用到高性能天然橡胶制成的软管、垫圈和O形密封圈。避孕套制造商也有同样的需要——巴西少数几家残留的天然橡胶企业中，就有一家是位于亚马孙地区西部的避孕套制造厂。由于需要能够忍受战斗环境下的材料，军队是橡胶的主要消耗者——这就是朝鲜战争中美国对中国进行橡胶贸易封锁的原因。

封锁使中国人确信他们得种植属于自己的巴西橡胶树。然而，这个国家只有少数几个地区的温度能够满足种植这种热带物种的需要。其中一个就是云南省最南端的西双版纳，它与老挝和缅甸接壤。这里是中国最温暖的地方。尽管它的面积只占到中国总面积的0.2%，却拥有这个国家25%的高等植物物种、36%的鸟类物种、22%的哺乳动物物种，以及大量的两栖动物和淡水鱼类物种。

与平坦的亚马孙河流域不同，西双版纳到处都是山。种在斜坡上的橡胶树可以接受阳光，并且可以保证它们不会长在水里面，而长在水里是亚马孙地区橡胶树生长的长期风险，因为那会损害橡胶树的根。

此外，根据景洪的热带作物研究所的说法，相对极端的温度可以让种植者挑选长得特别强壮的树苗，它们在任何环境下都可以产出更多橡胶。“西双版纳在生产能力方面领先于世界所有其他地方。”

就在中国成为世界上最大的橡胶消耗国的时候，其橡胶生产者将要耗尽西双版纳的空间——每一寸土地都已经被利用。人们将视线转移到边境另一侧的老挝；老挝的面积和英国差不多大，但是人口稀少。早在1994年，老挝北部的几个村子就开始种植橡胶树了。但是真正的浪潮直到20世纪最后几年才开始，一些中国公司对海外进行投资。

这些公司和小农们过了边境，雇用在中国境内生活的傣族人和哈尼族人与他们在老挝的远亲一起工作。多数老挝人都住在不通电和没有自来水的小村庄里；学校和医院更是遥远的梦想。发现有机会改善物质生活条件的村民满怀希望投身橡胶热潮，与中国的农场和公司达成交易。“在中国，他们和我们一样穷，”一名村长告诉我说，“现在他们有钱了，有了摩托车和汽车，这是因为他们种了橡胶树。我们也想要一样的生活。”

没人知道老挝到底有多少巴西橡胶树；政府没有足够的资源进行这样的调查。芝加哥大学人类学家藤田弥生（Yayoi Fujita）说，2003年边境地区芒新乡的橡胶种植面积约为三分之一平方英里。而3年后，橡胶已经覆盖了那里17平方英里的土地。类似的情形也发生在其他许多乡中。老挝政府估计，到2010年，该国的橡胶种植面积达到了700平方英里，仅仅与4年前相比，增长了8倍。森林砍伐的节奏只会更快，同样更快到来的还有这种采伐的影响。[1]

---

[1] 夏威夷的东西方研究中心（East–West Center，即东西方文化暨技术交流中心）的杰弗逊·福克斯（Jefferson Fox）与其同事一起评估了橡胶对东南亚的影响。他提到越南计划要将本国公司的橡胶种植面积增加1 500平方英里，在老挝南部这一数字还要乘以4。2009年1月，福克斯访问了老挝南部的大型种植园，他告诉我，“为了给越南投资者提供大规模的土地特许经营权，（老挝政府）已经把小农从他们的土地上迁走了”。

世界的尽头

早晨，在通往西双版纳热带植物园的人行天桥上，我看到山峦上缠绕着细细的一缕薄雾。在大楼的阳面，办公室的研究人员拉上了他们屋子的窗帘。这座建于1959年的植物园，与西双版纳的橡胶业一同成长。植物园中大批科学家监控着地区生态系统的重新设计所带来的影响，但他们并不喜欢所看到的景象。“我们都憎恨橡胶，”一个研究人员对我说，“但另一方面，我们是这里的生态学家。”

尽管金三角地区每年有多达100英寸的降水量，但其中四分之三发生在5月到8月。一年中的其他时间，森林很大程度上依靠朝雾落下的露水而生存。“回想20世纪八九十年代，午饭时间还能看到雾气，”西双版纳热带植物园的生态学家唐建维告诉我，“现在雾气11点钟就散了。”这一“十分明显的”变化是水文状况极大变化的征兆。

唐建维说，应该为此负责的就是橡胶。巴西橡胶树通常在1月落叶，新叶子在3月下旬才开始发芽。这段没有叶片的时间意味着，森林用来保留露水的面积减小了，这减少了旱季中水分的吸收。表面径流增加了3倍——这又将土壤流失量惊人地提高了45倍。更糟糕的是，新叶子在4月生长最快，这时正好是旱季最热、最干的时间点。为了保证生长所需，根系从地表以下3~6英寸深处吸收水分。新叶子长出时，根系开始生长，直到叶子掉落。为了弥补失去的乳胶，根系要从土地里吸收更多的水分。到底要用多少水呢？唐建维随手用纸笔做了粗略估算。每天收获半千克乳胶，一个月割胶20天，每英亩180棵树……优质乳胶含水量在60%~70%……每英亩一年有4 400磅。橡胶种植者实际上是把山间所有的水分搬到了卡车上，然后把它运走。“大量小溪正在枯竭，”他告诉我，“村庄由于缺乏饮用水而被迫搬迁。”现在这种影响已经蔓延到了老挝和泰国。这将是一片巨大区域中发生的缓慢改造。“很难讲清楚会有什么后果。”唐建维说。

开始注意到生态学家的担忧的西双版纳，在2006年冻结了所有土地的流转，事实上禁止了新的橡胶种植项目。

一个世纪以来，隔离保护了橡胶种植园。这种隔离包括了巴西和东南亚之间的隔离，也包括了东南亚国家之间的隔离。但是世界正在以空前紧密的程度交织成一体。在亚马孙河流域和东南亚之间仍然没有直航航班，但是它们会出现的。并且，在 2008 年 4 月，柬埔寨、中国、老挝、缅甸和泰国的政府开通了一条全新的高速公路，它首次将以上这些国家互相连接起来，并与马来西亚和新加坡相连。货车可以在 3 天内从新加坡开到云南省的省会昆明。如果巴西传来了乌氏微环菌，这条公路就会为其提供扩散途径。唐建维说："在 10 年到 20 年内，西双版纳的树木就会绝迹。其他地方的树很可能也这样。"

这场灾难需要花很长时间来修复。我们记得，工业革命依赖于 3 种原材料：钢铁、化石燃料和橡胶。如果这三个中的一个突然消失，就会出现难以承受的影响。想象一下没有轮胎的运输体系，没有垫圈和密封条的电厂，没有无菌橡胶软管和手套的医院吧。全世界的工业文明将面临巨大的破坏，因此，从联合国到美国国防部都将乌氏微环菌视为一种潜在的生物武器。我们可以使用合成橡胶来替代天然橡胶，但这只是一种不完美的替代品。美国国防部储备中心的主任曾经讲过："我绝对不希望坐在一架装备着合成轮胎并准备着陆的波音 747 飞机里面。"

育种家们正在开发新型的抗性植物，但是进展缓慢。"所有对这种疾病的控制措施都已经不再成功。" 2007 年的植物学年鉴曾经提到这一点。甚至最先进的技术"在防止树木的巨大损失和顶梢枯死上也已经失败"。1981 年，亚洲的科学家又从巴西带走了一些树木，希望以此增加种植园的遗传多样性。这些树木被评估之后，与更加高产的植株进行杂交。2006 年，法国的研究人员宣称他们得到了具有完全抗性的克隆体。但是没有多少种植园主愿意使用这种全新、有风险的变种。在巴西、中国和老挝，与我交谈过的每一位生态学家都相信，亚洲与 50 年前一样，对叶疫病毫无防备。

第四部分

世界中的非洲

第八章

大杂烩 [1]

英俊的乔尼

16 世纪 20 年代，一个隐士在墨西哥城西面通向该城西门的堤道上，修建了一座小礼拜堂。关于这座礼拜堂的描述并无一丝一毫残留于世，但它可能只有两个刷着白灰的砖造房间：一间是神殿本身，内有十字架和圣坛；而另一间里住着建造和维护礼拜堂的人。他在礼拜堂附近开辟了几小块地用来种庄稼。这座建筑以“烈士礼拜堂”的名称而为人所知，其更令人难忘的一个名字是“1.1 万名烈士的礼拜堂”。它可能是美洲大陆上的第一座基督教教堂。

礼拜堂里的居民名叫胡安·加里多（Juan Garrido）。关于他的童年我们知之甚少，只知道他在幼年时的名字并非胡安·加里多。根据他的传记的作者，波多黎各人类学家里卡多·E. 阿勒格利亚（Ricardo E. Alegría）所言，他可能于 15 世纪 80 年代出生在西非。他的富豪家庭希望通过向欧洲贩奴而进一步致富和获取权力。阿勒格利亚说，加里多的家族在他年轻的时候就派他去里斯本做经纪人。另一位研究加里多人生经历的人——宾夕法尼亚州立大学的历史学家马修·雷斯托尔（Matthew Restall）对这种说法不认同，他说极少有非洲人是自愿去

---

[1] 此处原文为“crazy soup”，指新大陆在被欧洲人殖民后，在血统、人种、文化上的杂糅现象。参见“家庭价值”和“不安的城市”两个小节。——译者注

欧洲的。雷斯托尔几乎可以肯定，加里多是一名奴隶，是数万名被送到伊比利亚半岛（即西班牙和葡萄牙）的非洲俘虏之一。

无论加里多是戴着镣铐还是作为他家族代表而来的，他拒绝服从其他任何人的安排。他没有留在葡萄牙，而是穿越西班牙边境来到了塞维利亚。他在那里度过了 7 年的时光，其间给自己起了一个欧洲人的名字。通过他所选择的姓名胡安·加里多，可以窥探到他人格中的一部分。这个名字或多或少意味着——英俊的乔尼。

英俊的乔尼先生在 16 世纪初横渡大西洋，在伊斯帕尼奥拉岛上岸。这是一个热血沸腾、与其他征服者一样好斗且野心勃勃的年轻人，他很快就投身于当地的一个省督，胡安·庞塞·德·莱昂·菲格罗亚的麾下，在后者控制波多黎各岛的行动中效力。加里多加入了庞塞·德·莱昂对永生之泉的以失败告终的搜索行动，这次毫无用处的任务花尽了庞塞的财产。（在这个过程中，他们成为大西洋彼岸的居民中第一批登陆佛罗里达的人。）后来在西班牙对 6 个加勒比海小岛上的加勒比印第安人部落发动惩罚性远征时，加里多拿起武器参加了行动。而英俊的乔尼在埃尔南·科尔特斯夺取阿兹特克三城同盟时也为他效力。

这个同盟更普遍地被人称为阿兹特克帝国，但是该名字是在 19 世纪时被发明的，而越来越多的历史学家避开使用这个概念。它是墨西哥中部 3 个军事化城邦的联合——特斯科科（Texcoco）、特拉科潘（Tlacopan）和特诺奇蒂特兰，其中最后一个是力量最强的成员。在西班牙人到来的年代，这个三城同盟统治着横贯两洋中间的墨西哥中部，而特诺奇蒂特兰也比西班牙的任何一座城市要庞大和富足。

科尔特斯作为政治家和战士都同样精明，他挑动这个帝国的诸多敌人对其进行突袭，并攫取了该侵袭行动领导人的位置。但是除了成功地在皇宫中俘获了皇帝本人，从而让敌方惊讶得动弹不得之外，他最初的侵略遭到了灾难性的失败。事实上，西班牙人差一点就没能从特诺奇蒂特兰逃出来。当一切看上去都显示着败象的时候，科尔特斯

一个很可能是胡安·加里多的非洲人为手持头盔的征服者埃尔南·科尔特斯牵马，后者正走近三城同盟的最高领导人蒙特祖玛。本图来源于迭戈·杜兰（Diego Durán）著名的墨西哥征服的记载《新西班牙西印度史》（*The History of the Indies of New Spain*）（约1581年）。

被幸运眷顾了：天花令人意外地暴发了。由于美洲从来没有接触过这种病毒，极易传播的天花病毒迅速地席卷了人口稠密的中墨西哥，在几个月的时间里就杀死了这片地区三分之一甚至更多的人口。[1]

而正当三城同盟在传染病中蹒跚前行时，西班牙-印第安联军于1521年5月以20万兵力再次攻击其首都。特诺奇蒂特兰位于一群好似威尼斯的群岛之中，这些岛屿其中许多是人造的，处于长80英里、人工疏浚过的湖泊的西面。这座大城市周围有着蛛网一般的由堤、坝、挡板、运河组成的复杂网络，这个网络在雨季将洪水挡在城市之外，而在旱季则将城市周围的水收集起来。

科尔特斯的策略是，通过排干并填埋堤道周围的护城河一般的运河来躲开受到重兵防御的通向城市的堤道，由此可以得到干燥的土地，

[1] 总有人说，“哥伦布大交换”这一直接后果（天花）附着在一个名叫弗朗西斯科·德·埃古利亚或者巴古利亚的非洲奴隶身上。其他研究报告则主张天花的载体是充当西班牙人的帮手，和他们一起行动的古巴印第安人。雷斯托尔怀疑“把第一号病人的角色”安到非洲人或印第安人身上是“典型西班牙式的诿罪于人”。他认为，由于这次传染病是如此可怕，西班牙人不想被人当作起因。

使其变为向城市周边区域内防护较少的地区发动突击的通道。在攻城战中，白天，攻击方反复地拆毁堤防并将土石堆积起来，而晚上，三城同盟就重建堤坝、疏浚运河。6 月 30 日，同盟士兵在通往特诺奇蒂特兰的西方的堤入口处设伏，他们拆毁了一座水浅而芦苇密集的水道上的桥梁。16 世纪编年史作家迭戈·杜兰说，当攻击方冲过桥梁时，"整座桥与站在桥上的西班牙人和印第安人一起坍塌了"。从芦苇中的掩体里冲出了独木舟，船上装满了配备着弓箭、长矛和偷来的西班牙制刀剑的人。在半咸水中晃悠的西班牙人和他们的马匹极易被攻击；科尔特斯本人受伤，差点儿被俘。

而当幸存下来的攻击者们逃回安全地带时，他们听到了巨大战鼓的轰鸣声。征服者伯纳尔·迪亚斯·德尔·卡斯蒂略（Bernal Díaz del Castillo）后来回忆说，"鼓的声音大得在 8 英里到 12 英里那么远也能听到"。西班牙人纷纷转过身来。他们在另一边看见三城同盟的士兵拽着还滴着战场上沾到的水的西班牙战俘，走到了一座巨大的金字塔形神庙的顶端。同盟的士兵和祭司为了恐吓西班牙人，使他们士气低落，就将俘虏们的胸腔切开，扯下他们的心脏，将尸体踢下神庙的台阶。第二天早上，他们把另一个俘虏（杜兰说，这是一个"英俊的塞维利亚人"）押到运河边上，在他的朋友们的面前"把他切成了碎块"。科尔特斯在攻破特诺奇蒂特兰之后进行了复仇。他放任他的军队和其原住民盟友把这座已经变成废墟的城市劫掠一空，并屠杀男人，强奸妇女。

胡安·加里多有可能是伏击的当事人，或者认识那些被献祭了的西班牙人，也可能两者兼有。无论是哪一种情况，他受科尔特斯的要求，在伏击战发生的地方为这些死去的征服者建造了墓地和纪念碑，也就是烈士礼拜堂。这只是加里多在成为科尔特斯的一名心腹之后所接受的许多任务中的一个。这个征服者在印第安人的特诺奇蒂特兰城遗址上建起了西班牙人的墨西哥城，而英俊的乔尼则成了新城市政府的类似于管家的官员。他负责保护该城对外道路上两边的树木（并没

由当代艺术家重建的特诺奇蒂特兰，当西班牙人初次见到它的时候，他们为这座比西班牙所有城市都宏大的城市所倾倒。一条形状不规则、10 英里长的堤防（位于图片右侧远处）保护着这座城市，它将湖泊主体的咸水和包围着城市的新建的、人造淡水湖分隔开来，并为被称作浮园的人造水田体系提供水源。

有文献说明这一职位设置的原因，但可以猜测这些树木应该是预备下来作为燃料的）；他是城市主要水源地的监督人（特诺奇蒂特兰本身是没有水源的，其所需要的水都是从山泉上用引水渠送来的）；他还是城市的更夫（雷斯托尔认为这个职位的职责包括“治安官、拍卖人、刽子手、司号人、量具的管理人和门卫”）。此外，加里多还在 1535 年跟随科尔特斯参加了他穿越墨西哥然后航行到中国的尝试，这正是西班牙冒险家们的终极目标，但失败了。

加里多做出的最大贡献是，发现科尔特斯从西班牙运来的一袋大米中有三粒小麦。科尔特斯要求他的心腹把这些种子种在礼拜堂附近的一小块试验田里。1552 年，弗朗西斯科·洛佩兹·德·戈马拉（Francisco López de Gomara）写道："其中两株长了出来，一株长出了 180 颗谷粒。他们随后把这些谷粒在附近播了下去，一点一点地变成了无边无际的小麦：一粒长出 100 粒、300 粒，在手工播种和灌溉之后甚至长出更多……我们对一个黑人奴隶欠下了多少恩情啊！"

需要小麦的不只是拿着蛋糕和啤酒大吃大喝的冒险家们，有政治势力的牧师也需要小麦和面包来做弥撒。西班牙人多次尝试在伊斯帕尼奥拉岛种植夏小麦，但是这种尝试都由于炎热潮湿的气候而失败了。大家开心地庆祝加里多的小麦收获——在一片陌生的土地上，这带来了家乡的味道。很快，麦穗上金黄色人字排列的种子迅速传播，取代了原来中墨西哥的玉米地与树林。此外，墨西哥的小农们还说，西班牙人将加里多的夏小麦带到了得克萨斯，小麦从那里传到了密西西比。如果这种说法确切无疑，那么 19 世纪将美国中西部彻底转变成农业基地的小麦中，绝大多数都来自墨西哥城里的一座非洲人建立的路边礼拜堂。

在播种科尔特斯给的小麦的工作中，加里多充当了"哥伦布大交换"的中介。但是更重要的是，他本人就是这个大交换的一部分，科尔特斯和其他外来者一样。

在本书的前面，我提过学者们对"哥伦布大交换"的演变观点。我首先关注的是大西洋（第二、三章），是那些由微观的（个体的）向美洲的输入而引发的最重要的影响，先是使印第安人数量减少的一些疾病，然后是疟疾和黄热病，后两者助长了种植园奴隶制。此后，我关注的是太平洋（第四、五章），（从美洲）对该地区最主要的输入项目是美洲的粮食作物，这些作物帮助这一地区维持了人口快速增长的势头，间接地引发了大量环境问题。在下一部分（第六、七章）里，我展现了环境历史学家是如何越来越坚信"哥伦布大交换"在 18 世纪的农业革命和 19 世纪的工业革命中起到重要作用的。这两次革命都首先发生在欧洲，因此，这一生态现象有着政治和经济上的极其重要的意义——培育了西方世界的崛起。在以上的所有讨论中，我的前提都是人类坐在导演椅上，随自己的意愿而分配其他物种，偶尔为其结果感到惊愕。但是对于生物学家而言，智人和其他物种一样也有其自己的分布规律和范围。人类不只引发了“哥伦布大交换”，还会被这一过程的流动所冲击——对我们物种内部的冲击，这是本书这一部分的主题。

数千年来，几乎所有的欧洲人都在欧洲，极少有非洲人在非洲以外出现，而亚洲人基本上也毫无例外地只在亚洲生活。到 1492 年，东半球的任意一个人都没有看见过哪怕是一名美洲原住民。（一些研究人员相信，英国渔船在哥伦布之前数十年就已经跨越了大西洋，但以上原则仍然不变——没有人发现欧洲或非洲的团体在亚洲或美洲出现。）哥伦布的航行开启了史无前例的人类的重新分布，也就是“哥伦布大交换”中的人类部分。人类就像骰子在赌桌上蹦蹦跳跳一样散布到世界各地。欧裔成了澳大利亚和阿根廷的主要人种；而从西雅图到圣保罗，到处可见非裔的身影；唐人街在世界各地涌现。

这一运动是由非洲奴隶的贸易支配的——就比如说，在这一运动过程中占统治地位的是加里多而非科尔特斯。很长一段时间以来，美洲大陆上奴隶的规模都没有能够彻底为人所知。初次以探明以上问题为目的的系统化尝试，即菲利普·柯廷的《大西洋奴隶贸易——人口普查》（*The Atlantic Trade: A Census*）直到 1969 年才出版，而此时距离该书主题的消亡已超过一个世纪。亚特兰大州埃默里大学（Emory University）的大卫·埃尔提斯和马丁·哈尔伯特（Martin Halbert）在一定程度上受到柯廷这一研究的激励，他们带领多个国家的学者共同工作，建立了大约 3.5 万次贩奴航行记录的网上数据库，这一成就令人瞩目。这一项目在 2009 年公布了其最新成果，从 1500 年到 1840 年，也就是即贩奴活动的全盛期，估计约有 1 170 万非洲人被捕获，运往美洲。这一大规模的人类运输现象是史无前例的。在同一时段内，据估计有 340 万欧洲人迁出欧洲。粗略地说，每有一个欧洲人来到美洲，就有 3 个非洲人踏上旅途。

这些数据的规模本身和意义都令人震惊。教科书在讲述美洲历史时，通常说欧洲人迁入了一个少有人烟的半球。但实际上，这半个球里住满了数千万印第安人。而这一迁入美洲运动中的大多数人都是非裔，他们很快就占据了印第安人没有控制的几乎每个角落。埃尔提斯写道，从人口学角度来说，“直到19世纪晚期，美洲与其说是欧洲的延伸，不如说是非洲的延伸”。[1]

在哥伦布以后的3个世纪里，从大西洋彼岸来的移民建立了新城市，在城市中建立了房屋、教堂、酒馆、仓库和马厩。他们清理了森林，开辟了耕地，平整了道路，繁育了马、牛、羊等以前从未在美洲出现过的动物。他们砍伐森林建造船只，用水力驱动磨坊，对其他的移民发动战争。与此同时，他们重塑了美洲的地貌，建立了一个生态上、文化上杂糅了新大陆、旧大陆以及一些两者以外元素的新世界。

这一伟大的转变、人类物种叙事中的转折点，很大部分是由非洲人的双手完成的。在新城市摩肩接踵的主要是非洲人。在新农场中种植水稻和小麦的主要是非裔农民。在内河船只上划桨的、在最主要的道路上的也主要是非洲人。船只里、战场上和糖厂周围的男女工人，也主要是从非洲来的。奴隶制是现代美洲的最基础制度。

19世纪发生了一波规模甚至更庞大的移民潮，这一波移民潮是以欧洲人为主的。这第二次改变了（美洲的）人口平衡，欧裔就这样成了这一半球大多数地方的多数。因为身处与自己相似的人群之中，第二群移民很难意识到他们追随的是300年前非洲人的轨迹。

人类在地球的传播，其转折点就是从非洲出发的两次迁移。第一次是人类最初从其故乡——东非平原上出发的迁移，这发生在约7万年前甚至更早的时候。第二次是跨越大西洋的奴隶贸易，也就是本书此部分的主题。“哥伦布大交换”的第一波人类交换——奴隶贸易是

---

[1] 新英格兰是个例外，但是它只占到英国移民的一小部分——其南边的殖民地要大得多。直到18世纪末，在英属美洲居民点的非洲奴隶的数量大约是欧洲人的2倍。

冲破隔绝非洲人、美洲人、亚洲人和欧洲人的存在已久的地理屏障的移民浪潮的最大动力。在本章里，我主要关注两个相关的话题：首先是种植园奴隶制的兴起，该制度很大程度上推动了非洲人的强制迁徙；然后是由该奴隶制无意间促进的非同寻常的文化融合。下一章主要关注的是美洲两个最大族群——印第安人和非洲人之间的互相作用。红色人种（美洲印第安人）和黑人在欧洲人的视野之外发生的会面，很大程度上是以反抗其生活中出现的欧洲人这一共同事业为中心的，这种反抗充满着整个半球，在今天也仍有影响。

英俊的乔尼全家一起住在旋涡的中心——热闹的、多种族的墨西哥城。充满了令人头晕眼花的非裔奴隶、亚裔店主、印第安农民和劳工、欧洲来的牧师、雇佣兵和二流贵族的大呼小叫的墨西哥城，是一座流亡者和旅行者的城市，是第一座其多数居民的祖先来自大洋彼岸的城市复合体。这是“哥伦布大交换”的人类部分所创造的社交界；加里多这样一个从非洲人变成欧洲人，又变成美洲人的人就是其典型居民。

他有一个无疑是（或多或少自愿地）改信基督教的原住民老婆和三个孩子，他有一座位于富裕内城的家园，他知道他参与过历史上的重要瞬间。然而，他却是一个沮丧的、不满的人。在1538年，当时可能50多岁的他向王室请愿，祈求国王“为我的服务做出补偿，为我曾经为您的总督们做出的服务做出相应的补偿”。很明显，他的请愿石沉大海。这样一个不同寻常的人物——一个奴隶出身的征服者、科尔特斯的非裔知己、娶了原住民的基督徒，在这次请愿之后，再无关于他的生活的蛛丝马迹。根据加里多的传记作者阿勒格利亚所说，他可能在接下来10年内死去，然后在他所协助建立的新世界的喧嚣中被人遗忘。

不妙的开端

公平地说，战争的策划者并没有为战争的后果做好准备。学者们对其起源争论不休，但这一战事的目标是将一个被许多西方领袖视为文明的威胁的中东独裁者驱逐出去。在激情澎湃的演讲过后，他们结成了一个多国联盟，并向中心目标—— 一座古城开进。在一场短暂的令人惊讶的战役之后，联盟军队取得了控制权。不幸的是，联盟对下一步要做什么毫无计划。联盟的军事领导层只是宣布任务已经完成，并启程返回。只留下一小部分军事人员来应对农村中愈演愈烈的暴乱。

这就是 1096 年开始的第一次十字军东征的情况。受指派去统治新征服的耶路撒冷王国的布永的戈弗雷（Godfrey of Bouillon），不得不千方百计地维持他剩余的军队和追随这支军队的大群僧侣、教士、助祭和主教，以及追随这些宗教领袖的朝圣者 / 炮灰，还有为他们提供极其重要的后勤支援的威尼斯商人。从十字军的角度来看，夺取穆斯林的财产是显而易见的手段。欧洲人夺去了整个街区甚至是整个城市的所有权；比如说，威尼斯方占据了泰尔港，而马耳他骑士团获得了耶路撒冷城的五分之一。在乡间，教皇军队最后搜刮了超过 200 处种植了橄榄、葡萄、橙、枣、无花果、小麦和大麦的大庄园。但最后，最重要的，是农场的新主人们此前从未见过的一种黏黏的颗粒状产品——糖，当地人称之为 al-zucar。

在大约 1 万年前，甘蔗在新几内亚被驯化。该植物中有高达一半的重量都是蔗糖，这是一种白色、粉状的物质，普通人称之为“食糖”（table sugar），而对科学家们而言是 $C_{12}H_{22}O_{11}$。在化学家的词典中，“糖”指的是几十种拥有相似化学结构和性质的碳水化合物。蔗糖是这些化合物中比较简单的成员之一，即一分子葡萄糖（这是为多数动物提供能量的糖的形式）连到一分子果糖（果糖是蜂蜜和果汁中主要的糖成分）上。但是无论从文化、历史、心理，也许甚至还有遗传学上，蔗糖都绝对不那么简单。与对盐和香料的喜好不一样，对甜食的喜好貌似在所有文化圈和地方中都一样存在，这种喜好是人类状态的一个部分，它与对爱情或者精神上的超然存在的探寻一样重要。科学家们为了 $C_{12}H_{22}O_{11}$ 到底是一种事实上令人成瘾的物质，还是仅仅由于人们做出了这样的行为使得这种物质像有成瘾性而争论不休。不管怎样，在人类事务当中，糖都是一股令人惊讶的强大力量。

在热带地区，甘蔗很容易生长；但是由于其茎秆很快就会发生发酵作用而变成一堆难闻的棕色物质，所以甘蔗很难进行远距离运输。因此，想要吃甜食的人只能自己去种植甘蔗。这种作物不断扩张，向北进入中国，向西进入印度。农场的土地上的这种作物是甘蔗属（*Saccharum*）中两个种的杂交产物。大约在公元前 500 年，印度的发明家解决了甘蔗的腐坏问题，他用简陋的马拉磨或牛拉磨从甘蔗秆中榨汁，然后将汁液熬成金棕色的坚硬块状物（即相对较纯净的 $C_{12}H_{22}O_{11}$）。从此，糖就可以以块状物的形式在仓库里长期储存，装在箱子里进行运输，卖到遥远的地方去。生产甜味的产业就此诞生。

几乎整个中东因为过于干燥，都不能种植甘蔗。然而，在伊朗、伊拉克和叙利亚得到灌溉的河谷中，人们可以种植这种作物。到了公元 800 年左右，在现在地中海沿岸黎巴嫩和以色列地区，甘蔗已经变得稀松平常了。而这一地区正是教皇军队士兵第一次发现“里面装满了一种蜂蜜的被称为 zucar 的芦苇”的地方——这一描述最初见于一名 12 世纪编年史家，亚琛的阿尔伯特（Albert of Aachen）。

作家迈克尔·波伦（Michael Pollan）叙述了他的儿子在他的第一块生日蛋糕的酥皮上第一次吃到糖的经历。

> 他迷失在愉悦当中，已经不像刚才那样与我处于同一个时空。在两口之间，艾萨克惊讶地瞪着我（他坐在我的膝盖上，我正用勺子把这种美味送到他大张的嘴里），仿佛在大声叫嚷：“你的世界里居然有这种东西？从今天开始，我的整条命都是它的了！”

在黎巴嫩的教皇军队士兵身上也发生了差不多的事情。据亚琛的阿尔伯特说，牧师、骑士和普通的士兵都带着“极大的愉悦”去饮用 al-zucar 的汁液；而品尝糖的机会成了“为他们所忍受的苦难的报偿”。

就和波伦的儿子一样，这样天国般的滋味只需一口就足够让人终其一生去渴求了："朝圣者们不会厌倦这种甜味。"

教皇军队士兵在他们新获得的产出糖的产业里看到了向欧洲大量输出 $C_{12}H_{22}O_{11}$ 的机遇，驻在泰尔的大主教称蔗糖是"最珍贵的产品，对人类十分有用，尤其是对人的健康很有必要"，而他所在的城镇则是这些新来的征服者的第一个糖业中心。从此，糖以稀有品的面貌在欧洲出现，而和从亚洲输入的其他香料——生姜或者胡椒——一样，糖只能在少数王公贵族的厨房里找到。教皇军队士兵先激起欧洲大陆上富有人群对甜味的渴求，再通过偶尔地满足这种渴求来谋利。

和糖本身一样重要的是糖的生产方式——种植园农业。种植园是一种将其收成在很远的地方出售的大型农场。出于对最大化产出的考量，种植园通常都在广阔的土地上种植单一作物。它需要大量的劳动力，尤其是在种植和收获期间。而由于农产品通常都会腐坏，典型的种植园都会以处理过的形式来运送其收成：熏熟的烟叶、压榨出来的橄榄油、加热凝固后的橡胶、发酵茶和干燥的咖啡。种植园也必须有某种运输其产品的途径。因此，通常来说种植园包含了一大块临近港口或公路的土地，并附带工业设施和一批劳工。

糖是最优越的种植园产品。即使是最痴迷于糖的种植者也不可能在家里消耗掉其所有的收成，必须把一部分产品卖到农场以外。经过提纯，糖就便于包装并可进行远距离运输。而海外也总存在它的市场——没有人低估人类对甜味的欲望。主要的问题在于劳动力：没有工人的话，田地、磨坊和制糖工厂只会无所事事。为避免这一灾难发生，种植园主必须采取措施保证其工人的充足供应。在 2008 年公布的一项研究中，普罗旺斯大学的历史学家穆罕默德·欧尔菲力（Mohamed Ouerfelli）揭示，穆斯林的甘蔗种植园是通过支付相对较高的薪水来维持其工人数量的。欧洲人拥有的种植园一开始也采取了相同的策略——欧尔菲力揭露，欧洲其他部分的移民为了在甘蔗种植园工作而移居到西西里。但随着时间的推移，欧洲的糖生产者们重新考虑了其生产策略。

在第一次欧洲教皇军队东侵后的对抗穆斯林的行动中，欧洲的天主教徒在塞浦路斯、克里特岛、西西里、马略卡和西班牙南部（后来信奉伊斯兰教的哈里发又夺回了部分地区）等地，从甘蔗种植园的创建者——穆斯林和东罗马帝国手里夺取了这些产业。但无论生产出的蔗糖有多少，欧洲人总是想要更多。最终，他们用光了地中海沿岸足够生产甘蔗的温暖而湿润的土地。葡萄牙将目光投向海外，投向大西洋的岛链：马德拉群岛、亚速尔群岛、佛得角群岛、圣多美和普林西比。而西班牙人则去了另外一些岛屿，也就是加那利群岛。

第一个（种植甘蔗的大西洋群岛）就是马德拉群岛，从某种意义上讲，它也是最重要的一个。它创立了先例、确定了模式。马德拉群岛距离摩洛哥海岸约有600英里，该群岛由超过12个岛屿组成，其中两个最大的要比其他岛屿大得多：它们是圣港岛（Porto Santo）和马德拉本岛。这两个岛都是死火山的山口，但圣港岛地势较低、部分海岸是沙滩；而马德拉岛地势较高，四周悬崖耸立。

直到1420年，这两个岛屿都荒无人烟。而在这一年，两名来自葡萄牙宫廷的骑士扈从和一名住在里斯本的热那亚航海家巴尔托洛梅乌·佩雷斯特雷洛（Bartolomeu Perestrello）率领的探险队造访了这两个岛屿。在佩雷斯特雷洛死后20年，他成了历史的脚注：他的女儿嫁给了哥伦布，他们在这个群岛生活，并继承了他本人的航海图。而当佩雷斯特雷洛还活着的时候，他以将兔子带到马德拉群岛（更准确地说是圣港岛，他最先在那里登陆）而广为人知。佩雷斯特雷洛的行李中有一只怀孕的兔子，这只兔子在船上分娩。在到达之后他将母兔子和小兔子们放生，可能是为了以后打猎的时候捉回来炖着吃。让殖民者恐慌的是，这种动物“快速繁殖，直到遍布整块陆地”，葡萄牙王室档案秘书戈麦斯·埃亚内斯·德·祖拉拉（Gomes Eanes de Zurara）1453年说道。兔子吃掉了视线所及的一切东西，包括殖民者的菜园。祖拉拉在报告里写道，葡萄牙人“杀掉了大批兔子”，但是“它们仍然到处都是……我们的人找不到什么没被兔子糟蹋过的东西”。受自身低效率的影响，探险队撤回了马德拉岛。

这一生态寓言是如此美味，以至于人们很自然地去怀疑其真实性。但被普遍认为是一名做事认真的作家的祖拉拉曾经造访过这个岛屿；在他写作的时候，兔子仍然在岛上肆虐。后来西班牙占据加那利群岛时发生了基本相同的事情，这加强了这一故事的合理性。殖民者把驴子带到了加那利群岛的第二大岛富埃特文图拉岛上。这些动物不可避免地逃走了。当时在该地生活的一名历史学家写道，大批的驴子在田地中驰骋，当局“集合了岛上的所有居民和犬类，出发去消灭它们”。随后发生的就是一场对驴子的屠杀狂欢。

就算在圣港岛上引发兔子骚乱的不是葡萄牙人，他们在马德拉岛上也造成了更加糟糕的生态混乱。与相对开放的圣港岛不同，这个岛屿被黑森林所覆盖（“马德拉”在葡萄牙语中的意思就是“树林”）。为了种植庄稼，一部分森林不得不被清除。殖民者选择了最简单的方法：放火。可以想见，大火失去控制，吞噬了大半个岛屿。殖民者逃到海里，他们在没到脖子深的海水里头顶着大火待了两天。在地底的根系中，火焰恐怕持续了7年之久。殖民者在烧荒过的土地上种植小麦，将收成出口到葡萄牙。直到15世纪40年代他们才意识到这个岛屿的温暖气候更适宜另一种更加有利可图的作物，也就是甘蔗的生长。

从气候上讲，马德拉岛是一个种植甘蔗的好地方。但从地理上来看，种植甘蔗对这个岛屿却是一个挑战。马德拉岛上平坦而适合农业的土地很少，而且这少数平地位于岛上两座主要火山周围的三个高耸、难以攀登的“肩”处，其中最高的火山海拔超过6 000英尺。其他地方则过于陡峭，甚至某些地方的牛终生都只待在小牛棚里，因为害怕它们从斜坡上滚下来摔死。（旅游手册上因此给马德拉岛加上了“哀牛岛”的雅称。）

第一批殖民者就把岛上的大多数土地分配掉了。后来者要么租借土地成为分成佃农，要么就在无人土地上开荒。无论是哪种选择，他们都不得不从湿润的山巅向他们的小块土地上引水，这种工程建立了由蛛网一般的坑道和沟渠组成的网络，而每当这一网络面对石头山时就绕过去。在克服了障碍之后，甘蔗的种植繁荣发展。根据马德拉岛最优秀的历史学家阿尔伯特·维埃拉（Alberto Vieira）的记载，从1472年到1493年，糖产量增长了1 000倍以上。正如人们所料，糖的价格下跌了。曾经赚到巨额利润的种植园主们突然发现这种利润正受到威胁。唯一能够继续发财的方法就是扩大生产：开垦新的梯田，挖掘新的水道，建设新的糖厂。他们想立刻得到收割甘蔗、榨取蔗汁、熬煮糖浆、运送糖砖的工人。由于对工人的需求没有什么反响，一些殖民者做出了命中注定的决定——购入奴隶。

从某种意义上说，蓄奴不是什么新鲜事；奴隶制在伊比利亚半岛上的历史也能追溯到罗马时代。起初许多奴隶是从斯拉夫国家运来的［斯拉夫人（Slavic）就是奴隶（slave）这个词的来源］，但从那以后奴隶的主要来源变成了被俘的士兵。一般来说，他们作为家奴工作，待遇和其他家奴差不多；据格拉纳达大学的历史学家安东尼奥·多明格斯·奥提兹（Antonio Domínguez Ortiz）称，他们的主要用途就是作为社会地位的象征而存在。奴隶是他们主人的财富和地位的一种活着的、能喘气的证物。能够使唤一个被俘的士兵或者非洲人来倒酒这件事，就是一个人处在能够占有异族人的重要位置的证据。这种奴隶体系并不仁慈，但是它能够避免亚当·斯密在论述奴隶劳动中提出的诸如谋杀、暴动、叛变等问题。奴隶通常都获准赚取属于他们自己的钱，他们可以用这些钱按月租回自己的自由。如果这种赎身足够频繁，那么他们就得到了解放。多明格斯·奥提兹怀疑伊比利亚的奴隶制如果没有外来干扰的话，是否能够在特定的历史时期中发展成为一种奴隶主只有权获取奴隶的财产而非劳动的体系。

在马德拉岛，伊比利亚的奴隶制发生了变化。的确，大多数欧洲人只有一小块地，买不起奴隶。即使是那些购买过奴隶的人也很少能蓄养三名以上的奴隶，而且他们通常不种甘蔗。起初奴隶并非来自几内亚湾，而这个中西非海岸的凹陷是美洲绝大多数奴隶的来源。最初的奴隶工人是一些倒霉的散乱的罪犯、关契斯人（加那利群岛的原住民）、柏柏尔人（西北非地区的居民，也是葡萄牙人的老对手）的大杂烩，也可能有一些改信者（或多或少被强迫改信天主教的伊比利亚犹太人和穆斯林，许多葡萄牙人和西班牙人把他们当成潜在的叛徒）。不过马德拉岛很快就颤颤悠悠地变成了使用非洲奴隶的种植园农业体系。维埃拉说，罪犯、关契斯人、柏柏尔人和改信者被来自中西非的人替代了。非洲人种植甘蔗，加工糖，他们的人数随着制糖业的景气程度时高时低。种植园奴隶制的可怕世界开始出现。维埃拉称马德拉岛就是它的"社会、政治和经济上的起点"。

然而仍然缺少了两个关键因素，就是疟疾和黄热病的病原体。这两种疾病在圣多美和普林西比——被葡萄牙人于1486年占领的位于几内亚湾的岛屿——十分常见。与马德拉岛类似，这里也荒无人烟、覆盖着茂密的森林、拥有温暖的气候、肥沃的火山土壤和充足的水源，是种植甘蔗的完美选择。与马德拉岛类似，这里也被具有创业精神，希望能从欧洲对甜味的需求中获利的小贵族们占据着。但与马德拉岛不同，圣多美和普林西比到处都是非洲最可怕的疟疾病原载体冈比亚按蚊，以及可以传播黄热病的埃及伊蚊。这倒有一点像自然科学的实验，改变一个变量之后看看会发生什么。

最初两次对圣多美的小规模殖民行动由于疾病而失败了。1493年的第三次大规模尝试成功了，这一部分是由于这一行动中有一大群奴隶——罪犯和不受欢迎的人，值得注意的是，包括约2 000名犹太儿童。种甘蔗者和制糖者、罪犯和儿童成群结队地死去。6年后，还活着的儿童只有600人。不过这块殖民地却维持了下去。1599年，一支荷兰军队在普林西比岛登陆，想把这一岛屿也变成一个制糖中心；仅仅4个月后侵略者们就离开了，而彼时他们中80%的人已经在地下了。一年后，荷兰人选择了另一种策略：占领圣多美岛。在付出了两个星期的时间和1 200人死亡的代价之后，荷兰人逃走了。在对这一岛屿的例

正如这一描绘 1600 年左右西西里一座磨坊的木雕所显示的一样，呛人的、潮湿的糖厂需要大量的工人。它是根据一名居住在佛罗伦萨的佛兰德斯画家——简·范·德·斯特拉艾特（Jan Van der Straet）的油画创作的。

行派遣中，欧洲人不断死去。葡萄牙政府利用这种派遣来放逐他们所厌恶的牧师，从而确保他们必死无疑，但在技术上避免触犯梵蒂冈禁止处决其官员的禁令。在殖民开始 60 年后，也就是 1554 年，圣多美岛只有 1 200 名欧洲人。到了 1600 年，这一数字缩小到 200 人，而奴隶与奴隶主的人数之比超过了 100∶1。1785 年，一份官方报告称，只有 4 个纯种欧洲血统的人（4 个！）居住在这个岛上。国王为了增加殖民地的人口，下令把女性非洲奴隶奖励给每个新来的男性欧洲人，并劝告他们繁衍后代。这一工作未能增加殖民者的人数——这些奖励不值得他们冒这样的风险。甚至连梵蒂冈任命的该岛主教都拒绝到任。在这一职位空缺 43 年后，一名新主教最终鼓足勇气在 1675 年来到了圣多美。不到两个月后，他就死了。葡萄牙人有首歌这样唱，“圣多美，有门进，没门出”。

尽管缺乏殖民者，这块殖民地仍然繁荣发展，虽然只是在一段时间内。圣多美在最繁荣时，其出口的糖是马德拉岛出口量的 4 倍。这个岛屿大约三分之一的面积都被改造成了甘蔗田，为了给糖厂供应燃料，大片森林被清除。由于少有欧洲人来这里冒险，土地并未如马德拉岛一样被分成小块地产。取而代之的是，圣多美被分成了少数几个大种植园，每个都有数百名奴隶。从远处来看，种植园就像小型城市，而聚集的奴隶小屋就像郊区，围绕在种植园的管理者和家属居住的高耸的木头“大宅”周边，而这种家庭多数都是合法纳妾制度造成的跨种族通婚的产物（如果可以，种植园所有者宁愿留在葡萄牙）。用少数、充斥着疫病的欧洲人残忍地监视数以千计的奴隶工人，圣多美和普林西比就是这一压榨体系的鼻祖。

16 世纪 60 年代到 70 年代，来自巴西的新建大型种植园的大量糖的冲击，将马德拉和圣多美淘汰出了糖业市场。但两处发生的事情却截然不同。马德拉岛长期以没有疟疾和黄热病而闻名，尽管直到 20 世纪科学家才发现原因：这座岛上没有这些疾病的载体——蚊子的生存。由于没有疫病，富裕的欧洲人（其中许多不是葡萄牙人）搬迁到了这座温暖的岛上。在他们的庄园和别墅周围，这些人建起了教堂、医院、修道院、学校和海关——这些建筑在今天就成了吸引游客的回报丰厚的投资。由于要养活农场主及其四邻，即使农场本身也并非实行单一种植，即只种植一种作物。因此，当糖市崩盘时，甘蔗种植者不愿放弃他们倾注了大量心血的宅邸、土地和周围的一切。于是他们转移到了一门新兴的产业中，这就是今天被称为马德拉酒的制造热处理强化酒的产业。

酿酒业重视质量而不是产量，因此不太适合种植园奴隶制。在马德拉糖业发展最顶峰的 1552 年，岛上居民有十分之三都是奴隶；而 40 年后，在巴西蔗糖以白浪般跨过大西洋冲过来的时候，这一数字变成了二十分之一。大体上来说，由于奴隶不再种植甘蔗，马德拉人解放奴隶的花销要少于养活奴隶的开支。前奴隶们无法离开岛屿，于是就成了他们之前的主人，即现在投资果酒榨汁机和酒窖的那些人的佃农和分成佃农。尽管一直面临着饥荒，这些自由奴隶靠着甘薯活了下来。他们既然活了下来，马德拉岛就仍然是一片拥挤的地方。到19世纪末，这座岛屿变成了一个旅游点，在旅游手册里被誉为一块“在得了疟疾、黄热病等严重疾病后需要康复和休息的人”的圣地。

然而，没人把圣多美宣传成一个能够让人从疟疾中得到休息和康复的地方。其经济也在巴西的糖的冲击之前就崩溃了。但是与马德拉不同，圣多美并未能恢复旧观——它只是继续维持下去，尽管其农场规模不断退化。由于没有乡邻的保护，该岛上许多离岸地主都以在远处监视岛上事物为满足，而那些欧非混血的管理者就在不断腐坏的种植园里半心半意地种植粮食来供给欧洲的贩奴船。其他种植园主则简单地把注意力转移到巴西，离开了他们在圣多美的产业。一些前监工获得了他们自己的产业，并购入奴隶来照料这块产业。一些前奴隶也是如此。到了18世纪中叶，圣多美的殖民地奴隶主已经被一群新的“克里奥尔”精英所取代，而这群人（至少口头上）将其祖先追溯到葡萄牙人和最初得到解放的奴隶的跨种族子女。但是新的管理层并没有改变种植园本身。尽管没有什么可以出卖的，也没有什么顾客，这些僵尸一样的产业仍然继续挣扎，奴隶们在鞭子的催促下继续耕种，但树林已经吞没了曾经的甘蔗田，殖民时期的建筑也土崩瓦解，最后只剩下海港。

抵抗一直都存在。对于奴隶来说，不管他们的主人是葡萄牙人还是葡萄牙-非洲混血儿或者非裔，都无关紧要；他们只要能逃跑就都会逃。逃亡者联合起来，在森林中建立了武装力量。为了抵御他们的进攻，种植园主建立了木堡垒，并在里面派驻持枪的奴隶。从成功突袭的频率来判断，这些卫兵很少尽忠职守。在1595年的一次暴动中，多达5 000名奴隶摧毁了30座糖厂。这一毁灭行为既合乎情理也同样漫无目的；无论如何，糖厂已经归于沉寂。在这种暴力的对峙中，种植园主与逃亡者之间的游击战持续了将近200年。

圣多美的种植园最终转而种植其他作物，比如说巴西引入的可可（巧克力）和非洲另一边传来的咖啡。这种产业有足够的利润，以至于引回了数百名葡萄牙人，这些人驱逐了克里奥尔人，夺去了他们的土地和奴隶。在20世纪初，可可和咖啡几乎占据了这片岛屿的每平方英寸的耕地。很久以前奴隶制在法律上就被废除了，但通过对葡萄牙所属的非洲殖民地征收特别税，这种制度仍然在事实上存在。无法支付税金的人就被运到圣多美岛，以工作抵偿债务。这些事实上的奴隶在晚上被禁锢在种植园里废弃的兵营中。由于其他国家也涉足巧克力产业，并改进了其生产方式，这座岛上的古老可可种植园变得越来越无利可图。20世纪50年代，以终结种植园体系为首要目标的独立运动兴起。在葡萄牙人离开的1975年，这个国家是地球上最贫困的国家之一。新政府将种植园国有化，将其合并为15个超级种植园，并精确地按照以前的方式来运营这些产业。

这是一个跨越大西洋到达美洲的系统。

新世界的诞生

就像胡安·加里多一样，埃尔南·科尔特斯也在失望中死去。在征服了（阿兹特克）三城同盟之后，他被授予了瓦哈卡河谷侯爵（Marquis of the Valley of Oaxaca）的头衔，并获准在他征服的土地上选择自己的地产。他在墨西哥中部和南部选定了6块产业，面积合计有7 700平方英里。他在其中最大的一块地产——墨西哥城以南的一块面积2 200平方英里的温暖的平原上建立了由厚厚的墙垣围绕的像城堡一样的庄园。这座庄园富丽堂皇，里面至少有22条挂毯，每条都超过15英尺宽；而衣着华贵的征服者本人则喜欢穿着天鹅绒织成的背心和镶满了珍珠的晨衣，漫游在自己的挂毯收藏品中。

在获得了大片产业之后，科尔特斯就把他那种可以称为标志性的活力投入一系列的创业活动：开掘银矿，建立养牛场和养猪场，淘金，在太平洋岸边开设船坞，在墨西哥城中心开设大型市场，种植玉米、大豆和加里多培植的小麦，以利润分成为条件向冒险者和创业者提供资金、货物、牲畜和奴隶，进口蚕种（以及喂养蚕所需的桑树），建设大型石头建筑作为他本人的纪念碑。而当他在1523年开始种植甘蔗的时候，最后的这件事在他的日程中地位很高。

如果更多地关注这些项目，那么科尔特斯可能会获得成功。但是他却去寻找可供征服的新王国了。他去了危地马拉，还计划派船去秘鲁。他去了太平洋，而且差点在一次寻找通往中国的航路中丧命。他一直都确确实实地违背着命令。最后他耗尽了自己的钱财和他人的耐心。1540年，他返回西班牙，希望为自己和朋友们谋求职位和得到王室的欢心。科尔特斯追随着他的国王，从一个地方到另一个地方，希望得到接见。但卡洛斯五世拒绝见他。心碎的征服者无法理解为什么国王对册封一名有实力的实干家为新贵族心怀疑虑。伏尔泰是这样讲述的，尽管这肯定是捏造的——科尔特斯有一次冲进了国王的马车里，卡洛斯五世恼火地问闯入者是谁，科尔特斯可能是这样说的，“这个人给你带来的殖民地的数量，比你的祖先留给你的城市还要多”。

他选的时机糟透了。他跟随王室的时候，国王正好在与刚刚写完《关于西印度群岛毁灭的简述》（*Brief Account of the Destruction of the Indies*）的虔诚的多明我会牧师巴托洛梅·德·拉斯·卡萨斯会谈。这本书是对西班牙人行为的控告，在人权活动史和批判文学史上都有里程碑一般的地位。拉斯·卡萨斯在深受震惊的王室前朗读初稿时，把对墨西哥的征服打上了“对印第安人非正义、暴力和暴政行为的顶峰”的标签。他将对印第安人的奴役贬为“比把人杀死还要难以忍受的折磨”。因为拉斯·卡萨斯所描述的以西班牙的名义犯下的耸人听闻的残酷行为使国王十分苦恼，卡洛斯五世要求众议院调查国家对印第安人的政策。

国王肯定是知道的，西班牙王室从他出生以前就长期试图明确规定该国对印第安人的政策。他的祖辈、斐迪南国王和伊萨伯拉王后，就被哥伦布带来的那个他们已经统治了大批在先前甚至尚未为人所知的人群的消息震惊到了。这两位虔诚的基督徒君主担心这种征服在上帝看来不公正。哥伦布的新大陆有可能使西班牙更加富饶，这种结果当然是他们十分渴求的。但是获取美洲的财富可能会奴役那些未与西班牙为敌的人。

正如斐迪南和伊萨伯拉看见的那样，印第安人的土地并不像他们两位君主以及其先王们数世纪以来一直为敌的伊斯兰世界一样。在他们看来，穆斯林士兵是可以被合法奴役的——他们征服了大半个西班牙，压榨西班牙人民，并且抛弃了基督教改宗伊斯兰教。（出于同样的理由，伊斯兰世界也随意奴役西班牙战俘。）相比之下，大多数印第安人并没有对西班牙人做什么坏事。由于美洲的原住民从来没接触过基督教，他们不可能背叛它。1493 年，教皇亚历山大六世解决了这一良心上的困境。只要国王们派遣谨慎、敬神、受过教育、有技术的人，并带领他们（指美洲原住民）皈依天主教，他就授予国王们统治伊斯帕尼奥拉岛的泰诺人的完整、自由和彻底的权力。如果目的是给被征服者带来救赎，征服就是可以接受的。

不过，实际上到过这些新岛屿的西班牙人对传播福音并没有多大兴趣。尽管他们个人通常都是虔诚的，但他们更关心印第安劳力而非其灵魂。哥伦布就是一个例证。尽管哥伦布虔诚而热心，但他在 1495 年运送 550 名被俘的泰诺人回到西班牙，并在那里将他们卖为划桨奴隶的行为，使伊萨伯拉王后大为震惊。（桨帆船当时在地中海上仍然极为常见。）哥伦布辩称奴役战俘是合理的，他就像西班牙人长期以来对待其军事对手的方式一样对待那些攻击了伊莎贝拉镇的印第安人。此外，他还说这些印第安人的命运将会“吓止”此后的叛乱。伊萨伯拉却并不赞同。她的怒气随着这些镣铐加身的泰诺人慢慢地进入塞维利亚的奴隶市场而不断增长。1499 年，她勃然大怒，命令所有拥有印第安奴隶的西班牙人将其送回美洲，不服从命令者则被处死。

看上去王后主要是被殖民者的放肆行为所激怒——他们并未遵守命令，奴役了错误的人民（即不应为奴的人）。但她也一定知道，君主们并未说明本质问题。一方面，因为西班牙的征服行为可能会对印第安人的传教行为提供条件，所以教皇使这种征服合法化了——但如果印第安人大量沦为奴隶，这个目标就很难达成了。另一方面，一般认为殖民地将为西班牙的荣耀增光添彩，但这一目标如果没有劳动力是不能实现的。西班牙不像英国那样有一套发展成熟的契约奴隶体系。还有一点不像英国的是，西班牙没有会被人引诱而漂洋过海的失业流民。君主们相信，要从殖民地中获益，西班牙就不得不依赖印第安劳工。

1503 年，君主们提出了监护征赋制（encomienda）体系来解决这一困境。西班牙人以个人身份成为原住民群体的监护人，承诺保护原住民的安全、自由，并通过宗教引导他们。通过这种“保护”模式，印第安人用其劳动力购买西班牙人提供的“安全”。监护征赋制可被认为是回应亚当·斯密提出的反对奴隶制的一种尝试。君主们希望通过限制对印第安人的需求来减少他们反叛的动机——而这对雇用他们的西班牙人有利。

但这并未奏效。印第安人和征服者都不喜欢监护征赋制。从法律上讲，伊斯帕尼奥拉岛的印第安人是自由人，他们的城镇乡村仍然由土生土长的本地领导者治理。但实践中这些统治者只有很少的权力，工人们常常被当作奴隶。监护人厌恶与泰诺人的领袖谈判，因为这种谈判需要更多的机智和圆滑，超出了监护人愿意付出的程度。当本土工人不再愿意忍受下去的时候——如果能够避免，谁希望被人这样对待呢？——他们就逃亡到乡下，在那里，亲属、朋友和同情他们的印第安领袖会隐瞒他们的行踪。对泰诺人来说，他们认为这种体系是将奴隶制合法化，尽管程度比较轻。在这条法律规定下，印第安基督徒在受洗礼后有权得到与西班牙基督徒完全一样的待遇，西班牙基督徒不能被奴役。但殖民者提出了相反的意见：印第安人实际上比欧洲人更加不人性化，所以即使在他们改信基督教之后也可以被强迫工作。

墨西哥的征服者科尔特斯所拥有的不自由的印第安人，可能比世界上任何一个人都要多。在拥有总数超过3 000名（或者更多）原住民奴隶以外，他的产业每年还强迫多达24 000名劳工服劳役（他们被其村落派遣来，每次工作一周）。印第安人的双手不情愿地在他的土地上种下了数千英亩甘蔗，为巨大的蒸馏器砍伐木材以从蔗汁中提纯糖，建造他的水力制糖厂——这是一座两层大楼，由石头和土坯砖建造，用沙子和石灰黏合。科尔特斯对政治时事有敏锐的认识，所以他一定在对印第安人的政策上服从了王室的呼吁。众议院在1542年4月起草了一份备忘录，请求卡洛斯五世“纠正正加于西印度群岛印第安人的暴行”。7个月后，国王做出了回应：颁布了禁止奴役印第安人的所谓“新法律”。

新法律有巨大的漏洞。如果印第安人在反抗西班牙当局时被抓获，他们仍可能沦为奴隶。因为一个人总是可以宣称一个特定的人或者团体在反抗当局，这一漏洞就相当于为蓄奴颁发了许可证。尽管如此，新法律仍然极大地激怒了殖民者，以至于当新任秘鲁总督试图执行这一法律时被他们砍了头。而新西班牙（西班牙帝国位于巴拿马以北的领地）总督在殖民者采取行动之前谨慎地取消了这一法令。但是趋势已经十分明显：对于像科尔特斯这样的人来说，强迫印第安人为其工作将变得越来越困难。

在众议院的备忘录出台数周后，征服者与两名热那亚商人达成了协议，约定为他提供500名非洲奴隶——这是第一笔对非洲大陆上生活的非洲人的大生意，也是当时最大的一笔生意。两年以后，第一批100名奴隶抵达墨西哥湾岸边的韦拉克鲁斯（Veracruz）。它标志着跨大西洋奴隶贸易的到来。

非洲人被戴上镣铐送去美洲的历史几乎和欧洲人被如此对待的历

史一样长。2009年，一支美墨联合考古队宣布，伊莎贝拉镇墓地中的3个人可能有非洲血统（他们的牙齿的生物化学特征显示他们曾吃过很多非洲植物）。到1501年，即伊莎贝拉建城7年后，被送到伊斯帕尼奥拉岛上的非洲人已经很多，以至于惊动了西班牙国王与王后。他们命令该岛总督不许更多的非洲人登陆。（同被列入禁止入境名单的还有：犹太人和改信基督教的犹太人，“异端”和已经改信正统基督教的异端。）此命令将出生于基督教国家而带有非洲血统的人划为例外。贩奴人宣称他们的“货物”是西班牙人或葡萄牙人，总之就这样运送过去。仅仅过了几个月，总督就乞求国王与王后禁止一切从伊斯帕尼奥拉岛来的非洲人。“他们逃到印第安人那里去，并在那里学到了坏习惯，他们已经抓不住了。”没人听取他的意见。殖民者看到，非洲人对疫病有免疫力，在当地没有能够帮助他们逃亡的社会关系网，并拥有有用的技能——许多非洲社群都以炼铁能力强和骑术水平高而闻名于世。甚至更多的奴隶船挤满了圣多明各的码头。

奴隶们却不像殖民者希望的那样容易控制。正如亚当·斯密所预见的那样，他们是一些糟透了的雇佣工。装病，带着令人绝望的懒散情绪工作，遗失补给品，破坏装备，偷窃贵重物品，伤害运送糖的牲畜，故意毁坏成品糖——这些都是种植园奴隶制的组成部分。政治学家詹姆斯·斯科特（James Scott）在同名经典研究著作中称之为“弱者的武器”。当奴隶们逃亡到山地的时候，并不是十分虚弱。他们为了不被欧洲人发现而躲藏在森林中，以破坏之前束缚他们的这门生意谋生。在超过一个世纪的时间里，伊斯帕尼奥拉岛的大多数地方都有非洲人的非正规军，他们的活动畅通无阻，他们用山间河流中淘到的黄金从西班牙商人手里秘密地换到衣物、酒类和铁（前奴隶的铁匠们用这些铁来制造箭头和剑）。所以没人怀疑这座岛上的糖业种植园主会迁移到大陆上。墨西哥不只有更广阔的土地和更多的印第安劳动力，而且没有数以千计的反制糖业游击队员。（本书将在第九章进一步讲述奴隶叛乱的事情。）

埃尔南·科尔特斯也是那些搬家的糖业种植园主中的一员，当他10多岁来到伊斯帕尼奥拉岛，定居在阿苏阿（Azúa de Compostela）时，就目睹了这一产业的崛起。他在墨西哥的新产业中，糖厂是最重要的中心环节之一，尽管由于他的探险爱好将这些糖厂的完工日期拖延了将近10年。就像甘蔗种植园一样，其他监护人的糖厂也在海湾沿岸、温暖潮湿的韦拉克鲁斯港附近遍地开花。

尽管糖价在1550年到1600年上涨了3倍，但其产量却猛增。经济学家称，这种产量猛增的同时价格上涨的现象，表明了需求激增。他们可能是对的。西班牙对三城同盟的征服使同盟的公民体验到了糖的乐趣。墨西哥中部的人们和欧洲人一样，对甜味有着贪得无厌的渴求。16世纪80年代的历史学家何塞·德·阿科斯塔（Jose de Acosta）惊讶地说道："在西印度群岛消费的食糖和蜜饯的数量令人疯狂。"

向美洲运送非洲人再也不是小打小闹了。墨西哥糖以及巴西同时增加的糖产量打开了闸门。1550年到1650年，粗略地说，也就是科尔特斯签下合同后的一个世纪内，贩奴船运送了大约65万非洲人，在总体分布上西属美洲和葡属美洲大致份额相等。（英、法以及其他欧洲国家在那时的奴隶贸易中还无足轻重。）在以上两处，非洲移民的人数与欧洲移民的人数对比超过了2比1。每个西班牙人和葡萄牙人涉足的地方，都有非洲人和他们同行。很快，他们在美洲就比欧洲人还要更加常见，而这是欧洲人从未预料到的。

在征服危地马拉和巴拿马时，非洲人和西班牙征服者一起行动——他们有些充当士兵，有些充当仆役和奴隶。成千上万的奴隶涌向秘鲁和厄瓜多尔，印加帝国的征服者弗朗西斯科·皮萨罗及其家族在他征服行动的头几年获得了超过250个进口奴隶的许可证。在里奥格兰德河流域，非洲人融入了印第安群体，甚至参与了对前主人的袭击。一份令人震惊的报告称，引诱他们奔向原住民的是仙人掌，"它以醉酒的方式激化了（奔向原住民群体的）原因"。（一些西班牙人也加入了印第安群体。）出生于非洲、在墨西哥沦为奴隶的胡安·巴利安特（Juan Valiente），以一名同伴的身份参加了征服者佩德罗·德·巴尔迪维亚（Pedro de Valdivia）在1540年发动的对智利的侵略，在行动成功之后他获得了一份产业和属于他的印第安奴隶。当他和巴尔迪维亚一块死于1553年的原住民起义时，他正在从墨西哥主人那里为自己赎自由。非洲奴隶肯定在位于现在美国领土内的第一块欧洲殖民地——西班牙人于1526年建立的圣·米盖尔·德·瓜尔达普（San Miguel de Gualdape），可能位于现在的佐治亚州沿海地区——中占一席之地。第一块殖民地——圣·米盖尔·德·瓜尔达普，也是里奥格兰德河以北第一次奴隶暴动发生的地方。暴动在这块殖民地建立几个月后就烧毁了它，使这块殖民地被废弃。普遍观点是奴隶们逃跑了，之后与本地的加勒族印第安人融合。如果真是如此，他们就是维京人以后第一批跨越大西洋来到北美洲的常住居民。

到17世纪，在西班牙属地内已经遍地都是非洲人了。阿根廷的6家公司向安第斯山脚下的产银城镇波托西输送奴隶；秘鲁利马的人口中，略多于一半都是非洲人或非洲人后裔；并且非洲奴隶还在巴拿马的太平洋海岸边建造船只。1633年，耶稣会士约瑟夫·费尔南德斯（Josef Fernández）说，非洲人一直在以每年10 000名到12 000名的速度涌入现属哥伦比亚的卡塔赫纳。而此时，城内的欧洲人还不到2 000名。这些人绝大多数都要靠奴隶贸易维持生计。为了让非洲人登陆而进行的非法贿赂，是其收入的主要来源。葡属巴西吸收非洲人的步伐要慢得多。非洲人在那里已经人数众多，以至于在16世纪最后几年之前，没有任何奴隶的进口，而此后数十年进口也很缓慢。在殖民地势力庞大的耶稣会，牧师要对吸收非洲人负部分责任；他们说奴役印第安人是原罪，但非洲人就是可以捕捉的奴隶。（耶稣会士们言行一致：在他们的糖厂里，只有非洲人被束缚着。）

科尔特斯建立的一座养牛场可能是墨西哥的首个养牛场。他没有选择原住民工人来照料动物——他们没有照料牛马的经验。数千年来，非洲都是牧牛养马的中心地区。科尔特斯的第一个养牛人，也可能是美洲大陆的第一个牛仔，就是一名非洲奴隶。后来又有数千人加入（养牛奴隶）。在阿根廷，非洲人摆脱了城市和种植园的限制，逃到了潘帕斯草原。骑着偷来的马匹，赶着偷来的牛群，这些流浪汉复制了他们在西非大平原上十分熟悉的一种田园牧歌式的生活——就像19世纪70年代阿根廷古典诗《马丁·费耶罗》（*Martín Fierro*）所写的那样“自由的生活/不依靠谁而生活”。他们后来被称为高乔人，以类似于北美牛仔是美国西部的象征的方式，成为阿根廷的象征。

非洲人大离散的范例就是以埃斯特班（Esteban）、埃斯特凡（Estevan）、埃斯特凡尼克（Estevanico）、埃斯特班尼克·德·多兰特斯（Estebanico de Dorantes）这一套名字而为人所知的，在摩洛哥艾宰穆尔（Azemmour）长大的说阿拉伯语的穆斯林/基督徒。受16世纪的旱灾和内战的影响，数以万计的摩洛哥人绝望地逃往伊比利亚半岛，为了生存而被迫沦为奴隶，改信基督教。其中许多人就来自艾宰穆尔，葡萄牙人在埃斯特班小时候趁着这一地区局势不稳占领了这里。他被一个叫作安德雷斯·多兰特斯·德·卡兰萨（Andrés Dorantes de Carranza）的西班牙小贵族买走（这一交易可能是在里斯本发生的）。多兰特斯梦想着重复科尔特斯的征服壮举，带着埃斯特班加入了由卡斯提里公爵潘菲洛·德·纳尔瓦埃斯（Pánfilo de Narváez）领导的越洋远征。这位野心勃勃的公爵具有领袖所需要的一切气质，但就是缺乏良好的判断力和运气。

纳尔瓦埃斯于1528年4月14日指挥400多人（其中非洲人人数不明）在佛罗里达南部登陆。当他们沿着佛罗里达湾寻找黄金时，一场又一场飓风不断袭来。纳尔瓦埃斯消失在大海中，剩下的人绝大多数因印第安人、疾病和饥饿而丧命。过了大约一年，幸存者制造了一些粗陋的小船，试图逃往伊斯帕尼奥拉岛。他们在得克萨斯海边搁浅，丢失了剩下的大部分补给品。一开始的400多人中，最后只有14人幸存。很快，幸存者减少到4人，其中一人就是埃斯特班。另外一人是埃斯特班的主人多兰特斯。

这4人向西以墨西哥为目的地跋涉，这段旅程的困难程度足以令人惊呆。他们吃过蜘蛛、蚂蚁卵和仙人掌。他们丢失了所有的财物，一丝不挂地前行。他们曾沦为奴隶，被人折磨和侮辱。每当他们从一个印第安国度前往另一个国度的时候，他们就被带到灵疗师那里去——仿佛原住民相信，可怕的旅途本身已经把这几个陌生、衣不蔽体、胡子拉碴的人变得近乎神圣了一样。也许印第安人是对的，埃斯特班和西班牙人已经开始靠赞美诗和十字手势来治病了。一个西班牙人曾把一个濒死的人救活，至少他自己这么说。他们在胳膊上佩戴贝壳、在腿上装饰羽毛、随身带着燧石做的柳叶刀。就像流浪的治疗师一样，他们也有了数百名追随者。心存感激的病人给他们很多礼物：丰盛的食品、贵重的矿石和600个风干的鹿心。

埃斯特班是队伍的斥候和使节，在他们沿着加利福尼亚海湾向墨西哥中部的山地数千英里行进的过程中，他是出面接触新文明的那个人。通过某种“手腕”，埃斯特班成了队伍的领导者。当然，每次他遇到一群新的居民，摇晃他的萨满葫芦，解释他们的来头的时候，他都掌握着西班牙人的性命。

在他们出发8年后，4个纳尔瓦埃斯探险的幸存者走到了墨西哥城。3个西班牙人得到了款待和荣耀。埃斯特班再次沦为奴隶并被出售。他的新主人是新西班牙的总督——安东尼奥·德·门多萨（Antonio de Mendoza）。门多萨派他去充当一支前往北方的侦察队伍的向导——埃斯特班又上路了。探险队所寻找的是7座黄金城（Seven Cities of Gold）。据猜测，牧师在公元8世纪时为逃离穆斯林的进攻而建立了这些城市。数十年来，西班牙和葡萄牙的人都在寻找它们——7座黄金城就是雪人传说的伊比利亚版本。为什么每个人都认为这些城市坐落在现在美国的西南部这一点，还未得到合理解释，也许永远也无法解释。纳尔瓦埃斯探险幸存者的故事，莫名其妙地重燃了寻找这些城市的热情，而门多萨已经屈服于这种热情。

带领这次远征的是马科斯·德·尼萨（Marcos de Niza），他是一个热心的圣方济各会传教士。门多萨煞费苦心地要求埃斯特班遵从尼萨。但埃斯特班对于遵守命令毫无兴趣。随着不断向北前行，他遇见了那些记起来他早先旅程的印第安人。他穿上了西班牙式的服装，戴上了贝壳、羽毛和大块的绿松石，并以一种圣歌的风格摇着拨浪鼓。很快他又有了数百名追随者。他无视尼萨要求他停止仪式性治疗并回绝他的病人送来的酒和女人的命令。

在传教士做出他的个人声明之后，埃斯特班及其追随者在跨过里奥格兰德河后走到了探险队其他人的前面。很快他们就领先了许多英里。再一次，埃斯特班到了一个从未被大海另一边来的人踏足过的地方。在分开数日后，尼萨发现了几个埃斯特班的追随者，他们受了伤、流着血。他们告诉他，在亚利桑那和新墨西哥交界的山脉中，队伍偶然间发现了祖尼人的哈维库（Hawikuh）镇。这是一座由沙石造的两三层建筑聚集而成的城镇，那些建筑看上去就像沿着小山修建的白色台阶。城镇的统治者愤怒地拒绝让队伍进入。他们把埃斯特班和追随者隔离在镇外的一座大棚屋里，不给粮食和水。次日，埃斯特班在带领大多数追随者试图逃离哈维库时被杀。

祖尼人自己则流传着不同的故事，应该说很多故事。因为很多人曾经重新进行过叙述。在我听到的一个版本中，埃斯特班并未被拒绝入城，相反，他是被迎入哈维库的。人们听过这个人以及他非同寻常的旅程的故事。他们希望把他留在那里，非常希望，至少在故事里是这么说的。他和他们曾经见过的其他人都不一样，他的皮肤和毛发都是令人难以置信的一种身体标本，他有渊博的知识，他可能是一份他们绝对不想失去的财产。

为了阻止他离开，他们砍断了他的小腿，温柔地让他躺下，在他这个超自然存在面前沐浴。埃斯特班以这种方式活了许多年，故事继续讲，由于那些非同寻常的特征，他总是被人用尊敬的态度对待，他总是躺着、伸开腿，盖在他残肢上的绷带总能得到仔细的照料。

他的结局的所有版本都基于那些人对他们自己讲述的故事。他的真实、确信无疑的命运可能永远不会为人所知。看起来很清楚的一点是，在最后，这个过了许多桥（代指坎坷）的人倒在了同样迷惑了许多西班牙人的幻想中。他觉得他懂得他所创建的令人震撼的世界，他就是那个控制一切的人。他忘记了一点，桥的下面只有空气。

家庭价值

1521 年 8 月 13 日，特诺奇蒂特兰在屠杀和混乱中陷落了。在残破的城市外的河道中，西班牙军队发现了一支小型独木舟船队。西班牙人的文章里称，居民们在芦苇里藏身，在彻底搜查时被发现。原住民的记载说他们找到了侵略者并向他们投降。现在的历史学家倾向于后一种说法。在城市瓦解的骚动中，要藏身其实十分容易，以至于独木舟里的人甚至都没有为了不被发现而试图躲起来。

三城同盟的最后一任领袖库奥特莫克（Cuauhtemoc）就在其中一艘船里，其他船里装着他的妻子和家人。特诺奇蒂特兰的统治者和他们欧洲的同行一样，长期通过与被指定的一群其他精英家族通婚来巩固权力。就像在欧洲一样，掌权的人和许多女性都育有子嗣。因此，帝国的皇室谱系图十分复杂。很快，它就变得更加复杂了。

当时才 20 多岁的库奥特莫克是蒙特祖玛二世（Motecuhzoma II），也就是那个有名的在西班牙人第一次突袭首都时被科尔特斯在其本人宫殿里劫持的“蒙特祖玛”的侄子。蒙特祖玛在将科尔特斯的军队赶出首都时被杀，但被杀的具体方式存在争议。他的继承者在继位约两个月后死于天花。为了加强其合法性，这位继承者迎娶了蒙特祖玛的女儿泰奎克波津（Tecuichpotzin），她在第一次突袭中丧夫，是一个寡妇。在西班牙人和印第安人的联盟开始第二次向特诺奇蒂特兰进攻时，这位继承者去世了。当年 18 岁的库奥特莫克登上了王位。出于和他前任同样的考虑，他很快也迎娶了泰奎克波津。当时他们两人一起在独木舟里被发现。

蒙特祖玛被俘时要求科尔特斯保护其家人。这是一项艰巨的工作：皇帝有19个孩子。征服者失败了，天花和战争之后只留下了3个孩子，其中一个就是泰奎克波津。（西班牙人给她起了一个他们能叫得上来的欧洲人名字：伊莎贝尔。）泰奎克波津是皇帝与正妻的女儿，而其他两个幸存者的母亲地位较低。3个人当时都未成年。泰奎克波津当时大约12岁。

科尔特斯把他们看作三城同盟的合法统治者，其中泰奎克波津最为重要。征服者认为他的目标就是将西班牙的权力移植到印第安形式的根基中。欧洲人将通过印第安人的组织机构进行统治。为了达成这一目标，在抓住蒙特祖玛时，他面无表情地提出他自愿将三城同盟的主权移交给卡洛斯五世。这样一来，印第安精英从此就是西班牙的良民了，因此，他们与西班牙精英被同等对待。两个族群将不得不在平等地位上进行融合。通过使泰奎克波津怀孕，科尔特斯温和地推动这一适应过程。

他没有立即行动——她仍然是库奥特莫克的妻子。1525年，科尔特斯宣布三城同盟的领导人阴谋反对西班牙，并将他处决。随后他安排泰奎克波津嫁给她的下任丈夫，一名他特别宠爱的征服者。几个月后，这个人也去世了。科尔特斯很体贴地让这个时年16岁或17岁的寡妇搬到他宽敞的宅邸里。她在这里怀上了孩子，科尔特斯在这里给她安排了下一次婚姻，对方也是一个他宠爱的征服者。1528年，婚礼后四五个月，莉奥诺·科尔特斯·蒙特祖玛（Leonor Cortes Moctezuma）出生了。[1]

莉奥诺并非这位征服者唯一的私生子——他还有至少4个私生子。她也不是唯一一个有一半印第安血统的孩子。在对三城同盟的攻

[1] “蒙特祖玛”（Motecuhzoma）是现在对这位皇帝名字的最常用的罗马化拼写。当时，西班牙人通常将他称为“Moctezuma”，而这是他外孙和外孙女的名字。

击过程中，科尔特斯和一名女向导兼翻译一起行动。这个女人流传到现在的名字很多，有玛琳切（Malinche）、玛丽娜（Marina）或者玛琳辛（Malintzin）。她生于三城同盟与玛雅之间的一个中立地区的贵族家庭，在变成其继父家庭的女儿之后，她被卖到了玛雅。由于玛琳切在孩提时学会了三城同盟的语言，玛雅人把她献给了在那里登陆的科尔特斯。很快他们就发生了关系。1522 年 5 月或 6 月，征服者的儿子马丁（Martín）出世了。这意味着她是在前一年 7 月或 8 月，在帝国陷落后的庆祝中受孕的。（科尔特斯的遗嘱中提到的另一个混血女儿——玛丽亚，除了她的母亲也是蒙特祖玛的一个女儿之外，我们对她一无所知。我们可以假设玛丽亚是在科尔特斯挟持蒙特祖玛的那段时间受孕的，而她的母亲在战争中身亡了。）

科尔特斯并没有隐藏他的混血私生子们。莉奥诺由她父亲的表亲，也是科尔特斯巨大产业的管理人抚养长大。糖业的利润给她带来了一笔庞大的嫁妆，这笔财产吸引了墨西哥最大银矿的发现者——胡安·德·托洛萨（Juan de Tolosa）。科尔特斯给马丁做出了更戏剧化的安排：他把这个小男孩送到西班牙王室充当侍童，并聘请了一名罗马律师向克莱蒙七世教皇请求承认他为合法继承人。本名为朱利奥·德·美第奇（Giulio de' Medici）的教皇有充分的理由同情他。他不只是私生子，还有一个混血的私生子亚历桑德罗·德·美第奇（Alessandro de' Medici），这个孩子的母亲是一名非洲获释奴。教皇试图通过任命他为佛罗伦萨公爵来给他安排前途。教皇的确承认马丁·科尔特斯的合法地位。他与科尔特斯最早的合法儿子——也叫马丁·科尔特斯——都是征服者遗嘱中的主要继承人。他们两个人都是西班牙社会的正式成员，这一点可以从他们为争夺父亲的遗产在法庭上打了 5 年的“拉锯战”能看出来。很自然地，他们争抢的就有印第安奴隶。

从哥伦布在伊斯帕尼奥拉岛登陆开始，欧洲人和印第安人就开始融合了。岛上的多数殖民者都是年轻的单身男子；在 1514 年伊斯帕尼奥拉岛上的一次人口普查中，岛上只有三分之一的监护人已婚。其中三分之一娶的是泰诺族女性。斐迪南和伊萨伯拉鼓励这种跨文化的婚姻，这是由于他们相信这将带来基督教仪式的婚姻。也许令人感到惊讶的是，一部分当地人的目的也在于此：通过将女儿以基督教仪式嫁给西班牙人，印第安精英可以巩固其地位。但是对于许多西班牙人来说，泰诺式的典礼比基督教婚礼更有用——只有通过一个当地女性和一个下级西班牙人之间的联姻，他们才能得到受上层印第安人控制的货物和劳工。结果，许多西班牙人认为他们自己已经结婚了，而牧师却认为他们只是姘居。

种族混合的社会起初在加勒比海地区出现，后来在美洲变得随处可见。混合最初发生在社会上层，科尔特斯就是一个例证。像第一代征服者中的许多人一样，科尔特斯来自埃斯特雷马杜拉（Extremadura），这是一块由代代互相通婚的强势家族所掌控的多山而贫困的土地。印加帝国的征服者弗朗西斯科·皮萨罗是他的远房表亲：皮萨罗的祖先娶了科尔特斯的阿姨。而当错综复杂的征服者家族通过联姻进入同样错综复杂的原住民贵族社会中时，他们形成了一种怪模怪样、分支繁多的家族树，这种家族树能在凌晨3点把系谱学家叫起来——科尔特斯与墨西加人（即特诺奇蒂特兰的人民）的关系就是典型。

科尔特斯还只是一个开端。皮萨罗和这个来自埃斯特雷马杜拉的亲戚一样，也和一个原住民贵族基斯佩·库茜（Quispe Cusi）一起生活，这位女贵族是被皮萨罗推翻的印加皇帝阿塔瓦尔帕（Atawallpa）同父异母的妹妹。基斯佩·库茜给皮萨罗生了两个孩子，分别叫法兰西斯卡（Francisca）和冈萨罗（Gonzalo）。皮萨罗后来要求国王颁布王家法令承认他们的合法地位。皮萨罗经常说基斯佩·库茜是他的妻子，但他实际上并没有娶她。这段“婚姻”也没有影响到他和另外两个印加王室女性的关系，其中一位给他生了另外两个孩子。私生子皮萨罗并没有抛弃他那些带有一半印加血统的后代。他和基斯佩·库茜

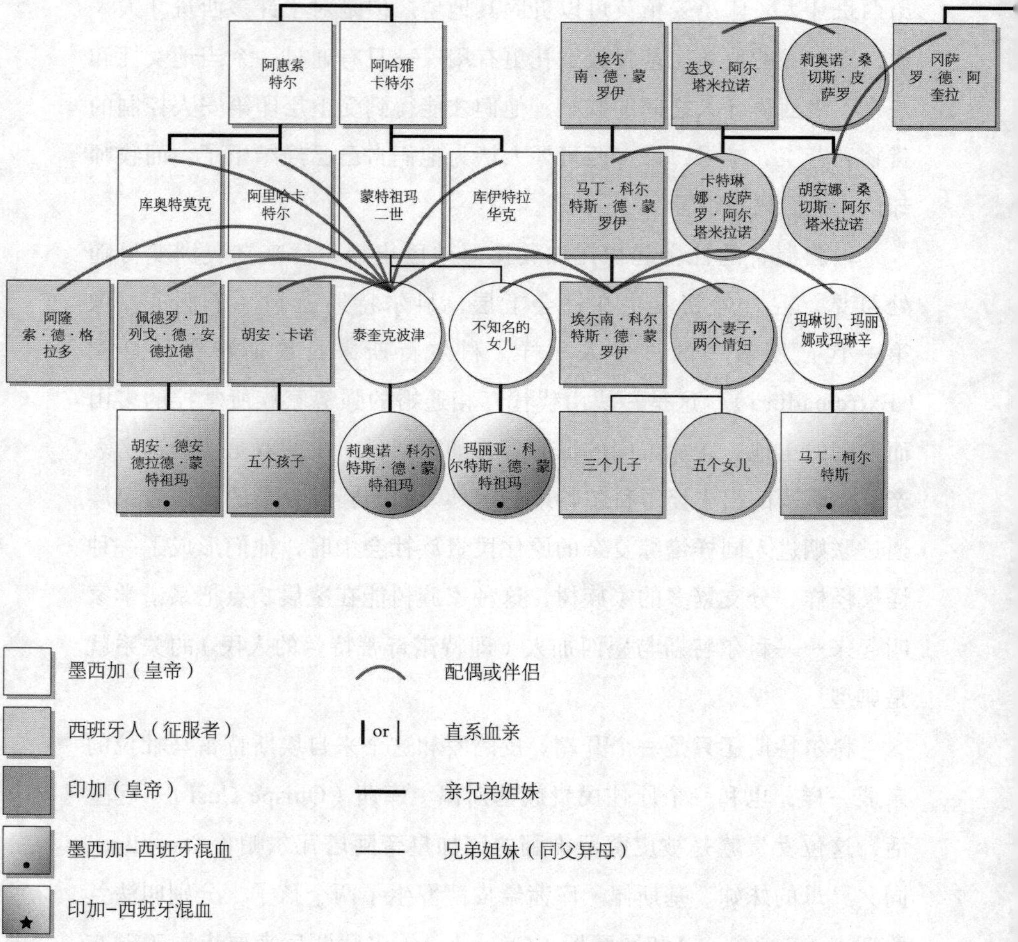
阿惠索特尔
阿哈雅卡特尔
埃尔南·德·蒙罗伊
迭戈·阿尔塔米拉诺
莉奥诺·桑切斯·皮萨罗
冈萨罗·德·阿奎拉
库奥特莫克
阿里哈卡特尔
蒙特祖玛二世
库伊特拉华克
马丁·科尔特斯·德·蒙罗伊
卡特琳娜·皮萨罗·阿尔塔米拉诺
胡安娜·桑切斯·阿尔塔米拉诺
阿隆索·德·格拉多
佩德罗·加列文·德·安德拉德
胡安·卡诺
泰奎克波津
不知名的女儿
埃尔南·科尔特斯·德·蒙罗伊
两个妻子，两个情妇
玛琳切、玛丽娜或玛琳辛
胡安·德安德拉德·蒙特祖玛
五个孩子
莉奥诺·科尔特斯·德·蒙特祖玛
玛丽亚·科尔特斯·德·蒙特祖玛
三个儿子
五个女儿
马丁·柯尔特斯
墨西加（皇帝）
西班牙人（征服者）
印加（皇帝）
墨西加–西班牙混血
印加–西班牙混血
配偶或伴侣
or
直系血亲
亲兄弟姐妹
兄弟姐妹（同父异母）

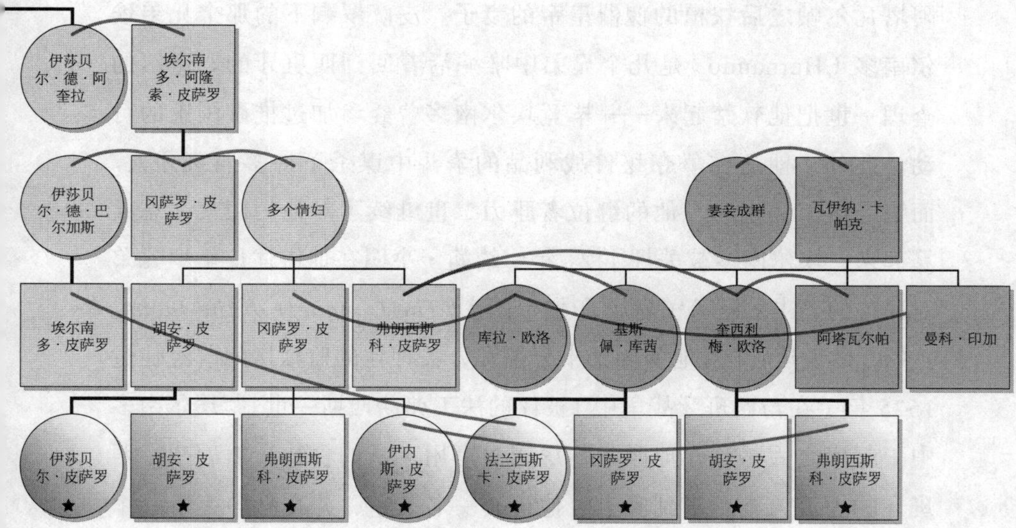

15、16 世纪美洲各帝国的家族树

为了增强其统治的合法性，征服者通常会与所征服的人群之中的精英通婚，科尔特斯和皮萨罗就是其中最显著的例证。他们创造了一代混血儿童，这些人后来成了一部分新殖民地中最有权势的市民。因为许多征服者来自埃斯特雷马杜拉——一个由少数几个联系紧密的家族所统治的多山地区，通常来说，他们和印第安贵族一样联系紧密。结果就是一张与众不同的多文化家族网络。

的女儿法兰西斯卡后来成了他的主要继承人（她的兄弟冈萨罗 9 岁就夭折了）。

征服者带着 3 个兄弟去了秘鲁。其中一个纳了一名印加公主为妾。另一个兄弟与印加帝国皇后私通——这位皇后是在皮萨罗杀死阿塔瓦尔帕之后扶植的傀儡皇帝的妻子。皮萨罗剩下的那个兄弟埃尔南多（Hernando）是几个兄弟中唯一活着回到西班牙的。谨慎的查理一世把他软禁起来——毕竟埃尔南多曾经参加过推翻国王的行动。此外，他还在争夺秘鲁战利品的争斗中谋杀了许多西班牙人。而当老国王去世时，他的继位者腓力二世继续了对他的囚禁。总共算起来，埃尔南多被关押了 21 年。约翰·亨明在他讲述皮萨罗兄弟对秘鲁的袭击的巨著《征服印加帝国》（*The Conquest of the Incas*, 1970）中说道："对他的囚禁十分温和，关押他的监狱房间曾经住过 1525 年（在与西班牙战争中）被俘的法王弗朗西斯一世。"埃尔南多中午起床之后，会在他豪华的房间里享用丰富的食物，然后招待西班牙的上流人士，直到晚上。他还有一名妾室，并在狱中生下一个女儿。

如果不算婴儿时期的话，埃尔南多在法兰西斯卡 17 岁的时候才第一次见到她。那时她刚刚继承了父亲给她的巨额遗产。亨明这样写道，当时 50 岁的埃尔南多"无视了血亲关系、33 岁的年龄差距、他自己仍被囚禁的状况"，立刻就娶了她。当埃尔南多最终从软禁中被释放的时候，夫妇二人在皮萨罗一家的诞生地——卡塞雷斯省（Caceres）的特鲁希略（Trujillo）建造了一座宏大的文艺复兴式宫殿。他们以一种殖民地流行的方式在金盘子上享用秘鲁美食，并运来了一队印加仆役服侍他们。

皮萨罗们比他们同行的征服者更加富裕，但是在其他的方面他们并不特别。历史学家追踪了在 1541 年创建智利圣地亚哥城的 150 个人中的 97 个人的生平。他们共有 392 个子女和孙辈，其中 226 人（57%）有印第安血统。智利的一个征服者在 1569 年自豪地对宗教裁判所说，他和非欧洲血统的女性生下了 50 个孩子。[1]

这些孩子中只有少数有非洲血统。这一情况随后迅速发生了改变。随着种植园奴隶制的传播，这一半球内的非洲人比例上升，同时上升的还有非洲-印第安混血儿、非洲-欧洲混血儿和非-欧-印第安混血儿的人数。到 1570 年，墨西哥的非洲人已经是欧洲人的 3 倍多，混血儿的数量是欧洲人的 2 倍多。（当然，这两者的人数仍然未超过印第安人。）70 年后，非洲人仍然是欧洲人的 3 倍，而混血儿的数量是欧洲人的 28 倍，其中大多数是非洲—欧洲混血的自由人。

一方面，西班牙人某种程度上轻易地接受了他们所造就的种族混合的世界。于是欧洲人并没有和他们的后代一样拥有对“种族”的概念，因此他们并未在生物学水平上把自己看作和非洲人或者印第安人不同的存在。他们并不畏惧今天被称为基因污染的现象。而另一方面，原住民和新来者的混合引发了对道德污染的巨大恐慌。

我们记得，西班牙人通过承诺让印第安人改信而使自己的征服合法化。西班牙人对原住民持续不断的虐待妨碍了这一任务。控制了新西班牙宗教生活的方济各会修道士提出了一种种族隔离方案：将殖民地分为两个“共和国”，其中一个是印第安人的，另一个是欧洲人的。由于未受到欧洲要求的影响，印第安人关注发生在全为印第安人的居民区和城镇的改信过程；西班牙人关注的是在全为西班牙人的居民点

[1]　这种乱七八糟的关系并不仅仅存在于西属美洲和葡属美洲。普林斯顿的历史学家琳达·科利（Linda Colley）说，英国人“发展出了一种混合更彻底的帝国构造方式”，也就是不同的、日益混合的人群的一种平衡。美国早期的一些领导人接受这一概念，其中就有托马斯·杰斐逊总统，他认为欧洲人和印第安人应该“在一起集会、混居，发生融合，并成为一个民族”。这种混合的典型例子就是萨姆·休斯顿（Sam Houston），此人是得克萨斯的第一任总统，后来成为该州州长。他从孩提时的家庭里出走，并被一个切诺基人家庭所收养。他后来回到了他出生时的人群中，并开始了一项暴力的、酗酒的政治事业。在他 36 岁的时候，他的婚姻破裂了，于是他回到了切诺基人那里娶了一名有一半切诺基血统的女人，当上了切诺基人驻华盛顿的外交使节，而且开始穿着原住民的装束。被他酗酒的习惯所激怒的切诺基人将他免职，并把他从部族中驱逐出去。在得克萨斯从墨西哥独立之后，休斯顿当上了总统。他在位时，试图与本地切诺基人结盟以进军侵略墨西哥北部，并建立一个二元文化国家。杰斐逊也起到了创建混合社会的作用。1998 年进行的 DNA 测试表明，他可能是他的一个带有部分非洲血统的奴隶——萨莉·海明斯（Sally Hemings）的一个或更多孩子的父亲，而这个人可能是他妻子的半同胞姐妹（即同母异父或同父异母姐妹——译者注）。杰斐逊解放了海明斯所有的 6 个孩子——这是他所解放的唯一一批奴隶，其中 3 个孩子后来以“白人”的身份长大成人。

里从征服所得中获取财富。因此，1538 年，主教瓦斯科·德·基罗加（Vasco de Quiroga）开始组织住在墨西哥城西面山区中的 30 000 名印第安人搬迁到保护区的城镇中，他想要把这些城镇建成美洲的乌托邦——基罗加逐字逐句地按照 21 年前出版的托马斯·莫尔的小说《乌托邦》(*Utopia*)的记载来安排这些居民点。

方济各会修道士近乎同步地在墨西哥城到韦拉克鲁斯的路上建立了一座全是欧洲人的城镇——普埃布拉（Puebla de los Angeles）。它就是共和国蓝图缺陷的一个例证。建立这座城镇是为了解决一个问题：西班牙的下等人在原住民村落中像寄生虫一样过活，他们对食物、住所和女人的固定的需求，干扰到了有秩序地进行重要的改信工作。方济各会的解决方法是强制把流浪汉集中起来，把他们安置到一座受教会监督的自治城市中。普埃布拉最初的居民中有一半在发现他们并不会有属于自己的印第安劳工时，放弃了建城计划。建筑师为了建造城市最终还是依赖于受监护人（其实就是印第安劳工）。西班牙人不断外流，教会不得不加大招揽的力度。最后，每个普埃布拉的家庭每周有 40 名到 50 名印第安劳工服役。这座为了从西班牙人手里保护印第安人的城市，却需要强迫印第安劳工服役，到最后完全依靠强制印第安人劳动。甚至到了当局能够隔离印第安人和欧洲人时，非洲裔的自由人开始充当投机倒把的商贩，在一个社区买入货物，在另一个社区卖出，从而靠原住民社区和西班牙人社区之间的价差谋利。

混血人口数量上升这一冷冰冰的事实对两个共和国制度是一种嘲讽——他们属于哪个群体？墨西哥教会一直将印第安人和西班牙人的洗礼、婚姻和死亡登记分开处理。他们不得不开始设立第三套记录。更坏的是，混血人口的增加引发了对殖民者对血统纯洁的恐慌。

当时，许多西班牙人相信，父母将其思想和道德特征传递给他们的孩子，家庭氛围进一步放大了这种影响。一个生而为犹太教徒或穆斯林的母亲某种程度上会在她的后代中渗入犹太教或伊斯兰教的基因，即使她从来没有让孩子们受到这种宗教的影响。

西属美洲殖民地的文化和种族的大杂烩通常由艺术作品折射出来。正如这幅作于18世纪的匿名油画中所展示的，圣母马利亚嵌在波托西的大银山里。通过将山峰当成神明的化身，从而在视觉上将基督教和安的列斯群岛的传统结合起来。

由此看来，印第安人起初并不被当成危险。因为在哥伦布之前，福音从未传播到美洲，印第安人的祖先也就从未拒绝过救世主。他们的异教信仰是源于无知，而非邪恶。他们作为无辜者是不会将异教的标签传递给他们的孩子的。但是，随着时间变化，许多印第安人很明显地抗拒完全的基督教化，并且以一种阶级而遭人猜疑。其时，非洲人和混血儿的人数也无可避免地增长。17世纪，由于被更多的不值得信任的群体所包围，16世纪包容了各色人的精英联合群体感到事态失去了控制。随着这种失控的局势的发展，他们先前所具备的对大众顺其自然的包容心也消失了。

对种族的看法是一个复杂的课题，这一课题让许多学者终其一生去阐明。这一话题有一段气氛紧张的历史，这段历史激起了疑心和防备。正如所有人都能设想到的一样，这段历史有争议。前文我在简要讨论中尝试概述南加州大学历史学家玛丽亚·埃伦娜·马丁内斯（María Elena Martínez）所写的对我来说较有说服力的部分内容。当然，一些学者对她的观点会翻白眼，或者至少对我的删节阐述这样做。但是少有争议的是，随着殖民地社会越来越多样化，殖民当局徒劳地试图把跑出来的幽灵塞回到瓶子里去。

16 世纪后半叶，西班牙政府开始对混血人种采取限制措施，禁止他们携带武器，成为牧师，从事受人尊敬的贸易活动（比如缫丝业，织造手套，制针等），充任政府官员。一个西班牙屠夫因为使用了动过手脚的秤欺骗顾客而被处以 20 比索的罚金；而一个有一点混血的屠夫如果做了相同的事，就要挨 100 下鞭打。有非洲血统的人在晚上 8 点以后不能出现在公共场所，也不能参加超过 4 人的集会。此外，他们每年还要缴纳特别税——这是一种原罪税。印第安-欧洲混血的女性不能穿着印第安服饰。非-欧混血女性不能佩戴西班牙式样的金首饰，也不能穿着被称为女用围巾（manta）的讲究的花边斗篷。由恶意和焦虑的不协调发作而导致的各种各样的遍及各类生活琐事的规定，诸如此类，不一而足。这是西班牙对其难以驾驭的后代发起的吹毛求疵而官僚主义的打击。

限制越来越多，受限者的恐慌就越来越重；而这导致了更严格的限制和更大的恐慌。牧师们开始争论，说印第安人并非无辜：就像犹太人一样，他们生来就带有他们祖先的非基督教信仰。也许他们实际上就是从犹太人发展来的——就是以色列那些失踪的部族！也许他们中的一部分，比如说伊比利亚半岛上的前犹太人，并没有真正皈依基督教。也许他们和非洲人共谋攻击基督徒。1552 年，奥古斯丁修会会士尼古拉斯·德·维特（Nicolas de Witte）说道：

> 新西班牙“满是梅斯提索人（mestizo，指印第安人和拉丁语系欧洲人的混血后代），他们生来就不正直。新西班牙满是奴隶出身的黑人男女。新西班牙满是娶了印第安女人的非洲人，他们生下的就是穆拉托人（mulatto，指黑白人种的混血后代）。新西班牙还满是娶了印第安女人的梅斯提索人，他们生出了无穷无尽的不同种姓的后代，而所有这些混血儿又生出了更加混杂和不怎么样的混血儿”。

“梅斯提索人”和“穆拉托人”成了以种姓体系为名的详细的分类图谱的关键概念。尽管这一图谱从未在帝国层面上被正式地编纂为法典，但这一受到数百个各自独立的由地方、教会和商业行会制定的规定所承认的种姓体系，试图根据道德和精神的价值将新西班牙的人按照血统分门别类。每个族群都有基本的、不可更改的本质，而通过不同的、可以预测的方式与族群外的人混杂在一起。穆拉托人和梅斯提索人不同，他们又与桑博人（zambo，指非洲人和印第安人的混血后代，这个词的词源是zambaigo，意为八字脚）不同。当西班牙人和梅斯提索人生下后代时，这个孩子被称为卡斯蒂索人（castizo）；而和穆拉托人生下后代时，孩子被称为摩里斯科人（morisco，让人很奇怪的是，这个名字意为摩尔人）。随着时间推移，这种分类越来越复杂、精确和荒谬：郊狼（coyote）、灰狼（lobo）、白化种（albino）、黑皮（cambujo）、白斑（albarazado）、黑斑（barcino）、悬空（tente en el aire）、我不知道（no te entiendo）。[1]

这一体系从未像政府希望的那样奏效。相比于在分配给他们的社会地位中受限制地生活，人们更多地用这种分类作为改善他们条件的工具，他们可以购买最适合他们的身份。征服者迭戈·穆尼奥斯

---

[1]　西班牙人并非唯一抱此种偏见的人。18世纪的法国博物学家路易–埃利·莫罗·德·圣玛丽（Louis-Élie Moreau de Saint-Méry）曾尝试着把海地的大杂烩一样的人口精密地分成128个互相区别的族群。

（Diego Mũnoz）与印第安人的混血儿子娶了一名原住民贵族；他的儿子按照理论上应该被分为属于印第安人的“郊狼”，而这位西班牙人的孙子担任了墨西哥城东面的特拉斯卡拉的“印第安人的总督”。同时，还有印第安人宣称自己是非洲人——奴隶们只需要缴较少的税，而印第安人也不知道为什么他们应该缴这些税。地方官员本应该监督这种分类，但是实际上他们只要收钱就可以把任何一个人们想要的身份卖给他们。如果加勒比海地区的西班牙人在留下合法继承人之前死去，那么他们的梅斯提索人和穆拉托人后代就被提升为“西班牙人”，并被强迫承担继承人的责任——这一转变频繁发生，以至于在1738年，波多黎各主教发觉岛上“很少有白人家族没有混杂了坏种族的血统”。在18世纪下半叶，一个旅行者讽刺地写道，尽管伊斯帕尼奥拉的官方人口统计里面“列出了许多白人”，当地的教区记录却把同样的人记为“白人和印第安人的混血后代，和他们与桑博人、穆拉托人和黑人的后代”。

禁止将当地原住民视为奴隶的新法律加剧了种族混杂的程度。由于西班牙法典《七编法》（Siete Partidas）规定，孩子继承其母亲的地位，欧洲人和印第安女人的后代必须是自由人，至少在理论上如此。结果，非洲裔男性想要找非非洲裔女性结婚（不管怎样，殖民地都不会有足够的非洲裔女性给他们配对——四分之三的奴隶都是男性）。马德里要求非洲人只能和非洲人通婚，然而殖民地的教会强迫非法同居的奴隶去教堂正式结婚——这种方式可以把信异教的非洲人变成基督教徒。最后，非洲人中超过一半（甚至更多）有了非非洲裔配偶。殖民地当局声明，《七编法》不适用于非-印混血儿和非-欧混血儿，并试图把他们当作奴隶。在一次共同反抗行动中，他们中的许多人直接搬走了，而这些肤色较浅的人告诉他们的新邻居，他们是印第安人或者西班牙人。

人类对于民族和种族的差异的信念和行为，很少经得起逻辑上的审视，墨西哥也并不例外。从遗传学家的观点来看，这一种群随着时间的推移，混合程度日益加深。到了18世纪末期，“纯种”的非洲人几近消失，“纯种”印第安人的人数也由于疾病和通婚急剧减少，即使是还残余下来的“纯种”西班牙人——这是墨西哥城内占总人口不足5%的一个小群体——也以相当的速度与外界通婚，以至于他们很快就不再以一个可以与其他群体分开的实体而存在了。尽管辨别一个人和另一个人变得前所未有的困难，殖民地当局仍然更加努力地试图把人们分隔开，他们的动力的最好例证可能就是世界上最奇怪的一种艺术门类——种姓油画。

种姓油画是一套图画集，通常但不总是16幅一套，其目的在于绘制出新西班牙的不同类别的人。在殖民地内绘制或雕刻出来的作品——用如同奥杜邦的鸟类画集一样的冷冰冰的严格态度——描绘了西属美洲的梅斯提索人、穆拉托人、“郊狼”、“灰狼”和“我不知道”等族群。实际上，在马德里的自然历史博物馆有其中的几套图画，与西属美洲殖民地里人类的种族和化石、外来植物展品并排展出。几乎所有现存的图画都给观看者展示了一个家庭：一名属于一类人的男性、一名属于另一类人的女性，以及他们的后代。用画布上的镀金标签充当注解：

> 黑人男性和印第安女性——生出“灰狼”
> 西班牙男性和摩尔女性——生出白化种
> 穆拉托男性和梅斯提索女性——生出“悬空的灰狼”
> 印第安女性和“退化灰狼”男性——还是生出“灰狼”

已知的种姓油画超过100套之多。其中多数做工精巧，且美观。有一些就是由混血人自己绘制的。

现在再来审视这些图画的话，很难想象当时的创作者在想些什么。他们一定知道，欧洲人被新西班牙的异族居民所厌恶。这些肖像画就像是把他们的同胞当作展览品。但是同时，多数作品中描绘的卡斯蒂

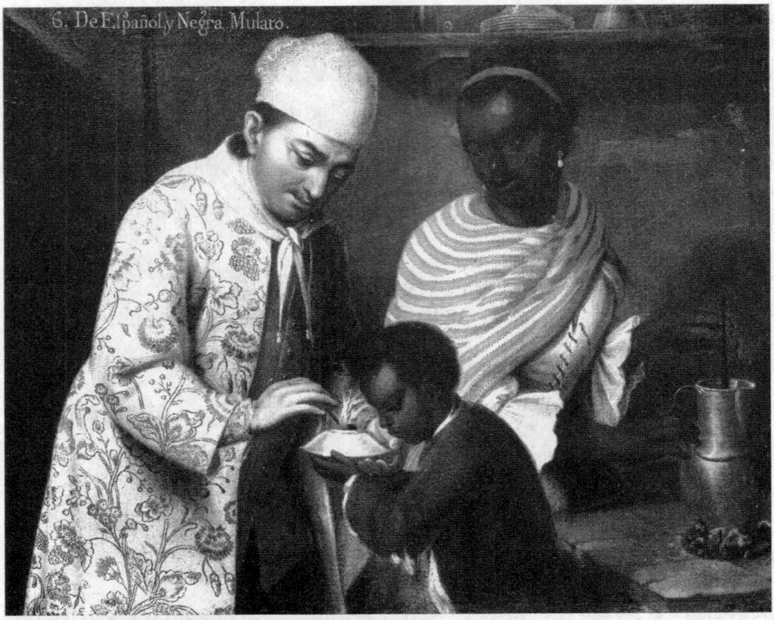

在欧洲风靡一时的描绘种姓的油画、博物学的怪异版本试图让外人了解西属美洲殖民地中的文化融合。通过复杂的，将人们按照欧洲人、印第安人和非洲祖先分开的种族图示，这些作品变成了形象化、精确展示种族类型的人类学论著。有时他们也对特定的种族结合的可怕后果提出警告：夫妻互相谋杀，儿童长得不像其双亲。上图：西班牙人和黑人生下穆拉托人，由何塞·德·埃尔西巴尔（José de Alcibar）在1760年到1770年绘制。下图：黑人和印第安人生下“灰狼”，由何塞·德·伊瓦拉（José de Ibarra）在大约1725年绘制。

上图：Chamizo 人和印第安人生下 Cambuja 人，佚名画家绘于约 1780 年。下图：西班牙人和白化种生下退化种（Return-Backward），拉蒙·托雷斯绘于 1770 年到 1780 年。

索人、梅斯提索人和穆拉托人都衣冠楚楚，幸福地走来走去，身体高大健康又健壮。现在再看看这些光滑、欢快的面孔，人们恐怕永远无法知道，在这些画作被创作出来的那些城市的街道上，这些人由于其差异而被人嘲弄。人们可能也永远无法知道，其实种姓油画还远不够展现出差异性——没有一幅画描绘当时的新西班牙的亚洲人口，这是迄今为止亚洲以外规模最大的亚裔群体。

不安的城市

1688年1月，大群虔诚的信徒强行进入了位于普埃布拉的耶稣会圣灵教堂内的圣婴礼拜堂。在礼拜堂内停放着卡特琳娜·德·圣·胡安（Catarina de San Juan）的遗体，这是本地一位声望卓著的圣洁的女教徒，享年80多岁。城内大教堂的官员和当地宗教团体轮流把她的雕刻精美的棺木扛到礼拜堂里，安放在用艺术作品和诗歌手稿装饰起来的停棺架上。在信仰的狂热中，礼拜者们撕碎了遗体上覆盖的裹尸布，试图切取遗体的手指、耳朵或者其他部位作为纪念。为了保护卡特琳娜的遗体不受这些狂热者的伤害，教会当局部署了一支武装队。

在葬礼中，走在前面的是市议会的成员和普埃布拉宗教机构的代表，随后他们来到了大教堂参加一场纪念弥撒。耶稣会士弗朗西斯科·德·阿奎莱拉（Francisco de Aguilera）做了布道，他详尽地回顾了卡特琳娜的一生，尽管在细节上不乏空想。尽管卡特琳娜把一天的主要时间都花在祈祷上，阿奎莱拉却对这些集合起来的显贵说，实际她在精神上环游了整个地球。事实上她帮助实现了地中海上基督教徒对穆斯林舰队的胜利。后来，他还告诉信徒们，她和圣母马利亚一起把一支西班牙运金船队从一场有魔力的飓风中拯救出来；她帮助西班牙舰队打退了英国和法国的海盗；她飞到日本和中国去传播基督教福音；她在新墨西哥目睹了圣方济各会传教队伍的人殉难。

这些壮举非同寻常，但是其类型和在那个时期里封圣的人相比差不多。同样再寻常不过的，还有认识卡特琳娜的牧师在她死后为她撰写的圣徒传记，尽管出现3次壮举是十分不同寻常的，尤其是其中一次占了差不多1 000页的篇幅。特别之处在于阿奎莱拉对她的出身的宣传：墨西哥山地里一名鲜为人知而富有远见的卡特琳娜·德·圣·胡安是一位亚洲皇帝的孙女。更加特别的是，这一说法很可能是确切的，或者多半是这样。

1605年，她出生于莫卧儿帝国某座城市（可能是现在巴基斯坦的拉合尔，也可能是以泰姬陵闻名于世的印度的阿格拉）。她的家族是贵族，她的名字叫作米拉（Mirra）。莫卧儿王朝的君主信奉伊斯兰教，和皇室可能有远亲关系的米拉的家族也是穆斯林。米拉 / 卡特琳娜的传记作者宣称，米拉和皇帝大家族一起住在河边的一座宫殿里，她的家庭是基督教的同情者。后一点并不荒谬。当时的皇帝阿克巴（Akbar）以宗教宽容而负有盛名；在他的宫廷里，受到欢迎的耶稣会士使一些高阶朝臣改信了基督教。在宫廷花园、雕像和陵墓里常能见到基督教圣徒的画像，这些画像被看作阿克巴皇帝神授权柄的象征。

米拉7岁的时候，一切都发生了变化。葡萄牙海盗捕获了一群正在去麦加朝圣的莫卧儿朝圣人。阿克巴把这次袭击看作对宗教的蓄意侮辱，因此他赶走了耶稣会士，转而迫害基督徒。米拉的父母被这次镇压牵连，迁移到了海岸地区——可能是阿拉伯海边上的苏拉特，该城有大规模的欧洲人社区。但是苏拉特也饱受海盗袭击的困扰。声称亲耳听到米拉讲述生平的一位传记作者写道，伪装成葡萄牙商人的海盗在海滩上绑架了她，然后把她运到了在印度半岛最南端附近的科钦（Kochi）。耶稣会士在那里为她举行了洗礼。基督徒本不打算奴役其他基督徒，但是海盗们把她从耶稣会士手里带了回去。在海上她反复地被人侮辱，直到她到了马尼拉，在那里她落到了一个从普埃布拉来的船长的手里。

这个在墨西哥以卡特琳娜为名字的女孩，在信仰上更加热心，也更加禁欲主义，她住在小房子里，吃得不多，喝得也很少，她的肢体被金属钉子固定上的皮带绑了起来，回绝了一切性暗示——她曾经让她在异象中看到的裸基督穿上衣服。她在一间紧闭、空空荡荡的小房间里用圣水、圣物箱和十字架武装自己，几乎每夜都与魔鬼的侵袭奋斗。据她最坚定的记录者，被卡特琳娜选为她的（临终）忏悔人的耶稣会士阿隆索·拉莫斯（Alonso Ramos）说，异象迷住了她。拉莫斯说，她看见圣餐时的圣体变成了一颗星星，它发射的魔法光线照进了她的嘴里。她看见天后的灵魂在一片光芒和火焰中冉冉升起，她的头上顶着王冠形的十二束光线。她看到教堂的拱顶炸开，房顶碎裂，露出了一张摆满花朵和黄金的浮空魔法桌子，桌子上是救世主摆开的筵席。她看见一段由"精美而闪闪发亮的云彩"构成的楼梯，鬼魂们通过这段楼梯爬到天堂，她的祷告变成天使和如雨点一般落到万事万物上的鲜花。

拉莫斯在分别出版于1689年、1690年和1692年的3部鸿篇大作里叙述了这些事，这是新西班牙所出版过的规模最大的作品。4年后，宗教裁判所将这3本书说成"毫无用处、完全不可信、充斥着矛盾和……轻率的说法"。拉莫斯被免去了普埃布拉耶稣会神学院院长的职务，关进了小屋子里。当时已经酗酒成性的拉莫斯看上去像是在囚禁中发疯了。他后来逃脱，并试图谋杀他后任的院长，最后默默无闻地死去。

卡特琳娜·德·圣·胡安也几乎被人遗忘。被人遗忘的还有来到美洲的亚裔。根据东华盛顿大学（Eastern Washington University）历史学家爱德华·R. 斯莱克（Edward R. Slack）的说法，他们有5万到10万人。他们通过大帆船贸易（即墨西哥到菲律宾的贸易，由于货物通过大帆船横渡太平洋进行运输和交易而得名）来到美洲，在阿卡普尔科下船的船员、仆役和奴隶遍布新西班牙各地。到了17世纪早期，亚洲人——菲律宾人、福建人和菲律宾-福建混血儿——就在马尼拉湾里建造西班牙式船只。而当西班牙人不愿意参与漫长而艰苦的跨洋航行时，亚洲人就顶了上来。早在 1565 年，可能就有一些人到了墨西哥，当时乌达内塔完成了第一次从太平洋西岸到东岸的成功航行。[在这次航行中，黎牙实比送了一些亚裔奴隶到他位于阿卡普尔科西北面科育加（Coyuca）的大庄园里。] 斯莱克估计大船以及同行船只上船员的 60% 到 80% 都是亚洲人。他们其中很多人都再也没有回到马尼拉。一个例子就是已知在 1618 年随大帆船圣洁之灵号（Espiritu Sancto）登陆阿卡普尔科的 75 名亚裔船员中，只有 5 个人登船返航。几十年来，数以千计的船员弃船来到美洲，在城镇的船厂里工作，或者是建造堡垒和其他公共工程。[1]

有时候亚裔船员和亚裔奴隶（比如说卡特琳娜·德·圣·胡安）并肩工作，尽管殖民地政府不支持这样做。他们从印度、马来西亚、缅甸和斯里兰卡被葡萄牙贩奴商人运到了马尼拉；而剩下的奴隶则是从越南和婆罗洲买进的。他们从马尼拉开始被送上大帆船，跟着丝绸和瓷器一起出海。1672 年，马尼拉禁止亚洲人继续充当奴隶。这一禁令基本没有发挥过效力。将近一个世纪以后，韦拉克鲁斯市议会强迫一群马尼拉来的耶稣会士与他们打算带到马德里去的 20 名亚裔仆役解除关系，他们太像奴隶了。

被统称为“中国人”[2] 的亚裔移民缓慢地沿着阿卡普尔科到墨西哥城、普埃布拉和韦拉克鲁斯的运银道路传播。事实上，这条道路就是由他们负责巡逻的——可能是其中的日本武士。当日本在 17 世纪 30 年代开始锁国时，日本侨民就被困在了他们当时的所在地。数十人，也可能是数百人，移居到墨西哥。最初，总督禁止梅斯提索人、穆拉托人、黑人、桑博人和“中国人”携带武器。西班牙人将武士设为例外，允许他们为保护白银运输时不受山区的逃亡奴隶出身的强

[1] 并不是所有人都去了墨西哥。1613 年秘鲁利马的一次人口普查发现，有 114 个亚洲人在那里生活，其中大概一半是女人。真实的人数大概还要更多，因为亚洲人应该使尽了浑身解数来躲避普查员。许多人是“开飞边的人”（abridores de cuellos），他们负责修理当时富人戴在脖子上的硬质飞边上的小零碎。（飞边是一种流行于 16~17 世纪的白色轮状皱领。——译者注）

[2] 原文为 chino，chino 翻译为中国人时有引号，Chinese 翻译为中国人时无引号。——译者注

盗抢掠而使用太刀和短刀。这一政策结果十分令人鼓舞，因此，当局改变了方针，开始征募混血人种参加民兵。到了18世纪，保护墨西哥太平洋海岸地区邮政递送、巡逻捕盗和防备英国船只袭击的就都是非洲-印第安-亚裔准军事组织了。而白银贸易的终点——阿卡普尔科就是一支由黑色皮肤的人、棕色皮肤的人、西班牙人、“中国人”组成的军队所保卫的。当英国海盗乔治·安森（George Anson）在1741年入侵墨西哥西部的时候，这一文化融合的军队在击败他的过程中起到了主要作用。

普埃布拉比阿卡普尔科更大，它的亚裔社区也比阿卡普尔科更为严密。事实上，卡特琳娜的主人在那里给她找到了另一个亚裔奴隶配偶。（这场婚事并未成功。其失败可能是在婚礼当夜发生的，当时卡特琳娜告诉她的新伴侣，圣彼得和圣保罗在床边禁止他行夫妻之礼。）制陶业是这座城市最主要的产业之一，因为普埃布拉的黏土质量极其好。熟练的制陶工人用令人视觉疲劳的注意力仔细工作，制造出模仿明代蓝白色调瓷器的器皿。行会规定指出，“上色应当模仿中国瓷器，包括那种蓝色以及完工时式样的一致”。斯莱克指出，制造者们很难不注意到他们当中熟练的亚裔工匠。一部分普埃布拉出产的山寨中国瓷器很有可能是由货真价实的中国制陶工人烧制的。如果真的如此，他们的工作堪称出色：众所周知，现在塔拉韦拉瓷器被人视为珍宝。

更大的亚裔社区就在墨西哥城。作为美洲第一个真正的唐人街，这个社区在市长广场周围的幕状的顶棚下面集中了一片露天的亚裔经营的市场摊位。市长广场是这座城市的中央广场，建于特诺奇蒂特兰市中心的旧址之上。市场以马尼拉的亚裔聚居区——巴利安命名。在嘈杂刺耳的喊声中，华裔的裁缝、鞋匠、屠夫、刺绣工、书记员与非洲裔、印第安人、西班牙店主互相招揽生意。让殖民地当局警觉的是，华裔金匠击垮了欧洲人金匠，17世纪20年代一位多米尼加的修士哀叹——“每年都有皈依了基督教的中国人过来，并在那一行压过西班牙人”。

很显然，西班牙金匠们平静地接受了生意上的失败。但是西班牙理发师不同。当时的理发师既负责修剪头发和胡子，还是负责提供牙医服务的低阶医务人员。大约200个“中国人”理发师在市长广场开业，他们用杂糅了东西方的医术，包括烧灼术、针灸、放血和中草药来治疗疾病。富裕的女士们挤爆了他们的小摊子。这成了一种新纪元的流行风尚，当时中国人的清洁牙齿技术是世界上最精良的。早在唐代，中国的专家们就意识到刮去牙菌斑能够预防牙龈疾病。他们用药草和根做成药膏来治疗牙龈出血，而近些年的研究证实这些材料有抗菌和抗炎症的功能。

1635年，这座城市的西班牙理发师们向市议会请愿，要求制止“中国人”的“毫无节制”和“带来的不便”。这份控告措辞巧妙，但是人们可以察觉这种委屈的真正根源：为了让他们更加接近顾客，即使有可能降低利润，中国人也愿意为市中心的营业场所付出高额租金。此外他们在工作岗位上花费很长时间，这迫使欧洲理发师也得同样努力工作来与他们竞争。对于西班牙人来说，解决方法很显然就是：把中国人驱逐出市中心，并限制他们的理发时间，这样他们就不用那么努力地工作，也不用忍受如此低的收益了。6个月后，总督下令禁止亚裔理发师在市长广场营业。他限制了他们所能持有的剃刀的数量，从而保证他们的店铺不会发展到太大规模。

除了这一禁令之外，政府仍然批准“中国人”的理发店在市长广场上开业的申请——人们可能会争辩说，也许是因为有影响力的顾客不想为理发和清洁牙齿而走太远的路。欧洲人经营的店铺又一次为这种竞争而发出抱怨。1650年，政府设立了一名理发师监督官，授权他对违法的理发店收取大额罚款。这一职位并未起到作用：中国理发师数量激增。一名特别积极的西班牙理发师在1670年得到了这一职位，但斯莱克没有发现有关他成功的迹象。

最能表现这座城市民族混杂现象的就是节日了，比如说复活节游

华裔艺术家埃斯特班·桑普宗（Esteban Sampzon）在大帆船贸易中从马尼拉横渡太平洋到了布宜诺斯艾利斯，到18世纪末期，他成了那里主要的雕刻家之一。在《谦卑忍耐的耶稣基督》（*Christ of Humility and Patience*，约完成于1790年）中，他敏感地渲染出了基督的性格特征，这一作品仍然被装饰在该城的仁慈圣母圣殿（Basílica de Nuestra Señora de la Merced）中。

行。由被称为兄弟会的世俗宗教团体组织的游行，表面上从事公开的赎罪行为，但实际上充当了基于种族划分的公民组织。在16世纪中期，亚裔帮助建立了耶稣兄弟会；因为与方济各会的盟友关系，其会员被允许在修道院内建造礼拜堂并把这一礼拜堂用舶来的象牙小玩意儿装饰起来。1697年4月，意大利旅行家乔凡尼·弗朗西斯科·吉梅利·卡内里（Giovanni Francesco Gemelli Careri）在墨西哥城的一次复活节游行里看到了他们的行进，当天有3个穿着节日装扮的兄弟会带着圣像和火把从市政厅出发：圣三一兄弟会、耶稣会圣格雷戈里教堂和圣方济各会。吉梅利·卡内利记载道，方济各会的队伍被称为“中国人方

阵”，因为参与游行的人都来自菲律宾。他还写道，“每个方阵都伴随着”，

> 一个连队的骑马士兵，以吹奏着悲伤音乐的号手为前导。当方阵到达皇家宫殿时，中国人和方济各会士为了争夺排头位置打了起来；他们用棍子和十字架击打其他人的肩膀；许多人受伤。

庞大的中国人口显示了这座城市作为关于东方信息的交换所的地位。那里的一位多明我会士，胡安·冈萨雷斯·德·门多萨在1585年将大帆船贸易带来的信息编纂成了一本名为《天朝中国的风俗、礼仪和大事记》（*History of the Most Notable Things, Rituals and Customs of the Great Kingdom of China*）的书。被翻译成多种语言并数十次出版的此书，成了受过教育的欧洲人在中国问题上的标准教科书。对华贸易不只使墨西哥城的世俗政府着迷，它也抓住了这座城市的大教堂里许多神职人员的心，这些牧师乞求，希望获得一个坐上大帆船去“拯救”中国人灵魂的机会。这种着迷是由误算而驱动的——他们相信墨西哥到中国的距离要比实际上的距离近得多。[事实上，加拿大历史学家卢克·克洛西（Luke Clossey）指出，罗马到北京的距离要比墨西哥城到北京的距离近。] 为了等待科尔特斯在其失败的太平洋远征中派船送他去中国，多明我会的马丁·德·瓦伦西亚（Martin de Valencia）在墨西哥西海岸等了数个月。船只从未出现。在墨西哥城临终的时候，瓦伦西亚说，“我被我的欲望所欺骗了”。

街道上摩肩接踵，政府里争权夺利，军队中互不配合，墨西哥城的这一群很难定义种族的非洲裔、亚洲裔、欧洲裔和美洲裔，把这座城市造就成了世界上第一座真正全球化的城市——人类的同质世。作为“哥伦布大交换”的人类部分的一件样品，这里就是西方与东方在非洲人和印第安人见证下的会面地。这里的居民以他们血统混杂为耻，尽管他们以其世界性的文化为荣，对于这一点，也许再没有比

诗人贝尔纳多·德·巴尔布埃那（Bernardo de Balbuena）更好的例子了。他在给他第二故乡的200页长的情诗《壮丽的墨西哥》（*Grandeza Mexicana*）里这样写道，“在你（指墨西哥城）这里”，

> 西班牙与中国携手，
> 意大利和日本做伴，最终，
> 整个世界都贸易繁荣、秩序井然。
> 在你这里，我们享受来自西方的精华；
> 在你这里，有着所有光芒夺目的东方珍宝。

在巴尔布埃那写下这篇赞美诗的时候，这座被他推崇的墨西哥城被淹没在水下。科尔特斯攻城时破坏了保护这座岛屿不受每年春天洪水肆虐的堤坝和挡板；现在，这座城市时不时就要有几个月受洪水所困。（修补这些破损几乎花了4个世纪，在某些方面使得这座城市还不如从前。）看上去，巴尔布埃那并不在意这一点。很显然，在洪水中跋涉的不便并不值得放弃在这座城市生活的梦想。在这座城市里，人们向往在宗教游行中高唱，穿着丝绸制成的华服，装满金银的马车嘎吱作响，教堂的钟发出巨大的轰鸣声；在这座城市里，人们沐浴着从山上洒下的熹微晨光，在沿着岸边长满鲜花的河渠摆着小船。但是实际情况既有更好的，也有更坏的。墨西哥城面临着环境问题的恐慌，被市中心富裕西班牙人的小圈子与语言多样、性格冲动、人数众多的周边之间的斗争撕裂，被腐败无能的市政和宗教当局搞垮，由于其几乎无法理解的历史问题而感到困扰。在现代的眼光看来，从16世纪到17世纪的墨西哥城看上去古怪而又熟悉。与当时地球上的所有其他地方不同，它是一个令人惊诧的现代城市，但是是以一种反乌托邦的方式。它是第一座21世纪的城市，当今现代化、全球化的特大都市中最早的一座。

乍看上去，用现代和全球化这种字眼来描述一个没有大范围交流、

多数人没有途径购买舶来品的时代和地方是很愚蠢的。但即使在今天，在我们这个网络化的星球上，仍然有数以十亿计的人没有电话。即使在现在，高技术地区比如美国、欧洲和日本的产品与服务的影响范围仍然有限。现代性是一种不均衡的事物，是一个光明和黑暗在世界范围内互相转变的问题。这里只是它最先触及的角落之一。

第九章

逃亡者森林

在卡拉巴尔

克里斯蒂安·德·赫苏斯·桑塔纳（Christian de Jesus Santana）通过他的窗户可以看到一座神秘的城市。这座名为卡拉巴尔（Calabar）的城市就在巴西东北部巴伊亚州萨尔瓦多（Salvador da Bahia）的边上，它坐落在沿着海岸线的一条山脉的内陆一边。在这条山脉的海岸那边，卡拉巴尔看不见的地方，有着巨大的诸圣湾（Bay of All Saints）。这是世界上第二大奴隶贩运港，超过150万被捕获的非洲人在这里第一次见到美洲大陆。这些奴隶可能将在巴西的甘蔗种植园和工厂里度过余生。大多数人是这样的，但是也有人摆脱了枷锁，其中许多人在巴西的森林里建立了逃亡者的社区——巴西人称其为逃奴堡（quilombo）。几乎总是有同样被欧洲奴隶贩子当成目标的印第安人加入他们。在陡峭的地形、茂密的树木、危险的河流和致命的陷阱的掩护之下，这些种族混合的法外居民点持续了数十年甚至数个世纪。其中绝大多数都很小，但有一些发展到了令人惊讶的规模。克里斯蒂安长大的地方——卡拉巴尔，多达20 000名居民。（卡拉巴尔的名字来源于一个现在位于尼日利亚的奴隶港口。）现在，数英里之外的另一个萨尔瓦多逃奴堡自由城有60万人口，据说是西半球最大的非裔美洲人社区。

目前并不存在可信的记录，但是可以肯定卡拉巴尔和自由城直到1650年仍然在运行。我曾经在自由城见到一名历史学家，他告诉我这座城市的起源还要再早数十年，当时奴隶们沿着森林里一条小路逃离萨尔瓦多。诸圣湾周边都是覆盖着森林的高耸悬崖；逃亡者爬过悬崖并控制了山对面的土地，在殖民港口和原住民控制的内陆中间创立了一圈营地。有的时候他们的家园离欧洲人农场的直线距离只有数百码，但是难以穿越的森林和山峦隐藏了他们的居所。葡萄牙人一直在搜寻逃亡者，但是同时也在和他们做生意——距离萨尔瓦多市中心只有4英里的卡拉巴尔的居民们，用干鱼、木薯、水稻、棕榈油交换刀具、枪械和布匹。1888年，巴西最终废除了奴隶制，但是逃奴堡的生活几乎没有得到改善。它们仍然被看作非法的棚户区。但是政府的力量没有强大到可以对这些地方采取行动。

20世纪五六十年代，萨尔瓦多规模急剧膨胀。城市的触手迈过了山脉，吞没了卡拉巴尔、自由城和6个其他的逃奴堡。但是这些逃亡者的居民点从来没有完全成为这座城市的一部分——没有人对土地有合法的权利。很少有道路通往卡拉巴尔，下水管道绕过了其边界，人们不得不用临时接上的线路偷用电力。直到1985年克里斯蒂安出生，这座从前的隐匿地点已经彻底被高耸的公寓包围了。

当我见到克里斯蒂安的时候，他亲切地带着苏珊娜·赫克特和我在他孩提时的家附近四处参观。家的入口是一段窄小、不引人注目的楼梯。偷接的电线在墙角一团一团地弯曲起来。房屋在山脊上摇摇欲坠，由混凝土小路连接。几乎没有汽车。山底的街道上满是散步的人们，回荡着和其他萨尔瓦多社区并无二致的音乐。穿着白衣服的年轻人在练习卡波耶拉舞，这是一种非洲裔巴西人的舞蹈，同时也是一种武术。宣传邻里（安全）项目的横幅在街上飘扬。到处可见的路灯闪闪发光。这是一个富有生气的社区，或者在我看来，一座城中之城。

卡拉巴尔和自由城并不孤单。数千个逃亡者的社区散落在巴西各

被巴西萨尔瓦多最富有的社区之一的高耸公寓挤在围墙后面并藏起来的卡拉巴尔，是在 4 个世纪以前由逃亡奴隶建立的，也是现存唯一的并未彻底融入大型城市复合体的一座城市。

处、南美洲的其他大多数地方、加勒比海和中美洲的大多数地方，甚至还有北美局部地区——在美国就有超过 50 个这样的社区。其中一些占地面积很大，与殖民政府斗争了数十年。其他的则隐藏在亚马孙河下游、中墨西哥和美国西南部的湿润森林当中。所有社区都在努力为自己创造一片自由空间，用巴西历史学家若昂·何塞·里斯（João José Reis）的话说就是，“开创自由”。它们有一大串名字：逃奴堡，没错，还有避难所（macambo）、木栅栏（palenque）。在英语中，它们通常被称为“栗色”（maroon）社区——这个词似乎是来自泰诺语的 símaran，意思是“飞行的箭”。

美洲历史通常被说成是欧洲人来到一片几乎无人居住的荒野。但是数个世纪以来，大多数外来者都是非洲人，且这片土地并不是空荡荡的，而是住满了数以百万计的原住民。因此，与其说世界的这两个互不相连的部分之间的绝大多数邂逅是在欧洲和美洲之间发生的，不如说是非洲人和印第安人的会面——这一关系在奴隶制的牢笼和反抗奴隶制的起义中愈加紧密。红皮肤和黑皮肤人之间复杂的相互作用主要是在欧洲人视线之外进行的，这是一段研究者们刚刚开始要揭开的秘史。

甚至当教科书开始认识到这一半球中大多数人口的构成的时候，这些人也大都被描绘成欧洲人扩张中的无助的受害者：印第安人在殖民者的袭击到来之前逃跑，非洲人被套上枷锁在种植园中被鞭子驱赶着劳作。在这两个角色里，他们都没有自由意志——用社会科学家的话说，他们没有代理人。诚然，奴隶制迫使数以百万计的非洲人和印第安人忍受痛苦而悲惨的生活。通常这种人的生命短暂：巴西的奴隶中，有三分之一到二分之一在4~5年内死去。在非洲大陆内部去往奴隶港口的路上，死去的人还要更多，跨越大西洋的航程中也是一样。但是人们总是寻找能够实现其自由意志的方法，甚至在最可怕的境况下也一样。非洲人和印第安人并肩作战、不分你我，为了共同的目标结成联盟，有的时候他们同时做到以上这些。但不管他们的策略是什么，目标都是不变的：自由。

他们取得胜利的次数要比通常人们认为的多得多。在巴西、秘鲁和加勒比海范围内，几万甚至几十万的奴隶从他们主人的控制下消失。西班牙承认了厄瓜多尔、哥伦比亚、巴拿马和墨西哥范围内的逃奴自治社区，利用它们充当与敌对者之间的缓冲区。在苏里南，丛林黑人与骄傲的荷兰殖民政府打了一场长达一个世纪的战争，并迫使其在1762年签署了一项侮辱性的和平协定。欧洲人的谈判代表不得不按照非洲风俗喝下他们自己的鲜血来为这一条约背书。在两场战争之后，佛罗里达的黑人逃亡者和印第安人的联盟迫使美国政府承认逃奴出身的人的自由。这是华盛顿在废奴宣言之前唯一的一次解放一类奴隶（为了保存颜面，政府称这项协定为“有条件投降”）。最重要的是，海地的奴隶在1804年驱逐了法国人，建立了彻底的黑人逃奴的国家——这次革命震惊了全欧洲和美洲的奴隶主们。

这些斗争并不局限于过去。哥伦比亚、中美洲和墨西哥的非洲人群体正在越来越多地走出阴影，要求结束歧视。在美国，逃亡奴隶的后代正处于一系列从佛罗里达到加利福尼亚的法律诉讼的中心。但是最大的影响可能在巴西，最近的法律赋予逃亡奴隶社区在决定亚马孙河流域未来时的重要地位。

掌权的非洲人

在非洲，至少传说是这样的，阿夸尔图（Aqualtune）是公主兼将军。据说她曾统治一个位于安哥拉中部的因邦加拉（Imbangala）国家，这个国家是借着先前在这一地区起支配作用的刚果王国的衰落而崛起的。根据传说，大约1605年，她在与刚果人的一次战斗中被俘，并和其他战俘一起被卖给了葡萄牙奴隶贩子。在跨海航行中，她被强奸并导致怀孕。阿夸尔图在糖业港口累西腓（Recife）上岸，这里位于巴西深入大西洋的突出部的最尖端。这位战略家理所当然地开始策划逃离。几个月后她就带着大约40个部下逃到了内陆。在距离海岸大约25英里处，一座座花岗岩的褶皱地层突兀地耸立着，如同一座座瞭望塔连成的防线一样控制着一片平原。断崖般陡峭的石壁高达数百英尺，在平坦的峰顶可以清楚地观察附近的平原。这些高山中的一座就是塞拉·达·巴瑞戈（Serra da Barriga）——大肚皮山。在这座山的山顶有一个凉爽的水塘，水塘被森林包围，在其对面约50码远的地方就有一个原住民社区。阿夸尔图在这里建立了帕尔马里斯（Palmares）。

阿夸尔图所在的山顶今天是一座国家公园。水塘边的一块标牌骄傲地叙述了她的故事——毫无疑问，这些叙述只能让历史学家感到痛苦；因为没有人知道其中多少是真实的。我们能知道的就是30 000名甚至更多的非洲人在17世纪二三十年代利用荷兰人当时对葡萄牙属下的海岸产糖城镇的进攻和侵占所导致的骚乱，逃亡到了塞拉·达·巴瑞戈和附近的山峦中。不受欧洲人控制的逃亡者以塞拉·达·巴瑞戈为中心建设了多达20个紧密相连的居民点，这里是非洲人、原住民和欧洲人的逃亡者的避难所。据哈佛历史学家约翰·K.桑顿（John K. Thornton）的说法，17世纪50年代，帕尔马里斯的逃奴国家"统治了巴西海岸山脉中的大片土地，成为和欧洲人以外其他族群都不同的敌对势力"。当时它拥有的居民和英属北美洲的总人口差不多。这就仿佛是一支非洲军队被挪到了美洲，并控制了超过10 000平方英里的土地。

帕尔马里斯的首都位于马卡寇（Macaco），这是阿夸尔图的水边栖身地。这座城市沿着一条大约半英里长的街道伸展开来，城里有一座教堂、一座会议厅、小规模炼铁厂和数百座民房，整座城市被水浇耕地包围起来。国家的元首是阿夸尔图的儿子冈加·祖巴（Gunga Zumba），他和一群谄媚的廷臣一起住在被一个欧洲访客称为"宫殿"的地方。王室家族的其他成员统治着其他村庄。冈加·祖巴可能是一个头衔，而非名字；nganga a nzumbi 在许多安哥拉民社里是一种僧侣头衔。这个访问者说，他得到的敬重就如同一位国王。他的臣民必须跪着接近他，与此同时还要用一种在非洲表示尊敬的手势鼓掌。

由于知道他的人民总会受到袭击，冈加·祖巴将城镇组织得更像兵营而非农村——严格的纪律、处处警卫岗哨、频繁演习。每个主要居民点都环绕着一座双层的木栅栏，在栅栏顶上有高高的通道，每个转角还有瞭望塔。栅栏周围依次围绕着起保护作用的木料堆、隐藏起来的陷阱、两边插满了涂了毒的木棍的坑道，还有铺满了蒺藜的阵地。（它是一种由铁钉焊在一起而做成的武器。蒺藜的特殊形状使得尖头总是朝上，从而使踏上的人受伤。）每一个逃离奴隶制度来到这里生活的人都以一种现在难以想象的方式，冒着生命的危险追寻自由。帕尔马里斯有着坚定的决心和相当棘手的防御措施，以维护决定自身命运的权利。

关于奴隶贸易的最长久也最有害的一个传说就是：非洲人扮演

的完全是一些倒霉蛋的角色。除了在奴隶贸易的最后几十年里——即使在这时这一点也是有争议的——非洲人自己控制了非洲奴隶的供给，把他们按照欧洲人选定的数量和双方谈判决定的价格卖给欧洲人买家。诚然，欧洲人试图挑拨奴隶供应者间的互相争斗以压价。但是非洲人也挑拨欧洲买家，即船长和船长之间、国家与国家之间互相竞争。

如果非洲人并不是被欧洲人强迫而出售其他的非洲人，他们为什么要这样做呢？在某种意义上，这个问题是一个“现代主义”的范例，也就是当代信念向过去的投影。这一时期，很少有欧洲人或者非洲人将奴隶制看成一种需要解释的制度或一种应当谴责的罪行。奴隶制是日常生活的一部分；在欧洲和非洲，剥夺其他人的自由在道德上并不成问题，尽管奴役错误的人是不好的。比如说，基督徒通常就不应该奴役同为基督徒的人，尽管有时打破这一规则也是可以的。非洲人比欧洲人更经常地将其同胞作为奴隶出售，他们对于自由的态度因其不同的经济体系而和欧洲人有所不同。

哈佛历史学家桑顿认为，一般来说，“在非洲法律中，奴隶是唯一一种得到承认的私有营利性财产”。在欧洲的西部和中部，财产的最主要形式是土地，而贵族构成了大土地所有者的主体，他们几乎可以不受法律限制地买入或者卖出地产。相比之下，在非洲的西部和中部，土地实际上是由政府所有的——有时是由国王个人拥有，有时由一个家族群体或者宗教群体所有，更多情况下是由国家所有，此时国家主权是通过一名最高执行人的方式而行使的。无论这类安排使土地把持在哪一个特定的政治团体手里，它都不能轻易地出售或被课税。能够出售或被课税的是劳动力。因此想要积攒财富的国王和皇帝们不能在占领土地上打主意，而是要控制人口。拿破仑派遣军队去夺取埃及，而若是非洲的拿破仑可能会派军队去夺取埃及人。

和在欧洲多数地区一样，如果非洲人因为犯罪而被剥夺其在社群中的成员资格时，他们会沦为奴隶。人们也可能为偿还自身、家族或宗族所欠的债务而沦为奴隶。在旱灾或洪灾时，人们将家族成员典当给和其有亲属关系的家族或氏族。有的时候他们也典当自己。但是最常见的获取奴隶的方式就是挥军越境，也就是通过战争。17 世纪的西非在政治上比欧洲还要支离破碎。桑顿绘制的一幅地图显示，共有超过 60 个大小不一的国家。当一个国家的领导人想要巩固其地位的时候，边境离他们总是很近，从而让他们很容易出兵侵略。国王通常直接获取战俘或者将他们卖给中间人，这些中间人会把他们送到北非或欧洲的顾客手里。

在跨大西洋奴隶贸易开始的时候，当时欧洲船只刚开始变成非洲海岸的常客，欧洲和非洲两种体系的差异更多地体现在文化而非经济上。一个例子就是，欧洲人可以用契约服役的方式买卖劳动力。而非洲人可以通过控制使用土地的人而有效地拥有土地。这两种情况，最后都可以从土地和劳动力的成果中获利，尽管得到这些利润的路径迥异。从经济学角度上讲，欧洲人可以拥有一种生产要素（土地），而非洲人可以拥有另一种（劳动力）。两种体系都给予所有者占有该劳动力的部分或全部产物的权力，但不能说是相同的。一个很大的差别就是，劳动力可以从一个地方带到另一个地方，而土地不行。劳动力是可以携带的——这是后来奴隶贸易发展的一个重要因素。

因为劳动力在西非是主要的财产形式，富裕的西非人几乎都拥有大批奴隶。在世界的这一部分很少有种植园——西非海岸地区的主要土壤和气候类型不能支持其进行生产——所以大群奴隶很少像在美洲的甘蔗或烟草种植园里那样，在土地上工作。奴隶们是士兵和仆役，抑或是建造道路、栅栏和马厩的工人。他们也经常几乎什么都不做；富裕而强大的奴隶主拥有的奴隶比他们所需要的更多，就像富裕而强大的欧洲地主积攒荒地一样。另外，大量奴隶劳动力构成了充当税收或贡赋的临时劳作。

外国观察者们注意到，多余的和充当贡赋的奴隶并不总是不得不努力或者长时间工作，并且他们通常得出非洲奴隶制天生就比美洲的奴隶制更温和的结论。在长期生存方面，这一点看上去是真实的。在美洲的一个烟草种植园里，不能工作的奴隶是没有价值的，并会得到相应的对待。而同样的奴隶，在非洲就有一定的价值——他们是其主人的装饰品，除了没有实际用处之外，他们和钻石项链以同样的方式有价值。甚至最衰老、最衰弱的奴隶，也能穿上良好的衣物列队行进，同时称颂他们的主人。或者对他们的主人而言，他们只是很有趣而已。达荷美（Dahomey）的国王曾经拥有一名完全没有用的宫廷奴隶长达数年，国王很喜欢和他交谈，他是一个倒霉的英国人，叫布尔芬奇·兰姆（Bulfinch Lamb），为了偿还债务而被卖为奴隶。相比美洲的奴隶而言，非洲的奴隶在服役一段时间之后很可能被授予人身自由。这可能是因为俘虏通常与俘获他们的人有亲戚关系，以及他们作为臣民对于君主是有一定价值的（如果仍然能够工作，奴隶获释对于种植园主而言就是彻底的损失）。这两个因素降低了奴隶制的冷酷性，有助于使亚当·斯密对奴隶制在经济学上的反对意见更令人信服。

当欧洲人到来时，他们很容易地加入了现存的奴隶贸易中。已经在运送人类的非洲人的政府和商人能够增加产量以满足外国人的要求。有的时候政治领袖会加重对犯罪的惩罚，使犯罪者变为奴隶。藐视法律的人、偷税漏税的人、政治流亡者、不被欢迎的移民都被装进了笼子里。然而通常还是派遣军队去袭击其他国家。或者士兵们也会绑架邻国的一名重要人物，并索要奴隶作为赎金。如果需求进一步增长，私人贩奴商可能在未经许可的情况下捕捉奴隶，而这会激怒国家。如果没有其他的来源，非洲人会从欧洲人那里购买奴隶。耶鲁历史学家罗伯特·哈姆斯（Robert Harms）估计，在17世纪，欧洲人向现在住在加纳的非洲人出售了40 000名到80 000名奴隶。

在这一贸易的增长中，非洲的需求和欧洲的需求一样重要。当17世纪末期燧发枪取代了不可靠的火绳枪时，非洲人和生活在佐治亚或是卡罗来纳的印第安人一样，都渴求获得这种新的枪械。1732年4月，迅速兴起的阿散蒂（Asante）帝国的商人出现在荷兰人在加纳修建的艾尔米纳堡（fort of Elmina）。他们带来了一队奴隶，希望用奴隶换取枪械。哈姆斯写道，艾尔米纳的总督被会谈中威胁的语气吓到了，他“孤注一掷地向其他堡垒发出了一封通知，命令其立刻将所有燧发枪送到艾尔米纳”。阿散蒂因有计划地用奴隶换取枪械和火药而成为这一地区的统治力量。哈姆斯评论道，刺激阿散蒂发展军备的奴隶贸易“对于18世纪20年代荷兰奴隶出口的崛起起到了重要作用”。

非洲的商人从非洲军队、匪徒、海盗手里购买奴隶，并且雇用非洲人将奴隶护送到非洲人运营的集散地点。合约一好，非洲人就把奴隶装上船，就连船员中都有为数不少的非洲人。其他的非洲人为奴隶贩运船供应远航所需的食物、绳索、饮用水和木材。欧洲人自然也扮演了一个角色：他们是顾客，是基本经济方程式的需求一方。少数欧洲人甚至勇敢地来到非洲海岸，娶非洲人为妻；他们的孩子通常成了非洲奴隶贸易的谈判人员和中间商。另外，多种疫病和警惕的非洲军队将他们限制在这片大陆边缘的前哨里。[1]

在大多数情况下，输出量都很小。荷兰西印度公司长期持有荷兰奴隶贸易的法定垄断权，到1800年，共运送了约22万名奴隶。其非洲总部——艾尔米纳的欧洲人口极少超过400名，通常比这个数字还要小。在3英里之外就是黄金海岸——英国皇家非洲公司最大的一个基地，该公司也有英国奴隶贸易的法定垄断权。数以万计的男女、儿童戴着锁链从港口出发。但是黄金海岸的外来居住者还不到100人。在17世纪和18世纪，欧洲绘制的地图傲慢地将非洲的大西洋海岸画满了丹麦、荷兰、英国、法国、葡萄牙、西班牙和瑞典的堡垒、要塞和贸易港口。但是地图上的多数地点里居住的侨民都不到10个，许多还不到5个。在18世纪的前25年，地处今日贝宁的维达（Whydah）

[1]　许多人看过《根》（*Roots*），在剧中，美国蓄奴主们袭击了冈比亚的村庄。事实上，这种突袭并不常见。非洲人的国家并不欢迎侵略者，尤其是对试图把非洲人的国家挤出奴隶供应链中的那些奴隶公司，而且被抓的人还是自己的臣民。

出口了 40 万人，它是当时大西洋奴隶贸易中最重要的一站。但是在那里，常住的欧洲人还不到 100 名。最大的外国人群体，就是在海滩上扎营、等待活人货物装满船只的奴隶贩运商。

但是这些小的地方却是一场巨大变革的催化点。过去，多数非洲奴隶主对他们奴隶先前的人生有一定的了解。有些时候他们和奴隶有一定的关系，远亲或是姻亲；其他的时候他们清楚地知道家庭、氏族或部落的义务中的哪一个使他们成为奴隶。甚至连战俘也是在一次可知的冲突、一个可知的地方获得的。但相比而言，殖民地种植园的奴隶制使得奴隶变成没有特征的东西——我们这么说，他们就像是店里面卖的一些东西一样，完全靠体貌特征进行挑选，就跟一堆汤罐头一样。(奴隶商人在账簿里用“件”来衡量他们的活人货物，这个词很有启示意义。)欧洲奴隶主甚至通常都见不到他们的活人财产；他们身在伦敦、巴黎和里斯本，离奴隶有数千英里，不受疫病的困扰。当他们想要扩大甘蔗或者烟草生产的时候，他们从同样遥远的银行家手中借款，并发出书面指示，要求以这样的价格获取多少件货物。这一变化在发生时并不为人所知，但这种变化消除了奴隶和主人之间十分稀薄的纽带。奴隶再也不是其主人的亲属或者被征服的敌人，他们成了劳动力的没有特征的单位，成了资产负债表中对生产的投入，其处置完全根据对其将来的经济价值的估计而进行。

荷兰、葡萄牙和英国的奴隶商人开着船沿着海岸徘徊，他们对于船上那些不幸的男女的来源几乎没有了解。冲到詹姆斯敦、卡塔赫纳和萨尔瓦多的码头去购买货物的那些殖民者就更不清楚了。根据桑顿所说，“美洲奴隶主中实际上知道这些奴隶中有数以千计的战俘的，只有少数几个而已”。当被俘的士兵们组织逃亡和反叛时，一些奴隶主才认识到输入的奴隶身上的军事背景。从一开始，美洲奴隶主就被一个问题所困扰，那就是他们的奴隶大军可能成为一支奴隶的军队。

伊斯帕尼奥拉的第一个奴隶大体来自现处于塞内加尔和冈比亚的卓洛夫（Jolof）帝国，该国当时正被内战蹂躏。许多被运到加勒比海地区的奴隶可能是战俘，也就是军人。无论如何，西班牙人的记录提到，美洲的第一起大规模奴隶暴动就是由卓洛夫人领导的。这次暴动发生在1521年圣诞节，地点是在迭戈·哥伦布所拥有的一家糖厂，他是哥伦布提督的儿子和继承人。大约40名奴隶袭击了一个养牛场，杀死了数名欢庆节日的西班牙人，烧毁了数座建筑，夺取了大量囚犯，包括一批印第安奴隶。哥伦布召集了一支骑兵，向反叛者发动进攻。步兵面对骑兵的反应通常是紧密地站在一起，从防御护墙后向外伸出长矛——希腊步兵正是采用这一战术赢得了马拉松和普拉蒂亚战役的胜利。尽管缺乏武器，奴隶们仍然做到了这一点，他们的战线一直到第三次冲锋都保持紧密。最后，反叛者的首领们倒下了。幸存者则被穷追猛打，并被沿路绞死以震慑其他可能闹事的人。

但西班牙人的麻烦并未结束。当尸体还悬在路边的时候，一个名叫恩利基约（Enriquillo）的泰诺人领袖已经在西南部的山脉中建立了一座没有欧洲人的村庄。恩利基约是一名被方济各会修士教导出来的虔诚基督徒，他一开始就被选中参与监护征赋体系。就如同这一制度的设计者们希望的那样，他把他的民众派出去工作，为了地位和交换货物。但是恩利基约的监护人并不喜欢为了工人的事情而与他谈判。急火攻心之下，监护人强奸了他的妻子，偷走了他的马。这个泰诺人在暴怒中与他对质。据巴托洛梅·德·拉斯·卡萨斯讲述，这个监护人回应他抗议的方式就是威胁要用棍子殴打他。他嘲笑道，殴打只会补全一句谚语：它只能在辱上加痛。[1]

恩利基约带着他家里的其他人和一小群追随者逃到了山里。其他逃亡的非洲人和泰诺人加入了反叛，将反叛者的人数增加到了大约500人。这群逃亡者在山岭中建立了一座隐秘的村子，西班牙人在逾10年的时间里徒劳无功地搜寻这个村子。在1533年，殖民者不堪逃亡者的袭扰而与他们签订了一份协议。只要叛军回归家园，西班牙人承诺

[1]　Add injury to insult，西谚，指雪上加霜。——译者注

遵守监护征赋法律并尊重恩利基约的地位。恩利基约和其他泰诺人接受了条件，但是他们的非洲同盟者没有。由一个叫塞巴斯蒂安·伦巴（Sebastian Lemba）的人领导的非洲人拒绝回去。

源于刚果的“伦巴”是富裕商人的一种精神上的联合，或许是宗教组织和扶轮社的混合体。伦巴这个名字暗示着他可能是一个在因邦加拉人为获取奴隶发动的袭击中被捕获的商人。如果真的如此，他的组织本领在他的领导能力中起到了很大的作用，西班牙人承认，他的领导能力“极其出色”。由于复仇心理比恩利基约更深重，伦巴将他的军队化整为零，变成了小而灵活的队伍。这些队伍在16年间不断抢掠甘蔗种植园和糖厂。大量奴隶受他的举动激励揭竿而起，圣多明各的执事长在1542年称山里的游击队员的人数比伊斯帕尼奥拉的西班牙人还多。伊斯帕尼奥拉的34处糖厂中只有10家还在开门，其余的都被反叛的奴隶关闭了。在执事长发出以上哀叹的5年之后，伦巴被另一个奴隶出卖了——一个为自由斗争的人被另一个人出卖了，而后者得到的奖赏就是自由。殖民者把伦巴的头挂在长枪上，放到圣多明各的主城门附近示众。

暴乱并未平息，怎么会平息？殖民政府完全失控了。伦巴死后的几个月内，殖民政府就对王室发出抱怨，称叛军在离圣多明各只有9英里的地方“抢劫、杀害西班牙人”。但这没有使他们反思他们在奴隶制中犯下的罪行。多米尼加的历史学家琳妮·基塔（Lynne Guitar）称，这封信还要求国王允许他们为了让更多甘蔗种植园开业而加运5 000名到6 000名奴隶。

欧洲的甘蔗种植业者出于对劳动力的渴望而进口这样一群希望消灭他们胜过一切的人——就好比帕尔马里斯的阿夸尔图和冈加·祖巴。伊斯帕尼奥拉的逃奴在根本上刺激了制糖业迁离该岛。葡萄牙官员害怕帕尔马里斯也会在巴西上演同样的一幕。反叛者的联盟对殖民事业是一种直接的军事、政治挑战。不只是由于反叛者的军队袭击葡萄牙人的据点，诸如塞拉·达·巴瑞戈这样的山顶据点所控制的战略位置阻止了欧洲人进一步向内陆扩张。如果这类反叛蔓延到巴西的其他港口，里斯本恐怕它的殖民者会变成岸边的泡沫，而与此同时，内陆会出现一群非洲人–印第安人国家。

帕尔马里斯是由安哥拉人领导的，但它并非一个安哥拉社群，甚至都不是一个非洲人的社群。其人民中许多都是讲图皮语的印第安人。还有一些是与其本来的社群关系不好的欧洲人——犹太人和改信的犹太人，异教徒和前异教徒，可疑的女巫和逃犯，还有一群可疑的少数民族。大体上帕尔马里斯的居民看起来很像非洲人，但是他们却在装有草编的活板门、用蒸弯的木头做成的拱顶的印第安式房屋里居住，在印第安式的混合田地里耕种玉米（美洲的）、光稃稻（非洲的）和木薯（美洲的）。（光稃稻是一种非洲的稻米，驯服于西非，与亚洲水稻不同种。）帕尔马里斯的铁匠用非洲式的熔炉制作犁、镰刀、长矛和剑。殖民地的报告称他们甚至能制造枪械和子弹。从我们现在能接触到的材料来看，他们的宗教仪式将印第安的和非洲的元素融入基督教。但其军事组织是非洲型的，由于人为村落可以作为军事基地使用，阿夸尔图的子孙严格地掌控着村落并严加戒备。

1643 年到 1677 年，葡萄牙和荷兰（此时荷兰也占据了巴西的一部分地区）对帕尔马里斯发动了超过 20 次攻击，通常都无功而返。当军队接近逃奴国家的外围居民点时，那里的居民就逃往山顶。山顶的土壤肥沃，有自流的水源和食物仓库，因而能够抵御任何围攻。攻击者只能找到没有食物和财物的空村子。随后军队就会在森林里瞎逛，试图找到什么人。很快他们就会耗尽补给。他们一直被人监视和伏击。树林里会飞出箭，夺去掉队者的性命。斥候还会跌入隐蔽的陷坑里。人们醒来的时候就发现他们的战友失去行踪，食物被人偷走。令士兵们愤怒的是，这一地区的种植园主从帕尔马里斯购买奴隶所需要的食物。为了换取玉米和木薯，种植园主们向逃奴供应了正在瞄准这些士兵的枪械和剑。

帕尔马里斯历史中的一个中心人物就是其军事指挥官尊比

（Zumbi）。尊比是冈加·祖巴王的侄子，在荷兰军队的另一次失败的进攻中，还是婴儿的他被荷兰人带走了。海边小镇卡尔武港（Porto Calvo）的一个牧师给他起了个欧洲名字，并把他抚养大，教他学葡萄牙语、拉丁语、神学及诸如航海和冶金学的科学课程。1670年，年轻的尊比跑回了帕尔马里斯，并找回了他在这个逃奴国家的名字和生活方式，但是他后来也回去探望过牧师几次。由于魅力超凡、受过良好的教育、对敌人有充分的了解，他很快就被提拔到了指挥官的职位，尽管早先的一场战役使他瘸了。尊比更可能是一种头衔，而非姓名。它可能指的是一种类似"祖先意志"的东西——这也许是指他从殖民地生活的死亡中逃脱的行为。

冈加·祖巴在葡萄牙人1677年发动的一次袭击中受伤，这次袭击还抓住了他的几个子女和孙子女。疲劳而悲伤的国王次年与葡萄牙人签订了和平协议。他承诺，只要葡萄牙人不再进攻帕尔马里斯，他就不再接受新的逃亡者并搬出山脉。尊比将这份协议看作对逃亡者的一切立场的背叛。在无法形容的愤怒中，他毒杀了国王，篡夺了王位，撕毁了协议。战争再次打响。在接下来的6年里，殖民地民兵每年都发动攻势，但是毫无成效。

新上任的地区总督震惊于40年来与帕尔马里斯之间毫无成效的战争，所以他决定换一种新的行动方针。他收到了一个叫多明格斯·豪尔赫·维利乌（Domingos Jorge Velho）的人的会面申请，此人希望获得一份征服更多印第安人的许可。总督不情不愿地同意与他会见。

豪尔赫·维利乌是一个来自偏远地区的旗兵。旗兵通常是一个葡萄牙裔男性和一个印第安女性的孩子，他们利用其母系的社会联系来推进其父辈的事业——实际上，旗兵这个词的意思是"旗手"，是指他们在葡萄牙占据土地时的角色。豪尔赫·维利乌是一个典型例证。这个吉卜林式的冒险家召集了一支私兵，在亚马孙河流域南部创立了一个私人王国。数以百计的印第安人为他服役，充当农夫和士兵，因为他承诺保护他们不受其他更坏的旗兵伤害。豪尔赫·维利乌也和恶徒一样有吹嘘自己宽宏大量的癖好。据他本人在后来寄给葡萄牙王室的一封信中说，他抓捕印第安人及占领他们的土地的行为，是出于原住民的自身利益而非单纯谋利。他把原住民赶出森林，

> 训导他们了解文明的生活方式、社会、组织和理性的处世方式……如果我们此后在我们的土地上使用他们时，我们公正地对待他们，为此我们要像帮助我们自身和我们的孩子一样帮助他们和他们的孩子。

这封信辞藻华丽，毫无疑问是由他人代替执笔的，因为豪尔赫·维利乌并不识字。

总督在会见中发现，这个旗兵与逃亡者之间的共同点，要比他和其他欧洲人的更多。由于他的葡萄牙语水平十分差劲，他不得不雇用译员才能和殖民地官员交谈。“这是我见过的最坏的野蛮人之一。”伯南布哥（Pernambuco）的主教震惊地说道。这位主教对这个旗兵为了“锻炼欲望”而与7名印第安情妇一起生活的嗜好感到愤慨。（这些情妇不只是性伴侣，更是豪尔赫·维利乌与原住民社群联系的纽带。出于同样的原因，他还有一个葡萄牙裔妻子。）

殖民地当局知道豪尔赫·维利乌可能有能力击败尊比，但官员极其不愿意雇用他。当局在此后一直摇摆不定，直到大约7年之后才屈服。当时豪尔赫·维利乌让他们束手无策——他是他们最后的机会。如果他愿意采取行动应对帕尔马里斯问题，总督就答应让殖民地政府给他的人提供火药、子弹、食品，并不对任何战利品征税，还有为每个被捕的非洲人付出赏金，另外可能最重要的就是——彻底赦免此前所有的罪行。

1692年，豪尔赫·维利乌带领大约1 000名原住民士兵和大约100名葡萄牙裔、印第安–葡萄牙混血或非洲–葡萄牙混血士兵从他的地产里出兵。向帕尔马里斯的行军大约有500英里路程，被他恰当地描

述为“前无古人或许也后无来者地辛劳、饥饿、干渴和匮乏”。他的军队中有200人死亡，另外还有200人开了小差。他们粮弹殆尽，不得不在森林中饥饿地花了10个月等待累西腓的殖民当局承诺送来的补给品。1693年12月，豪尔赫·维利乌减员到“600名原住民士兵和45个白人”的军队返回并发动袭击。

尊比位于马卡寇的老巢几乎是不可能接近的。当我造访塞拉·达·巴瑞戈山顶的一座公园时，对当时的情况有了一些了解。泥泞、缺乏标志的道路中的沟壑撕开了租来的汽车的机油箱；本地的年轻人好心地把它用从电话线杆上捡来的线绑了回去。从山顶上能看到附近数英里内的一切东西，在灿烂的阳光下能够清楚地辨认出汽车和拖拉机。我可以想象逃亡者们在山上监视着下面豪尔赫·维利乌像桌布上的一溜儿蚂蚁一样的军队。攻防双方主要都是印第安人和非洲人，零散地有几个欧洲人。区别在于帕尔马里斯的欧洲人并不操纵局势。旗兵们在翻山越岭去马卡寇的路上必须在迷宫般的防御工事中穿行，蒺藜可能会划破他们的手足，同时逃奴的军队还在栅栏后的塔楼里向他们射击。进攻者在山顶外围围了个圈，试图让城镇因饥饿而投降。这就像是热带雨林中的一场中世纪的攻城战。

在僵持了数周后，围城者似乎认识到逃亡者的补给更充足。豪尔赫·维利乌指示他的部队建造一批坚固而可以移动的挡板。他的人趴在挡板后面推挤山上的护墙，一次只推几英尺远，同时检查前面的地面上是否有蒺藜、圈套、陷坑和涂了毒的木桩或者不小心打过城墙的箭支和子弹。尽管旗兵们把攻击安排在旱季，雨水仍然连日降临，把每寸土地都变成烂泥。逃亡者中的弓箭手和火枪兵发现可以移动的挡板阻碍了他们的射界，于是潜出栅栏爬到树顶。当进攻者的护墙在他们下面通过时，他们就从后面射击旗兵。

尊比沿着通道走上栅栏，鼓舞被雨淋湿而精疲力竭的部队。在1694年2月5日那个没有月光的晚上，他发现旗兵杀死了哨兵。（故事来源于后来逃亡者的证词。）在暗夜和雨水中，其余的卫兵没有注意防御工事中的沟壑，而最接近这条沟的进攻者利用这种疏忽将他们的挡板工事挪到了距离护墙只有几英尺的地方。由于在倾盆大雨中几乎看不见进攻者，尊比显然已经意识到不再可能阻止攻方突破栅栏了。迫在眉睫的进攻的消息和恐惧一起在马卡寇四处传播。在尊比试图安排部队最终的防御的同时，他的一些部下发现攻方的战线中也有一个缺口。他们拆毁了部分栅栏并从那里逃跑了。措手不及的旗兵们放跑了大多数逃亡者，只是对着他们的脚后跟开了一排枪。接下来他们就从倒下的围墙那里涌入了马卡寇。

双方都没有猜到最后一击在何时何地发生。在黑暗、混乱和暴雨中，双方的印第安人、非洲人和欧洲人用棍棒和剑笨拙地互相攻击。在射手几乎看不清、武器容易从沾满泥巴的双手中脱落的时候，枪械是没有什么用的。身上覆满了一层厚厚的血液和灰尘的这两支军队，高喊着、啜泣着，毫无内疚地互相攻击。几分钟内，600 名旗兵就有一半死去了，死去的还有数量相仿的逃亡者。另有约 200 名逃亡者因为不愿被俘，被迫或自愿跳崖——没人能证实是哪一种。最后，当黎明照亮湿透了的塞拉·达·巴瑞戈的时候，马卡寇已变成一片废墟。

尊比莫名其妙地逃脱了。起初，活下来的旗兵认为他跳崖自杀了。然而他继续袭扰葡萄牙人，持续了一年多。直到他的一名副官暴露了他的位置。1695 年 11 月 20 日，尊比和一小队追随者陷入埋伏并被杀害。他的遗体被带到了卡尔武港，并由一些孩提时认识他的人进行辨认。整个海岸地区的殖民者都欢庆这一胜利，他们在一场仓促准备的节庆中举着火把在夜间的街道上游行。尊比被斩，他的头在送往累西腓的路上被插在杆子上示众，以击破那些声称他还活着的说法。在阿夸尔图到达美洲的 90 年后，她的城市最终被毁灭了。但这不意味着巴西或美洲其他地方逃奴堡和逃奴的终结。

在塞拉·达·巴瑞戈的顶峰上，帕尔马里斯的逃亡者可以清楚地看到下面的一举一动。

在地峡

和科尔特斯及皮萨罗一样，瓦斯科·努涅斯·德·巴尔博亚（Vasco Núñez de Balboa）也出生于西班牙偏远的埃斯特雷马杜拉地区。和他们一样，他是一个大胆、残忍、野心勃勃的人。一个熟人说，谎话连篇、鲁莽冲动的巴尔博亚是一个“高大俊美、强壮、四肢修长、富有教养的人”。他是一个破落贵族家庭的幼子。他鼓足勇气在1500年漂洋过海，当时大约25岁。他在伊斯帕尼奥拉西南部的一个偏远小村萨尔瓦提拉·德·拉·萨瓦那（Salvatierra de la Sabana）安顿下来，以务农为业。

回头看一看，选择这份事业简直糟透了。“农夫平静安宁的生活配不上他远大的抱负及冒险精神。”一位值得钦佩的西班牙传记作家这样解释。事实上，这些害得他债台高筑，为了躲避债主，他不得不藏进木桶里，然后在桶里把自己滚上了一艘装载着运往美洲大陆一个新殖民地的补给品的船只。那是西班牙人第一次尝试在大陆上建立基地。（根据一些报告所记载，他是和他的狗一起在桶里偷渡出去的。）

这个定居点位于现在的哥伦比亚境内，靠近与巴拿马的边境，当初是为了寻找金矿而建立的。本地的印第安人被奴役从而提供其所需的劳力，其中部分奴隶也被卖到伊斯帕尼奥拉。没有任何理由认为印第安人会参与这一计划，他们用射向侵略者的毒箭来表达对此的消极态度。因为殖民地近乎崩溃，1510 年 7 月，其创建者坐船到伊斯帕尼奥拉寻求援助。他的船在古巴海岸搁浅，差点被饿死的他蹒跚着穿越了这座岛屿。在获救之后，他马上从探险与征服这一行里退休。其间，另一艘船在同年 9 月从圣多明各出发。这艘船，正是努涅斯·德·巴尔博亚和他的木桶乘坐的那一艘。

努涅斯·德·巴尔博亚很快就被人发现了。聪颖过人、富于魅力的他试图劝说愤怒的船长不要把他扔到荒岛上。几周之后，他成了船长最重要的副手之一。几个月之后，他就劝说船长把殖民地搬到一个他认为更好的地方。不到一年，他就废黜了船长，带领一支远征队前往巴拿马海岸寻找金子。

努涅斯·德·巴尔博亚在巴拿马成了第一个从美洲一侧见到太平洋的欧洲人，这一壮举为他赢得了不朽的声誉。5 个世纪以后的今天，在网上搜索“努涅斯·德·巴尔博亚”，会找到无数张征服者站在峭壁顶端，有时踏着海浪，有时披盔戴甲，惊讶地注视前方无尽的海洋的图片。但是这些英雄一样的图片与他在历史学家中的声誉并不一致。毫无疑问，努涅斯·德·巴尔博亚是英勇无畏的，但是他也做了一些用任何现有的道德标准都不能称作正当的行为，并且他也很可能不是第一个在美洲一侧见到太平洋的来自大西洋对岸的人。

刚刚搬到新址的殖民地在法律上是处于另一位征服者的管辖之下的。当这位征服者来到安提瓜索要控制权时，努涅斯·德·巴尔博亚把他扔到了一艘漏水的双桅帆船上，然后让他自己开回去。后来再也没人见过他。感觉自己的领导权更加稳固的努涅斯·德·巴尔博亚将注意力转移到了原住民库那人（Kuna）和乔科人（Choco）身上，这两个民族佩戴金首饰的嗜好深深地抓住了西班牙人的目光。他开始四处打听金子的来源。

安提瓜北面大约 50 英里处有一个叫作科马格雷（Comagre）的统治者，他和他的诸多妻妾子女生活在一起，历史学家彼得罗·马迪尔·德·安吉拉（Pietro Martire d'Anghiera）将其住所形容为"一座用巨大的木料相互交错搭建起来的房屋，房子的大厅有 80 步宽、150 步长，看起来就像方格天花板一样"。他的领域——西班牙人将其称为"采邑"——大约有 10 000 名居民。当努涅斯·德·巴尔博亚来访的时候，科马格雷用"谷物和水果酿造的酒"招待远征队，并安排 70 名奴隶在远征队造访期间服侍他们，还送给他们"4 000 盎司金首饰和精美的工艺品"。西班牙人拿出了天平，在争吵中分出了每个人应得的。科马格雷的儿子在嘲笑他们的贪婪时告诉他们还存在另一块有更多金子的采邑，它就位于"你们的小破船从来没有去过的那片海"的岸边。

另一片海！更多的金子！努涅斯·德·巴尔博亚兴奋得忘乎所以。他返回了安提瓜，组建了一支 800 人的探险队，其中有 200 个西班牙人和 600 个印第安人。探险队在 1513 年 9 月 1 日出发。（同行的至少有一个混血儿和一个非洲人，他们很可能都是奴隶；这个非洲人后来得到了解放，他和 150 个印第安人一起在尼加拉瓜登陆。）旅途一开始是在陡峭、潮湿、森林茂密的巴拿马南部山区度过的，这些山脉几乎直接就耸立在海岸边上。当时正值雨季，那里的年降水量可能达到 16 英尺。西班牙人披盔戴甲蹒跚前行，他们饱受蛇虫的叮咬，身上沾满了泥泞。因此，他们很快就陷入了伤病之中。努涅斯·德·巴尔博亚率领着他衣衫褴褛的队伍一边觅食一边从一个原住民村落寻找另一个村落，每一步仿佛都带着虚弱和病痛。海岸山脉突然就下降成了肮脏炎热的丘库纳克河河谷，这条河谷靠近太平洋，以至于潮汐会把海水卷到上游很远的地方去。河对岸有一堆长满了棕榈树的崎岖低山。筋疲力尽的人们在 9 月 24 日到了山底，他们在 3 周内走了大约 40 英里。

他们在山顶附近遇到了夸雷夸（Quarequa），他是同名小采邑的领主。他凭借着数百名装备了弓箭和长矛的士兵拒绝外来者入境。从来没有见过火器和刀剑的印第安人遭遇了大批西班牙人。努涅斯·德·巴尔博亚在未经警告的情况下命令他的士兵近距离开火。西班牙人随后拔剑冲进了烟雾中。包括夸雷夸在内的数百人战死，尸体枕藉。西班牙人对幸存者发动追击，一直冲到了印第安人的中心村落，在那里，他们发现所有的黄金和食品库存都不见了。第二天，也就是 9 月 25 日，努涅斯·德·巴尔博亚和他的破烂队伍爬上了山顶，看见了他们面前浩瀚无边的太平洋。他以一种现在看上去令人同情的荒谬姿态宣布这片海洋及其岸边所有的土地都属于西班牙。[1]

留在夸雷夸村里的是一些妇女、儿童和几个非洲裔奴隶——“身大肚大、长胡子、耳朵弯弯的黑人”，一年半之后的一份报告用这些话来形容他们。看到他们西班牙人很惊讶，让他们更惊讶的是，这些非洲人告诉他们，一个完全由非洲裔逃亡者组成的社区就在两天的路程之外。印第安人和非洲人常年交战，每一方都强迫抓获的对方俘虏做奴隶。

西班牙人将这些非洲人认定为奴隶，不太可能是出于误解——他

[1] 从现代的视角来看，努涅斯·德·巴尔博亚在夸雷夸村里的所作所为不那么让人同情。在村里，他找到了 40 个穿着女装的夸雷夸的亲戚和廷臣。传说他用一群狗把他们都撕碎了（有人想象，其中就有和他一起藏在桶里的那条狗）。其他村民后来指认出了更多的异装癖者，并劝说他把这些人也杀掉。这些事件的顺序很难被归纳成上面所说的那样。尽管一般认为巴拿马原住民族群能够容忍同性恋，但是以大而紧密的群体所存在的同性恋还是不太可能。有人猜测西班牙人把某种宫廷装束误认为女装了。在夸雷夸之死所引发的政治真空中，这些廷臣的敌人利用西班牙人的这种误解来肃清对手。

们至少和另外两个人一起出现。这个故事的叙述看来也不像是伪造的，有 6 部西班牙文献都证实了这一点，但是没有一个来源指明其含义。首先，山区中奴隶的存在很可能意味着非洲人，而非欧洲人，是第一群跨越大西洋在这片大陆上定居的人——他们也从美洲一边看到了太平洋。其次，这意味着地峡是逃奴摆脱追捕的好地方。后一点可能会吸引西班牙王室的注意力。

寻找通往太平洋的道路让安提瓜的西班牙人欢欣鼓舞。他们很快就放弃了这块殖民地，它变成了一座鬼城。[1] 原居民绝大多数去了两个新的居民点：地峡太平洋一边的巴拿马，和大西洋岸边的圣名镇。他们打算把西班牙想要夺取的马鲁古群岛出产的香料送到美洲，然后走巴拿马和圣名镇之间的道路，最后送上去欧洲的船。在西班牙夺取马鲁古群岛的行动失败之后，两个规划中的港口都缩了水。

1533 年，巴拿马和圣名镇的欧洲居民都不超过 40 人。这时出乎意料的消息传来了：努涅斯·德·巴尔博亚跨越地峡时的一个同伙，弗朗西斯科·皮萨罗征服了位于安第斯山脉的一个帝国，并且正在往巴拿马运送金银。（努涅斯·德·巴尔博亚没有参与征服印加帝国。他罪大恶极的诡计受到了惩罚——在 1519 年他被执行死刑。）1545 年，在波托西发现了银矿。这些银子中有一半或者更多被运到巴拿马，这包括了国王对矿井和铸币厂收取的绝大多数税费。

巴拿马和圣名镇之间的道路于是就成了西班牙殖民帝国的关键阻塞点，这是一条王国大半财政命脉流动的单行道。从工程师的角度来看，它并不理想：泥巴深度及膝，石块堵塞道路，宽度几乎不足以让两头骡子并行，在峭壁和沼泽之间蜿蜒曲折地延伸。这条道吓坏了西班牙人，一个编年史作者抱怨道，森林里有成群的“狮子、老虎、熊和美洲豹”。树林里的猴子大叫着投掷石块。地球上最致命的两种

[1] 安提瓜通常被人称为美洲大陆上第一个永久的欧洲居民点。“永久”是一种夸张：殖民者 9 年后废弃了这个殖民地。大约在 170 年后，苏格兰人试图在几英里外建立一个新殖民地，我在第三章描述过这个殖民地的结果。

蛇——矛头蛇和巨蝮在夜间穿行。旅行者可以把油脂和泥巴混在一起，然后从头到脚涂满自己的身体以防蚊子叮咬，但是对于蝙蝠却一筹莫展。一个意大利人哀叹道，蝙蝠“认准脚指头、双手、鼻头和耳朵咬，被咬的人还浑然不觉，而这时蝙蝠嘴里已含满了肉并从肉里面吸血”。他说，蝙蝠是挡不住的，因为太热了，人只能“在掩蔽物上面裸睡”。即使在旱季，人们穿着欧洲盔甲行走也会大汗淋漓，而这是防备印第安人进攻的必要措施。而在雨季，这条道坦率地讲是无法通行的；旅行者不得不用杆子撑着驳船沿着查格雷斯河（Chagres River）航行，这条河流在雨季由于灌满了雨水而可以通航；但是出于同一原因，这种航行也十分危险。16 世纪和 17 世纪的欧洲人并没有什么方法和技术可以在这种条件下维持一条适宜的道。在动工 120 年后的 1640 年，一个恼火的旅行者说，这条道“糟透了，是我旅程中所见过最糟糕的一条”。

为了将国王的银子运过地峡，需要很多劳动力。一如既往，劳动力依然短缺。没有几个西班牙人愿意离家去一片偏远森林中辛苦劳作。对于可能的运银人来说，有一个很明显的补充来源：印第安奴隶。在努涅斯·德·巴尔博亚看到太平洋的时候，巴拿马地峡仍然住满了或许 100 个小而易怒的政治实体，它们紧紧地挤在一起，16 世纪的历史学家冈萨罗·费尔南德斯·德·奥维耶多-巴尔德斯称原住民人口“超过了 200 万，或许根本数不清”。现代的估计要少得多：由于多数采邑的人口不超过 3 000，研究人员说这一地区的总人口最多也就 25 万。不过精确数字几乎没什么意义，因为地峡的人口在迅速减少。到了波托西开始出口银子的时候，历史学家估计只有不到 2 万人居住在那里。即使剩下的印第安人都束手就擒，他们也不足以满足欧洲人对劳动力的需要。于是，帝国从安第斯山脉、委内瑞拉和尼加拉瓜运来许多奴隶，以至于在西班牙控制区内他们很快就比本地人还要多了。

在西班牙禁止将印第安人视为奴隶之后，殖民者转向了非洲——

其先行者就是努涅斯·德·巴尔博亚，他在死前将30个非洲奴隶带到太平洋岸边从事造船工作。很快非洲人就开始在查格雷斯河上拉动驳船，每艘船大约有18名或20名纤夫，20艘或者更多的船排成一列。大批首尾相接的骡队由持枪武装的西班牙人驱赶着，在海洋之间穿梭。有时候，旅程要耗费一个月。前面那个讨厌蝙蝠的意大利人说，这条道两边躺满了骡子和人的尸骸。

到1565年，非洲人的数量是欧洲人的7倍。不出所料，欧洲人发现很难管控自己的人身财产。数以百计的逃亡奴隶组成了大量多民族的强大村社，从安第斯山脉和委内瑞拉逃亡出来的印第安奴隶和地峡地区剩余的自由的印第安人族群也加入其中。因对西班牙人的共同憎恨团结在一起，他们解放奴隶、杀死殖民者、盗窃骡子和牛。有的时候他们也侵犯妇女。损失越来越大。西班牙面临着一团糟的逃奴问题。

早在1521年这个问题就被人注意到了，但是在此后30年内都没有人认真地在地峡中尝试消灭任何一个逃亡者据点。当时一个名叫菲利皮罗（Felipillo）的年轻奴隶（他当时是巴拿马外海岛屿上的一名采珠人）带领一群逃亡出来的非洲人和印第安人逃到了圣米格尔湾（Gulf of San Miguel）的红树林中。1551年，他们的这个村落在享受了两年的自由之后被摧毁了。其他的逃亡者从菲利皮罗的命运中学到的经验是：不要躲藏在容易通行的低地。

同年，圣名镇当局向西班牙人抱怨称，600名逃亡者正在该镇通往巴拿马的道路上抢劫，杀害旅人。两年后，事态进一步恶化，逃亡者的人数上升到800。又过了两年，变成了1 200人。在地峡地区，不仅仅是奴隶，连逃亡者的人数都超过了欧洲人。在1554年和1555年，逃亡者消灭了最早的两次以其为目标的西班牙远征部队。他们在圣名镇抢走了许多非洲裔和印第安裔奴隶，以至于幸存的殖民者害怕派奴隶出城取水。多数居民都逃到了巴拿马，只有在运银船队出现的时候回到圣名镇。

逃亡者领导人的名字有很多说法，比如巴亚诺（Bayano）、巴亚莫（Bayamo）、瓦拉诺（Vallano），瓦亚莫（Vayamo）和巴拉诺（Ballano）。他可能和阿夸尔图一样都是被俘的军事领袖。诗人胡安·德·米拉蒙特斯（Juan de Miramontes）将巴亚诺描述为一个“粗鲁暴躁、粗俗魁梧、穿衣不甚讲究、没有什么幽默细胞”，然而“英勇机敏、有着战士一样精神”的人。他督造了一座能够俯瞰加勒比海、四周都是悬崖峭壁的山峰顶上的防御要塞。卫兵随时准备向一座树木繁盛的峡谷的唯一的出入口滚下巨石。由于距离圣名镇足够远，西班牙人不太容易发现它，这座要塞的居民主要是受巴亚诺的命令被派遣到这里的年轻士兵。远处是另一座用于安置这一社群中老弱妇孺的村落。融合了从秘鲁到尼加拉瓜的印第安人以及许多非洲少数民族的巴亚诺的小王国，在文化上是极其不同寻常的大杂烩。一个16世纪的牧师评论道，这里有“每一种民族的融合，他们和其父母的肤色都不一样”。根据留尼汪大学（University of La Réunion）历史学家让-皮埃尔·塔尔迪厄（Jean-Pierre Tardieu）的说法，他们的宗教也是融合了基督教、伊斯兰教和原住民传统宗教的大杂烩。没有人知道他们互相交流时使用哪一种语言。

1556年，秘鲁的一位新任总督在返回利马的路上造访了圣名镇。因对巴亚诺的破坏行为感到愤怒，他拨款雇用了一支针对逃奴的军队，但是没人应募。最后总督在圣名镇的监狱里找到一些可以用来填到部队花名册里的人，并告诉监狱里的囚犯，他们要么选择去和前奴隶们打仗，要么自己变成奴隶被送到船上去。这一行为收效显著。1556年10月，70名武装的前囚犯在佩德罗·德·乌尔苏亚（Pedro de Ursúa）的率领下出发了，总督亲自劝说这位经验丰富的战士去和巴亚诺作战。

在一名后来成为西班牙线人的被俘逃奴的带领下，乌尔苏亚的军队在丛林中跋涉了25天才走到巴亚诺所在的山顶。意识到对这一据点发动围攻是不会成功的，乌尔苏亚转而联系逃亡者的领袖要求进行谈判。他提出将地峡分成两半，分别由西班牙的腓力二世和巴拿马的巴亚诺一世统治。巴亚诺接受了这一饱含奉承的提案，于是数星期中西班牙人都在四周闲逛，并和前奴隶们一起打猎、捕鱼，并进行力量或技巧的较量比试以取乐。在离开之前，乌尔苏亚举办了一场庆祝宴会。巴亚诺及其宫廷中的40人出席了宴会。西班牙人向酒水中下药，并砍下了他们的头颅。逃奴们被捉回了圣名镇，再次沦为奴隶。乌尔苏亚将巴亚诺戴上镣铐送到利马，作为战利品献给总督。其他逃亡者从巴亚诺的命运中又学到了一课：西班牙人不值得信任。

逃奴问题并未消退。巴亚诺的社群余部再次组织了起来，其他人也揭竿而起。殖民者发现，要消灭这些人需要多达1 000名士兵进行长期的军事行动，而这些士兵大多数要从欧洲派过来。为了得到1 000名士兵，殖民地政府不得不输入多达2 000人，因为新来的欧洲人（这是“哥伦布大交换”的一部分）以令人惊惧的比例死于疟疾和黄热病（这是“哥伦布大交换”的另一部分）。其中圣名镇尤其危险，从欧洲来的人根据发音给其起了一个凄凉的诨名：“圣名镇，葬活人（Nombre de Dios, Sepultura de Vivos）。”这种情况吓到了国王，他在1584年命令这座城镇的人口全部迁移到波托韦洛，那里的危险性低得多。1625年造访这座新城的英国牧师托马斯·盖奇（Thomas Gage）写道，运银船队一到波托韦洛就“急匆匆想要离开”；即便如此，船队在波托韦洛这个“墓穴”里停留的两周时间也足够杀死“大约500名士兵、商人和水手”。这种损失使得从欧洲运来一支对付逃亡者的军队的代价太大。

没人会同意。地峡的欧洲人主要是塞维利亚商人的代理人。与反抗帕尔马里斯的葡萄牙甘蔗种植者不同，没有几个圣名镇和巴拿马的西班牙人愿意获取长期的战果；他们的目标是迅速消灭逃奴然后离开。很自然地，这些人并不想把他们可能的利润中的太多部分花在消灭逃奴上面，这种行动的大多数好处只会在他们离开之后才显现出来。取而代之的是，他们要求马德里运来更多的士兵驻扎在这里。商人们这样劝说国王——由于国王在逃奴的攻击行动中损失最大，因此从对逃奴的镇压中他的获益也最多，所以他应该为此买单。而国王本人距离那里太远，所以不能近距离监控对逃奴的远征。由于没有办法保证地峡地区的短视者们不对分派给镇压逃奴的军事行动的资金下手，国王不愿意签署这张支票。这一冲突是一种被经济学家称为“委托代理人”的问题：当一方向另一方付款，要求后者站在他的立场上行事时，他没有有效衡量其表现的方法。这使得对抗逃奴的大规模行动拖延不决，尽管对于西班牙来说，这种行动所带来的利益越来越多。

从殖民者的视角来看，赤身裸体、油渍斑斑的前奴隶和印第安人用“巨大而有力”的弓和带铁头的箭扫荡巴拿马实在是糟透了。1575年，一个殖民地官员记述道，他们偷走牛只，夺走奴隶，并且“通常杀掉他们见到的欧洲人”。更糟的是，逃奴们出于泄愤的目的，将整船的金银沉入河中。但是随后，逃亡者就加入了西班牙后来最憎恨的敌人——英国海盗/私掠者弗朗西斯·德雷克——的军队。

德雷克于1572年7月到达地峡地区，伺机抢劫西班牙人的财宝，那是他第一次独立进行的主要航行任务。他发现非洲裔奴隶在圣名镇外的一座岛屿上装卸木材，于是向他们询问城镇的布防情况。（这些奴隶被主人遗弃，而德雷克把他们带到了岸上，这样他们就可以逃走了。）英国人在7月29日凌晨3点以一阵炮火开始了攻击。他授权撰写的自传中写道，交火中德雷克受了重伤，他的手下将他带了回去，不无遗憾地留下了“一堆装了白银的长70英尺、宽10英尺、高12英尺的桶”。德雷克并未因此而气馁。就在他启程前往圣名镇不久，他留下看守船只的人就得到了一个非洲人的欢迎，后者带来了其同胞的支援。

在一系列试探之后，德雷克在9月会晤了一名逃亡者船长——佩德罗·曼丁加（Pedro Mandinga）。曼丁加告诉这个英国人，当年的秘鲁运银行动已经结束了，这让英国人灰心丧气。而下一次运输要直到3月雨季结束之后才开始。德雷克决定等下去。他和曼丁加一起筹划了一个计划，计划中窃取白银的地点不在海岸边，而是在文塔·德·克鲁西斯（Venta de Cruces）。这是查格雷斯河上的一个转运点，骡队在这里将货物卸到驳船上。为了查清运银船何时到达，曼丁加向巴拿马派遣了间谍。同时，英国人在圣名镇西面的一个海湾里躲避，以防被西班牙人发现，他们的食物要靠逃亡者的弓箭和鱼竿来供给。等待过程比英国人预计的还要危险：12月，黄热病"杀"死了一半的英国人。死者中就有德雷克的弟弟约瑟夫。（数周前他已经失去了另一个兄弟。）

1573年2月上旬，曼丁加和另外29个逃亡者带领德雷克及另外18个幸存的海盗穿过森林前往太平洋。他们的行军过程和军队一样，完全鸦雀无声。逃亡者在英国人前面标记路线，在他们后面掩盖行踪。2月14日早晨，抵达文塔·德·克鲁西斯之后，他们在路边的草丛里等待白银出现。首先通过的是低洼、开阔的草原，因此骡队夜间出行以躲避阳光。（随后在密林里，他们则白天行动。）在德雷克等人抵达后数小时内，曼丁加在巴拿马的一名间谍传回了一些消息。利马地区政府的司库官带领14头骡子离开了巴拿马，其中9头装有黄金和珠宝。后面还跟着两支骡队，每一支都有50头到70头牲畜，它们运送的是白银。

海盗和逃亡者兵分两路，一路由德雷克率领，另一路由曼丁加率领。他们的直线距离大约有50码。德雷克的那路人放骡队通过，直到曼丁加的那路人对骡队发动伏击。然后德雷克和他的人从后方接近，捕获这支运输队。深夜时分，袭击者们听到了走来的骡子身上挽具发出的铃声。刚刚进入视线，德雷克一路中的一个英国水手就醉醺醺地挥舞着武器冲出了掩蔽处。一个逃亡者把他拉回了草丛里，但是大错已然铸下——一个西班牙前哨兵在月光下看到了水手身上的白衬衫。哨兵控马转身奔回骡队，告诉司库官返回巴拿马。恼火的英国人蹂躏了文塔·德·克鲁西斯，捣毁了库房并糟蹋了其中的存货。他们没发现什么，在曼丁加的带领下逃回了海岸边。逃亡者们学到的经验是：欧洲人是一些靠不住的盟友。

在德雷克考虑下一步棋的时候，他的人发现了一艘属于法国海盗纪尧姆·勒·提丢（Guillaume le Testu）的船，后者听说英国人在地峡地区之后已经连续数周在这里寻找他们了。提丢是一个心灵手巧的绘图师，他曾经协助建立了里约热内卢附近的一个短命法国殖民地。由于信奉新教，他曾经在法国入狱4年。在向国王陈情之后，他被释放，并接受了一项可能是意大利商人发布的私掠任务。现在他希望加入德雷克，一起抢劫西班牙人的财宝。德雷克、提丢和曼丁加同意共同行动，在一支运银队从圣名镇外围的山区中出来的时候对其下手。

逃亡者们又一次带领欧洲人盟友寂静地穿过森林，在4月1日抵达了伏击地域。他们又一次兵分两路，互相距离还是50码。上午10点左右，海盗和逃亡者们听到了铃声，自传作家说，120头骡子，“每一头都装着300磅白银，共计大约30吨”。这一回，计划成功了。尽管银子的光芒令人目眩，但是把白银运过山脉过于令人厌倦，所以英法非印第安联军把闪闪发亮的负载从骡子身上卸了下来，以一个真正海盗的方式将战利品埋在了附近一条小溪的河床底下。他们只带走了一些银条作为战利品。直到离伏击圈数英里有支援的地方，他们才发现一个法国人不知所终。后来他们知道，在掩埋白银的时候他喝醉了错过了出发。他被西班牙军队抓获，在酷刑之下招出了埋银地。自传作家称，圣名镇里“派出了将近2 000名西班牙人和非洲人来寻找、挖掘白银”。他们把这块地方弄得乱七八糟才找到了白银，把其运回了圣名镇。德雷克的人回去之后只发现“13条白银，几个金环”而已——这还不到运输量的百分之二。

数十年后，德雷克的牧师和朋友菲利普·尼克尔斯（Philip Nichols）将幸存的水手对于这次远征的回忆编纂起来，将手稿送给德雷克，让他进行编辑审核，最后将得到的稿件以《弗朗西斯·德雷克爵士回忆录》(*Sir Francis Drake Revived*)这一名字出版成书。这也是我在前文引用的那本授权传记。这本书将德雷克在地峡地区的经历描述为激动人心的成功——他试图夺取大批白银，却连续三次尝到了失败的苦果，在此过程中他因为疾病和战斗失去了一半人手，包括两个兄弟。这一观点并非完全错误。对圣名镇和文塔·德·克鲁西斯的袭击是一场胜利——不过是对于逃亡者们而言的。

“投降协定”

海盗与逃亡者的联合行动的报告震惊了西班牙王室，特别是当得知白银被劫的圣名镇的商人隐瞒了他们已经找回了几乎所有被抢的财物的时候。(白银中很大一部分是付给王室的税金，所以被劫的确令人痛彻心扉。)殖民地官员利用这一事件要求国王派遣舰队来清除逃奴。圣名镇的总督在这次袭击一个月后称，“最让我们悲痛的是，除非陛下您妥善地采取措施对现状进行补救，否则我们很快将目睹王国的这一部分化为废墟”。王室担心受到欺骗(这是无可非议的)迟迟不做决定。在殖民地官员犹豫不决，有时试图和非洲-印第安社群谈判，有时伺机消灭他们的时候，逃亡者仍然继续偷窃牛只，释放奴隶，杀死西班牙人。死掉的西班牙人中有一些是牧师；出于对信奉天主教的西班牙的憎恨，逃亡者乐意让德雷克把他们改宗为新教徒。(没有证据表明他们事实上改变了先前的宗教习俗。)在逃亡者与西班牙殖民当局开始谈判的时候，双方的猜疑和敌意使得谈判进程缓慢得令人烦心。

在此期间，来自英国、法国、荷兰的海盗不断地造访地峡，央求逃亡者像他们先前帮助德雷克一样协助他们。其中的大多数并未得到任何援助——看上去逃亡者对欧洲人的能力持一种较低的评价。然而，西班牙人对海盗和逃奴的联盟的恐惧持续滋长，到了1578年和1579年，达到了疯狂的地步。是时，还不出名的德雷克在另一次航行中沿着南美洲的太平洋一侧海岸上溯，沿途不断破坏西班牙控制的领地。

殖民地官员找到了巴亚诺的领土上重组逃亡者政权的领袖多明戈·刚果（Domingo Congo），并与他达成了协议。协议规定：只要他手下的逃亡者承诺忠于（西班牙）国王，他们就将被授予良田、牛群和猪群、耕种与收割所需的农具装备、一年的玉米种子，还有最重要的——自由。殖民者还承诺免除他们的税，不需要和西班牙居民一样纳税。这些条件十分诱人，但多明戈·刚果犹豫是否要接受——每个逃亡者都知道巴亚诺和西班牙人谈判的时候发生了什么。对于殖民者来说，他们在奖赏他们认为是小偷、杀人犯和失窃财产的人的时候，总是小心谨慎的。然而，尽管内心对此十分厌恶，他们还是向星星点点散布在巴拿马外山区的逃亡者群体和波托韦洛的规划位置附近的那个更大、更集权的逃亡者“王国”提出了类似的条件。

波托韦洛的“国王”在1579年9月15日签署了这份条约。这一举动让西班牙国王腓力二世十分高兴。4个月后，当巴亚诺领土上多明戈·刚果手下的逃亡者没有效仿他们的同胞的时候，国王敦促殖民地政府迅速与他们达成协议：

> 征服逃亡黑奴，使这些领土回归和平宁静非常重要，我们十分满意在你的来信中看到你已经与波托韦洛的这些人达成协议，并且希望他们的例子可以让巴亚诺的那些人了解到他们可以从对他们罪行的赦免中获取巨大的利益，以及他们能得到安全的居所，还有他们如果签订你将提交给我们西印度群岛咨议会的投降协定之后所获得的其他利益。

“投降协定”？从现在的观点来看，国王的用词令人惊讶。西班牙政府为了换取逃奴终结与外国海盗臆想中的同盟关系，给他们提供了几乎一切他们想要的东西，这种行为被描述为逃奴们的投降。确实，逃亡者没有能回到他们非洲老家。但是这一点几乎是不可能的；即使殖民者在逃奴被关在船上的时候没有再次将他们充作奴隶，他们也不会知道该把他们往哪里遣返。此外，这个时候有很多逃奴已经娶了来自非洲和美洲其他地方的女人为妻。不论好坏，地峡都已经成了他们的家园。通过这一“投降协定”，他们赢得了持久的、也许是不稳定的自由，在他们自己的社群中过上了他们希望的不用缴税的生活。

两年后，多明戈·刚果签署了条约，巴拿马城外的逃亡者也签字了。然而这些条约并未阻碍其后的逃亡，留尼汪大学的塔尔迪厄是这样说的。事实上，直到奴隶贸易结束，逃亡者都不断地藏进森林之中。许多逃亡者都融入了自由的逃亡者村落。1819 年地峡从西班牙治下独立时，这些社区的起源几乎已经被人遗忘了。逃亡者赢得了最高一级的自由——他们成了普通的公民。[1]

这一故事并非特例。尽管整个美洲的政府机关扫清了许多逃亡者群体，剩下的那些赢得了自由——与此相伴的是，他们后来变得默默无闻。这里只有数个值得提及的例子，是因为，奴隶们对自治权的期望过多地被描述为完全依赖于他们主人的善意而实现的。

墨西哥

就在西班牙人对威胁巴拿马附近运银道路的非洲人投降的时候，他们在墨西哥的运银道路也面临非洲人的威胁。1570 年左右，韦拉克鲁斯的甘蔗种植园中发生的零星的、小规模暴动随着加斯帕·扬贾（Gaspar Yanga）或称尼扬贾（Nyanga）的逃亡而发展成了全面叛乱。此人据称是现在加纳地区的一位王子兼将军。和帕尔马里斯的阿夸尔图相像，实际上他可能确实是这样一个人。人人都说扬贾是一个引人注目、精明强干的人，他将韦拉克鲁斯城外山区中的数以百计的非洲人组织成了一个联盟。由于受了对把他套上枷锁送过大洋的那些人的

[1]　当然，他们并未受到更多的种族歧视。前逃奴者所受到的待遇和其他非洲裔自由公民们一样——一样坏。

一种平静的愤怒的驱使，他领导了无数次对甘蔗种植园的袭击，欢欣鼓舞地夺走奴隶和补给品。而对于新西班牙来说最重要的是，逃亡者对在韦拉克鲁斯到墨西哥城的道路上运送白银和丝绸的运输队发动了袭击。惊恐万分的殖民者中传播着这样的谣言：逃亡者杀掉了每个见过他们面孔的人，并在恶魔的仪式中痛饮他们杀死的人的鲜血。

由于山路崎岖，殖民政府对扬贾的袭击几乎没有做出什么反应，直到他的军队摧毁了一批欧洲来的最新时装而犯下了不可饶恕的罪行。一支由 100 名士兵（这已经和印第安人的人数相等了）、200 名殖民者和他们的奴隶所组成的远征军在 1609 年 1 月冲入山区。6 个星期过后，他们占领了扬贾的基地，然而一无所获。逃亡者已经疏散到了一个备用的、更加偏远的基地。扬贾派出了一名西班牙囚犯，带着 11 个不容讨价还价的条件，找到了西班牙人，其中主要的一个就是“所有去年 9 月之前逃脱的人都将被视为自由人”。灰心丧气的殖民者接受了所有的 11 个条件。与巴亚诺和波托韦洛的逃亡者类似的是，扬贾的人民也得到了他们自己的领土：圣·洛伦佐·德·洛斯·尼格罗斯（San Lorenzo de los Negros）。后来这里为纪念其创立者而被改名为扬贾，这是美洲的第一座日落城镇：在法律上欧洲人禁止在此过夜。扬贾和他的子孙们获得了巨大成功，以至于本地的西班牙人不吝惜于奉承他们，并无视了对白人的禁令而移居至此。结果，扬贾镇现在基本上已经彻底“墨西哥化”了。

墨西哥还有另外两个合法的自由的非洲人城镇，一个位于韦拉克鲁斯西面的山区中，另一个位于墨西哥的西海岸。但是逃亡者最伟大的成功可能发生在 18 世纪危地马拉的太平洋海岸地区。这里是逃亡者活动的温床，并因此被西班牙人袭击，一直持续到其民兵耗尽人力为止——政府方面试图用正在被他们攻击的非洲裔和印第安裔同胞替换掉民兵来解决这一问题。这群人一控制军队，逃奴就不动声色地威胁殖民地官员消除奴隶制的最后残余。

尼加拉瓜

英国移民建立了两个殖民地：一个是1620年建立的著名的普利茅斯，这是新英格兰地区第一块成功的殖民地；还有一个就是1631年在距离尼加拉瓜海岸140英里的普罗维登斯岛上的一次短命尝试。和他们在没有疟疾的新英格兰的同胞不同，普罗维登斯的移民大量且热心地进口非洲奴隶。当西班牙人在1641年将英国移民驱逐出去时，有多达600名奴隶逃跑了。可能由于海难或者出于计划，他们在现在属于尼加拉瓜的一处海岸登陆，最终和说米斯基托语（Miskitu）的印第安人以及少数欧洲人混居在一起。更多的非洲裔和印第安裔难民接踵而来，壮大了这些被称为米斯基托人的混血人种的规模。由于将西班牙人视作最大的威胁，他们与先前奴役他们的一部分英国人结盟。用英国出产的剑和火枪武装起来的这些人和英国海盗一起，对从哥斯达黎加到巴拿马的西班牙种植园发动袭击，掠夺印第安裔和非洲裔奴隶，并把他们卖到英国人的甘蔗种植园里；米斯基托人甚至派兵到牙买加协助英国人镇压逃奴叛乱。通过为米斯基托人的国王在牙买加、伯利兹或者有时在伦敦举行加冕礼，伦敦承认了这一同盟关系。“国王”是当时所用的词汇，但这也许会误导别人：米斯基托“王国”是海岸边四个结成同盟的政治实体的联合，它们从北到南分别被一名“将军”、一名“国王”、一名“总督”和一名“提督”统治。

由于欧洲人的疾病带走了不少有美洲原住民血统的米斯基托人，所以这四个地区从遗传学上讲都更加非洲化了。然而从文化上来看，其变得更加“纯粹”印第安化了——这一说法由于与其统治者的习惯相矛盾而看上去很奇特：他们喜欢在行使职权的时候穿着发出闪闪金光的军装和绸缎或棉布材质的背心、裤子和袜子，并靠在作为他们职权象征的金头或银头手杖上。19世纪，数以千计的英国人移居到这里，向米斯基托人的政府缴税并承诺遵守其法律。如果这些人开始作威作福，米斯基托人就会提醒英国人，在西班牙人势力庞大的中美洲有一个盟友多么重要。这一王国在超过3个世纪的时间里都一直繁荣发展，

弗朗西斯科·德·阿若波（中）领导着艾丝美拉达（Esmeraldas），这是厄瓜多尔北部海岸的一个独立的逃亡者社群。1599 年，殖民地总督派安德雷斯·桑切斯·加里克（Andrés Sánchez Gallque）——一名在基多受过训练的印第安人，去给这位领袖、他 22 岁的儿子和他的一位友人画肖像。而这正是他与西班牙人签订条约，在名义上承认西班牙人的主权以换取艾丝美拉达的自由的两年之后。

掌握着自己的命运。直到 1894 年，新独立出来的尼加拉瓜正式合并了它。

美国

在美国的逃亡者要比在更南方的地方少得多，这是因为一旦他们向北跨越了梅森-狄克逊线（Mason-Dixon line，美国蓄奴州和非蓄奴州的分界线），就可以彻底摆脱枷锁。此外，他们还发现在不熟悉的温带生态系统里生存下来要更加艰难。尽管如此，在诸如萨瓦那河河谷、密西西比三角洲和迪斯莫尔大沼泽（Great Dismal Swamp）等地方，都普遍有逃奴建立的营地。第三个是一个位于弗吉尼亚和北卡罗来纳的占地超过 2 000 平方英里的大型沼泽。（现在它已经变小了许多，这是因为沼泽的大片地区已经被排干了。）为了逃离欧洲人的侵犯，在大约1630年之后，印第安人大量移居至此并在10座到50座房屋的小居民点中散落居住。很快非洲人就追随了他们的脚步。历史学家约翰·霍普·富兰克林（John Hope Franklin）和洛伦·施万宁格（Loren Schweninger）称，数千人最后在这里安家落户，并在沼泽中心凸起的"岛屿"上建造村落。据传闻，在这个远离蓄奴社会的地方，逃亡者生下了一些终生未见过欧洲人的孩子。这种幸福的孤立在17世纪末结束了，这时弗吉尼亚开始了排干大沼泽计划，派出数以千计的奴隶在恶劣的条件下挖掘排干沼泽用的运河。逃奴和逃奴猎人都利用这些运河潜入沼泽，在里面开始了低强度游击战，这一战事直到美国的奴隶制废除都未真正停止。[《汤姆叔叔的小屋》的作者斯托夫人以这一冲突过程中的迪斯莫尔大沼泽为题材，写下了她的第二部小说《德雷德》（*Dred*）。] 然而到了那时，通往北方自由州的"地下铁路"的建立使得这一途径比沼泽更加诱人。

继续向南，对于希望摆脱枷锁的奴隶来说，最令人冀望的地方就是西班牙的佛罗里达殖民地。卡罗来纳殖民地在1670年建立。大量奴隶在数年后开始涌入。很快他们就开始大量逃亡，跨越边境进入西属佛罗里达。少数出于这种或那种原因而躲避其殖民政府的欧洲人也在那里避难。由于看到了这些痛恨英国的逃亡者的军事价值，西班牙国王在1693年承诺自动将人身自由授予所有从卡罗来纳和佐治亚来到佛罗里达的非洲人，只要他们：（1）同意改信天主教；（2）同意支持西班牙，对抗一切英国的侵略。1739年，西班牙殖民政府在其首府圣奥古斯丁附近建立了一座新城镇德·摩赛（Gracia Real de Santa Teresa de Mosé），以便为前奴隶民兵们提供住所。这是里奥格兰德河以北第一个受法律保护的自由的非洲-印第安裔社区。（当然还存在其他自由逃亡者的社区，但是未被官方认定为合法。）然而大多数佛罗里达逃亡者都深入到这一半岛内陆被赛米诺印第安人（Seminole Indian）控制的地区了。这一群印第安人数十年前从克里克人中分离出来，控制了这一片由于疾病而人口大减的土地。在这一片低洼、多沙、数百年来时常发生火灾的热带草原上，这两群人结成了牢固而又小心地分隔开的联盟。

任意两群印第安人和非洲人之间的互相合作并不是确定无疑的——就在佛罗里达北面，克里克人的主要群体热心地捕捉逃奴并把他们卖回给英国人。赛米诺人最终建立了超过 30 座城镇，其中一些有数千居民。它们都被耕地所包围，以一种原住民的混合播种风格进行耕种。这些城镇中有 4 座的居民主要都是非洲人——他们通常被称为“黑”赛米诺人。“红”赛米诺人和“黑”赛米诺人之间关系复杂，首先是一些非洲人是“红”赛米诺人，而一些欧洲难民是“黑”赛米诺人。在赛米诺法律下，这些城镇的多数非洲人在法律状态下都是奴隶，然而原住民的枷锁相比欧洲奴隶制更类似于欧洲的封建制度。赛米诺人的奴隶不被强迫做什么工作；他们被要求向原住民村落提供贡品，这些贡品通常是以农作物的形式上缴的。这一负担尽管令人烦躁厌恶，然而通常却并不繁重。许多奴隶都是非洲裔士兵，其纪律性和组织程度符合人们对于战俘的通常期待。为了安顿下来，逃亡者和西班牙人开展贸易，并且他们作为一个群体要比其印第安人主人发展得更加繁盛。大多数情况下，他们就住在赛米诺人附近，但是小心地与他们分隔开来；逃亡者并未融入这些由血缘关系联结起来的大型氏族，这种氏族是印第安人社会网络体系的主要方面。但是他们愿意加入他们的主人与其共同作战，而这种战事实在是，唉，太多了。

赛米诺人面对着一大群敌人。英国在 1763 年接管了佛罗里达；赛米诺人抵制了一切吞并行为。独立战争时，英国人停止控制赛米诺人，转而要求他们与之联合对抗这一新国家（之后英国仍然控制佛罗里达）。1812 年，赛米诺人激烈地反抗美国人吞并佛罗里达。使这种反抗更加剧烈的另一件事情发生在 1816 年到 1818 年，许多红赛米诺人和黑赛米诺人被向南驱赶到新的居民点内，其中最大的一个是安哥拉（Angola），位于坦帕湾（Tampa Bay）中马纳蒂河（Manatee River）河口处。一些人逃到了巴哈马。不论哪一种情况，这些赛米诺

欧洲社会总是将其与逃奴的冲突描绘成胜利。1837 年圣诞节，在第二次赛米诺战争中发生的奥基乔比（Okeechobee）之战以美军被击退告终，美军的死亡人数与赛米诺人相当，伤者数量则远超赛米诺人。对于这一灾难的指责通常被归于此战的指挥官和后来的总统扎卡里·泰勒（Zachary Taylor）。他愚蠢地坚称只要直接进攻，赛米诺人就会逃走。然而 1878 年制作的这一典型版画描述的就是赛米诺人在泰勒的士兵端着上了刺刀的枪英勇冲锋中"逃窜"的场景。

人都得到了英国游击队隐秘的支持。到了 1821 年美国占领佛罗里达的时候，冲突进一步激化，并且政府受民众的压力影响，计划"清除"东南部的原住民并将他们迁移到印第安保留地去（位于现在的俄克拉何马州的一大块保留区），赛米诺人也名列其中。于是在 1835 年爆发了战争。逃亡者以自由行动的盟友的身份站在印第安人一方参战。

赛米诺人的战略有两个部分：第一，他们摧毁了一些为美军提供补给的种植园，并用种植园的奴隶来加强原住民的军队；第二，他们等待北方士兵中致命的黄热病和疟疾的暴发。如果他们陷入困境，他们就假装进行谈判，直到"疾病季节"开始迫使美军撤退。这一战略取得了辉煌的成功，1839年佛罗里达美军的指挥官托马斯·西德尼·杰瑟普（Thomas Sydney Jesup）向华盛顿去函，要求华盛顿同意赛米诺人的一切条件，只要他们停止摧毁种植园。愤怒的华盛顿拒绝了这一要求，但是杰瑟普的确提出了一个最终取得胜利的策略：他承诺，任何放弃战斗并同意移居到西部的非洲裔都可以得到自由。这一条件慢慢撬动了赛米诺人和逃亡者的联盟。废奴主义者约书亚·吉本斯（Joshua Gibbons）认为这一策略成功了，因为它给予逃亡者"一种他们为之奋斗了一个半世纪的保障"。在越来越血腥地战斗了7年之后，冲突以停火的形式停止了。数百名未被征服的赛米诺人仍然留在他们为之奋战的土地上；其他人接受了土地和自由的条件，在得克萨斯、俄克拉何马和墨西哥建立了至今仍然存在的居民区。

海地

18世纪的海地是一个有大约8 000座甘蔗和咖啡种植园，肆虐着黄热病的法国占领地，这是一块富裕的土地：4万名富裕的欧洲殖民者凌驾于100万非洲奴隶之上。当时被称为圣多明各的这块殖民地，被1789年发生的法国大革命震撼了。自由、平等、博爱！——其反响对于这个法国奴隶的岛屿来说是十分显著的。然而十分反常的是，当地最大声支持大革命的人是法国的甘蔗种植园主，他们长期以来都为王室对奴隶贸易的限制感到愤怒。（对他们来说，自由就意味着蓄奴的自由。）由于害怕种植园主统治的后果，非洲裔反对那些高喊着"自由、平等、博爱！"的军队。他们抓住这个时机发动了一场反革命的革命。

在法兰西，新生的共和国深陷内战，并卷入了与英国及其盟友的战争之中。为了切断法国的制糖业收入，英国在1793年夺去了海地的主要城市。英军得到了"哥伦布大交换"中有害的一个参与者——黄热病病毒的热烈欢迎。根据乔治敦历史学家J. R. 麦克尼尔的说法，英军在1794年的6月到11月，每个月都因为这种通过蚊子传播的疾病而损失大约 10% 的人。黄热病的幸存者则受到疟疾的困扰。这支军队在援军的支持下坚持到了次年夏天，而当时的月死亡率攀升到 22%。麦克尼尔写道："新来的人死去的速度惊人，看上去他们好像从船上直接走到了坟墓里。"他们再次得到了增援：1796 年 2 月，13 000 名英军抵达。数周内死去了 6 000 人。英军在 1798 年放弃了海地。

与此同时，奴隶暴动在睿智、迷人和独裁的杜桑·卢维杜尔（Toussaint Louverture）的领导下一直持续着。正如大家所知，杜桑并没有多少时间享受英国人的失败。在法国，拿破仑·波拿巴发动了政变，他决心夺回海地岛上利润极其丰厚的甘蔗和咖啡种植园。1802 年 2 月，一支大约 6.5 万法军在海地登陆。杜桑的人数只有其一半，他们的武器装备少得可怜，杜桑称他的军队"仿佛蚯蚓一般赤身裸体"。他命令手下的叛军撤退到山区，等待疫病季节来临。杜桑被俘并被囚禁，但他的策略成功了。到了 9 月，2.8 万法国人死亡；另有 4 400 人入院就医。两个月后法军指挥官死去。他的军队仍然继续坚持，但他们只是在走向自己的坟墓。远征在 1803 年 11 月失败，6.5 万法军损失了 5 万。正如麦克尼尔所记载的一样，同样的疟疾和黄热病在推进对非洲人的蓄奴过程中出力良多，而它们同样帮助非洲人废除了这一制度。由于建立加勒比海帝国的希望以失败告终，拿破仑将法国的所有北美属地卖给了美利坚合众国：这就是路易斯安那购买案（Louisiana Purchase）。

因此，美国现在疆域中很大一部分应该间接地归功于逃亡者——然而刚刚得到扩张的这个国家并未显示出多少感激之情。彻底的逃亡者国家——独立的海地成为一个全球性的象征，令包括美国在内的世界各地的奴隶主感到恐惧。数十年中，整个欧洲和美国都对海地实行了制裁性的贸易禁运。由于作为其经济命脉的糖料和咖啡贸易被人掐断，海地的经济崩溃了，这个曾经是加勒比海地区最富裕的地方陷入了贫困。

苏里南

17世纪早期，一些荷兰和英国冒险家出现在巴西北面的苏里南沿海，打算种植咖啡、可可、烟草和甘蔗。因为欧洲人有值钱的贸易品，原住民统治者起初容忍了他们的存在——他们随时可能遭到驱逐。实际上，可以想象，印第安人愉悦地看着小小的荷兰和英国殖民者马上就会为了占有这片土地而互相攻伐。这场斗争是英国和荷兰之间为争夺全球贸易中未被西班牙控制的那一部分的战争的一个组成部分。1667年，双方敲定了一份对荷兰人有利的条约。荷兰人赢得了苏里南，以及这片土地富裕的未来。作为安慰奖，英国人得到了一个寒冷、贫瘠的岛屿的正式所有权，这个岛屿以其原住民的名字被命名为曼哈顿。

很快荷兰人就开始了工作。满载非洲战俘的船舶在苏里南河河口处帕拉马里博（Paramaribo）的小小港口上靠岸。靠奴隶划桨作为动力的驳船把他们运到位于其上游30英里的甘蔗种植园，种植园的中心是由逃离西班牙宗教裁判所的犹太人建立的约登萨瓦那村（Jodensavanna）[1]。在那里，印第安人管理的森林被不断扩张的荷兰人的甘蔗田所替代。在甘蔗中散布着种有非洲稻的田地。就像在加勒比海地区一样，伐木与农活有利于蚊子的繁殖，尤其是达氏按蚊的繁殖，我在第三章中提到过，达氏按蚊是南美洲最主要的疟疾载体。运奴船只带来了埃及伊蚊，一种能充当黄热病载体的蚊子。奴隶们自己带来了恶性疟疾和黄热病。这些都逆流而上到了约登萨瓦那。达氏按蚊喜欢在刚刚清理出来的土地上繁殖，在那里它们可以在民房和森林边缘之间飞来飞去。欧洲人的死亡率随着殖民者强迫奴隶砍伐树木而飙升。荷兰地主做出的反应就是闭门不出，雇用监工管理产业。“管理产业”主要意味着进口非洲人。大约有30万人在苏里南河沿岸登陆。另外一种说法就是，一个有威斯康星州大小的殖民地吸收了整个美国那么多奴隶人口。殖民地对应每一个欧洲人都有超过25个非洲人。

---

[1]　西班牙犹太人是苏里南的主要地主和奴隶主。然而在美洲的其他地方，他们并不算是特别重要的奴隶主。

正如人们想的那样，少数得了疟疾的荷兰人不能阻止他们的奴隶逃亡。非洲人以数千人的规模逃亡，并融入原住民族群，在森林地带建立混血的逍遥法外的社会群体。17 世纪 70 年代爆发的游击战持续了将近一个世纪，荷兰人缓慢地走向失败。1762 年，殖民政府签订了一份侮辱性的和平条约——荷兰人不情不愿地以非洲的风俗割伤自己并饮下血液来为和平担保。逃奴所做出的主要让步就是承诺他们会送回新的逃亡者。其结果就是，逃亡者逃到了森林的其他部分，建立了新的社区。驱逐他们的尝试引发了第二次游击战。苏里南的种植园主乞求母国的援助。

1772 年，超过 1 000 名士兵横渡大西洋来到苏里南，其中就有约翰·加布里埃尔·斯台德曼（John Gabriel Stedman），他的父亲从苏格兰逃荒到了他出生的荷兰。斯台德曼坚持写日记，这本日记成了医学、军事灾难的百科全书。登陆后不久，他就“发烧、病倒了——没人认为我可能痊愈”。其他的士兵也没有帮助过他：“疫病在这里很常见，每个人都忙着照顾自己，在最熟络的人之间也只有漠视。”

斯台德曼很幸运，他活了下来并到了上游。曾经被印第安人小心照料的地貌现在成了满是害虫的噩梦。斯台德曼的日记简直充满了对于“多得不可思议的”蚊子的抱怨——昆虫形成了嗡嗡作响的厚云，它们灭了蜡烛，人们几乎看不见也听不见 100 英尺以外的人。斯台德曼有一次拍掌打死了 38 只蚊子。

疾病缠身、凄惨不堪、蚊虫加身、衣衫褴褛的斯台德曼的部队，3 年间徒劳地在森林中追逐逃亡的奴隶。准确地说他们只打了一仗。就像一句谚语所说，他们赢得了这次战斗，却输掉了这场战争。“大约 1 200 个健全的人中，现在回到故乡能与亲朋相见的还不到 100 人，”斯台德曼难过地写道，“这其中不到 20 个人的身体是完全健康的。”他说所有其他人都“疾病缠身；经过一切治疗之后出院；失踪；被杀；或者因极端气候而死，其中至少 10 个人或者 12 个人被鳄鱼拖下水咬死或者淹死”。

最后，荷兰人和逃亡者达成了某种和解。欧洲人持续运入非洲人并种植甘蔗，他们容忍每年有一定数量的奴隶逃亡。同时，大多数荷兰殖民者尽可能少地留在那里；在殖民两个世纪后的1850年，苏里南大约有8 000名欧洲裔居民，他们大多数都为居住在安全的尼德兰的甘蔗种植园主充当代理人。并不住在殖民地的种植园主对于投资创立作为一个生产性社会所需的机构和制度并无兴趣；苏里南地区的教育、创新和投资实业几乎被彻底遗忘了。当苏里南1975年独立的时候，它是世界上最贫穷的国家之一。

这个新独立的国家很自然地寻求发展。苏里南的铝土矿、黄金、钻石、石油以及热带森林的人均保有量位居世界第一。资金紧张的政府——无论是1980年夺取权力的军事独裁政府还是在其之后于1992年上台的民选的政权，都将采矿和伐木权授予外国公司。20世纪60年代，殖民政府让美国铝公司（Alcoa）建造一座600平方英里大的湖泊，以驱动一座为铝矿精炼供能的水电站。现在，独立后的政府授权世界上最大的集装箱制造企业——中集集团大约800平方英里的森林采伐权，以建造船运木托盘。其他企业也追随着它们的脚步。到了2007年，这个国家陆地面积的大约40%已经被出租供人采伐木材。

政府始终通过建立公园的方式回避环境主义者的批评。在1998年与保护国际基金会的一次联合新闻发布会中，这个国家宣布它已经划出大约6 000平方英里的土地（这大约是其国土面积的10%）来建立中苏里南自然保护区（Central Suriname Nature Reserve），这是世界上最大的一片受保护的热带雨林。《纽约时报》的社论称，“苏里南的例子是一线希望的光辉”。联合国教科文组织在2000年将保护区指定为世界遗产地，称赞其为“亚马孙地区中极少数未被侵扰，没有居民和人类利用的森林地区之一”。

以1762年的饮血和约为开端，荷兰人承认了6个逃亡者社群的自治，其中现在最大的是萨拉曼卡（Saramanka）和恩朱卡（Ndyuka），它们各有大约5万人口。在伐木和采矿的特许被授予之前，他们都未得到事先的通知，尽管其中许多特许权就位于他们的土地上。他们中没有一个人因为大坝的事宜而被人征询过意见，而这座大坝淹没了逃亡者的村落（更糟糕的是，涡轮被淤泥堵塞，现在已经无法使用）。公园的设立也没有征求他们的意见，这座公园包括了 6 个逃亡者社群中最小的一个——昆提人（Kwinti）的部分居住地，他们从大约 1750 年开始就在这里生活。[这片土地还生活着一个名为提里约（Trio）的印第安族群。] 政府的行为导致萨拉曼卡人的领袖联合起来，在 2000 年 10 月向美洲国家间人权委员会提出了一份请愿书。愤怒的苏里南总统指控萨拉曼卡人的请愿显示出他们想要和哥伦比亚的贩毒游击队联合并发动内战。政府承诺会继续推动开放伐木和采矿的地区，即使上述委员会命令这一进程应当被搁置，它仍然重申这一态度；2007 年 11 月政府重申这一点，当时美洲人权法院要求苏里南政府让萨拉曼卡人控制他们自己的自然资源。

直到写作本书的时候，国家也并未妥协。实际上，逃亡者、政府和大企业间的博弈看上去会耗时数年。赌注就是热带雨林自身未来的命运，而逃亡者也并不只是在苏里南进行斗争。

动起来，公牛！

1991 年，玛丽亚 · 多 · 罗莎里奥 · 科斯塔 · 卡布拉尔（Maria do Rosario Costa Cabral）和她的兄弟姐妹在埃斯皮内溪（Espinel Creek）的岸边买下了 25 英亩土地。这条小溪位于巴西最东北部的阿马帕州（Amapá），是亚马孙河的一条三级支流。现年 62 岁、瘦小结实又十分机警的罗莎里奥生于名为伊帕内马的一个逃亡者社区中，她告诉我，这里十分贫穷，这里的家庭都将火柴切成两半，这样它就能多烧一倍的时间。她的父亲以割胶为业，每天都将乳胶送到一家现在还在原处经营的小规模的橡胶经销商那里。如果他和他的朋友们带来了大量橡胶，富人们就会发现他们找到了一群特别高产的橡胶树。他们就会查出那个位置，赶走割胶工人，将那里占为已有。同样的事情也发生在他们的农场上。他们会得到一些被遗弃的土地——20年或30年前破产的种植园——并得到一些收成。一旦家族安顿下来，就会有武装人员出现。他们会说，你们非法占据了这份产业。如果他们有一份合同，这些人就会说条款是无效的。他们会说，现在就走，同时准备掏出武器。一直到罗莎里奥成年，事情都没有什么改变。她屡次创建农场，又屡次被从那里赶走。尽管如此，她还是欣然抓住了购买埃斯皮内溪的土地的机会。

对于非亚马孙地区的居民而言，这份产业看上去没什么值得担心的。它距离这条河流的河口有大约200英里，亚马孙河十分广阔，以至于它表现出了某种潮汐现象——潮汐每天两次冲刷这个地方。潮汐的力量如此大，森林深处的无名小溪漫过河岸，渗入内陆，有时候这种泛滥的范围达到数英里之远。人们在木桩上建造家园，在树木间划船行进。即使在土壤露出水面时，它也覆盖着厚厚的黏泥。我最近和加州大学洛杉矶分校的地理学家苏珊娜·赫克特造访了罗莎里奥的农场。泥巴很快就没到了我们的膝盖，几乎把靴子从我们的脚上撕下来。

罗莎里奥告诉我们，她之所以能便宜买下这块地产，是因为20世纪80年代后期的棕榈心热潮已经对这块土地造成了破坏，当时，从伦敦到洛杉矶的每一份上流餐厅的菜单都以棕榈心沙拉为特色。棕榈心是幼小棕榈树的生长锥和内核，对于南美洲的品种比如说蔬食埃塔棕（*Euterpe oleracea*）、可食埃塔棕（*Euterpe edulis*）和刺棒棕（*Bactris gasipae*）尤其如此。为了从这片森林中挤出每一分钱，棕榈猎人们竭尽所能地以一种雇用杀手的无情方式在亚马孙河下游四处搜索。驳船到处放下手持利斧和绞车的人，他们为了得到可食的棕榈心，把整片整片的棕榈林砍伐一空（棕榈心可以在不伤害树木的情况下取走，但这样花费的时间更多）。如果他们发现了其他什么看起来值钱的东西，他们也会把那些东西带走。“这片土地被人掠夺一空，”罗莎里奥对我们说，“只剩下小树和藤蔓植物了。”

她着手用在老家时从她父亲那里学到的技术来让这片土地恢复旧观。在兄弟姐妹的帮助下，她为上游的锯木厂种植速生树种。为了迎合市场，他们种下并照料果树：酸橙、椰子、古布阿苏（可可的一个亲缘种，其果肉相比种子更为芳香，因此十分珍贵）和巴西莓（从前被用于棕榈心的这种树木可以结出紫色的果实，果肉的味道类似酸奶）。这个家族的人用编织出来的篦子（赫克特告诉我，这和西非的那种是一样的）捉虾，并把活虾放到漂浮在小溪上的笼子里面养起来。他们在河边种植灌木，这些灌木可以做鱼的栖息地，他们还用种子或者果实来种植树木，这些树木可以把鱼吸引到洪水泛滥的森林里来。对于一个外来访客来说，这里看起来就像一片野生的热带景观。但差别就是，这里几乎每个物种都是由罗莎里奥一家选定的。

罗莎里奥住在一座无计划扩张的逃奴堡的边缘，这个逃奴堡以旧马扎甘（Mazagao Velho）为中心，1770 年，北非的最后一块葡萄牙殖民地的几乎全部居民被移居至此。一年之前，在一支穆斯林军队面前，居民们一起逃往里斯本。葡萄牙王室将这一失败看作一种机遇，命令这一社群成员全部移居到阿马帕，意图通过他们阻碍其北方邻居——法属圭亚那的进一步扩张。一位热那亚工程师将这座新城镇设计为优美的文艺复兴风格城市，包括公共广场和网格状的街道。事实上，奴隶们在现在称为马扎甘新城的地方建造了超过 200 间房屋；可能有多达 1 900 名葡萄牙人移居其中。由于提供了金钱、牲畜和数百名奴隶，这一移居过程十分轻松。很快，新来者就不快地发现，亚马孙下游与干燥通风的摩洛哥海岸不同，又热又潮——这里几乎正好位于赤道上。在抵达后的 10 年内，饱受饥饿、疟疾之苦，还住在破烂小屋里的（他们穷得修不起房子）殖民者乞求王室重新安置他们。最后，几乎所有还活着的欧洲人都逃走了。剩下的人也很快死去。奴隶们什么都没有做就发现自己已经自由了。马扎甘新城就这样成了一座逃奴堡。

这些已经自由了的人装作自己还没有获得自由。当地葡萄牙政府想告诉国王，他的臣民们正在保卫巴西的北部边疆。奴隶们乐意称他们正在这样做，如果这意味着没人来打扰他们。每个人都很满意：逃奴者假装他们是一座葡萄牙殖民地的葡萄牙臣民，而葡萄牙人假装这些逃奴在守卫边疆。数十年过去了，殖民地中的非裔沿着河岸定居，他们的生活方式和他们的印第安邻居在很大程度上相似。河流给他们带来鱼虾，小规模的种植园可以产出木薯，树木提供了剩下的一切东西。逃亡者用原住民和非洲的技术造就了这些对于古朴的荒野来说已经足够奢华的景观。

其他人也是这样。葡萄牙人从帕尔马里斯的毁灭中得到的欢快十分短暂。奴隶们仍旧逃亡到森林里生活。但是他们并没有重复那种结成如帕尔马里斯一般大而集中的社区的错误。他们反其道而行之，建立了 10 000 个甚至更多的小村庄，这些村庄结成覆盖巴西东部和亚马孙河下游大片地区的灵活多变的网络。他们和既有的原住民杂居在一起，不断聚集印第安逃奴，对不适合葡萄牙社会的人和罪犯敞开大门。许多非洲人在被运过大洋之前就在热带环境中居住。在这种潮湿炎热的地方，他们感到十分舒适。人们在这里种植棕榈，在小溪里捕捉虾类。他们乐意向印第安人学习诸如在支流中投放毒饵捕鱼或者用熔化的乳胶液覆盖在脚上制作防护“靴子”，再或者用长管状的篮子挤出木薯中的苦味物质。在思想上抗拒“变成原住民”的葡萄牙人就不那么愿意做出改变。结果就是，森林对于他们是很危险的地方，只有和一支军队同行他们才会进去探险。将土地让给逃奴堡的殖民者只是部分认识到逃奴者就在离种植园几步路的地方生活，就好比在卡拉巴尔和自由城那样。结果就是逃奴堡基本不会被人打扰——除非他们十分不走运，刚好挡住了在森林中寻求发财的金矿矿工、割胶工或者其他什么人的路。

巴西有多种混合的宗教——康多布雷（Candomblé）、巫班达（Umbanda）、马康巴（Macumba）、萨泰利阿（Santelía）等——通常以非洲裔巴西人的鼓乐、舞蹈和仪式化的卡波耶战舞为中心。巴西孤立的逃奴堡在这些宗教传统上建立了自己的宗教庆典和节日，从而将

亚马孙河下游地区建立了数以百计的逃奴堡。这里迷宫一般的河流的潮水以每天两次的频率漫过河岸，一直向内陆蔓延 1 英里甚至更远。由于河流是主要的运输途径，村落沿着河岸分布（上图为马卡帕）；房屋就建在桩子上，这样潮水就可以在地板下面通过（下图为旧马扎甘）。

整个社群用共同记忆的铁箍结合在一起。想一想巴西东北部的逃奴堡庆祝的带有讽刺意味的布姆巴－缪－波伊（bumba-meu-boi，轻率地说，意为“动起来，公牛”）吧。在巴西东北部马拉尼昂州（Maranhao）的索莱达（Soledade）逃奴堡的一个庆典版本中，村民们将这一节日看作对派·弗朗西斯科（Pai Francisco）的故事的致敬。派·弗朗西斯科是一位惧内的非洲奴隶，他怀孕的妻子想尝尝公牛舌的味道。唉，附近唯一的一头公牛就是弗朗西斯科蛮横主人骄傲和快乐之源。更糟糕的是，弗朗西斯科受托去照料它。但是，他还是把这头牲口带到森林里，并用小刀捅进了它的身体。很快就被抓住的弗朗西斯科被威胁说，除非他能把这头牛复活，不然就得死。代表从本地市长到国家总统的当局的舞者徒劳地奋斗，想把这头牲口复活，这一过程使观众对他们的失败报以嘘声。最后，原住民的祭司用烟草、香水，并同时摇动着特制的拨浪鼓将这牲口复活了：这也是原住民的治病手段。人群在公牛蹒跚站起来的时候高声欢呼，并要求它欢快地跳起舞蹈“动起来，公牛！”（布姆巴－缪－波伊），一种美洲元素和非洲元素的令人欢欣的混搭，正是逃奴堡自己发生的故事：奴隶在原住民的帮助下逃离其命运。

在西南方500英里以外，逃奴堡为自由而斗争的故事以一种甚至更加明显的方式在“脏东西”（lambe-sujo）的仪式上再次上演［这是一种对非洲人用于包头巾的红色布料的侮辱，大约等同于“包头佬”（towelhead）］。用闪亮油腻的木炭和油脂将全身都包裹起来的阿拉戈斯州（Alagoas）逃奴堡居民，以一年一度的游行的形式重现他们祖先的生活。游行当天以扮演逃亡奴隶的男男女女在国王和王后——也就是非洲的贵族，类似阿夸尔图和扬贾——周围围成一圈开始。一些奴隶吮吸着婴儿用的奶头，这象征着残忍地插入反抗的奴隶嘴里的球形塞子。不怀好意潜伏在边上的是caboclinho（另一个贬义词，也许可以被翻译成“红皮”）——葡萄牙人的印第安爪牙。他们的身体用植物油染成红色，颜色光鲜的羽毛插在他们的头上，这些跟踪者发现了非洲

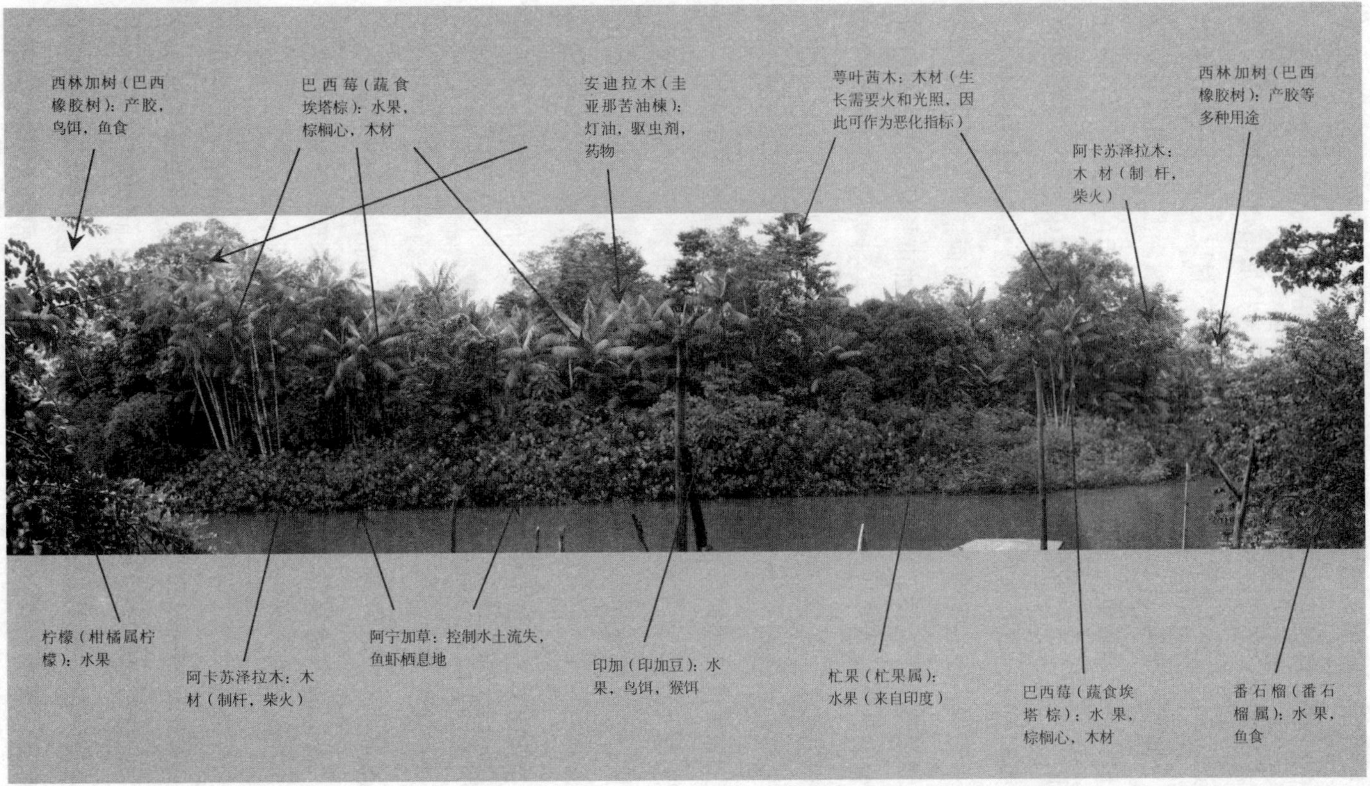

在非专业人士的眼中，穿过玛丽亚·多·罗莎里奥的家的河岸看上去就是一片热带典型的杂乱无章的景象。但是这张图中几乎每一株植物都是由罗莎里奥一家亲手播种、照料的，他们造就了一片生态丰富的环境。

人组成的圆阵。在仪式化的打斗之后，红皮们获胜了；"脏东西"被游街的时候，他们向围观者讨要钱财作为赎回其自由的最后一次尝试。

在这些非洲人-印第安人社群中，周围的环境会令人头昏脑涨：有着非洲祖先的人就扮演黑人，有着与非洲人联手的原住民祖先的人就扮演与他们并肩作战的原住民。18~19世纪的非洲人莫名其妙地跨越了好几个世纪，向当代的巴西人乞求钱财来得到自由。

从法律上说，巴西的逃奴堡在该国1888年废除奴隶制后就没有什么可以惧怕的了——没有人可以把复归的逃亡奴隶重新抓回去做奴隶。但是奴隶制的结束并不意味着歧视、贫穷和针对逃亡者的暴力的终结。该国的逃亡者群体继续隐藏自己的存在，他们离群索居地隐藏自己不被官方发现，以至于到20世纪中叶，多数巴西人相信逃奴堡已经不再存在。在20世纪60年代，当时统治巴西的将军们看着他们手中的地图，不高兴地发现这个国家的大约60%是空白的（事实上，那里住着印第安人、农民和逃奴堡的居民，但是政府并不把他们当回事）。从将军们的思考方式出发，把这片空白填满是关乎国家安全的事情。在一个令人激动、野心勃勃的计划中，他们将新建成的首都巴西利亚（它本身就是将军们宏大计划中的一个）和西方边界以及亚马孙河的港口用穿越了内陆的一个公路网络连在一起。

20世纪七八十年代，数十万来自巴西中部和南部的移民挤满了这些公路，相信将军们做出的在新建的农业居民点开始新生活的承诺。但是他们看到的是糟糕的道路、贫瘠的土地和无法无天的暴力行为：朽木和疟疾。许多小有产业者在开辟了农场之后很快就将其废弃——在亚马孙地区铝元素饱和的土壤中很少能长出一年生的作物。长期来看，大型农场也没有好到哪里去，尽管许多大农场能从军政府那里获得补贴。短期来看，他们将所有在他们产业上发现的人都当作非法占用者并将他们驱逐出去，而且通常是用枪驱逐。这样，无数个逃奴堡就被清除掉了，而它们中的居民四散流浪——罗莎里奥的家族很可能就在其中。

逃奴和巴西逃奴堡内与其联合的原住民一直被奴隶主所猎捕，他们很自然地要寻求精神安慰，并在一种极其多样的，混合了非洲的、印第安人的和基督教元素的宗教仪式中发现了这种安慰。这些挂在巴西巴伊亚州萨尔瓦多（Salvador）邦芬教堂（Igreja de Bonfim）的奇迹之屋（Room of Miracles）的肢体，是奇迹般治愈疾病之后充当谢礼的还愿奉献。这座教堂是天主教与非洲-印第安人宗教-康多布雷共同的圣地。

大农场的扩张遭到全世界范围的抗议。奇科·门德斯（Chico Mendes）——巴西的马丁·路德·金，领导了要求承认亚马孙居民对其土地享有权利的国际运动。同时，独裁政权对权力的掌控也随着巴西陷入经济危机而放开。1988 年 10 月，巴西颁布了民主的新宪法。两个月后，一个农场主雇用的杀手杀死了门德斯。但是刺杀并没有阻碍门德斯的事业。新宪法已经宣布，“逃奴堡群体”是“他们所占据的土地的合法所有者，对此国家将发给相应的权利证书”。

巴西计划部负责可持续发展的副部长阿尔伯托·洛伦佐·佩雷拉（Alberto Lorenço Pereira）说，“当时没有人理解这一行为的含义”。他负责规划该国的土地使用政策。当新宪法颁布的时候，他告诉赫克特和我，起草者设想的是用土地来奖励“少数在森林某处残留下来的逃奴堡中”年长的居民。现在很多研究者相信，在巴西境内有多达 5 000 个逃奴堡幸存下来，其中大多数都位于亚马孙流域，占地面积达 11.5 万平方英里，这相当于一个意大利的面积。众多的逃奴堡不只占据了巨大的土地，其中很多还沿着河岸分布，这意味着它们控制了通往内陆更大片土地的道路。佩雷拉说，必然会产生冲突，因为“很多人想要那些土地”。

当我到了名为 Moju 的逃奴堡的时候，我明白了他的意思。从亚马孙河口的贝伦市（Belem）到这里，要在泥泞的道路上颠簸 4 个小时。这座逃奴堡的 12 个互相连通的居民点是在 18 世纪晚期由逃亡者建立的。村逃奴堡协会的主席曼努埃尔·阿尔梅达（Manuel Almeida）告诉我，它在隐匿中已经存在了大约 200 年。他还说，奴隶制的结束并未带来什么慰藉。一开始来的是割胶工，他们抢走了村子的橡胶树。然后来的是木材公司，他们夺走了桃花心木和染料树的森林。养牛场在 20 世纪六七十年代又夺走了土地——这些产业尽管很少使用，也用栅栏把自己围了起来。一家公司打通了一条通往上游铝矿的道路。另外两家开采高岭土（一种用于制造瓷器和造纸的白色黏土）的公司堵塞了穿过村庄中央的水管。现在，那家铝矿公司——它是美洲最大的矿业公司淡水河谷公司的一家子公司——想要铺设一条穿过 Moju 通往贝伦西面一家大型精炼厂的铝矿石碎矿管线。阿尔梅达说，这些计划都在未经许可或咨询的情况下实施了。政府对这些公司做出让步，授权它们建造这些设施，只是因为逃奴堡在法律上并不存在。

阿尔梅达是在他的家中和我们说这些话的，除了一张吊床和墙上的十字架之外，几乎家徒四壁。他的妻子和兄弟不时走进来倒水。他听说巴西公司正在这片区域寻找天然气。他还听说美国公司希望在亚马孙河河口建设度假村。他说一个人带着一些文件过来，称这些文件赋予他开设种植油棕树农场的权利。他说 Moju 的 12 个社区已经存在了两个世纪，这应该能值得一些什么东西。

从罗莎里奥农场望去

在把马扎甘从北美迁到亚马孙地区北部两年后，葡萄牙人通过纪念圣詹姆斯（St. James）的活动来称赞自己的勇敢。后者是伊比利亚反抗穆斯林行动的守护圣徒。对于孤悬在赤道的殖民者来说，这一定是一段令人不安的时光；拉罗谢尔（La Rochelle）大学的劳伦特·维达尔（Laurent Vidal）称，就连牧师也很犹豫，害怕他们遭到攻击。维达尔有一本研究马扎甘的著作。他们之所以共同做出决定去纪念马扎甘历史上最耀眼的一刻的原因也许就是：两个世纪以前的这一天，圣詹姆斯的眷顾使得他们打退了阿卜杜拉·加里卜·比拉尔（Abdallah al-Ghalib Billar）的进攻，后者是统治现在摩洛哥大部分地区的强有力的苏丹。这一场合的部分内容在其庆祝者的想象中生根发芽——庆祝者不只那些殖民者，还有他们的奴隶。在葡萄牙人离开了马扎甘新城后，他们的奴隶接替了他们在庆典仪式中的位置。在最后一个欧洲人离开数十年之后，其非洲裔和印第安居民仍然在扮演一场发生在千里之外的伊斯兰世界和基督教世界之间的战争。他们现在也还在这样做。

久而久之，这庆典越来越精巧复杂，越来越仪式化，也越来越和实际的事物脱离关系。现在逃亡者后裔们庆祝的那场战役已经完全不同于马扎甘的创建者们庆祝的战役。阿卜杜拉苏丹消失了，取而代之的是叫作卡德拉（Caldeira）这样一个难以理解的名字的穆斯林首领。当卡德拉的围城战未能突破马扎甘的城墙时，他尝试了一种类似特洛伊木马的诡计。在承认了他的进攻已经失败之后，他提出用一场化装舞会来奖励基督徒们的勇气，在舞会上他将提供大量美味佳肴以款待饥饿的战士们。事实上，苏丹打算用这场化装舞会掩盖他试图劝说葡萄牙士兵叛变的行动。坚持忠于职守的人将吃到下了毒的甜品。聪明的葡萄牙人对这些礼物起了疑心。他们把一些食物塞给了卡德拉的马匹，马很快就死了。在舞会上，他们把这些食物给了一些卡德拉的人，他们也死了。然后他们把这些塞给了卡德拉，把他杀死了。到了早上，舞会厅的地板上躺满了尸体。

被父亲死讯激怒的卡德拉的儿子卡尔德里尼亚（Caldeirinha）再次进攻要塞。疲惫的基督徒们淹没在复仇的穆斯林之中。为了进一步让他们士气低落，卡尔德里尼亚命令他的人把城里的所有儿童都绑架了。这激起了基督徒的愤怒和复仇心，他们发动了反攻。当这一天结束的时候，战役的局势发生了改变。葡萄牙人意识到夜晚会给穆斯林撤退重整的时间，于是他们进行了祈祷希望得到更多的时间来战斗。天上的圣詹姆斯听到了他们的恳求。他神圣的手指伸到了空中，不让太阳往下落。用多出来的几小时日光，基督徒们赶走了卡尔德里尼亚的军队，途中还抓住了他本人。

1915 年的一场传染病暴发迫使许多马扎甘新城的居民再次将该城迁移到新址，新址在旧城下游大约一个小时距离处。他们把马扎甘的第三个化身称为新马扎甘（Mazagao Nova），把第二个改名为旧马扎甘（Mazagao Velho）。后来许多逃亡者不喜欢新城，因为它的道路过于通畅。于是他们回到了旧马扎甘。节庆再次成为将在数十条河流蔓延的一个社群结合起来的方式。它成了一个完整丰满的戏剧演出，包括“有毒”甜品的赠予，完全由男性出演的化装舞会，用番茄和橙对一个间谍处以“石刑”，“绑架”儿童，用橙色和绿色装扮，在马背上打起来的一场仪式化的战斗。

一天早上我坐船去了旧马扎甘。河上面挤满了送孩子去上学的小船——其中一只装了一整支穿着手制制服、精神饱满的足球队。整个镇子都准备好过节了。有人在主教堂用卡林博（carimbo）音乐来测试扬声器。这是亚马孙下游的舞曲音乐。孩子们在旗帜下从船上跑到教室里。

笑声掩盖了镇中存在的分化。我们得知，新来者试图将节庆变成吸引旅游者的看点。他们抛弃旧式的戏服、面具，带来了一些对外国人更有吸引力的东西。旧戏服被隐藏了起来。在一间挂着画有基督教十字架和穆斯林的星月旗的密室里，一位当地的妇女给我展示了那些旧戏服。她的孙子戴着一顶巨大的主教帽在起居室里趾高气扬地走来走去。而奶奶的眼睛里闪烁着愤怒的泪水。逃亡者在两个多世纪里都被人遗弃。现在整个世界都涌进了这里，并且不断地破坏她所珍爱的事物。

而罗莎里奥对走出阴影这件事则有着完全不同的感受。在我访问她的3年前，人们沿着埃斯皮内溪架设了电力线路。我在坐船去她家的时候看到了这条纤细而脆弱的线路，它沿着水路挂在树木上。电力供应使她能够去买一个手机充电器——这也就意味着她现在有了一部手机。如果她家里有人生病了，她就可以打电话求助。对于那些一直住在离救护车或者警察只有一个电话距离的人来说，他们很难理解这一变化的巨大意义。意义同样巨大的是她购买的第二个大件：一台冰箱。直到买进冰箱之前，她都总是不得不在收获之后马上卖掉巴西莓，要不然水果就坏掉了——她等不到行情更好的时候。没有电话的她也没办法四处打电话来打听最高的价格。由于知道她的处境，买家提供给她的通常都是最低的价格——她没办法拒绝这样的交易。现在，她可以把水果打成汁，并在她打算卖掉之前一直冻在冰箱里。据说巴西莓中含有大量抗氧化剂，它在美国和欧洲变得风靡一时。现在她可以从这个时尚中获益了。

2009年1月，罗莎里奥偶然发现一支测量队来到了她的农场。他们打下木桩，在树木周围系上绳子，把她的田地分成了小块。“他们说，‘多好的一片巴西莓啊——我们把它分掉卖了吧’。”她这样对我说。买主们利用法院把无助的居民赶走——这在亚马孙地区已经司空见惯，罗莎里奥十分明白这一流程。

“我当时大发脾气，”她说，“我说，‘这是我的土地，是我在这片土地上耕种的’。”测量员们没有理她。在买下这块土地之后，她得知她的协议是无效的——因为先前的所有者有逃税行为。她花了10年缴清税款才获得了对这片土地的所有权，那时她刚好将这片土地恢复旧貌。她是看着她父母一次又一次地失去土地而长大的。这回，同样的事情也发生在了她的身上。

但罗莎里奥和她的父母不同的一点是，她有一部手机。另一点不同是，她有一点资本——一冰箱的巴西莓和一个有一点钱的银行账户。她给政府的巡视员打了电话，并给他们看了她的文件，并威胁要掏钱雇用一名律师。“他们检查了文件然后说，‘等等，你们不能偷走这块土地’。”测量者们放弃了。

类似的故事在整个亚马孙地区都不断重复发生。距离罗莎里奥在自家土地上看到测量队后 6 个月，巴西总统卢拉签署了 458 号临时法令，这是一个打算清理亚马孙地区土地使用权的宏大尝试，旨在整顿过去 40 年来这一地区的暴力现象和生态灾难的根本原因。法令给予那些已经各自占有不超过 200 英亩土地的逃亡者社区成员以土地使用权，它实际上给这场持续了数个世纪之久的斗争带来了一个胜利的闭幕。佩雷拉说，把这些数以千计的居民点带出迷雾，这样国家可以在其中投资兴建学校和诊所，这在它们在法律上的存在还受到质疑的时候是无法做到的。

458 号临时法令立刻在法庭上被工业和环境主义者挑战，他们辩称这将鼓励非法占有土地的人。法律将让亚马孙地区的居民掌握这一地区的大部分，没有人确切地知道他们会做什么。

很凑巧，我在卢拉签署法令之后不久又去见罗莎里奥。在她孤立的小圈子里，她并没有听说关于新法律的多少事情。当赫克特给她讲了这条法令的时候，她点头并表示强烈的赞成。她的祖辈从非洲而来，后来与美洲原住居民融合，并创建了一些新东西。他们以这种融合的方式照料这片森林；她相信，亚马孙最富饶美丽的地方一定毫无意外全都有逃奴堡的存在。

“森林”也许并不是正确的那个词。外人将这片地区看成一座森林——无法通行、黑暗、到处充满了威胁。罗莎里奥这样的人以另外一种方式看待它，将其看作他们祖辈照料、修剪，并将旧的传统和他

位于亚马孙河口的港口城市——贝伦的小贩，他们向这一地区的农民出售树种。许多农民在森林里种下有经济价值的树种，比如说巴西莓（其果汁十分受人欢迎）、普拉托尼（platoni/bacuri，一种有点像酸甜味木瓜的水果）和巴卡巴酒实棕（bacaba，在民间医药中有用）。

们自己的一些新东西融合起来的地方。他们曾经被迫过着躲躲藏藏的日子，总是担心被人驱逐。现在他们可以自由地在他们自己的造物、这个世界最富饶的花园中生活了。

终　曲

生命之流

第十章

在布拉拉考

断裂的思考

菲律宾的孩子们会学到一首名叫《方屋》(*Bahay Kubo*)的民歌。这个歌名是指一种在菲律宾群岛上有着悠久历史的用棕榈叶盖的单间小屋。为防备洪水而建在桩柱上的方屋，迎面吹着凉爽的和风，屋子周遭遍布水果园和菜圃。坐在门前高高的楼梯上，屋主可以尽享家庭菜圃的景致和气息。就像《牧场上的家》(*Home on the Range*，美国民歌)一样，引人思乡的《方屋》唤起了人们对手机、电脑、股市周期和过度交际出现以前的那些更加简单、或许更加美好的日子的回忆。《牧场上的家》赞美了为人忽视的野性美，而《方屋》称颂的则是完全人性化的风景。

“Bahay kubo, kanit mandi,”孩子们用他加禄语(菲律宾群岛的主要语言)唱道，“Ang halamandoon，ay sari-sari。”棕榈叶屋虽然小，各种植物却不少。歌声继续，描述出一座理想的菲律宾菜圃：

> 地瓜和茄子，四棱豆和花生，
> 四季豆，棉豆，扁豆，
> 冬瓜，丝瓜，碟瓜，南瓜，
> 还有萝卜，芥末，

洋葱，番茄，大蒜，生姜！

遍地都是芝麻粒。

马尼拉的植物学家让我知道了这首歌。他们一边写下歌词，一边笑着。他们说，这些有着悠久传统的菜圃作物其实都是源自非洲、美洲或东亚的外来品种。就像我自己的番茄地一样，“方屋”中那备受称赞的菜圃是一件满是异域风情的现代事物。它远不是传统习俗的代表，而是一件多国交汇、世界主义、完全当代的工艺品。

植物学家是在马尼拉的保护国际基金会办公室告诉我这些的。保护国际基金会是一个总部设在华盛顿的环境行动主义组织。办公室的大厅和门上都贴满了宣传入侵物种危害性的通缉令式的海报和传单。自从黎牙实比 16 世纪 60 年代抵达菲律宾以来，数以百计的异域生物已经在这里安家落户。罗非鱼和泰国鲇鱼等外来鱼种几乎将菲律宾湖泊中的所有本地鱼种扫荡净尽。南美灌木已经将本地棕榈树和灌木赶到菲律宾的公园里去了；来自非洲的水葫芦堵塞了马尼拉的河道；来自巴西的杂草长满了稻田。有 7 种外来物种被国际自然保护联盟（International Union for the Conservation of Nature）列入了百大最具危害性的入侵物种的捕杀名单。

在这些新来者当中，只有很小一部分是对环境或者经济有害的，也只有极小部分会危及生态系统，损害生态系统净化水质、滋养植物或肥沃土壤的功能。但是对办公室里的科学家们来说，几乎所有的外来物种都是有问题的，因为它们或多或少地促使菲律宾从西班牙人到来之前的样子变为另外一种景象—— 一个同质化的、国际化的、机场购物商城版的菲律宾，一个袖珍版的同质世。他们略带激昂地说道，海岛景观，变得越来越不是原来的模样了。就像世界上很多地方一样，它正在变成精明的机会主义者（不管是被弃置的草地，还是取而代之的大卖场停车场边上，这些物种都一样地安家落户）的温床，它已经不再是从前菲律宾了。

直到离开那里，我还在琢磨：为什么“方屋”里面提到的物种不是外来入侵者呢？那些菲律宾菜圃里一定种了一些黎牙实比到来之前的东西。为什么保护国际基金会不印番茄、花生和四季豆的通缉海报呢？新近引入的外来物种的这样一套大杂烩又怎么成了家园和传统的标志，并且还被学校的小朋友在怀旧的父母面前歌唱呢？

我于是突然想到：我也把自己的菜圃当成了一种家园。在菜圃里闲逛给我提供了逃离电邮、最后期限和办公桌的避难所。我和那些植物学家一样，也希望能有更多本地苗圃，能卖本地植物——我还曾在一家本地苗圃里抱怨，说整个苗圃里没有什么东西不是来自几百英里以外的地方。我窘迫地想起，自己是在苗圃收银台给青椒（原产地：中美洲）、茄子（原产地：南亚）和胡萝卜（原产地：欧洲）的秧苗付账时发这通牢骚的。我一边赞颂着，同时又一边指责“哥伦布大交换”以及紧随其后的全球化。我也是断裂的思考的一个例证。

山冈上的阶梯

我常说，我的家人对那些虫子是负有部分责任的。那些虫子——2种属于环毛蚓属（*Pheretima*），3种属于环蚓属（*Polyheretima*）——最开始是在大约40年前出现在马尼拉北面300英里处种植水稻的山间梯田里的。这里所说的我的家人是指我的祖父，他在1959年成为纽约附近一所小型私立学校的校长。这份工作的额外好处是能在校园里有一套像样的房子。当我第一次去那儿时，祖父告诉我，他已经定下一条规矩，每天要和6名学生一起吃早饭。在精心筹划之下，学校里的每个学生每年都至少被他邀请一次。为了招待客人，他要求学校给他提供一张更大的早餐桌。运来的桌子是菲律宾红木做的。

菲律宾红木不是真的红木——它取自两种与红木完全不同的一个属的树木。但是因为它看着像红木（尤其是在染色之后），进口商便称它为“菲律宾红木”——这大大激怒了红木协会。这家总部位于芝加哥的家具生产商、制造商协会使用来自加勒比海地区的真正红木。其想保护这个名称。多年的诉讼之后，联邦贸易委员会在1957年做出裁决，菲律宾红木没有资格以“红木”的名义在市场上销售，除非加上限定词。这种树的准确名称是“柳桉木”（lauan）或者“柳安木”（luan）。它在菲律宾极其常见。20世纪50年代其出口规模大增，其中大部分都销往日本和美国，然后被做成家具、木板和饰品，木材公司造访的第一个地方是菲律宾第一大岛——吕宋岛的内陆地区，因为那里靠近原木装船的马尼拉。

对游客来说，吕宋多山的内陆地区最吸引人的景观是水稻梯田。又长又窄的水稻梯田环绕山冈的每一个方向，层层叠叠斜向上绵延几英里之远。旅游手册里说，两千多年前，中国西南部的苗族人避难到此，并开垦了这些梯田。苗族人建的梯田与他们老家的相似，但是这里的甚至更加壮观。当阳光穿透云层时，水稻秧苗在石头砌成的梯田护墙围成的草绿色条带里泛着微光——这种难以置信的美景使游客不由自主地抓起相机。拍照的游客众多，联合国教科文组织将人们最爱拍的伊富高（Ifugao）定为世界遗产。有些伊富高梯田把山团团包住，看上去仿佛50层高的婚礼蛋糕。我到那里时，妇女们正在没过脚踝的水里为稻谷除草。在她们下边，梯田一层层地铺了下去，光芒也跟着一层层地闪耀。两个小男孩站在水稻间钓鱼。梯田以埃舍尔（Escher，荷兰艺术家）画作般的疯狂布局上下层叠。

在去往伊富高的公交车上，我遇到了一个和我同行一段的人。他说，这里所有400平方英里的梯田正在死去。来自海外不知何处的巨大蚯蚓侵入了梯田。他把双手分开表达2英尺，以表明它们的尺寸，在他比画的时候，上臂复杂的文身交织在了一起。蚯蚓钻出的巨大隧道使稻子的水分大量流失，这便害死了稻子。这些外来入侵的蠕虫正把梯田弄得如同海绵一般千疮百孔。“海绵一般”和“千疮百孔”这两个形容词都不应该用来形容“梯田”这个词。有着两千多年历史的梯田将在不到10年里消失殆尽。

被引进的灾难并非只有这一种。为了开发食用蜗牛产业，福寿螺在1979年从巴西被引入台湾。这项产业“胎死腹中”，因为未来的蜗牛大王发现这种蜗牛极易感染鼠肺线虫（rat lungworm），而后者是能够传染人的寄生虫。台湾人也不爱吃蜗牛。到达台湾后不久，这些蜗牛就从它们的饲养场里逃了出来，进到田野里去了。种植其他作物的农民绝望地发现福寿螺是杂食性动物，繁殖速度快，运动速度也快，而且非常贪吃。它们沿着河川扩散，吃掉了鱼、两栖动物的卵、其他蜗牛、许多昆虫以及不计其数的植物。它们尤其爱吃稻秆——这在一个东亚国家里可是大问题。虽然如此，20世纪80年代初，菲律宾政府还是请求美国和平队的志愿者将福寿螺引入本国的水稻梯田。他们也希望开发食用蜗牛产业。结果又是事与愿违。福寿螺很快吃掉了目所能及的一切。

我在公交车上遇到的那个人告诉我，他叫曼努埃尔（Manuel）。我们来到他家，坐在一块块条纹布料上，这些布料在屋里似乎到处都是。瓶瓶罐罐都放在竹篮里。一口锅里正煮着饭。曼努埃尔见到我盯着锅，便问我要不要来一点儿——这是他自家的稻子。只吃一小口就足够让人相信，在伊富高的梯田里，即便最寻常的米饭也别有风味。我把鼻子贴近盘子，然后深吸一口气，进到鼻子里的是一种可与香水媲美的香味。这比我之前见过的米好多了。

梯田里长着500多种不同的稻子，它们都是本地的传统品种。为了培育出更美味、更易成长的品种，农民持续地杂交、为稻子配种。某一地方的人或许偏爱一种稻米，因为它熟后的口感更佳；别的地方的人或许偏爱另一种稻米，因为它更易烹制；还有些地方的人或许注重产量更高的品种，或者更不易招来鸟雀和老鼠的品种。在生长期的每一阶段，村里的祭司和土地所有者会举行仪式，用米酒浇灌田地，时常还会用鸡、猪或水牛进行祭祀，以祈求数百位当地神灵的精神指引。许多农民都是基督徒，但是他们无论如何也会举行仪式。自始至终，这些养育了他们的梯田和灌溉渠都会被一张处于仪式指导下的复杂行动的网络一丝不苟地保护起来。这是一种保护稻米遗传多样性，并在几个世纪的高强度耕种之后能够保持地力的存在方式。这整个的社会、文化以及生态世界将与梯田一道消失。

现在，农民已经学会了控制那些蜗牛。但蚯蚓依然是更大的问题。2008 年，两位生物学家在梯田里发现了 9 种科学界从未见过的蚯蚓。它们不是外来的，而是菲律宾本地的。过去，它们一般生活在树林里。但是当伊富高周围的山坡被当成红木林场而遭到采伐时，它们面临的环境发生了变化，这些蚯蚓便转移到梯田里去了。于是，导致上述问题的便不是外来物种，而是全世界对于菲律宾红木的需求。

简单来讲，问题是我祖父。活动家说，像他那样的人，推动了全球化，虽然这种推动是不自觉的。他对一张新桌子的单纯愿望，乘以万计，便引起了亚马孙中心地区棕榈林大灭绝的岛屿版本：挥舞着电锯的暴徒们蜂拥进吕宋岛的山间，疯狂地采伐山间的柳桉木，大肆破坏生态从而造成生态浩劫。不加制约的话，贪婪就会毫无阻碍地毁掉这片美丽、古老的造物，就像它曾经毁灭掉其他许多东西一样。公司资本主义（corporate capitalism）跨越海洋和边界，冷酷无情地抹掉了传统生活！曼努埃尔大概 65 岁了（他并不清楚自己的确切年龄），他觉得自己应该能活着见到梯田的消失。这就是全球化罪恶的实际教训。

不过，事情果真如此吗？最初研究伊富高梯田的两位人类学家是在"一战"前来到这里的。他们都惊讶于梯田的表观年龄。"建这些梯田真得花很长一段时间。"二人中比较出名的亨利·奥特利·拜尔（Henry Otley Beyer）惊叹道。这位移居岛上的化学家，娶了一位伊富高人领袖的年轻女儿为妻，后来成为菲律宾考古学之父。他坚持认为伊富高人"花了两三千年在吕宋岛北部建设留存至今的大梯田……在 1 000 年或 1 500 年前，梯田面积达到了顶峰"。

拜尔的估计长期被奉为教条，并在旅游指南中被重复了无数次。其中一本就在我包里。不幸的是，他没有确切证据来支持这一结论。他不过是凭感觉估测，在缺乏现代工具的条件下，人们需要花多长时间才能建起400平方英里的梯田。直到1962年，斯坦福的人类学家菲利克斯·基辛（Felix Keesing）试图另觅他途：他埋首于西班牙人关于梯田的记录。尽管殖民地的“军事指挥官，传教士以及其他访客”在伊富高四处活动，但在1801年前没有一个人提及梯田。基辛觉得游客不惊讶于这一庞大的工程壮举是令人难以置信的，他于是推断梯田是一个“相对晚近的发明”，而非延续千年的传统。

无论拜尔还是基辛都没有任何考古学证据——他们甚至都在梯田里挖过一锹土。的确，梯田的年龄是很难推定的。农民在田间不断走动，破坏了考古记录。而像放射性碳素断代这样的现代考古工具，它们的广泛运用也是20世纪60年代以后的事了。

罗伯特·F. 马厄（Robert F. Maher）来自卡拉马祖的西密歇根大学，他在20世纪60年代成为首位发掘梯田的考古学家。令人惊讶的是，他的工作直到21世纪初才有人继续下去。在上述的两次研究活动中，放射性碳素断代结果都表明，梯田的核心地带与拜尔所猜测的一样，足有2 000年的历史。但是核心之外的地方——大块梯田——就像基辛所设想的那样，最多只有几百年历史。当黎牙实比占领马尼拉时，城里的许多居民为避免被西班牙人征发去做劳力而逃进了山区，比如充当建筑城墙和建造运输丝绸、瓷器的大船的劳工。放射性碳素断代结果表明，伊富高人也是这些避难者的一员。他们涌入偏远地区。那里高山峻岭，这迫使避难者为了生存下去而建设梯田。不久之后就开始了大规模的平整土地，并迎来了仪式和风俗形成的高潮。因此，很大程度上，创造了梯田的大交换现在正在摧毁梯田——梯田正是大帆船贸易的丰碑，这座丰碑和正在啃噬它的蚯蚓类似，都是由全球化所缔造的。

放眼伊富高，弃置破败的梯田数目令我震惊。人们正在离开自己的农田。这是容易理解的——伊富高属于菲律宾较贫穷的地区。它收入的90%多来自政府项目。梯田固然美丽，产量却不高；凉爽的气候限制了稻米的产量。一份联合国报告估计，一般农户靠自家的耕地仅能维持5个月的生计。在这稻米之都，大多数人实际依赖的粮食是甘薯。其他人则从政府的国家食品局（National Food Authority）以补贴价买米—— 一幅2008年伊富高农民在梯田前排队领施舍粮的照片曾引起短暂的抗议。（菲律宾政府是亚洲最大的稻米进口者。）与此同时，山下就是城市，是在声光之间悸动的大马尼拉，它为站在稻田间齐膝深的水里的饥饿年轻人提供工作、教育和激情的许诺。许多人离开了梯田，以至于曼努埃尔希望保存的社区现在的存在意义主要是作为美丽的摄影背景。

更多的补贴，这才是梯田农民需要继续得到的！这也是支持农民的活动家和国家环境与自然资源部（Department of Environment and Natural Resources）之间所争论的东西。在等待金钱流入的时候，梯田区最重要的城镇巴纳韦的市长雇来失业的人去种田。为了将回报最大化，他们种上许多新的杂交稻种。这些稻种比传统稻种长得更快。而蚯蚓问题则一直恶化下去。森林的减少使得蚯蚓增多，这就降低了山坡保持水土的能力。为游客而日益增加的宾馆酒店与为了给水稻蓄水的农田抢夺水源。稻田变得更干燥了。稻田越干燥，蚯蚓繁殖越快。

“第八奇迹”（Eighth Wonder）带来了一线希望。这是一家位于蒙大拿州阿尔姆市（Ulm，Montana）的粮食进口公司。它的创立者是社工兼旅游经纪人玛丽·汉斯莱（Mary Hensley），她曾在伊富高做过和平队志愿者。汉斯莱和马尼拉的合伙人—— 一家名为激活乡土山脉维吉·加西亚（ Vicky Garcia of Revitalize Indigenous Cordilleran Entrepreneurs）的非营利性组织——一道，在2005年启动了一项将“传家宝”大米出口到欧美的计划。这是一场斗争。为了获得足够多销往国外的稻米，合伙人不得不说服农民组成合作社（这并非当地传统），教他们如何统一晾干稻米以保证质量，如何建造特殊的碾磨设备以便去除当地古老水稻品种厚厚的稻壳，并推动地方公共事业部门为这些设备的运转提供电力。山崩阻塞了道路，台风撕碎了船只，设备也散架了，而备用零件又找不到了。在法律层面上，这样的事情并无先例：

据马尼拉的报纸报道，“第八奇迹”是全菲律宾唯一的稻米出口商。2009 年，销售终于在美国开始。一共有 7 种稻米，每磅单价在 5.75 美元到 6 美元。我买的每磅稻米的运费就有 11.75 美元。比起我家超市里的稻米，伊富高稻米差不多要贵上 16 倍。

当我对马尼拉的科学家们提到“第八奇迹”时，我发现他们的反应是复杂的。随着越来越多的伊富高农民涌入这一项目，当地收获的粮食——珍贵的文化产品——也就越来越多地被运出国门，交给有钱的外国商人。更糟糕的是，合作社、标准化以及机械化正在急剧改变伊富高文化——这一切都是为了远方人的利益（一位科学家如是说）。这些远方人想要为自己的启蒙活动而自夸，因为他们轻轻一点就为奇妙多姿的稻米设定了秩序。全球市场不是解药，而是问题！活动家们这样说。这些自认为做了好事的人只不过是将伊富高纳入全球贸易网络，使它空前依赖于远方雅皮士们的突发奇想。反贫困的活动家指责反贸易活动家，说他们想让穷人做出巨大的劳力，以使自己能舒服地坐在马尼拉装着空调的办公室里。几乎从一开始，梯田就被纳入了全球网络——但是凭什么他们只体会到了破坏（商品价格的下跌，环境的破坏）而不是获益（和那些愿意付 16 倍价钱的人打交道）？

这里正在失去的是什么？保护它又意味着什么？

在船上

在又一次去马尼拉的旅途中，我决定去看看黎牙实比第一次遇见中国帆船的地方：这是当今世界贸易网络的开端。我知道这次相遇发生在民都洛岛南部。但是具体在民都洛岛哪个地方并不清楚——西班牙人对这次会面的描述模糊不清，至少对我而言如此。我觉得一次探访或许会驱散我的疑惑。而且，我对此也很好奇。

一位朋友的朋友联系了她在民都洛的东海岸边开旅馆的友人，给我带的话是别开车去民都洛南部，那里是游击队活跃的地方。我大吃一惊——民都洛是离马尼拉最近的大岛，在它北边还有许多要价不菲的度假村。网上说民都洛的山间确实驻有老牌共产主义叛军——新人民军。在照片里，他们一般身着绿衬衫，衣服上面绣着臂章：一个带有 AK–47 的红色三角形。他们有时戴着贝雷帽，有时还挥舞有镰刀锤子的红旗。我知道，黎牙实比的会面发生地在布拉拉考小镇附近。在我这次旅行的前一年，新人民军造访了那儿，炸掉了一辆推土机、一辆卡车和一些建筑设备。

我没见到有迹象表明，游击队关照过只身的美国游客。但小心起见还是坐船。而且我也喜欢船。

旅馆老板给我找了条租金便宜的船。我坐上巴士，经过马尼拉可怕的交通体系，来到民都洛渡口，上岸后挤上一辆拥挤嘈杂的小巴士，颠簸到邦阿邦镇（Bongabong）的旅馆。第二天早上 5 点半，我涉水上船。那是一条经过现代化改装的传统浅水帆船，带有两个木质外支架。旅行者 7 号船舱狭小，只能勉强容下发动机的电池、几升水和带着鼓鼓一袋米的炭火盆。甲板上覆盖着蓝色塑料防水布。菲律宾总是拒绝满足旅客对异域风情的兴致：三个船员戴的是棒球帽，穿的是毫无质感的印有 NBA 标志的篮球衫。

沿着悬崖高耸的海岸航行了 4 小时，我们停靠在布拉拉考长长的海滨水泥路边上。小镇通了电，并且手机有信号（虽然时断时续），但是在物理上却是隔绝的——通往岛上其余地方的路不仅有游击队出没，而且未经修整，大多数地段只能通过四轮驱动车辆。目所能及处只有一辆汽车。微风拂过水面，刮过市场里凉亭顶上的防水布。市场附近的人在斗鸡。大规模商业活动的迹象还不显著。

我没有计划去哪儿或是去见谁。我的原则是我自己会引来注意力，这种注意力会把我带向正确的人。逛了大概 15 分钟后，一个骑着小摩托的人出现了。他带我驶上了一段长长的坡道，来到布拉拉考唯一的餐馆“南方航行烧烤酒吧”（South Drive Bar and Grill）。地板上铺着碎石。一个角落里有个布满灰尘的小舞台，上面有三把吉他、一套电子架子鼓、一些摇摇欲坠的麦克风和一台放着路易斯·阿姆斯特朗原版演唱的《多么美妙的世界》（*What a Wonderful World*）的笔记本电脑——难以置信。音乐调到日本流行乐，店主、布拉拉考市镇规划与发展协调员兼旅游官奇基塔·“青”·卡芭加伊－雅诺（Chiquita “Ching” Cabagay-Jano）欢迎我的到来。

就像各地的小镇规划人一样，卡芭加伊－雅诺对布拉拉考的前景充满热情。她说从度假村到更北边，有很多来自中国和美国的投资者。布拉拉考的土地将被征用——一个高尔夫球场就占了250英亩的地。政府正沿着民都洛岛南边修路，这样就可以通公交车了。我来这里的前一年，镇里还举办了第一届布拉拉考国际帆板邀请赛——比赛的横幅装饰着餐馆的墙面。明天会有一批人去小镇海滩装永久性的监控设备。布拉拉考现在虽然贫穷，但是它很快就将遨游于全球商业大潮。它在等待世界的到来。

当我问到黎牙实比的事情时，卡芭加伊－雅诺叫来了一个叫鲁德马尔（Rudmar）的孩子，让他领着我的船到西班牙和中国相遇的地方。那里是一道浅海湾中海岸的缺口，朝向正南。毛欧皓村便坐落在这里。刚过涨潮线，就有一眼水泥小屋覆盖下的泉水。一条金属管把水引到水泥沟渠里面，这条沟渠又将水引到海滩。两个孩子正用塑料桶装水。

几个世纪以前，曼吉安人就穿着他们的镶边树皮布衫和靛蓝缠腰棉带，等待着来自福建和广州的舢板。中国丝绸造的白伞为他们遮挡阳光。对来自远方的船只来说，海滩上篝火冒出的烟一定就像欢迎信号一般。曼吉安人和中国人都有自己的文字。这就不禁令人想到记录交易的抄写员，和换来大量瓷盘、闪亮的铜锣、铁锅和针的大批蜡饼和棉花包。小海湾的南面是一个突出部，仿佛插入海中的手指。4个半世纪以前的一个黎明，西班牙人突然驾着奇形怪状的船包围了这里。“撤”，中国人尖叫着。许多人没能活着看到日落。

这个突出部上建了座半完工的小型度假村：希尔玛的天堂

旅行者 7 号

(Thelma's Paradise)。工人们正在岸边修筑客房的主体部分。"希尔玛的天堂"将是一座"农庄度假村"。马尼拉的游客来到这里,将"体验布拉拉考的农庄生活"——这句话出自鲁德马尔给我的一张传单。我问一个工人这是什么意思。鲁德马尔为我做了可能并不准确的翻译。忙碌的城市经理人将来到毛欧皓村,给希尔玛的菜圃(一座逃离电邮、最后期限和办公桌的避难所)除草。

"马尼拉人?"我问道。

他们告诉我,不只是马尼拉人。从黎牙实比时代开始,贫困、殖民主义以及奴役就使菲律宾人散布世界各地。在香港、悉尼、东京、旧金山和巴黎,菲律宾人是保姆、护士和建筑工人。他们挣钱、想家。家是大海和海滩;家是棕榈叶下的野餐;家是方屋。

鲁德马尔背水而立,皱起眉头望着群山。木材公司在砍光了吕宋的群山后,便转到群岛剩下的 7 000 座岛上。工业船给民都洛鲜有人居的海湾、空空如也的推土机、卡车和人运来了锯子和紧线夹。他们把山坡扒得干干净净。洪水接踵而至，冲毁了农田和乡村。洪水裹挟的杂物扫过民都洛岛的白色沙滩，把它们染成黄色。政府最终禁止大多数的伐木行为，但是损失已然造成。它们从地里带走了色彩，鲁德马尔说道。他希望自己的家园能够复原。

这种愤怒，经过放大和扭曲就成为新人民军生存的源泉。他们的根据地就在被蹂躏的山间，或许近得能看到我在希尔玛的天堂边嘟嘟囔囔。生活在生态暴行之间，游击队目击了所有为大市场付出的代价，却见不到任何好处。毫不意外，他们会在去年袭击布拉拉考在建度假村的建筑装备。我这次来访的几个月后，他们又从山间出发，袭击了附近的一座军事哨所——他们把政府军视作全球资本主义的堕落婢女。

不过，伐木所得的利益也是货真价实的。我的祖父拿到了自己的桌子。为了造桌子，就得付钱给工匠。通过运送桌子，船运公司赚了钱，人们也得到了工作。学生们去和非常健谈的祖父共进早餐。甚至那些操作电锯的人也应该被考虑进来。这些造成破坏的媒介只是为了把食物送上桌去。

经济学家们已经开发出了衡量这些难成比例的成本与收益的理论工具。但是，成本和收益的度量尺度并不如它们的分配方式重要。收益散布到了世界各地，但剧烈的痛苦却被留在当地。经济学家说这些交易有外部效应：也就是向其他不参与的各方的外溢作用。外部效应可以是积极的；民都洛的一些村民正将那些被半合法地砍光了的土地辟为菜圃。但是消极的附带效应则令人担忧：水土流失、山体滑坡和黄沙。从理论上来讲，解决方法是显而易见的：根据整体成本而提高价格。也就是说我的祖父应该为他的桌子支付125美元，而不是100美元，额外的钱要么用来补偿村民变成黄色的海滩，要么让伐木公司采取保护措施。实际上，实现这些想法并不容易。

各方动机的混杂使一切变得复杂起来。一方面，人们希望全球市场提供的商品和服务能够涌入。没人强迫希尔玛给外国人建造度假村；在阿马帕州，没人会说服罗莎里奥去买电视机和冰箱；没人用枪

位于毛欧皓村附近突出部的小型度假村，这里是亚洲、欧洲和美洲首次相遇的地方。

指着脑袋让中国陕西的青年农民嚷嚷着要任天堂游戏、美国香烟和威廉·史密斯的电影DVD。也没有人逼着他们在北京和上海的同行，让他们去求购法国葡萄酒，从而把波尔多葡萄酒的价格推到惊人的高度。智能手机，空气动力学运动鞋，米色人造皮革家具——大家想得到这些东西。没什么大问题的话，他们便能得到。或者他们的孩子会得到这些。

另一方面，这些想满足自身欲望的人同样又抗拒着欲望得到满足所引起的后果。他们想得到其他人都得到了的东西，但还想保持故我——这是相互矛盾的。漂浮在资本主义大潮中，他们双脚下探，找寻坚实的土地。适于立足的总归还是自己的，而非他人的领域。由于人类的欲望实现了同质世，数十亿人穿行于越来越同一的景象，独特之处则愈加难寻。仿佛一切事情都发生了改变，变得让人忧虑。一些人迷失在方言、传统服饰或是对自身历史或宗教的想象里，另一些人躲入自己的家中或是菜圃里，还有少数人则拿起了武器。即便合为一

像小小的布拉拉考一样，大马尼拉也在与全球市场互相作用。其外港井然有序，满是国际化的建筑，但人口稠密的内港在许多方面却还是和过去一样：房屋依然挤在水面上，人们依然和黎牙实比时代一样居住在船上。

体，世界各部分还是会一分为二、二分为四。统一还是分裂——希尔玛的天堂还是新人民军——谁会胜出？或者这种矛盾是否不可避免？

一两个小时之后，领航员把我们匆匆领回布拉拉考，为避免我们得在没有灯、地图或导航设备的情况下沿着岩石密布、岛屿星罗的海岸开夜船。我和鲁德马尔在小镇的空地上转悠，想找个买水的地方。下午的阳光开始投下沉沉的黑影。我碰见几个妇女和孩子，他们待在（就我的拙眼来看）像是棕榈屋（方屋）周边的家庭菜圃里。

他们正在干活，动作迅速。高高的玉米耸立过头顶。玉米现在是菲律宾第二重要的农作物。玉米秆下面是南瓜和辣椒。我能明白那首歌为什么会让植物学家发笑了——他们正在种植的作物本不应离开墨西哥。很明显，当时菜圃里种的是其他的一些东西。

菜农们利用自然的恩赐进行合作劳动，或多或少是成功的。他们随时都在试做这个试那个。人们带来种子并播撒到地里，看看会发生什么——这就是伊富高的村民们在几个世纪里培育出数百种稻米的方式。关键的一点是，菜农们承担自己活动的结果。他们做出决定，扩大劳力；几个月之后他们发现自己的成果。外部效应很少。菜圃一直在变化，但变化是属于菜农的——这就是为什么他们有家的感觉。

虽然领航员缺乏耐性，但我还是花上几分钟看了看菜圃里的一家人。在这儿，“哥伦布大交换”得以适应并被复制。家庭包纳了至少是一部分来自外部世界的生物入侵，并使之成为自己的东西。随着它们的到来，另一些问题得到了解决。甚至那些试图通过种植传统稻米来保留过去的人也必然要面对未来。妇女们在玉米边除草。每一根玉米秆的 DNA 里都携带了自己的美洲过往，但玉米棒子上鼓胀的玉米粒关系着下一季的生长。

附　录

附录 A

挑衅的用词

这样一本书必将在术语学的沙漠中开辟一条小路。问题表现在三个方面。第一，许多读者所熟悉的名称是不准确的，有时这些名称被视为傲慢无礼。第二，不同的人以不同的方式理解事物，所以，从某种观点出发可以精确描述的一个术语，从另一个观点来看完全不符合主题。第三，过去对词语的使用与今天大不相同，所以你可能精确地使用了一个术语（指人们在讨论时使用讨论时所指的时间和地点下的使用方法而使用它），却表达了一件完全错误的事情。

我们以“亚洲的”（Asian）这个词为例。在美国等国家里，这个词可以被用来替代“东方”（Oriental），意思是以欧洲为中心的（Eurocentric）。而在世界的其他部分，“东方”这个词以及其翻译过后的同义词则看上去无懈可击。因为在所有地方，“亚洲的”这个词都是一个常见词，替换它应该是没有什么问题的，至少第一眼看上去是这样——这样替换有什么代价吗？代价就是：尽管词典里将“亚洲的”这个词定义为“亚细亚大陆的、与其有关的或其特征性的”意思——这一整块大陆从以色列到西伯利亚，但是实际上这个词通常指的是特殊的群体。在美国，其通常代表了东亚和东南亚（例如中国、日本和越南），而在英国其主要被用于南亚（例如印度和巴基斯坦）。

这个区别还是相对简单的。想想巴利安吧，这个庞大的华人聚居区位于马尼拉，在白银贸易中扮演重要角色。西班牙人的记载习惯于将其居民称为“奇诺”（chinos）或“桑莱”（sangleys）。使用后者是粗鲁无礼的，至少可以说——“桑莱”是个轻蔑的称呼，或许与称德国人或法国人为“德国佬”（kraut）、“法国佬”（frog）有一比。“奇诺”意为“中国人”，它没有什么特别的，但也不十分准确——很多巴利安的居民并不是来自中国。在马尼拉，这个术语的真正含义是“除菲律宾人以外的其他亚洲人”。（由于西班牙人通常把日本人与其他亚洲人区别开来，所以更准确地说，其意指类似于“除菲律宾人或日本人以外的其他亚洲人”。）毫不奇怪，巴利安的居民并不这么看他们自己。他们中的绝大多数来自福建，福建人一贯称自己为客家人或闽南人。

当你考虑到在不同的地方，西班牙人使用“奇诺”一词具有不同的含义时，事情将会变得更加复杂。在墨西哥，新西班牙的统治者视任何一个具有“亚洲的”特征的人为“奇诺”，这包括了菲律宾人。这样，一个在某处被用以区分菲律宾人和其他亚洲人的西班牙语词汇，在另一个地方就被用来称呼菲律宾人自己了。更糟的是，“奇诺”这个词，在西属美洲随即变得与中国甚至是亚洲毫无瓜葛。很奇怪地，一些混血的印第安后裔被视作“奇诺人”。[在墨西哥城市普埃布拉，一个流行的民间形象是中国普布莱纳（poblana），中国的普埃布拉妇女，即轻佻风骚的那种人，穿着白色的上衣、五颜六色的裙子，披着披肩。去普埃布拉的游客会被告知，这种风格源自卡特琳娜·德·圣·胡安，她是一个虔诚的、引人注目的莫卧儿奴隶，我在第八章描述过她的事迹；人们可以确信这种风格的裙子受到了她的纱丽服的影响。但类似于卡特琳娜这样的穆斯林妇女并不穿纱丽服；面纱在那里很流行，且她们用服装将自己包裹起来。此外，大量证据表明，在普埃布拉，卡特琳娜穿黑色衣服且完全不卖弄风情。研究者称，这种装扮的风格只是对印第安装束的改造。]

类似的问题也适用于“欧洲的”（European）。欧洲这个概念长时间以来被视为一个地理学实体。但是下述观念的历史就不是很长了——欧洲这样一个实体是由一群人民组成的，这群人民有诸多共性因而可以被归纳为同一个群体。根据《牛津英文词典》，英语中第一次将“欧洲的”这个词形容为“欧洲的居民”在1639年才出现。在本书所考察的绝大多数时间里，提及大西洋东岸的人们时只说其国籍：英国人、法国人、荷兰人等。在本书中占到很大篇幅的伊比利亚半岛的人们常常以地区作为他们的身份认同，如埃斯特雷马杜拉、巴斯克、卡斯提里等。如果要用一个集合性的名词来称呼所有这些不同的人，这个词则是“基督教徒”，因为欧洲是基督教世界的一部分。（在本书写作初期，我试图在这个场合下使用“基督教徒”一词。我给一个朋友看了几页书稿，他问我，你为什么要把宗教扯进一个关于贸易的故事——你是要写亲基督教或反基督教的文章吗？）

非洲、美洲和亚洲的人们很快了解到西班牙人、葡萄牙人、荷兰人和英国人各不相同。然而，他们仍将这些人视为一个单一群体的成员——这些来自另一块大陆的人妄图掌控他们。在中国，欧洲人统统被归为一类，被称为“老外”。

由于这些问题错综复杂，我都不能找到一个始终行之有效的方法来使用与历史相符的术语。作为替代，我根据出生地以现代的地理名词指称他们。因此，我称呼菲律宾的征服者米格尔·洛佩兹·德·黎牙实比为西班牙人，尽管他是个巴斯克人，他领导着一支主要由巴斯克人组成的远征军，在家大概也说巴斯克语。当地区出身变得重要时，正如在我描述波托西发生的巴斯克人与“驼马”的战争时，我更多地使用了区域性的地理名词。这个尝试是时空错位的，尽管我试图回避这种错位。例如，正因为直到1707年苏格兰和英格兰合并之前，大不列颠联合王国是不存在的，所以我不会称呼在这个日期以前这些国家的哪一个人为“不列颠人”。同理，我也不会给任何爱尔兰人打上不列颠的标签，尽管1800年至1921年，爱尔兰成了联合王国的一个正式部分——这太混乱了。我相信我还是犯下了错误，那些想要向我指正的读者可以通过charlesmann.org来联系我。

尽管存在问题，但这个尝试的优点则在于可以使我回避另一个棘手的问题：种族。在今天，任何对欧洲人、非洲人、亚洲人和印第安人后裔的互动交往进行讨论时，种族都会成为这种讨论的一个部分。但是在全球化的黎明，现代的种族概念并不存在。通常来说，挣脱了非洲伊斯兰教诸帝国枷锁的伊比利亚半岛居民并不是在杀害或奴役"黑人"，他们是在杀害或奴役"摩尔人"、"异教徒"或"偶像崇拜者"。起初，奴隶制几乎没有背上种族的包袱，西班牙人所关注的问题与其说"黑人""红种人"是否可以被当作奴隶，毋宁说基督教徒是否应受到奴役；他们对任何肤色的异教徒、异端分子和罪犯都一视同仁。

"内格罗"（negro）一词，即葡萄牙语"黑人"，15 世纪 50 年代以前都还未被广泛使用，当时葡萄牙船队到达了今天的塞内加尔，将其命名为"内格罗之地"（terra dos negros，即黑人的土地）。尽管"内格罗"涉及了肤色，但它基本上只是一个族群称谓，与"爱尔兰人"或"马来人"很类似。一个类似的例子或许是"红毛"（ang mo），亦即福建话"红头发的人"。"红毛"被用作荷兰人的标签，尽管绝大多数荷兰人并不长红头发。之后，"内格罗"才意为奴隶，并被非洲人自己所使用。正如历史学家林达 · M. 海伍德（Linda M. Heywood）和约翰 · K. 桑顿（John K. Thornton）所注意到的那样，非洲中部的人坚称欧洲来客使用葡萄牙语"黑人"（内格罗，negro）是用以描述奴隶的词，而另一个可替代的葡萄牙语"黑人"（普雷图，preto）是用以描述非洲自由民的。

一直以来，欧洲人说"黑鬼"就会招惹麻烦，但这个词含有的轻蔑意味并不像有时描绘得那么大，并且很难把它从一般的种族中心主义中分离出来，这类种族中心主义似乎是人类根深蒂固的偏见。更重要的是，在现代意义上，负面的信念并不是种族意义上的——他们不会乞灵于一个可以不断传承下去的遗传学构成。欧洲人批评非洲人的行为举止，而不是非洲人的种族血统；非洲人之所以坏是因为他们被设想为"淫乱放荡""偷盗成性"，或参与"崇拜魔鬼"，而不是因为他们生理上或心理上更加低等。（我有一点过于简化了：欧洲人还相信那些参与诸如魔鬼崇拜等有害活动的父母，会将可怕的道德污点传递给其子女，这些孩子长大后会在生理上和心理上低人一等。但这仍然与现代种族概念十分不同。）

在当今，与地理来源相联系的遗传学模式意义上的种族确实存在，尽管通过基因来鉴定“非洲人”或“高加索人”仍然很困难。倘若深肤色宽鼻梁的男男女女却没有螺旋状的弯曲头发，那么他们是不是“黑人”？倘若他们长着鹰钩鼻直头发肤色却很深，那么他们是不是“白人”？这类难题是纷繁无尽的，没有人能解决它们，并且它们也无关紧要：当18世纪至19世纪的理论家们发展出“白种人”“黄种人”“红种人”“黑种人”的社会概念时，这种科学描述还不存在于他们的思维之中。遗传学的种族和社会学的种族，这两种定义之间只有松散的联系——这也是关于种族的讨论常常沦为聋子之间的对话的一个原因。为了避免这种混乱，我常常以地理来源来指称人们——非洲人、欧洲人、亚洲人等——除了出于修辞目的的偶尔例外。

就此规则来说，有一个明显的例外。在本书中，原住民常常以他们的族名来指称，而不是采用地理标签。在现代语境中，将月港人称为“中国人”对我而言是可以原谅的，即便他们自己从来也没用过这个名字。但是将印加人称为“秘鲁人”看上去就显得很愚蠢了——印加帝国和现代秘鲁之间的鸿沟实在太大了。我对我的例外做出了例外。例如在第九章中，我数次指称在帕尔马里斯的人为“安哥拉人”，这是因为我并不清楚这个居住在现在安哥拉地区的族群属于现在的哪一个族群。可以想见读者已经在思考，一个更明显的例外是我使用的“印第安人”这个术语。在最简单的层面上，这个词的直接含义是错误的——印第安人并不来自印度。（在英国常听到的“红种印第安人”，并不是区别美洲印第安人和来自印度的印度人的首选方法。）不幸的是，并没有更好的替代术语。例如，“美洲土著”在字面上意味着那些出生在西半球的人。我们一家都是土著美洲——然而我们不是印第安人。

加拿大已经采用了“原住民”（First Nations）这一可贵的术语，但其缺乏可用的形容词形式和所有格形式。作为一个作家，我不会对读者使用自己不能熟练言说的术语。

在一个更深的层面上，“印第安人”“美洲土著”“本地人”距离美洲原始居民看待自己的方式相差甚远。就像 16~17 世纪的欧洲人并不称他们自己为“欧洲人”一样，同年代的西半球居民并不能想象任何一个整体描述他们的术语。今天，这样的群体名词十分重要。就我的经验而言，在指称他们的同胞时，美洲原住民倾向于使用“印第安”一词。不管怎样，我都会效法他们。

附录 B

测试版（Beta）的全球化

为什么福建成了白银贸易的中心，而不是中国的其他地方？一个答案，它是中国最具有海外贸易经验的地区。传说，位于月港北面一座海湾里的刺桐城（Zaytun，即泉州），就是海上丝绸之路的东方终点。

金碧辉煌、人口稠密的大都市泉州在一个于 14 世纪到达顶峰的横跨欧亚大陆的贸易体系中占据了关键位置，这个体系可称之为全球化的第一步。一条商路经由陆路通过许多中间商，穿越中国西部、中东和黑海，最后到达地中海；另一条商路经由海上，先停靠于印度支那和印度，然后到达红海，它也以地中海为终点。一开始，陆路占据主导地位，直到蒙古帝国开始四分五裂，此时，海上路线显得更加安全。从泉州码头起航的中国帆船载满一箱箱丝绸和瓷器；根据马可·波罗的记忆，装回中国帆船的是“大量的宝石和珍珠，他们将其出售，获得了极为可观的财富”。马可·波罗对福建贸易的描述过分地集中于亚洲的奢侈品——宝石、丝绸、瓷器、香料，这些货物会使欧洲人陶醉。然而事实上，福建商人的绝大多数钱都是从那些在马可·波罗看来十分平凡的货物，诸如大宗铜器铁器上赚得的，这些东西都是遍布东南亚的大小庙宇所需要的祭祀用品。泉州是一座琳琅满目的百货大厦，而不是一个精品店。

这座城市被 20 英尺高的城墙包裹着，墙面上镶嵌着琉璃瓦和砖头。在城墙外面，商业财富被用于大规模的排水工程、纵横交错的灌溉渠道和水利工程，这些工程的目的是保护这座海港不被晋江的沉积物阻塞。城墙里面，蔚然成荫的虎爪树（tiger's-claw tree）沿街而立，路上走着各式人：马来人、波斯人、印度人、越南人，甚至有些许欧洲人，他们都有自己的社区。泉州那弥漫着煤烟的天空中，耸立着7座大型清真寺、3个基督教堂（东正教和景教教堂）和1个罗马天主教大教堂，以及无数佛教庙宇——一个来客说仅一座寺院就有3 000个僧侣。摩洛哥旅行家伊本·白图泰（Ibn Battuta）在14世纪40年代来到了泉州，他为大量停泊在港口的巨大帆船所震撼；他说在它们周围忙于交易而川流不息的小艇"难以计数"。伊本·白图泰惊呼这个港口"为世界最大的港口中的一个——不对，它就是最大的那个"。这位旅行家并非为了捏造一个美妙的故事而夸大其词；可容纳满山下海滨地带数十万人的泉州，是当时最富裕、人口最稠密的城市之一。因此何必为马可·波罗的记录会激起哥伦布那样的人去泉州的梦想而感到惊讶呢！

在13世纪70年代末宋朝因元入侵而灭亡之后，最后的抵抗余烬就在福建燃烧。反抗运动拥戴一位宋代藩王（赵昰）为皇帝。蒙古军队迅速以强大的力量对他进行打击，这位宋朝藩王带着他的部下和军队在泉州避难。一名与其交情深厚的穆斯林商人蒲寿庚长期掌控着当地的贸易船队，这样他就既掌握了民团又掌握了水勇。这位宋朝藩王要求蒲将泉州几百艘船的控制权转交给他——它们可以瞬间转化为一支海军。这位藩王突然获得的海军力量将对没有海军的蒙古人造成威胁。

一个蒙古将军派遣使者去拜访蒲，要求他不要支持这位宋朝藩王。在与当地的士绅、地主和其他外国商人家族商议后，蒲在1276年向蒙古人交出了泉州和港内的所有船只。为了掩盖这桩交易，他下令在城内杀害了这位藩王的一些宗室成员。宋军在城外安营扎寨。愤怒的宋军围攻泉州长达3个月之久，直到他们在蒙古人的进军之下溃散。

蒙古人——当时他们已经建立了元朝——慷慨地回报了这个共谋者，把港口的实际控制权给予蒲家和他们在穆斯林贸易家族中的同盟者。

正如你可以想见的那样，这些新加入的人所践履的伊斯兰教与阿拉伯人的纯正信条之间的距离相差太大。福建人信徒去城外的山上绕着两位早期苏非派传教士的墓穴走7周，而不会去遥远的麦加朝圣。另一些人则采用了敬拜祖宗坟墓的中国习俗。罕有人了解《古兰经》的戒律——直到1927年，这本书才被全部翻译成中文。熟记《古兰经》的福建人伊玛目中的绝大多数人都不说阿拉伯语，在清真寺里按照发音高声朗诵。一旦记忆力衰退，这项服务就沦落为在不解含义的听众面前胡言乱语和毫无意义的背诵。然而，在某种程度上，伊斯兰教的这个遥远前哨极为忠实地保留了该教的传统：泉州的穆斯林家族，无论新旧，都分裂成了几个派别，逊尼派、什叶派和苏非派。

每个教派都主导了政府的一部分，都控制着一部分港口，并拥有自己的私人武装。蒲寿庚的亲属和同僚，即信奉逊尼派的那群人，为蒙古人所宠信并因此掌握了政治权力。但是泉州的大多数外国人是波斯人，属于什叶派。什叶派教徒拥有强大的武装。（关于福建的苏非派则罕有人知。）

权力平衡持续到14世纪50年代，正值反抗蒙古统治者的农民起义遍及全国之际。这些反抗者中的一支最终将颠覆元朝，建立明朝。为了保卫泉州，元朝授权泉州商人进一步扩充他们的私人武装，甚至可以招募和训练数以千计的外国裔穆斯林士兵（或许说得更准确点，许多不是来自中东，而是中国的改宗者）。

冲突的年月将7座最大清真寺中的6座化为一片瓦砾。（有人认为，富裕的阿拉伯人将残存的建筑恢复旧观，那里现在是一座公园。）大多数外国人都死了。幸存者跑进了大山，成了农民。他们不再视自己为穆斯林。明朝不喜欢保留一座我行我素的城市充当亲元朝的中心。明政府放任水利工程败坏，用泥沙淤满港口。在后来的两个世纪内，都没有公开的国际贸易存续下来。外贸得以重生的中心不在泉州，而在南面的月港。但这并没有阻止过去泉州的贸易家族走出大山，参与全球化的诞生。

那些在月港用货物装满帆船的中国商人中，有很多是在全球化第一步中兴旺起来的家族的后代。他们几个世纪以来都在从事这项工作。他们是一群永无止境地追求将人类最偏远的成员用一条细细的线联系起来的践行者，这些旅者几乎永远无法预计这段旅途的终点。

致谢

在阅读克罗斯比的《哥伦布大交换》和《生态扩张主义》之后的几年中，我有幸遇到了他，并因此对他有所了解。每次我们交谈时，我都建议他更新自己的作品，从而增补那些受他启发的大量研究。但克罗斯比从来都不以为意；他关注的是更新鲜的问题。有一天，当我又提起这个话题时，他咆哮起来："既然你觉得这个想法这么好，为什么自己不去做？"自然，我将这个脱口而出的讽刺视为一种许可。这个计划很快就付诸实施。结果，《历史的碰撞：1493》这本书就成了"哥伦布大交换"的一个注脚。

克罗斯比远不是我唯一要感谢的人。我一直受惠于 William Denevan、William I. Woods 和 William Doolittle（the three Bills）的帮助和建议。这个小组成员完整或者部分地阅读了我的手稿：Robert C. Anderson，James Boyce，Richard Casagrande，David Christian，Robert P. Crease，Josh D'Aluisio-Guerrieri，Clark Erickson，Dan Farmer，Dennis Flynn，Susanna Hecht，John Hemming，Mike Lynch，Stephen Mann，Charles McAleese，J. R. McNeill，Edward Melillo，Nicholas Menzies，Brian Ogilvie，Mark Plummer，Kenneth Pomeranz，Matthew Restall，William Thorndale，Bart Voorzanger。这些人让我避开了很多问题。但是，这本书是我写作的，问题由我负责。

甚至牛顿——他不是谦虚的人——都说，他之所以看得远，是因为站在巨人的肩上。因为这句话，所有的作者都是牛顿的亲属。对这本书来说，大多数巨人都是不可见的，他们隐藏在文本的背后，以至于有时难以明确地引证。当我在写作《历史的碰撞：1493》遇到难解的问题的时候，我会问自己："David Christian 是怎么说的？"然后我就会去翻《时间地图》，并发现他对这个问题的精彩论述。我经常参考的还有 Robert Marks 的观点明确的《现代世界的起源》。当遇到西班牙领域的问题时，我会参考 Henry Kamen 的《帝国》。当我遇到中国和西方的问题时，我会向彭慕兰的《大分流》寻找答案。关于大帆船贸易，Dennis Flynn 和 Arturo Giráldez 有很多论文，我都不知道哪些是我受益最多的。就奴隶制来说，Robin Blackburn、David Brion Davis、David Eltis 和 John Thornton 等人的著作起到了同样的作用。单独的章节也受益于不同的著作。第三章受益于 J. R. McNeill 的《蚊子帝国》。第四章和第五章的无数细节来自李金铭的《漳州港》。第六章关于土豆的论述很多来自 Michael Pollan 的《欲望植物园》。Tom Standage 的《人类的可食用历史》也起了很大作用，尤其是在食物农业以及其他事物的探讨方面。John Hemming 的《河之树》以及 Susanna Hecht 的《争夺亚马孙》为第七章奠定了基调。John Thornton 的很多著作为第八章提供了研究的背景。Richard Price 的《第一次》和《雨林勇士》是我在第九章关于苏里南讨论的基础。如果《历史的碰撞：1493》为这些著作带来新的读者，我会感到不胜欢欣。

任何试图覆盖宽广领域的计划都必须去面对人类的语言创造力。幸运的是，在中国，我得到了 D'Aluisio-Guerrieri 的陪同，他为我在他的家乡台北找到了很多中文资源，泰然自若地为我阅读古代地名辞典，并且忍受我用电子邮件发过去的无穷无尽的问题。所有的中文资料都是 Josh 所翻译，除了有一小部分我不忍再打扰他，由 Devin Fitzgerald 代为操刀。Scott Sessions 回答了我很多关于 16、17 世纪西班牙的问题。在巴西，Susanna Hecht 作为陪同为我提供了很大帮助，她是一个好翻译，慷慨给予我关于那个伟大国度的诸多知识。在这样的国度，当车子抛锚时，我唯一愿意与之相处的，就是她了。我也要感谢 Reiko Sono 在日语方面所提供的帮助。

这本关于很多事物的大书在很多地方为我结识了很多朋友。Maria Isabel Garcia 作为马尼拉最好的科学作家，为我提供了很多帮助，如在民都洛为我找到船只和船夫。Clark Erickson 在玻利维亚为我提供帐篷和睡袋，并且告诉我要租飞机去特立尼达。Alceu Ramzi 为我在阿克里做了精彩的飞机导游。Dennis Flynn 和 Arturo Giráldez 不厌其烦地为我们提供帮助；当飞越太平洋，深夜很晚才到达时，Dennis 招待了我。

在美国，弗吉尼亚联邦大学的 Greg Garman 带我在詹姆斯河上进行了一次精彩的旅行。这本书中的所有图片都出自 Caleb True 的努力。Alvy Ray Smith 做出了第八章的家族树；alvyray.com 的彩色版更加好看。Peter Dana 让我明白地区计算和制图软件，绘制出了柯蒂斯家产的地图。Faith d'Aluisio 和 Peter Menzel 让我使用照片，在使用图片编辑软件的时候为我提供指导，如此等等。Ellis Amdur 告诉我日本刀以及刀客的很多趣事。James Fallows 和 Richard Stone 帮我在北京查找资料。Neal Stephenson 是我在厦门时耐心的旅伴，为我引见了很多人。对在我的博客下提出意见以及提供在线评论的那些人，我也要感谢，他们的评论有时真的非常犀利。

最后，要向这几年出版我的作品的编辑致以谢意：《国家地理》的 Barbara Paulsen；《猎户座》的 Jennifer Sahn；《科学》的 Richard Stone 和 Colin Norman；《名利场》的 Cullen Murphy；以及《大西洋月刊》的 Corby Kummer、Cullen Murphy 和 William Whitworth。在克诺夫，Jon Segal 对我这样一个慢腾腾的作者格外耐心。我感谢他的支持，以及对我们第四个（在我看来也是最为艰难的）项目所提出的建议。另外，感谢 Kevin Bourke、Joey McGarvey、Amy Stackhouse 和 Virginia Tan 进行的组织和整理工作，让读者可以尽快读到，并且也让书和作者都有个好卖相。还要感谢阿姆斯特丹的 Henk ter Borg、巴黎的 Francis Geffard 和伦敦的 Sara Halloway。我的经纪人 Rick Balkin 在我开始写作的时候，已经成为我的好朋友。很多人为我提供了舒适的办公室，在此无法一一致谢，我只能说，我希望他们相信，他们的付出是值得的。

注释

第一章 两座纪念碑

1. 伊莎贝拉镇的位置：Colón 2004：314；Léon Guerrero 2000：247–251；Las Casas 1951：第一卷，362–363；Anghiera 1912：87；Chanca 1494：62–64；C. Colón 1494（？）《关于第二次航海的叙述》（*Relation of the Second Voyage*），收录于 Varela 与 Gil 编 1992：235–254［“一块十分适宜的高地……并不是一座闭合港口，而是一片很大的港湾，适合世界上的所有船只靠岸”（感谢 Scott Sessions 帮助翻译）］。然而 Morison 指出，这座港口开口向北，冬季的风暴，“使得锚也无法维持使用”，并且其距离饮用水源大约 1 英里（1983：430—431）远。
2. 伊莎贝拉镇的描述：根据作者的访问所见；Deagan 与 Cruxent 2002a：第三章；2002b：第四章。
3. 哥伦布的生平：见最近的几篇传记研究文章；Wey Gómez 2008；Fernández-Armesto 2001, 1991；Taviani 1996；Phillips 与 Phillips 1992。Morison 在 1983 年发表的文章也十分有用，但是时间相对久远。当代的传记有 Colón 2004；Las Casas 1951：第一卷；第二卷：1–200。另参见第 12 页注释。
4. “环球巡游”的比喻来自 William Kelso。
5. 哥伦布的前两次航海：Abulafia 2008：10–30，105–212；Colón 2004：第 13–63 章；Fernández–Armesto 2001：51–114；Léon Guerrero 2000；Las Casas 1951：第一卷（“紧急执行官”，170；哥伦布自己解决的预算份额，175–176）；Phillips 与 Phillips 1992：120–211（船的长度，144–145）；Varela 与 Gil 编 1992：95–365（哥伦布与其他人的信件）；Gould 1984（哥伦布的船员）；Oviedo y Valdés 1851：

注：注释中的页码均为原书页码。——编者注

第一至四册；Cuneo 1495：50–63。Las Casas 称，第二次航行有“1 500 人，全部或几乎全部由君主们资助”（1951：第一卷，346）；宫廷历史学家 Andrés Bernáldez 称船队有“1 200 名作战人员，人数也许稍微再少一点儿”，然而这一记录可能不包括船员、牧师和工匠等人员（1870，第二卷、第五卷）。

6. “宏伟的城墙”：Scillaccio 1494。《近期在南方海域和“印度洋”发现的岛屿》（*The Islands Recently Discovered in the Southern and Indian Seas*），收录于 Symcox 编《南方海域与印度洋的发现》（*Discovered in the Southern and Indian Seas*）2002：162–174，原文在 172 页。
7. 烟草在世界范围的传播：参见第二章、第五章；Satow 1877：70–71（东京的帮派）。
8. 早期的泛亚欧大陆贸易：综述著作包括 Bernstein 2008：1–109；Abu-Lughod 1991。
9. 将哥伦布视为全球化的开端这个观点来自 Phillips 与 Phillips（1992：241），他们说哥伦布“将世界带到了（全世界融合的）道路上来”。
10. 作为例外的物种：Decker-Walters 2001（葫芦）；Zizumbo-Villarreal 与 Quero 1998（椰子）；Montenegro 等 2007（甘薯）。
11. 联合古陆的裂隙：Crosby 1986：9–12。
12. “哥伦布大交换”：Crosby 2003。
13. 与恐龙灭绝的对比：Crosby 1986：271。Crosby 的看法（2003，26）越来越多地为人所接受：“甚至连经济史学家都可能会偶尔忽视的一点，哥伦布航海所引起的最重要的变化是自然界中的生物学变化；而任何生态学家或者地理学家，在粗略地阅读过 16 世纪的原始文献后都会发现这一点。”
14. “圣马利亚”号、“拉·纳维达”营地：Abulafia 2008：168–171；Colón 2004：108–113；Morison 1983：300–307；Colón 1493：177–186。“拉·纳维达”可能位于海地北部卡拉科尔镇（Caracol）附近；18 世纪时在那里发现了“圣马利亚”号的船锚（Moreau de Saint-Méry 1797–1798，第一卷，163、189、208）。
15. 泰诺人：Rouse 1992。
16. “拉·纳维达”的毁灭：Abulafia 2008：168–171；Las Casas 1951：第一卷，356–359；Chanca 1494：51–54（“覆盖着它们”，54——我将 yerba 翻译为“野草”和“植被”）。Las Casas 说尸体有“七八具”（1951，第一卷，357）；哥伦布的后人给出的数字是 11 具（哥伦布的儿子，2004，312）。Michele de Cuneo 在 1495 年说西班牙人担心他们已经被吃掉了。
17. 伊莎贝拉镇的建立：Abulafia 2008：192–198；Las Casas 1951：第一卷，363–364，376–378；Anghiera 1912：88（菜园）；Cuneo 1495：178（“顶上铺的是草”）。
18. 赖特综合征（脚注）：伊莎贝拉镇的疫情 Allison 1980；Aceves–Avila 等 1998；

Chanca 1494 : 66–67 ; Las Casas 1951 : 第一卷，376。哥伦布的病情：Colón 2004 : 329 ; Las Casas 1951 : 第一卷，396–397 ; C. Colón 于 1494 年 2 月 26 日致君主们的信，收录于 Varela 与 Gil 编 1992 : 313。风湿病专家 Gerald Weissmann 按照案例分析的形式详细描述了哥伦布的病情（1998 : 154–155）。根据父兄皆为在场目击者的 Las Casas 的记载（1951 : 第一卷，363–364），哥伦布在 1 月也身患疾病；夏季他再次发病，情况更加严重。哥伦布自己是这样描述的："病痛剥夺了我的所有感觉和思维，就好像鼠疫和嗜睡症一样。"赖特综合征与嗜睡症并无关系，但是它与高烧和意识障碍并发这些症状十分接近。哥伦布的后期症状，比如说过敏反应，更加接近赖特综合征。

19. 马加里特的背叛：Abulafia 2008 : 202–203 ; Phillips 与 Phillips 1992 : 207–208 ; Poole 1974 ; Las Casas 1951 : 第一卷，399–400 ; Oviedo y Valdés 1851—1853 : 第一卷，54。Poole 认为马加里特的离开与其说是背叛，不如说是一个负责的王室仆从向王室报告殖民地的混乱局势的行为，但是这在细节上有所不同——他的报告否定了哥伦布。

20. 与泰诺人的战争：Abulafia 2008 : 201–207 ; C. Colón 于 1495 年 10 月 14 日致君主们的信，收录于 Varela 与 Gil 编 1992 : 316–330（"这片土地"，318）; Castellanos 1930–1932 : 第一卷，45（"化学战"）。

21. "哥伦布大交换"中的多米尼加：Bart Voorzanger 给作者的电子邮件（概述）; Hays 与 Conant 2007（猫鼬）; Eastwood 等 2006（潜叶蛾）; Guerrero 等 2004（潜叶蛾）; Martin 等 2004（森林下层植被）; Rocheleau 等 2001（森林的变动）; Parsons 1972（非洲草类，14）; Hitchcock 1936（非洲草类，161，259）。

22. 红火蚁入侵：Wilson 2006，2005 ; Williams 与 Matile-Ferraro 1999 : 146（非洲介壳虫）; Las Casas 1951：第三卷，271–273（所有其他引文）; Oviedo y Valdés 1851—1853［"人烟稀少"，第一卷，453（第十五册，第一章）］; plantains，第一卷，291–293（第八册，第一章）; Herrera y Tordesillas 1601–1615 : 第二卷，105–106（第三册，第十四章）。从西非海岸传入的芭蕉来自加那利群岛。所提及的大多数介壳虫是水蜡虫。Oviedo 称，"红火蚁在这些地区可以（与芭蕉）和平相处"（第一卷，291）。

23. "好几百万"：C. Colón 于 1494 年 4 月和 5 月致天主教各君主的信，收录于 Varela 与 Gil 编 1992 : 284。Cuento de cuentos 从字面意思上将其理解为 100 万个 100 万，即 10 000 亿。"万亿"（trillion）这个词直到 17 世纪才引入西班牙语。哥伦布所表示的意思是"一大堆"，所以我使用了"好几百万"来表达这种非实指的意思。感谢 Scott Sessions 对此译法的协助。

24. 对伊斯帕尼奥拉人口减少的估算：Livi-Bacci 2003（估算数值的表格，7 ; "几十万"，48 ; 1514 年的统计，25–34）; Las Casas 1992 : 29（"300 万"）。许多

外来接触前人口学研究著作的作者，地理学家 William Denevan 相信这一数字介于 50 万至 75 万之间（私人通信）。

25. 不到 500 名泰诺人：Oviedo y Valdés，1851—1853（“在 1548 年这一年，没人相信有 500 人这么多”，第一卷，71）。Las Casas 称“能活过或逃过（1518–1519）这一劫难的不超过 1 000 人”（1951，第一卷，270）。Oviedo 在 1514 年到 1556 年都生活在这座岛屿上，Las Casas 则是从 1502 年到大约 1540 年。
26. 贫困的圣多明各：Bigges 1589:32。当弗朗西斯·德雷克爵士劫掠这座城市的时候，它已经穷困到“没有足够的人手可以下井工作”以付给他赎金。
27. 未暴发过疫病的美洲，新疫病的入侵：综述可见 Mann 2005，86–133。
28. 泰诺人的基因：Juan Carlos Martinez-Cruzado（波多黎各大学）给作者的电子邮件。他在 2009 年 7 月的报道中称，在多米尼加共和国内，美洲原住民的线粒体 DNA 占比最高为 15%，但在撰写本书的过程中，他仍然在试图区分其中泰诺人的比重。
29. 对哥伦布的指摘：参见 Sale 2006。在“哥伦布”的索引项下列出了他的公众声誉：“爱抱怨的”“虚伪的”“夸大其词”“眼中只有荣耀与血统”“自怨自艾”“自私自利”。要知道对哥伦布的态度随时间推移而发生的变化，参见 Stavans 2001。
30. 最初提案的灯塔：Del Monte y Tejada 1852–1890：第一卷，316–319（“神的旨意”，316）。
31. 哥伦布文集：Varela 与 Gil 编，1992。
32. 签名：哥伦布，不动产继承状，1498 年 2 月 22 日。收录于 Varela 与 Gil 编，1992 : 356。另参见 Morison 1986 : 356–357 ; Milhou 1983 : 55–90。
33. “圣斐迪南”: Colón 2004 : 238。另参见 Las Casas 1951 ：第一卷，第二章。我所写的小传来源于第 4 页注释中所引用的文献。
34. 两个常数：这里我采用 Fernández-Armesto 在 2001 年发表的文献的说法。关于哥伦布建立新王朝的尝试，参见 Colón 1498 中他对继承的指令。另，在后来以《特权书》闻名的著作中可窥见他为记录贵族特权的坚定决心（Nader 1996，10–13）。我所见过的对他的宗教信仰的最好的分析是 Milhou 1983 ；另见 Delaney 2006 ；Watts 1985。
35. “征服圣地”: Colón 1493 : 181。哥伦布在一封 1493 年给君主们的信中详述了他的愿望：“圣恩允许我们……从现在开始的第七年，我将能够为国王陛下提供 5 000 名骑兵和 5 万名步兵投入战争和对耶路撒冷的征服，这就是从事这一事业的目的。”（Varela 与 Gil 编 1992，227–235，原文见 232）。另见 Delaney 2006 ；Rusconi 编 1997 : 71–77（未送出的哥伦布劝谏君主收复耶路撒冷的公函）；哥伦布 1498 : 360（命令他的继承者们协助这一征服行动）。感谢 Scott Sessions 在这一材料上对我提供的帮助。

36. “梨形的地球”：Colón 1498 年 8 月《关于第三次航海的叙述》(*Relation of the Third Voyage*)，收录于 Varela 与 Gil 编 1992：377（“有一块”）；380（“神的旨意”）。哥伦布在对国君们报告他的第三次航海时，宣称找到了位于“乳头处”的“乐园”。在位于现委内瑞拉境内的奥里诺科河河口，他登上了通往“这一突出部位”的斜坡。天堂大概就在这条河流的源头附近。这类想法被广泛流传；但丁（Dante）将“乐园”放到了他的长诗《神曲》之中（Lester 2009，292–295）。感谢 Scott Sessions 对翻译所做出的帮助。

37. 充当中间人的伊斯兰国家、威尼斯和热那亚：感谢 Dennis Flynn 对我的纠正。参见 Bernstein 2008：70–76；Hourani 1995：51–87 及后文。

38. 埃拉托色尼：Crease 2003：第一章（“世界各地”，3）。埃拉托色尼的实际数字可能更接近 29 000 英里，大多数科学史学家认为这一数字是十分精确的。

39. 哥伦布的地理学说：Wey Gómez 2008：65–99，143–158；Varela 与 Gil 编 1992：90–91（四分仪）；Nunn 1924：第一章。哥伦布还借用了宇宙学家 Pierre d’Ailly 的说法，后者认为东亚一定与西非十分接近（Nunn 1935）。D’Ailly 从 Roger Bacon 那里获得的这一看法（1962，311），而 Bacon 的看法又基于一种对亚里士多德的错误解读。[亚里士多德实际上这样写道，“试图计算地球的周长的数学家们得到的结果是 40 万斯塔德（古希腊长度单位——译者注）”，约合 4.55 万英里，是实际大小的两倍。] 哥伦布对这些学术细节一无所知，也没有证据表明他会关注于此。古西班牙的海里与现在的英里十分接近，因此我忽略了其间的差别。

40. “《启示录》中”：C. Colón 于 1500 年致 Dona Juana de la Torre 的信，收录于 Varela 与 Gil 编 1992：430–437，原文在 430 页。

41. 让中国皇帝改信：C. Colón 1503 年 7 月 7 日，《关于第四次航海的叙述》(*Relation of the Fourth Voyage*)，收录于 Varela 与 Gil 编 1992：485–503，原文在 498 页。

42. 爱尔兰的因纽特人（脚注）：Varela 与 Gil 编 1992：89（书旁注）。这一故事被 Morison 所无视（1983：25）；被 Phillips 与 Phillips 不加评论地提及（1992：105）；Quinn 也不承认这一故事（1992：282–285）。相比之下，Jack Forbes 称这一旁注是“有力的、无可争议的证据，证明了哥伦布和其他人在戈尔韦见过当地的美洲人”。感谢 Scott Sessions 帮助我翻译哥伦布的笔记。

43. 灯塔计划的历史：González 2007；Roorda 1998：114–118，283–285；Farah 1992；French 1992a，b（抗议）；Wilentz 1990；Gleave 1952。

44. 同质世：Samways 1999。更常用的说法是人类世（Anthropocene）。

45. 远征之前的黎牙实比和乌达内塔：Rubio Mañé 1970，1964；Mitchell 1964（乌达内塔选择了黎牙实比，105）；De Borja 2005：第三章。M. Enriquez 于 1561 年 2 月 9 日致腓力二世的信，收录于 B&R 3：83–84（乌达内塔和黎牙实比是亲戚）；M.

Enriquez 于 1573 年 12 月 5 日致腓力二世的信，收录于 B&R 3：209–222，原文在216–217页（黎牙实比变卖了财产）。一种流行的解释是Sanz y Díaz 1967：3–17。

46. 国王对于传教的希望：新西班牙皇家法院于 1564 年 9 月 1 日给黎牙实比的训令。收录于 B&R，2：89–100。

47. “（哥伦布、科尔特斯）和黎牙实比”：García-Abásolo 2004：231。García-Abásolo 说，黎牙实比“一直认为他的最终目的地会是中国……如果他能多活几年，黎牙实比很可能发起一次前往中国的外交活动”（235）。另见 Cortés 2001：266–277（散见各处），444–447（希望探索太平洋）以及许多在 Ollé Rodríguez 2002 中按编年体形式记载的被中止了的赴华使团。

48. 黎牙实比在菲律宾的最初几年：Legarda 1999：16–31；Guerrero 1966：15–18；Rubio Mañé 1970，1964。另见，Sanz y Díaz 1967：35–52。

49. 蜂蜡（脚注）：Cervancia 2003；Ruttner 1988：284（蜜蜂的种类）；Cowan 1908：73，89，105（介壳虫）。

50. 毛欧皓贸易点：作者的走访，作者与 Chiquita Cabacay-Jano 和 Rudmar T. Cabacay（布拉拉考发展办公室）的交谈；Horsley 1950：74–75（遮阳伞，鼓）；M. L. d. Legazpi 于 1567 年 6 月 23 日致腓力二世的信，收录于 B&R 2：233–243，原文在 238 页。另见 Laufer 1908：251–252；Li 2001：76–79。

51. 毛欧皓的遭遇：Legarda 1999：23–24；Zuñiga 1814：第一卷，110–111；G. d. Laveçarism 1575（？）致总督信件的一部分，收录于 B&R 3：291–294，原文在 291–292 页；佚名（疑为 Martin de Goiti）1570，《吕宋之行的叙述》，收录于 B&R 3：73–104，原文在 73–77 页（所有引文）。西班牙人继续前往马尼拉，他们保护了几艘陷入一场贸易纠纷的中国商船，并劫掠了这座城镇（同上，94–96、101–104；佚名 1571，对征服吕宋岛的叙述，收录于 B&R，3，141–172，原文在 148–157 页）。这里使用的距离单位是“里格”，我在这里将其按照西方通用标准计算为 3.46 英里（Chardon，1980）。另见 Sanz y Díaz 1967：53–59。

52. 中国人造访马尼拉：J. Pacheco Maldonado 1572 年 5 月 6 日关于胡安·马尔多纳多·托坎特对菲律宾吕宋岛的远征及殖民的信函，引自 Ollé Rodríguez 2006：32，1998：227–230；Riquel 等 1573：235；Zuñiga 1814：第一卷，125–126。

53. 马尼拉的第一笔交易：G. d. Lavezaris 1573 年 6 月 29 日，《黎牙实比死后菲律宾诸事务》，收录于 B&R 3：179–189，原文在 181–184 页；H. Riquel 等。《西方诸岛见闻》（*News from the Western Islands*），同书：230–249，原文在 243–249 页（“喜出望外”，245）；另见 226 页注释中引用的新西班牙总督的信。

54. 新的全球化的时代、白银与奴隶贸易的影响：见第三章、第四章。

55. 中国的优越性：Pomeranz 2000：31–107；Frank 1998，见第四章。

56. 西班牙无法将欧洲商品输出到中国：M. Enriquez 于 1573 年 12 月 5 日致腓力二世的信，收录于 B&R 3：209–219，原文在 212 页（“他们没有的”），214。中国人也一样对此直言不讳，福建巡抚徐学聚写道：“可多致之我贩吕宋。直以有佛郎银钱之故。”除此之外，外国人就没有什么东西是中国所需要的了。（徐学聚，《初报红毛番疏》，收录于 Chen 等编 1962：4726–4727）。另见 Marks 2007：60–62。
57. “革命性的事件”：Song 2007：2，见第五章。
58. “亚洲的列车”：Frank 1998：277。
59. 黎牙实比 – 乌达内塔纪念碑的历史：De Borja 2005：17，128。
60. 世界货币供给增加到原来的 3 倍：Garner 2006，使用的是 TePaske 与 Klein 的新数据；Morineau 1985：571–599。到 1650 年，美洲已经生产出大约 3 万吨白银。
61. 波托西的地质情况：Bartos 2000；Waltham 2005。
62. 最大的美洲城市波托西：见第三章。
63. 白银的处理、运输、运银舰队：Craig 与 Richards 2003：1–12（65 磅）；Goodman 2002：3–5；Cobb 1949：33–36；Acarete du Biscay 1698：54–57。
64. 荒芜的安第斯土地：鲜有关于高地农业衰败状况的研究，但是 Denevan 整合了证据并得出结论，认为这一现象“主要与 16 世纪的人口减少相关”（2001，201–210，引文在 210）。
65. 1600 年火山喷发：De Silva 与 Zielinski 1997。
66. 白银被运到中国的比例：Garner 2006 和 Flynn 与 Giraldez 2001 收集了辩论双方的观点。见第四章。
67. 西班牙与欧洲的金融动荡：标准账目表包括了 Kamen 2005；Elliott 2002；Lynch 1991（物价革命，174–184）；Parker 1979（尤其是“战争与经济变化：荷兰叛乱的经济代价”，178–203）；Hamilton 1934。Flynn 1982 简要概括了西班牙的动荡（尤其是 142–143 页）。Carande 1990 对西班牙因白银而破产的历程进行了详细研究（尤其是其第三卷）。白银生产的减少：Garner 2007（使用来自 John TePaske 的未发表的新数据）；Garner 1988；Brading 与 Cross 1972。“总危机”的说法最早是 Roland Mousnier 在 1954 年提出的。
68. “西班牙的战争”：Flynn 对 Parker，1979b、c 的综述（私人通信）。
69. 欧洲的小冰期：Parker 2008：1065，1073（爱尔兰）；Fagan 2002（封冻的海面，137）；Reiter 2000（格陵兰，2）；Lamb 1995：第十二章；Ladurie 1971（葡萄酒，52–56；主教，180–181）。
70. 太阳黑子、火山与小冰期：Eddy 1976（蒙德极小期）；Briffa 等 1998（火山的影响）；Jansen 等 2007：476–478（对太阳黑子和火山的怀疑）；Hegerl 等 2007：681–683（太阳黑子和火山）。全菲律宾都能看到 1641 年火山大喷发——“空中（一阵）火枪、火炮和战鼓的声音”（佚名，1642，收录于《菲律宾群岛新闻》，1640–1642。该书又被收录于 B&R，35，114–124，原文在 115 页）。

71. Ruddiman 的假说：Ruddiman 2003，2005，2007。他的另外一个观点——森林砍伐与焚烧从 8 000 年前就开始影响气候——被人攻击（如 Olofsson 与 Hickler，2008），也有人为其辩护（如 Müller 与 Pross，2007）。而美洲的疾病流行与二氧化碳含量降低之间有关联的说法则为许多人所接受（Dull 等人，2010；Nevle 与 Bird 2008；Faust 等 2006）。
72. 火焰保持了草原风貌：Anderson 1990；Stewart 2002：113–217；Clouser 1978。参见 Bond 等 2005，来了解火焰对于世界范围的草原的作用。
73. 印第安人的放火与（美国）东部的森林：Johnson 2005：85（“英格兰的园林”）；Stewart 2002：70–113；Williams 1989：第二章，尤见 43–48 页；Cronon 1983：48–52；Day 1953。
74. 31 个地点：Nevle 与 Bird 2008。
75. 传染病暴发后地貌的变化：Dull 等 2010（“碳预算”，765）；Denevan 2007，1992：377–379；Wood 1977：38–39（“穿行”）。
76. 北美洲小冰期：Parker 2008：1067；Pederson 等 2005（森林的构成）；Anderson 2004：100（牲畜）；Kupperman 1982。
77. 气候、蚊子、疾病、奴隶制：见第三章。四斑按蚊：Reinert 等 1997；Freeborn 1923。反常的是，干旱也对蚊子有利，因为干旱可以消灭其幼虫的水生捕食者（Chase 与 Knight，2003）；这个物种靠着气候异常大量繁殖。
78. 对马的介绍：Hämäläinen 2008（散见各处）；Calloway 2003：第六章；Holder 1974。
79. 墨西哥城和阿卡普尔科：见第八章，Schurz 1939：371–384；Gemelli Careri 1699–1700：第六卷，5–16。
80. 1637–1641 年的火山喷发，白银的减少：Garner 2007；Atwell 2005（白银）；Atwell 2001：32，36，62–70（火山）。
81. 中国的饥荒与暴动：Parker 2008：1058–1060，1063–1065。见第五章。
82. 1500 年最大的城市：Chandler 1987：478–479；另参见 Eggiman 1999，De Vries 1984。粗略的 30 度规则（即 16 世纪初世界上最大的城市几乎都位于纬度 30 度以内）的唯一例外是北京。我调整了 Chandler 的撒哈拉以南的非洲以及美洲原住民城市的名单，他一贯低估这些城市。以下是解释。特诺奇蒂特兰：一般估计其城市圈范围内共有 100 万至 150 万人，其中特诺奇蒂特兰占的比例约为 1/5 到 1/4，这一数字不无武断之处（参考文献如 Smith，2002，57–59；Sanders 1992）。库斯科：人口数量甚至更加不确定，但是近来以西班牙殖民地统计记录（一般得出的数字较大）和考古调查（数字一般比较小）为根据的估计认为在 10 万到 20 万人。参考文献如 D'Altroy，2002，114（10 万到 15 万）；Cook，1981，217–219（15 万到 20 万）；Agurto alvo，1980，122–128（12.5 万）。加奥：数据很稀少；但是根据一份 16 世纪晚期对城市中心的房屋的普查可以得出 4 万到 8 万的人口数据，据推测这与中心区域周围的人口一样多，或者比其更多。"这个规模和人口可能听上去有些夸张……但是我们必须了解到一点，即加奥是一个占地面积 140 万平方千米的帝国的中心"（Hunwick，1999，69）。19 世纪旅行家 Henry Barth 目睹了加奥相对而言未被破坏的残骸，他估计加奥城周长大约 6 英里（Barth，1857–1859，第三卷，482）。巴黎：Bairoch、Bateau 与 Chevre 估计 1500 年其人口为 22.5 万人（该数据被 DeLong 与 Shliefer，1993，678 所引用）。Chandler（1987，159）估计 1500 年巴黎人口为 18.5 万人，他用 1467 年估计的可以被武装的男性数量（2.8 万到 3 万人）乘以 6，得到了 17.4 万人，而到 1500 年时，出于未知原因，人数增长到 18.5 万人。6 看起来很高，事实上，Chandler 在用相似的方法估计一个世纪以前的巴黎人口时使用的是 5。

83. 城市的变化：Acemoglu 等 2002。

第二章　烟草海岸

1. 引进的蚯蚓：作者与 Hale、Reynolds、Bohlen 等的访谈；Frelich 等 2006；Hendrix 与 Bohlen 2002：尤见 805–806；Reynolds 1994；Lee 1985：156–159。
2. 罗尔夫：Price 2005：154–158；Townsend 2004：88–96；Haile 编 1998：54–56；Robert 1949：6–9。偶尔有人会把纽芬兰的圣约翰称为第一座延续下来的英国殖民地，但是大多数历史学家相信那里在 1610 年前并无常住人口。
3. "喝"烟草：Ernst 1889：141–142；Apperson 2006：6。
4. 烟草的种类：Horn 2005：233；Robert 1949：7–8；Arents 1939：125；Strachey 1625：680（"辛辣味"）。黄花烟草劲道大到会产生幻觉作用，无疑有一些殖民者沉溺于此。Thomas Hariot 说，吸烟会带来"许多稀奇而美妙的体验"[Hariot 1588：(17)]。
5. 罗尔夫与烟草：Arents 1939:125。另参见 Hamor 1615:820,828（"甘甜，浓郁"）；A. d. Velasco 于 1611 年 5 月 26 日致西班牙国王的信，收录于 Brown 1890：第一卷，473。
6. 英格兰的烟草热：Laufer 1924b：3–48；"C. T." 1615：5（白银）；Rich 1614：25–26（7 000 家烟馆）。

7. 烟草出口：欲查询出口数字，请见下文。桶的大小：作者对詹姆斯敦考古现场的访问。
8. 压舱物：虽然现在已经将船舶压舱物视为生物引进的一个主要来源（如，Bright，1988，167），但是对其进行的研究却很少。根据一本 19 世纪的航海教科书，压舱物通常由“铁、石头或沙砾和一些类似的物质”组成，然而“在一些殖民地或其他的港口里，只有沙子”（Stevens，1894，75–76）。
9. 作为工程师的蚯蚓：Darwin 1881（“低组织化生物”，313）；Edwards 2004：4（虫群的庞大数量，土壤的周转速率）。
10. 冰期与虫类：James 1995。冰期的寒冷气候并未杀死所有北美洲的虫类。但是现在北美洲所有常见的蚯蚓都是引入物种，大多数来自欧洲和日本。
11. 引入蚯蚓的生态学影响：作者对 Hale 的访谈；Frelich 等 2006：1239，1236，1238（土壤密度），1237（对营养物质的影响），1241（排泄物），1241（林下植物）；Bohlen 等 2004a：8（营养物）；Bohlen 等 2004b：432（清除了林下植物）；Migge-Kleian 等 2006（无脊椎动物、哺乳动物、鸟类和蜥蜴的减少）。普通蚯蚓（L. terrestris）的特殊影响：Proulx 2003：18；Tiunov 等 2006。红蚯蚓（L. rubellus）的影响：Bohlen 等 2004b：432；Tiunov 等 2006：1226。蚯蚓可能助长外来物种的侵略（Heneghan 等，2007）。
12. 殖民地的目标：Horn 2005：41–42，55–56，80–81；Price 2005：21–22，75–76。殖民者们收到的指令要求他们寻找“一切矿产”，并在一条从西北方流来的河流上建立营地，“这样你们就能以最快的速度找到另一片海”。（Haile 编 1998：19–22）公司章程（McDonald 编 1899：1–11）在生存和自卫之外只涉及 3 件事：转化原住民使其改信基督教）、获取“金、银和铜”和与“其他任何国家”的贸易。某种程度上，英国人根据一个以前去过北美的英国旅行者的说法而相信北美存在金银矿藏（Ingram 1883；DeCosta 1883）。
13. 第一个代议制团体和第一批奴隶：见下文。
14. 詹姆斯敦登陆：Bernhard 1992：600–601；Billings 1991：5；Kelso 2006：14。殖民者的数目存在争议。Bernhard 与 Kelso 赞成 George Percy（Haile 编 1998：98）的观点，认为有 104 人（出航时 105 人，1 人途中死亡）。但 Kelso 与 Straube（2004：18）和 Kupperman（2007：217）采用的是 108 这个数字；Price（2005：15）称这个数字“大约是 105”。
15. 詹姆斯敦的居民：造访詹姆斯敦考古现场的访客们发现了“詹姆斯敦居民”的名单。同样的记述也可见于维基百科和新闻杂志的头条报道（Lord，2007）。
16. 切那科莫科（Tsenacomoco）：该词有不同的拼写方法，包括 Tsenacomacah、Tsenacommacah 和 Tsenacommacoh。我沿用了 Fausz 1977：68–70 中所用的“帝国”

一词。

17. 起初的 6 个村庄：Strachey 1612：615。要了解波瓦坦的建筑物，参见 Rountree 2005：第四章；Fausz 1977：56–68。
18. 波瓦坦的统治边界：Hatfield 2003：247；Rountree 2005：40；Turner 1993：77。
19. 1607 年切那科莫科的面积和人口：在 Thomas Jefferson（1993：220）第一次对其人口进行估算（8 000 平方英里，8 000 人）之后，这个问题在学术界就引起了争论。最近的估计包括：Feest 1973（14 300~22 300 人）；Turner 1973（7 160 平方英里，10 400 人）；Fausz 1977：60（“大约 1.2 万人”）；Turner 1982（6 332 平方英里，12 940 人）；Rountree 1990：15（6 370 平方英里，13 000~14 300 人）；Rountree 与 Turner 1994：359（“略小于 6 500 平方英里”，“大约 13 000 人”）；McCord 2001（“稀少”的人口）；Hatfield 2003（大约 6 200 平方英里）；Turner 2004（13 000~15 000 人）；Horn，2005：16（“大概 15 000 人”）；Rountree 2005：13、40（“大约 15 000 人”）。这里我采信 Rountree 和 Horn 的说法。
20. “（比）西欧（一些地区还稠密）”：Williams 1989：33。
21. 作为人名和地名的波瓦坦：Rountree 1990：7；Rountree 2005：33。Allen（2003：64–67）揭示了这个名字的衍生过程。他的臣民们用他的常用名 Wahunsenacawh 来称呼他（Strachey 1612：614）。
22. 波瓦坦的首都及波瓦坦的住所和外貌：作者对考古现场的访问；Gallivan 等 2006（地理情况）；Gallivan 2007；Smith 2007a：17，22（“言表”），53–54；Smith 2007b：270（“地窖”），296–297（珍珠，座椅）；Strachey 1612：614–619（“国王的房子”，615）；Rountree 2005：29–35。
23. 缺乏驯化过的动物：Strachey 1612：637；Crosby 1986：172–194；Diamond 1999：160–175。波瓦坦与其他北美东部的印第安人一样只有狗与鹰，而且后者还未被驯服（Anderson 2004：34–37）。
24. 驯化的标准，驯化动物的列表：E. O. Price 2002；Mason 编 1984。鸟类的数字存在争议，问题在于诸如长尾鹦鹉和金丝雀这样的饲养于笼子内的鸟类是否属于被驯化动物。
25. 英格兰的风貌：Anderson 2004：84–90。
26. 原住民的农业方法：Smith 2007b：279；Strachey 1612：676–677；Spelman 1609：492。
27. 印第安人的玉米地面积：Maxwell 1910：73；Smith 2007b：284（“他们的田地或者说园圃有的有 20 英亩，有的是 40 英亩，有些 100 英亩，有些 200 英亩”）。Strachey（1612：626）提及“（一个镇子里）有许多土地被开垦”，殖民者们“不费力气”就能在“两三千英亩土地上开辟葡萄园”或者种植玉米。Edward

Williams（1650：13）认为殖民者没有必要为开辟森林所需的劳力感到担忧，因为“面积巨大的由印第安人开垦出来的土地已经被我们所控制了”。学术圈的概述包括 Rountree 等 2007：34–35，41–42，153。Rountree（1990：280）通过引用 Strachey（1612：636）的另一幅图片证明了大多数土地的边长为 100 到 200 英尺。Strachey 还说，每株植物之间隔着“4~5 英尺”，而且“一般”长着两个小小的谷穗，也就是说一片 150 英尺 × 150 英尺的土地能够收获约 3 000 个谷穗，这些粮食足够一栋房子里的“6~20”人吃一两个月（1612：636，676）。当时的玉米穗比现代的普通玉米穗的一半还小。在人类学编年史中，人们很少看到有人能不辞劳苦地开垦谷物田却没办法将其用作主要食物来源的现象。而 Strachey 的较小的估计值正显示了这一点。

28. 栅栏，（田地周围）不存在栅栏：Rountree 2005：42；Rountree 与 Turner 1998：279；Rountree 等 2007：38。
29. 栅栏的意义，英格兰的驯化动物：Anderson 2004：78–90。
30. “未使用”土地的利用以及这些土地上面的植物：Rountree、Clarke 与 Mountford 2007：42；Rountree 2005：9，56；Rountree 1993a：173–174。
31. 河狸的影响：Hemenway 2002；Naiman 等 1988。曾经存在一种欧洲河狸，但是英国的河狸已经因为捕猎而灭绝。
32. 茯苓：作者对詹姆斯敦的访问；Smith 2007b：276，391；Rountree 等 2007：43–44，124；Rountree 2005：12，1990：52–53；Strachey 1625：679。
33. 从海上都能看到的烟和火：De Vries 1993：22（“然后再看到”）；Bigges 1589：38（“在这一整条海岸上，大火是十分寻常的”，132）。
34. 印第安人通过火焰捕猎：Smith 2007a：14（“树林中”）；Mann 2005：248–252；Williams 1989：32–49；Krech 1999：104–106；Byrd 1841：80–81。
35. 原住民烧荒的影响：Miller 2001：122；Wennersten 2000：第十三章至第十五章；Pyne 1999（“变成了金属”，7），1997a：301–308，1997b，1991（“旅行走廊”，504）；Pyne 等 1996：235–240；Rountree 1993b：33–38（道路）；Hammett 1992；Williams 1989：32–49；Byrd 1841：61（“烧毁一切”）；White 1634：40（“穿行无碍”）。和 White 一样，John Smith 坚持认为“人可以在这些树林里策马奔腾”（2007b：284），就像马里兰的一位 17 世纪编年史作者写的一样［“大多数地方的树林的树下部分空空荡荡，所以一个人可以在马背上去到任何地方”（佚名 1635：79）］。弗吉尼亚森林的树下部分十分空旷，以至于 William Bullock 在第一次造访那里之前就说，人们在弗吉尼亚可以“在森林里（看到）大约 1.5 英里远，以及那个距离上的树丛，你可以在最茂密的地方驾车，不会碰到高高的树枝”。（Bullock 1649：3）。詹姆斯敦殖民者们第一眼看到的就是一大片被火烧出来的空地（Percy 1625? : 90–91）。

36. 混杂拼凑的生态区域：Rountree 1996 : 4–14。

37. 史密斯在《真实游历》之中的经历：Smith 2007c（早年经历，689–694；“前往罗马”，693；“谋略”，696；“……之徒”，703；一场打斗，704–706；奴隶经历，717–718；“他的脖子”，720；“打破头”，逃脱与旅程，730–733；在非洲做海盗，741–743）。另参见 Kupperman 编 1988 : 引言。

38. 对史密斯的怀疑和支持：Adams 1871；Fuller 1860：第一卷，276（“自己所说”）。亚当斯（Adams）的动机：Rule 1962（“贵族”，179）。对怀疑的驳斥：Striker 1958；Fishwick 1958；Striker 与 Smith 1962（“Al Limbach”，478）；Barbour 1963；Kupperman 编 1988 : 2–4。一首脍炙人口的讽刺诗——《约翰船长传奇》——于 1630 年问世，它嘲笑了史密斯自吹自擂的行为。

39. 史密斯激怒了社会贤达：就像现代的民粹主义者一样，史密斯对因政治而互相联系在一起的绅士们，比如说殖民地的领袖们所占据的“议会、请愿组织、海军领袖、书记员、翻译员、史官、上诉法院和治安法官”大加嘲讽。作为回应，他们就对他进行声讨［Wingfield 1608? : 199–200；Percy 1625? : 502；Ratcliffe（收录于 Haile 编 1998 : 354）；Archer（同前：352–353）］。Kuchta（2002 : 37–39）描述了推动通过新节约法令的尝试。珀西对干流的描述见 Nicholls 2005 : 213–214。

40. 史密斯对于被捕的描述：Smith 2007b : 316–323（“救了他一命”，321；“饿死”，323）。

41. 对波卡洪塔斯故事的怀疑：两种互相有差异的叙述分别出自 1608 年（Smith 2007a）和 1624 年（Smith 2007b）。深得我心的观点来自 Rountree，Rountree（2005 : 76–82）认为波卡洪塔斯最多也只不过是在波瓦坦认史密斯为其附庸的仪式上起到了一定作用（Horn 2005 : 66–71；Kupperman 2007a : 228；Allen 2003 : 46–51；Richter 2001 : 69–78）。出于相思而出手救援史密斯的人被 Townsend（2004 : 52–54）和史密斯自己（2007b : 203–204）记录下来了。相关的电影包括《新世界》（*The New World*，2005）、《波卡洪塔斯》（*Pocahontas*，1995）以及《约翰·史密斯船长与波卡洪塔斯》（*Captain John Smith and Pocahongtas*，1953）。流行的说法在是否接受这一故事上存在分歧（Price 2005 : 59–69，241–245；Horwitz 2008 : 334–337）。

42. 史密斯的故事掩盖了真实发生的事情：Kupperman 2007a。

43. 英国君主的债务以及强制贷款：Homer 与 Sylla 2005 : 122；Croft 2003 : 71–82；Scott 1912 : 第一卷，16–27，52–54，133–140。

44. “为邪恶服务的奴隶”：Barlow 1681 : 2–6（所有引文）。这是通行最广的对教皇 1570 年发布的谕令《至高权柄》（*Regnans in Excelsis*）的 17 世纪译本。

45. 西班牙殖民地：早于詹姆斯敦的西班牙人入侵包括圣·米盖尔·德·瓜尔达普［San Miguel de Gualdape，1525 年建立，可能在南卡罗来纳（见第八章）］，圣罗莎岛（Santa Rosa Island，1559 年建立，在佛罗里达狭长部分的外海），圣奥古斯丁（San Agustín，1565 年建立，即现在佛罗里达州圣奥古斯丁市），加塔利（Guarati，1566 年建立，在南卡罗来纳），圣安东尼奥（San Antonio，1567 年建立，在佛罗里达西南部），特奇斯塔（Tequesta，1567 年建立，在佛罗里达东南部），Ajacán（1570 年建立，在詹姆斯敦附近），圣佩德罗·德·莫卡马（San Pedro de Mocama，1587 年建立，在现在佐治亚—佛罗里达边界附近一座小岛上），圣卡塔琳娜·德·加勒（Santa Catalina de Guale，16 世纪 90 年代早期建立，在另一座佐治亚小岛上），托罗马托（Tolomato，1595 年建立，在佐治亚州海岸上），圣克拉拉·德·提皮基（Santa Clara de Tipiqui，1595 年建立，在同一州海岸上），塔拉颇（Talapo，1595 年建立，在同一州海岸上），圣多明各·德·阿萨（Santo Domingo de Asao，1595 年建立，在同一州海岸上），圣佩德罗·圣帕布洛·德·普图里巴托（San Pedro y San Pablo de Puturiba，1595 年建立，与圣佩德罗·德·莫卡马在同一座岛屿上），San Buenaventura de Guadalquini（1605 年建立，在另一座佐治亚海岛上），圣约瑟夫·德·萨帕拉（San Joseph de Sapala，1605 年建立，在另一座岛屿上）。这一名单并不完整；有的时候文献来源在正确拼写以及准确的建立时间上有所差异。要进一步查找关于 Ajacán 的细节，参见 Lewis 与 Loomie 1953。在詹姆斯敦建立以后还建立了更多的殖民地，其中就有圣塔菲（Santa Fe）。
46. 新法兰西的殖民地：王家查尔斯堡（Charlesbourg–Royal，1542 年建立，在圣劳伦斯河畔），查尔斯堡（Charlesfort，1562 年建立），卡洛琳堡（Fort Caroline，1564 年建立），黑貂岛（Sable Island，1598 年建立），王家港（Port-Royal，1605 年建立）。魁北克于 1608 年建立，比詹姆斯敦晚一年。
47. 哈克里特：Hakluyt 1584：第四章（“每日可见的海盗行径”），第一章（所有其他引文）。
48. 美洲与中国：见下文。
49. 合股公司：标准历史见 Scott 1912。对公司作为一种分散风险的手段而起源的简要解释包括了：Kohn（即将出版）：第十四章；Brouwer 2005。重要的一点是，合股公司使得投资者们作为一个整体，在申请外贸所需的王室特许权时与王室进行谈判。作为个人的单个投资者没有什么手腕；而联合起来之后，他们就不那么容易受到王室的刁难了。感谢 Mark Plummer 令我受益匪浅的会谈。
50. 兰德斯与诺斯：Landes 1999（“耐心和坚持”，523）；North 与 Thomas 1973（制度安排，“现象”，1）。关于此有时容易引起争辩的传统的其他作品还包括 Gress

1998、Lal 1998 和 Jones 2003。

51. 在詹姆斯敦之前的 10 家合股公司：这一数字指的是在 Scott 1912：第二卷中提到过的公司。我并没有将采矿业的合伙公司算进去，但包括了罗利（Walter Ralegh）的殖民冒险行为（见下文）。当时的大多数大规模欧洲贸易是由商业家族和王室垄断事业所控制的；比如说“商人行会”（Merchant Guild），这是一个由塞维利亚商业家族组成的依附于国家的机构，它长期控制了西班牙的美洲贸易。一个部分意义上的例外是荷兰东印度公司，这是一个由 6 家商业企业组成的财团，尼德兰的 5 个省的政府选派一群监察员对其进行监督。查阅商人行会和互相敌对的英国东印度公司与荷兰东印度公司的资料，分别参见 Smith 1940：第六章，Bernstein 2008：第九章。

52. 先前的 4 块殖民地：汉弗莱·吉尔伯特的冒险（由于吉尔伯特的船只在 1583 年的一次侦察任务中沉没而取消）；缅因州的波帕姆殖民地（Popham，1607–1608）；以及在罗阿诺克的两次殖民尝试（1586–1587；1587–？）。在罗阿诺克的时候，罗利并没有创立合股公司，却通过一种非正式然而与其类似的安排来筹集资金（Trevelyan 2004：54，81，114，138）。波帕姆殖民地在詹姆斯敦之后才开张，但是我也将其列为弗吉尼亚公司所组织的先行活动之一。

53. 罗阿诺克殖民地：Horn 2010；Kupperman 2007b；Oberg 2008；Donegan 2002：第一章；Fausz 1985：231–235；Quinn 与 Quinn 编 1982。Quinn 1985 留下了历史记录，而所有其他著作都是在此基础之上写成的。流行的说法包括有趣的 Horwitz 2008：第十一章。

54. 罗阿诺克将烟草引入英格兰（注释）：Laufer 1924b：9–11（“烟雾”，10）。

55. 弗吉尼亚公司对西班牙的看法，切那科莫科：Billings 编 1975：19–22（引文在 19–20 页）。

56. 塔森塔萨斯：Rountree 2005：6。其用法可参见 Hamor 1615：811。

57. 詹姆斯敦半岛，选址的问题：作者的访问；作者对 William Kelso 和 Greg Garman 的采访；Smith 2007b：389（水井）；Barlow 2003：22–25（陨石坑）；Rountree 1996：18–29（印第安人占据了最好的土地）；Earle 1979：98–103（“盐中毒”，99）；Strachey 1625：430–431；G. Percy 1607（？）。观察报告：收集自英国人关于弗吉尼亚南方殖民地的演讲，1606，收录于 Haile 编 1998：85–100（“污物”，100）。选择了最好的土地的说法一直流传了下来。休·琼斯牧师在 1724 年写到弗吉尼亚的时候说，“无论我们见到哪块印第安人曾经居住过的田野或者什么地方”，“我们肯定那是最好的土地”（引于 Maxwell 1910：81）。

58. 干旱：Stahle 等 1998。一群考古学家和树木年代学家（研究年轮的科学家）检查了弗吉尼亚的长寿柏树。由于多雨年份长出的年轮宽于干旱年份，科学家们告诉我们，1606~1612 年的干旱是几个世纪以来最严重的一次。

59. 38 个幸存者：Smith 2007b：323，406；Bernhard 1992：603；Earle 1979：96–97；Kupperman 1979：24。

60. 波瓦坦的态度：Rountree 2005：143–147；Fausz 1985：235–254；Fausz 1990：12（“无知”）；Percy 1625?：505（“狐狸”）；Strachey 1625：419（落单者）。通过中间人，波瓦坦使得储存食物的威胁变得十分明显（Smith 2007b：388）。弗吉尼亚议会（The Council of Virginia）清楚地了解到这一危险（1609：363）。另参见 West 等 1610：457。

61. 史密斯掌权：Smith 2007b：314–396（“很有可能”，341）；Horn 2005：59–100。史密斯自称（2007b：392）他任内只有 7 人死亡。

62. 殖民地规模突破 200 人：两群人于 1608 年抵达，“第一次补充”1 月到达（100 人或 120 人，Horn 2005：75；“近百人”，Smith 2007b：324）；“第二次补充”的到达时间依文献来源不同而不同，可能是 9 或 10 月（70 人，Horn 2005：104；稍多于 70 人，Smith 2007b：358）。第一次补充将总数变为 138~158 人，但是当年夏天的死亡人数将总人数减到大约 130 人；第二次补充将其变为近 200 人（Bernhard 1992：603）。

63. 史密斯炸到自己：Smith 2007b：402；Percy 1625?：502。Horn（2005：169–170）推断这是一次有预谋的谋杀案，但是这看上去不太可能；史密斯的敌人们对他仍有所求。人们通常将他无嗣的事情与腹股沟处所受的严重的火药烧伤联系起来。

64. 船队到达，史密斯去职：Glover 与 Smith 2008：第四章；Smith 2007c：第十二章；Horn 2005：第六章；G. Archer 于 1609 年 8 月 31 日寄出的信，收录于 Haile 编 1998：350–353；J. Ratcliffe 于 1609 年 10 月 4 日致 R. Cecil 的信，收录于同书 354–355 页。

65. “第一次印第安战争”：Smith 2007c：第十二章；Morgan 2003：79（史密斯的看法）；Fausz 1990（“第一次印第安战争”）；Percy 1625?：503–304（所有引文）。

66. “饥荒期”：Glover 与 Smith 2008：第七章；Smith 2007b：411–412（波瓦坦停止供应食物）；Horn 2005：174–177；Price 2005：126–129（王牌，127–128）；Donegan 2002：144–175；Shirley 1942（珀西的衣着，237–238）；Percy 1625?：502–508（所有引文，505）；“Ancient Planters” 1624：894–895。“饥荒期”这一词来自 Smith（2007b：411）。1609 年冬季的死亡人数：Kelso 2006：90；Bernhard 1992：609–613；Kupperman 1979：24。殖民者总数从 245 人降低到 80 或 90 人。另见弗吉尼亚总督与议会于 1610 年 6 月 7 日致弗吉尼亚公司的信，收录于 Haile 编 1998：456–457。

67. 切萨皮克的鱼类：作者对 Kelso 的访谈（鲟鱼的骨头）；Wennersten 2000：5–7，

12–13（拉下水），23–27；Pearson 1944。

68. 绅士们：Smith 2007b：404（侍从）；Morgan 2003：63，83–87（“在英格兰”，84）。

69. 罗尔夫的旅途，放弃詹姆斯敦的尝试：Glover 与 Smith 2008：第三至八章；Horn 2005：157–164，177–180；Price 2005：130–139；Strachey 1625：383–427（引文在 384、387 页）；“Ancient Planters” 1624：895–897（“至少”，897）；Somers 1610；T. West（即 de la Warre 男爵）于 1610 年 6 月致索尔兹伯里伯爵的信，收录于 Haile 编 1998：465–467；West 等 1610。

70. 1607–1624 年的总移民数及死亡数：数据来源于 Kolb 1980，Hecht 1969，Neill 1867，Thorndale（私人通信）。Kupperman 1979：24 对此做了综述，尽管逐船清点显示出她对 1607–1624 年的流入人数的 6 000 人估计值是过低的。我在此感谢 William Thorndale 与一个外行人就此材料进行讨论的友善行为。

71. 对詹姆斯敦死亡人数的清点：KB 4：148（“绝境”）；KB 4：160（“所剩无几”）；KB 4：175（“3 000 人”）；KB 4：22（“到岸”）；Percy 1625?：507（“扯了出来”）；KB 3：121（身亡）；KB 4：238［“侍从都死了”，罗斯利于 1622 年春季到达（KB 4：162，Thorndale 的私人通信），而报告死讯的日记于 6 月写就］；KB 4：234（“离开这个国家”）；KB 4：235（“送我离开”）。

72. 伯克利百：Dowdey 1962：第二章；KB 3：230（日期，登陆人数），3：207（“万能的上帝”），3：197–199（死者名单）。大体上可以参见 KB 3：195–214，3：271–274。“百”指的是许诺给每个参与冒险的合伙人的土地的面积，以英亩计算。感谢 Jamie Jamieson 带我在伯克利游览。

73. “从投资中”获得回报：Craven 1932：24。

74. 詹姆斯敦的失败冒险：Hecht 1982：103–126。

75. 波卡洪塔斯的小传、诱拐和婚姻：Smith 2007c：423–427；Rountree 2005（不穿衣服，玛陶卡，37），2001；Horn 2005：217–218；Townsend 2004：100–106；Price 2005：153–158；Dale 1615：845–846；Hamor 1615：802–809；Rolfe 1614；S. Argall 于 1613 年 6 月致“Master Hawes”的信，收录于 Haile 编 1998：754–755；Strachey 1612：630（“在堡垒里翻一圈”）。

76. 英国人的反击：Kupperman 2007a：255–259；Horn 2005：180–190；Morgan 2003：79–81（燕麦片）；Fausz 1990：30–34；Percy 1625?：509–518；Strachey 1625：434–438。

77. 最开始拒绝就波卡洪塔斯进行谈判，以及随后的条约：Smith 2007c：424–426（“盗取”，424）；Horn 2005：212–216；Rountree 2005：第十二章；Fausz 1990：44–48；Hamor 1615：802–809；Dale 1615：843–844。Argall（1613：754–755）说波瓦坦的确进行了谈判，但是 Horn（2005：213）认为他不想通过谈判而示弱的观点看

上去也有一定道理——Argall 可能夸大了他令人不快的策略的功效。

78. 被囚禁的波卡洪塔斯：Rountree 2005：第十二章；Townsend 2004：第六章；Hamor 1615：803（“不满”）；Rolfe 1614。

79. 波卡洪塔斯的第一次婚姻：Rountree 2005：142–143，166；Townsend 2004：85–88。

80. 停火以及欧佩参坎诺的计划：Rountree 2005：第十五章；Fausz 1977：320–350；Fausz 1981；Fausz 1990：47–49（“正式的胜者”，48）。许多英国人认为欧佩参坎诺在波瓦坦死前很久就已经夺取了权柄（Hamor 1615：808；Dale 1615：843）。波瓦坦并没有做出一个有序的继承计划。和李尔王一样，他在一个偏远的小村里隐居，将他的王国分给他的弟弟们。一开始，另一个弟弟掌握了名义上的最高权力（Smith 2007c：447）。很明显存在明争暗斗（KB 3：74，3：483）。最后欧佩参坎诺脱颖而出（KB 2：52，3：550–551，4：117–118；Smith 2007c：散见于 437–447，478；Rolfe 1616：868–869）。开槽的棍子：Smith 2007c：442。

81. 詹姆士一世与烟草：Laufer 1924b：17–19；James I 1604：112（“大脑”）。

82. 英格兰的弗吉尼亚烟草：Morgan 2003：107–110（劳工的工资，生产率），192–198（税收）；Hecht 1982：175–193，特别参见表 VII：4（1 000%，188）；Laufer 1924b（债务）；参见 Horn 2005：246–247，280–283；Price 2005：186–187；Wennersten 2000：40–41；Gray 1927。

83. 第一个代议团体：Horn 2005：239–241；Price 2005：189–194；KB 3：482–484（执照）。

84. 詹姆斯敦的奴隶：Kupperman 2007a：288；Price 2005：192–197；Sluiter 1997；J. Rolfe 于 1619 年致 E. Sandys 的信，收录于 KB 3：243（“二十几个”）。Hashaw 2007 年做了有趣的调查；其基础资料来源于罗尔夫（KB 3：241–248）。

85. 弗吉尼亚的烟草热，近乎饥荒：Smith 2007c：443–444（“种上了烟草”；Smith 将这段引文归为 Rolfe 和副总督 Samuel Argall）；Morgan 2003：111–113（酒馆）；Rolfe 1616：871（戴尔的命令）；KB 1：351，1：566，3：221，4：179。[弗吉尼亚公司的财务主管在 1619 年冬天说，殖民者们“因为这种不当的管理而使自己陷入即将到来的饥饿绝境之中”。（KB 1：266）]

86. 弗吉尼亚与神职人员：Glover 与 Smith 2008：62–67，221–223；Horn 2005：137–141；Donegan 2002：3–4，Fausz 1977：256–265；Crashaw 1613（“无心接受”，24–25）；Symonds 1609。克拉肖的布道词可参见 Brown 1890：（第一卷）360–375。

87. 后一轮筹资：Hecht 1969：279［已知的第一批投资人——6 个人，209 镑（未留下完整名单）］280–310（1609–1610 年的投资人）；Brown 1890：第一卷，209–228，466–469（1609–1610 年）；KB 3：79，98，317–339（1610–1619 年的一轮投资）。

并非每个名单上的投资人都出了钱（Glover 与 Smith 2008：115）。

88. 1622 年的进攻以及公司的财务状况：Rountree 2005：第十六章；Horn 2005：255–262；Fausz 1977：第五章；E. Waterhouse 1622，弗吉尼亚殖民地状况与事务的声明，收录于 KB 3：541–571；2：19（债务）；3：668；4：524–525。

89. 耕种受阻，对饥饿的新殖民者的攻击：Morgan 2003：100–102（船长的动机）；Hecht 1982：附录 2；KB 4：13，41，74，186（对种植玉米的恐惧），451，525（放弃耕作）。Fausz 的综述中提到："就在殖民地的早年，英国人在最基础、最重要的人类需求上依赖（印第安人），现在却与他们不共戴天（Fausz 1977：473）。"

90. 第二次"饥荒期"：KB 4：25，41–42，62（"地上的软土"），65（"埋葬死者"），71–75，228–239，263，524–525（超过 1 000 人死亡，相当于 2/3 的人）。不可能有准确的数字，这是因为有移民不断入境并在年内死去。

91. 下毒（注释）：Rountree 2005：219–220；KB 4：102，221–222（"ther heads"）；其他人认为死者数量为 150 人（KB 2：478）。这类背叛是很平常的（Morgan 2003：100）。

92. 英国人不能进行成功的攻击：KB 2：71，4：10（"they retyre"）。尽管他们并不想离开自己的烟草地（KB 4：451），他们还是摧毁了印第安人的部分食品仓库（KB 3：704–707，709）。

93. "他们的地盘"：Smith 2007b：494。

94. 公司的取缔：Horn 2005：272–277；Morgan 2003：101–107（"送死"，102）；Rabb 1966：表 5（20 万英镑）；Craven 1932：1–23；KB 2：381–387；4：130–151，490–497。

95. 传统的烟草种植：Percy 1625?：95；Archer 1607：114［他将一个农场描述为"100 多英亩几乎没有树，栽种着豆子、小麦（其实是玉米）、豌豆、烟草、葫芦、南瓜，还有其他我们不知道的东西"］。

96. 烟草与土地肥力耗尽：Morgan 2003：141–142（以及所有引文）；Craven 1993：15（"在南方种植烟草的地区，……耕种者几乎很难指望肥力在连续三四年的时间里都能相对较好"），29–35。殖民者们观察到"土地只能撑过 3 年"（KB 3：92；另参见 220）。Craven 论文的一些方面已经被人质疑（烟草耗尽土壤肥力的特性最后导致了农业崩溃，Nelson 1994），但是烟草种植业本身耗尽肥力的特性并不在此列。

97. 英国人得到了最好的土地并守护它：Rountree 2005：152，188，228（另参见 154，187，200，260，注 23）；Morgan 2003：136–140；Wennersten 2000：46–47（"数世纪"）。到了 17 世纪 20 年代，一些英国人将这一想法——控制土壤最肥沃的珍贵开阔地——视为行动计划（Martin 1622：708；Waterhouse 1622：556–557）。

98. 森林砍伐，水土流失：Craven 2006：27–29，34–36；Williams 2006：204–216，284–308（“例外”，294）；Wennersten 2000：51–54。

99. 引进动物以印第安人的收获物为食：Anderson 2004：101–103，120–123，188–199；Morgan 2003：136–140。

100. 猪对茯苓的影响：Crosby 1986：173–76；Kalm 1773：第一卷，225，387–388（“连根拔出”）；KB 2：348，3：118（“到树林里去”），221。

101. 蜜蜂入侵：Crane 1999：358–359；Crosby 1986：188–190（“所有人的脑海”，190）；Grant 1949：217（授粉的发现）；Kalm 1773：第一卷，225–226（“英国苍蝇”）；KB 3：532（输入物种的清单）。

102. 需要授粉的果实：开花植物要么是天然授粉，要么是生物授粉；这指的是它们是否能够通过风力为自己授粉；大多数植物同时使用两种方法。苹果和西瓜接近于光谱图的生物一极；某些桃子（但是种类并不多）的授粉可以不需要昆虫。实际情况是，所有植物都需要蜜蜂。苹果起源于中亚，桃子起源于中国，西瓜起源于北美洲。感谢马萨诸塞州惠特利（Whately，Mass.）的农民们，他们为我解释了以上道理。

103. 尼古拉斯·费拉：Skipton 1907：22–25，61–63；KB 3：83，324，340（投资）。

104. 费拉读到了布洛克（的小册子），对中国的向往：Thompson 2004。牛津大学历史学家彼得·汤普生（Peter Thompson）在费拉对烟草的反应做出概述的时候将其称为“一种不可以食用的作物，其对于国家的经济价值与其对民族的道德和名声的损害成反比”（121，所有引文来自在线版）。另见 KB 3：30；4：109–110。西班牙认为英国人在弗吉尼亚建筑一条堡垒链，从而保护中国商路：F. Maguel 于1610 年 9 月 30 日致西班牙国王的信，收录于 Haile 编 1998：447–453，原文在451–452 页。

105. 烟草在世界范围内的传播：Brook 2008：117–151（“来买烟草”，137）；Céspedes del Castillo 1992：22–48ff.；Goodrich 1938（大名的禁令，654）；Laufer 等 1930（塞拉利昂，7–8）；Laufer 1924a（日本，2–3；莫卧儿，11–14）；Laufer 1924b（教皇，56；奥斯曼人的索贿，61）。另参见第五章。在中国清太宗皇太极下达禁令 3 年之后，中国的皇帝也禁绝了这种外来植物，命令所有烟草卖家“无论所卖多少，均当斩首示众”（Goodrich 1938：650）。

第三章　有害空气

1. 抄本的发现：Varela 与 Gil 编 1992：69–76。

2. 对第二次航海的记录的翻译：C. Colón 于 1494 年 2 月致君主们的信，收录于 Taviani 等编 1997：第一卷，201–239（“间日热”，233）；J. Gil 与 C. Varela 于 1985 年 12 月 29 日致国家文献保存中心（Centro Nacional de Conservación y Microfilmación Documental y Bibliográfica）的备忘录，收录于同书：164–165（“震撼新发现”，164）。
3. 间日热：疟疾的一种不太常见的形式，它与一种 72 小时周期的三日热联系在一起。
4. 库克与疟疾：Cook 2002：375。
5. 美洲曾经没有疟疾：Rich 与 Ayala 2006：131–135（猴子的疟疾）；De Castro 与 Singer 2005；Carter 与 Mendis 2002：580–581；Wood 1975；Dunn 1965。
6. “惹上麻烦”：C. Colón 1494。《关于第二次航海的叙述》（*Relation of the Second Voyage*），收录于 Varela 与 Gil 编 1992：235–254，原文在 250。感谢 Scott Sessions 在这处翻译中对我的帮助。
7. çiçiones 的定义：作者的访谈与会议讨论（Cook 也参与了这一问题的讨论）；Covarrubias y Orozco 2006：fol. 278v；Vallejo 1944；Real Academia Española 1726–1739：第二卷，342。另参见 M. *Alonso*, *Diccionario Medieval Español*（Salamanca：Universidad Pontificia de Salamanca，1986），两卷版；J. Corominas 与 J. A. Pascual，*Diccionario Crítico Etimológico* Castellano e Hispánico（Madrid：Editorial Gredos，1980–1991），六卷版。
8. “沼泽散发的气体”：Real Academia Española 1914：753。
9. 疟疾患病人数：世界卫生组织（World Health Organization）2010（死亡人数，发病率的估计，60）；Gallup 与 Sachs 2001（经济负担）。
10. “汲取国”：Acemoglu 与 Robinson：即将出版；Acemoglu 等 2001；Conrad 1998：84（“疾病和饥饿”）。
11. 疟疾的进化：Rich 与 Ayala 2006；Carter 与 Mendis 2002：570–576。数个其他的疟原虫种偶尔也会袭击人类，但是人类的疟疾绝大多数是由间日疟原虫（*P. vivax*）和恶性疟原虫（*P. falciparum*）引起的，少量是由三日疟原虫（*P. malariae*）和卵形疟原虫（*P. ovale*）引起的。
12. 疟疾的生活史：作者对 Andrew Spielman 的访谈和电子邮件交流；Baer 等 2007；Morrow 与 Moss 2007（100 亿，1091）；Sturm 等 2006；Rich 与 Ayala 2006；Carter 与 Mendis 2002：570–576。这里我省略了很多并发症。
13. 吉克的发病：Hunter 与 Gregory 编 1988：210–225（所有引文，215）。
14. 间日疟原虫与恶性疟原虫的区别：Mueller 等 2009；Packard 2007：23–24。这两个物种有着不同的繁殖策略。间日疟原虫只会感染年轻的血红细胞，大约占到总数的 2%，但是这种感染持续很长时间。蚊子不太可能在哪一次吸血的时候就正好吸到它（疟原虫），但是有很多机会来做到这一点。恶性疟原虫会感染所有血细胞，但是时间很短。蚊子在某一次吸血时携带上它的可能性很大，但是没有多少机会这么做。

15. 温度敏感性：Roberts 等 2002：81。我极端地简化了这一问题；要获取更谨慎的计算值，参见 Guerra 等 2008：实验计划（protocol）S2。

16. 五斑按蚊：Ramsdale 与 Snow 2000；Snow 1998；White 1978；Hackett 与 Missiroli 1935。在英格兰沿海的五斑按蚊品种——小五斑按蚊，貌似对恶性疟原虫存在抗性，这是恶性疟原虫在那里十分罕见的另一个原因。

17. 排干湿地和蚊子：Thirsk 2006：15–22，49–78，108–141；Dobson 1997：320–322，343–344。尽管比较稀少，但是在排干之前仍然是存在疟疾的；比如说，Hasted 在 1500 年记载道，大主教 John Morton 死于三日疟（1797–1801：第十二卷，434）。

18. 全面排水（注释）：Dobson 1997：320–322，343–344（"猪舍"，321）；Kukla 1986：138–139（牛）。

19. 疟疾为英格兰带来的苦难：Packard 2007：44–53；Hutchinson 与 Lindsay 2006（死因）；Dobson 1997：287–367（奥布里，300；葬礼与洗礼的比值，345）；1980（死亡率，357–364）；Dickens 1978：1（"兄长"）；Defoe 1928：13（"千真万确"）；Wither 1880：139（"去那里的有钱人"）；Hasted 1797–1801：第六卷，144（"21 岁"）。1625 年的死亡数字来自《年度死亡报表选集》（*Collection of Yearly Bills of Mortality*）。我的描述十分依赖于 Dobson 的工作。

20. 从疟疾地区迁出的移民：作者与 Robert C. Anderson（大迁徙项目），弗吉尼亚古迹保护局（詹姆斯敦的殖民者），William Thorndale 的访谈记录和电子邮件交流；Dobson 1997：287（希尔内斯港）；Kelso 与 Straube 2004：18–19（詹姆斯敦，布莱克沃尔）；Fischer 1991：31–36；Bailyn 1988：11。Anderson 告诉我英格兰前往新英格兰的移民中，有"大约 15%"是来自肯特郡；Thorndale（私人通信）对于弗吉尼亚古迹保护局的单独一份档案的精确性持谨慎态度，这份档案从未被正式出版。

21. 疟原虫的潜伏：Mueller 等 2009。更糟糕的是，病人也可以成为携带者。击退这一疾病之后，人们就获得了免疫力—— 一种独特的、令人沮丧的免疫力。如果他们被一只感染了疟原虫的蚊子叮咬，"免疫力"可以极大地减轻疟疾的症状。但是它不能阻止感染过程，于是这一过程可以继续下去。

22. 四斑按蚊：Reinert 等 1997。四斑按蚊与五斑按蚊极其相似（Proft 等 1999）。事实上，他们的生活范围几乎重叠到了一起，在美国的最北边可以发现五斑按蚊（Freeborn 1923）。

23. 疟疾的传递性：作者对 Spielman 的访谈。在 2002 年 8 月，两个弗吉尼亚州北部的少年因为疟疾而入院治疗。这两个住在隔壁的病人的家距离杜勒斯国际机场不足 10 英里。县级和州级官员相信一名在杜勒斯机场搭乘国际航班的无症状旅客被一只蚊子叮咬，这只蚊子将病原体传染给了两个少年。这是 10 年来的第 10 起类似案例（作者对弗吉尼亚卫生署 David Gaines 的访谈；Pastor 等 2002）。
24. 1640 年的疟疾：作者对 Anderson 的访谈。另参见 Fischer 1991：14–17。荷兰特拉华湾殖民地的副总督在 1659 年遭受了一次典型的疟疾发作［“卧床两到三个月，有十分严重的三日热，每一天都跟死了一样……新尼德兰的所有居民都得过这种瘟疫”（J. Alrichs 于 1659 年 12 月 12 日致特拉华湾殖民地专员的信，收录于 Brodhead 编 1856–1858：第二卷，112–114）］。另见 J. Alrichs 于 1659 年 8 月 16 日致 Burgomaster de Graaf 的信，收录于同书 68–71。船只在 1640 年以后造访新英格兰地区，但是其短期访问不太可能传播疟疾。
25. 四斑按蚊与干旱的天气：作者对 Gaines 的访谈；Chase 与 Knight 2003。
26. 17 世纪 20 年代的疟疾：历史学家们一直主张，疟疾到 17 世纪 80 年代才出现在切萨皮克地区，也有可能在 17 世纪 50 年代就出现了（Cowdrey 1996：26–27；Rutman 与 Rutman 1976：42–43；Duffy 1953：204–207）。Kukla（1986：141）认为“早在 1610 年，疟疾就已经拜访了 De La Warr 总督了，他‘到了詹姆斯敦之后就得了症状严重的高热’”。但是我认为，这只不过是某种推测。
27. 适应：Morgan 2003：180–184（后来的改善）；Kukla 1986：136–137；Kupperman 1984：215，232–236；Gemery 1980：189–196（改善）；Blanton 1973：37–41；Rutman 与 Rutman 1976：44–46；Curtin 1968：211–212；Duffy 1953：207–210；Jones 1724：50（“气候”）；George Yeardley 于 1620 年 6 月 7 日致 Edwin Sandys 的信，收录于 KB 3：298（“适应”）。另参见 KB 3：124；4：103，191，4：452；Morgan 2003：158–162，180–184。
28. 苏琪·卡特：Carter 1965：第一卷，190–194（所有引文；我看得呕吐了出来。），221（死去）。
29. 仆役和奴隶的成本：Morgan 2003：66，107（契约仆役的偿债方式）；Menard 1977：359–360；美国人口统计局（U.S. Census Bureau）1975：第二卷，1174。Coelho 和 McGuire 用相似的数字估算出，一个仆役要补偿其买价，每年需要赚 2.74 英镑，而一个奴隶则需要赚 3.25 英镑。的确，仆役最后会摆脱与雇主的雇佣关系（Menard 只考察了契约期剩余 4 年以上的仆役）。但是奴隶的永久性的优点不经过许多年的时间是不能显现出来的——并且死亡率很高的切萨皮克湾并不是一个人们能够寻求长期利益的地方。这类计算忽略了出售或者役使奴隶子女的利润。然而很少有证据能证明奴隶主最开始就认识到这种可能性（Menard 1977：

359–360）。

30. 亚当·斯密与奴隶制：Smith 1979：第一卷，99［“由奴隶完成”（第一册，第八章，41）］；第一卷，388［“专制”（第三册，第二章，130）］。另参见第一卷，387（第三册，第二章，9）；第二卷，684（第四册，第九章，47）。
31. 英格兰奴隶：Guasco 2000：90–127（奴隶人数，102，122）。西北非在1580–1680年有大约3.5万名欧洲奴隶（Davis 2001：117）。Davis使用每年死亡率24%~25%的估计数值进行计算，得出了这一时期中共有85万名被捉的欧洲人。保守猜测认为每年平均有2 000人被捉。使用Davis的死亡比例，这就意味着1580–1680年共有48 571名英格兰奴隶，所以说是“数万人”。Hebb（1994：139–140）估计在1616–1642年有8 800名英格兰人被奴役，换算到整个时期里就是25 000人。比英格兰人更多的是西班牙人和意大利人。普利茅斯：Laird Clowes等1897–1903：第二卷，22–23（“在1609–1616年，不少于466艘英格兰船只被海盗俘获，这些船的船员都沦为奴隶”）。
32. 罕见但合法的英格兰奴隶制：Guasco 2000：50–63；Friedman 1980。囚犯奴隶被送到英格兰不多的几艘桨帆船上。
33. 契约仆役：Galenson 1984（1/3~1/2，1）；Gemery 1980：特别参见表A–7。大多数被送到了弗吉尼亚，所以其比例要更高，可能“超过75%”（Fischer 1991：227）。另参见Tomlins 2001；Menard 1988：105–106。
34. 1650年的奴隶：McCusker与Menard 1991：表6.4；美国人口统计局（U.S. Census Bureau 1975）：第二卷，1168。
35. 17世纪80年代转向奴隶制，英格兰崛起为最大的蓄奴国：作者对Anderson，Thornton的访谈。人数：Berlin 2003：表1；美国人口统计局（U.S. Census Bureau）1975：第二卷，1168。经济学：Menard 1988：108–111，1977；Galenson 1984：9–13。另参见Eltis与Richardson 2010；Eltis等2009–。
36. 奴隶贸易的规模和盈利：Eltis与Engerman 2000（“吨位”，129；占GDP的比重，132–134；原材料，138）。Etis和Engerman认为利润并不适应产业的发展，所以这一产业在工业革命中并未起到特殊的作用（136）。这与Blackburn的结论相矛盾，后者认为“对奴隶种植园的贸易帮助英国资本主义向工业化和全球霸主的方向做出突破”（1997：572）。
37. 无主土地与奴隶制：Smith 1979：第二卷，565［“前主人”（第四册，第七章，§b，2）］，Domar 1970。“开阔的空间展示出了一种双峰分布：大批自由的或者被强迫的劳工”（J.R.McNeill，私人通信）。Morgan（2003：218–222）观察到农民通过购买大片土地来“解决”这一问题。
38. 充当奴隶制诱因的契约仆役的价格上升：Morgan 2003：第十五章；Galenson

1984。Morgan 将发生在弗吉尼亚 Galenson 的契约仆役短缺所引发的价格显著上涨归因于英格兰的劳动力短缺。

39. 小冰期对苏格兰的影响：Lamb 1995：199–203；Gibson 与 Smout 1995：164–171；Flinn 编 1977：164–186。

40. 巴拿马的苏格兰人：在此我依靠 McNeill（2010：106–123）的详尽描述（“巴拿马”，123——我在征得 McNeill 同意之后，轻微改动了他的措辞）。早先的研究也是有用处的，但是用 McNeill 的话来讲，它们没有引起“流行病学方面的注意”（106）。

41. “世界”：Bannister 编 1859：第一卷，158–159。

42. 卡罗来纳的建立：Wood 1996：13–20。

43. 密西西比人组成的邦联（部落联盟）：Snyder 2010：第一章；Gallay 2002：23–24。

44. 波瓦坦、部落联盟和殖民地的奴隶制：Smith 2007b：287–288，298（例子）；Rountree 1990：84，121（波瓦坦）；Snyder 2010：35–40（东南部）；Woodward 1674：133（将奴隶卖到弗吉尼亚殖民地的印第安人）。另参见 Laubrich 1913：25–47。

45. 燧发枪 vs火绳枪：Snyder 2010：52–55；Chaplin 2001：111–112；Malone 2000：32–35，64–65。

46. 西班牙人对卡罗来纳的袭击：Bushnell 1994：136–138。

47. 卡罗来纳奴隶贸易：我概述了 Gallay 2002 中的论证。另参见 Snyder 2010；Bossy 2009；Laubrich 1913：119–122。

48. 贸易的经济学：Snyder 2010：54–55［160 张鹿皮，“极大地”（引自 Thomas Nairne）］；Gallay 2002：200–201（人口数字），299–308（出口量估算），311–314（价格）。

49. 马萨诸塞和新奥尔良（注释）：Gallay 2002：308–314（法国）；Laubrich 1913：63–102（法国），122–128（马萨诸塞）。

50. 奴隶进口禁令：Gallay 2002：302–303（所有引文）。

51. 卡罗来纳与疟疾：McNeill 2010：203–209；Packard 2007：56–61；Coclanis 1991：42–45（超过四分之三）；Wood 1996：63–79（人口，152）；Silver 1990：155–162；Dubisch 1985（死亡率的季节差异，642）；Merrens and Terry 1984（“寒战”，540；“医院”，549）；美国人口统计局（U.S. Census Bureau）1975：第二卷，1168；Childs 1940（疟疾的到来，第五、六章）；Ashe 1917：6（“面色红润”）；Archdale 1822：13。佐治亚发生的情形也与其在某种程度上类似，佐治亚在 1733 年以自由殖民地的身份创立（奴隶制被禁）。维生素 C 缺乏病、脚气病和痢疾十分常见，这些疾病都与不合宜的或者受到污染的食物有关。感染病却不是这样。这个殖民地在 1752 年成为王家领地。奴隶制得到允许。疟疾和黄热病很快随之而来。不久，不依靠奴隶在这里务农就变得十分艰难了。随着欧洲人幸存下来并获得了免疫力，死亡率降低了。但是疾病并未走远。在19世纪20年代，南卡罗来纳州的白人仍然会死于间歇的、间隔的、胆汁的、农村的热病——这是当时用于表示疟疾的术语——而这一死亡率比黑人要高4倍（Cates 1980）。

52. 印第安人因病死亡：Snyder 2010：65（契卡索人），101–102（查丘玛人），116（“不幸部落”）；Gallay 2002：111–112（夸保人）；Laubrich 1913：285–287；Archdale 1822：7（“应付”）。
53. 达菲阴性：Louis Miller 致作者的电子邮件；Webb 2009：21–27；Seixas 等 2002；Carter 与 Mendis 2002：572–574；Miller 等 1976。
54. 镰状细胞：作者与Spielman的访谈和电子邮件往来；Carter 与 Mendis 2002：570–571；Livingstone 1971：44–48。
55. 作为奴隶制中心的免疫力：Webb 2009：87–88；Coelho 与 McGuire 1997；Wood 1996：第三章；Dobson 1989；Menard 1977。一些经济学家认为，在适应新英格兰气候的作物中并没有多少规模经济可言。但是在弗吉尼亚的皮德蒙特（Piedmont），大种植园里使用大批奴隶来种植小麦。其他人认为，非裔没办法逃跑，因为他们的长相实在太与众不同。显而易见的反驳意见是——奴隶并不总是逃跑，而无论如何契约仆役都会被文身，这是一种已经用于罪犯身上的措施。最后，疾病起到了作用。“在疾病面前，原住民劳动力供给损失殆尽，欧洲人在新的疾病环境中的脆弱以及黑人对热带疾病的明显抵抗力导致了非洲奴隶的大量进口和使用”（Dobson 1989：291）。
56. 恶性疟原虫的到来：Rutman 与 Rutman 1980：64–65；同前 1976：42–45。
57. 死亡率的对比：Curtin 1989；1968：203–208（48%~67%，203；“欧洲人的……”，207）；Hirsch 1883–1886：第一卷，220（安的列斯群岛的疟疾）。许多原始数据可以参见 Tulloch 1847，1838。
58. 疟疾的地理学：我的讨论根据的是 McNeill 2010；Webb 2009：第三章；Packard 2007：54–78。
59. 恶性疟原虫分界线：作者对美国国家气象局（National Weather Service）的访问见闻（温度）；Strickman 等 2000：221。
60. 种植园与（美国）南方：Breeden（1988：5–6）对这一论战进行了概述。据推测，塔拉庄园位于佐治亚州。
61. 棘手的疟疾区：Duffy 1988：35–36；Faust 与 Hemphill 1948：表1。得克萨斯有更多的疟疾病例，但是也有更多人口。
62. 四斑按蚊的栖息地与房屋：作者对 Gaines 的访谈；Goodwin 与 Love 1957。山峦不需要很高耸；医学研究人员 Walter Reed 观察到，住在华盛顿特区高地上，距离波托马克河只有200~250英尺的人们很少得疟疾，而“住在紧邻波托马克河和安纳考斯迪亚河的低地的人们则每年都受疟疾的袭扰”（Gilmore 1955：348）。另参见 Kupperman 1984：233–234。

63. 疟疾与文化：Rutman 与 Rutman 1980：56–58（所有引文）；Dubisch 1985：645–646。Fischer（1991：散见于 274–389）对弗吉尼亚的风俗做了更详尽的描述。

64. 起初对于（非洲人对疟疾的）免疫力并无认识：Wood（1996：83–91，引文在 91 页）和 Puckrein（1979：186–193）认为对疟疾的抵抗力“对于加强奴役非洲人的合理性一定有很重要的意义”，他们试图发现卡罗来纳的殖民者对非洲人的这种看法。然而相反，Rutman 和 Rutman“在弗吉尼亚未发现任何证据来证实 Wood 的论点”（1976：56）。大多数历史学家赞同 Rutman 们的观点，并相信殖民者对非洲人的抵抗力的看法是在转向奴隶制之后才形成的，而不是在此之前。

65. 马萨诸塞的疾病，奴隶制：Romer 2009（8%，118）；Dobson 1989：283–284（健康）；《马萨诸塞自由法典》（Massachusetts Body of Liberties）1641 年版：第 91 条（在网络上有许多来源可见）。

66. 巴西与阿根廷奴隶制的对比：Eltis 等 2009–（220 万）；Chace 1971（22 万到 33 万奴隶，107–108；阿根廷未建立起非洲文化，121–122；一半阿根廷人有非洲人血统，126–127）；Alden 1963（里约热内卢和圣保罗的一半人是非裔）。Eltis 等人认为进入拉普拉塔河各港口的奴隶总数为 75 000；Chace 解释称，这只是登记注册过的“货物”，忽略了远超于此规模的非法进口奴隶的人数。到 19 世纪末，巴西的伟大作家 Euclides da Cunha 为他祖国的混血遗产而欢呼（Hecht：即将出版）；但同时阿根廷的“八 O 一代”（从 1880 年开始统治阿根廷的一个小集团——译者注）则将阿根廷吹嘘为“南美洲唯一一个白人大国”（Chace 1971：2）。

67. 黄杰克：本节的大量内容来源于 McNeill 2010。

68. 糖业进入巴巴多斯：McNeill 2010：23–26；Emmer 2006：9–27；Davis 2006：110–116；Blackburn 1997：187–213，231–239（奴隶价格，230）；Sheridan 1994：第七章，特别参见 128–130；Beckles 1989；Galenson 1982（奴隶价格）。我对让我进入种植园参观糖业生产的巴西庄园主表示感谢。

69. 第一次黄热病大暴发：McNeill 2010：35，64（“人口”）；Beckles 1989：118–125；Findlay 1941（6 000 人死亡和检疫措施，146）；Ligon 1673：21，25（“亡人”，21）。

70. 制糖业的传播，加勒比海地区的生态掠夺：McNeill 2010：23–33（“不适合耕种”，29）；Watts 1999：219–231，392–402；Sheridan 1994（生产与人口的数据，100–102，122–123）；Goodyear 1978：15（古巴）。Ligon（1673）报告称，当第一批欧洲人在巴巴多斯登陆的时候，这座岛屿“长满了树木，以至于找不到适合人居住的空地或者草地”。（23）

71. 淡色按蚊：Grieco 等 2005（对恶性疟原虫不敏感）；Rejmankova 等 1996（在海藻上滋生）；Frederickson 1993（习性）。Frederickson 认为，它叮咬牛的倾向“大约比人类高 1.6 倍到 2.1 倍”（14）。加勒比海地区的养牛业逐渐被制糖业取代的过程增加了疟疾的风险。

72. 第四次航海：在哥伦布第四次美洲航海（1502–1504 年）的过程中，他被迫将破破烂烂、进水下沉的船舶搁浅到牙买加岛上，此时他的航海生涯事实上就已经结束了。为了从圣多明各获得帮助，他要求一位他信赖的副官——迭戈·门德斯（Diego Mendez）划着独木舟航行 120 英里去伊斯帕尼奥拉岛。在夏季加勒比海的一段痛苦旅途之后，门德斯一群人成功地靠岸了。大多数人疾病缠身，无法继续前往圣多明各，埃尔南后来这么写道。尽管如此，门德斯还是“弃舟，沿着伊斯帕尼奥拉岛的海岸线前行，在受到三日热的侵袭时”（Colón 2004：322）。

73. 对疟疾和黄热病有利的环境变化：McNeill 2010：48–50，55–57；Webb 2009：69–85ff.；Goodyear 1978：12–13（罐子）。

74. 有着危险环境的加勒比海地区：McNeill 2010：65–68；Webb 2009：83（“无免疫力的人”）；Curtin 1989：25–30，图 1.2，表 1.5。比第一批英格兰殖民者晚来 20 年的 Ligon（1673：23）在巴巴多斯发现“第一批到这里的人现在没有多少，也许没有一个人还活着”，这可能是夸张。正如 Ligon 所说，能待上一年的殖民者不是很多。但是这不是因为他们死掉了。很多人逃到了更加健康的地方——比如说弗吉尼亚（Sheridan 1994：132–133）。

75. 疟疾进入亚马孙地区：Cruz 等 2008（马代拉河的调查）；Hemming 2004a：268–270；F. Requena 于 1782 年 8 月 25 日致 M. A. d. Flóres 的信，收录于 Quijano Otero 1881：188–197，散见于 191–195；Orbigny 1835：第 3a 卷，13–36；Edwards 1847：195（“一次”）。

76. 圭亚那：Hecht 即将出版；Ladebat 2008（政变所放逐的人）；Whitehead 1999。感谢 Susanna Hecht 让我注意到这一段历史。

77. 糖的暴政：Acemoglu 等 2001，2003。“死亡率的差别并不是体制差别的唯一原因，甚至不是主要原因。为了让我们的经验方法起作用，只需要确定死亡率的差别源于外生变量”（Acemoglu 等 2001：1371）。反驳一方的例证是 Sheldon Watt，他说采用奴隶制取决于“欧洲人口增长的普遍停滞”。在他看来，“真正重要的是加勒比海周边国际化的发展，而非可怖的农村疾病的存在”1999：230–234，原文在 233 页。但是他仅仅展示了英格兰人口在 17 世纪后期的缓慢增长，而未提及由此引发的仆役的涨价的程度是否足以产生任何影响。在我看来，反方的观点得到了有力说明。

78. 对独立机构（获释奴隶们不依赖于前奴隶主们而设立、经营的各类产业——译者

注）的恐惧：Acemoglu 与 Robinson 即将出版。在奴隶制于 1834 年终止之后，许多甘蔗种植园主以极高的价格将撂荒的沼泽地卖给获释奴隶们。在接下来的 10 年里，获释的非洲人创造出了一片片繁荣的、自我治理的永久产业。遗憾的是，他们从来没有学习过为长期耕作而排干土地的技术，这种技术的先驱正是圭亚那的印第安人。由于“村落运动”使得英国人的种植园缺乏劳动力，殖民政府拒绝提供建造维护水坝和运河的工程技术，而它此前曾向精英们提供过这类技术。由于不能使甘蔗地保持干燥，“村落运动”失去了其经济基础；获释奴隶被迫重新回到种植园里（Moore 1999：131–135）。与此类似的是，富裕的精英们对许多获释奴隶开设的小商店感到恐慌。为了把他们赶回到土地上，他们招来了葡萄牙商人，并为他们的事业提供低息贷款，而同时拒绝向任何前奴隶提供信用贷款。前奴隶们很快就破产了（Wagner 1977：410–411）。

79. 汲取国的停滞：Acemoglu 等 2002：1266–1278（没有希望的殖民地，1271；“新创业者”，1273）。

80. 英属圭亚那和布克兄弟：Rose 2002：157–190（出口，186）；Hollett 1999：第五章（布克兄弟）；Moore 1999：136–137（“他们的身份”）；Bacchus 1980：4–30，217–219（大学）；Daly 1975（对教育的惧怕，162–163，233–234）。传教士约翰·史密斯（John Smith）因为向奴隶教授圣经而被控煽动骚乱。在 1823 年受审时他对种植园主们进行了谴责——指控者认为“在黑奴中间传播知识会减少他们作为财产的价值”（佚名 1824：78）。事实上，他因为对奴隶们讲授“以色列人拯救史”（同上：157）和教导他们阅读而被指控。

81. 美国内战中的疾病：Barnes 等 1990（35%，表 6；233%，表 30；361 968 名士兵感染，表 71；死者比例，38）。

82. “既有制度”：克里滕登－约翰逊决议案于 1861 年 7 月通过，众议院的表决结果是 119 票赞成、2 票反对；参议院在略加修改后以 30 票赞成、5 票反对的结果通过了这一议案。

83. 美国独立战争中的疟疾：作者对 McNeill 的访谈；McNeill 2010：209–32（“几乎摧毁”，215；“危险的沼泽”，220；部队的规模，226）。

第四章 钱币一船船（以丝易银，上）

1. 郑和：Mote 2003：613–617；Levathes 1994（封锁，174–181）；Finlay 1991（历史学家观点的调查，297–299）；Needham 等 1954–：第四卷，第三部分，486–528ff.（被封锁的记录，525）。在两本分别于 2002 年和 2008 年出版的书籍中，

退役潜艇指挥官加文·孟席斯（Gavin Menzies）称中国舰队越过非洲到达了美洲和欧洲，沿途对世界历史造成了巨大的影响。几乎没有哪个历史学家赞同这一观点。

2. 中国的“偏狭”：作者与 Goldstone 和 Kenneth Pomeranz 的访谈；Jones 2003：203–205（“自我关注”，205；“从海洋撤离”，203）；Goldstone 2000：176–177（“这种航海活动”，177）；Landes 1999（“好奇心”，96；“商业成就”，97）；Finlay 1991。还可参见 Braudel 1981–1984：第二卷，134；第三卷，32［“在争夺世界支配权的竞赛中，这次（向国内事务）的转向就是中国失去其在竞争之中所获位置的时间点。还在尚未完全理解这种竞争的时候，她就已经通过在15 世纪早期从南京出发开始其首次远航而踏足其中了”］，485–486，528–529。Diamond 认为这一决定是中国的统一性的重要展示；他说，在支离破碎的欧洲，这种完全的禁令是不可能的（Diamond 1999：412–416）。正如下文所示，中国几乎没有采取一致措施：这一完全禁令并不持久。Landes 指责称，郑和的航海“散发着奢侈的臭气”（1999：97），与其截然相反的是欧洲人更加合理、以结果为导向的探索。所以，他出于两个原因对叫停郑和航海的皇帝进行批评：既因为这些次航海无利可图，又因为在同样的航海中花费过大。

3. 贸易禁令和朝贡贸易：Tsai 2002：123–124（38 个国家），193–194；So 2000：119–120，125–127；Deng 1999：118–128；Chang 1983：166–197（朝贡贸易），200–217（裁撤海军）；Needham 等 1954–：第四卷，第三部分，527–528（毁船令）；Kuwabara 1935：97–100（对外国家族的压制）。事实上，儒家思想对于商业利益持有消极看法，但是在实践中，这种轻蔑只有相对较小的影响，这与基督教教条对放债人和高利贷的轻视未能阻止强有力银行业的产生的现象在很大程度上是一样的。

4. 倭寇的构成：对 Li Jinming，Lin Renchuan，Dai Yefeng 的访谈；Li 2001：10–13；So 1975：17–36。

5. “盗即是商”：林仁川所指的就是一份由嘉靖皇帝的朝廷官员唐枢所写下的著名论断：“寇与商同是人也，市通则寇转而为商，市禁则商转而为寇。”（Hu 2006：11.4a–4b；参见 Chang 1983：234）2 000 年来，海盗周期性地在这个地区肆虐（Kuwabara 1935：41–42）。

6. 作为海上贸易影响因素的福建的地理情况：作者的访问经历；作者对 Lin，Li 的访谈；Yang 2002；Clark 1990：51–56（“不可种艺”，52）；So 1975：126–127；Deng 等编 1968：第十五卷，“风土”（每岁收成“获少满篝……饶心计者视波涛为阡陌，倚帆樯为耒耜。盖富家以财，贫人以躯，输中华之产，驰异域之邦，易其方物，利可十倍。故民乐轻生，鼓枻相续，亦既习惯，谓生涯无踰此耳”）。到现在为止，许多福建人还是更习惯于讲这种或那种的闽语，而非标准普通话。闽语是汉语的一个历史悠久的分支。

7. 月港：作者的访问经历；Li 2001：第一章；Lin 1990：170–173；Li Y. 1563《请设县治疏》(*Request to Establish a County*)，收录于 Deng 等编 1968：第二十一卷，"艺文志"("已非一日矣")；第二十四卷，"丛谈志"(十户联保法)。感谢 Huang Zhongyi 和林仁川带我到月港遗迹；感谢李金明忍受我的两次耗时很久的面谈；感谢 Kenneth Pomeranz 启发性的讨论。
8. 倭寇危机的开始：Deng 等编 1968：第十八卷，"寇乱"；第二十四卷，"丛谈志"(十户联保法)。
9. 朱纨：Li 2001：12–13，24–25；Chang 1983：254–255；So 1975：50–121(罚款，63)；Deng 等编 1968：第十八卷，"寇乱"。我粗略地将朱纨的"巡抚，兼军务提督"头衔视为"总督"。
10. "使他们不得不离开"。
11. 死者超过 2 万人：Chang 1983：246。
12. "丘墟"：Luo 1983：第二卷，位置不详。
13. "(直到第二天)这座城镇(才平静下来)"：Zhuge 1976：位置不详("海寇")。
14. 二十四将与月港海盗行为的终止：Li 2006c(浯屿，50)；Chang 1983：200–217(雇用走私犯)，230–234(走私家族中的官员)，251–258(与月港海盗的交战)；So 1975：151–153；Deng 等编 1968：第十八卷，"寇乱"；第二十一卷，"艺文志"("草野呻吟")。李金明(2001：16)说邵梗最后砍掉了洪迪珍的头。
15. 废除禁令的动机：一名福建官员称，在对外贸易合法化以后，现在"流窜于外"的月港"良民"将"还定故土，与乱孽参错而居。苟有叛萌，众必先知之，入告于官，群集而扑之，其亡可立待也"(李英 1563，《请设县治疏》，收录于 Deng 等编 1968：第二十一卷，"艺文志")。
16. 中国的铸币和纸币：Von Glahn 2010(出口铸币，467–468)；2005("短陌"，66；会子的价值，75)；1996：51–55；Ederer 1964：91–92；Tullock 1957。
17. 最早的欧洲银行券：Mackenzie 1953：2。它们是在瑞典发行的，该国此前使用的是沉重的铜币。据说瑞典十分沉重——重达 43 磅——的 10 元铸币是有史以来制造的最重的铸币。英格兰在 1694 年第一次试行纸币。
18. 子安贝：Johnson 1970。黄金一类的商品货币也是有问题的，因为一旦通货膨胀发生，政府就担忧货币的面值会减到铸造其所用的黄金的价值以下，人们会熔炼手上的铸币而将金属卖掉。为了防止这种可能性，政府可以向铸币中掺杂较为廉价的材料。但是这实际上创造出了两种并行的通货：一种价值较高的旧通货和一种不那么值钱的新通货。

19. 纸与银的循环：Von Glahn 1996：43–47，56–82（“无视经济现实”，72）；Chen 等 1995；Tullock 1957。依据位置不同，白银的使用有很大的差异（Pomeranz 的私人通信）。
20. “嗷嗷为甚”：高拱（Gao Gong），引自全汉升（Quan）1991b。
21. “无有已时”：《汝南志》（*Runan Gazetteer*）1608 年版，引自全汉升（Quan）1991b：598；另参见 Von Glahn 1996：168。
22. 漳浦县与嘉靖钱：Von Glahn 1996：86–88，96–102，143–157（万历钱未被接受）；220–222（顾炎武的经济思想）；全汉升（Quan）1991b：597（顾炎武的引文）。
23. 看银师：作者对 Li Jinming，Lin Renchuan，Dai Yefeng 的访谈。
24. 铸钱在市场交易中的使用份额只有 1/10：全汉升（Quan）1991b：573–574。原作是 Jin Xueyan，1570 年写成。
25. 税收改革：Von Glahn 详细描述了从纸币到铸币到无铸币的白银税收体系的缓慢变化（1996：散见于 75–161）。另参见 Flynn 于 Giráldez 2001：262–265；Huang 1981：61–63；Atwell 1982：84–85；Quan 1972b。
26. 白银矿藏的减少：Von Glahn 1996：114–115；Quan 1991c，1972b。可参见 Atwell 1982：76–79。
27. 中国到海外寻求白银来为政府筹集货币：Guo 2002；Qian 1986：69–70；可参见 Von Glahn 1996：113–125。
28. 贸易驱使的大流散：郭丽珍（2002）称可能有超过 10 万人出海。
29. 菲律宾群岛的中国人：佚名于 1572 年 4 月 20 日著《对征服吕宋岛的叙述》（*Relation of the Conquest of the Island of Luzon*），收录于 B&R 3：141–172，原文在 167–168（马尼拉的 150 个中国人）。一个较小的数字——80 对夫妇和可能存在的孩子——出现在佚名著《吕宋航海叙述》（1570）中。收录于 B&R 3：73–104，原文见 101 页。明史称，在黎牙实比之前，“闽人以其地近且饶富，商贩者至数万人”，他们都居住在菲律宾群岛。他们“往往久居不返，至长子孙”（《明史》第三二三·《列传》第二一一）。“数万”应该被理解成一种比喻，其比喻的是“数量很大，可能多达一万”。感谢 Devin Fitzgerald 提供此处的翻译。
30. 波托西的发现：Arzáns 1965：第一卷，33–39；Gaibrois 1950：11–22；Capoche 1959：77–78；Acosta 1894：308–310；Baquíjano y Carrillo 1793：31–32。
31. 印第安人的冶金方法和熔炉：Mann 2005：82–83（及该处的参考文献）；Acosta 1894：324–326；Cieza de Léon 1864：388–389（第 109 章）。
32. 波托西的人口：Dressing 2007：39–41（限制迁入）；Chandler 1987：529（按美洲城市的人口数据）；Arzáns 1965：第一卷，43（1546 年超过 1.4 万人），第三卷，286（1611 年有 16 万人）；López de Velasco 1894：502（16 世纪 60 年代）；

Acarete du Biscay 1698：2–5（限制）；佚名 1603：377–378；Baquíjano y Carrillo 1793：37–38（16 万人）。波托西的唯一竞争者是墨西哥城，后者在 1612 年有大约 14.5 万居民（Beltrán 1989:216）。此时，“塞维利亚仅仅住着 4.5 万居民；巴黎，6 万；伦敦和安特卫普，10 万；还有马德里，6 000 人”（Pacheco 1995：274）。以上所有数字都存疑，但是它们为相对规模给出了一点概念。

33. 波托西的财富：作者的访问见闻（城徽）；Arzáns 1965：第一卷，250（“珍珠链”）；Acarete du Biscay 1698：61（白银铺地）；Quesada 1890：第一卷，178–180（交际花），第二卷，420（叫价抢买）。仅仅一个桃子就可能花掉 100 个比索（Baquíjano y Carrillo 1793：38）。

34. 对进口的依赖：Cobb 1949：30–31；López de Velasco 1894：503；Acosta 1894：306；佚名 1603：373。

35. 汞齐化法：Whitaker 1971（“波托西群山”，105，注 21）。感谢 Bryan Coughlan 在化学方面对我的帮助。

36. 4 000 人每周：Brown 2001：469–470（万卡韦利卡）；Cole 1985：12（波托西）。这个数字随着时间不断变化；我给出的是这一计划开始时的代表性数字。

37. 300 万到 800 万人死亡：例如 Galeano 1997:39。历史学家 David Stannard（1993:89）的笔下提到，一个矿工的寿命“大约和奥斯维辛合成橡胶厂里的奴隶工人差不多”。实际的死亡率尽管十分惊人，但是可能要小得多（Cole 1985：26）。

38. 万卡韦利卡的采矿条件：Brown 2001；Whitaker 1971；Lohmann Villena 1949。Reader 2009：10–14 做了很好的概述。

39. 波托西的日程表和采矿条件：Cole 1985：24–25；Acosta 1894：321–323；Acarete du Biscay 1698：50［“在连续工作 6 天之后，监工在周六把他们带回去。”在劳工蹒跚地走回铺位的时候，波托西的总督“让他们上交一份备忘录，要求矿主按定额给矿工支付薪水，并查看有多少人死去，于是（原住民的首脑）有义务提供所需的人数”］；Loaisa 1586：600–603（“周六”，602）。

40. 波托西的暴力：Padden 1975:28（墙体里的尸体）；Arzáns 1965：第一卷，192–193（第一名新生儿）；Quesada 1890：第一卷，387（市议会）；P. d. Lodena 于 1604 年 4 月 29 日致拉普拉塔法院的信，收录于 Arzáns 1965：第一卷，258（裁缝）。另参见 J. P. d. Valenzuela 于 1595 年 4 月 8 日致国王的信，收录于 Dressing 2007：38。

41. 蒙特霍和古蒂内兹：Arzáns 1965：第一卷，75–92（所有引文，75–76）。

42. 巴斯克人对波托西的支配：Dressing 2007：65–78，104–106，144–145（充当执法力量的巴斯克帮派）；Crespo 1956：32–39；Arzáns 1965：第一卷，186，249。根据 Dressing（2007：128）的说法，市议会的 24 个成员中有 11 个是巴斯克人。

43. 马丁内斯・帕斯特拉纳的审计：Dressing 2007：112–131（市政议会的债务，128；

腐败指控，130–131）；Crespo 1956：39–64（“不是巴斯克人”，39；薪金，48；皇室命令禁止偷逃税款，49–54；市政议会的债务，50；暴乱的开始，63–64）。

44. 波托西骚乱：Dressing 2007：143–252（巴斯克人用西班牙语进行试探，146；营救维拉萨迪依，151–53；曼里克对巴斯克人的同情，未婚妻，164–165，198–109，248–249，285–288；宅邸被烧毁，211；“傲慢的方式”，230；洗劫富人的家宅，232）；Crespo 1956：65（“被戴绿帽子的人”，66；营救维拉萨迪依，71–73；曼里克宅邸被烧，97–99；暴乱，109–112）；Arzáns 1965：第一卷，328–407（手和舌头被切碎，330；杀死曼里克的尝试，359–364；总督的严厉立场，387–388）。
45. 马丁内斯·帕斯特拉纳和曼里克的离职：Dressing 2007：207，248–249，277；Crespo 1956：96，132–133（“与巴斯克人之间”，133），156。
46. 很少对矿山造成破坏：Dressing 2007：161。
47. 1549 年的运输：Cobb 1949：30。
48. 白银的产量：Barrett 1990：236–237（15 万吨）；Morineau 1985：553–571；Soetbeer 1879：60，70，78–79，82–83（14.5 万吨）；Cross 1983：397（80%）。Garner 说白银产量“超过 10 万吨”（1988：898）。
49. 通货膨胀与不稳定：这就是 16 世纪晚期的“价格革命”和 17 世纪的“总危机”，这两件事在第一章都已经做过讨论。
50. 银价下跌的后果：Flynn 与 Giráldez 2008；2002；1997。另参见下文。
51. 现在的月港和旧港口的危机：作者的访问与访谈经历；Li 2008（“鳞次栉比”，65）；Lin 1990：170–173；Deng 等编 1968。
52. 月港－马尼拉贸易：作者对 Li Jinming 的访谈；Li 2001：第七章（船舶数量，86–87）；Qian 1986：74（船舶数量）；Chaunu 2001：453（6 月起程）；Schurz 1939：77（走私）；Dampier 1906：第一卷，406–407（对中式帆船的描述）；Morga 1609：第十六卷，177–183（“君主”，181）；D. d. Salazar《关于菲律宾群岛的证词》（*Relation of the Philipinas Islands*，1588），收录于 B&R 7：29–51，原文在 34 页。贸易发生了爆炸式增长：“从 1580 年到 1643 年，1 677 艘中国商船造访马尼拉；平均每年有 26.2 艘入港。将没有任何记录的 3 年（1590 年、1593 年和 1595 年）除外，以已知情况的 61 年为计算基准，实际上平均每年进入马尼拉港口的船只数量是 27.5 艘，这大约是开海前的 13.5 倍”（Guo 2002：95）。
53. 巴利安的创立及其描述：Ollé Rodríquez 2006；Schurz 1939：79–82；Bañuelo y Carrillo 1638：69–70；Morga 1609：第十六卷，194–199；D. d. Salazar《菲律宾群岛之事务》（*Affairs in the Philipinas Islands*，1583），收录于 B&R 5：210–255，原文在 237 页；D. d. Salazar《马尼拉的巴利安和中国人》（*The Chinese and*

the Parián at Manila，1590），收录于 B&R 7：212–238，原文在 220–230 页。巴利安的建筑是用芦苇、竹子、碎木块和碎瓷片拼凑而成的。很明显，这片贫民区全部被火焰夷为平地了。它又在另一个地方得到重建。数年后，它再次被火灾吞没，并又在另一个地方重建。周而复始。每个新的巴利安都比之前的更大。

54. 西班牙计划征服中国，对巴利安的默许：Ruiz-Stovel 2009（市长，57）；Ollé Rodríquez 2006：40–46（默许），2002：39–88（征服计划）；Guo 2002。

55. 国王试图拦截中国船只：腓力二世（Felipe II）1593 年 1 月 17 日致 Gómez Pérez Dasmariñas 的信，收录于 B&R 8：301–311，原文在 307–308 页；腓力二世 1593 年 2 月 11 日发布的《关于中国商人的敕令》（*Decree on Chinese shops*），收录于 B&R 8：316–318。

56. 中国人把西班牙人挤出商业领域：D. d. Bobadilla《关于菲律宾群岛的证词》（*Relation of the Filipinas Islands*，1640），收录于 B&R 29：277–311，原文在 307–308 页（“木头鼻子”）。D. d. Salazar《马尼拉的巴利安和中国人》（*The Chinese, and the Parián at Manila*，1590），收录于 B&R 7：212–238（“西班牙商人”，226–227）。

57. 巴利安的人口：估计值从一万人（1587 年）到“四五千人”（1589 年）、4 000 人（1589 年）、2 000 人（1591 年）、近千人（1588 年）（依次来源于：S. d. Vera 等于 1587 年 6 月 25 日致国王的信，收录于 B&R 6：311–321，原文在 316 页；佚名《致 Gómez Pérez Desmariñas 的指示》（*Instructions to Gómez Pérez Desmariñas*，1589），收录于 B&R 7：141–172，原文在 164 页；S. d. Vera，于 1589 年 7 月 13 日致国王的信，收录于 B&R 7：83–94，原文在 89 页；G. P. Desmariñas《关于菲律宾群岛监护征赋制的叙述》（*Account of the Encomiendas in the Philippine Islands*，1591），收录于 B&R 8：96–141，原文在 96–98 页；D. d. Salazar《关于菲律宾群岛的证词》（*Relation of the Philipinas Islands*，1588），收录于 B&R 7：29–51，原文在 34 页）。这种不一致可能是由于未对巴利安内外的中国人做区分。一名神职人员认为，巴利安有三四千人，吕宋有四五千人，在贸易季节还会再多上 2 000 人［D. d. Salazar《马尼拉的巴利安和中国人》（*The Chinese and the Parián at Manila*，1590），收录于 B&R 7：212–238，原文在 230 页］。另参见 Guo 2002：97。

58. 马尼拉的疟疾：DeBevoise 1995：143–145。

59. 中国的银价：Ollé Rodríguez 2006（“免费的”，26）；Boxer 2001：168–469；Flynn 与 Giráldez 2001：432–433；Von Glahn 1996：127；Atwell 1982：　表 4；Quan 1972d。

60. “（在马尼拉落户的 150 个家庭中，）非常有钱（的不到两户）”：Bañuelo y Carrillo

1638 : 77。

61. 税金、运费和登记费等：G. Ronquillo de Peñalosa 于 1582 年 6 月 16 日致腓力二世的信，收录于 B&R 5 : 23–33，原文在 30–31 页；D. d. Salazar《菲律宾群岛之事务》(*Affairs in the Philipinas Islands*，1583)，收录于 B&R 5 : 210–255，原文在 236–240 页；另参见致 M. Enriquez 的信，收录于 B&R 3 : 291–94。
62. 卡特尔：Schurz 1939 : 74–78；腓力二世《关于商业事务的王家敕令》(*Royal Decree Regarding Commerce*，1589)，收录于 B&R 7 : 138–40。
63. 三分之一到二分之一的白银去了中国：Flynn 与 Giráldez 001 : 434–437；Quan 1972d。Garner 2006 : 15–17 表达了不同的看法。
64. 大帆船规模的增大：Chaunu 2001 : 198（"政府本身"）；Quan 1972c : 470–473；Schurz 1939 : 194–195。
65. 超过 50 吨白银：Quan 1972d : 438–440。
66. 走私：Flynn 与 Giráldez 1997 : 22–25（圣方济各·沙勿略号）；Cross 1983 : 412–13；Schurz 1939 : 77，184–187；A. Álvarez de Abreu 编《1640 年到 1736 年菲律宾与新西班牙间的商业往来》(*Commerce Between the Philippines and Neuva España*，1736)，收录于 B&R 30 : 53–56（另参见 54 页注 7）；Bañuelo y Carrillo 1638 : 71（"没有登记在册"）；M. Garcetas 等《地区教士会议致腓力四世的信》(*Letter from the Ecclesiastical Cabildo to Felipe IV*，1632)，收录于 B&R 24 : 245–262，原文在 254–255 页。
67. 进口限额：Chaunu 2001 : 198–200。限额的逐渐收紧可以见于 B&R 6 : 282，284；7 : 263，8 : 313，12 : 46 以及 30 : 50–52。
68. 桑树：《明史》第七十八卷：1894（"出绢一疋"）；Quan 1972c : 453。一种比较近似的转变发生在广东（Marks 1998 : 119–121，181–184）。
69. 中国的丝绸业：Quan 1972c。
70. 中国人制造了西班牙的时髦货物：A. Álvarez de Abreu 编《1640 年到 1736 年菲律宾与新西班牙间的商业往来》(*Commerce Between the Philippines and Neuva España*，1736)，收录于 B&R 44 : 227–313，原文在 255 页。
71. 西班牙商人对中国商品的控诉，他们寻求政策救济：A. Álvarez de Abreu《1640 年到 1736 年菲律宾与新西班牙间的商业往来》(*Commerce Between the Philippines and Neuva España*，1736)，收录于 B&R 44 : 227–313，原文在 253–258，293–295，303–304。
72. 马鲁古群岛兵变：Borao 1998 : 237–239；《明史》第三二三卷：8370–8372；B. L. d. Argensola《马鲁古群岛征服记》(*Conqvista de las Islas Malvcas*，1609)，收录于 B&R 16 : 211–318，原文在 248–261 页（"欧罗巴的女士们"，258)；Morga

1609：第十五卷，68–72；L. P. Dasmariñas 等于 1594 年 4 月 22 日致日本天皇的信，收录于 B&R 9：122–137，原文在 126–127，133。

73. 驱逐中国人：A. d. Morga 于 1596 年 7 月 6 日致国王的信，收录于 B&R 9：263–273，原文在 266 页；F. Tello 于 1597 年 4 月 29 日致腓力二世的信，收录于 B&R 10：41–45，原文在 42 页；F. Tello 于 1597 年 8 月 12 日致腓力二世的信，收录于 B&R 10：48–50。

74. 贝纳维德斯：M. d. Benavides 于 1603 年 7 月 5 日致腓力三世的信，收录于 B&R 12：101–112（"会留下……"，110）。贝纳维德斯只是一名主教，但是在萨拉查的继任者因病去世之后，他占据了大主教的职位。

75. 金山探险：Borao 1998：239–242；Morga 1609：第 15 卷，272–276；G. d. Salazar y Salcedo《马尼拉出现的三个中国官吏》(*Three Chinese Mandarins at Manila*, 1603)，收录于 B&R 12：83–97（中国人的信，87–94）；M. Benavides 于 1603 年 7 月 5 日 –6 日致腓力三世的信，收录于 B&R 12：101–126，原文在 103–106 页。北京官僚的怀疑，以及其对这起事件的愤怒的细节可以查阅明实录（Wade 编译 2005）。

76. 1603 年大屠杀：Chia 2006；Guo 2002；Borao 1998：239–242；Zhang 1968：59–60（所有引文）；Horsley 1950：159；Schurz 1939：86–90；Laufer 1908：267–272；Philips 1891：254；Deng 等编 1968：第十八卷，"灾祥志"（"万历三十一年，吕宋杀华人在其国者二万五千，澄人十之八"）；Wade 编译 2005：Morga 1609：第十六卷，30–44；B&R 12：138–140，142–146，150–152，153–160，167–168。

77. 大屠杀的后果：Ollé Rodríguez 2006：44–46（"巴利安"，46）；Chang 2000：221–230（部分寡妇自杀）；Schurz 1939：91–93；Philips 1891：254；佚名（疑为福建巡抚徐学聚）《一名中国官员致阿库尼的信》(*Letter from a Chinese Official to Acuña*，1605)，收录于 B&R 13：287–91，原文在 290–291 页；Laufer 1908：272（"复成聚"）。到了 1640 年，王家官员又在发牢骚，称马尼拉的西班牙人"无时无刻不因在马尼拉居住的超过三万的中国人或者说'桑莱'而感到忧虑"（B&R 30：34）。

78. 巴利安的反复屠杀：Ruiz-Stovel 2009；Ollé Rodríguez 2006：28–29，44–45；Chia 2006（特别是 1686 年的屠杀）。1709 年和 1755 年，所有中国人都被驱逐，但是并没有流太多血；死亡人数可能仅有数百人。1820 年屠杀发生在一次菲律宾人反抗外来者的起义过程中。第一手资料包括 B&R 29：201–207，208–258；32：218–260；44：146。

79. "游牧骑兵"：Findlay 与 O'Rourke 2007：8。

80. 中国统治精英以贸易作为其力量源泉：Atwell 1982：84–86；Flynn 与 Giráldez

2002：405；Schell 2001：92。

81. 贸易引发的经济繁荣：Flynn 与 Giráldez 2002；Frank 1998：108–111，160–161；Atwell 1982，1977；Quan 1972e。

82. 帝国对月港商人的忧虑：作者对 Li 的访谈；Von Glahn 1996：（作为独立势力的商人）；Qian 1986：75（商人的欺诈行为）。

83. 中国的银价跌到了世界其他地方的水平：Flynn 与 Giráldez 2001：270–272；Pomeranz 2000：272。

84. 按白银重量，而非价值课税的谬误：Flynn 与 Giráldez 1997：35–36。Von Glahn（1996：238）指出这种方式还以另外一种形式起作用——更高的白银价格就等于更高的税。

85. 对于白银是否在明王朝的灭亡中起到作用的争议：Atwell 2005，1982；Moloughney 与 Xia 1989。

86. 中国为白银所付出的代价：Flynn 与 Giráldez 2001。

第五章　相思草、甘薯和玉米（以丝易银，下）

1. 烟草在中国的传播：Benedict 2011：第一章；Brook 2008，2004（王逋，86）；Zhang 2006：48.44a–44b（“朝夕不能间”）；Jiang 与 Wang 2006；Lu 1991（称呼）；Yuan 1995：48–50（1549 年的烟具）；Goodrich 1938（“载入其国”，649）；Laufer 1924b。感谢 Josh D’Aluisio-Guerrieri 和 Devin Fitzgerald 在本节中为我提供中文文献的翻译。Ho（1955：191）说花生是第一种美洲引进作物，但是烟草的流行要快得多。

2. 中国人的吸烟礼仪：Benedict 2011：第三章、第五章；Brook 2004：87–89（“难以想象”，89）；Cong 编 1995：7.1a（诗歌，署名为“吴伟业先生”）；Lu 1991：1.4a–1.4b（“处处有之”，宜忌清单）。感谢 Benedict 教授将她著作的一份早期版本送给我。

3. 鼻烟与布鲁梅尔：Laufer 1924b：39–42（“18 世纪”，40）；Kelly 2006：110（布鲁梅尔的鼻烟盒），158–161（单手技法），256（茶）。

4. “水利社会”：Blaut 1993：78–90 是一篇清晰然而对此做出严厉批评的综述。

5. “福建的主食”：Crosby 2003：199。

6. 中国是甘薯和玉米的最大生产国：数字来自粮农组织（Food and Agriculture Organization）。

7. 甘薯的引进：Zhang 等 2007：159（16 世纪 90 年代的饥荒）；Song 2007；Shao 等

2007；Cao 2005：177（切片）；Wang 2004：19–20（80% 的当地人以此为生，20）；Atwell 2001：60–61（饥荒）；Chen 1980：190–92；Ho 1955：193–194；Goodrich 1938；Xu 1968：第二十七卷，20–21；Chen 1835?（“隙地”，“为害”）；佚名 1768?（“数尺”）；Wang 1644：14。Song（2007）和 Zhang（2001）讨论了玉米在几乎同时的引进过程。

8. 原产地中美洲：D. Zhang 等 2000。
9. 林怀兰（注释）：《电白县志（1888 年版）》（第 20 卷，“杂记”），转引自 Song 2007：34。
10. 两季稻：Ho 1956。
11. 明清之间的战争，清空海岸地区：Mote 2003：809–840；Zheng 2001：213–217（所有引文）；Cheng 1990：239–243。
12. 马尼拉贸易的堕落：Qian 1986：74；Quan 1972d：445。
13. 郑成功和马尼拉：Busquets 2006（“八千匹马”，410）；Clements 2004：234–238；佚名 1663. Events in Manila，1662–1663，收录于 B&R 36：218–260。
14. “望其流之溢也”：慕天颜（Mu，T.）《请开海禁疏》1681，转引自 Quan 1972e：499。
15. 客家移民，他们沦为棚民：Richards 2005：124–131；Yang 2002：47（“遗地”，“移一山”）；Leong 1997：43–54，97–101，109–125（“客家文化群在棚民中占据主导地位，尤其从清朝开始”，125）；Osborne 1989：特别参见 142–152。
16. 甘薯和玉米对恶劣条件的耐受力：作者对江苏徐州甘薯研究中心的访问经历；Song 2007；Mazumdar 2000：67–68；Marks 1998：310–311；Osborne 1989：48–49，159–160；Ho 1955；Xu 1968：第二十七卷，21（“便可种得”）。
17. 甘薯与玉米的支配地位：Mazumdar 2000：67；Osborne 1989：188–189；Rawski 1975：67–71；David 1875：第一卷，181–195（“块根”，188）。棚民也传播了烟草（Benedict 2011：第二章）。
18. 棚民的人数：Wang 1997：320–321。
19. 向西的移民浪潮：Rowe 2009：91–95；Richards 2005：112–147 及后文；Osborne 1989：240–245；Rawski 1975：64–65。
20. 美洲作物使移民的数量激增：Tuan 2008：138–144；Song 2007；Shao 等 2007；Lan 2001；Mazumdar 2000：70；Vermeer 1991；Rawski 1975；Ho 1955。
21. 中国人口的跳跃增长：Lee 与 Wang 2001：27–40；Wang 1997；Ho 1959：94–95，101。另参见 Frank 1998：167–171。
22. 甘薯在大洋洲的传播：Montenegro 等 2008；Ballard 等编 2005；Zhang 等 2000。
23. 人口增长的因素：Rowe 2009（粮仓，55–57；税收，65–69；贸易，55–57，127–

132）；Shiue 2005（灾难救助）；Lee 与 Wang 2001：52–56；Needham 等 1954–：第六卷，第六部分，128–153（种痘）。

24. 洪亮吉的小传：Jones 1971（引文在第 4 页）。

25. 清朝占领了贵州，苗族人被排挤：Richards 2005：131–137；Elvin 2004：216–244。

26. “水旱疾疫”：《治平篇》（*China's Population Problem*，1793），转引自 Du Bary 等编，2000：第二卷，174–176。

27. 马尔萨斯与其理论的反响：这些段落改写自 Mann 1993：48–49；Malthus 1798：13（“为人类……”）。另参见 Standage 2009：126–129。

28. 洪亮吉的信，他被流放：Jones 1971：156–202。

29. 世界人口与收获：我对事情做了简化。世界人口增长了 2.16 倍，而小麦、水稻和玉米的产量分别增长 2.75 倍、3.05 倍和 3.84 倍（粮农组织 2007 年数据）。

30. 米价上涨：Quan 1972e（苏州米价，485）；Marks 1998：232–234（粮仓）。

31. 烟草的种植和官方的关切：Benedict 2011：第二章；Tao 2002a（“近一半”，69），2002b；Myers 与 Wang 2002：607–608；Marks 1998：311（中国南部对烟草种植的禁令）。

32. 1700–1850 年种植面积的增加：Williams 2006：264；Richards 2005：118。估计值各有不同，但是总趋势看上去并无争议。

33. 由于采伐木材所引起的森林减少（注释）：Yang Chang 2003：44–45；Marks 1998：319–320。

34. 棚民砍伐森林导致的水土流失：Richards 2005：128–131；Leong 1997：第八章；Osborne 1989。

35. 长江下游山区的总体生态风险：Richards 2005：128–131；Osborne 1989：37–56，184–186（“龟文”，49；“用于排水的沟渠”，87）。感谢对我讲述水稻种植业所面临的挑战的中国农民。

36. 玉米的额外负担：Song 2007：156–158；Osborne 1989：168。

37. “注壑涧中”：Mei 1823：第十卷，5a–6a。另参见 Osborne 1989：214–215。

38. 洪水数量的增加：Li 1995；Osborne 1989：318–324；Chen 1986；Will 1980：282–285。Marks（1998：328–330）描述了南方与此类似的模式。

39. 浙江未能停止开荒与水土流失：Osborne 1989：246–257（“原籍”，249）；Wang 1850（“何也？”）。

40. 总体上未能停止开荒与减少水土流失：Song 2007：158–160；Osborne 1989：23–24，175，198，209–210，225–226，257–262。在奥斯本所调查的 49 个受洪水侵袭的县中，有 27 个将这种遭遇归咎于棚民。在这 27 个县中，有 23 个县指出了应对森林减少负责的作物。其中 20 个县归咎于玉米；另外 3 个县归咎于甘薯（同前：318–324）。

一些省份在对抗水土流失上更有成效，但是这种努力最后还是失败了（Will 1980：278–282）。

第六章　农-工综合体

1. 引进土豆的一些事实：Spooner 与 Hijmans 2001：2101［品种与种类（另见下文讨论）］；Clarkson 与 Crawford 2001：70–73（12.5 磅）；Zuckerman 1998：83［玛丽·安托瓦内特（另见下文）］；Bourke 1993：90–100（土豆消费，表 4）；Salaman 1985：572–573（土豆战争）；Kon 与 Klein 1928（167 天实验）；Gerard 1633：752（“知识依据”），925（“弗吉尼亚土豆”“普通土豆”）。产量排名来自粮农组织。Laufer（1938：15）认为玛丽·安托瓦内特和路易十六的故事是“一个很好的历史小故事”。McNeill（1999:78）、Salaman（1985:599）和 Langer（1975:55）则认可这一故事。与安托万-奥古斯丁·帕门蒂尔熟识的 Cuvier（1861：第二卷，15）据信是土豆花故事的提供者，他说路易十六在扣眼里别这种植物，从而引起了这一风潮。
2. 巨型土豆：佚名 2008。《黎巴嫩人发现了“最重”土豆》，BBC 12 月 8 日报道（http：//news.bbc.co.uk/2/hi/middle_east/7771042.stm）。
3. 土豆——欧洲的救世主：Standage 2009：120–129；Reader 2009：95–117；McNeill 1999：69（“到 1950 年”）；Zuckerman 1999：220–228（其书的副标题就是“不起眼的土豆如何拯救西方世界”）。
4. 德雷克的雕像：Reddick 1929。
5. 安第斯地区的社会：Silverman 2004，D’Altroy 2002，特别是 Moseley（2001）对此做了很好的概述。Mann（2005）的第六章、第七章也是很流行的一篇综述。另见 Gade 1992（“成熟程度，” 461），1975。火山喷发：Siebert 与 Simkin 2002–。
6. 马铃薯的进化：Zimmerer 1998：446–49ff.；Brush 等 1995：1190；Grun 1990（四个种）；Ugent 等 1987（13 000 年前）；Ugent 等 1982（公元前 2000 年）。
7. 黏土与茄碱：Guinea 2006；Browman 2004（舔一舔）；Johns 1986（吸附）；Weiss 1953。感谢 Clark Erickson 告诉我这些文献来源。
8. 安第斯山脉的土豆处理方法：作者的访问经历；与 Clark Erickson 的电邮交流；Yamamoto 1988；Gade 1975：210–214。感谢 Susanna Hecht 指出巧纽和格诺奇之间的类比。
9. 20°：Mayer 1994：487。
10. 梯田：Sarmiento de Gamboa 2009：132（“平台”）；Denevan 2001：17–18，170–

211（梯田的尺寸，175）；Donkin 1979。感谢 Clark Erickson 和 Bill Denevan 的富有教益的讨论。

11. 台田：Denevan 2001：24–25，219，264–265；Erickson 1994。

12. 沃克（wacho）：作者对 Erickson 与 Denevan 的访谈以及电邮联系；Wilson 等 2002；Sánchez Farfan 1983：167–169；Bruhns 1981。沃克（wacho）和沃处（wachu）是盖丘亚语（Quechua）和艾马拉语（Aymara）词汇；在西班牙语里它们被称为 surco（意为垄沟）。

13. 耕作方法：作者的访问经历；Gade 1975：35–51，207–210；Rowe 1946：210–216。

14. 土豆的差异：Brush 等 1995；Zimmerer 1998（“美国”，451）。土豆中心的地方品种数据库位于 singer.cgiar.org/index.jsp。

15. 土豆的遗传学：Jacobs 等 2008（“难以接受”）；Spooner 与 Salas 2006：9–23（综述）；Huamán 与 Spooner 2002（四个种）；Spooner 与 Hijmans 2001（八大类型）；Hawkes 1990。Spooner 和 Hijmans 基本上重新整理了 Hawkes 的分类方法，后者将所有栽培变种（一种除外）都描述为不同的种类了。

16. 土豆传播到欧洲的路线：Reader 2009：81–93；Hawke 与 Francisco-Ortega 1993（加那利群岛）；Salaman 1985：69–100（征服者们的疑虑，69）；Laufer 1938：40–62；Roze 1898（鲍欣，85–88）。

17. 德雷克：Salaman（1985：144–158）和 Roze（1898：63–64，70–74）相信这一故事。McNeill（1999）也相信它，但是他对此的信任程度较弱。1577 年，德雷克的确在太平洋得到了一些土豆（Salaman 1985：147）。

18. 对土豆的恐惧与支持：Reader 2009：111–131（腓特烈大帝，119）；Salaman 1985（“挑起情欲”，106；引发疾病，108–114；东正教，116；“不要罗马天主教！”120）；Roze 1898（98；恐惧，99，122–123；“农民和劳动者”，143）。Beeton 1863：585（土豆水）。感谢 Ted Melillo 让我注意到最后一则材料。

19. 帕门蒂尔与法兰西：Standage 2009：121–122；Reader 2009：120–122（杰斐逊，121）；Bouton 1993（面粉战争，19–21）；Laufer 1938：63–65；佚名 1914（5 次被俘）；Roze 1898：148–182ff.（“供给人类营养”，149；“其他国家”，152）；Cuvier 1861。

20. 欧洲的饥荒和马尔萨斯陷阱：Clark 2007：1–8，19–39；Komlos 1998［“至少到 1800 年，不过某些地方甚至还要到更晚些时候，欧洲的人口体系都处于一种马尔萨斯的内稳态准平衡之中（Malthusian homeostatic quasi-equilibrium）” 67］；Bouton 1993：19–21（食品暴动）；Braudel 1981–1984：第一卷，74–75（40 场饥荒与佛罗伦萨），143–145（其他引文）；Appleby 1978：102–125 及后续内容（英格兰）；Walford 1879：10–12，266–268（英格兰）。

21. 亚瑟·扬的见闻：Young 1771：第四卷，119–120（“推广”），235–236（谷物），310（“全力推行”）。Vandenbroeke（1971：37）为尼德兰举出了相近的数字。

22. 4∶1：Atwater 1910：11（小麦的干物质）；Langworthy 1910：10（土豆的干物质）。当代育种学使得两种作物的干物质含量都有所上升。

23. 土豆与食品供给：Radkau 2008：6（“体外射精”）；Vanhaute 等 2007：22–23（一成到三成）；Malanima 2006：111（食物热量的供给加倍）；Crosby 2003：177（补充现有作物），1995；Clarkson 与 Crawford 2001：59–79（四成，59）；McNeill 1999：79；Komlos 1998；Zuckerman 1999；Masefield 1980：299–301；Langer 1975；Vandenbroeke 1971：38–39（“食品问题”）；Connell 1962：60–61。土豆种植国：据联合国粮农组织称，土豆的 12 个最大的消费国都位于东半球，它们形成了一条从爱尔兰延伸到俄罗斯和乌克兰的地理带。感谢 Ted Melillo 让我注意到 Radkau 的著作。

24. 稳定性的提高：Reader 2009：99（夏天），118–119（军队）；Vandenbroeke 1971：21（军队），38（夏季作物）；McNeill 1999：78（军队）；Young 1771：第四卷，121–123。

25. 健康食品土豆：Zuckerman 1999：6，31。我写下的关于维生素的句子改写自 Nunn 和 Qian（2010：169）的一句话。

26. 亚当·斯密的引文：Smith 1979：第一卷，176–177（第一册，第十一章，§n，39）。斯密认为，土豆和玉米“也许是欧洲农业和欧洲本身从其商业和航海活动的极大扩张中所获得的最重要的两个成就”[第一卷，259（第一册，第十一章，§n，10）]。

27. 土豆是人口增长的诱因：Standage 2009：124–128；Reader 2009：127–129；Clarkson 与 Crawford 2001：29，228–233；Zuckerman 1999：220–228；Livi-Bacci 1997：30–34（翻了一倍）；Salaman 1985：541–542；Langer 1975；McKeown 等 1972；Vandenbroeke 1971：38；Wrigley 1969：162–169；Drake 1969：54-66，73–75，157（挪威）。这一想法并不新奇：亚历山大·冯·洪堡（1822：第二卷，440，449）说，土豆“对于欧洲人口的发展起到了最重要的作用……从谷物发现以来，换句话说就是从远古时代以来，没有哪一种植物像土豆一样对于人口的繁荣有如此决定性的影响”。Livi-Bacci（1997：77–78）认为这一观点“与许多因素相悖”，主要是谷物消费量和实际工资的减少。但是这种减少的原因是农民种植更多能提供更大量营养物质的土豆，以及农民数量上升所引发的工资降低。Fogel（2004：3–11）对这一争论进行了概述。

28. 关于土豆的例子：Cinnirella 2008：253–254（萨克森）；Viazzo 2006：182–192，212–215，289–292（阿尔卑斯山区）；Pfister 1983：292（阿尔卑斯山区）；Brandes 1975：180（西班牙）。另参见 Reader 2009：94–95。

29. 农业革命：对其历史的概述见 Overton 1996。

30. 三叶草：Kjærgaard 2003。芜菁 / 萝卜，也是一种重要的休耕作物，因为它的宽叶子可以遏制杂草生长。

31. 八分之一的增长：Nunn 与 Qian 2010（“最保守的估计”，37）。

32. 钦查群岛与鸟类：Cushman 2003：56–59；Hutchinson 1950：9–26；Peck 1854a：150–225（150 英尺，198）。

33. 对氮素的需求：Smil 2001：第一章。Standage 2009：199–214 是一篇很好的概述文章。

34. 钦察群岛的鸟粪石：Hutchinson 1950：14–43（147 座岛屿、鸟类和 35 磅的数据），79–83（化学成分）。

35. 在欧洲人发现之前对鸟粪石的利用：Julien 1985；Garcilaso de la Vega 1966 第一卷，246–247（第一部分，第五册，第三章）。Julien 和 Gade（1975：44）说鸟粪石被带到高原地区去；Denevan（2001：35）相信对鸟粪石的使用是“有限而局部的”，因为其运输上存在困难。

36. 冯·洪堡和鸟粪石：Fourcroy 与 Vauquelin 1806（“靠近”，370）。

37. 骨粉生意：Walton 1845：167–168（对鸟粪石缺乏兴趣）；佚名 1822（“日常口粮”），1829，1832。

38. 鸟粪石狂热与李比希：Cushman 2003：60–62，附录 1（出口数据）；Mathew 1970：112–114；英国国会下院 1846：377–378（“参与鸟粪石贸易……的船舶的数量与吨位清单”）；佚名 1842a（李比希的作用）；1842b：118，138–140，142–144，146–147（科学的化身）；Johnson 1843；Liebig 1840（“玉米”，81–82）。另参见 Smil 2001：42。其他文献来源也给出了英国鸟粪石进口业的一些多少有所不同的数据，但是进口数量的快速上涨并不存在争议。我曾经见过 4 个版本的李比希著述。

39. 输入密集型农业的滥觞：Melillo 2011；Cushman 2003：37。我使用了 Cushman 的一句话。

40. 工作条件：Skaggs 1994：第二章；Mathew 1977：44–51；Peck 1854a：205–213；佚名 1853（“粘满鸟粪”，555）。

41. 埃利亚斯的生活：Blanchard 1996。

42. 向秘鲁输入中国人：Meagher 2009：94–100（仓库），176–177（暴动），221–224（至少10万人，222）；Wu 2009（“被杀死”，47）；Skaggs 1994：162–163；Schwendinger 1988：23–26；Mathew 1977：36–43（工作 8 年，43）；Stewart 1970：82–98。Melillo（2011）整理了其来龙去脉。

43. 对中国人的虐待：Meagher 2009：224–229（墓地，226）；Wu 2009；Mathew 1977：44–51（5 吨）；Stewart 1970（比如可参见 21–23，90–97）；佚名 1856（酷刑）；

Peck 1854a：170，207–208，214–216；1854b（“工作的场所”）。

44. 鸟粪石的垄断与抗议：Skaggs 1994：10–15，21–30；Mathew 1968：569–574；Markham 1862：308–309（对秘鲁的轻视）；佚名 1854（“更低的价格”，117）。代表性的美国社论包括“鸟粪石战争”（《纽约时报》，1853 年 8 月 14 日）、“鸟粪石问题”（《纽约时报》，1852 年 8 月 12 日）和“英格兰的鸟粪石问题”（《纽约时报》，1852 年 9 月 29 日）。

45. “经济成功”：Miller 2007：149。我还借用了 Miller 对 OPEC 的类比。

46. 鸟粪群岛法案：Skaggs 1994：172–197（纳瓦萨），213，230–236；R. S. Bowler 于 1893 年 9 月 16 日致 S. Wike 的信，收录于 Magoon 1900：15–16（官方的岛屿列表）。

47. 产业化单一种植：Pollan（2006：41–48）形象地用这个词来描述这一转变。

48. 第一次绿色革命：Melillo 2011。

49. 欧洲与非洲国家的对比：Clark 2007：40–50。我极大地简化了这一复杂的对比，但是其要点是恰当的。Komlos（1998：68）给出的欧洲消费的数据要比 Clark 还高，但是这一区别并不会撼动这种对比。

50. 肥料的影响：Smil 2001（五分之二，15）。人口变迁：Livi–Bacci 1997：31，世界银行发展指标（http：//data.worldbank.org/）。

51. 鸟粪石避免了灾难（注释）：Pomeranz 2000：223–225（“19 世纪”，224），240，附录 B。

52. 200 万人死亡：Zadoks 2008：20–27；Ó Gráda 2000：84–95。Zadoks 估计在欧洲大陆上有 75 万人死亡，Ó Gráda 认为大多数对爱尔兰死亡人数的估计值是“一百万或者略微超过一百万”（85）。Vanhaute 等（2007：26）认为欧洲的死亡人数应该是“数十万人”，但是没有 Zadoks 那么精确。

53. 晚疫病的生活史：Mizubuti 与 Fry 2006：450–458（传播，454–455）；Judelson 与 Blanco 2005；Sunseri 等 2002（游动孢子的行程）；Jones 等 1914：11–13，30–37。

54. 秘鲁最早被认为是晚疫病的源头：Abad 与 Abad 2004：682；Andrivon 1996；Bourke 1993：148–149。

55. 墨西哥——多样性的中心和源头：Abad 与 Abad 2004：682；Grünwald 与 Flier 2003（卵孢子，174–175）；Goodwin 等 1994（从墨西哥到美国，11594）；Fry 等 1993：653–655；Hohl 与 Iselin 1984（欧洲其他种类晚疫病的发现）。

56. 少有土豆的墨西哥：Ugent 1968；Humboldt 1822：第二卷，76，399，439–440，443–450。

57. 瑞斯汀诺的研究：Gómez-Alpizar 等 2007（“饥荒”，3310–3311）；May and Ristaino 2004。

58. 鸟粪石运输船：Mathew 1977：49；Peck 1854a：159。

59. 晚疫病在欧洲的出现：Zadoks 2008：9–17（进口更多的土豆，16）；Vanhaute 等 2007：22；Bourke 1993：129–130，141–149；Decaisne 1846：65–68（1844 年的观察）；Dieudonné 等 1845：638（1845 年的出现）。

60. 爱尔兰的晚疫病传播：Donnelly 2001：41–47（1/4 到 1/3 的损失）；Ó Gráda 2000：21–24（210 万英亩）；Kinealy 1995：31–35（10 月中旬），42–43；Salaman 1985：291–293。

61. 爱尔兰的后启示录景象：O'Donnell 2008（谋杀发案率，81）；Donnelly 2001（疾病，171–176）；Ó Gráda 2007（强奸，46），2000（"监狱"，40–41；疾病，91–95；盗窃，187–91）；Zuckerman 1999：187–219（褴褛者不绝于路，193；陷阱，194–195；代食物，195）；Kinealy 1995（狗，173；"乞丐"，198）。

62. 人口迁出：Donnelly 2001：178–186（"心灵沮丧"，180）；Ó Gráda 1999：104–114，228–229；Kinealy 1995：第八章。

63. 英国的援助和过错：Reader 2009：176（"重新建立"）；Donnelly 2001：233（约翰·米切尔）；Ó Gráda 2000：122–125（出口数字与论证）。感谢 Charles McAleese 在这一主题上愉快的讨论。

64. 人口的影响：Donnelly 2001：178（总迁出人数）；Ó Gráda 2000：5（历史上最为致命），229–230。

65. 孢子的限制与爱尔兰的气候：Aylor 2003：1996（30 英里）；Sunseri 等 2002（减少 95%，444；70 英里，449）。在 8 月 28 日到 9 月 13 日之间，爱尔兰北部没有下一滴雨（Butler 等 1998）。由于孢子不可能在太阳照射下跨越爱尔兰海，所以它们一定是晚上过去的。

66. "脚夫"和克拉钦：Donnelly 2002：8–10；Zuckerman 1999：141–142；Myers 1998：293，300–301；Ó Gráda 1994（大约一半）；Bourke 1993：21（分布），36–42；Salaman 1985：292。历史上对"脚夫"的描述主要是抱怨其糟糕的口感；现代的描述则赞颂其"非凡的风味"（Myers 1998：293）。要么是其口味有所改变，要么就是像某个农民对我说的那样，现代植物育种生产出了十分无味的土豆，使得其被过去最差的种类所取代掉。使用 19 世纪技术的"脚夫"比现代杂交品种还要多产（同前：363）。

67. 脊状的"懒汉床"：Omohundro 2006；Doolittle 2000：第十二章；Myers 1998（尺寸，65；水土流失，88–90）；Salaman 1985：232–236，524（"懒汉根"），586；Denevan 与 Turner 1974：27（温差）。感谢 Bill Doolittle 的许多有教益的谈话。

68. 对脊状田地的抨击：Myers 1998：44，55–60，85–86。

69. 懒汉床的消失：Myers 1998：61–66；Murphy 1834：556（"更好的体现"）。

70. 梅耶尔的实验：Myers 1998（犁沟中的水，153–156；设置，235–236；晚疫病单位，

360；温湿度的影响，365–366，379–384）。青草可以在不干扰土豆的情况下在垄的边上生长；它可以在土地甚至还在耕种的时候起到休耕、恢复土壤肥力的作用（同前：369–372）。尽管属于“被浪费的”空间，但是犁沟可以让光线照到下层的植物上，并允许空气发生循环；这样，这种损失就被垄上更高的生产力所抵掉了。

71. 鸟粪石与晚疫病（注释）：Porter 2007（孢子的生存）；Mizubuti 与 Fry 2006：451（孢子囊的生存）；Aylor 2003：1996（“通过大气”）；Inagaki 与 Kegasawa 1973（线虫）。11 个郡是凯里（Kerry）（佚名 1842，“凯里郡农协春季展示会”，《不列颠农民》杂志 6：178–193）、基尔肯尼（Kilkenny）（佚名 1843，《爱尔兰游记》评论，《都柏林大学校刊》21：647–656）、米斯（Meath）、科克（Cork）（Johnson 1843）、唐（Down）、阿马（Armagh）、劳斯（Louth）、莫纳亨（Monaghan）、卡文（Cavan）、罗斯康芒（Roscommon）、安特里姆（Antrim）（佚名 1843，人称“鸟粪石”，声名远播的秘鲁类肥，《不列颠农民》杂志 7：111–124）。对于晚疫病传播的异常速度的另一种可能的解释是，它其实在一两年之前就已经传入了（Bourke 1993：147–148）。
72. 梅耶尔的结论：Myers 1998（14 次歉收，63；懒汉床的减少与歉收，473–475）。
73. 科学解释的失败：Matta 2009；Zadoks 2008：16–20；Bourke 1993：130–139；Wheeler 1981：321–327（“我们的感官”，324）；Large 1940：14–19，27–33，40–43；Jones 等 1914：23–33，58–60。一些历史学家提出，1845–1847 年的土豆歉收引爆了早已存在的不满情绪，从而促成了 1848 年革命（Zadoks 2008）。
74. 墨菲的甲虫：T. 墨菲于 1862 年 5 月 22 日致 Valley Farmer 的一封信，收录于 Tower 1906：26。
75. 甲虫在美国的传播：Hsiao 1985：44–45，71；Tower 1906：25–36；Foster 1876（“列车车厢”，234）；Riley 1869：102–103；Walsh 1866。Foster 称其火车的故事是从《纽约时报》上（1876 年 7 月 19 日）引用来的，但是这并不正确；其来源必然是另外一篇报道。
76. 甲虫向欧洲的传播：J. F. M. Clark 2007：113–116（贸易战，114）；Hsiao 1985：55；Tower 1906：39。
77. 甲虫遇见土豆的过程：Lu 与 Lazell 1996；Jacobson 与 Hsiao 1983；Tower 1906：21–25。
78 “甲虫”：佚名 1875 年 6 月 2 日，《纽约时报》“土豆甲虫”。1 600 万：一对甲虫会在一年内产出超过 6 000 万个后代（Hare 1990：82–85）。
79. 遏制甲虫的失败尝试：Casagrande 1987：143–144；Riley 1869（“加以消灭”，108）；Walsh 1866（马拉除虫器，15）。

80. 瘟疫一样的昆虫：Essig 1931。
81. 巴黎绿：J. F. M. Clark 2007：120–124；Casagrande发给作者的电子邮件；Casagrande 1987：144–145；Lodeman 1896：59–69（伦敦紫，65–67）；Riley 1869：116。
82. 硫酸铜（的发现及其与巴黎绿的混合剂）：Casagrande 1987：145–146；Large 1940：225–239，277–279；Lodeman 1896：25–33，47，55，100，122–123。
83. 甲虫的抗性：Casagrande 发给作者的电子邮件；Alyokhin 等 2008（“控制”400，“生产”407）；J. F. M. Clark 2007：124（最初的 DDT 实验）；Hare 1990：89；Casagrande 1987：146–247；Jacobson 与 Hsiao 1983（杂合性）。
84. “清洁田”：Pollan 2001：218。
85. 晚疫病的回潮：Mizubuti 与 Fry 2006 448–449；Garelik 2002。

第七章　黑金

1. 对印第安人地位的争议：Hanke 1994：第一章对此做了很好的概述。我在第八章中会更加全面地进行讨论。
2. 纳瓦杰罗的小传：Cicogna 1855（出版物的列表，209–210）。这座植物园的出现可能是受到更早先对墨西哥中部植物园描述的启发。
3. 欧洲的团队运动：唯一一个可能的例外是墨西哥的一种类似足球的运动——calcio fiorentino（佛罗伦萨足球），对这种运动的记载最早可以追溯到 1530 年。欧洲第二古老的团队运动——马球，直到 19 世纪才传入欧洲。令人惊异的是，中美洲的球类运动在世界上未曾中断地流传下来的团队运动中有着最悠久的历史。位于墨西哥最南部的帕索·德·拉·阿马达有一座大约建造于公元前 1400 年的球场（Hill 等 1998），而马球明显只能追溯到耶稣基督时期（Chehabi 与 Guttmann 2003：385）。北美洲的原住民游戏长曲棍球可能也十分古老。
4. “惊人的速度”：Navagero 1563：15v–16r；另参见 Navagero 于 1526 年 5 月 12 日致 G. B. Ramusio 的信，收录于 Fabié 1879：378–390，引文见 389–390 页。
5. “如此有弹性”：Anghiera 1912：第二卷，204–205；Navagero 于 1525 年 9 月 12 日致 G. B. Ramusio 的信，收录于 Fabié 1879：368–376，引文见 368–69 页（与彼得罗·马尔蒂雷·丹杰埃拉的友谊）。
6. “相当沉重”：Oviedo y Valdés 1851：165–166（第一部分，第六册，第二章）；Covarrubias y Orozco 2006（反弹一词的阙如，可参见 botar 和 bote 条目）。Oviedo 作品的第一卷于 1535 年面世；后来的部分直到 19 世纪才得以出版。

7. 最早对橡胶的科学研究：Condamine 1751a，b。
8. 在被拉伸的时候，橡胶会发热（注释）：Gough 1805（“嘴唇”，290）。
9. 原住民对橡胶的用途以及使用方法：作者对 John Hemming 和 Susanna Hecht 的访谈和电子邮件联系；Woodroffe 1916：41–46（割胶和处理）；Pearson 1911：59–71（对割胶和处理的描述）；Johnson 1909：第九章（对割胶的描述）；Spruce 1908：第一卷，182–185，511–515（割胶）；Warren 1851：16（服装）。
10. 橡胶热：佚名 1890；Johnson 1893；Coates 1987：29–31；Coslovsky 2005（进口数据，14，27）。
11. 韦伯斯特、“高效的武器”：Parton 1865：66。
12. 固特异与硫化：Slack 2003（“在这里” 107）；Coates 1987：31–33，36–37。固特异本人的叙述（1855）是不足为信的。
13. 汉考克与硫化：Woodruff 1958：第一章；Coates 1987：22–28，33–38；Hancock 1857：91–110（“小片儿” 96）。Woodruff 引用了两个同时代的人，他们说汉考克的确对固特异的样品做了分析。当然，汉考克并不慷慨——他那本在其他方面都很有用处的自传（1857）甚至都没有提到固特异。固特异的专利（3633 号）和汉考克的专利（10027 号）可以分别在美国专利与商标局和大英图书馆的网站上查阅到。
14. 博览会与固特异之死：Slack 2003：161–163，203–210，230–237；Coates 1987：39–42（“邮票” 41–42）；Bonaparte 编 1856：542–543。
15. 施陶丁格：作者对 Coughlin 的访谈；Ringsdorf 2004；Mülhaupt 2004；Morawetz 2002：86–98（“政治宣传” 97）。
16. 硫化的化学原理：Sperling 2006：第八、九章对此做了很好的介绍。感谢 Bryan Coughlin，他将这本书推荐给我。
17. 巴西橡胶树的品质和所在地：Ule 1905。可以收割的亚马孙橡胶树还有另外 4 种，它们分别是：边沁橡胶（H. benthamiana）、圭亚那橡胶（H. guianensis）、巴拿马橡胶树（Castilla/Castilloa elastica，又名弹性卡斯桑木）、考乔橡胶树（Castilla ulei）。除了巴拿马橡胶树之外的 3 种的地位都不如巴西橡胶树那么重要。一些作家认为，出于这一原因（即巴拿马橡胶树与巴西橡胶树在橡胶业的地位都较为重要），在提及“橡胶热”时必须使用复数，因为橡胶树和巴拿马橡胶树（Hevea 和 Castilla，这里指的是巴西橡胶树和巴拿马橡胶树所属的分类学属）有着不同的生态学和经济作用（Santos–Granero 与 Barclay 2000：第二章）。
18. 陆路与水路，急流：Markham 1871。只有独木舟才能通过瀑布和急流，而且即使是独木舟也经常倾覆，从而导致许多人丧生（佚名 1901）。
19. 内维尔·克雷格：Fleming 1922：118–119。感谢皇家地理学会的 Jamie Owen 和 Julie Carrington 帮我查询他的逝世时间，感谢 Robert Charles Anderson 帮助我查

阅他的耶鲁毕业生记录。

20. 马代拉的克雷格：Craig 2007（“达尔文的理论”，177；“东部大城市”，226；“帕伦丁丁人”，237）；Hemming 2008：201（帕伦丁丁人）。说句公道话，那些下流的反意大利杂音只是一篇报纸文章；他只是赞许地引用了这篇文章。
21. 凯勒的大餐：Keller 1874：74–77（海龟），80–81（海牛和巨骨舌鱼，引文在 81 页）。
22. 农业中心：Mann 2008。
23. 用马钱子捕鱼：感谢 Susanna Hecht 对这一沿用至今的方法所做的描述。
24. 对橡胶树索取太多：Schurz 等 1925：17–21（产量）；Whitby 1920：5–6（产量）；Labroy 1913：39–47（平均日产量，47）；Pearson 1911：43–44（过度割胶）；Smith 1879：108（贝伦橡胶树的死亡）。平均的产出数据掩盖了树木之间较大的差异性。上面文献来源对未选育过的树木进行测定，现在的产量更高。帕拉河的贝伦（Belém do Pará）的意思是“帕拉河上的伯利恒”（Bethlehem of the Pará River），后者位于亚马孙水系的两个主要河口的南方。直到 20 世纪，这座城市都通常被人称为帕拉（Pará）；贝伦（Belém）是其现代的名字。
25. 1877–1879 年的干旱：Davis 2002：79–90，377–393；Greenfield 2001（死亡人数，45–46）。这次干旱是一次厄尔尼诺现象导致的。
26. 涌入橡胶业：Santos 1980：66，83–84（25 000 座橡胶园）；Spruce 1908：第一卷，507（涌入上游），518（搞到土地）。
27. 移民引发疟疾多发：Hemming 2004b：268–272（背景）；Keller 1874：8（19 世纪 60 年代中期的流行情况），40–42（马代拉的衰退）；Chandless 1866：92（19 世纪 50 年代中期的流行情况）。
28. 疟疾与克雷格的铁路：Craig 2007：271（一半人失去劳动能力，另见 304 页注释）；381–383（拒绝支付）；382–388（2/3、3/4 的人生病）；407（120 人中超过一半得病）；408（“彻底崩溃”）；散见于 387–403（努力回家）。
29. 橡胶业的兴旺：其综述文章包括 Hemming 2008：175–231，2004b：261–301；Souza 2001：163–188；Barham 与 Coomes 1996；Dean 1987；Weinstein 1983；Batista 1976：129–141；Collier 1968。
30. 橡胶的生产、出口和价格：Barham 与 Coomes 1996：30–32（纽约的价格与出口）；Santos 1980：52–55，208–220（出口、巴西的价格、投机）；Batista 1976：129–140（巴西的价格）；Pearson 1911：214–215（出口）；佚名 1910（投机，“纯银”）；Fernandes 2008：图 2（伦敦的价格）；巴西应用经济研究所（Instituto de Pesquisa Econômica Aplicada，Brazil）无出版日期文献（出口数据，参见 www.ipeadata.gov.br）；美国能源信息署（U.S. Energy Information Administration）无出版日期文献（美国油价，参见 www.eia.doe.gov/pub/international/iealf/

BPCrudeOilPrices.xls）。以 1999 年美元计价的油价，参见 EIA。

31. 殖民地贝伦：作者访问经历；Hemming 2008：48–49，66，97–99；Souza 2001：46–47，61，91–93；Pearson 1911：20–42（“气味”，22）。感谢带我游览这座城市的 Susanna Hecht。

32. 声名狼藉的马瑙斯：作者访问经历；Hemming 2008：179–183（“香槟浴女”，182）；Jackson 2008：113–115，252–255；Collier 1968：18–27；Burns 1965；Pearson 1911：93–111。

33. 低地地区的劳动环境：Hemming 2008：198–204；Barham 与 Coomes 1996：29–71；Dean 1987：36–41；Woodroffe 1916：49–54；Craig 2007：248–263（“雇工”，251）。现在有一些学者认为，过去对于橡胶区域中普遍存在的暴行的记录是夸大且不公正的。但是很少有人怀疑一点，那就是：根据现代标准来评判，这种环境是骇人听闻的。

34. 考乔的收集：Santos–Granero 与 Barclay 2000：23–29；Barham 与 Coomes 1996：37–42；Schurz 等 1925：21；Hardenburg 1913：181–184；Pearson 1911：156–158；Feldman 2004（“长切口”）。感谢让我注意到字典的 Lawrence Feldman，感谢帮助我进行翻译的 Scoot Sessions。Santos-Granero 和 Barclay 认为，工作条件在 1900 年左右进一步恶化了，这时候亚马孙上游的公司纷纷将目光从巴拿马橡胶树属转移到其他巴西橡胶树属的树种上。由于这些树种可以割胶，橡胶大亨们就强迫原住民工人留居在一个地方，按照程序化、常态化的路线来行进——这是对其文化准则的侵犯。这些公司为了维持对工人的控制而将其家属绑走，并让女性人质充当妓女。

35. “他们（到来，蹂躏，然后）离去”：Da Cunha 大约 1909，“Os Caucheiros”，S. B. Hecht 译。菲茨卡拉德（Fitzcarrald）是一部 1982 年的名为菲茨卡拉多（*Fitzcarraldo*）的电影的主角，这部电影在艺术方面的价值可以和其在历史问题上的不靠谱相媲美。对这个人的更可靠的传记是 Reyna 1941。

36. 阿拉纳的崛起：Hecht 即将出版的文献；Goodman 2009：36–41；Hemming 2008：204–207；Jackson 2008：257–261；Lagos 2002（这是我见过的最完整的记录）；Santos-Granero 与 Barclay 2000：34–35，46–55；Stanfield 2001：103–114，120–123；Collier 1968：27–64；Schurz 等 1925：364（22 000 平方英里）。

37. 普图马约地区被绑架的美洲原住民：Goodman 2009：17–25；Hardenberg 1913：146–149，164–181，195–199（“财团”，178；“扔进河里”，180–181）。

38. 哈登堡的教皇军队远征，凯斯门特与阿拉纳的命运：Marie Arana 和 John Hemming 给作者的电子邮件；Hecht 即将出版的文献；Goodman 2009（凯斯门特）；Hemming 2008：207–230；Lagos 2002：68–103ff.（哈登堡），301–351（凯斯门特），364–

365，377–379（阿拉纳之死）；Stanfield 2001：125–134；Hardenberg 1913：215–264。

39. 亚马孙地区的乱局：作者对阿克里河和科维哈的访问；作者对 Hecht 的访谈；Hecht 即将出版的文献；Dozer 1948（“在河谷”，217）。

40. 金三角地区与充当罂粟替代品的橡胶树：Kramer 等 2009；Shi 2008：23–28；作者对 Klaus Goldnick（德国技术合作公司）、唐建维（西双版纳热带植物园）、Nicholas Menzies（亚洲研究中心）、Horst Weyerhaeuser（世界农林中心，万象）的访谈。

41. 1 325英亩：出示给作者的一份合同，订立双方是Ban Namma村和“惠鹏”（音译）橡胶公司。

42. 韦翰的生平：Jackson 2008；Lane 1953–1954（晚年的形象，第九部分：7）。Jackson 发现了韦翰妻子的日记，对其家族的遭遇做了动人的叙述。

43. 马卡姆和金鸡纳树：Honigsbaum 2001。

44. 马卡姆、韦翰和橡胶树种：Jackson 2008：第八、九章（抛弃家人，187；冷遇，199–202）；Hemming 2008：191–195；Dean 1987：7–24（韦翰的大意，24）；Baldwin 1968；Markham 1876（“长期供给”，476）。

45. 被称为小偷的韦翰（原文与注释）：Jackson 2008：188–93；Dean 1987：22–24（“一个半世纪”，23；“人类”22）；Santos 1980：230 页注释（“国际法”），232。

46. 斯里兰卡、马来西亚和印度尼西亚的橡胶：Jackson 2008：204–205，265–273；Dean 1987：26–31；Lane 1953–1954：第七版，6–7；Large 1940：196–207；Nietner 1880：3（斯里兰卡咖啡业），23（“幸免于难”转引自 G. H. K. Thwaites）；Berkeley 1869（“3 英亩”1157）。出于行文简洁的目的，我用现代名称而非当时的名字来称呼这些地方——用斯里兰卡来称呼锡兰，用马来西亚称呼马来亚，等等。

47. 福特兰的创建：Grandin 2009：77–119；Hemming 2008：265–267；Jackson 2008：291–298；Costa 1993：13–17，21–24，59–65；Dean 1987：70–76；Davis 1996：338–339。严格地讲，福特并未购入这块土地，而只是买下了这片土地排他性的专营权以及 50 年的免税政策。每辆汽车，包括轮胎在内共有大约 80 磅橡胶（Costa 1993：133）。

48. 乌氏微环菌：Money 2006：83–100；Lieberei 2007。感谢带我去参观数株受感染树木的 Charles Clement。这种真菌的生活周期要比我的简要描述所展示出的情况更加复杂。要了解当时对橡胶的南美叶疫病的典型观点，请参见 Schurz 等 1925：101。

49. 威尔、叶疫病以及福特计划的终止：Grandin 2009：304–331；Costa 1993：102–106，127（亚洲产量占比）；Dean 1987：75–86，104–107；关于规范橡胶的生产与出口的协议（Agreement for the Regulation of Production and Export of Rubber）

1934 年 5 月 7 日签订，收录于国际劳工局（International Labour Office）1943：104–112（“橡胶树”110）。

50. 自然橡胶 vs 合成橡胶：作者对橡胶制造商协会以及 Bryan Coughlin 的访谈；作者访问经历（避孕套工厂）；Davis 1998：134–136。

51. 径流增加、水土流失和水资源枯竭：Ziegler 等 2009；Guardiola–Claramonte 等 2008；Stone 2008；Cao 等 2006（雾）；Wu 等 2001。另参见 Mann 2009。

52. 航班，公路：Fuller 2008；作者对曼谷、万象的航空公司的采访。这条道路只有双车道，但是这已经比这一地区以前的所有道路都要多了。

53. 乌氏微环菌可能造成的灾难，对于叶疫病取得的进展十分有限：美国国防部（U.S. Department of Defense）2008（生物武器）；Lieberei 2007（“顶梢枯死”，1）；Onokpise 2004（巴西来的树苗）；Garcia 等 2004（抗性克隆体）；Vinod 2002（基因基础的狭窄程度，改进品种时取得进展的难度）；Weller 1999：table 2（生物武器）；Davis 1998：123–141（“合成轮胎”136）。

第八章　大杂烩

1. 礼拜堂：Alegría 1990：71–77（第一座教堂）；Porras Muñoz 1982：130，399（1.1 万名烈士）；Gerhard 1978：453–455；Herrera y Tordesillas 1601–1615：第一卷，344–345（第十册，第十二章；赫雷拉满腹疑惑地称他为“胡安·迪拉多 /Juan Tirado”）。

2. 加里多的童年，他在伊比利亚半岛度过的时光：Alegría 1990：15–22；Icaza 1923：第一卷，98。

3. 雷斯托尔的怀疑：Restall 发给作者的电子邮件；Restall 2000：174，177。阿勒格利亚引用了 Saco 的美洲奴隶制历史（1879：44）作为证据，但是 Saco 只发现了一个葡萄牙冒险家在 15 世纪 80 年代的两次非洲航行中将一些自由的非洲人带回到里斯本去。此外，葡萄牙并不允许自由的非基督徒进入该国，所以加里多可能不得不改宗，很有可能他此前信奉伊斯兰教。另参见 Blackburn 1997：78–79。

4. 数万名奴隶：这一由 Dominguez Ortiz（1952：9）做出的经典估算认为，整个半岛上最多有 10 万人，“这是一个规模可观，值得一提的社会学、经济学，甚至伦理学后果的现象”；后来 Cortes Lopez 估计，单在西班牙一国内就有大约 58 000 人（1989：204）。

5. 加里多到达（新大陆）：加里多 1538 年立的遗嘱说，“差不多 28 年前，我漂洋过海到了伊斯帕尼奥拉岛”，这说明他是在 1510 年到这座岛屿的，这一时间晚于胡安·庞塞·德·莱昂·菲格罗亚起航去波多黎各的 1508 年。如果这样，他就不可能跟庞塞·德·莱昂一起去波多黎各。阿勒格利亚相信他最可能在 1503 年（大规模奴隶进口开始的时间）到 1508 年（波多黎各的征服）之间到达。感谢给我提供遗嘱，并进行翻译的 Scott Sessions。Alegría 1990：127–138 中有一份抄本。

6. 在加勒比海的加里多：Alegría 1990（波多黎各，29–30；佛罗里达，37–41；惩罚性远征，46–47；科尔特斯，59–65）。阿勒格利亚认为，加里多和 Panfilo de Narvaez 一起，在科尔特斯来到墨西哥一年以后登岸；加里多可能是被称为“Guidela”的非洲人，Diaz del Castillo 在回忆中（1844：第一卷，327）说这些人协助了科尔特斯对 Narváez 的军队进行接管。
7. 对特诺奇蒂特兰的进攻：我所发现的以此为主题的最好的现代历史著作是 Hassig 2006（第一次进攻的失败，111–119；20 万名原住民同盟军，175）。在当时的 4 份描述材料中，最重要的一份是 Diaz del Castillo（1844）。
8. 天花（原文与注释）：Hassig 2006：124–130，186–189；Mann 2005：92–93，127–129；Crosby 2003：45–51（这是一篇经典论述）；Restall 2000：178（“委罪于人”）；Durán 1994：563。在 Henige 1986 中批判地调查了与 Eguia 或 Baguia 所起到的历史作用相关的证据。
9. 埋伏：Hassig 2006：165–166；Durán 1994：552–554（“桥上的”553；“碎块”554）；Díaz del Castillo 1844：第二卷，82–90（“8 到 12 英里远”，84）。
10. 加里多的礼拜堂充作墓地：Díaz del Castillo 1844：第二卷，102。
11. 加里多的职务：Restall 2000：191（“门卫”）；Alegría 1990：92–97，105–107（探险）；Porras Muñoz 1982：109–110。
12. 加里多的小麦：Alegría 1990：79–85；Gerhard 1978：455–456；López de Gómara 1870：第二卷，365（“恩情”）；Tapia 1539：第二卷，592–593（三粒）；González de León, J. 1538. Statement, 11 Oct.（?）。收录于Alegría 1990：132–133（实验农场）；Salvatierra，R. 1538. Statement，4 Oct.（?）。收录于同书 134–136 页（加里多的小麦成了墨西哥作物的起源）。Tapia 的数字与 Lopez de Gomara 的数据不同，但是其想法是一样的。感谢提供翻译的 Scott Sessions。
13. 民间知识（指加里多种植的小麦的传播过程——译者注）：墨西哥中南部的农民们曾经数次告诉我这一说法。我还没有看到能够证实它的证据。
14. 人类的混合：我从 Crosby（1986：2–3）中得到这一观点。
15. 移民数字：Eltis 等 2009–；Horn 与 Morgan 2005：21–22（欧洲人的总数）；Eltis 2001；Eltis 1983（“19 世纪”255；欧洲人的总数，256）。如果把契约仆役算进去的话，自由人与非自由人的比例就会变得更加不平衡（Tomlins 2001：8–9）。对于印第安人数字的综述，参见 Denevan 1992a、1992b；其通俗的描述，参见 Mann 2005。

16. 基础制度：在这里我总结了大批学者的观点，包括 Ira Berlin，C.R.Boxer，David Brion Davis，Eugene Genovese，Melville Herskovits，Philip Morgan，Stuart Schwartz，Robert Voeks，Eric Wolf，Peter Wood（这里只列出了使用英语的研究人员的名字）。正如 Davis（2006：102）所说，“黑奴对于我们称为‘美洲’的这一整个现象而言，是基础且必须的。”
17. 加里多的晚年：Alegría 1990：113（1640 年代），127–138（加里多的请愿）；Icaza 1923：第一卷，98（贫困、三个孩子）。
18. 军事领袖在战斗结束后离开了耶路撒冷：Albert of Aachen 1120：374–375。
19. 教皇的军队控制了穆斯林的甘蔗种植园：Ouerfelli 2008：38–41；Ellenbaum 2003；Boas 1999：81–83；Mintz 1986：28–30；Phillips 1985：93–95。
20. 甘蔗的遗传学特性：Irvine 1999。
21. 早期的糖加工：Galloway 2005：19–21；Daniels 1996：191–192（公元前 500 年），278–280，284–296。
22. 中东的糖业：Ouerfelli 2008：31–37；Galloway 2005：23–27。
23. “整条命都是它的”：Pollan 2001：18。
24. 教皇的军队对糖的热爱，让他们决定做这门生意：Ouerfelli 2008：3，75–76（欧洲的蔗糖）；William of Tyre《海外功业史》（*A History of Deeds Done Beyond the Sea*，1182），引自 Phillips 1985：93（“人类”）；Albert of Aachen 1120：305–306（“这种甜味”）。
25. 种植园的定义：Craton 1984：190–191。
26. 领薪水的工人：Ouerfelli 2008：287–306（西西里岛，302–304）；Blackburn 1997：76–78。只有在 15 世纪的塞浦路斯才使用奴隶劳工，被海盗抓住的穆斯林在那里会被扔到土地上劳作（Ouerfelli 2008：290）。
27. 哥伦布的婚姻：Colón 2004：32–33。
28. 圣港岛的兔子：Zurara 1896–1899：245–247（“由于有着大批甚至可以说无边无际的兔子的存在，那里不可能进行任何的耕作”，247）。
29. 对驴子的大屠杀：Abreu de Galindo 1764：223。
30. 马德拉的大火：Ca’ da Mosto 1895：26（2 天）；Frutuoso 1873：61（7 年），353，460–471。
31. 为发展制糖业重新对马德拉进行定位：Vieira 2004：42–48（超过 1 000 倍，48；糖价，62–63）；Vieira 1998：5–9；Crosby 1986：76–78；Craton 1984：208–209；Greenfield 1977：540–543。
32. 伊比利亚半岛的奴隶制：Blackburn 1997：49–54；Cortés López 1989：特别参见 84–88，140–149，237–239；Domínguez Ortiz 1952：特别参见 17–23（“社会地

位的象征物”19）。

33. 种植园奴隶制的出发地——马德拉：Vieira 2004：58–74（“起点”74）；Curtin 1995：24；Crosby 1986：79；Phillips 1985：149；Craton 1984：209–211（尽管他认为圣多美和普林西比有着“纯粹种植园殖民地的最大潜力”）；Greenfield 1977：544–548（马德拉“充当了连接”地中海和美洲种植园的糖业的作用，537）；Frutuoso 1873：655。Fernández–Armesto（1994：198–200）认可马德拉的增长是“惊人的”，但是还认为有更多奴隶的佛得角群岛“出现了一种新模式：以奴隶为基础的种植园经济”。
34. 圣多美的蚊子：Ribiero 等 1998。
35. 圣多美的殖民：Disney 2009：第二卷，110–112（女奴隶，4；欧洲人，111）；Magalhães 2008：169–172；Seibert 2006：21–58（荷兰人，29；主教，32；“没门出”52）；Thornton 1998：142（被放逐的牧师）；Craton 1984：210–211；Gourou 1963（2 000 名儿童，361）。荷兰人在 1637 年第三次占据了这一岛屿，并且在岛上坚持了 10 年。
36. 圣多美的糖业：Disney 2009：112–113；Seibert 2006：25–27；Varela 1997：295–298；Vieira 1992：位置不详（31；1615 年时那里只有 65 家种植园）；Frutuoso 1873：655–656（我所引用的注释来自编辑 Alvaro Rodrigues de Azevedo）。
37.（马德拉群岛）没有黄热病、疟疾和蚊子：可参见 Capela 1981：64（不存在载体媒介）；Davidson 1892：第二卷，702（“在马德拉完全不存在疟疾……黄热病从未造访该岛”）；La Roche 1855：141；James 1854：100。
38. 马德拉从种植园奴隶制转型：Disney 2009：90–92；Vieira 1992：位置不详（29–32，41–42）；Rau 与 de Macedo 1962（非单一种植，外国所有人，23–25）；Brown 1903：e21，e32（“黄热病等疾病”）。
39. 圣多美的（奴隶）反抗：Seibert 2006：35（30 座糖厂）；Varela 1997：298–300。另参见 Harms 2002：283–292。
40. 圣多美的最终命运：Disney 2009：113–115；Seibert 2006：30–58 passim；Frynas 等 2003：52–60；Eyzaguirre 1989。
41. 科尔特斯的产业：Barrett 1970：图 1。感谢 Peter Dana 将 Barrett 的产业地图转化成数字资料，从而得出了这里所引用的对其面积的估算数据。另参见 Von Wobeser 1988：38–55。
42. 科尔特斯的活动、他回到西班牙：Chipman 2005：46（国王对征服者的恐惧）；Riley 1972；Barrett 1970：9–13（矿场，牧场，船坞）；Scholes 1958（挂毯，布料，12；投资，17；大型市场，19；淘金，20–21；牧场与养猪场，23；造船，26–27）；Voltaire 1773：第六卷，46（“城市）。

43.《关于西印度群岛毁灭的简述》: Las Casas 1992（引文见 57，65）。

44. “皈依天主教”: Inter Caetera（2），教皇于 1493 年 5 月 4 日发布的诏令，收录于 Symcox 编 2001 : 34–37，原文见 36–37 页。这份教皇诏书的署名日期可能比实际日期要迟。为了应对哥伦布的航海，教皇发布了 3 份措辞类似的诏书，其中两份被称为 Inter caetera（拉丁语，直译为“在其他之中”）。

45. 对基督化没什么兴趣: Simpson 1982 : 14–21 ; Konetzke 1958。西班牙人对摩尔人的长期战争是对抗一家政府的战争，而非对抗一种宗教的战争——“被征服的摩尔人得到了可以自由进行伊斯兰教仪式的保证”。只有在西班牙获得了对摩尔人的最终胜利（1492 年）之后，“传教的想法才涌现出来”（Konetzke 1958 : 517–518），因为斐迪南二世和王后伊萨伯拉相信强制推进的宗教团结会服务于其政治目的——统一这个不服管束的王国。甚至连哥伦布都不是一个传福音者；在后几次航海中，他由于君主们的坚持要求而带上了神职人员，但是他没有做出任何传教尝试。

46. 哥伦布的奴隶和在伊莎贝拉的行动: Simpson 1982 : 2–5 ; Las Casas 1951 : 第一卷，419–422 ; Herrera y Tordesillas 1601–1615 : 第一卷，251（Dec. 1，第七册，第十四章）（伊莎贝拉）; Cuneo 1495 : 188（550 名泰诺人）; Colón，C. 1494 年 1 月 30 日致陛下们的备忘录，收录于 Varela 与 Gil 编 1992 : 254–273，特别参见 260–261（辩护词）。

47. 监护征赋制体系的创立: Guitar 1999，1998 : 96–103 ; Simpson 1982 : 特别参见第一章（“事实上监护征赋制至少在其存续的最初 50 年里被受益人看成奴隶制的一种托词”: 8）。这一体系无意中复制了三城同盟和印加帝国的元素，这两个政权也从受征服的人民身上征收劳动形式的贡赋。

48. 科尔特斯的印第安劳工: Von Wobeser 1988 : 42–44，55–57，60（糖厂）; Riley 1972 : 273–277 ; Barrett 1970 : 86–89，表 11（200 英亩）; Scholes 1958 : 18（3 000 印第安奴隶）。Scholes 的估计针对的是在紧接着征服发生的时期。一份 1549 年的财产清单是后来唯一的一个科尔特斯所有的印第安奴隶的数据来源（只剩下了 186 人，因为大多数人都死在了矿井里）。

49. “加于西印度群岛印第安人的暴行”: Colmeiro 编 1884 : 202–203。

50. 科尔特斯的交易: Beltrán 1989 : 22 ; Riley 1972 : 278–279 ; Barrett 1970 : 78。在科尔特斯的这宗交易之前还有 3 宗更大的交易，其中一笔涉及 4 000 名奴隶。相对来说，只有少量奴隶因这 3 笔交易而被送过大西洋（一些人被送到了欧洲）。科尔特斯的这笔交易是第一次运送数百名奴隶去往美洲种植园的奴隶交易（Beltrán 1989 : 20–24 ; Rout 1976 : 37–39）。

51. 新法律及其引发的反响: Elliott 2006 : 132（墨西哥）; Hemming 1993 : 256–259（秘

鲁）；García Icazbalceta 编 1858–1866：第二卷，204–219（法律文本）。新法律还禁止建立新的监护关系，并规定旧有的关系不能进行继承。墨西哥总督宣布了"obedezco pero no cumplo"——我遵守这一法律，但是不会强制执行。

52. 伊莎贝拉镇墓地的牙齿：作者与 T. Douglas Price 的访谈与电子邮件交流；Lyderson 2009。在发表的时候，这项发现并未在一份有同行评议制度的期刊上发布。

53.（西班牙国王与女王在 1501 年下达的——译者注）指令：西班牙国王与女王 1501 年 9 月 16 日给 Nicolas de Ovando 的指示，收录于 Parry 与 Keith 1984：第二卷，255–258。

54. "抓不住（的逃奴）"：Herrera y Tordesillas 1601–1615：第一卷，180。

55. 印第安人的进口，对非洲人的渴求：Guitar 2006：46，1998：270–274（印第安人），278–279（非洲人）；Morel 2004：103–104；Las Casas 1992：30（巴哈马）；Anghiera 1912：第二卷，254–255，270–271（巴哈马）。

56. 伊斯帕尼奥拉岛上愈演愈烈的叛乱：Altman 2007：610–612；Guitar 2006：61–63，1998：393–403；Boyrie 2005：79–89；Deive 1989：19–75；Scott 1985（"弱者的武器"）；Ratekin 1954：12（34 家糖厂）；Benzoni 1857：93–95。

57. 科尔特斯与糖：Von Wobeser 1988：59–64；Barrett 1970：9–17（产业）。他的后代一直在那里种植甘蔗，直到新独立的墨西哥政府在 19 世纪强迫他们卖掉这份产业。

58. 墨西哥制糖业的兴起：Von Wobeser 1988：64–69；Acosta 1894：第一卷，416（"西印度群岛"）。大约与此同时，葡萄牙也在巴西种植甘蔗（Schwartz 1985：15–27）——这里的产业后来继续发展，击垮了马德拉和圣多美的同行。与岛屿地区不同，墨西哥有很大的内需，因此那里的生产者们不会受到巴西人的冲击。

59. 奴隶进口：Eltis 等 2009–；Horn 与 Morgan 2005：21–22（欧洲人的总数）。约有 35 万人去了巴西；西属美洲殖民地接受了大约 30 万人，此外有大概 4.5 万人在此前已经被运了过去。

60. 美洲到处都是非洲人：秘鲁与智利——Restall 2000（皮萨罗的许可证，185；巴利安特，187）；智利——Mellafe 1959（49–50，巴利安特）；巴西——Hemming 2004a：140–146；Blackburn 1997：166–174；Schwartz 1988：43–45。波托西——Assadourian 1966。利马——Bowser 1974：339。卡塔赫纳——Newson 与 Minchin 2007：65（10 000 到 12 000），136–147（2 000，137）。圣・米盖尔・德・瓜尔达普——Hoffman 2004：60–83；Anghiera 1912：第二卷，258–260；Oviedo y Valdés 1852：第二卷，624–632；Herrera y Tordesillas 1615：第二卷，307–309（第八册，第八章）。里奥格兰德河——Stern 1991：272（"醉酒"）。

61. 埃斯特班：Goodwin 2008（死亡，335–351）；Schneider 2006（成长，27–28）；Ilahiane 2000（摩洛哥的动荡，7–8）；Adorno 与 Pautz 1999：特别参见第二卷，18–19，414–422；Logan 1940；Robert 1929；Niza 1865–1868。
62. 科尔特斯的妻妾子女：Hassig 2006：173–174（库奥特莫克被俘）；Chipman 2005：散见各处；Lanyon 2004；López de Gómara 1870：第二卷，376。
63. 玛琳切：Lanyon 1999；Karttunen 1994：1–23；Díaz del Castillo 1844：第一卷，84–85。
64. 科尔特斯的遗嘱：Cortés 1548（另一个女儿，§33；关于未承认的私生子马丁的条款，§23）。
65. 亚历桑德罗·德·美第奇：Brackett 2005。Brackett 认为，亚历桑德罗是教皇的侄子而非儿子。但是意大利历史学家 Scipione Ammirato 直接从亚历桑德罗的继承人柯西莫·德·美第奇（Cosimo de' Medici）那里听到了这段故事（1873：12）。
66. 科尔特斯 vs 科尔特斯：Lanyon 2004：138–147。
67. 伊斯帕尼奥拉的民族融合：Guitar 1999：位置不详（4–5）；Schwartz 1997：8–9；1995：188–189。
68. 皮萨罗家族：Hemming 1993：175–177，259，274–277（"囚禁"275–276）；Muñoz de San Pedro 1951（科尔特斯与皮萨罗的联系）。
69. 圣地亚哥的征服者们：Mellafe 1959：50–51（后裔）；Schwartz 1995：189（50个孩子）。
70. 北美洲的民族融合（注释）：Colley 2002：233–236（"帝国"）；Foster et al. 1998（杰斐逊的 DNA 测试）；Nash 1999（"一个民族"，休斯敦，11–13）。
71. 1570 年与 1640 年的墨西哥人口：Bennett 2005：22–23；Beltrán 1989：201–219，特别参见表 6、表 10。
72. 普埃布拉：作者的访问经历；Martínez 2008：147（投机倒把）；Verástique 2000：87–130；Hirschberg 1979；Zavala 1947。Krippner-Martinez 2000 提出了对瓦斯科·德·基罗加的一种不同看法。
73. 教会簿册：Martínez 2008：142。
74. 种族主义的信念：Martínez 2008：特别参见第二章、第四章。
75. 对于混血人士的限制：Martínez 2008：147–151；Cope 1994：14–19。
76. 种姓体系与局限性：Martínez 2008：142–170（"不怎么样的混血儿"，162）；Katzew 2004：39–61（分类，43–44）；Cope 1994：24–26，161–162；Beltrán 1989：153–175。Chace 1971：202–208 描述了阿根廷的种姓体系。
77. 莫罗·德·圣玛丽的种族图表（注释）：Moreau de Saint–Méry 1797–1798：第一卷，71–99（"部分白种"，83）。

78. 更改身份：迭戈·穆尼奥斯——Gibson 1950。税收——Schwartz 1995：186。官员——Love 1967：92–93。加勒比海——Schwartz 1997（“坏种族”，12；“穆拉托和黑人”，15）。

79. 族间婚姻以及自由：混血儿童的自由地位——Bennett 2005：44–49；Lokken 2001：178–179；Cope 1994：80–82；Love 1967：100–102；Davidson 1966：239–240。四分之三的奴隶是男性——Love 1971：84；Carroll 2001：166（表A.6）。对族间婚姻的禁令——Love 1971：83–84；Love 1967：99–103。半数婚姻关系是族间的——Lokken 2004：14–16；Valdés 1978：34–44；Love 1971（“韦拉克鲁斯教区中非裔婚姻模式的一个显著特征是，在共计1 662起与非裔通婚的婚姻中，有847个祖先并非黑人的人与有色人种结婚”，84）；1967：102–103。韦拉克鲁斯——Carroll 2001：174（表A.15）。

80. 独立群体的消失：Valdés 1978：特别参见57–58，175–177，207–209。

81. 种姓油画：Martínez 2008：226–238（博物馆，227）；Katzew 2004（超过100套，3；所引用的标题，图91、图88、图89、图96）。

82. 米拉/卡特琳娜的童年，她被诱拐、被迫来到墨西哥：Brading 2009（葬礼，1–2）；Bailey 1997：42–48；Castillo Grajeda 1946：29–45（性侵犯，42）；Ramos 1692：第一卷，4a–29b（“差不多”出生于1605年，贵族身份，基督教的童年，4b–16a；诱拐与旅程，17b–26b）。批评家Manuel Toussaint在介绍Castillo Grajeda的时候说，她出生在“1613年或1614年”（10），但是并未对此给出根据。Castillo Grajeda并未详细说明她所遭受的虐待，但是提到了在旅途中海盗头子“对着卡特琳娜释放了所有来自地狱的暴行”，“在血腥的战斗中将虐待她的资格许诺出去（给他的手下）”。

83. 异象与婚姻：Bailey 1997：60（花朵）；Castillo Grajeda 1946：81–83（盛宴），135–136（由“精美而闪闪发亮的云彩”构成的楼梯，天使）；Ramos 1689–1692：第二卷，36b（裸基督）。

84. 阿隆索·拉莫斯被定罪，以及他的最终命运：Brading 2009：10（“轻率的说法”）。

85. 弃船的亚洲人：Slack 2009：39（60%到80%，圣洁之灵号）；Luengo 1996：99–105（1565年）；Beltrán 1989：50（黎牙实比）。

86. 利马的人口统计（注释）：Cook与Escobar Gamboa编1968：8，524–547。

87. 亚裔奴隶鱼贯而入：Clossey 2006：47（估计每年600人）；Beltrán 1989：49–52；Beltrán 1944：419–421。

88. 对亚裔奴隶的禁令：Slack 2009：42，55（耶稣会士）。

89. 多文化的民兵：Slack 2009：49–52（武士）；Lokken 2004；Vinson 2000：特别参见91–92。另参见Chace 1971：第八章。

90. 卡特琳娜的新婚之夜：Bailey 1997：48；Castillo Grajeda 1946：65–69。
91. 普埃布拉的瓷器：作者访问经历；Slack 2009：44（“式样”）；Clossey 2006：45；Mudge 1985。
92. 巴利安与理发师：Slack 2009：14–16，43（“那一行”）；Johnson 1998（中医药）；佚名 1908：第三十卷，24（请愿）。
93. 兄弟会的队列：Slack 2009：54；Gemelli Careri 1699–1700：第六卷，98–99（“受伤”）。
94. 对中国的渴望：Clossey 2006：42–43（到墨西哥城的距离——我几乎是直接地引用了他的说法），49–51（“欲望”，49）。
95. “东方（珍宝）”：Balbuena 2003：89。感谢帮助我进行翻译的 Scott Sessions。
96. 墨西哥城的洪水：Candiani 2004；Hoberman 1980。

第九章 逃亡者森林

1. 卡拉巴尔和自由城：作者在 Salvador 的访谈（特别感谢 Ilê Aiyê）。一个名为 Curuzu 的逃奴堡是自由城的基础；与此类似，从法律上讲，卡拉巴尔现在也是一个名为 Federacao 的更大地区的一部分。参见 Queiros Mattoso 1986：139–140；通过 Neto 1984 了解其他萨尔瓦多（巴伊亚州）的逃奴堡。感谢陪我到巴西并为我做翻译的 Susanna Hecht。
2. 在美国的超过 50 个社区：Aptheker 1996：151–152。
3. “开创自由”：Reis 1988。“奴隶制与开创自由”也是他在巴伊亚联邦大学的研究生题目的名字。
4. 飞行的箭（Simaran，泰诺语）：Arrom 1983。
5. 4~5 年内的死亡率达到 33%~50%：Miller 1988：437–441，特别参见脚注 221（见 440 页下半部）；Mattoso 1986：43（每年 6.3% 等于每 5 年 31.5%）；Sweet 2003：59–66（每 3 年超过 40%，60）。
6. 自治地点的清单：Price 编 1996：3–4。
7. 苏里南的战争：R. Price 2002；Bilby 1997：664–669（血誓）。第一次大规模奴隶骚乱发生在 1690 年（R. Price 2002：51–52）；1762 年签订了合约（同前：167–181）。但是由于叛乱可以追溯到 1674 年，看上去将其称为百年冲突也是可以的。
8. “有条件投降”：Reavis 1878：112–113。
9. 恐惧之源——海地：Reis 与 Gomes 2009：293；Gomes 2003。
10. 非裔墨西哥人：Hoffman 2006。

11. 美国逃奴的诉讼：Koerner 2005。
12. 阿夸尔图的传说：作者对帕尔马里斯的访问经历；还可参见 Schwarz–Bart 与 Schwarz–Bart 2002：第二卷，3–16。
13. 建立于 1605–1606 年：Anderson 1996：551；Kent 1965：165。
14. 帕尔马里斯的位置和大小：位置——Gomes 2005：87；Orser 1994：9。大小：存在许多估计结果，这一部分是因为作家们对"控制范围"这个词语理解存在差异；我引用了一个平均数字，读者们可以将其看作有一定参考意义的数字。还可参见 Thornton 2008：775（6 000 平方千米）；Orser 与 Funari 2001：67［27 000 平方千米（引自人类学家 Claudi R. Crós）］；Orser 1994：9（9 750 平方千米）；Diggs 1953：63（1695 年时估计为 121 680 平方千米）；Ennes 1948：212（1694 年时估计为 29 000 平方千米）；佚名 1678：28（97 000 平方千米）。我假定 1 里格为 5.2 千米［Chardon 1980（西班牙与葡萄牙的单位大体类似）］。Thornton 2008：797（"欧洲之外"）。英属北美的人口——美国人口统计局（U.S. Census Bureau）1975：1168。
15. 马卡寇，冈加·祖巴：Thornton 2008：776–778；Gomes 2005：84–87；Anderson 1996：553，559（头衔）；Anon–1678：29–30，36–38。
16. 奴隶制与非洲人的制度：Thornton 2010（统治者们的态度，46，52–53）；Klein 2010：57–58；Davis 2006：88–90；Thornton 1998：10（60 个国家的地图），74–97（"非洲法律"，74），99–100（奴隶战争与征服战争）。Wolf 1997：204–231（典当，207–208）；Smith 1745：171–190（兰姆）。Thornton（2010：44）指出，非洲社会拥有铜、象牙、布匹和贝壳货币，可以用这些来购买欧洲商品——可以用来出售的并不是只有人。
17. 非洲奴隶的用途：Thornton 2008：87–94；Gemery and Hogendorn 1979：439–447（不适合种植园农业的条件）。
18. 欧洲人进入了既存的非洲奴隶市场：Thornton 2010：42–46（未经许可下捕捉奴隶，44–45）。
19. 非洲进口的奴隶，非洲人的需求：Harms 2002：135–137（进口数量，所有引文）；Lovejoy 2000：57–58。
20. 非洲人的供给，非洲人在贩奴船上服务：Klein 2010：86–87（船员）；Rediker 2008：229–230（船员），349；Davis 2006：90（中间商）；Thornton 1998：66–71。
21. 欧洲人无法袭击非洲（正文与注释）：Thornton 1998：第四章。"实际上，在欧洲人于美洲而非非洲建立种植园时，非洲人的力量——维持领土完整的能力——通过灵活地提供非洲奴隶而起到了扶植奴隶贸易的作用"（Eltis 2001：39）。

22. 小规模的欧洲人据点：Eltis 等 2009（估计值）；Harms 2002：139–141（黄金海岸，不到 10 人）；156–160（维达），203；Postma 1990：62–63（艾尔米纳）。
23. 奴隶制的变革：这一论点的经典论述可参见 Lovejoy 2000。
24. 曾是士兵的奴隶：Thornton 1999：138–146（“战俘”，140）。
25. 1521 年暴动：Guitar 1999：位置不详（14），1998：361–366；Thornton 1999：141（军事战术）；Deive 1989：33–36；Rout 1976：104–105；Oviedo y Valdés 1851：第一卷，108–111（第一部分，第四册，第四章）。
26. 恩利基约：Altman 2007；Guitar 1999：位置不详；1998：346–357，376–386；Thornton 1999：141–142；Deive 1989：36–42；Las Casas 1951：第三卷，259–270（辱上加痛，260）；Oviedo y Valdés 1851：第一卷，140–155（非洲人的加入，141）。由于疾病使泰诺人人口减少，西班牙人从其他加勒比海岛屿上进口奴隶。外来者的流入威胁到了恩利基约的权力——他们不想被陌生人所统治——这是他反叛意图的另一个原因。拉斯·卡萨斯实际上才是说出那句“辱上加痛”的谚语的人。感谢为我找到一种与原文意思几乎一样的英语表达方法的 Scott Sessions。
27. 伦巴：Guitar 2006：41，1998：300（糖厂），396–400（伦巴和其他非洲人起到的作用）；Landers 2002：234–236（“出色”234）；Deive 1989：49–52。
28. 葡萄牙人对帕尔马里斯的恐惧：Lara 2010：8；Gomes 2005；Anderson 1996；Kent 1965：174–175；Blaer 1902；佚名 1678。荷兰人也惧怕帕尔马里斯（Funari 2003：84）。
29. 帕尔马里斯包含有欧洲人的文化大杂烩：Funari 1996：31，49，注 42。另参见 Freitas 2004 中汇编的文献。
30. 帕尔马里斯的宗教：Vainfas 1996：62–74。
31. 1678 年合约：Lara 2010；Anderson 1996：562–563；佚名 1678。
32. 豪尔赫·维利乌：Hemming 2004a：362；Freehafer 1970；教团会议（Board of Missions）1697 年 10 月的备忘录，收录于 Morse 编译 1965：124–126（译员，“欲望”）；D. Jorge Velho 于 1694 年 7 月 15 日致总督的信，收录于同书 117–118（“和我们自身与我们的孩子一样”）。
33. 与豪尔赫·维利乌的交易：Ennes 1948：205；佚名 1693，“Condições adjustadas com o governador dos paulistas Domingos Jorge Velho em 14 de agosto de 1693 para Conquistar e Destruir os Negros de Palmares.” 收录于佚名 1988：65–69。
34. 豪尔赫·维利乌向帕尔马里斯进军：Oliviera 2005；Hemming 2004a：363；Ennes 1948：208；佚名（疑为 D. Jorge Velho）1693，收录于 Morse 编 1965：118–126（引文在 119 页）。
35. 马卡寇之战：作者对帕尔马里斯的访问经历；Oliviera 2005；Anderson 1996：

563–564；Freitas 1982：169–188。

36. 尊比的最后命运：Anderson 1996：564；Ennes 1948：211。

37. 努涅斯·德·巴尔博亚的早年以及他的偷渡过程：Las Casas 1951：第二卷，408–415（“有教养的人”，408）；Altolaguirre y Duvale 1914：8–15（“精力充沛的精神”，14）；López de Gómara 1922：125；Oviedo y Valdés 1851–1853：第二卷，425–428。Oviedo 说他把自己卷在一片帆布里，而非一个桶里。

38. 努涅斯·德·巴尔博亚的夺权：Araúz Monfante 与 Pizzurno Gelós 1997：23–27，100–101（印第安奴隶与黄金）；Las Casas 1951：第二卷，418–431；López de Gómara 1922：第一卷，131–137；Altolaguirre y Duvale 1914：15–86；Anghiera 1912：第一卷，209–225；Oviedo y Valdés 1851–1853：第二卷，465–478。我极大地简化了这么一个充满政治操纵和反复背叛的复杂故事。

39. 访问科马格雷：Las Casas 1951：第二卷，572–574；López de Gómara 1922：第一卷，137–139；Anghiera 1912：第一卷，217–223（“小破船”，221）；Oviedo y Valdés 1851–1853：第三卷，9；V. Núñez de Balboa 于 1513 年 1 月 20 日致国王的信，收录于 Altolaguirre y Duvale 1914：13–25。

40. 向太平洋的探险：Tardieu 2009：43 及注释（赏金）；Las Casas 1951：第三卷，590–597（“采邑”，591）；López de Gómara 1922：第一卷，143–146（村中的奴隶，144）；Altolaguirre y Duvale 1914：88–90；Anghiera 1912：第一卷，282–287（这是一份经过明显歪曲的叙述）；Oviedo y Valdés 1851–1853：第三卷，9–12（参加者的不完全名单）。

41. 杀戮异装癖者（注释）：Las Casas 1951：第二卷，593–594；Anghiera 1912：第一卷，285。

42. 巴拿马的第一批非洲人：Fortune 1967；López de Gómara 1922：第一卷，144；Anghiera 1912：第一卷，286（第一册，第二章）；Oviedo y Valdés 1851–1853：第三卷，45（第二十九册，第十章）；R. D. Colmenares 于 1516 年关于努涅斯·德·巴尔博亚的备忘录，收录于 Altolaguirre y Duvale 1914：150–155；P. Ávila 等于 1515 年 5 月 2 日致国王的报告，收录于：同书 70–72（“头发弯弯”，70）。

43. 安提瓜的废弃与其他城市的建立（含注释）：Araúz Monfante 与 Pizzurno Gelós 1997：45–46；López de Gómara 1922：第一卷，159。

44. 努涅斯·德·巴尔博亚的最终命运：López de Gómara 1922：第一卷，158；Altolaguirre y Duvale 1914：175–190。

45. 圣名镇到巴拿马的道路：Tardieu 2009：25–41；Araúz Monfante 与 Pizzurno Gelós 1997：74–78；López de Gómara 1922：第一卷，158–159；Carletti 1701：41–51（“掩蔽物”，43–44；尸骸，49）；Requejo Salcedo 1650：78（“我旅程中……”）。

严格来说，Carletti 描述的是海岸边波托韦洛的蝙蝠，但是在森林中也有大批蝙蝠存在。Benzoni（1857：142）做出了类似的关于蝙蝠的记载。

46. 巴拿马的原住民：Araúz Monfante 与 Pizzurno Gelós 1997：97；Romoli 1987：22–28；Jaén Suárez 1980（3 000 人，77；20 000 人，78）；Oviedo y Valdés 1851–1854：第三卷，38（“数不清”）。

47. 输入印第安奴隶：Saco 1882：266。另参见 Tardieu 2009：46–48。

48. 7：1（指 1565 年非洲人与欧洲人的数量比例）：Tardieu 209：48–49；Jaén Suárez 1980：78。

49. 对欧洲人殖民地的袭击：Fortune（1970）收集了许多资料，比如说 Benzoni 1857：121。

50. 菲利皮罗：Tardieu 2009：61–63；Pike 2007：245–246；Araúz Monfante 与 Pizzurno Gelós 1997：134–135；Fortune 1970：第一部分，36–38。

51. 巴亚诺的避难所：Pike 2007：246–247；Araúz Monfante 与 Pizzurno Gelós 1997：135–136；Fortune 1970：第二部分，33–39；Aguado 1919：第二卷，200–213（“父母”，201）。

52. 乌尔苏亚和巴亚诺：最重要的文献是 Aguado 1919：第二卷，200–231（第九册，第十一 – 十三章）。现代的记录包括 Tardieu 2009：第二章（“粗鲁暴躁”，79）；Pike 2007：247–251；Fortune 1970：第二部分，40–50。乌尔苏亚得到的奖赏是带领一支探险队进入秘鲁的亚马孙地区，在这一过程中他被下属背叛、杀死。

53. 圣名镇的疾病危险：Benzoni 1857：120；Ulloa 1807：93–98；Carletti 1701：42；Gage 1648：369（“水手”）。

54. 商人和委托代理问题：作者与 James Boyce，Tyler Cowan，Mark Plummer（经济学家）的访谈和电子邮件通信；Tardieu 2009：108–21；Pike 2007：247。

55. “杀掉他们见到的欧洲人”：引自 Tardieu 2009：123–124。另参见 Ortega Valencia 于 1573 年 2 月 22 日致国王的信，收录于 Wright 编 1932：46–47；将银子沉入河里：Nichols 1628：281。

56. 德雷克进攻圣名镇：Fortune 1970：第三部分，18–20；Nichols 1628：258–267（“高 12 英尺”，264）；J. Nuñez de Prado 于 1573 年 4 月所作的证词，收录于 Wright 编 1932：54–59；新格拉纳达法院（Audiencia of New Granada）1572 年 9 月 12 日致国王的报告，收录于同书：40–41。

57. 对文塔 · 德 · 克鲁西斯的失败伏击：Tardieu 2009：126–131；Pike 2007：256–258；Nichols 1628：280–309；巴拿马市议会（Municipal Council of Panamá）1573 年 2 月 24 日致国王的报告，收录于 Wright 编 1932：48–51。

58. 与法国人共同进攻：Nichols 1628：317–325（“30 吨”，318；“黄金”，323）。

提丢受了伤，也掉队了，追上来的西班牙人当即把他杀掉了。

59. 持续滋长的对逃奴的恐惧：Tardieu 2009：132–144（新教化，142）；Fortune 1970：第三部分，22–34；圣名镇王家官员1573年5月9日致王室的信，收录于 Wright 编 1932：68–70（“妥善的采取措施”，隐瞒已找回的财物）；巴拿马法院（Audiencia of Panama）1573年5月4日致国王的报告，收录于同书：62–67（隐瞒已找回的财物）。

60. 授予自由的协议：Tardieu 2009：184–246（条件细节，185；波托韦洛的“投降”，244–246）；Fortune 1970：第三部分，34–40（“西印度群岛咨议会”，39）。波托韦洛逃奴的领袖是 Luis de Mozambique。曾试图帮助德雷克的佩德罗·曼丁加是他的一个副手。

61. 扬贾与墨西哥的逃奴：Rowell 2008（十一条要求，6–7）；Lokken 2004：12–14（危地马拉民兵）；Aguirre Beltrán 1990：128（扬贾的种族出身）；Carroll 1977（其他例子）；Love 1967：97–98；Davidson 1966：245–250（时装，246）；Alegre 1842：第二卷，10–16（血，11；出身，12）。

62. 米斯基托王国：Offen 2007（手杖，274–276），2002（服装和手杖，355）；Olien 1987（种族背景和宣称，281–285），1983（王权）；Dennis 与 Olien 1984（袭击，719–720；奴隶制，722）。感谢将作品寄送给我的 Offen 教授。

63. 美国的逃奴：Sayers 等 2007（迪斯莫尔大沼泽）；Franklin 与 Schweninger 2001：86（沼泽中数以千计的奴隶）；Aptheker 1996。

64. 黑赛米诺人与红赛米诺人：Landers［2002，1999（摩赛的创立，29–60）］很好地写下了非洲人的佛罗里达的兴起。Riordan（1996；与克里克人的关系，27–29）和 Mulroy（1993；四座城镇，294）是两篇很好的概括短文。

65. 赛米诺战争：这场战争比我在这里能展现出来的要复杂得多，几乎所有关于这场战争的事情都存在争论。比如说，逃亡奴隶的主人们就反对“有条件投降”，而杰瑟普承诺不将最近逃脱的奴隶纳入条款范围内，有人认为这使得该协议等同于一次真正的投降。还有人说——我认为这种说法很有说服力——这一承诺是毫无意义的，因为无法有效地对奴隶进行甄别。“不管赛米诺人所践行的这一奴隶制体系是多么的温和，完全的自由还是更受欢迎”（Mulroy 1993：303）；“一个半世纪”：Giddings 1858：140–141。

66. 海地：关于那场革命的文献浩如烟海。经典的英文研究文献是由 C. L. R. James 撰写的；Dubois（2005）是一篇很好的当代研究作品，既有英文版也有法文版。Moreau de Saint-Méry（1797–1798）是对革命前夜的圣多明各的极好的第一手描述材料。为了强调疾病的作用，我采纳了 McNeill 2010：236–265（“坟墓”，245；“蚯蚓”，253）的说法。另参见 Davis 2006：第八章。

67. 苏里南的非洲人：Price 2011：第一章（25：1,10），2002；www.slavevoyages.org（30万）。美国的估计是，这类人共有39万。

68. 达氏按蚊与森林砍伐：Yasuoka 与 Levins 2007：453–455；Tadei 等 1998：333。

69. 苏里南的逃奴战争与和约：Ngwenyama 2007：59–69；Price 2002：51–52，167–181；Bilby 1997：667–669（血液）。

70. 斯台德曼：Stedman 2010（适应期，1：102–103；"多到不可思议"，蜡烛，46；看不见人，393；"最熟络的人"，100；打死38只蚊子，127；"完全健康"，607）。斯台德曼观察了获得性免疫的优势："在此前来过西印度群岛的军官和士兵中间，根本没有人死掉；而在总共大约1 200人（的队伍）中，我只能想起一个没得过病的陆战队员"（607）。

71. 伐木、采矿与公园：中集集团；世界遗产的描述；Price 2011（公园，136–140）；Alons 与 Mol 编 2007：64（40%）；佚名 1998。

72. （苏里南的）逃亡者的人口规模：Price 2002b。

73. 未被征询意见（就授予伐木和采矿的特许权）与美洲国家间人权委员会的案例：Price 2011（提出请愿，119；昆提人与公园，136–140）。在本书写作时，许多法律文件已经可以在 www.forestpeoples.org 上进行阅览。

74. 旧马扎甘：作者的访问见闻和访谈；Vidal 2005（这座城镇的非洲历史背景）；Motinha 2005（修不起房子，12；废城，25–26）；Silva 与 Tavim 2005：2（城镇的设计）；Anderson 1999：28（1 900名葡萄牙人）。

75. 亚马孙地区的土地热潮：这一段改写自 Hecht 与 Mann 2008。

76. Moju：作者的访问经历；作者对 Manuel Almeida（Quilombolas Jambuaçu）和匿名报料人的访谈；佚名 2006。

第十章 在布拉拉考

1. 《方屋》：提到的植物是豆薯（singkama/jícama/Pachyrrhizus erosus）、茄子（talong/eggplant/ Solanum melongena）、四棱豆（sigarilyas/asparagus bean/winged bean/Psophocarpus tetragonolobus）、花生（mani/peanut/Archis hypogaea）、豇豆（string bean/yard–long bean/Vigna spp.）、棉豆（lima bean/butter bean/Phaseolus lunatus）、扁豆（bataw/hyacinth bean/Lablab purpurea）、冬瓜（kundol/winter melon/Benincasa hispida）、丝瓜（patola/sponge gourd/Luffa cylindrical& Luffa acutangula）、瓠（upo/wax gourd/Legenaria siceraria）、印度南瓜（kalabasa/kabocha–style squash/Cucurbita maxima）、萝卜（labanus/radish/Raphanus sativus）、

芥末（mustaza/mustard/Brassica juncea）、洋葱（sibuyas/ onion/Allium cepa）、番茄（kamatis/tomato/Lycopersicum lycopersicum）、 蒜（bawang/garlic/Allium sativum）、姜（luya/ginger/Zingiber officinale）、芝麻（lain linga/sesame/Sesamum orientale）。感谢莱昂纳多・科（Leonard Co）为我提供植物学分类与翻译。

2. 外来物种对菲律宾的影响：菲律宾环境与自然资源部、世界渔业中心（Department of Environment and Natural Resources, World Fish Center）2006；Lowe 等 2004（seven worst invasives）。
3. 菲律宾红木：16 CFR §250.3（联邦贸易委员会的规定 /Federal Trade Commission rule，记载于：edocket.access.gpo.gov/cfr_2001/janqtr/pdf/16cfr250.2.pdf）。
4. 地标伊富高：1996 年，联合国教科文组织将这一地区赞为“菲律宾先民对人类做出的无价的贡献”，并将其列为世界遗产地（whc.unesco.org/en/list/722）。伊富高也是美国土木工程师协会的国际工程地标（international engineering landmark）。
5. 福寿螺：Joshi 2005；Caguano 与 Joshi 2002。
6. 五百多变种：Nozawa 等 2008；Concepcion 等 2005。
7. 九种新蚯蚓：Hong 与 James 2008；Hendrix 等 2008：601–602。
8. “梯田面积达到了顶峰”：引自 Maher 1973：41。
9. 基辛：Keesing 1962：319（“发明”），322–323（“记录”）。
10. 第一次考古研究：Acabado 2009；Maher 1972。
11. 五个月：Save the Ifugao Terraces Movement 2008：3。
12. 伊富高的甘薯：Brosius 1988：97–98；Scott 1958：92–93。
13. 第八奇迹：作者在 Manila 和 Ifugao 的访问见闻；Harrington 2010；Dumlao 2009。另见该计划的网站 heirloomrice.com，尤其是复兴本土山脉事业（Revitalize Indigenous Cordilleran Entrepreneurs）——即该计划的菲律宾一方——的年度报告。
14. 曼吉安语言、文化：Postma 编 2005。
15. 对华贸易：Scott 1984：65–73；Horsley 1950：74–75。

附　录

1. 内格罗和普雷图（Negro and preto）：Heywood 与 Thornton 2007：第六章。
2. 全盛期的刺桐城（泉州）：Abu-Lughod 1991：212，335–336，350（人口）；Clark 1990：46–58；Pearson et al. 2001：187–190，204–205（沉积物，190）；Polo 2001：211–213（“利润”，211）；Ibn Battuta 1853–1858：第四版，269–271（“难以计数”，269）；Odoric of Pordenone（Hakluyt Goldsmid 编 1889：第九卷，

133–134）（僧侣）。

3. 蒲寿庚：So 2000：107–122，301–305；Chen 1983；Kuwabara 1935（反叛与围攻，38–40）。

4. 泉州的伊斯兰教：与丁毓玲，Lin Renchuan 的访谈；Jin 1982（翻译和可读性）；Kuwabara 1935：特别参见 102–103；Chen 1983（转化、融合、派系）。感谢安排我到泉州海外交通史博物馆一行的馆长丁毓玲博士。

5. 泉州的崩溃：与丁毓玲的访谈；Chen 1983；Lin 1990：169（淤塞）；So 2000：122–129。